경제학원론

육군사관학교

황금알

머 리 말

이 책은 2000년 펴낸 「경제학원론」을 수정·보완한 것이다. 거슬러 올라가면 사관생도들을 위해 처음 경제학 교과서를 출간한 지 어느새 이십년 세월이 훌쩍 지났다. 경제학 또는 사회과학 분야의 학문을 시작하는데 좋은 입문서가 되었으면 하는 바람은 그때나 지금에도 변함이 없다.

이 책을 쓰면서 가장 고심한 부분은 이 분야에 처음 발을 내딛는 사관생도들이 경제학 내용을 보다 쉽게 이해할 수 있도록 하는 설명방식을 찾는 것이었다. 학생들이 흥미를 갖고 공부할 수 있도록 내용을 쉽게 풀어서 설명하려는 마음으로 경제이론을 설명하는데 가능한 수학을 사용하지 않으려고 노력하였다. 물론 적절히 수학을 사용하는 것이 이해를 보다 명확히 하는데 도움이 된다는 점도 인정을 하지만, 그러나 정말로 중요한 것은 기본 개념의 이해를 통한 직관이라고 보기 때문이다.

그리고 보다 현실적이며 생동감 있는 경제이론을 소개하고자 노력하였다. 흔히들 경제학이 현실과 너무 동떨어진 까다로운 이론 위주의 어려운 학문이라고 생각하는 경향이 있다. 이 책에서는 간단한 경제이론조차 우리의 현실 경제문제를 얼마나 효과적으로 설명할 수 있는가 하는 점을 보여주기 위해 가능한 많은 예를 들려고 노력하였다.

꽤 오랜 기간 준비과정을 거쳐 이 책을 펴내게 되었음에도 불구하고 여전히 아쉬운 부분이 여러 곳에 남아 있음을 안다. 그러나 이번이 마지막이 아니라 또 다른 시작의 밑거름이라 생각하며 애정과 열의를 갖고 계속 보완해서 더 좋은 책을 만들어 나가도록 하겠다.

이 책이 나오기까지 큰 도움을 주신 육사 경제학과 양해성 교수님, 이철희 교수님, 안영락 교수님께 깊은 감사를 드리며, 또한 마지막까지 원고를 읽고 다듬어준 사랑하는 제자 김도영 교수, 김세훈 교수, 오세헌 교수에게도 고마움을 표하고 싶다. 끝으로 본서가 완성되기까지 여러 가지로 격려해 주시고 후원해 주신 여러분께 감사드리며, 표지 디자인과 출판을 맡아주신 황금알 김영탁 사장님께 감사를 드린다.

2010년 2월

목 차

제 1 편 경제학입문

제 2 편 시장과 수요·공급

제 1 편

경제학입문

제1장 경제학의 본질

1. 경제와 경제학
2. 희소성, 선택 및 기회비용
3. 기본적인 경제문제와 경제체제

제2장 경제학의 방법론

1. 과학으로서의 경제학
2. 경제학의 구분
3. 경제학과 합리성

제1장

경제학의 본질

<개 요>

이 장에서는 경제학을 이해하는데 필수적인 기본개념들을 차례로 살펴 봄으로써 우리가 다루고자 하는 문제가 무엇인지를 설명하려고 한다. 이 장에서 살펴 볼 여러 개념들은 경제학을 공부하기 위해 반드시 알아야 할 것들이다. 먼저 경제학이란 어떤 학문인가를 알아보는 것부터 논의를 시작하기로 한다.

1. 경제와 경제학

경제(economy)라는 용어는 '가계(household)를 관리하는 자'란 의미를 가진 그리스어에서 유래했다. 얼핏 생각하면, 가계와 경제는 서로 관련성이 없을 것 같지만, 가계와 경제는 많은 공통점들을 가지고 있다.

가계는 수 많은 의사결정을 해야 한다. 가계는 가족들 중에서 누가 무슨 일을 할 것인가를 결정해야 한다: 누가 요리를 하고 누가 세탁을 할 것인가? 누가 청소를 하고 누가 TV 프로그램을 선택할 것인가?

요컨데, 가계는 각자의 능력, 노력, 희망 등을 고려하여 가족들 사이에 가계의 희소한 자원을 배분해야 한다.

가계와 마찬가지로, 사회도 수 많은 의사결정을 해야 한다. 사회는 무슨 일을 해야하고, 누가 그 일을 해야 하는가를 결정해야 한다. 사회에는 농사를 짓는 사람도 있어야 하고, 옷을 만드는 사람도 있어야 하며, 아파트를 건설하는 사람도 있어야 한다. 누가 무슨 일을 할 것인가가 결정되면 사회는 그들이 생산하는 재화와 서비스를 배분해야 한다. 누가 불고기를 먹고 누가 라면을 먹을 것인가? 누가 자가용을 타고 누가 지하철을 탈 것인가?

사회의 자원 관리는 대단히 중요하다. 자원은 희소하기 때문에, 어떠한 사회도 사람들이 가지고 싶어하는 모든 것을 제공할 수는 없다. 가계가 가족 모두에게 그들이 원하는 모든 것을 줄 수 없듯이, 사회도 모든 사람들에게 최고의 생활수준을 누리도록 해줄 수는 없다.

경제학은 바로 사회가 희소한 자원들을 어떻게 관리하는가를 연구하는 학문이다.

> **경제학**이란 사람들이 자신의 무한한 욕망(wants)을 충족시키기 위해 희소한 자원을 어떻게 사용하도록 선택하는가를 연구하는 학문이다.

대부분의 사회에서, 자원은 어느 한 사람에 의해 배분되는 것이 아니라 수 많은 가계와 기업들의 상호작용에 의해 배분된다. 따라서 경제학은 사람들이 어떻게 의사결정을 하는가를 연구한다: 사람들은 얼마나 일을 하고 무엇을 사며, 얼마나 저축을 하고 얼마나 투자를 하는가? 경제학은 사람들이 서로간에 어떻게 상호 작용하는가도 연구한다: 예를 들면, 수 많은 구매자들과 판매자들이 상품의 가격과 판매량을 어떻게 결정하는가? 또한 경제학은 평균소득의 증가율, 실업률, 물가상승률과 같은 경제 전체에 영향을 미치는 힘들과 추세에 대해서도 연구한다.

2. 희소성, 선택 및 기회비용

한 마디로 말해 경제학은 희소한 경제적 자원을 활용하는 최선의 방법을 선택하는 것과 관련된 학문이다. **희소성**(scarcity)과 **선택**(choice)이 경제학의 본질을 형성한다. 모든 경제문제는 희소성으로부터 발생하며, 희소성은 사람들의 무한한 욕망과 관계된다.

2.1 무한한 욕망

욕망(wants)이란 소득이 제한되어 있지 않는 경우 사람들이 소비하고 싶어하는 모든 것을 의미한다. 사람들의 욕망은 다양하고 무한하다. 여기에는 물질적 바램(desires)도 있고 사랑, 권력, 명예와 같은 비물질적인 바람도 포함된다. 욕망은 필요성(needs)과는 다르다. 경제학자들의 관점에서 보면 '필요성'이라는 개념을 객관적으로 정의하기는 어렵다. 누군가가 "나는 새 옷이 필요하다"고 말했을 때, 그 사람이 막연히 가지고 싶다는 바람—욕망—을 말하고 있는지 아니면 절대적으로 필요하다는 것을 말하고 있는지 알 길이 없다. 만일 그 사람이 추운 겨울에 그 말을 했다면 우리는 그가 정말로 '옷'—새 옷이든 헌 옷이든—을 필요로 한다고 생각할 수도 있다. 그러나 "필요하다"는 말은 대부분의 대화속에서 별 생각 없이 사용된다. 이 경우 통상 사람들이 현재 가지고 있지 않은 것을 원한다는 것을 의미한다. 사람들의 이러한 욕망이 모두 충족될 수는 없다. 왜냐하면 자원이 희소하기 때문이다.

2.2 희소한 자원

2.2.1 희소성

희소성이란 사람들이 가용한(available) 것보다 더 많은 것을 원한다는 것을 의미한다. 보다 엄밀하게 말하면, 희소성은 '0'의 가격에서 원하는 모든 것을 얻을 수는 없다는 것을 의미한다.

개인은 제한된 소득, 시간, 또는 능력 때문에 원하는 모든 것을 얻지 못한다. 사회는 제한된 자원 때문에 사람들이 원하는 모든 것을 생산할 수 없다.

"희소하다"고 말하는 것은 사람들이 통상 "부족하다"고 말하는 것과는 다르다. 어떤 특정 재화가 부족하지 않을 수는 있으나 희소하지 않을 수는 없다. 희소성은 '부족'(shortage)이라는 개념을 뛰어 넘는 보다 일반적인 개념이다.

희소성은 또한 '빈곤'(poverty)과도 다르다. 부자들도 희소성에 직면하며 가난한 사람들도 희소성에 직면한다. 소득수준이 낮다고 더 많은 희소성을 창출하지도 않고 소득수준이 높다고 덜 창출하지도 않는다. 희소성과 빈곤은 서로 관계없는 개념이다.

희소성은 삶의 현실이다. 어떤 경제학자가 만들어 낸 것이 아니라 원래 존재하고 있는 것이다.

2.2.2 경제적 자원과 경제재

경제적 자원 희소성의 개념은 자원이 희소하다는 사실로부터 생겨난다. 희소한 자원을 **경제적 자원**(economic resources)이라고 한다. 경제적 자원—통상 줄여서 자원이라고 함—은 사람들이 원하는 것을 생산하기 위해 사용하는 **투입물**(inputs)이라고 정의할 수 있다. 경제적 자원이 생산과정에 사용될 때 **생산요소**(factors of production)라고 한다.

경제적 자원은 다음 네 가지 형태로 분류할 수 있다:

- **토지**(land): 땅, 산림, 하천, 광산 등 자연에 의해 제공되는 자연자원(natural resource)이다.
- **노동**(labor): 생산과정에서 개인들에 의해 이루어지는 모든 생산적 기여를 포함하는 인적자원(human resource)을 의미한다.
- **자본**(capital): 기계, 도구, 공장건물 등 다른 재화나 서비스를 생산하기 위해 만들어진 자원이다.
- **기업경영활동**(entrepreneurship): 기업을 경영하기 위해 다른 생산요소를

조직하고 관리하는 기능을 수행하는 인적자본을 의미한다. 기업경영활동은 실제로는 노동에 포함되기도 하지만 기업을 경영하기 위해서는 특별한 재능이 요구되기 때문에 노동과 분리해서 하나의 자원으로 간주한다.

경제재 사람들의 욕망은 재화와 서비스에 의해서 충족된다. **재화**(goods)란 사람들의 만족감이나 행복감을 충족시켜주는 모든 것을 의미한다. 여기에는 식료품, 주택, 의복, 자동차 등은 물론이고 맑은 공기나 아름다운 저녁노을 등도 포함된다.

재화 중에서도 경제적 자원으로부터 생산되는 재화를 **경제재**(economic goods)라고 한다. 한편 청소, 세탁, 간호 등 다른 사람을 위해 수행되는 일은 **서비스**(service)라고 한다. 다시 말해 서비스는 '무형의'(intangible) 재화이다.

경제재는 희소한 자원으로부터 생산되기 때문에 가격을 지불하지 않고는 원하는 양을 얻을 수 없다. 따라서 공짜로 얼마든지 얻을 수 있는 재화 즉, **자유재**(free goods)와는 구분된다. 경제학에서 다루는 것은 자유재가 아니라 경제재이다.

2.3 선택과 기회비용

2.3.1 선택

희소성은 선택을 요구한다. 자원이 희소하지 않다면 구태여 최선의 용도를 선택하지 않아도 될 것이다. 어느 하나를 선택한다는 것은 다른 것을 선택할 수 있음에도 불구하고 그것을 포기한다는 것을 의미한다. 따라서 선택은 어떤 것을 다른 것과 바꾸어야 하는 **거래**를 요구한다. 요컨데 사람들은 **거래상황**(tradeoff)에 직면한다.

예를 들어 어떤 생도가 자신의 가장 소중한 자원인 시간을 어떻게 배분할 것인가를 결정해야 한다고 하자. 그 생도는 모든 시간을 경제학을 공부하는데 소비할 수도 있고, 물리학을 공부하는데 소비할 수도 있으며, 경제학과 물리학 간에 시간을 나누어 소비할 수도 있다. 또는 공부를 하는 대신 낮잠을 즐기거나, 운동을 하거나, TV를 볼 수도 있다. 만일 그 생도가 경제학을 공부한다면, 그 시간만큼 물리학을 공부할 수 있는 시간을 포기하는 것이다. 만일 공부를 한다면 낮잠이나, 운동, 또는 TV시청을 포기하는 것이다.

개인들 뿐만 아니라 사회도 거래상황에 직면한다. 대표적인 예로 “빵과 총간의 거래”(tradeoff between breads and guns)를 들 수 있다. 사회가 적으로부터 국민을 보호하기 위한 국방에 대한 지출(총)을 늘릴수록, 생활수준을 높이기 위한 사적재에 대한 지출(빵)은 줄어든다.

여기에서 한 가지 주의할 점이 있다. 사람들이 거래상황에 직면한다는 사실을 인식하고 있다고 해서 그 자체가 그들이 무엇을 선택해야 할 것인가를 말해주지 않는다는 것이다. 물리학을 공부하는 시간을 줄이면 경제학을 공부할 수 있는 시간이 늘어난다고 해서 물리학 공부를 포기해서는 안된다. 마찬가지로 사회도 물질적 생활수준을 증가시킨다고 해서 국방을 포기해서는 안된다. 그럼에도 불구하고, 이러한 거래상황을 인식한다는 것은 대단히 중요하다. 왜냐하면 사람들이 가용한 선택대안들(options)을 알고 있어야만 올바른 의사결정을 할 수 있기 때문이다.

2.3.2 기회비용

모든 선택은 거래를 수반하기 때문에 올바른 의사결정을 하기 위해서는 선택대안들의 비용과 편익을 비교해야 한다. 그러나 어떤 대안의 비용이 얼마인지 명확하지 않는 경우가 많다.

예를 들어 대학에 갈 것인지 말 것인지를 결정해야 한다고 하자. 대학에 가게 되면 지적 능력을 증대시킬 수 있고 졸업후 좋은 직장을 구할 수 있다는 편익이 따른다. 그러면 비용은 무엇인가? 아마 4년동안의 등록금, 책값, 기숙사비, 교통비 등에 지출한 금액들을 합한 것이 비용이라고 할 것이다. 그러나 그것들은 대학생활 4년동안 포기하는 것을 정확히 반영하지는 못한다.

첫번째 문제는, 앞에서 언급한 비용 중에는 대학에 다니는 진정한 비용이 아닌 것이 포함되어 있다는 것이다. 예를 들면 기숙사비는 대학에 다니지 않아도 지출했을 금액을 포함하고 있다. 대학에 다니지 않는다고 해서 먹을 음식과 잠잘 곳이 필요없는 것은 아니기 때문이다. 다른 곳보다 대학의 기숙사비가 비싼 경우에만 기숙사비는 대학에 다니는 비용이 된다.

두번째 문제는, 대학에 다니는 가장 큰 비용인 시간을 무시했다는 점이다. 대학에 다니는 4년동안 직장에 다닐 수 없게 된다. 따라서 직장에 다닌다면 벌 수 있었을 임금소득이야 말로 대학교육의 비용 중 가장 큰 항목이다.

어떤 대안을 선택하는데 따르는 진정한 비용은 그것을 선택함으로 말미암아 포기할 수밖에 없는 여러 대안들 중에서 가장 가치있는 대안이 가지고 있는 가치이다. 바로 **기회비용**의 개념이다.

> 어떤 선택의 **기회비용**(opportunity cost)은 그 선택으로 말미암아 상실되는 것들중의(포기할 수밖에 없는) **최선의 대안**(best alternative forgone)이다.

다시 말하면, 기회비용은 제한된 자원(소득, 시간 등)으로 자신의 관점에서 할 수 있었던 것들 중에서 **차선의 것**(next best thing)이다. 이러한 기회비용은 어떤 의사결정으로부터 초래될 것으로 기대되는 실질적 결과를 반영한다. 따라서 기회비용을 평가하는 것은 어떤 선택의 결과—편익과 비용—를 알 수 있게 해줌으로써 합리적인 의사결정을 가능하게 한다.

3. 기본적인 경제문제와 경제체제

3.1 기본적인 경제문제

경제학의 본질이 선택에 있다면, 선택과 관련된 모든 문제에 경제학이 적용될 수 있다고 볼 수 있다. 그러나 경제학에서 관심을 갖는 것은 경제문제와 관련된 선택이고, 그 중에서도 특히 국가적으로 이루어지는 국민경제와 관련된 선택의 문제이다. 그런데 한 국민경제에서 경제적인 선택의 문제는 여러 가지 다양한 목표를 달성하기 위해서 '희소한 자원을 어떻게 사용할 것인가' 하는 **자원배분**(resource allocation)의 문제로 집약된다. 어떠한 경제라도 자원배분과 관련하여 다음과 같은 세 가지 기본적인 경제문제를 해결해야 하기 때문이다.

첫째, **무엇을 얼마나 생산할 것인가**(what and how much will be produced)? 사회의 희소한 자원으로 생산될 수 있는 것은 문자 그대로 수만 종류에 이른다. 따라서 어떤 상품을 얼마나 생산해야 할 것인가를 결정해야 한다.

둘째, **어떻게 생산할 것인가**(how will it be produced)? 한 상품을 생산하는 방법은 여러 가지가 있다. 노동을 더 많이 사용할 수도 있고 자본을 더 많이 사용할 수도 있다. 미숙련 노동(unskilled labor)을 더 많이 사용할 수도 있고 숙련 노동(skilled labor)을 더 많이 사용할 수도 있다. 따라서 생산할 상품의 종류와 수량이 일단 결정되면, 어떤 조합으로 생산요소를 결합해야 할 것인가를 결정해야 한다.

셋째, **누구를 위해 생산할 것인가**(for whom will it be produced)? 어떤 상품이 일단 생산되면 그 상품을 누가 가져야 하는가를 결정해야 한다. 이는 상품이 사람들 간에 어떻게 **분배**되어야 하는가를 결정하는 것이다.

물론 한 국민경제가 해결해야 할 경제문제가 비단 세 가지 문제에만 국한되는 것은 아니다. 경제를 안정 시키고 지속적인 성장을 위한 준비를 갖추는 것도 오늘 날 국민경제가 직면하는 중요한 과제이다. 그러나 위에서 지적한 세가지 문제는 어느 시대, 어느 사회를 막론하고 반드시 해결해야 할 기본적인 과제이다.

3.2 경제체제

한 국민경제는 **개인**(individual) 또는 **가계**(household), **기업**(firm), 그리고 **정부**(government)라는 세 경제주체들로 구성되어 있다. 가계는 상품의 소비자인 동시에 생산요소의 공급자 역할을 한다. 기업은 가계로부터 공급된 생산요소를 적절하게 결합하여 상품을 생산하는 역할을 한다. 정부는 가계와 기업의 경제활동을 조정·규제하고 가계와 기업으로부터 재원을 조달하여 필요한 재화나 서비스를 제공할 뿐만 아니라 소득을 재분배하는 역할을 한다.

이러한 경제주체들은 각자의 목표를 추구하는 과정에서 나름대로 경제적 선택을 하기 때문에, 국민경제가 직면하는 기본적인 경제문제를 해결하기 위해서는 이들의 활동을 통괄하는 어떤 질서체계가 요구되는데 이를 **경제체제**(economic system)라 한다.

원시시대로부터 현대에 이르기까지 시대와 나라마다 다양한 경제체제가 존재하여 왔다. 그 중 대표적인 두 가지 체제가 **자유시장경제체제**(free market economic system)와 **계획경제체제**(planning economic system)이다.

자유시장경제체제—혹은 줄여서 시장경제체제라 함—는 기본적인 경제문제를 **시장기구**(market mechanism)에 의해 해결하는 체제이다(시장기구가 어떻게 경제문제를 해결하는가는 제3장에서 자세히 살펴볼 것이다). 시장경제는 사유재산제도를 근간으로 하여 경제주체들이 자유롭게 자신들의 목표를 추구하는 가운데 경제문제가 해결되도록 하기 때문에 이를 **자본주의 경제체제**(capitalist economic system)라고도 한다.

한편 계획경제체제는 정부의 **명령**(command)에 의해 기본적인 경제문제를 해결한다. 계획경제의 근거는 정부만이 국가전체의 경제적 복지를 증진시키는 방식으로 경제활동을 조직할 수 있을 것이라는 데 있다. 계획경제에서는 대부분의 생산수단이 국가나 단체에 의해 소유되기 때문에 이를 **사회주의** 또는 **공산주의 경제체제**(socialist or communist economic system)라고도 한다.

그러나 오늘 날 어떠한 국민경제도 전적으로 시장기구에만 의존해서, 아니면 명령에 의해서만 경제문제를 해결하지는 않는다. 거의 모든 국민경제는 정도의 차이는 있지만 시장과 명령의 요소가 혼합된 경제이다. 즉, **혼합경제체제**(mixed economic system)이다.

■ 요 약 ■

1. 모든 경제문제는 경제적 자원이 희소하기 때문에 발생한다. 희소성은 사람들로 하여금 선택을 하도록 만든다.
2. 선택에는 비용이 수반된다. 어떤 것을 선택하는데 따르는 기회비용은 그 선택으로 말미암아 포기될 수밖에 없는 것들 중에서 최선의 대안이다.
3. 어떠한 국민경제라도 '무엇을 얼마나, 어떻게, 누구를 위해' 생산할 것인가라는 세 가지 기본과제를 해결해야 한다. 자유시장경제는 이러한 기본적인 경제문제를 시장기구를 통해 해결하는 경제체제이다.

■ 주요개념 ■

경제학, 희소성, 경제적 자원, 경제재, 자유재, 선택, 기회비용, 자유시장경제체제, 시장기구, 계획경제체제, 혼합경제체제

제2장

경제학의 방법론

<개 요>

모든 학문분야는 나름대로의 언어(language)와 사고체계(way of thinking)를 가지고 있다. 공리, 벡타, 집합, 미적분 등은 수학자들이 사용하는 언어이며, 수요, 공급, 탄력성, 효율성 등은 경제학자들의 언어이다. 이러한 언어들의 가치는 우리가 살고 있는 세상에 관해 생각할 수 있는 새롭고 유용한 방법을 제공하는 능력에 있다.

경제학을 가르치는 가장 중요한 목적은 경제학자들의 사고방식을 배우도록 하는 것이다. 따라서 경제이론의 실체를 본격적으로 살펴보기 전에 경제학자들이 어떻게 문제에 접근하는가를 개관할 필요가 있다. 이 장에서 살펴보고자 하는 것은 바로 경제학의 방법론(methodology)에 관한 것이다.

1. 과학으로서의 경제학

물리학자들이 물질에 관한 연구를 할 때와 거의 같은 방식으로, 경제학자들도 경제에 관한 연구를 할 때 객관성(objectivity)을 가지고 접근한다. 물리학자나 경제학자나 모두 이론(또는 모형)을 개발하고, 데이터(data)를 수집하며, 이를 분석해서 이론의 타당성을 검증한다. 다시 말해 물리학과 마찬가지로 경제학도 과학적 방법을 사용하는 과학의 한 분야이며, 그 중에서도 사회과학의 한 분야이다. 다만 경제학자들은 자연과학 분야와는 달리 통제된 상황에서 실험을 할 수 없기 때문에, 이론의 타당성을 검증하기 위해 통상 과거에 일어났던 사실들을 분석해야 한다.

1.1 경제이론의 구성

1.1.1 이론화의 필요성

경제학은 사회과학의 한 분야이기 때문에 사회에서 벌어지고 있는 현상들, 그 중에서도 특히 경제현상을 설명하는데 주요한 목적을 두고 있다. 그런데 현실의 경제현상들은 수많은 개인들에 의해 이루어지는 의사결정의 상호작용의 결과이기 때문에 대단히 복잡하다. 따라서 복잡한 현상들을 추상화하고 단순화하여 어떤 질서를 찾고 이에 따라 그것들을 의미있는 방법으로 배열하기 위해서는 이론화가 필요하다. 사실에 근거하지 않는 이론은 무익하지만, 이론이 없는 사실 그 자체는 의미가 없다. 사실들은 어떤 방식으로든지 조직화 되어야 한다.

이론(theory) 또는 **모형**(model)을 사용하는 궁극적인 목적은 어떤 현상을 **설명**하고 **예측**하기 위한 것이다. 그러므로 현실세계의 경제현상을 설명하고 예측하기 위한 시도로 구성된 것이 바로 **경제이론** 또는 **경제모형**이라고 할 수 있다.

1.1.2 경제이론의 구성

경제이론은 일반적으로 다음과 같은 네단계로 구성된다: 첫째, 변수(variable)에 대한 정의; 둘째, 가정(assumption)의 설정; 셋째, 가설(hypothesis) 또는 명제(proposition)의 도출; 넷째, 검증(test).

변수의 정의 경제이론은 서로 다른 경제적 변수들간에 존재하는 관계를 규명하기 위한 것이다. 따라서 경제이론을 구성하기 위해서는 먼저 어떤 변수들을 설명하고자 하는가를 명확히 정의해야 한다. 변수란 어떠한 크기의 값도 가질 수 있는 수량이다. 예를 들어 어떤 재화의 가격은 변수이다. 그 재화의 수요량도 변수이다. 여기서 우리는 두 변수 사이의 관계에 관심을 가질 수 있다. 즉, 가격이 변할 때 수요량이 어떻게 변할 것인가를 알고 싶어 한다. 이를 설명해 주는 것이 바로 수요이론이다. 이때 영향을 미치는 변수를 **독립변수**(independent variable)라 하고, 영향을 받는 변수를 **종속변수**(dependent variable)라 한다. 여기에서 가격은 독립변수고 수요량은 종속변수이다.

가정 경제현상은 매우 복잡하고 다양하기 때문에 이를 추상화하고 단순화하여 보다 쉽게 이해할 수 있게 하기 위해서는 여러 가지 가정을 설정해야 한다.

현실세계의 모든 것은 어떤 방식으로든지 다른 것들과 연관되어 있다. 따라서 어떤 현상에 영향을 미칠 수 있는 변수들을 모두 고려해야 한다면, 어느 한 변수의 변화가 다른 변수에 미치는 영향만을 별도로 분석하기는 불가능할 것이다. 이 경우 경제학에서 사용하는 것이 바로 'ceteris paribus' 가정이다. 이는 **"다른 조건이 일정하다면"**(all other things being equal)이라는 의미를 갖는 라틴어로서, 그 순간에 고려되고 있는 변수를 제외한 모든 다른 관련변수들은 당분간 변하지 않는다는 것을 나타내기 위해 사용되는 용어이다. 예를 들어 수요량에 영향을 미치는 변수들은 가격 이외에도 소득, 기호 등 여러 가지가 있다. 따라서 가격이 수요량에 미치는 영향만을 별도로 분석하기 위해서는 가격을 제외한 다른 변수들은 당분간 변하지 않는다고 가정한다.

경제학에서는 'ceteris paribus' 가정 외에도 수 많은 가정이 만들어 질 수 있다. 예를 들면 "인간은 **합리적**(rational)이고 **이기적**(self-interested)으로 행동한다."고 가정한다. 때로는 "정부가 존재하지 않는다."고 가정한다. 이러한 가정들은 관련되는 변수들의 인과관계를 단순화시킴으로써 복잡한 세계를 좀더 쉽게 이해할 수 있도록 하기 위한 경제학자들의 한 가지 방법에 불과한 것이기 때문에 가정 자체의 현실성 여부는 그리 중요하지 않다.

가설(명제) 가설 혹은 명제는 어떤 경제현상에 관련된 변수들이 서로간에 어떻게 연관되어 있는지를 말해 준다. 가설은 통상 “만약 ~ 하면, ~ 할 것이다”와 같은 조건문의 형태를 취한다. 예를 들면, “어떤 재화의 가격이 하락하면, 사람들은 그 재화를 보다 많이 구입할 것이다.” 라는 가설은 가격과 구입량이라는 두 변수가 서로 역의 관계를 갖는다는 것을 나타낸다.

이러한 이론화의 과정에서 생겨나는 것이 **경제모형**(economic model)이다. 경제모형은 현실에 대한 일련의 가정과 이 가정들에 입각하여 도출된 명제들로 구성된다. 다시 말해 현실의 경제현상을 추상화된 수준에서 파악하려는 목적에서 가장 중요한 경제변수들을 추려내고 이들 사이에 어떤 연관관계를 설정해 놓은 것이 바로 경제모형이다.

검증 이론화의 마지막 단계는 검증이다. 경제모형은 경제현상을 설명하고 예측할 수 있도록 해 주는 ‘**실제현실의 단순화된 표현**’이기 때문에, 그 모형의 적합성 여부를 검증해야 한다.

경제모형의 적합성을 평가하기 위해서는 먼저 가정이 현실경제에 비추어 적합한가를 검증해야 한다. 가정이 비현실적일 때 이에 입각해서 도출된 명제도 역시 비현실적일 가능성이 크기 때문이다. 그렇다고 가정이 현실적이어야 한다는 점을 지나치게 강조할 필요는 없다. 경제모형이 비록 비현실적인 가정에서 출발했다고 하더라도 충분한 현실설명력과 예측력을 갖고 있다면 그 적합성을 인정해 주어야 한다.

다음으로, 가정에 입각해서 명제를 도출하는 과정에서 논리전개에 어떤 문제점이 없는가를 검증해야 한다. 아무리 적절한 가정에서 출발했다고 하더라도 논리전개에 문제가 있다면 그 모형은 정당성을 상실할 것이다.

마지막으로, 경제모형이 제시하는 경제변수들간의 인과관계가 어느 정도로 현실경제를 정확히 설명하고 예측할 수 있는지를 여러 가지 통계자료를 이용하여 검증해야 한다. 경제학을 **실증과학**(empirical science)이라고 부르는 것은 이 때문이다. 가정으로부터 명제에 이르는 과정이 아무리 타당해도 현실설명력과 예측력을 갖지 못한 모형은 쓸모없기 때문이다.

만일 어떤 경제모형이 적합한 것으로 검증되면 그 모형은 하나의 경제이론이 되어 경제현상을 설명하고 예측하는데 사용될 수 있다. 만일 적합하지 않는 것으로 검증되면 그 모형은 수정되거나 폐기되어야 한다. 따라서 **경제이론**이란 '**검증된 경제모형**'이라고 할 수 있다.

그러나 아무리 적합성이 검증된 경제이론이라고 하더라도 그것이 영구불변의 진리는 될 수 없다. 경제현상은 끊임없이 변하기 때문에 한 때 적합성을 인정받았던 경제이론도 상황이 변하면 그 적합성을 상실하고 보다 우월한 경제이론으로 대체될 수도 있다. 따라서 경제이론은 부단한 검증을 필요로 한다.

1.1.3 경제모형

경제모형은 3가지 형태의 언어를 사용해서 표현할 수 있다: 서술(verbal statements); 그림(graphs) 및 도표(diagrams); 수학적 방정식(mathematical equations).

경제모형은 일반적으로 서술적인 방법에 의해 이루어진다. 서술적인 방법이란 글로 표현한 것이다. 이러한 표현방법은 이해하기 쉽지만 장황하다는 단점이 있다. 경제모형은 또한 그림이나 도표를 사용해서 표현한다. 이러한 표현은 알기 쉽고 간결하지만 그림의 경우 표현하고자 하는 변수들의 숫자가 제한된다. 이러한 이유로 경제모형에서는 수학적인 함수로 표시하는 표현방법이 자주 사용된다.

함수(function)란 한 변수가 다른 변수들과 어떠한 관계를 갖는가를 나타낸다. 예를 들어, "어떤 재화에 대한 사람들의 구입량 (Q) 은 그 재화의 가격 (P)의 함수"라고 하면 그러한 명제는 다음과 같이 표시할 수 있다.

$$Q = f(P)$$

여기서 f는 함수기호이며, P는 독립변수이고, Q는 종속변수이다.

경제모형은 경제현상의 모든 사실(facts)을 포함하지는 않는다. 무엇이 정말 중요한가를 알 수 있도록 많은 구체적인 사실들은 생략된다. 경제모형에 대한 이해를 높이기 위해 경제학에서 자주 등장하는 두 가지 모형을 살펴 보자.

● 모형 1 : 경제활동의 순환

경제는 구매, 판매, 제조, 노동 등 다양한 활동에 종사하는 수 많은 사람들로 구성된다. 경제가 어떻게 작동하는가를 이해하기 위해서는 이러한 활동들에 관한 사고(thinking)를 단순화 시킬 수 있는 어떤 방법을 모색해야 한다. 다시 말해 경제가 어떻게 조직되는가를 보다 일반적으로 설명해주는 모형이 필요하다.

<그림 2-1>은 바로 그러한 목적을 위해 개발된 시각적인 모형의 하나로 경제활동의 **순환도표**(circular-flow diagram)라 한다. 이 모형에서, 경제는 가계와 기업이라는 두 유형의 의사결정자로 구성된다. 기업은 노동, 토지, 자본과 같은 여러 가지 생산요소들을 사용해서 재화나 서비스를 생산한다. 가계는 생산요소를 소유하고, 기업이 생산하는 재화나 서비스를 소비한다.

그림 2-1 경제활동의 순환

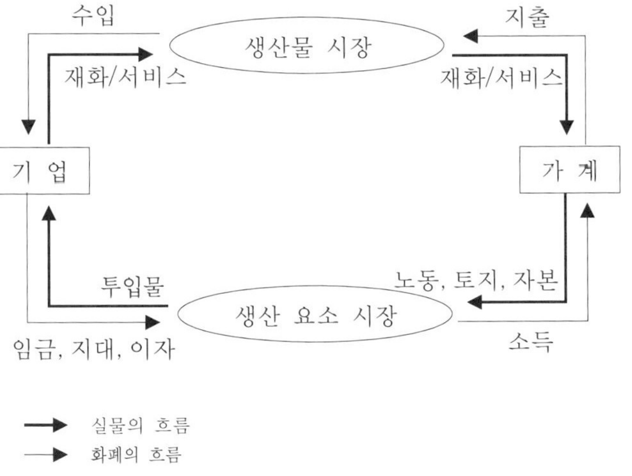

가계와 기업은 두 가지 시장에서 상호작용한다. 생산물시장에서는, 가계는 구매자이고, 기업은 판매자이다. 생산요소시장에서는, 가계는 판매자이고, 기업은 구매자이다.

순환도표에는 두 가지 흐름이 표시되어 있다. 하나는 가계와 기업간에 이루어지는 실물(상품과 생산요소)의 흐름이다. 다른 하나는 실물의 흐름에 대응하는 화폐의 흐름이다.

이와 같이 순환도표는 가계와 기업간에 이루어지는 모든 경제적 거래를 조직화 하는 단순한 방법을 제공한다.

● 모형 2 : 생산가능곡선

대부분의 경제모형은 수학적 도구를 사용해서 만든다. 가장 대표적인 모형의 하나가 **생산가능곡선**(production possibilities curve)이다. 이 모형이 기본적인 경제적 개념을 어떻게 나타내는가를 살펴 보자.

현실경제는 수 많은 재화와 서비스를 생산하지만, 단지 두 재화—자동차(민수품)와 전차(군수품)—만을 생산하는 경제를 생각해 보자. 자동차산업과 방위산업이 경제의 모든 생산요소를 사용한다. 생산가능곡선—혹은 생산가능경계(production possibilities frontier)—은 경제가 주어진 생산요소와 기술을 가지고 생산할 수 있는 산출물—이 경우 자동차와 전차-의 여러 가지 조합을 나타내는 곡선이다. <그림 2-2>에 생산가능곡선이 예시되어 있다.

그림 2-2 생산가능곡선

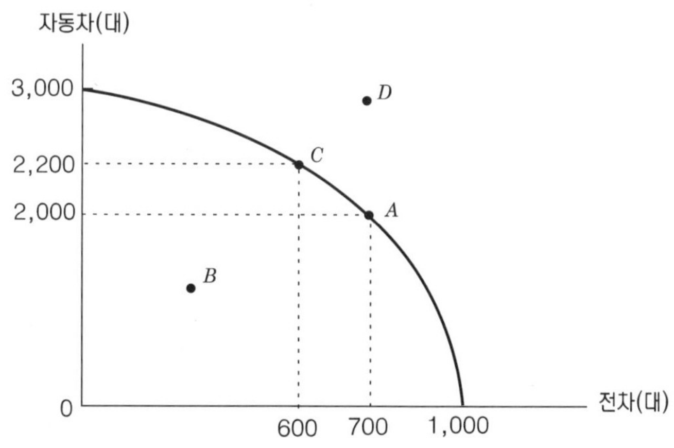

이 경제에서 만일 모든 자원이 자동차산업에 사용된다면 경제는 자동차 3,000대를 생산할 수 있으나, 전차는 한 대도 생산할 수 없게 된다. 반면에, 만일 방위산업에서 모든 자원을 사용한다면 전차는 1,000대를 생산할 수 있으나, 자동차는 한 대도 생산할 수 없게된다. 생산가능곡선이 수평축 및 수직축과 만나는 점은 이러한 극단적인 두 가지 가능성을 나타낸다. 만일 경제가 자원을 두 산업에 나누어 사용하면 A 점과 같이 자동차 2,000대와 전차 700대를 생산할 수도 있다. 그러나 D 점과 같이 곡선 밖의 점은 현재 주어진 자원과 기술수준으로는 생산할 수 없다. 다시 말해 이 경제는 생산가능곡선상이나 안에 있는 어떠한 점도 생산할 수 있으나, 곡선 밖에 있는 점들은 생산할 수 없다.

경제가 가용한 희소한 자원으로부터 얻을 수 있는 모든 것을 얻고 있다면 그 결과는 **효율적**(efficient)이라고 한다. 그런 의미에서 생산가능곡선상의 점들은 효율적인 생산수준을 나타낸다. 경제가 A 점과 같은 점에서 생산하고 있을 때 다른 재화를 덜 생산하지 않고서는 어느 한 재화를 더 생산할 수는 결코 없다. 그러나 B 점과 같은 점은 비효율적인 결과를 나타낸다. 두 재화를 모두 더 생산할 수 있기 때문이다.

이러한 생산가능곡선은 앞에서 살펴본 바가 있는 사회가 직면하는 거래상황의 하나를 보여 준다. 일단 생산가능곡선상에 도달하면 어느 한 재화를 포기하지 않고는 다른 재화를 더 얻을 수는 없다. 예를 들어 A 점에서 C 점으로 이동하면 전차 100대를 포기하는 대신 자동차 200대를 더 얻을 수 있게 된다. 생산가능곡선은 바로 기회비용을 나타낸다. 자동차 200대의 기회비용은 전차 100대인 것이다.

이처럼 생산가능곡선은 효율성, 거래상황, 기회비용 등과 같은 기본적인 경제적 개념들을 부각시키고 명확하게 나타내기 위해 복잡한 경제를 단순화 시킨다.

1.1.4 과학적 방법

경제학은 다른 과학분야와 마찬가지로 과학적 방법을 사용하여 이론을 구성하고 검증한다. 경제학에서 사용하는 과학적 방법은 **귀납적 방법**(induction)과 **연역적 방법**(deduction)이다.

귀납적 방법은 현실세계의 개별적 사실에 대한 일련의 관찰에 근거하여 어떤 일반적 명제를 도출하는 것이다. 예를 들어 어떤 경제학자가 물가가 급등하는 나라에 살고 있다면, 그는 이러한 관찰을 통해 “높은 인플레이션은 정부가 너무 많은 돈을 찍어내기 때문에 발생한다”라는 명제를 도출할 수 있다. 이 명제를 검증하기 위해 그는 여러 나라로부터 물가와 통화량에 관한 데이터를 수집하여 분석할 수 있다. 만일 물가상승율과 통화량증가율이 서로 관계가 없는 것으로 나타나면 그의 인플레이션에 관한 명제는 타당성을 잃는다. 만일 매우 관계가 높은 것으로 나타나면 그는 확신을 가지고 하나의 '인플레이션이론'으로 제시할 것이다.

이에 비해 연역적 방법은 자명하다고 생각되는 일련의 공리(axiom)로부터 출발하여 논리적 법칙에 부합되는 추론을 통해 이론을 도출해 내는 것이다. 다시 말해 연역적 방법은 관련 변수를 정의하고 가정을 설정하여 논리적 분석을 통해 가설을 도출한 후, 이 가설을 중심으로 가설이 제시하는 모든 것을 연역해 낸다.

이 두 방법 중 어느 것이 더 나은지는 말할 수 없다. 이 두 방법은 대립적이라기 보다는 상호보완적이라고 볼 수 있다. 연역적 방법에 의해 도출된 이론은 광범위한 실증적 검증과정을 거치게 함으로서 그 설득력을 한층 높일 수 있다.

1.2 경제이론과 현실의 괴리

우리는 흔히 "이론과 실제는 다르다"라는 말을 자주 하게 된다. 이 말은 어떤 의미에서는 옳다. 그러나 어떤 서술에 대해 관찰 가능한 사실에 입각해서 검증할 방법이 없다면 그러한 서술은 '비과학적'이다. 틀릴 수 있는 논리적 가능성이 존재하는 경우에만 '과학적'이라고 할 수 있다. 따라서 경제이론이 과학적 방법으로 구성되는 이상 항시 '틀릴 가능성'이 존재할 수밖에 없다.

이론이란 "현실세계의 단순화된 표현"이라고 정의되기 때문에, 완전하게 현실을 반영하는 이론을 만드는 것은 거의 불가능하다. 또한 그렇게 하는 것이 비록 가능하다고 하더라도 그 이론을 사용하는 데는 많은 어려움이 뒤따를 것이다. 그런 의미에서, 이론은 '교통지도'와 같은 것이다.

교통지도는 완벽할 필요가 없다. 만일 항공사진을 찍어 그 것을 교통지도로 사용한다면 얼마나 도움이 될 것인가? 항공사진을 이용한 교통지도는 의도한 것과는 달리 불필요한 정보가 더 많이 포함된 쓸모 없는 것이 된다. 교통지도는 운전에 꼭 필요한 정보만을 보여 주는 매우 단순화된 것이기 때문에 유용한 것이다.

마찬가지로 경제이론도 특정 경제현실을 설명하기 위해 필수적인 경제변수들만 추려내어 그 변수들간의 연관관계를 명확히 밝혀줄 수 있을 때 유용한 것이다. 다시말해 어떤 사실이 중요하고 어떤 사실이 중요하지 않은가, 무엇이 원인이고 무엇이 결과인가를 명확하게 해주는 이론이 좋은 이론이다. 경제이론의 핵심은 우리가 경제현실을 이해하는데 필요하다고 생각되는 부분만 포함시키고, 그렇지 않다고 생각되는 부분은 과감히 생략하는 데 있다.

교통지도는 여러 가지 자세한 부분은 생략한 채 그려지기 때문에 자동차 운전자의 목적에 가장 잘 부합된다. 그러나 교통지도는 산의 높이 등이 표시되어 있는 항공지도가 필요한 조종사들에게는 별로 쓸모가 없을 것이다. 모든 지도는 사용 용도에 따라 그려지는 방법이 다르며, 비록 그것들이 부분적으로는 사실일 수 있어도 완전한 사실을 보여 주지는 않는다. 가장 좋은 지도는 사용자의 용도에 따라서 결정되듯이, 가장 좋은 이론도 그 이론이 사용되는 목적에 따라서 결정된다.

경제이론이 단지 현실세계를 자세히 반영하지 않는냐는 이유만으로 비현실적이라고 비난해서는 안된다. 교통지도가 단지 주요한 도로만을 보여준다고 해서 꼭 비현실적인 것은 아니다. 운전자는 도로의 모양만 알면 된다. 아무리 '추상화된 이론'이라도 고려하는 문제를 해결하는 데 도움을 줄수 있는 정도로만 현실적이라면 그것으로 충분하다.

2. 경제학의 구분

2.1 미시경제학과 거시경제학

경제학은 여러 수준에서 연구된다. 개별가계와 기업의 의사결정을 연구할 수도 있고, 특정 재화 및 서비스 시장에서 가계와 기업의 상호작용을 연구할 수도 있다. 또는 경제전체의 운용에 대해 연구할 수도 있다.

경제학 분야는 전통적으로 **미시경제학**(microeconomics)과 **거시경제학**(macroeconomics)이라는 두 하위분야로 구분된다. 두 분야는 경제변수들의 집계수준에서 차이를 보인다.

미시경제학은 개별경제주체들—가계, 기업 및 정부—이 어떻게 의사결정을 하고, 특정 시장에서 어떻게 상호작용 하는가를 연구한다. 따라서 미시경제학에서는 개별 상품시장에서 수요와 공급에 의해 결정되는 **균형**(equilibrium)과, 이 균형의 결과로 나타나는 개별상품의 가격과 산출량에 대한 분석이 주된 관심사가 된다. 특히 가격은 경제의 자원배분과 분배에 결정적인 변수이기 때문에 가격의 결정과정은 미시경제학의 핵심적 주제가 된다.

거시경제학은 국민경제 전체의 활동을 연구한다. 따라서 국민경제 전체의 총산출량, 인플레이션, 실업 및 경제성장과 같은 경제전체의 현상에 대한 분석이 주된 관심사가 된다.

미시경제학과 거시경제학은 서로 밀접하게 연관되어 있다. 총체적인 경제의 변화는 수많은 개인들의 의사결정의 산물이기 때문에, 관련된 미시경제적 의사결정에 대한 고려를 하지 않고는 거시경제적 전개과정을 이해할 수 없다. 예를 들어 정부의 소득세 감면이 전체 경제에 미치는 효과를 분석하기 위해서는, 그러한 조세 감면이 상품의 소비지출에 관한 가계의 의사결정에 미치는 영향을 고려해야 한다.

미시경제학과 거시경제학 사이의 이러한 연관성에도 불구하고, 두 분야는 구분된다. 경제현상을 분석할 때 가장 작은 단위부터 출발해서 점차 큰 단위로 옮겨 가는 것이 자연스럽게 보일 수도 있다. 그러나 그렇게 하는 것이 반드시 필요하지도 않고, 또 가장 좋은 방법도 아니다. 미시경제학과 거시경제학은 서로 다른 문제를 다루기 때문에, 때때로 아주 다른 접근방법을 취하기도 하고 흔히 과목을 분리해서 가르치기도 한다.

2.2 실증경제학과 규범경제학

경제학에서 다루는 문제는 크게 보아 실증경제학의 영역과 규범경제학의 영역에 속하는 것으로 구분할 수 있다. **실증경제학**(positive economics)은 경제현상 자체를 '있는 그대로'(what is) 분석하고자 한다. 따라서 실증적 서술은 설명적(descriptive)이다. 어떤 사람이 "최저임금법은 실업을 초래한다"라고 주장한다면 이는 실증경제학의 영역에 속한다.

규범경제학(normative economics)은 경제현상이 '어떻게 되어야 하는가'(what ought to be)를 분석하고자 한다. 따라서 규범적 서술은 처방적(prescriptive)이다. 어떤 사람이 "현재의 최저임금법은 악법이기 때문에 철폐되어야 한다"라고 주장한다면 이는 규범경제학의 영역에 속한다.

실증적 서술과 규범적 서술의 핵심적 차이점은 그 타당성을 어떻게 판단하는가에 있다. 실증경제학에서는 어떤 현상의 사실여부만을 따지기 때문에, 실증적 서술은 원칙적으로 객관적인 논리나 현실세계에서 관찰되는 사실에 의해서 확정되거나 기각될 수 있다. 반면에 규범경제학에서는 어떤 상황이 바람직한가를 평가하기 때문에, 객관적인 사실도 필요하지만 주관적인 가치판단이 더 중요하게 된다. 따라서 규범적 서술은 사실만 가지고는 판단될 수 없다. 무엇이 좋고 나쁜지를 결정하는 것은 단순한 과학의 영역을 벗어난다. 어떤 사람의 가치판단에는 윤리, 종교, 철학 등에 대한 그 사람의 종합적인 견해가 반영되기 때문이다.

실증경제학과 규범경제학은 서로 연관될 수도 있다. 경제가 어떻게 작동하고 있는가에 관한 어떤 사람의 실증적 견해는 어떤 정책이 바람직한가에 대한 그 사람의 규범적 견해에 영향을 미칠 것이다. 위의 예에서 만일 최저임금법이 실업을 초래한다는 주장이 사실로 판명된다면, 그 사람은 최저임금법을 철폐하자는 주장에 동조할 것이다. 그러나 규범적 결론은 단지 실증적 분석에만 의존할 수는 없다. 규범적 결론은 실증적 분석과 가치판단을 모두 요구한다.

우리는 흔히 경제학자들이 정책결정자들에게 서로 모순되는 조언을 하는 경우를 목격할 수 있다. 여기에는 그럴만한 이유가 있다. 우선 경제학자들은 경제가 어떻게 움직이는가에 관한 실증적 이론들의 타당성에 대해 각자 다른 의견을 가질 수 있다. 예를 들면 경제학자들은 정부가 소득세를 부과해야 하는지 소비세를 부과해야 하는지에 대해 의견의 일치를 보지 못하고 있다. 또한 경제학자들은 서로 다른 가치관을 가지고 있어 어떠한 정책이 바람직한가에 대한 규범적 관점이 다를 수 있다. 예를 들면 소득세에는 각 소득구간에 따라 누진세율이 적용된다. 이 경우 현재 적용되는 누진세율이 과연 공평한가에 대해 경제학자들 사이에 견해가 다를 수 있다.

우리가 앞으로 배울 경제이론은 거의 대부분 경제가 어떻게 작동하는가를 설명하는 실증경제학의 영역에 속한다. 그러나 경제학의 목표는 또한 경제현실을 개선하는 데 있다. 따라서 어떤 구체적인 문제가 어느 영역에 속하는가를 명백하게 이해하는 것이 대단히 중요하다.

3. 경제학과 합리성

3.1 경제인

경제학은 인간의 행동과 의사결정에 관한 학문이다. 따라서 경제학을 시작하기 위해서는 인간에 관해, 특히 인간이 어떻게 행동하고 어떻게 의사결정을 하는가에 관해 어떤 가정을 해야 한다.

경제학에서는 "인간은 **합리적**(rational)이고, **이기적**(self-interested)으로 행동한다."고 가정한다. 이러한 인간을 **경제인**(economic person)이라 할 수 있다. 이러한 가정이 구체적으로 무엇을 의미하는가를 알아 보자.

3.1.1 합리성

경제학에서 **합리성 가정**(rationality assumption)은 단순히 "사람들은 마치 자신들이 합리적인 것처럼 행동한다"는 가정이다. 여기에서 중요한 것은 사람들이 '생각하는 것'과 '행동하는 것'을 구분하는 것이다. 사람들이 어떻게 생각할 것인가는 심리학이나 사회학의 영역이다. 경제학은 사람들이 주어진 상황에서 실제로 어떻게 행동하는가에 관심을 갖는다. 따라서 "사람들은 아무도 그렇게 생각하지 않는다"거나, "너무 비현실적이다"라고 합리성 가정을 비난하는 것은 아무런 도움이 되지 않는다.

경제학에서 합리성을 가정하는 것은 모든 사람들이 실제로 합리적이라고 생각하기 때문이 아니라, '평균적으로' 그렇게 행동한다는 것이다. 경제현상을 포함한 사회적 현상은 많은 사람들의 총체적 행동의 결과로서 나타난다. 그런데 만일 사람들이 평균적으로 합리적으로 행동한다면, 현실의 경제체제도 합리적인 사람들로 구성된 것처럼 작동할 것이다. 평균으로부터의 이탈은 무작위적이고,

따라서 상쇄되어 버리기 때문이다. 따라서 합리성의 가정은 현실의 경제현상에 대해 유용한 예측을 제공해 줄 수 있다.

사람들이 합리적으로 행동한다는 것은 일단 목표가 설정되면 그 목표를 가장 좋은 방법으로 성취하고자 한다는 것이다. 좀더 구체적으로 말하면 '주어진 상황에서 자신에게 가능한 최선의 이득을 제공하는 선택을 한다'는 것을 의미한다. 경제학에서는 사람들의 욕망이나 기호 또는 선호와 같은 목표설정과 관계되는 요인들은 이미 주어졌다고 가정하기 때문에, 목표가 합리적인가 아닌가는 중요하지 않다. 단지 주어진 목표를 추구하는 과정에서의 합리성에만 관심을 갖는다.

3.1.2 이기심

경제인은 이기심에 의해 움직인다고(motivated) 가정되기 때문에, 이득을 취할 수 있는 기회가 있으면 거기에 반응할 것이다. 따라서 **이기심 가정**(self-interest assumption)은 사람들의 행위에 관해 유용하고 검증가능한 예측을 제공해 줄 수 있다.

어떤 행위에 따르는 '화폐적'(monetary)인 편익과 비용은 쉽게 측정되기 때문에, 경제학에서 이기적 행동이란 통상 사람들이 화폐단위로 측정되는 자신들의 부(wealth)를 증대시키는 방식으로 행동하는 것을 의미한다.

그러나 이기적 행동이 항시 화폐적인 부를 증대시키는 것을 의미하는 것만은 아니다. 개인들은 화폐적인 부 외에도 명예, 권력, 사랑, 우정, 예술과 같은 다양한 목표를 추구한다. 때로는 남을 돕는 자선행동도 한다. 따라서 이기적 행동은 자신의 가치를 가장 잘 증진시킬 수 있도록 행동하는 것으로 이해해야 한다.

3.2 한계분석과 인센티브

경제이론(모형)은 개인들의 의사결정을 설명하고 예측하는데 사용된다. 경제학에서 의사결정에 관한 연구에 사용되는 가장 중요한 도구의 하나는 **한계분석**(marginal analysis)이다. 한계분석이란 "이전에 비해 아주 작은 변화가 일어날 때 앞으로 어떤 변화가 일어날 것인가를 분석하는 것"이라고 정의할 수 있다.

예를 들어 어떤 기업가가 현재보다 고용을 증가시킬 것인지 말 것인지를 결정해야 한다고 가정하자. 이 경우 그는 새로운 노동자에게 지불해야 될 임금과 그 노동자가 생산하는 산출량의 가치를 비교하여 결정할 것이다. 만일 그가 한 사람을 추가로 고용한다면, 그 노동자로 인해 추가되는 산출량의 가치가 임금의 증가분보다 크다는 것을 의미한다. 그러한 결정을 경제학에서는 '한계적으로'(at the margin) 이루어 졌다고 하고, 그 추가된 노동자를 한계노동자라고 한다. 즉 '한계적'(marginal)이라는 용어는 '추가적인'(additional), '마지막의'(last), 또는 '증가분의'(incremental)라는 용어와 같은 의미로 사용된다.

대부분의 경우에 개인이나 기업은 '한계적으로 생각함으로써'(by thinking at the margin) 보다 나은 의사결정을 할 수 있다. **합리적인 의사결정자**라면 어떤 행동의 **한계편익**(maginal benefit)이 **한계비용**(marginal cost)을 초과하는 경우에만 그 행동을 하게 될 것이다.

이러한 분석을 통해 우리는 다음과 같은 사실을 알 수 있다. 사람들은 한계편익과 한계비용을 비교하여 의사결정을 하기 때문에, 편익이나 비용이 변하면 그들의 행위도 변할 수 있다. 다시 말해 사람들은 **인센티브**(incentive)에 합리적으로 반응한다.

행위를 결정함에 있어 인센티브의 역할은 공공정책을 설계하는데 대단히 중요하다. 공공정책은 흔히 개인적 행동의 비용이나 편익을 변화시킨다. 정책결정자들이 사람들의 행위가 결과적으로 어떻게 변할 것인가를 고려하지 않는다면, 그들의 정책은 전혀 '의도하지 않은 결과'(unintended effect)를 초래할 수도 있다. 예를 들면 고속도로에서 화물차에 대한 차선제한을 철폐한 정책을 들 수 있다. 정부가 그러한 정책을 실시한 이유는 물론 수송비를 줄이고자 했기 때문이다. 그러나 차선제한의 철폐로 화물차들은 차선을 마음데로 변경할 수 있게 되었고, 결과적으로 교통사고의 위험을 가중시키는 의도하지 않은 결과를 초래했다.

■ 요 약 ■

1. 현실세계의 복잡한 경제현상을 설명하고 예측하기 위해서 경제학자들은 객관성을 가지고 과학적인 방법으로 경제이론을 구성한다. 경제이론 또는 경제모형은 다름아닌 현실세계의 추상화된 표현이다.

2. 경제학 분야는 미시경제학과 거시경제학으로 나누어 진다. 미시경제학은 개별경제주체들의 의사결정과 시장에서의 상호작용과정을 연구한다. 거시경제학은 경제전체에 영향을 미치는 요인들과 추세를 연구한다.

3. 경제학에서 다루는 문제는 크게 보아 실증경제학의 영역에 속하거나 규범경제학의 영역에 속한다. 실증경제학은 현실경제가 '어떻게 되어 있는가'를 연구한다. 규범경제학은 현실경제가 '어떻게 되어야 하는가'를 연구한다.

4. 경제학에서 설정하는 인간형은 '합리적이고 이기적인' 인간 즉, 경제인이다. 이러한 경제인의 의사결정을 분석하는 데는 한계분석이 유용한 도구로 사용될 수 있다.

■ 주요개념 ■

독립변수, 종속변수, 'ceteris paribus' 가정, 경제모형, 미시경제학, 거시경제학, 실증경제학, 규범경제학, 경제인, 합리성, 한계분석

《부 록》 그래프의 기본사항

앞에서 보았듯이 경제이론은 변수들간의 관계를 나타내는 것이다. 변수들간의 관계를 나타내는 한 가지 방법은 그래프(graph)를 사용하는 것이다.

그래프는 두 가지 이점을 갖는다. 첫째, 경제이론을 개발할 때, 그래프는 방정식이나 글로 설명하는 경우 명확하지 않을 수도 있는 개념(idea)을 시각적으로 분명하게 나타내 준다. 둘째, 경제 데이터를 분석할 때, 그래프는 변수들이 현실세계에서 실제로 어떻게 연관되어 있는가를 발견할 수 있는 방법을 제공해 준다.

수학적인 정보는 여러 가지 방식으로 그래프로 표현될 수 있다. 여기에서는 변수들간의 수학적인 관계를 연구하기 위해 경제학에서 어떻게 그래프를 사용하는가를 살펴볼 것이다.

1. 한 변수의 그래프

<그림 2A-1>은 고려하는 변수가 하나일 때 그래프로 나타내는 세 가지 방법을 보여 준다. 그림 (a)는 파이도표(pie chart)라고 하며 전체 경작지가 어떻게 이용되고 있는가를 나타낸다. 그림(b)는 막대도표(bar graph)로서 연도별 인구를 비교해 준다. 그림(c)는 조세부담률의 변동추세를 나타내는 곡선이다.

그림 2A-1 파이도표, 막대도표 및 추세선

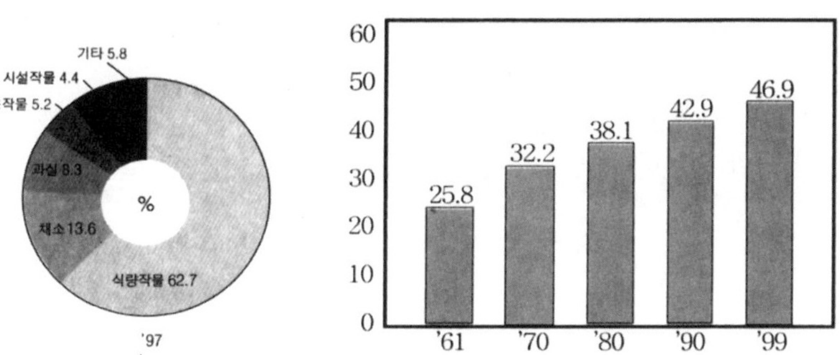

(a) 파이도표　　(b) 막대도표

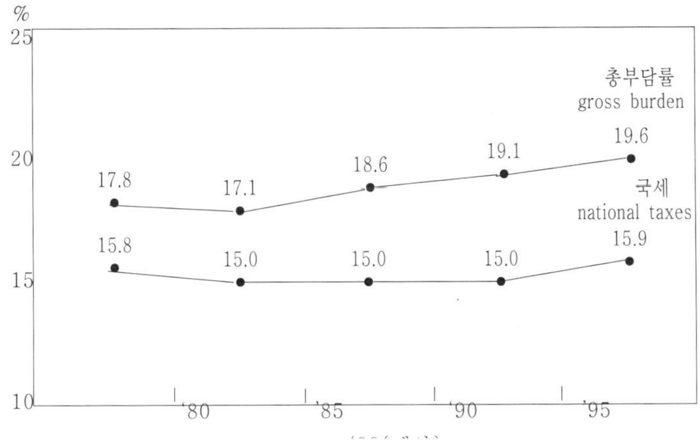

(c) 추세선

2. 두 변수의 그래프

위의 세 가지 그래프는 한 변수가 어떻게 변하는가를 나타내는 데는 유용하지만, 오직 한 변수에 관한 정보만을 제공하기 때문에 두 변수간의 관계를 알고자 할 때는 사용할 수 없다. 두 변수 간의 관계는 한 좌표상에서 곡선에 의해 나타낼 수 있다.

우리가 이러한 그래프를 접할 때 관심을 가져야 할 몇 기지 기본적인 사항에 대해 알아 보자.

2.1 양의 관계와 음의 관계

그래프는 두 변수들간에 양(+)의 관계가 있는가 또는 음(−)의 관계가 있는가를 쉽게 나타내 준다.

두 변수간에 양의 관계가 존재한다는 것은 한 변수의 값이 증가했을 때 다른 변수의 값도 따라서 증가하는 것을 말한다. 두 변수가 양의 관계를 가질 때는 <그림 2A−2>의 (a)에서 보듯이, 그래프는 우상향으로 표시된다. 즉, 수평축의 변수값이 증가할 때, 수직축의 변수값도 증가한다.

그림 2A-2 두 변수간의 관계

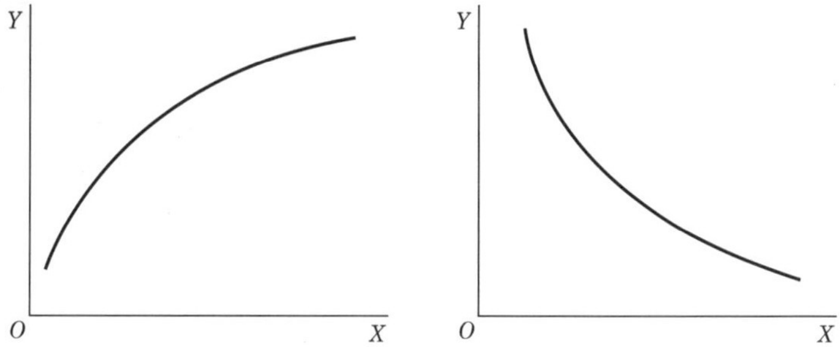

(a) 양의관계 (b) 음의관계

두 변수간에 음의 관계가 존재한다는 것은 한 변수의 값이 증가했을 때, 다른 변수의 값이 감소하는 것을 말한다. 두 변수가 음의 관계를 가질 때는 <그림 2A-2>의 (b)에서 보듯이, 그래프는 우하향으로 표시된다. 즉, 수평축의 변수값이 증가할 때, 수직축의 변수값은 감소한다.

2.2 독립변수와 종속변수

두 가지 변수를 포함하는 어떤 함수관계에서, 한 변수는 독립변수, 다른 변수는 종속변수가 될 수 있다. **독립변수**는 다른 변수의 값에 영향을 미치는 원인(cause)이 되는 변수이고, **종속변수**는 독립변수의 값이 변할 때 그 결과(effect)에 의해 값이 변하는 변수이다.

경제이론의 목표 중 하나는 바로 어떤 변수가 원인이고 어떤 변수가 결과인가를 밝히는 것이다. 예를 들어 수요곡선과 같은 그래프에서는 원인과 결과가 명확하다. 즉, 가격의 변화가 수요량의 변화를 초래한다. 그러나 많은 경우, 어떤 변수가 독립변수이며, 어떤 변수가 종속변수인지를 밝히는 것이 쉽지 않다. 또한 어떤 변수들은 서로 영향을 주고 받기도 하며, 어떤 변수들은 전혀 인과관계가 없는 경우도 있다.

2.3 기울기

한 변수가 다른 변수의 변화에 얼마나 반응하는가를 알기 위해서는 기울기(slope)의 개념을 사용할 수 있다. 직선의 **기울기**는 직선을 따라 움직일 때 수평축의 값의 변화분 (ΔX) 에 대한 수직축의 값의 변화분 (ΔY) 의 비율이다.

$$기울기 = \frac{\Delta Y}{\Delta X}$$

여기서 Δ는 그 크기가 아주 작은 것으로 가정되는 변화폭을 나타낸다.

우상향하는 직선의 기울기는 양(+)의 값을 가지며, 직선이 완만할수록 기울기의 값은 작아지고, 가파를수록 커진다. 우하향하는 직선의 기울기는 음(−)의 값을 가진다. 수평선의 기울기는 0이고 수직선의 기울기는 무한대이다.

<그림 2A-3>에서 볼 수 있듯이, 두 변수간의 관계가 직선으로 표시되는 선형관계일 때는 그 기울기가 직선의 모든 점에서 일정하다. 그러나 두 변수간의 관계가 비선형관계일 경우는 그 기울기는 곡선을 따라서 변하게 된다. 이러한 비선형관계에서의 기울기는 곡선상의 한 점에서의 접선의 기울기로 표시된다.

기울기는 앞에서 살펴본 한계개념과 밀접한 관계가 있다. **한계개념**은 어떤 변수를 추가적으로 1단위 증가시켰을 때 그와 관련된 다른 변수의 변화분을 나타내기 때문에 사실상 기울기의 정의와 일치하는 면을 가지고 있다. 그래서 한계개

그림 2A-3 기울기

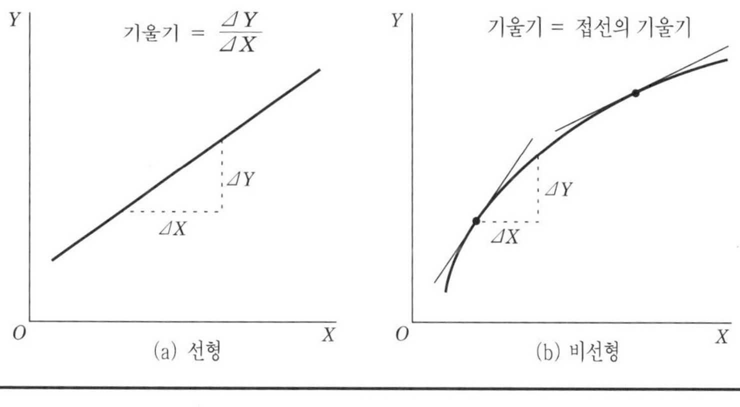

념을 사용할 때는 언제나 「곡선의 한 점에서 그려진 접선의 기울기」를 사용한다.

2.4 최대값과 최소값

<그림 2A-4>에는 두 가지 형태의 비선형관계가 나타나 있다. 그림 (a)에서는, X가 M보다 작을 때는 X와 Y는 양의 관계로 표시되어 있으며, X가 M보다 클 때는 음의 관계로 표시되어 있다. 이 경우 M점에서의 곡선의 기울기는 0이 되며, 그점에서 Y의 값은 최대가 됨을 알 수 있다.

그림 2A-4 최대값과 최소값

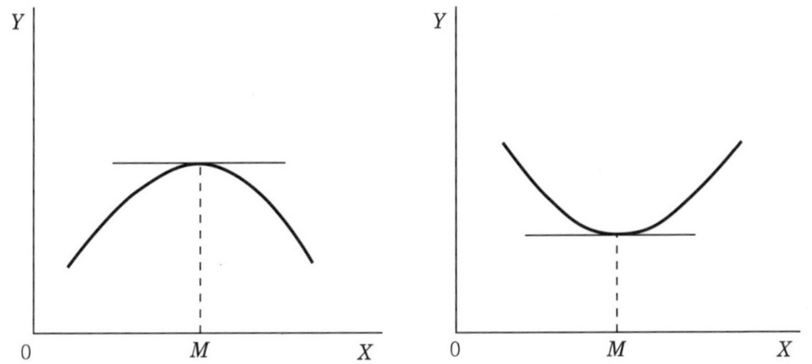

(a) 최대값 (b) 최소값

그림 (b)에서는 이와는 정반대로 X가 M보다 작을 때는 음의 관계로 표시되어 있으며, X가 M보다 클 때는 양의 관계로 표시되어 있다. 이 경우 M점에서의 곡선의 기울기는 마찬가지로 0이 되며, 그점에서 Y의 값은 최소가 된다.

이처럼 곡선의 기울기가 양에서 음으로, 또는 음에서 양으로 변하는 점에서는 그 곡선의 기울기가 0이 되며 그 점에서 **최대값**이나 **최소값**이 결정된다.

2.5 곡선의 이동

경제학에서 **곡선상의 이동**(movement along a curve)과 **곡선의 이동**(shift of a curve)을 구분하는 것은 대단히 중요하다. 어떤 경제현상이 세 가지 이상의 변수들을 포함할 때, 그래프로 이들의 관계를 나타내기 위해서는 두 변수를 제외하고는 일정하다고 가정해야 한다. 예를 들어 수요곡선을 그릴 때 수요량에 영향을 미치는 여러 변수들 중에서 가격을 제외한 다른 변수들은 모두 당분간 변하지 않는다고 가정한다. 이때 가격이 변하면 수요량은 곡선을 따라 변하게 된다. 그러나 만일 다른 변수들이 변하게 되면 수요곡선은 이동하게 된다.

이처럼 수평축에 나타난 변수의 값이 변하거나 수직축에 나타난 변수의 값이 변하면, 곡선상에서 이동하게 된다. 그러나 어느 축에도 나타나 있지 않은 변수의 값이 변하게 되면 곡선 자체가 이동하게 되는 것이다.

제2편

시장과 수요·공급

제3장

수요, 공급과 가격결정

<개 요>

수요와 공급은 경제학에서 가장 자주 사용되는 용어이다. 수요와 공급은 시장경제를 작동하도록 만드는 힘이다. 시장경제에서 경제문제들은 소위 「보이지 않는 손」이라 일컬어지는 가격기구에 의하여 효율적으로 해결되며, 가격은 수요와 공급이라는 두 가지 서로 다른 힘이 작용하여 결정한다. 이러한 수요와 공급은 시장에서 서로 작용하는 사람들의 행위와 관련된다.

이 장에서는 시장, 수요, 공급에 대해 차례로 살펴 봄으로써 앞으로 경제학을 공부하는 데 있어서 필요한 기본개념을 이해시키고자 한다.

1. 시 장

1.1 시장이란 ?

현대경제사회에는 수많은 형태의 시장이 있다. 예를 들면 '가락동 농수산물 유통시장'과 같은 매우 조직화된 시장도 있다. 이러한 시장에서는 구매자들과 판매자들이 특정시간에 특정장소에서 만나 거래를 하며 경매자들이 가격을 결정하고 판매를 조정하도록 돕는다.

반면에 쇠고기를 파는 동네 정육점들과 같은 덜 조직화된 시장도 흔하다. 구매자들이 특정시간에 만나지도 않고, 판매자들도 서로 다른 장소에서 약간씩 다른 제품들을 판매한다. 쇠고기 가격을 호가하는 경매인도 없고, 판매자들은 단지 가격을 게시할 뿐이며, 소비자들은 자신들이 원하는 가게에서 얼마나 많은 쇠고기를 살 것인가를 스스로 결정한다.

비록 조직화되어 있지 않더라도, 쇠고기 구매자들과 판매자들은 시장을 형성한다. 이렇게 성격이 다른 것들을 보누 시장이라 할 수 있는 것은 구매자와 판매자 사이의 상품교환이 바로 그것을 매개로 하여 이루어진다는 사실 때문이다.

시장이라 해서 반드시 구체적인 장소를 말하는 것은 아니다. 예를 들어, 인터넷을 통한 전자상거래에는 어떠한 장소도 마련할 필요가 없다. 상품의 구매자들과 판매자들 사이에 접촉이 이루어질 수 있는 상황이 존재하기만 한다면 시장이 형성될 수 있다.

> 시장(market)이란 단순히 어떤 재화나 서비스에 대한 구매자들과 판매자들의 모임을 말한다.

이러한 시장에서 구매자들은 상품의 수요를 결정하고, 판매자들은 상품의 공급을 결정한다.

1.2 가격과 시장기구

제1장에서 한 경제체제가 해결해야 할 기본적인 세 가지 과제—무엇을 얼마

나, 어떻게, 누구를 위하여 생산할 것인가—는 다음과 같은 두 가지 극단적인 방식으로 해결될 수 있음을 보았다. 하나는 시장경제와 같이 모든 것을 시장에 맡겨 오직 시장을 통해서 표출되는 개별경제주체들의 의사결정에 따라 해결해 나가는 방식이고, 다른 하나는 계획경제처럼 중앙당국의 명령에 따라 모든 문제를 해결해 나가는 방식이었다.

모든 문제를 시장의 힘에 맡긴다는 것은 전적으로 **시장기구**(market mechanism)에 의존해 경제문제를 해결한다는 것을 의미한다. 시장에서 상품을 사고자 하는 사람과 팔고자 하는 사람이 서로 만나 거래를 하게 되고, 그 결과 상품의 가격과 거래량이 결정된다. 이 과정에서 무엇을 얼마나, 어떤 방법으로 생산할 것인가가 결정되며, 생산된 상품이 누구에게 돌아가도록 할 것인가도 동시에 결정된다. 이러한 시장기능이 발휘되는 과정에서 핵심적인 역할을 수행하는 것이 바로 **가격**(price)이다.

중앙당국의 명령에 의해 움직이는 계획경제와는 달리, 시장경제는 개별경제주체들의 의사에 맡겨 경제문제가 해결되도록 하기 때문에, 시장기능이 원할하게 작동하려면 개별적으로 행동하는 경제주체들의 행위를 조정해줄 수 있는 어떤 매개체가 필요하다. 이러한 매개체의 기능을 수행하는 것이 바로 가격이며, 이러한 이유로 시장기구를 **가격기구**(price mechanism)라고도 한다.

가격은 시장에서 **배급기능**(rationing function)과 **배분기능**(allocative function)이라는 두 가지 중요한 역할을 수행한다. 먼저 가격은 생산된 상품이 누구에게 돌아가도록 할 것인가를 결정해준다. 아무런 가격을 지불하지 않고서는 어느 누구도 원하는 상품을 얻을 수는 없다. 오직 상품의 가치에 적합한 가격을 지불하는 사람에게 만 상품이 배급된다.

또한 가격은 사회가 요구하는 상품생산에 자원이 배분되도록 **신호**(signal)를 전달해 주는 역할을 수행한다. 어떤 상품이 소비자들이 구입하고자 하는 것보다 너무 많이 생산 된다고 하자. 그러면 그 상품의 생산자는 이러한 과잉생산에 대해서 정부의 직접적인 경고를 받는 것이 아니라, 생산된 상품이 팔리지 않고 재고로 누적되고 있다는 사실을 통하여 경고를 받게 된다. 이 경우 손실이 발생하고 가격은 내릴 것이며, 이는 생산자에게 생산을 줄이라는 신호로 작용해 생산자원은 다른 산업으로 빠져 나가게 된다. 반면에 소비자가 원하는 것보다 너무 적게 생산되면 가격은 오르고, 이는 생산을 증가시키라는 신호로 작용해 더욱 많은 생산자원이 그 산업으로 투입되게 된다.

이와같이 가격은 소비자나 생산자의 경제활동에 대하여 신호역할을 함으로써 경제체계가 균형을 유지하도록 하는 매개체 역할을 한다. 이를 **가격의 매개변수적 기능**(parametric function of prices)이라고 한다. **아담 스미스**(Adam Smith)의 '**보이지 않는 손**'(invisible hand)은 바로 가격의 이러한 기능을 가리키는 말이다.

앞에서 언급한 바와 같이 가격은 시장에서 수요와 공급이라는 두 상반된 힘이 서로 작용하여 결정한다. 여기에서 한 가지 강조할 것은, 앞으로 살펴볼 수요-공급 모형이 모든 시장을 다 설명해 주지는 못한다는 점이다. 수요—공급이라는 단순한 모형으로 모든 시장을 설명하기에는 구매자들과 판매자들이 서로 작용하는 방식이 너무나 다양하다.

어떤 시장을 수요—공급 모형으로 설명할 때 우리는 그 시장에 대해 다음과 같은 몇 가지 암묵적인 가정을 하고 있다. 첫째, 수요곡선과 공급곡선이 존재하기 위해서는 그 시장에 수많은 구매자들과 판매자들이 존재해야 한다. 이는 어느 누구도 가격에 영향을 미칠 수 없어야 한다는 것을 의미한다. 만일 시장에 단 한사람의 판매자만 존재한다면 그는 자신에게 가장 유리한 가격을 발견하기 위해 수요곡선을 따라 탐색할 수 있을 것이고, 결과적으로 공급곡선이 존재하지 않게 된다. 둘째, 수요자와 공급자가 명확히 정의될 수 있는 집단이어야 한다. 주식시장과 같이 구매자인 동시에 판매자가 될 수 있는 경우 수요곡선과 공급곡선을 구분할 수 없다. 셋째, 구매자와 판매자가 상품의 가격과 질에 관한 완전한 정보를 가지고 있어야 한다. 그렇지 못하면 한 상품이 서로 다른 가격에 팔릴 수 있다. 끝으로, 재산권이 잘 정의되어 있어야 한다. 재산권이 명확하지 않으면 판매자가 생산비용의 일부를 무시하거나, 구매자가 상품구입으로부터 얻을 수 있는 편익을 전부 얻을 수 없게 될 수도 있다. 이러한 가정들이 구체적으로 무엇을 의미하는가는 이 책을 읽어 나가면 차차 이해하게 될 것이다.

2. 수 요

이 절에서는 구매자들의 행위를 살펴 봄으로써 시장의 한 측면인 수요에 대해 연구한다. 여기서 우리가 관심을 가져야 할 것은 '무엇이 어떤 상품의 수요량을 결정하는가'에 관한 것이다. 이를 위해 먼저 수요의 개념에 대한 논의부터 시작하기로 한다.

2.1 수요의 개념

경제학에서 사용하는 **수요**라는 용어는 매우 특별한 의미를 지니고 있다. 수요란 어떤 재화나 서비스에 대해 소비자가 지불하고자 하는 가격과 관계된다.

> **수요**(demand)란 어떤 재화나 서비스에 대한 여러 가지 가능한 가격수준에서 소비자가 구입하고자 하는 수량을 말한다.

여기에서 소비자가 구입하고자 하는 어떤 재화나 서비스의 양을 **수요량**이라 한다.

> **수요량**(quantity demanded)이란 소비자가 주어진 가격수준에서 구입하고자 하는 재화나 서비스의 총량을 말한다.

바꾸어 말하면, 수요란 어떤 재화나 서비스에 대한 여러 가지 가격수준과 그에 대응하는 수요량과의 관계를 나타낸다고 할 수 있다. 따라서 수요의 개념을 정확히 이해하기 위해서는 수요량의 개념을 이해하는 것이 필수적이다.

수요량의 개념과 관련해서 몇 가지 주의를 요하는 점이 있다.

첫째, 수요량이란 '특정한 길이의 시간', 예를 들면, 하루, 한달 혹은 일년 등 일정기간에 대해 정의되는 수량이라는 점이다. 어떤 재화의 수요량이 100개라고 할 때 그것이 하루 동안의 수요량인지 한달 동안의 수요량인지에 따라 그 의미는 매우 다를 것이다.

경제학에서는 어떤 양을 나타내는 변수가 '일정기간'에 대해 정의된 것이냐 '일정시점'에 대해 정의된 것이냐에 따라 각각 **유량**(flow)과 **저량**(stock)으로 구분한다. 수요량은 바로 유량에 속한다.

둘째, 수요량이란 소비자가 어떤 상품을 구입하고자 하는 막연한 욕구가 아닌

'구매력'(purchasing power)이 뒷받침된 구입의지로 나타나야 한다. 구매력이 뒷받침 되지 못하면 그것은 단지 욕구에 불과하며 수요와는 구분되어야 한다.

마지막으로, 수요량은 주어진 가격수준에서 소비자가 구입하고자 하는 '최대 수량'을 의미한다.

그런데, 일정기간 동안에 어떤 재화나 서비스에 대해 형성되는 가격은 매우 다양할 것이며, 변화하는 각각의 가격수준에 대해서 소비자가 구입하고자 하는 양이 있을 것이다. 이 때 하나의 주어진 가격수준에서 소비자가 구입하고자 하는 재화나 서비스의 양을 수요량이라 한다면, 모든 가격수준과 그에 대응하는 수요량과의 관계가 바로 수요인 것이다.

2.2 개별수요의 결정요인

어떤 사람이 매달 구입하고자 하는 특정 상품에 대한 수요를 생각해 보자. 어떤 요인들이 그 사람의 의사결정에 영향을 미칠 것인가? 여기에 생각해 볼 수 있는 몇가지 요인들을 제시한다.

그 상품의 가격 어떤 상품의 수요에 결정적으로 중요한 것은 바로 그 상품의 가격이다. 일반적으로 사람들은 가격이 내리면 그 상품을 더 많이 구입하고자 하고, 반대로 가격이 오르면 더 적게 구입하고자 한다. 수요량과 가격 사이의 이러한 역의 관계는 대부분의 재화들에 대해 성립하기 때문에 이를 **수요의 법칙**이라 부른다.

> **수요의 법칙**(law of demand)이란, 다른 조건이 일정할 때, 어떤 재화나 서비스의 가격과 그 수요량 사이에 逆(−)의 관계가 있다는 것이다. 즉, 가격이 하락하면 수요량은 증가하고, 가격이 상승하면 수요량은 감소한다.

관련상품의 가격 서로 관련된 상품들의 경우 한 상품의 수요는 다른 상품의 가격변화에 따라 영향을 받는다. 예를 들어, 사과와 배는 비슷한 욕구를 충족시켜 주기 때문에 사과가격이 상승하면 사과를 덜 사게 되고 아마 배를 더 많이 사게 될 것이다. 이처럼 한 상품의 가격이 상승할 때 다른 상품의 수요가 증가한다면 두 상품을 **대체재**(substitutes)라고 한다.

반면에 휘발유와 자동차처럼 두 상품이 동시에 결합되어 쓰이는 경우 휘발유 가격이 상승하면 자동차를 덜 이용하게 될 것이다. 이처럼 한 상품의 가격상승이 다른 상품의 수요감소를 초래하는 경우 두 상품을 **보완재**(complements)라 한다.

소 득 일반적으로 소득이 증가하면 총지출을 증가시킬 수 있기 때문에 대부분의 상품을 그만큼 더 살 수 있게 된다. 소득이 증가할 때 수요가 증가하는 상품을 **정상재**(normal goods)라고 한다.

반면에 소득이 증가하면 오히려 수요가 감소하는 상품도 있는데 이를 **열등재**(inferior goods)라고 한다. 어떤 소비자의 소득이 증가할 때, 그 소비자의 지출액 가운데서 줄이거나 삭제하고자 하는 상품이 바로 열등재가 될 것이며 흑백 TV나 버스승차 등이 좋은 예이다.

소비자의 기호 어떤 소비자의 수요를 결정하는 가장 명백한 요인은 바로 그 소비자의 기호(tastes)이다. 만일 소비자가 사과를 좋아한다면 그는 사과를 더 많이 사게될 것이다. 그러나 기호란 심리적인 요인이기 때문에 경제학에서는 통상 무엇이 사람들의 기호를 결정하는가에 대해는 설명하지 않고, 다만 기호가 변하는 경우 어떻게 될 것인가에만 관심을 갖는다.

예 상 장래의 가격이나 소득에 대한 예상(expectation)은 현재의 수요에 영향을 미칠 수 있다. 예를 들어, 어떤 사람이 다음 달에 소득이 증가할 것으로 예상하면, 그는 현재의 저축의 일부를 상품을 구입하는데 지출하고 싶어할 것이다. 또 내일 사과 가격이 내릴 것으로 예상하면 현재의 가격으로 구입하려고 하지 않을 것이다.

2.3 수요표와 수요곡선

앞에서 살펴본 것처럼 어떤 사람이 수요하는 상품의 양을 결정하는 요인들은 여러 가지이다. 이제 고려되는 상품의 가격을 제외한 다른 요인들은 당분간 변하지 않는다고 가정하고 가격이 수요량에 미치는 영향을 살펴보자.

<표 3-1>은 어떤 소비자가 상이한 가격에서 매달 얼마나 많은 사과를 구입하고자 하는가를 보여준다. 이 소비자는 사과의 가격이 개당 800원이면 한달 동안 20개의 사과를 구입하고자 할 것이며, 가격이 하락하여 600원이면 60개를, 그리고 500원이넌 80개로 구입량을 늘이려 한다는 것을 알 수 있다. 어떤 재화의 가격과 수요량간의 관계를 보여 주는 이러한 표를 **수요표**(demand schedule)라 한다.

〈표 3-1〉 사과의 수요표

조합	가격(원)	월간 수요량(개)
B	800	20
C	700	40
E	600	60
F	550	70
G	500	80

<표 3-1>에 주어진 수들을 관례에 따라 수직축에 가격 (P)을, 수평축에 수요량 (Q)을 표시한 평면에 옮겨 놓은 것이 <그림 3-1>로서 이를 수요곡선이라 한다.

> **수요곡선**(demand curve)이란 어떤 재화나 서비스의 가격과 그에 대응하는 수요량과의 관계를 나타내는 곡선이다.

사과의 가격이 800원일 때 월간 수요량은 20개이므로 그림에서 B점으로 표시된다. 마찬가지로 C점은 700원의 가격과 40개의 수요량을 나타 낸 점이며, E, F, G 역시 같은 방법으로 표시되었다. 이러한 조합점을 연결한 곡선 d가 바로 수요곡선이다.

수요의 법칙과 대체효과 및 소득효과 일반적으로 수요곡선은 <그림 3-1>에서처럼 우하향하는 기울기를 갖는다. 이것은 상품의 가격이 하락하면 수요량은 증가하고, 가격이 상승하면 수요량은 감소한다는 의미로, 앞서 말한 "수요의 법칙"을 반영하는 것이다.

그림 3-1 사과의 수요곡선

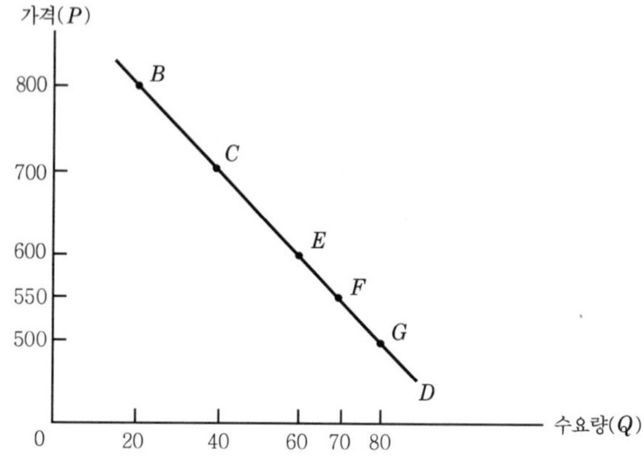

수요의 법칙이 성립하는 이유에 대해서는 제5장의 소비자이론에서 보다 자세히 분석하겠지만, 다음과 같이 간단히 설명할 수 있다.

먼저 어떤 재화의 가격이 상승하게 되면 소비자들은 그 재화를 대체할 수 있는 다른 재화를 찾게 될 것이기 때문에 수요량이 감소하게 된다. 예를 들어, 휘발유 가격이 상승하게 되면 자가 운전자들은 불필요한 운행을 중단하거나, 필요한 경우 버스나 지하철을 이용하려고 할 것이다. 따라서 휘발유에 대한 수요량은 감소한다. 어떤 재화의 가격이 변화할 때 상대적으로 비싸진 재화를 덜 구입하고 상대적으로 싸진 재화를 더 구입하게 되는 효과를 **대체효과**(substitution effect)라 한다.

또한 상품의 가격상승은 실질소득의 감소효과를 가져와 소비가 줄어들게 된다. 예를 들어 어떤 가정에서 매달 쌀을 구입하는데 50,000원을 지출한다고 하자. 그런데 이제 쌀의 가격이 10% 상승하여 전과 동일한 양의 쌀을 구입하기 위해서는 55,000원을 지출하여야 한다면, 이 가정은 매월 5,000원의 소득이 더 있어야만 전과 동일한 양의 쌀을 소비할 수 있게 된다. 즉, 쌀의 가격상승으로 인한 지출액의 증가분과 동일한 액수인 5,000원만큼 소득이 감소한 것과 같은 효과를 가져옴으로 쌀이 정상재인 한 수요량은 그만큼 줄어들 것이다. 이러한 효과를 **소득효과**(income effect)라 한다.

개별수요와 시장수요 <그림 3-1>은 한 개별소비자의 사과에 대한 수요를 표시한 것으로 이를 **개별수요**(individual demand)라 한다. 그러나 시장이 어떻게 작동하는가를 분석하기 위해서는 시장전체의 수요에 대해 알아야 한다. 어떤 재화나 서비스에 대한 **시장수요**(market demand)는 모든 개별수요를 합한 것이다. 예를 들어 사과의 시상수요곡선을 도출하기 위해서는 그 시장에 참여한 모든 개인들의 사과에 대한 수요곡선을 수평적으로 합하면 된다. 여기서 '수평적 합'(horizontal summation)이란 동일한 가격수준에 대응하는 개별수요량을 단순합계하는 것을 말한다.

시장수요는 개별수요로부터 도출되기 때문에 시장에서의 수요량은 개인들의 수요량을 결정하는 요인들-그 상품의 가격, 관련상품의 가격, 소득, 기호, 예상—에 의존한다. 시장수요는 또한 '구매자들의 수'에도 의존한다.

2.4 수요의 변화

앞에서 수요곡선을 도출할 때 우리는 그 상품의 가격을 제외한 다른 모든 요인들은 "당분간 변하지 않는다"고 가정한 것을 기억할 것이다. <그림 3-1>의 사과의 수요곡선은 관련상품의 가격, 소득, 기호, 예상 등의 요인들은 변하지 않는다는 가정하에 오직 사과 가격의 변화가 사과의 수요량을 어떻게 변화 시키는가를 나타낸 것이다. 그러나 현실세계에서 수요의 결정에 영향을 미치는 이러한 다른 요인들은 끊임없이 변화한다. 따라서 가격 이외의 다른 요인들의 변화가 상품의 수요에 어떠한 영향을 미치는가를 이해할 필요가 있다.

예를 들어 소비자의 소득이 오르게 된 경우를 생각해 보자. 앞에서 도출한 사과의 수요곡선은 어떻게 될 것인가? 소득수준의 상승은 사과가 정상재인 한 사과에 대한 수요를 증가시킬 것이며, 이는 사과의 모든 가격에 대해 수요량이 전보다 많아 진다는 것을 뜻한다. 따라서 수요곡선은 우측으로 이동할 것이다.

이와 같이 어떤 상품의 가격 이외의 모든 다른 요인들이 변화하면 수요곡선은 이동한다. <그림 3-2>에서 보는 바와 같이, 모든 가격에서 수요량을 증가시키는 변화 즉, **수요의 증가**는 수요곡선을 우측으로 이동시키고 (D_2), 수요량을 감소시키는 변화 즉, **수요의 감소**는 수요곡선을 좌측으로 이동시킨다 (D_3).

그림 3-2 수요의 변화

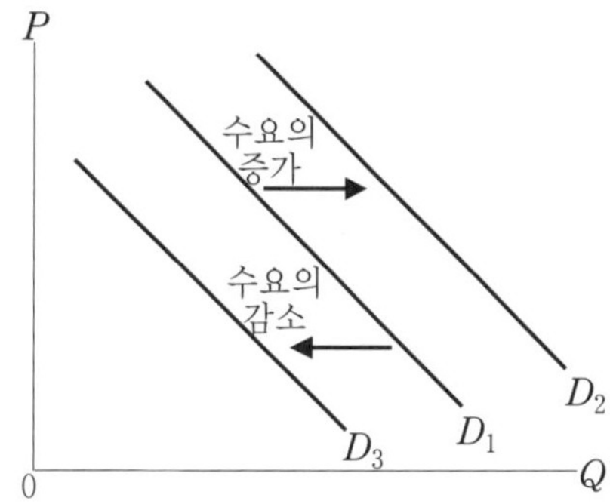

이렇게 어떤 상품의 가격 이외의 다른 요인이 변화하여 일어나는 수요량의 변화를 **수요의 변화**라고 하는데, 이는 어떤 상품 그 자체의 가격의 변화로 일어나는 **수요량의 변화**와는 구별되어야 한다.

> 어떤 상품의 가격 이외의 다른 요인들의 변화로 인해 수요곡선 자체가 이동하는 것을 **수요의 변화**(changes in demand)라고 하며, 그 상품의 가격이 변화해서 수요량이 주어진 수요곡선을 따라 이동하는 것을 **수요량의 변화**(changes in quantity demanded)라 한다.

요약하면, 수요곡선은 다른 모든 수요의 결정요인들이 변하지 않고 오직 가격만 변화할 때 그 상품의 수요량이 어떻게 될 것인가를 나타낸다. 만일 다른 결정요인들 중 어느 것이 변하면 수요곡선은 이동한다.

3. 공 급

이 절에서는 판매자의 행위를 살펴 봄으로써 시장의 다른 측면인 공급에 대해 연구한다.

3.1 공급의 개념

공급은 생산자가 판매하고자 하는 가격과 관계된다.

> **공급**(supply)이란 어떤 재화나 서비스에 대한 여러 가지 가능한 가격수준에서 생산자가 판매하고자 하는 수량을 말한다.

여기에서 생산자가 판매하고자 하는 어떤 재화나 서비스의 양을 **공급량**이라 한다.

> **공급량**(quantity supplied)이란 생산자가 주어진 가격수준에서 판매하고자 하는 재화나 서비스의 총량을 말한다.

한마디로 말해, 공급은 가격과 공급량 사이의 관계를 보여주는 예정표(schedule)이다. 수요량과 마찬가지로, 공급량을 정의할 때도 역시 다음과 같은 점에 주의해야 한다. 첫째, 공급량은 일정기간에 대해 정의되는 수량이다. 둘째, 공급량은 생산자가 판매하기를 원할 뿐만 아니라 실제 판매할 수 있는 양을 의미한다. 마지막으로, 공급량은 주어진 가격수준에서 생산자가 판매하고자 하는 최대수량을 의미한다.

3.2 개별공급의 결정요인

수요에 영향을 미치는 요인이 여러 가지가 있는 것처럼 공급에 영향을 미치는 요인도 여러 가지가 있다.

그 상품의 가격 상품의 가격은 생산자가 공급하고자 하는 양에 가장 큰 영향을 미친다. 상품의 가격이 오르면 판매이윤이 증가하고 따라서 공급량도 증가할 것이다. 반면에, 가격이 내리면 그만큼 판매이윤이 줄어들고 따라서, 생산이 줄어들거나 아예 생산을 하지 않게 될지도 모른다.

이처럼 공급량과 가격 사이에는 일반적으로 직접적인 관계가 성립하는데, 이를 공급의 법칙이라 부른다.

공급의 법칙(law of supply)이란, 다른 조건이 일정할 때, 어떤 재화나 서비스의 가격과 그 공급량 사이에 正(+)의 관계가 있다는 것이다. 즉, 가격이 상승하면 공급량은 증가하고, 가격이 하락하면 공급량은 감소한다.

투입물의 가격 어떤 상품을 생산하기 위해서는 여러 가지 투입물들이 사용된다. 만일 어떤 투입물의 가격이 상승하면 생산은 그만큼 불리하게 될 것이고 공급량은 줄어들 것이다. 따라서 어떤 상품의 공급량은 그 상품을 생산하기 위해 사용된 투입물들의 가격과 역의 관계를 갖는다.

기술수준 투입물들을 상품으로 전환시키는 기술수준도 공급량을 결정하는 하나의 요인이다. 기술수준의 발전은 기업의 비용을 감소시켜 공급량을 증대시킨다.

예 상 현재 공급하는 상품의 양은 장래에 대한 예상에 의존할 수도 있다. 예를 들어 어떤 농부가 앞으로 곡물가격이 오를 것으로 예상한다면, 그는 시장에 내다 팔던 곡물의 일부 또는 전부를 거두어 드릴지도 모른다. 이렇게 되면 현재의 공급량은 줄어들 것이다.

3.3 공급표와 공급곡선

공급량이 가격에 따라 어떻게 변하는가를 살펴보기 위해 고려되는 상품의 가격을 제외한 다른 요인들은 당분간 변하지 않는다고 하자.

<표 3-2>는 어떤 생산자가 상이한 가격에서 매달 얼마나 많은 사과를 판매하고자 하는가를 보여준다. 이 생산자는 사과의 가격이 800원이면 매달 140개의 사과를 판매하려고 하지만, 만일 가격이 500원으로 하락하면 20개로 그 판매량을 줄이려 한다는 것을 알 수 있다.

어떤 재화의 가격과 공급량간의 관계를 보여 주는 이러한 표를 공급표(supply schedule)라 한다.

〈표 3-2〉 사과의 공급표

조합	가격(원)	월간 공급량(개)
H	800	140
J	700	100
E	600	60
N	550	40
R	500	20

<표 3-2>에 주어진 수들을 앞에서와 같이 수직축에 가격을, 수평축에 수요량을 표시한 평면에 옮겨놓는 것이 <그림 3-3>으로, 이를 공급곡선이라 한다.

> **공급곡선**(supply curve)이란 어떤 재화나 서비스의 가격과 그에 대응하는 공급량과의 관계를 나타내는 곡선이다.

사과의 가격이 800원일 때 월간 공급량은 140개이므로 그림에서 H점으로 표시된다. 마찬가지로 J점은 700원의 가격과 100개의 공급량을 나타낸 점이며, E, N, R 역시 같은 방법으로 표시되었다. 이러한 조합점을 연결한 곡선 S가 바로 공급곡선이다.

그림 3-3 사과의 공급곡선

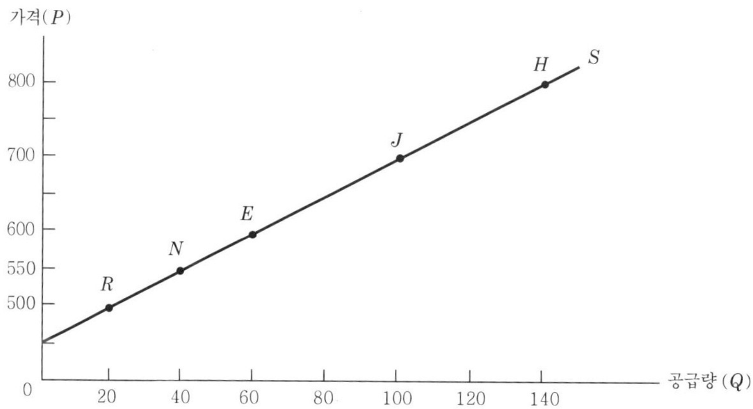

공급의 법칙과 비용증가의 법칙 일반적으로 공급곡선은 <그림 3-3>에서 처럼 우상향하는 기울기를 갖는다. 이것은 상품의 가격이 상승하면 공급량은 증가하고, 가격이 하락하면 공급량은 감소한다는 의미로, 앞서 말한 "공급의 법칙"을 반영하는 것이다.

공급의 법칙이 성립하는 이유는 비용증가의 법칙(law of increasing costs)과 관계된다. 비용증가의 법칙은 간단히 말해 추가적으로 생산을 증대시키기 위해서는 보다 높은 비용을 들여야 한다는 것이다. 따라서 공급량을 늘이기 위해서는 가격이 높아지지 않으면 안된다.

개별공급과 시장공급 <그림 3-3>은 한 개별생산자의 사과에 대한 공급을 표시한 것으로 이를 **개별공급**(individual supply)이라 하며, 시장전체의 공급을 **시장공급**(market supply)이라 한다. 시장공급곡선을 도출하기 위해서는 그 시장에 참여한 모든 판매자들의 개별공급곡선을 수평적으로 합하면 된다.

시장에서의 공급량은 개별생산자들의 공급량을 결정하는 요인들—그 상품의 가격, 투입물의 가격, 기술수준, 예상-에 의존한다. 시장공급은 또한 '판매자들의 수'에도 의존한다.

3.4 공급의 변화

비료의 가격이 하락했다고 가정해 보자. 이러한 변화는 사과의 공급에 어떻게 영향을 미칠 것인가? 비료는 사과생산에 있어 투입물의 하나이기 때문에 비료가격의 하락은 사과생산을 보다 유리하게 만들어 사과의 공급을 증가시킬 것이다. 이제 어떤 주어진 가격에서 생산자들은 더 많은 양을 생산하고자 할 것이고 사과의 공급곡선은 우측으로 이동한다.

수요의 변화와 마찬가지로, 고려되는 상품의 가격 이외의 모든 다른 요인들이 변화하면 공급곡선은 이동한다. <그림 3-4>에서 보는 바와 같이, 모든 가격에서 공급량을 증가시키는 변화 즉, **공급의 증가**는 공급곡선을 우측으로 이동시키고 (S_2), 공급량을 감소시키는 변화 즉, **공급의 감소**는 공급곡선을 좌측으로 이동시킨다 (S_3).

이렇게 어떤 상품의 가격 이외의 다른 요인이 변화하여 일어나는 공급량의 변화를 **공급의 변화**라고 하는데, 이는 어떤 상품 그 자체의 가격의 변화로 일어나는 **공급량의 변화**와는 구별되어야 한다.

> 어떤 상품의 가격 이외의 다른 요인들의 변화로 인해 공급곡선 자체가 이동하는 것을 **공급의 변화**(changes in supply)라고 하며, 그 상품의 가격이 변화해서 공급량이 주어진 공급곡선을 따라 이동하는 것을 **공급량의 변화**(changes in quantity supplied)라 한다.

요약하면, 공급곡선은 다른 모든 공급의 결정요인들이 변하지 않고 오직 가격만 변화할 때 그 상품의 공급량이 어떻게 될 것인가를 나타낸다. 만일 다른 결정요인들 중 어느 것이 변하면 공급곡선은 이동한다.

그림 3-4 공급의 변화

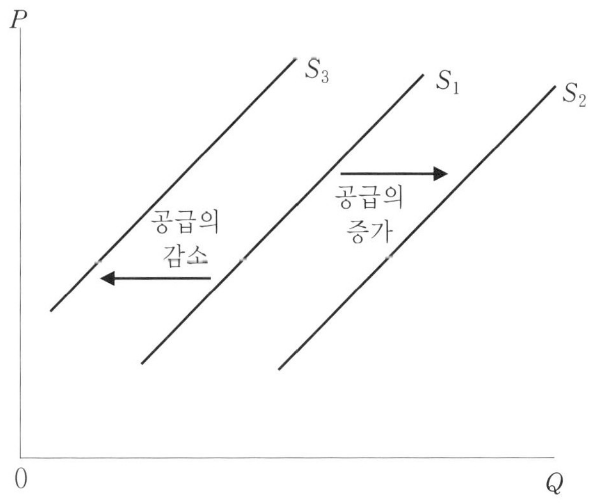

4. 균형가격의 결정 및 변화

지금까지는 수요와 공급을 개별적으로 분석했다. 이 절에서는 수요와 공급을 동시에 고려함으로써 시장에서 가격이 어떻게 결정되는가를 살펴본다.

4.1 균형가격의 결정

하나의 주어진 수요곡선상에는 수많은 가격과 그에 대응하는 수요량의 조합이 있을 수 있으며, 마찬가지로 주어진 하나의 공급곡선상에도 가격과 그에 대응하는 공급량의 조합이 무수히 많을 것이다. 따라서 수요곡선이나 공급곡선 어느 하나 만으로는 시장에서 형성되는 가격과 거래량을 설명하기에는 불충분하다.

<그림 3-5>는 앞에서 살펴 본 사과시장에 각각 10명의 동일한 수요자와 판매자가 있다는 가정하에서 개별수요 및 공급곡선으로부터 도출한 시장수요곡선과 시장공급곡선을 하나의 좌표상에 나타낸 것이다. 이 때 각 가격수준에서 소비자들이 구입하고자 하는 사과의 양과 생산들이 판매하고자 하는 사과의 양은 거의 대부분 서로 차이를 보이고 있다. 그러면 이러한 차이는 어떠한 과정을 통하여 조정될까? 이를 위해서는 먼저 균형의 개념을 이해할 필요가 있다.

> 일반적으로, **균형**(equilibrium)이란 서로 다른 힘들이 평형을 이루고 있어 더 이상 움직이려고 하지 않는 상태를 말한다.

그림을 보면 수요곡선과 공급곡선은 오직 한 점(E)에서 교차하고 있다. 그점에서는 구매자들이 구입하고자 하는 양과 판매자들이 판매하고자 하는 양은 각각 600개로 정확히 일치한다. 따라서 어느 누구도 현재의 상태를 변화시킬 인센티브를 갖지 않는다. 이 점을 시장의 **균형**이라고 하고 그 점에서의 가격을 **균형가격**, 수량을 **균형량**이라 한다.

> 수요량과 공급량이 일치할 때의 가격수준을 **균형가격**(equilibrium price)이라고 하며, 그때의 거래량을 **균형량**(equilibrium quantity)이라고 한다.

균형가격에서는 시장에 참여하는 모든 사람들이 만족하기 때문에, 이를 때로 **시장청산가격**(market-clearing price)이라고도 한다.

구매자들과 판매자들의 행동은 시장이 자연적으로 균형을 향해 움직이도록 해준다. 이를 보기 위해 시장가격이 균형가격과 다를 때 어떠한 일이 일어날 것인가를 알아 보자.

그림 3-5 균형가격결정

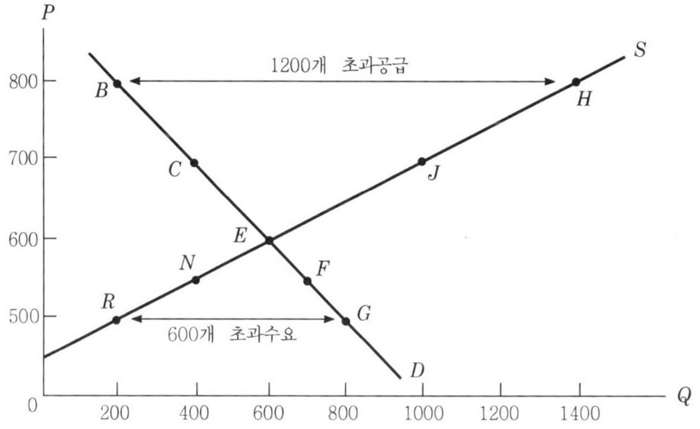

먼저 시장가격이 균형가격을 초과하는 경우를 살펴보자. 예를 들어 사과의 가격이 800원일 때 그림에서 보는 것처럼 공급량은 수요량을 초과한다. 사과의 가격이 800원일 경우 수요자들은 200개의 사과를 구입하고자 하는 반면 공급자들은 1400개를 판매하려 할 것이다. 즉, 1,200개의 사과가 남아돌게 된다. 이러한 상황을 **초과공급**이라고 한다.

> **초과공급**(excess supply)이란 현재의 가격수준이 너무 높아 공급량이 수요량을 초과하는 경우를 말한다.

시장에서 초과공급이 존재하면 공급자들은 가격을 내려서라도 팔고자 할 것이다. 따라서 가격은 시장균형이 달성될 때까지 계속 하락한다. 초과공급으로 인한 상품의 가격하락은 두 가지 효과를 나타내게 된다. 수요자 입장에서는 가격이 하락하면 그 상품의 소비를 늘이려고 할 것이며, 공급자 입장에서는 상품의 판매를 줄이려고 할 것이다. 이와 같은 수요자와 공급자의 상호작용으로 인해 초과공급량은 점차 감소하여 결국 완전히 사라진다.

이제 시장가격이 균형가격에 미치지 못하는 경우를 살펴보자. 그림에서 볼수 있듯이 500원의 가격수준에서는 수요자들은 800개의 사과를 구입하고자 하지만 공급자들은 단지 200개의 사과만을 판매하려고 한다. 즉, 600개의 사과가 부족하게 된다. 이러한 상황을 **초과수요**라 한다.

> **초과수요**(excess demand)란 현재의 가격수준이 너무 낮아 수요량이 공급량을 초과하는 경우를 말한다.

시장에서 초과수요가 존재하면 수요자들은 현재보다 높은 가격을 지불하고서라도 사려고 할 것이다. 따라서 가격은 시장균형이 달성될 때까지 계속 상승한다. 초과수요로 인한 상품의 가격상승은 수요자로 하여금 그 상품의 소비를 줄이도록 만들 것이며, 반면에 공급자 입장에서는 상품의 생산을 늘이려고 할 것이다. 결국 이와 같은 수요자와 공급자의 상호작용은 초과수요량을 완전히 제거시킨다.

이렇게 수 많은 구매자들과 생산자들의 행동은 자동적으로 시장가격을 균형가격으로 향하도록 만든다. 시장이 일단 균형에 도달하면 구매자들과 판매자들은 모두 만족하게 되고 가격상승이나 하락의 압력은 더 이상 존재하지 않게 된다. 얼마나 빨리 균형에 도달하게 되는가는 물론 시장에 따라 다를 것이다. 이는 가격이 얼마나 신속하게 조정되는가에 달려 있다. 그러나 대부분의 자유시장경제에서 초과공급이나 초과수요는 단지 일시적으로만 존재할 수 있을 뿐이다. 가격은 결국 균형수준으로 복귀한다. 이런 현상은 매우 보편적이기 때문에 때때로 **수요공급의 법칙**(law of demand and supply)이라고도 한다. 즉, 어떤 재화의 가격은 그 재화에 대한 수요와 공급이 균형되도록 조정된다.

4.2 균형의 변화

지금까지는 수요와 공급이 어떻게 구매자들이 구입하고 판매자들이 생산, 판매하는 재화의 균형가격을 결정해주는 시장의 균형을 결정하는가를 살펴 보았다. 물론 균형가격과 균형량은 수요곡선과 공급곡선의 위치에 의존한다. 어떤 사건이 수요곡선이나 공급곡선을 이동시키면 시장의 균형은 변화한다. 그러한 변화의 분석은 원래의 균형과 새로운 균형을 비교하는 것이므로, 이를 **비교정학**(comparative statics)이라 한다.

어떤 사건이 시장에 어떻게 영향을 미치는가를 분석하고자 할 때 다음과 같은 세 단계를 거쳐 분석하는 것이 편리하다. 첫째, 그 사건이 수요곡선을 이동시키는가, 공급곡선을 이동시키는가, 아니면 두 곡선 모두를 이동시키는가를 결정한다. 둘째, 곡선이 우측으로 이동하는가, 좌측으로 이동하는가를 결정한다. 셋째, 수요-공급곡선을 이용하여 그러한 이동이 균형가격과 균형량에 어떠한 영향을 미치는가를 조사한다.

사례 1 : 수요의 변화

사과의 섭취가 피부건강과 피로회복에 탁월한 효과가 있다는 의학적 연구보고가 발표되었다고 하자. 이 사건은 사과시장에 어떠한 영향을 미칠 것인가? 이에 대한 해답을 얻기 위해 다음 세 단계를 따른다.

1. 연구보고는 사과에 대한 사람들의 "기호"를 변화시켜 수요곡선에 영향을 미친다. 즉, 연구보고는 주어진 가격에서 사람들이 구입하고자 하는 사과의 양을 변화시킨다. 그러나 연구보고는 사과를 판매하는 기업들에 대해서는 직접적으로 영향을 미치지는 않기 때문에 공급곡선은 변하지 않는다.

2. 연구보고는 사람들로 하여금 사과를 더 많이 먹도록 하기 때문에 수요곡선은 우측으로 이동한다. <그림 3-6>은 수요곡선이 D_1 으로부터 D_2 로 이동함으로써 이러한 수요증가를 보여 주고 있다. 이러한 이동은 사과의 수요량이 모든 가격에서 종전보다 많아진다는 것을 나타낸다.

그림 3-6 수요의 변화에 따른 효과

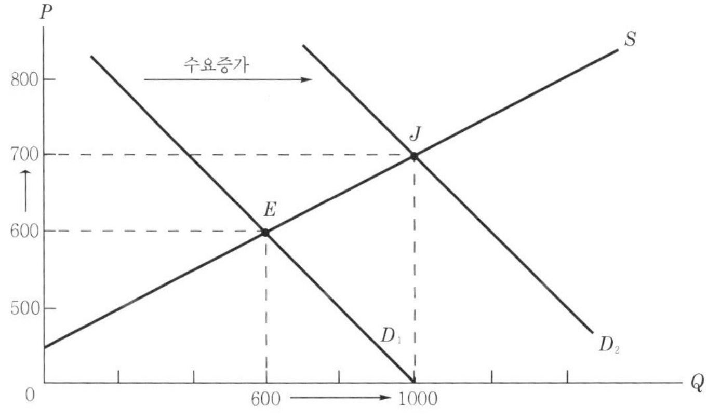

3. 그림에서 보는 것처럼, 수요의 증가는 균형가격을 600원에서 700원으로 상승시키고 균형량도 600개에서 1,000개로 증가시킨다. 다시 말해서, 사과의 가격과 판매량 모두를 증가시킨다.

여기에서 주목할 것은 비록 공급곡선이 변하지 않더라도, 이처럼 사과가격이 상승하면 기업이 공급하는 사과량은 증가한다는 사실이다. 이는 바로 앞에서 설명한 **공급의 변화가 아닌 공급량의 변화**가 발생했음을 말해준다.

> 공급이 일정할 때 수요가 증가하면 가격은 상승하고 균형량도 증가하며, 수요가 감소하면 가격은 하락하고 균형량도 감소한다.

사례 2 : 공급의 변화

태풍으로 인해 상당수의 사과과수원이 극심한 피해를 입었다고 하자. 이 사건은 사과시장에 어떠한 영향을 미칠 것인가? 이에 대한 해답을 얻기 위해 앞에서와 같이 다음 세 단계를 따른다.

1. 태풍은 공급곡선에 영향을 미친다. 전체적인 생산을 감소시킴으로써, 태풍은 주어진 가격에서 공급자들이 생산해서 판매하고자 하는 사과의 양을 변화시킨다. 그러나 태풍은 사과를 사고자 하는 가계에 대해서는 직접적으로 영향을 미치지는 않기 때문에 수요곡선은 변하지 않는다.

2. 태풍은 모든 가격수준에서 공급자들이 판매하고자 하는 총량을 감소시키기 때문에 공급곡선은 좌측으로 이동한다. <그림 3-7>은 공급곡선이 S_1 으로부터 S_2 로 이동함으로써 이러한 공급감소를 보여주고 있다.

3. 그림에서 보는 것처럼, 공급곡선의 이동은 균형가격을 600원에서 700원으로 상승시키고 균형량을 600개에서 400개로 감소시킨다. 태풍의 피해로 인해, 사과의 가격은 오르지만 판매량은 감소한다.

그림 3-7 공급의 변화에 따른 효과

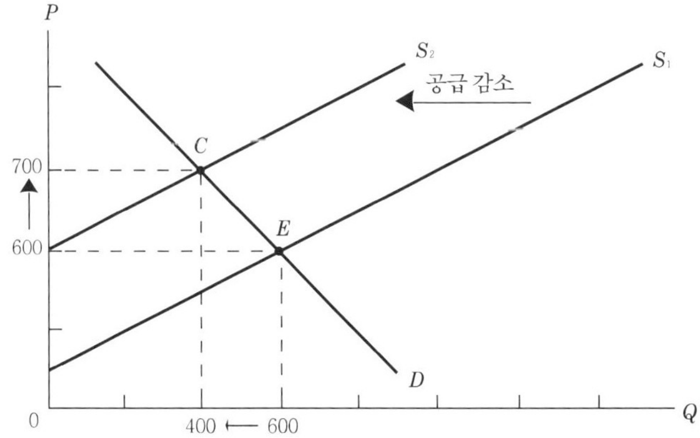

> 수요가 일정할 때 공급이 감소하면 가격은 상승하고 균형량은 감소하며, 공급이 증가하면 가격은 하락하고 균형량은 증가한다.

사례 3 : 수요와 공급의 동시적 변화

이제 앞에서 예로 든 두 가지 사건이 동시에 일어났다고 하자. 이 두 사건은 사과시장을 어떻게 변화시킬 것인가를 보기 위해 다시 한번 세 단계를 따른다.

1. 수요 및 공급곡선이 모두 이동한다.

2. 수요곡선은 우측으로 이동하고, 공급곡선은 좌측으로 이동한다.

3. <그림 3-8>에서 볼 수 있는 것처럼, 수요변화와 공급변화의 상대적 크기에 따라 두 가지 가능한 결과가 나타날 수 있다. 그림 (a)는 수요는 대폭 증가한 반면, 공급은 미미하게 감소하는 경우를 보여준다. 이 경우 균형가격과 균형량은 모두 증가한다. 그림 (b)는 공급은 대폭 감소한 반면 수요는 미미하게 증가하는 경우를 보여준다. 이 경우 균형가격은 상승하지만 균형량은 감소한다. 따라서 이 두 사건의 동시적 발생은 사과의 가격을 확

실히 상승시키지만, 사과의 판매량에 미치는 영향은 분명하지 않다.

> 수요와 공급이 동시에 변화하면 균형가격과 균형량도 따라서 변하지만 어떻게 변할지는 알 수 없다. 어느 방향으로 변할지는 수요변화와 공급변화의 상대적 크기에 의존한다.

그림 3-8 수요와 공급의 동시적 변화효과

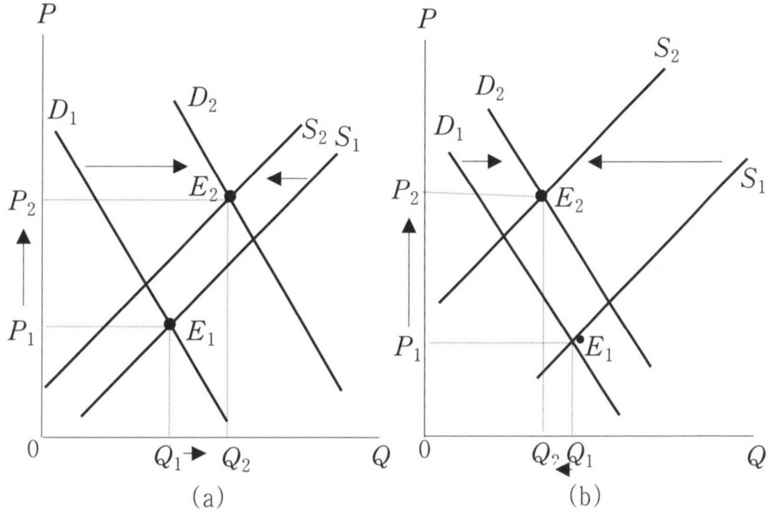

■ 요 약 ■

1. 어떤 재화나 서비스에 대한 구매자와 판매자의 모임이 시장이다. 이러한 시장을 분석하기 위해서 수요—공급모형이 사용된다. 시장경제에서는 수요와 공급에 의해 결정되는 가격이 경제적 의사결정과 자원배분을 안내하는 신호역할을 수행한다.

2. 수요곡선은 한 재화의 수요량이 가격과 어떤 관계를 갖는가를 보여 준다. 수요의 법칙에 따르면, 가격이 하락할 때 수요량은 증가한다. 따라서 수요곡선은 우하향 한다.

3. 수요량을 결정하는 요인들 중에는 가격 이외에도 소득, 대체재와 보완재의 가격, 기호, 예상 등이 있다. 이러한 다른 요인들 중 어느 한 요인이 변하면 수요곡선은 이동한다.

4. 공급곡선은 한 재화의 공급량이 가격과 어떤 관계를 갖는가를 보여 준다. 공급의 법칙에 따르면, 가격이 상승할 때 공급량은 증가한다. 따라서 공급곡선은 우상향 한다.

5. 공급량을 결정하는 요인들 중에는 가격 이외에도 투입물의 가격, 기술, 예상 등이 있다. 이러한 다른 요인들 중 어느 한 요인이 변하면 공급곡선은 이동한다.

6. 수요곡선과 공급곡선이 교차하는 점에서 시장균형이 결정된다. 균형가격에서 수요량과 공급량은 일치한다.

7. 시장가격이 균형가격을 초과하면 초과공급이 발생하여 시장가격을 하락시킨다. 시장가격이 균형가격에 미치지 못하면 초과수요가 발생하여 시장가격을 상승시킨다.

8. 어떤 사건이 시장에 미치는 영향을 분석하기 위해서는, 첫째, 그 사건이 수요곡선을 이동시키는가 공급곡선을 이동시키는가를 결정해야 하고, 둘째, 곡선의 이동방향을 결정해야 하며, 셋째, 새로운 균형과 원래의 균형을 비교해야 한다.

■ 주요개념 ■

시장, 가격기구, 가격의 매개변수적 기능, 수요, 수요량, 수요의 법칙, 대체재, 보완재, 정상재, 열등재, 수요표, 수요곡선, 수요의 변화, 수요량의 변화, 공급, 공급량, 공급의 법칙, 공급표, 공급곡선, 공급의 변화, 공급량의 변화, 균형, 균형가격, 균형량, 초과수요, 초과공급

제4장

수요와 공급의 탄력성

<개 요>

제3장에서는 수요와 공급의 변화를 통하여 새로운 균형점이 변화하는 방향에 대하여 설명하였다. 이 장에서는 탄력성의 개념을 이용하여 수요와 공급에 영향을 미치는 요인들이 변화했을 때 균형가격과 균형량이 얼마나 변화하는가에 대한 변화의 크기를 설명하기로 한다. 그리고 수요·공급이론이 현실경제를 분석하는 데 있어서 어떻게 적용되는지를 몇가지 사례를 통하여 보이고자 한다.

1. 수요의 탄력성

앞장에서 수요의 결정요인을 설명할 때 구매자들은 통상 고려되는 상품의 가격이 낮을수록, 소득이 높을수록, 대체재의 가격이 높거나 보완재의 가격이 낮을수록 그 상품을 더 많이 수요한다고 하였다. 그러나 우리는 단지 수요량이 이동하는 방향만을 논의하였을 뿐이고 변화의 크기에 대해서는 아무런 설명도 하지 않았다. 변화의 크기를 논의하기 위해서는 탄력성이라는 개념을 알아야 한다.

> **탄력성**(elasticity)이란 외부로부터 어떤 충격이 가해졌을 때 그로 인해서 유발되는 반응(responsiveness)의 크기를 측정하는 척도(measure)이다.

따라서 수요의 탄력성은 수요에 영향을 미치는 그 상품의 가격, 관련 상품의 가격 및 소득의 변화에 대해 수요량이 얼마나 민감하게 반응하는가를 하나의 숫자로 나타내 준다. 여기에서는 먼저 수요의 가격탄력성부터 설명하기로 한다.

1.1 수요의 가격탄력성

1.1.1 탄력성의 개념과 결정요인

수요의 법칙에 의하면, 어떤 상품의 가격이 하락하면 수요량은 증가한다. 수요의 가격탄력성(price elasticity of demand)은 가격변화에 대해 수요량이 얼마나 민감하게 반응할 것인가를 측정하는 개념이다. 어떤 상품에 대한 수요량이 가격의 변화에 대해 상당히 민감하게 반응하면 그 상품의 수요는 **'탄력적'**(elastic)이라 하고, 단지 미미하게 반응하면 **'비탄력적'**(inelastic)이라 한다.

그러면 한 상품의 수요가 탄력적인가 아니면 비탄력적인가를 결정하는 요인은 무엇인가? 한 상품에 대한 수요는 소비자들의 선호에 의존하기 때문에, 수요의 가격탄력성은 개인들의 욕구를 형성하는 많은 경제적, 사회적, 심리적 요인들에 의존한다. 그러나 우리는 경험에 입각해서 무엇이 수요의 가격탄력성을 결정하는가에 관해 몇 가지 일반적인 법칙을 제시할 수 있다.

밀접한 대체재의 존재 밀접한 대체재들이 존재하는 재화는 소비자들이 그 재화를 다른 재화로 대체하기가 쉽기 때문에 보다 탄력적인 수요를 갖게되는 경향이 있다. 예를 들어 버터와 마가린은 쉽게 대체할 수 있다. 마가린의 가격이 고정되어 있다면, 버터의 가격이 조금만 상승해도 버터의 판매량은 상당한 폭으로 감소할 것이다. 반면에, 소금은 밀접한 대체재가 거의 없는 식품의 하나이기 때문에 소금에 대한 수요는 아마 버터보다는 덜 탄력적일 것이다.

가계지출에서 차지하는 상품의 비중 한 상품에 대한 가계의 지출액이 총지출액에서 차지하는 비중이 클수록 탄력성은 커지게 된다. 예를 들어 휘발유와 소금은 다같이 대체재가 거의 없는 상품이다. 그런데 만일 두 상품의 가격이 동일한 비율로 상승한다면, 휘발유의 수요량 감소가 소금에 비해 훨씬 크게 나타날 것이다. 왜냐하면 소금을 구입하는 데 지출하는 금액은 아주 적기 때문에 가격이 상승하여도 가계가 무시할 수 있지만, 휘발유를 구입하는데 지출하는 금액은 상대적으로 비중이 크기 때문에 가격의 상승을 쉽게 무시할 수는 없기 때문이다.

필수재와 사치재 일반적으로 필수재는 비탄력적인 수요를 갖는 반면, 사치재는 탄력적인 수요를 갖는 경향이 있다. 예를 들어 버스승차나 식료품 같은 생활필수품으로 간주되는 상품의 경우에는 아무래도 가격탄력성이 작을 것이지만, 해외여행이나 고급의상처럼 사치재로 간주되는 상품은 그것이 없더라도 생활에 큰 불편이 없기 때문에 탄력성이 클 것이다. 물론 어떤 상품이 필수재인가 또는 사치재인가는 그 상품의 내재적인 특성이 아닌 소비자의 선호에 의존한다. 서민들에게는 해외여행이 사치재로 간주되어 탄력적인 수요를 갖게 되겠지만, 광적인 여행가라면 해외여행이 필수재로 간주되어 비탄력적인 수요를 가질 수도 있다.

시장의 정의 어떤 시장에서 수요의 탄력성은 그 시장의 경계를 어떻게 설정하는냐에 따라 달라진다. 좁게 정의된 상품들에 대해서는 밀접한 대체재를 발견하기가 쉽기 때문에, 그러한 시장의 수요는 넓게 정의된 시장의 수요 보다는 탄력적인 수요를 갖는 경향이 있다. 예를 들어 '식료품시장'처럼 시장을 넓게 정의하면 밀접한 대체제를 찾기 어려우나, '쌀시장', '보리시장', '공시장' 등과 같이 좁게 정의하면 쉽게 대체재를 찾을 수 있다.

가격변화에 적응하기 위한 기간 어떤 상품의 가격변화에 적응할 수 있는 기간이 길어질수록 그 상품에 대한 수요는 보다 탄력적이 된다. 예를 들어 휘발유 가격이 인상된 경우 수요량은 처음 얼마 동안은 단지 미미하게 감소할 것이다. 그러나 시간이 지남에 따라 사람들은 보다 연료를 절감할 수 있는 차를 구입하거나 대중교통수단을 이용하게 될 것이다. 장기적으로 보면 휘발유의 수요량은 매우 큰 폭으로 감소할 것이다.

1.1.2 탄력성의 계산

지금까지는 수요의 가격탄력성에 대해 일반적인 사항을 살펴 보았다. 이제 그것이 어떻게 측정되는지에 관해 보다 명확하게 알아 보기로 한다. 수요의 가격탄력성은 '가격의 변화율에 대한 수요량의 변화율'로 계산한다.

$$\text{수요의 가격탄력성}(E_p) = \frac{\text{수요량의 변화율}}{\text{가격의 변화율}} \qquad (4\ 1)$$

$$= \frac{\Delta Q/Q}{\Delta P/P} = \frac{\Delta Q}{\Delta P} \cdot \frac{P}{Q}$$

여기에서 Q는 수요량, P는 가격, Δ는 그 크기가 아주 작은 것으로 가정되는 변화폭을 나타낸다.

예를 들어 사과 한 개의 가격이 1,000원에서 1,100원으로 상승하면 어떤 소비자의 월간 수요량이 60개에서 45개로 줄어든다고 하자. 탄력성을 구하기 위해 먼저 가격변화율을 계산하면,

$$\{(1,100 - 1,000)/(1,000\}\times 100 = 10\%.$$

마찬가지로 수요량의 변화율을 계산하면,

$$\{(60 - 45)/60\}\times 100 = 25\%.$$

따라서 이 소비자의 수요의 가격탄력성은 2.5이다. 이는 수요량은 가격의 변화폭보다 2.5배만큼 더 변한다는 것을 의미한다.

수요의 가격탄력성과 관련해서 주목해야 할 점이 있다. 첫째, 수요의 법칙으로 인해 가격과 수요량은 반대방향으로 움직이기 때문에 수요량의 변화율과 가격의 변화율은 항시 상반된 부호를 갖게 된다. 위의 예에서 가격의 변화율은 (+)10%(가격 상승을 반영)이며, 수요량의 변화율은(−)25%(수요량 감소를 반영)이다. 이러한 이유로 수요의 가격탄력성은 때때로 음(−)의 숫자로 표시된다. 그러나 관례상 양(+)의 값으로 탄력성의 크기를 비교하기 때문에, 엄밀하게 표현하면 위의 식에(−)부호를 붙이거나 절대값으로 나타내야 하지만 이 책에서는(−)부호를 생략하고 모든 가격탄력성을 양의 숫자로 나타낼 것이다.

둘째, 위 식에서 보는 바와 같이, 수요의 가격탄력성은 수요량 변화율(%)을 가격 변화율(%)로 나눔으로써 단순한 숫자로 표시된다(이러한 특성은 뒤에 살펴 볼 여타의 탄력성에서도 그대로 나타난다). 이는 탄력성이란 상품의 단위와는 무관한 성격을 갖는다는 것을 의미한다. 즉, 사과 한 개를 단위로 하든 한 상자를 단위로 하든 탄력성에는 아무런 영향이 없다는 것이다. 이러한 탄력성의 특성은 서로 다른 상품간의 탄력성의 크기를 쉽게 비교할 수 있게 해준다. 한 채에 1억원이 넘는 아파트의 탄력성이나, 한 개에 500원이면 사는 사과의 탄력성을 같은 차원에서 비교할 수 있는 것이다.

1.1.3 수요곡선상에서의 탄력성의 측정

수요곡선상에서 탄력성을 측정하고자 할 때 가격변화폭의 크기에 따라 탄력성은 다음 두 가지로 구분된다.

호탄력성 호탄력성(arc elasticity)이란 수요곡선상의 두 점 사이의 탄력성을 말한다. (4−1)식에서 변화율은 원래의 값에 기초하여 계산되기 때문에 두 점사이의 탄력성을 구할 경우 어느 점에서 출발하는냐에 따라 탄력성의 크기는 달라진다.

<그림 4−1>에서 A점과 B점 사이의 탄력성을 구해 보자. 먼저 가격이 A점에서 B점으로 하락하는 경우 탄력성은 다음과 같다.

$$E_p = \frac{\Delta Q/Q}{\Delta P/P} = \frac{(50-20)/20}{(200-100)/200} = 3$$

그런데 만일 가격이 B 점에서 A 점으로 상승하였다고 하면 탄력성은 달라진다.

$$E_p = \frac{\Delta Q/Q}{\Delta P/P} = \frac{(50-20)/50}{(200-100)/100} = 0.6$$

이와같이 호탄력성은 가격변화의 방향에 따라 그 값이 달라진다는 것을 알 수 있다. 따라서 이러한 혼란을 피하기 위해 그 기준치를 구간의 평균값으로 취하는 방법이 일반적으로 사용된다. 즉, (4-1)식에서 P 대신에 두 가격의 평균값 $(P1+P2)/2$ 를, 그리고 Q 대신에 역시 $(Q1+Q2)/2$ 를 사용하면 (4-1)식은 다음과 같이 수정될 것이다.

$$E_p = \frac{\Delta Q/Q}{\Delta P/P} = \frac{\Delta Q/(Q_1+Q_2)}{\Delta P/(P_1+P_2)} \tag{4-2}$$

(4-2)식을 이용하여 위의 예를 다시 풀어 보면 다음과 같다.

$$E_p = \frac{30/(20+50)}{100/(100+200)} = 9/7$$

호탄력성에서 가격의 변화폭이 점점 작아지면 즉, 수요곡선상에서 두 점의 구간이 점점 좁아지면 그 값은 점탄력성이 된다.

그림 4-1 호탄력성의 측정

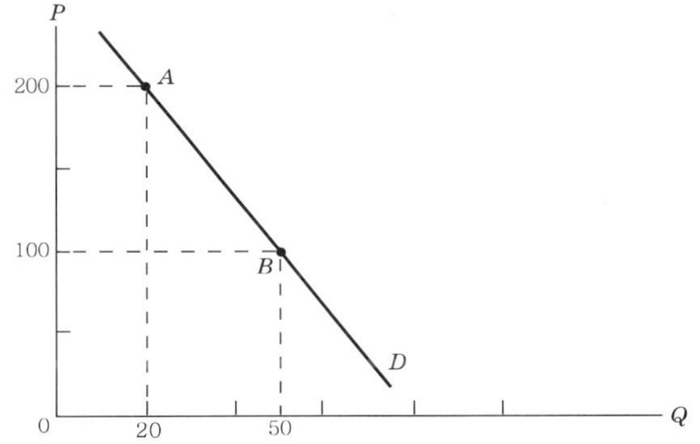

점탄력성 수요의 점탄력성(point elasticity)이란 수요곡선상의 한 점에서의 수요의 가격탄력성을 측정한 값으로서, 가격변화의 폭이 점점 작아져 0에 가까워졌을 때의 호탄력성의 값으로 볼 수 있다. 가격변화가 아주 작아 $\Delta P \rightarrow 0$ 이라고 쓸 수 있다면, 미분의 표현을 빌어 (4-1)식을 다음과 같이 고쳐 쓸 수 있다.

$$E_p = \frac{dQ}{dP} \cdot \frac{P}{Q} \tag{4-3}$$

그러므로 수요곡선상의 한 점이 정해지면, 그 점에서의 수요곡선의 기울기의 역수 (dQ/dP) 와 그 점이 의미하는 가격 (P) 과 수요량 (Q)을 이 식에 대입함으로써 그 점에서의 점탄력성을 구할 수 있다.

이제 <그림 4-2>의 수요곡선상의 한 점 E 에서의 점탄력성을 구해 보자. E 점에서 접선의 기울기의 절대값은 2이므로 점탄력성은,

$$E_p = \frac{dQ}{dP} \cdot \frac{P}{Q} = (1/2) \times (100/50) = 1$$

이다.

그림 4-2 점탄력성의 측정

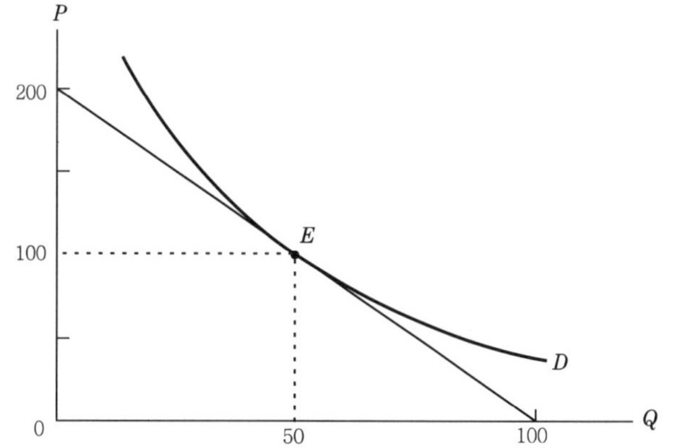

만약 수요곡선이 직선으로 주어진 경우라면 수요곡선상의 한 가운데에 위치한 점에서의 가격탄력성은 1이며, 그 왼쪽에서는 1보다 큰 값을, 그리고 오른쪽

에서는 1보다 작은 값을 갖게 된다.

이를 증명하기 위해, 수요곡선이 직선의 형태로 나타난 <그림 4-3>을 이용하여 각 점에서 탄력성을 구해 보자. 수요곡선상의 한 점 E에서 수직으로 내린 직선과 수평축이 만난 점을 J, 수요곡선과 수직축이 만난 점을 A, 그리고 수요곡선과 수평축이 만난 점을 H라고 할 때 E점의 탄력성은 다음과 같다.

그림 4-3 수요곡선상에서 탄력성의 측정

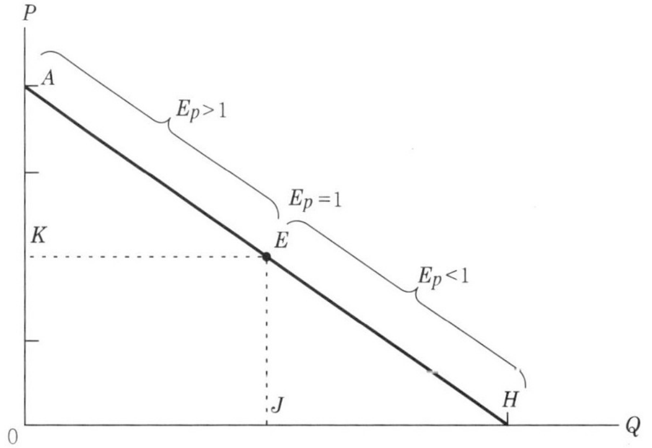

E점에서 수요곡선의 기울기는($-$부호는 생략한다),

$$\frac{dP}{dQ} = \frac{EJ}{JH}$$

이다. 그리고 E점에서 가격과 수요량은 각각

$$P = EJ,$$
$$Q = OJ$$

이므로, (4-3)식에 이들을 대입하여 정리하면 다음과 같이 표현된다.

$$E_p = \frac{dQ}{dP} \cdot \frac{P}{Q} = \frac{JH}{OJ}$$

$$= \frac{JH}{EJ} \cdot \frac{EJ}{OJ} = \frac{JH}{OJ} \qquad (4-4)$$

그러므로 만일 E 점이 수요곡선을 정확히 이등분하는 점이라면 $OJ = JH$ 이므로 E 점에서의 탄력성은 $E_p = JH/OJ = 1$이 된다.

그런데 삼각형의 원리에 의해 $\frac{JH}{OJ} = \frac{EH}{AE}$ 이므로, E 점보다 왼쪽에 위치하는 모든 점의 탄력성은 1보다 크고 왼쪽으로 이동할수록 그 값은 점점 커져 A 점에 이르러서는 무한대가 된다. 반면에 E 점의 오른쪽에 위치하는 모든 점의 탄력성은 1보다 작고 오른쪽으로 이동할수록 그 값은 점점 작아져 H 점에 이르러서는 0이 된다는 것을 쉽게 보일 수 있다.

이렇게 볼 때 동일한 수요곡선상에서도 위치에 따라 그 탄력성의 크기는 달라진다는 것을 알 수 있으며, 그 값은 수요곡선의 기울기와는 별개의 것이다. 왜냐 하면 (4-3)식에서 보는 바와 같이 점탄력성은 기울기의 역수의 절대값에 $\frac{P}{Q}$ 를 곱한 값으로 정의되는데 이 값이 수요곡선상의 점의 위치에 따라 달라지기 때문이다.

1.1.4 수요곡선의 형태와 탄력성

경제학에서는 수요곡선을 탄력성의 크기에 따라 다음과 같이 분류한다: 탄력성이 1보다 크면 수요는 **'탄력적'**(elastic)이라 하고, 1보다 작으면 **'비탄력적'**(inelastic)이라 한다. 만일 탄력성이 정확히 1이면 수요는 **'단위탄력적'**(unit elastic)이라 하며, 이는 수요량이 가격과 동일한 비율로 움직인다는 것을 의미한다. 극단적인 경우 탄력성이 0이면 수요는 **'완전비탄력적'**(perfectly inelastic)이라 하고, 탄력성이 ∞이면 **'완전탄력적'**(perfectly elastic)이라 한다.

수요의 가격탄력성은 수요량이 가격변화에 얼마나 민감하게 반응하느냐를 측정하기 때문에 수요곡선의 형태와 밀접한 관계를 갖는다. 일반적으로 한 점을 지나는 수요곡선이 평평할수록(flatter) 수요의 가격탄력성은 커지며, 가파를수록(steeper) 작아진다.

<그림 4-4>는 다섯가지 경우를 보여 주고 있다.

먼저, 수직선으로 나타낸 수요곡선 D_1 은 탄력성이 항상 0이다. 왜냐 하면 가격이 어떻게 변화하여도 그에 대응하는 수요량의 변화율 $\frac{\Delta Q}{Q}$ 가 0이기 때문이다.

그림 4-4 여러 가지 수요곡선의 탄력성 크기

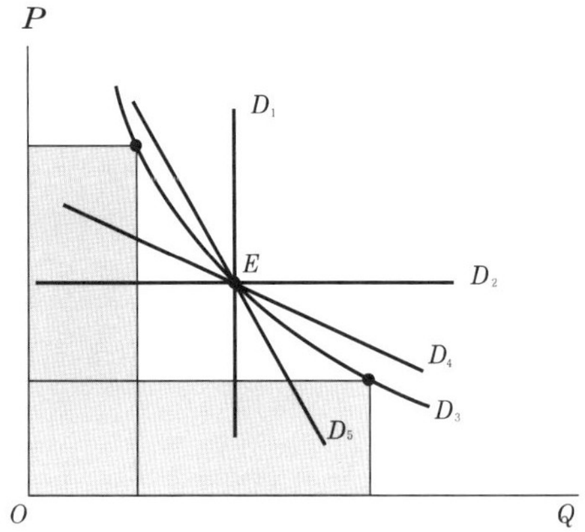

반면에 수평선으로 나타낸 수요곡선 D_2는 가격의 변화율 $\frac{\Delta P}{P}$가 0이므로 수학적으로는 탄력성의 값이 부정이 된다. 그러나 경제학적 해석으로는 수요곡선의 기울기가 거의 0에 가깝다고 보고, 따라서 가격이 조금만 변화하여도 그에 대응하는 수요량은 무한대로 접근할 것이므로 그 탄력성을 무한대로 간주한다.

한편 직각쌍곡선의 형태인 수요곡선 D_3의 탄력성은 항상 1이 된다. 직각쌍곡선의 특성 때문에 곡선상의 한 점에서 수직축과 수평축에 그은 직선이 만들어 내는 사각형의 면적이 모든 점에서 동일한데, 이것은 가격의 변화율과 수요량의 변화율이 동일하다는 것을 의미하므로 그 탄력성이 1이 된다.

끝으로, 수요곡선 D_4와 D_5는 각각 수요가 '탄력적'인 경우와 '비탄력적'인 경우를 보여 준다. 그림에서 알 수 있는 것처럼 탄력성이 커질수록 수요곡선은 점점 평평하게 된다.

1.1.5 탄력성과 총수입

어떤 시장에서 수요나 공급의 변화를 분석할 때 흔히 관심을 끄는 변수의 하나는 **총수입**(total revenue, TR)이다. 총수입은 구매자에 의해 지불된 금액이자 판매자의 수입이기 때문에 상품 한 단위의 가격에 판매량을 곱한 값이다.

$$\text{총수입}(=\text{총지출})=\text{가격}\times\text{판매량}=P\times Q \tag{4-5}$$

<그림 4-5>에 수요곡선상의 한 점에서의 총수입이 사각형의 넓이로 표시되어 있다. 이제 수요곡선을 따라 가격이 변화하면 총수입액은 어떻게 변화할 것인지 생각해 보자. 수요의 법칙으로 인해 가격과 수요량은 서로 반대방향으로 움직이기 때문에, 가격변화에 따른 총수입의 변화방향을 일률적으로 규정할 수는 없다. 그러나 그 상품에 대한 수요의 가격탄력성을 알면, 가격이 변화할 때 총수입의 증감 여부를 알 수 있다. 그러면 가격이 하락하는 경우를 예를 들어 설명해 보자.

그림 4-5 총수입

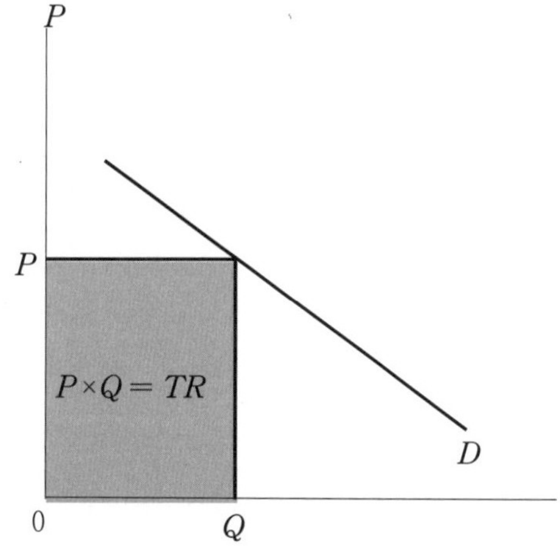

만일 탄력성이 1보다 크다면 가격의 하락률보다 수요량의 증가율이 더 크므로 총수입은 증가할 것이다. 반면에 탄력성이 1보다 작으면 가격의 하락률보다 수요량의 증가율이 더 작기 때문에 총수입은 감소한다. 그러나 탄력성이 1이라면 가격의 하락률과 수요량의 증가율이 같으므로 총수입에는 변화가 없을 것이다.

가격이 상승하는 경우에도 같은 논리로 설명할 수 있으므로, 이상의 논의를 종합 정리하면 <표 4-1>과 같다.

〈표 4-1〉 수요의 가격탄력성과 총수입

탄력성	가 격 하 락	가격상승
$E_p > 1$	총수입액 증가	총수입액감소
$E_p = 1$	총수입액 불변	총수입액불변
$E_p < 1$	총수입액 감소	총수입액증가

1.2 수요의 소득탄력성

경제학에서는 수요의 가격탄력성 외에도 여러 가지 탄력성을 사용한다. 소비자의 소득 (M)이 변함에 따라 수요량이 어떻게 변하는가를 측정하는 '**수요의 소득탄력성**'(income elasticity of demand)도 그 중 하나이다. 수요의 소득탄력성은 소득의 변화율에 대한 수요량의 변화율로 측정한다.

$$\text{수요의 소득탄력성}(E_m) = \frac{\text{수요량의 변화율}}{\text{소득의 변화율}} = \frac{\Delta Q/Q}{\Delta M/M} = \frac{\Delta Q}{\Delta M} \cdot \frac{M}{Q} \qquad (4-6)$$

대부분의 재화는 '정상재'이기 때문에 소득이 증가하면 수요량도 증가한다. 수요량과 소득이 같은 방향으로 움직이기 때문에 정상재는 양(+)의 소득탄력성을 갖는다. 그러나 만일 어떤 재화가 '열등재'라면 소득의 증가가 오히려 수요량을 감소시킴으로, 소득탄력성은 음(−)의 값을 갖는다.

그런데 정상재 간에도 재화들에 따라 소득탄력성의 크기는 매우 달라진다. 어떤 재화가 '필수재'라면 소비자들은 소득수준에 관계없이 어느 정도는 구입할 것이기 때문에 일반적으로 소득탄력성이 1보다 작게 된다. **"앵겔의 법칙"**(Engel's law)에서 가계의 소득이 증가함에 따라 총지출에서 식료품이 차지하는 비중이 점점 줄어드는 경향이 있다는 내용은 바로 식료품이 필수재이기 때문이다. 반면에 '사치재'는 소득수준이 낮은 경우 구입하지 않아도 무방함으로 소득탄력성이 1보다 크게 된다.

1.3 수요의 교차탄력성

어떤 상품의 수요는 관련상품의 가격에 영향을 받는다는 것을 이미 설명한 바 있다. 관련상품의 가격변화에 대한 수요의 반응 정도를 측정하기 위한 탄력성이 바로 '**수요의 교차탄력성**'(cross-price elasticity of demand)이며, 다음과 같이 정의된다.

$$\text{수요의 교차탄력성}(E_{XY}) = \frac{X\text{재의 수요량변화율}}{Y\text{재의 가격변화율}}$$
$$= \frac{\Delta Q_X / Q_X}{\Delta P_Y / P_Y} = \frac{\Delta Q_X}{\Delta P_Y} \cdot \frac{P_Y}{Q_X} \qquad (4-7)$$

교차탄력성은 관련상품의 성격에 따라서 양(+)의 값을 가질 수 도 있고, 음(−)의 값을 가질 수도 있다.

교차탄력성이 양(+)이라면 그것은 Y재의 가격상승이 X재의 수요량을 증대시킨다는 의미이므로 두 상품은 '대체재'이다. 반면에 음(−)의 값을 갖는다면 Y재의 가격상승이 X재의 수요량을 감소시킨다는 의미이므로 두 상품은 '보완재'이다. 그리고 만일 Y재가 X재와 전혀 무관한 상품이라면 교차탄력성은 0이 될 것이며, 두 상품은 서로 '독립재'라고 할 수 있다.

2. 공급의 탄력성

앞장에서 공급의 결정요인을 설명할 때 판매자들은 고려되는 상품의 가격이 증가할수록, 투입물의 가격이 하락할수록, 또는 기술수준이 개선될수록 공급량은 증가한다고 하였다. 공급에 관한 계량적인 설명을 위해 앞에서와 같이 탄력성의 개념을 사용한다. 원칙적으로 말하면 공급에 대해서도 가격변화 뿐만 아니라 다른 요인들의 변화에 대한 반응 정도를 측정할 수 있으나, 공급의 경우 통상 가격탄력성만이 관심의 대상이된다.

2.1 공급탄력성의 개념과 결정요인

공급의 법칙에 의하면 가격이 높을수록 공급량은 증가한다. '**공급의 가격탄력성**'(price elasticity of supply)—일반적으로 줄여서 '공급의 탄력성'이라고 함—은 가격의 변화에 대한 공급량의 반응 정도를 측정하는 개념이다. 수요에서와 마찬가지로 한 상품에 대한 공급량이 가격의 변화에 대해 상당히 민감하게 반응하면 그 상품의 공급은 '**탄력적**'(elastic)이라 하고, 단지 미미하게 반응하면 '**비탄력적**'(inelastic)이라 한다.

공급의 탄력성은 공급자들이 얼마나 '**융통성** 있게' 산출량을 변화시킬 수 있는가에 의존한다. 예를 들면, 경치가 좋은 해변가의 땅을 더 넓인다는 것은 거의 불가능하기 때문에 공급이 비탄력적일 것이다. 반면에 TV 나 자동차 같은 제품은 공장을 오래 가동하면 생산을 증대시킬 수 있기 때문에 공급이 탄력적일 것이다.

대부분의 시장에서, 공급의 탄력성을 결정하는 가장 핵심적인 요인은 바로 '**고려되는 기간**'이다. 공급의 탄력성은 통상 '단기'(short run)보다는 '장기'(long run)에 더 커진다. 단기에는 기업은 쉽게 공장규모를 변화시킬 수 없기 때문에 가격변화에 반응해서 공급량을 변화시키기가 어렵다. 그러나 장기에는 기업은 새로운 공장을 건설하거나 기존 공장을 폐쇄할 수 있기 때문에 공급량은 가격변화에 쉽게 반응할 수 있다.

또한 공급탄력성은 산출량이 증가할 때 '**생산비용**'이 얼마나 급격히 상승하느냐에도 영향을 받는다. 생산비용이 급격히 상승할수록 공급은 비탄력적이 된다.

2.2 공급탄력성의 계산

공급의 가격탄력성은 '가격의 변화율에 대한 공급량의 변화율'로 계산한다.

$$\text{공급의 탄력성}(\varepsilon) = \frac{\text{공급량의 변화율}}{\text{가격의 변화율}} = \frac{\Delta Q/Q}{\Delta P/P} = \frac{\Delta Q}{\Delta P} \cdot \frac{P}{Q} \qquad (4-8)$$

여기서 Q는 이제 공급량을 나타낸다.

예를들어 사과 한 개의 가격이 1,000원에서 1,100원으로 상승하면 어떤 농부의 월간 공급량이 10,000개에서 11,500개로 늘어난다고 하자. 탄력성을 구하기

위해 먼저 가격변화율을 계산하면,

$$\{(1100-1000)/1000\}\times 100 = 10\%.$$

마찬가지로 공급량의 변화율을 계산하면,

$$\{(11,500-10,000)/10,000\}\times 100 = 15\%.$$

따라서 공급의 탄력성은 1.5이다. 이는 공급량은 가격의 변화폭보다 1.5배만큼 더 변한다는 것을 의미한다.

한 가지 주목할 것은 공급의 탄력성은 수요의 가격탄력성과는 달리 항상 양(+)의 값을 갖는다는 것이다. 그것은 공급의 법칙에 의해 가격과 공급량이 같은 방향으로 움직이기 때문이다.

2.3 공급곡선상에서의 탄력성의 측정

공급곡선이 직선의 형태로 주어진 <그림 4-6>을 이용하여 E점에서의 탄력성을 구해 보자. 공급곡선의 연장선이 수평축과 만나는 점을 A라 하고, E점에서 내린 수직선과 수평축이 만나는 점을 M이라 하자.

그림 4-6 공급곡선에서의 탄력성 측정

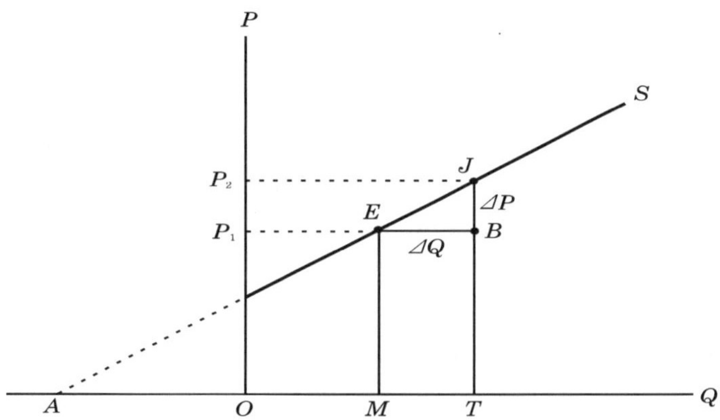

E점에서의 기울기는 공급곡선의 기울기와 같으므로,

$$\frac{\Delta P}{\Delta Q} = \frac{JB}{EB} = \frac{EM}{AM}$$

따라서,

$$\frac{\Delta Q}{\Delta P} = \frac{AM}{EM}$$

그런데 $P = EM$, $Q = OM$이므로, (4-8)식을 다시 정리하면,

$$\varepsilon = \frac{\Delta Q}{\Delta P} \cdot \frac{P}{Q} = \frac{AM}{EM} \cdot \frac{EM}{OM} = \frac{AM}{OM} \qquad (4-9)$$

(4-9)식에 따르면, 공급의 탄력성은 공급곡선이 어느 축에서 출발하느냐에 따라 결정된다는 것을 알 수 있다. <그림 4-6>의 공급곡선은 수직축에서 출발하므로 AM이 OM보다 항시 크며, 따라서 공급곡선상의 어느 점에서 측정하든 공급의 탄력성은 1보다 큰 값을 갖는다. 그리고 한 곡선상에서 오른쪽에 있는 점일수록 탄력성이 작아져 1에 가까워진다는 것을 알 수 있다. 만약 공급곡선이 원점에서 출발하는 직선이라면 어떤 점에서나 탄력성이 1의 값을 갖는다. 한편 공급곡선이 수평축에서 출발하면 1보다 작은 탄력성을 갖게 되며, 오른쪽에 있는 점일수록 탄력성이 커져 1에 가까워진다.

만약 공급곡선이 곡선모양이라면 곡선상의 한 점에서의 탄력성의 크기는 그 점에서 접선을 그어 그 접선을 앞에서 설명한 직선형태의 공급곡선으로 간주하면 쉽게 구할 수 있다.

2.4 공급곡선의 형태와 탄력성

공급의 가격탄력성은 가격변화에 대한 공급량의 반응정도를 측정하기 때문에 공급곡선의 형태에 반영된다.

그림 4-7 여러 가지 공급곡선의 탄력성 크기

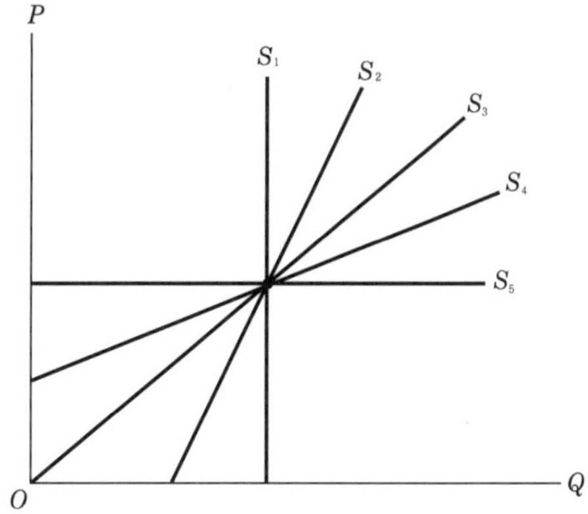

<그림 4-7>에는 탄력성의 크기가 다른 다섯 가지 형태의 공급곡선이 표시되어 있다. 먼저 탄력성이 0인 극단적인 경우, 공급은 완전비탄력적이며 공급곡선은 수직선이다 (S_1). 이 경우 공급량은 가격에 관계없이 일정하다. 공급의 탄력성이 커짐에 따라 공급곡선은 점점 평평하게 된다 ($S_2 < S_3 < S_4$). 이는 공급량이 가격변화에 보다 민감하게 반응함을 보여 준다. 탄력성이 무한대에 접근하는 완전탄력적 공급의 경우 공급곡선은 수평선 (S_5)이 되는데, 이는 아주 작은 가격변화라 할지라도 대폭적인 공급량의 변화를 초래함을 반영한다.

3. 수요, 공급 및 탄력성의 응용

지금까지 가격변화에 대한 소비자 및 생산자의 반응 정도를 측정하는 수요와 공급의 탄력성에 대하여 설명하였다. 이제 이와 같은 탄력성의 개념을 응용하여 현실경제의 사례를 분석해 보기로 하자.

3.1 OPEC의 가격전략 실패

지난 수십년간 세계경제를 괴롭힌 사건들의 대부분은 세계원유시장에서 유래되었다. 1970년대에 석유수출국기구(Organization of Petroleum Exporting Countries ; OPEC) 회원국들은 그들의 소득을 증대시키기 위해 공동으로 원유공급량을 감소시킴으로써 세계 원유가격을 인상하기로 결정하였다. 1973년부터 1974년까지 원유가격은 50% 이상 올랐다. 몇 년후 OPEC은 다시 한번 원유가격을 인상했다. 원유가격은 1979년에는 14%, 1980년과 1981년에는 각각 34% 인상되었다.

그러나 OPEC은 높은 가격을 유지하는 것이 어렵다는 것을 알게 되었다. 1982년부터 1985년까지 원유가격은 매년 약 10%씩 감소하였다. 이에 따른 여파로 1986년에는 회원국들 사이의 협조가 완전히 무너졌으며 원유가격은 무려 45%나 폭락했다. 1990년에는 원유가격이 1970년 수준으로 복귀했으며 1990년대 대부분의 기간동안 낮은 수준에 머물러 오고있다.

이 사례는 수요와 공급이 단기와 장기에 어떻게 달라질 수 있는가를 보여 준다. 단기에는 원유에 대한 수요와 공급 모두 상대적으로 비탄력적이다. 원유추출 능력은 쉽게 변할 수 없기 때문에 공급은 비탄력적이 된다. 구매관습 또한 가격변화에 대해 즉각 반응하지 않기 때문에 수요도 비탄력적이 된다.

<그림 4 8>에서 (a)는 단기 수요와 공급곡선이 비탄력적임을 보여 준다. 공급곡선이 좌측으로 이동함에 따라 가격은 크게 오른다.

그림 4-8 OPEC의 석유가격

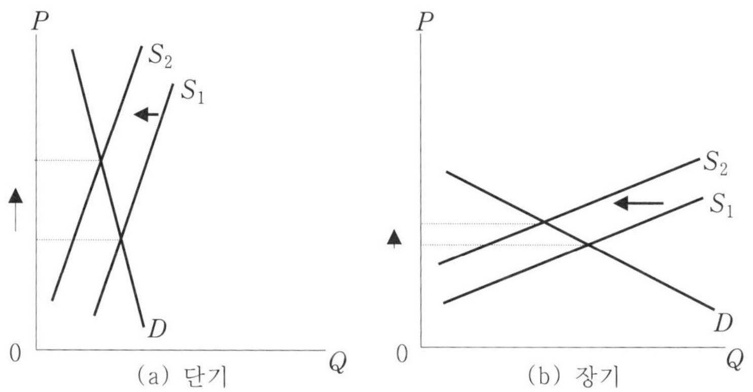

장기에는 상황이 달라진다. 시간이 지남에 따라 여타 산유국들의 생산시설은 가격상승에 반응하여 확대되며, 소비자들도 소비절감으로 반응한다. 그림 (b)는 장기 수요와 공급곡선이 보다 탄력적이 됨을 보여 준다. 장기에는 공급곡선의 좌측이동이 가격을 크게 상승시키지 못한다.

이 분석은 왜 OPEC의 고유가정책이 오직 단기에만 성공할 수 있는가를 보여 준다. 단기에는 비록 각 회원국들의 판매량이 줄어들어도 가격이 크게 올라 그들의 소득이 증대했으나, 장기에는 수요와 공급이 모두 탄력적이기 때문에 동일한 판매량 감소가 기대한 것만큼 가격상승으로 이어지지 못한다. 따라서 OPEC의 공급감소는 장기적으로는 불리하게 된다.

3.2 신품종개발과 농가소득

농촌진흥청 산하 「농업과학기술원」(National Institute of Agricultural Science and Technology)에서 기존 품종보다 훨씬 생산적인 새로운 품종의 쌀을 개발했다고 하자. 이 사건은 쌀농가와 쌀시장에 어떠한 영향을 미칠 것인가?

먼저 신품종의 개발은 공급곡선에 영향을 미친다. 신품종은 단위 면적당 생산될 수 있는 쌀산출량을 증가시키기 때문에 농가는 주어진 가격에서 더 많은 쌀을 공급하고자 한다. 따라서 공급곡선은 우측으로 이동한다. 수요는 신품종의

그림 4-9 쌀가격의 변동

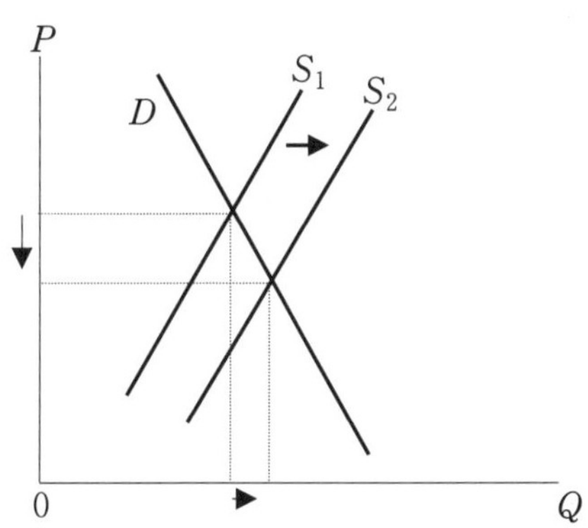

도입과는 무관하기 때문에(품질은 달라지지 않았다고 가정한다) 수요곡선은 변하지 않는다. <그림 4-9>는 이러한 변화를 보여준다. 공급곡선이 이동함에 따라 쌀의 판매량은 증가하나 가격은 하락한다.

그러면 신품종의 개발이 과연 농가소득을 증대시킬 것인가? 이 질문에 답하기 위해서 농가의 총수입이 어떻게 변하는가를 알아 보자. 신품종의 개발은 한편으로는 판매량을 증대시키지만 다른 한편으로는 가격을 하락시키기 때문에, 총수입은 수요의 가격탄력성에 따라 증가할 수도 있고, 감소할 수도 있다. 일반적으로 쌀과 같은 대부분의 농산물은 가격이 그리 비싸지도 않고 대체재도 별로 없기 때문에 수요가 비탄력적이다. 그림에서와 같이 수요곡선이 비탄력적이면 가격의 하락은 총수입을 감소시킨다. 쌀의 판매량은 미미하게 증가하는 반면, 가격은 대폭 하락하기 때문이다.

신품종의 개발이 농가소득을 오히려 감소시킨다면 왜 그것을 도입하는가? 이 질문에 대한 해답은 바로 경쟁시장이 어떻게 작동하는가에 있어 핵심을 이룬다(이 문제는 뒤에서 완전경쟁시장을 분석할 때 자세히 살펴 볼 것이다). 개별농가는 쌀시장 전체로 볼 때 극히 미미한 존재에 불과하기 때문에 쌀의 가격을 주어진 것으로 간주한다. 가격이 주어지면 신품종을 도입하여 더 많이 생산해서 판매하는 것이 이익이 될 것이다. 그러나 모든 농가가 그렇게 하면 공급이 증가하여 가격이 하락하고, 따라서 농가소득은 감소한다.

이 분석은 영농기술이 발전할수록 왜 농촌인구가 감소하는가를 설명해준다. 영농기술이 발전할수록 농가당 쌀수확량은 늘어나고, 이러한 공급의 증가는 비탄력적 수요와 함께 농가의 소득을 감소시켜 농민들로 하여금 농촌을 떠나게 만든다.

이 분석은 또한 역설적으로 보이는 농업정책을 설명하는 데도 도움이 된다. 정부는 농민들로 하여금 농산물의 공급을 감소시켜 가격을 증가시키기 위해 때로 경작면적을 제한하는 정책을 사용할 수 있다. 어떠한 농가도 자발적으로 경작면적을 줄이지는 않겠지만, 모든 농가가 그렇게 하면 그들 각자의 소득은 증대될 수 있다.

끝으로, 영농기술이나 농업정책의 효과를 분석할 때 유의해야 할 점은 개인에게 좋다고 해서 반드시 사회 전체로도 좋은 것은 아니라는 사실이다. 영농기술의 발전은 점차 불필요하게 되는 농가들에게는 불리하지만, 소비자들은 싸게 구입할 수 있기 때문에 그만큼 이득을 보게 된다. 마찬가지로, 농산물 공급제한정책은 농가소득을 증대시킬 수 있지만, 소비자들이 대신 희생하게 된다.

3.3 약물남용금지와 범죄예방

오늘날 세계적으로 심각한 사회문제의 하나는 헤로인(heroin), 코카인(cocaine), 필로폰(philopon)등 마약류의 남용이다. 우리나라도 1980년대 후반부터 고도성장으로 사회가 급격히 변화하는 과정에서 가치관의 혼란과 개인주의 팽배로 인한 도덕 윤리의 퇴조, 향락과 퇴폐풍조의 만연 등 사회·환경적 병리현상이 심화되면서 특정지역, 특정계층에 한정 되었던 마약류를 비롯한 약물남용 문제가 전지역, 전계층으로 확산되고 있는 추세이다.

마약류의 남용은 당사자는 물론 전가족의 생활을 파괴할 수 있다. 또한 일단 중독되면 쉽게 끊을 수 없어 계속적인 투약을 위한 돈을 마련하기 위해 강도 등 또다른 범죄를 유발하기도 한다. 정부는 이러한 마약류의 남용을 퇴치하기 위해 "마약류와의 전쟁"을 선포하고 관련법규 정비, 수사인력 확대 등 마약류의 불법적인 공급차단을 위한 종합대책을 수립, 추진하고 있다.

이제 정부가 마약류의 불법거래를 퇴치하기 위해 전문수사인력을 증대시키기로 하였다고 하자. 이러한 정부 정책은 마약시장에 어떠한 영향을 미칠 것인가?

불법거래금지의 목적은 약물 사용을 감소시키기 위한 것이지만, 그것의 직접적인 충격은 마약류의 구매자 보다는 판매자에게 미친다. 정부가 마약류의 국내반입을 금지시키고 보다 많은 밀반입자를 체포하게 되면, 마약류 판매비용을 상승시키고 주어진 가격에서 공급량을 감소시킨다. 구매자들이 구입하고자 하는 마약류에 대한 수요는 변하지 않는다. <그림 4-10> (a)에 이러한 상황이 그려져 있다. 공급곡선은 좌측으로 이동하고 수요곡선은 변하지 않는다. 마약류의 균형가격은 증가하고, 균형량은 감소한다. 균형량의 감소는 불법거래방지가 약물사용을 감소시킨다는 것을 보여준다.

그러면 이러한 정책이 과연 마약류와 관련된 범죄를 감소시킬 것인가? 이 질문에 대답하기 위해 약물사용자들이 마약류를 구입하기 위해 지불하는 금액을 살펴 보자. 마약중독자들은 가격이 높다고 해서 즉각적으로 투약을 중단하지는 않을 것이기 때문에, 마약류에 대한 수요는 그림에서 처럼 비탄력적이라 할 수 있다. 만일 수요가 비탄력적이라면 가격의 상승은 마약시장에서 판매자들의 총수입을 증가시킨다. 달리 말하면, 약물사용자들이 지불해야 하는 비용이 증가한다. 따라서 중독자들은 종전보다 더 많은 돈을 필요로 하고 이는 관련범죄의 증가를 초래할 수 있다.

이러한 역효과 때문에, 약물남용문제에 대해 공급을 줄이기 위한 정책보다는 수요억제정책을 추구하는 것이 보다 효과적일 수 있다. 「한국마약퇴치운동본부」가 주도하는 교육, 상담 등을 통한 예방활동은 이의 좋은 예이다. 약물남용자에 대한 성공적인 교육은 그림 (b)와 같이 수요곡선을 좌측으로 이동시켜 균형가격, 균형량 및 총수입을 모두 감소시킨다. 요컨데, 불법거래금지와는 달리, 교육을 통한 예방활동은 약물남용과 관련범죄를 동시에 감소시킬 수 있다.

물론 불법거래 금지정책은 단기보다는 장기적으로 보다 효과적일 수 있다. 마약류에 대한 수요의 탄력성은 고려되는 기간에 의존할 수 있기 때문에, 단기에는 비록 비탄력적일지 모르지만 장기적으로는 청소년층의 약물사용에 대한 호기심을 저히시거 중독자를 줄임으로써 보다 탄력적이 될 것이다. 이 경우 약물남용금지는 단기에는 관련범죄를 증가시킬 수 있지만 장기적으로는 감소시킬 것이다.

그림 4-10 약물남용금지

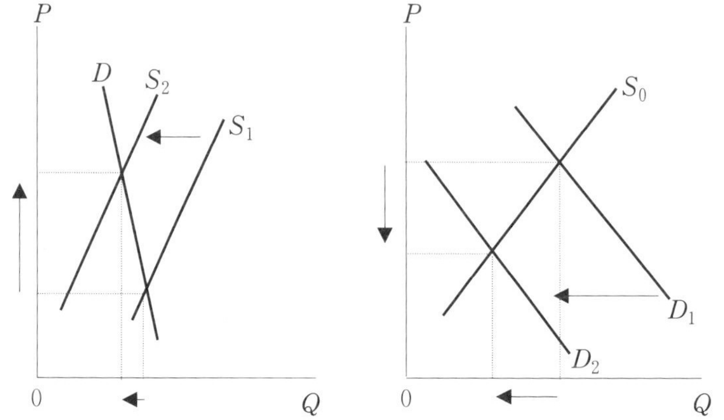

(a) 불법거래 금지 (b) 교육

3.4 조세부담의 귀착

> **조세부담의 귀착**(incidence of a tax)이란 실제로 누구에게 조세부담이 귀착하는가의 문제를 말한다.

조세부담이 반드시 납세의무자에게 귀착되는 것은 아니다. 어떤 조세에 대한 경제행위의 변화로 말미암아 경제의 가격과 산출량의 변화가 발생하면 조세부담의 일부가 다른 사람에게 이전될 수도 있는데 이러한 현상을 **조세의 전가**(tax shifting)라고 한다. 조세의 전가는 조세자체를 거부하거나 회피하는 현상은 아니며, 납부한 조세의 직접적인 화폐부담을 시장기구를 통해 다른 사람에게 이전시키는 현상이다.

그림 4-11 조세의 전가

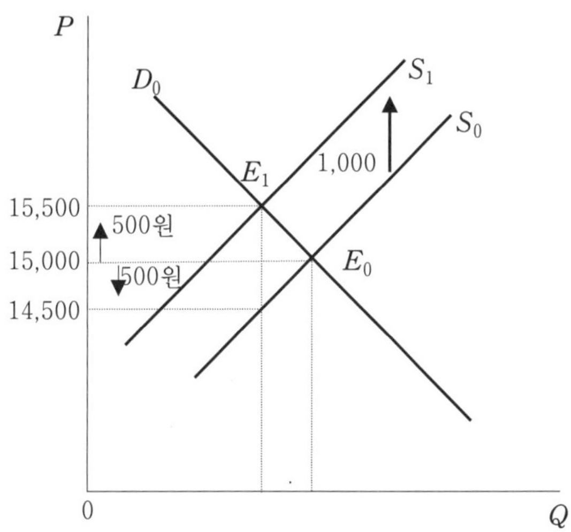

이제 <그림 4-11>을 통해 '판매세'의 경우 어떻게 조세가 전가되는지를 살펴보자. 그림에서 한 상품 X에 대한 시장수요곡선과 공급곡선이 각각 D_0, S_0로 표시되어 있다. 세금을 부과하기 전의 X재의 가격은 15,000원이다. 이제 정부가 X재 1단위당 1,000원의 판매세를 판매자에게 부과한다고 하자(판매세를 소비자에게 부과해도 결과는 동일하게 나타난다). 그러면 공급곡선은 S_0 로부터 S_1 으로 이동할 것이고, 새로운 균형 가격은 15,500원이 될 것이다. 이 새로운 균형가격이 바로 조세후 소비자가 지불해야 하는 가격이다. 이 가격에서 세금 1,000원을 공제한 금액(14,500원)이 판매자가 실제로 받는 가격이다. 따라서 이 경우 조세부담은 판매자와 구매자간에 각각 500원씩 똑같이 나누어지게 된다. 즉, 1,000원의 세금 중 500원은 구매자가 부담하게 되고—가격상승으로 지출이 500원 늘었다—나머지 500원은 판매자가 부담하게 된다.

그림 4-12 탄력성과 조세부담

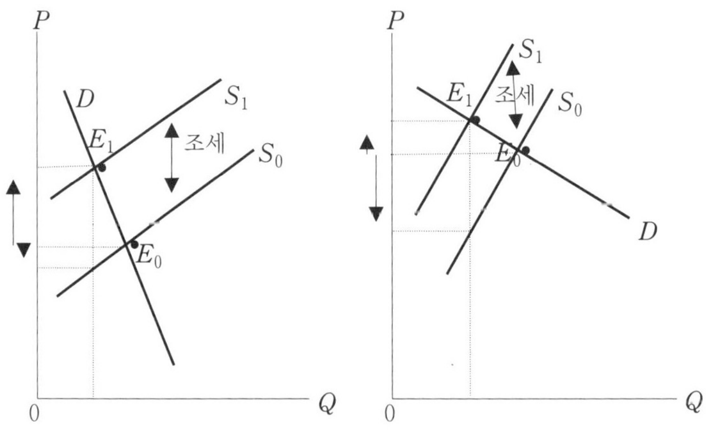

(a) 공급이 수요보다 탄력적인 경우

(b) 수요가 공급보다 탄력적인 경우

전가되는 금액의 크기는 일반적으로 조세에 대해 수요와 공급이 얼마나 민감하게 반응하는가에 의존한다. 즉, 수요가 비탄력적일수록 구매자의 부담이 커지고, 공급곡선이 비탄력적일수록 판매자의 부담이 커지게 된다. 이는 <그림 4-12>를 보면 명백하게 알 수 있다.

그림 (a)는 매우 탄력적인 공급곡선과 비교적 비탄력적인 수요곡선을 갖는 어떤 시장에서 판매자에게 조세를 부과하는 경우를 나타낸다. 이 경우 세금을 공제한 후 판매자가 받는 가격은 그리 큰 폭으로 하락하지 않기 때문에 판매자의 부담은 별로 크지 않다. 반면에 구매자가 지불하는 가격은 대폭 상승하기 때문에 구매자의 부담은 크게 증가한다.

그림 (b)는 매우 비탄력적인 공급곡선과 비교적 탄력적인 수요곡선을 갖는 경우를 나타낸다. 이 경우 판매자가 받는 가격은 대폭 하락하기 때문에 판매자의 부담은 크게 증가한다. 반면에 구매자가 지불하는 가격은 그리 큰 폭으로 상승하지 않기 때문에 구매자의 부담은 별로 크지 않다.

■ 요 약 ■

1. 수요의 가격탄력성은 수요량이 가격의 변화에 얼마나 민감하게 반응하는가를 측정한다. 한 재화에 대한 수요는 밀접한 대체재가 가용한 경우, 총가계지출액 중 그 재화에 대한 지출액의 비중이 클수록, 필수재 보다는 사치재인 경우, 시장이 좁게 정의되는 경우, 또는 구매자가 가격변화에 적응하는 기간이 길수록, 보다 탄력적이 되는 경향이 있다.

2. 수요의 가격탄력성은 가격의 변화율에 대한 수요량의 변화율로 계산한다. 탄력성이 1보다 크면 수요는 탄력적이라 하고, 1보다 작으면 비탄력적이라 한다.

3. 총수입은 가격에 판매량을 곱한 금액이다. 수요가 탄력적인 경우 가격이 하락하면 총수입은 증가한다. 수요가 비탄력적인 경우에는 가격이 상승하면 총수입이 증가한다.

4. 수요의 소득탄력성은 수요량이 소득의 변화에 얼마나 민감하게 반응하는가를 측정하며, 소득의 변화율에 대한 수요량의 변화율로 정의된다. 탄력성이 1보다 크면 그 재화는 사치재이고, 1보다 작으면 필수재이다. 탄력성이 음(−)의 값을 가지면 그 재화는 열등재이다.

5. 수요의 교차탄력성은 한 재화의 수요량이 관련재화의 가격변화에 얼마나 민감하게 반응하는가를 측정하며, 관련재화의 가격변화율에 대한 그 재화의 수요량변화율로 정의된다. 탄력성이 0보다 크면 두 재화는 대체재이며, 0보다 작으면 서로 보완재이다.

6. 공급의 가격탄력성은 공급량이 가격의 변화에 얼마나 민감하게 반응하는가를 측정한다. 공급의 탄력성은 고려되는 기간이 길수록 보다 탄력적이 되는 경향이 있다.

7. 공급의 가격탄력성은 가격의 변화율에 대한 공급량의 변화율로 정의된다. 탄력성이 1보다 크면 공급은 탄력적이라 하고, 1보다 작으면 비탄력적이라 한다.

■ **주요개념** ■

탄력성, 수요의 가격탄력성, 탄력적, 비탄력적, 필수재, 사치재, 호탄력성, 점탄력성, 단위탄력적, 완전비탄력적, 완전탄력적, 총수입, 수요의 소득탄력성, 수요의 교차탄력성, 공급의 탄력성, 조세부담의 귀착, 조세의 전가

제5장

소비자선택이론

<개 요>

이 장에서는 소비자의 경제적 행위를 분석함으로써 시장의 수요측면을 보다 자세히 살펴보고자 한다. 이 장에서 우리가 관심을 가져야 할 것은, 무엇이 개별 소비자의 의사결정을 지배하는가, 즉 **수요의 법칙**의 배후에 어떠한 원리가 작용하고 있는가를 살펴보는 것이며, 동시에 소비자들이 다양한 상품의 구입을 위하여 어떻게 화폐소득을 사용하는가를 분석하는 것이다.

어떤 소비자가 주어진 화폐소득을 가지고 자신의 욕망을 극대화시키는 상태를 **소비자균형**이라고 하며, 이렇게 행동하는 소비자를 **합리적 소비자**라고 한다. 소비자 행동이론은 바로 합리적인 소비자가 어떻게 균형에 도달하는가를 밝히기 위한 이론이다.

1. 효용이론

효용이론은 기수적효용(cardinal utility)에 입각하여 소비자행동을 설명한다. 효용이론은 1870년대 영국의 제본스(W.S.Jevons), 오스트리아의 맹거(C.Menger), 프랑스의 왈라스(L.Walras) 등에 의해 거의 동시에 전개되었으며, 그들은 효용의 크기를 무게, 거리, 온도 등과 같이 기수적으로 측정할 수 있다고 믿었다.

이 절에서는 먼저 효용의 개념을 정의하고 **한계효용체감의 법칙**과 **한계효용균등의 법칙**을 통해 합리적인 소비자가, 자신의 선호(preference)와 화폐소득이 주어졌을 때, 어떻게 만족을 극대화하는가를 살펴보기로 한다.

1.1 효용의 개념

인간은 다양한 욕망을 가지고 있으며 대부분의 욕망은 여러 가지 상품을 소비함으로써 충족될 수 있다. 사람들이 무엇인가를 구입하는 것은 그로부터 어떤 만족감을 기대하기 때문이나. 이 만족감을 효용이라 한다.

> **효용**(utility)이란 사람들이 재화(goods)나 서비스(services)를 소비할 때 느끼는 만족감이다.

효용은 "유용성"이나 "실용성"을 의미하는 것은 아니며, 극히 주관적인 개념이기 때문에 사람마다 다를 수 있다. 이러한 이유로 어떤 소비자가 특정 재화로부터 얻을 수 있는 효용의 크기를 측정할 수 있는 과학적 방법은 존재하지 않는다. 그러나 어떤 사람이 무슨 재화의 소비로부터 더 많은 효용을 얻는가는 그 사람의 소비행동에 의해 추론할 수는 있다. 예를 들어 어떤 사람이 사과와 배의 가격이 동일함에도 불구하고 사과를 더 많이 구입한다면, 그 사람은 배보다 사과로부터 더 많은 효용을 얻는다고 말할 수 있다

사람들이 어떤 재화의 소비로부터 얻는 효용은 그들의 기호와 선호에 의존한다. 개인의 선호는 주어졌다고 가정되며, 이는 그 사람이 어떤 재화의 소비로부터 얼마나 효용을 얻는가를 결정한다. 사람들은 자신의 소득을 좋아하는 재화에 더 많이 지출하기 때문에, 개인의 선호는 결국 그가 어떻게 소득을 배분하는가

를 결정한다. 그러나 개인들 사이에 선호가 왜 다른지를 설명할 수는 없다.

만일 효용을 측정할 수 있다고 가정하면, 효용의 개념을 사용하여 소비자들이 무엇을 구입할 것인가에 관해 의사결정을 하는 방식을 분석할 수 있다. 이를 위해서 **총효용**과 **한계효용**을 구분하는 것이 도움이 된다.

> **총효용**(total utility, TU)은 한 개인이 일정기간 동안 특정 재화나 서비스를을 소비함으로써 얻을 수 있는 주관적인 만족감의 총량이다.

총효용은 일반적으로 재화의 소비량이 증가함에 따라 증가한다. 따라서 우리는 총효용과 소비량의 관계를 하나의 함수관계로 나타낼 수 있는데 이를 **효용함수**라고 한다.

> **효용함수**(utility function)는 일정기간 동안의 재화의 소비량과 총효용간의 관계를 나타내 준다.

한 재화만을 고려하여 그 재화의 소비량을 Q로 표시하고 그로부터 얻어지는 총효용을 U로 표시하면 가장 단순한 형태의 효용함수는 아래와 같이 표시할 수 있다. 이 때 식의 오른편에 표시된 U는 함수기호를 나타낸다.

$$U = U(Q) \tag{5-1}$$

총효용은 한 소비자가 재화의 구입으로부터 얻을 수 있는 편익(benefits)을 측정하기 위해 필요한 개념이다. 어떤 소비자가 특정 재화의 소비로부터 보다 많은 효용을 얻을수록 그 사람의 후생수준은 증가할 것이다. 따라서 소비자의 최적구입결정은 바로 자신의 총효용을 가능한 한 크게 하는 것이라고 할 수 있다. 소비자의 의사결정에 중요한 것은 바로 총효용이다. 그러나 어떻게 하는 것이 총효용을 증가시킬 수 있는지를 이해하기 위해서는 한계효용의 개념을 이해해야 한다.

> **한계효용**(marginal utility, MU)이란 한 소비자가 어떤 재화나 서비스를 추가적으로 한 단위 더 소비할 때 느끼는 효용의 증가분이다.

총효용의 증가분을 ΔU로 표시하고, 소비량의 증가분을 ΔQ로 표시하면, 한계효용 MU는 아래와 같이 나타낼 수 있다.

$$M = \Delta U / \Delta Q \qquad (5-2)$$

효용이란 극히 주관적인 개념이기 때문에 수량화 하기는 어렵지만 설명의 편의를 위하여 '유틸'(util)이라는 단위로 측정될 수가 있다고 가정하자. <표 5-1>은 총효용과 한계효용이 어떠한 관계를 갖는가를 보여 준다.

〈표 5-1〉 총효용과 한계효용

(1) Q_x	(2) TU_x	(3) MU_x
0	0	…
1	10	10
2	16	6
3	20	4
4	22	2
5	22	0
6	20	−2

이 표의 (1)란은 어떤 상품 X의 소비량을, (2)란은 총효용을 나타내고 있다. 예를 들면, 상품 X를 한 단위 소비할 때의 총효용은 10유틸이고, 두 단위 소비할 때의 총효용은 16유틸이다. (3)란은 상품 X의 추가적인 한 단위 소비로부터 얻는 효용의 증가분 즉, 한계효용을 나타낸다.

표에서 알 수 있는 바와 같이, 한계효용은 연속된 두 소비량간의 총효용의 차이로써 구할 수 있다. 예를 들어 이 소비자가 상품 X를 3단위 소비한다면 총효용은 20유틸이고, 4단위를 소비한다면 22유틸의 총효용을 얻을 수 있다. 따라서 그 소비자의 한계효용은 그 둘의 차이, 즉 2유틸이 되는 것이다. 그러므로 어떤 재화 n단위로부터 얻을 수 있는 총효용은 각 단위의 한계효용을 n단위까지 모두 합한 것과 같다.

1.2 한계효용체감의 법칙

총효용은 재화의 소비량이 증가함에 따라 일반적으로 증가하지만, 그렇다고 계속적으로 증가하는 것은 아니다. 한 개인이 특정 재화의 소비로부터 얻을 수 있는 효용의 최고치를 **포화점**(saturation point)이라 한다. 포화점에 도달할 때까지는 총효용은 소비량이 증가함에 따라 증가하지만, 포화점을 지나면 감소하기 시작한다. <표 5-1>을 보면, 이 소비자는 4번째 재화를 소비한 후 포화점에 도달하며, 5번째 재화로부터 6번째 재화로의 소비증가는 오히려 총효용을 감소시킨다. 이러한 현상을 '**한계효용체감의 법칙**'이라 한다.

그림 5-1 총효용곡선과 한계효용곡선

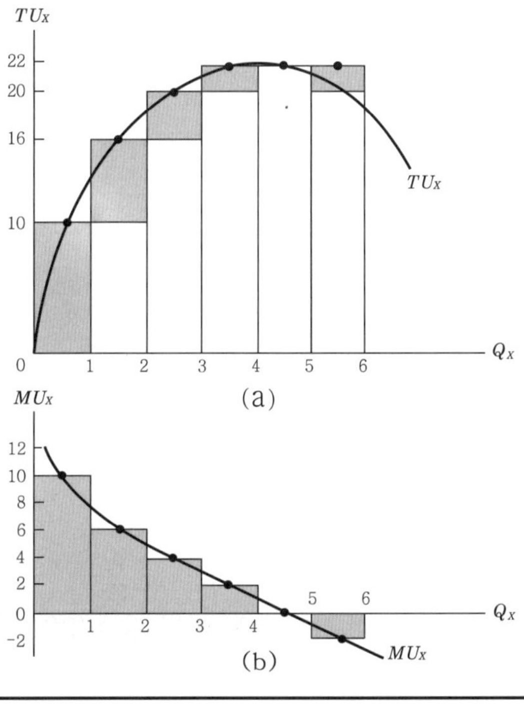

> 한 재화의 소비량이 증가할수록 추가적인 한 단위가 주는 한계효용이 감소하는 현상을 **한계효용체감의 법칙**(law of diminishing marginal utility)이라 한다

한계효용체감의 법칙은 재화의 소비량이 증가함에 따라 총효용이 비록 증가하더라도 그 증가의 정도는 점차 감소한다는 것을 의미한다. <표 5-1>의 자료를 이용하면 총효용곡선과 한계효용곡선을 그릴 수 있다. <그림 5-1>은 각 소

비량수준에서 막대그림표로 측정한 총효용과 한계효용의 중간점들을 연결하여 그린 것이다.

<그림 5-1> (a)에서 보는 바와 같이, 총효용은 소비량이 증가함에 따라 상승하다가 한계효용이 0이 되는 점 즉, 포화점에서 극대가 되고, 그 점을 넘어서면 감소한다. 그림 (b)에서 한계효용곡선이 우하향하고 있는 것은 한계효용체감의 법칙을 반영하는 것이다. 물론 한계효용은 처음에는 증가할 수도 있지만 소비량이 일정수준을 넘어서면 결국 감소한다.

1.3 한계효용균등의 법칙

소비자의 욕망은 거의 무한한 반면 소득은 제한되어 있다. 따라서 주어진 화폐소득을 만족이 극대화 되도록 사용한다는 것은 대단히 중요하다. 주어진 화폐소득을 가지고 어떻게 구매결정을 해야 만족을 극대화 할 수 있는가? 효용이론에 의하면 이 문제에 대한 해답은 소위 '**한계효용균등의 법칙**'으로 주어진다.

설명을 단순화하기 위해 한 소비자가 X재와 Y재 두 재화만을 구입한다고 하자. 물론 현실세계에서 사람들은 수 많은 재화를 구입한다. 그러나 이렇게 두 재화만을 구입한다고 가정하면, 소비자선택 문제의 본질을 손상시키지 않으면서 단순화 시킬 수 있다. 소비자가 주어진 소득으로 총효용을 극대화 시키기 위해서는 모든 소득을 다음 식이 만족되도록 지출해야 한다.

$$\frac{MU_X}{P_X} = \frac{MU_Y}{P_Y} \qquad (5-3)$$

위 식의 좌변은 X재의 가격 P_X로 나눈 X재의 한계효용으로, M_X/P_X는 곧 X재에 지출된 1원의 한계효용이다. 마찬가지로, 식의 우변은 Y재에 지출된 1원의 한계효용을 나타낸다. 따라서 (5-3)식은 각 재화에 추가적으로 지출된 1원의 한계효용이 서로 같아야 함을 의미한다. 이를 한계효용균등의 법칙이라 한다

> 소비자균형은 소비자가 각 재화에 추가적으로 지출된 1원의 한계효용이 모두 같도록, 즉 **한계효용균등의 법칙**(law of equi-marginal utility)이 성립하도록, 주어진 소득을 모두 지출할 때 달성한다.

여기에서 “주어진 소득을 모두 지출한다”는 것은 두 재화의 구입에 사용된 총 지출액이 소비자의 총소득 (M) 과 같아야 한다는 것을 의미한다. 이를 식으로 표시하면 다음과 같다.

$$P_X Q_X + P_Y Q_Y = M \tag{5-4}$$

(5-3) 및 (5-4)식을 **소비자균형조건** 또는 **효용극대화조건**이라고 한다. 왜 이러한 조건이 만족되어야 하는가를 좀더 자세히 알아보기 위해, 두 재화에 대한 한 소비자의 한계효용표가 <표 5-2>와 같이 주어졌다고 하자.

〈표 5-2〉 두 재화 (X, Y) 의 한계효용

(1) Q_X	(2) MU_X	(3) Q_Y	(4) MU_Y
1	24	1	10
2	20	2	8
3	18	3	7
4	16	4	6
5	12	5	5
6	6	6	4

이제 이 소비자의 $M=10$원이고, $P_X=2$원, $P_Y=1$원이라고 하자. 이 소비자가 효용극대화조건을 만족시키려면, 4단위의 X재를 구입하는데 8원을, 2단위의 Y재를 구입하는데 2원을 각각 지출해야 한다. 이 경우 아래와 같이 효용극대화조건이 모두 충족된다.

$$16/2\text{원} = 8/1\text{원} \tag{5-3'}$$

$$2\text{원} \times 4 + 1\text{원} \times 2 = 10\text{원} \tag{5-4'}$$

만일 이 소비자가 X재 2단위와 Y재 6단위를 구입한다면, $MU_X/P_X(=20/2) > MU_Y/P_Y(=4/1)$이 됨으로 X재에 지출된 1원의 한계효용이 Y재에 지출된 그것의 2.5배가 된다. 이 경우 X재의 구입량을 늘이고 Y재의 구입량을 줄이게 되면 총효용은 증가된다. 반면에 $MU_X/P_X < MU_Y/P_Y$인 경우에는 Y재의

구입량을 늘이고 X재의 구입량을 줄임으로써 총효용을 증가시킬 수 있다.

또한 소비자가 비록 (5-3)식이 만족되도록 소득을 지출한다고 해도 주어진 소득을 전부 지출하지 않는다면 효용극대화는 달성될 수 없다. 예를 들면, 이 소비자가 X재 2단위와 Y재 1단위만을 구입하는 경우에 각 재화에 지출된 1원의 한계효용은 서로 일치하지만(20/2 =10/1), 총지출액은 5원(2원×2 +1원×1)으로 총소득에 미치지 못한다. 이 경우 남은 5원으로 추가적인 재화구입이 가능하기 때문에, 그의 총효용은 극대화되지 못한다. 결국 소비자가 주어진 소득으로 총효용을 극대화하기 위해서는 (5-3)식과 (5-4)식을 동시에 만족시켜야 한다.

효용극대화조건은 재화의 종류가 둘 이상인 경우로 쉽게 확대시킬 수 있다. 이 때 효용극대화조건은 다음과 같이 일반화된다.

$$MU_1/P_1 = MU_2/P_2 = \cdots = MU_n/P_n \qquad (5\text{-}5)$$

$$P_1Q_1 + P_2Q_2 + \cdots + P_nQ_n = M \qquad (5\text{-}6)$$

1.4 한계효용과 수요곡선

앞에서 설명한 한계효용체감의 법칙과 효용극대화조건을 이용하면 개별 수요곡선을 도출할 수 있고, 이 수요곡선이 우하향일 것이라는 것을 쉽게 보일 수 있다.

우리는 이미 개별수요곡선은, ① 그 상품의 가격, ② 소득, ③ 관련상품의 가격, ④ 소비자의 기호 등에 의해 결정된다는 것을 알고 있다. 앞의 예에서와 같이 소비자의 기호가 <표 5-2>와 같이 주어져 있고 소비자의 소득을 10원이라고 가정하여 X재에 대한 수요곡선을 그려보자. Y재는 이 경우 관련상품이 된다.

X재에 대한 수요곡선은 가격을 수직축에, 수요량을 수평축에 표시하고, 각각의 가격수준에 대응하는 수요량의 조합을 '가격-수요량' 공간에 표시한 뒤에 이 조합점들을 연결하면 된다. 앞의 예에서 $P_X = 2$ 원이고 $P_Y = 1$ 원일 때 소비자는 4단위의 X재와 2단위의 Y재를 구입함으로써 효용을 극대화함을 보았다. 이 균형상태로부터 X재에 대한 가격과 수요량의 한 조합점을 가격-수요량 공간에 표시하면 <그림 5-2>의 A점이 된다.

그림 5-2 X재의 수요곡선

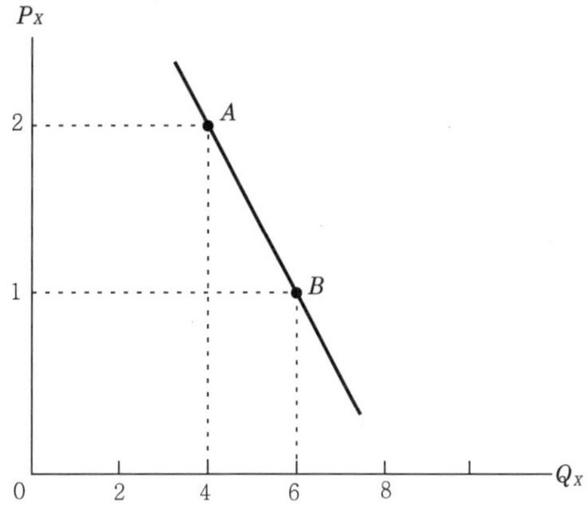

이제 다른 조건들은 불변인 채 X재의 가격만 1원으로 하락했다고 가정해 보자. X재의 가격이 종전의 1/2로 하락했기 때문에 X재에 지출되는 1원의 한계효용은 2배로 증가할 것이고, 따라서 A점은 더 이상 균형점이 될 수 없을 것이다. 이 경우 소비자의 효용을 극대화시키는 새로운 균형점은 X재를 6단위 구입하고 Y재를 4단위 구입하는 점 B가 된다. A점과 B점은 X재 가격을 제외한 다른 조건들이 불변이라는 가정하에서 도출된 점들이기 때문에 동일 수요곡선상에 위치하며, 따라서 두 점을 연결하면 그림처럼 우하향하는 수요곡선을 얻는다. 수요곡선은 이처럼 효용극대화조건으로부터 도출되기 때문에 수요곡선상의 모든 점들은 효용을 극대화 하는 점들이다.

수요곡선이 우하향하는 이유는 한계효용체감의 법칙에 기인한다. 합리적인 소비자는 (5-5) 및 (5-6)식으로 주어진 효용극대화조건을 만족시키도록 의사결정을 할 것이다. 만약 다른 조건들이 불변인 채 재화 "1"의 가격만 하락한다면 (5-5)식은,

$$MU_1/P_1 > MU_2/P_2 = \cdots = MU_n/P_n \qquad (5-5')$$

으로 됨으로 효용극대화조건이 성립되지 않는다. 효용극대화조건이 성립되기 위해서는 MU_1은 감소되어야 하며, 이는 재화 "1"의 소비량을 증가시켜야 함을 의미한다.

요컨대, 수요의 법칙은 한계효용체감의 법칙의 직접적인 결과인 것이다. 이처럼 효용이론은 소비자가 주어진 화폐소득으로 효용을 극대화하고자 하는 소비자행동으로부터 수요의 법칙을 도출하는 것이다.

개별수요곡선이 도출되면 각각의 시장가격에서 개별수요량을 수평으로 합계함으로써 시장수요곡선을 도출할 수 있다.

2. 무차별곡선이론

앞 절에서 살펴본 효용이론은 한계효용체감의 법칙이 수요의 법칙을 설명하는 데 어떻게 이용될 수 있는지를 잘 보여 주고 있다. 하지만 효용이론은 "효용은 측정가능하다"는 효용의 기수성을 전제로 하고 있다는 점에서 현실성이 제한된다.

이 절에서 소개하려고 하는 무차별곡선이론은 소비자행동을 분석함에 있어서 효용의 크기를 특정 단위로 측정하지 않고서도 단지 소비자가 여러 재화묶음에 대한 선호의 등급을 매길 수 있나면, 즉 **효용의 서수성**만 확인할 수 있다면, 분석이 가능하다는 전제하에 전개된 것이다.

무차별곡선은 1880년대 영국의 경제학자 에지워드(F.Y.Edgeworth)에 의해서 최초로 소개되었고, 1900년대 초 이탈리아의 파레토(V.Pareto), 1930년대 영국이 알렌(R.G.D.Allen), 힉스(J.R.Hicks) 능에 의해 **서수적효용**(ordinal utility)이론으로 확립되었다.

2.1 무차별곡선

2.1.1 무차별곡선의 개념

소비자의 선호는 소비자로 하여금 상이한 상품묶음들 중에서 선택할 수 있도록 해준다. 만일 한 소비자에게 서로 다른 두 상품묶음을 제시하면 그는 자신의 선호에 가장 잘 부합하는 상품묶음을 선택할 것이다. 만일 두 상품묶음이 똑같이 마음에 든다면, 우리는 그 소비자는 두 상품묶음간에 '무차별하다'고 말한다. 이 경우 소비자의 선호를 그림으로 나타낼 수 있는데 이를 무차별곡선이라 한다.

> **무차별곡선**(indifference curve)은 소비자에게 동일한 효용 또는 만족을 주는 두 재화의 여러 가지 조합을 보여 준다.

〈표 5-3〉 무차별표

(1) Q_X	(2) Q_Y	(3) 조합
1	10	A
2	6	B
4	3	C
7	1	F

예를 들면, <표 5-3>에서 X재 1단위와 Y재 10단위의 조합 A는 X재 2단위와 Y재 6단위의 조합 B와 같은 만족을 소비자에게 준다는 것을 보여 준다. 이를 그림으로 나타낸 것이 <그림 5-3> (a)에 그려진 무차별곡선 U_1 이다. 무차별곡선 U_1 상에 있는 A, B, C, F 점은 소비자에게 모두 같은 만족을 준다는 점에서 "서로 무차별하다"고 말한다.

<그림 5-3> (b)에는 비록 3개의 무차별곡선들만이 그려져 있지만 XY평면—이를 상품공간(commodity space)이라 한다—상의 어느 점에서도 각 점을 통

그림 5-3 무차별곡선과 무차별지도

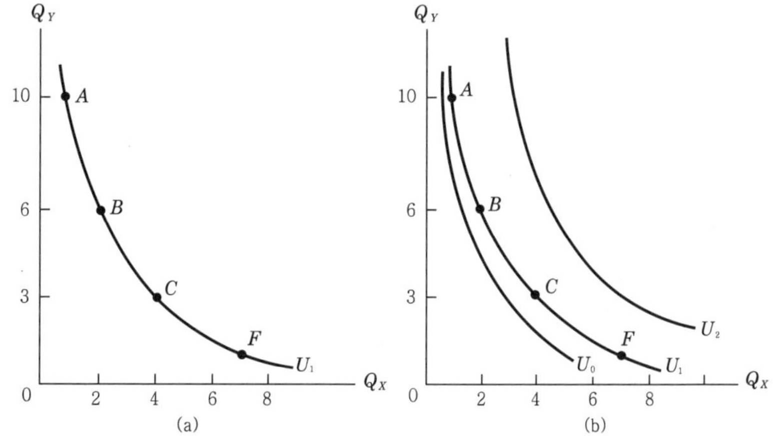

과하는 무차별곡선을 그릴 수 있다. 다시 말해서 임의의 두 무차별곡선 사이에 언제나 하나의 무차별곡선을 추가할 수 있다. 상품공간상에 그려지는 모든 무차별곡선군을 무차별지도(indifference map)라 한다.

2.1.2 무차별곡선의 성질

무차별곡선은 소비자의 선호를 나타내기 때문에 이를 반영하는 몇 가지 특성을 갖는다.

첫째, **높은 위치에 있는 무차별곡선은 낮은 위치에 있는 무차별곡선보다 높은 만족수준을 나타낸다.** 소비자들은 통상 '적은 것보다 많은 것을 선호'한다. <그림 5-3> (b)에서 U_2는 U_1보다 높은 만족수준을, U_0는 U_1보다 낮은 만족수준을 나타내는 무차별곡선이다. 그러나 무차별곡선은 단순히 개인선호의 순위만을 제시해 주기 때문에 보다 높은 위치에 있는 무차별곡선이 얼마나 많은 추가적인 효용을 주는지에 관해서는 아무런 정보도 제공하지 못 한다.

둘째, **무차별곡선은 통상 음(−)의 기울기를 갖는다.** 이는 첫번째 성질과 마찬가지로 "많을수록 좋다"(more is better)는 소비자의 선호를 반영한 것이다. 만약 무차별곡선이 양(+)의 기울기를 갖는다면, 이는 두 재화를 모두 많이 포함하고 있는 상품묶음이 두 재화를 모두 적게 포함하고 있는 상품묶음과 같은 만족을 소비자에게 준다는 것을 의미한다. 우리는 '좋은 상품'(goods)만을 다루고

그림 5-4 무차별곡선은 서로 교차할 수 없다.

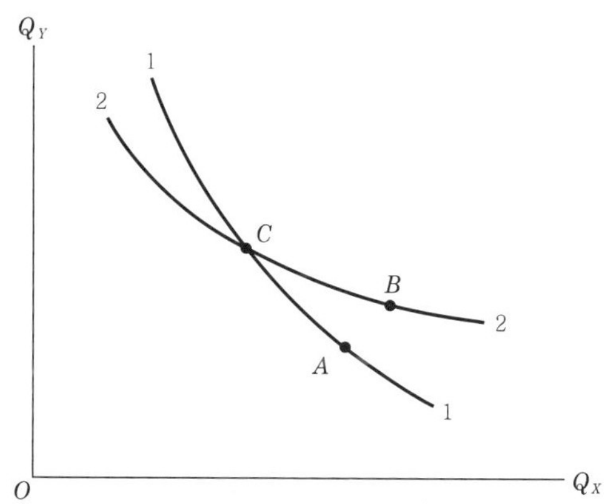

있기 때문에, 그러한 곡선은 결코 무차별곡선이 될 수 없다.

셋째, 무차별곡선들은 **서로 교차할 수 없다**. 무차별곡선들이 서로 교차한다면, 이는 무차별곡선의 정의와 모순된다.

예를 들어 <그림 5-4>에서와 같이 곡선 1과 곡선 2가 서로 교차한다고 하자. 정의에 의해, 곡선 1상의 점들 A와 C는 서로 무차별하며, 곡선 2상의 점들 B와 C도 서로 무차별하다. 따라서 A는 B와 당연히 무차별해야 한다. 그러나 B는 A에 비해 두 재화 모두를 보다 많이 포함하는 묶음이기 때문에 이러한 일은 결코 있을 수 없다.

넷째, 무차별곡선은 통상 **원점에 대해 볼록**하다(convex to origin). 무차별곡선상의 한 점에서의 기울기는 소비자가 한 재화를 다른 재화로 대체하고자 하는 비율을 나타내는데 이를 **한계대체율**이라 한다. 무차별곡선의 볼록성은 곧 **한계대체율체감의 법칙**(law of diminishing marginal rate of substitution)을 반영한다.

2.1.3 한계대체율

무차별곡선분석은 한계효용의 개념 대신 한계대체율의 개념을 중시한다.

> **한계대체율**(marginal rate of substitution, MRS)이란 어떤 재화가 1단위 추가될 때 소비자가 종전과 같은 만족수준을 유지하기 위해 포기하고자 하는 다른 재화의 수량을 나타낸다.

다시 말해 Y로 표시한 X의 한계대체율 (MRS_{XY}) 이란 소비자가 같은 만족수준을 유지하면서 X재 1단위와 교환하고자 하는 Y재의 수량이다. 한계대체율은 단순히 무차별곡선상의 한 점의 기울기에 (−) 의 부호를 붙인 값이 된다. 즉,

$$MRS_{XY} = -\Delta Y/\Delta X.$$

<그림 5-5>에서 U_1 상에 있는 점 A에서 출발하면, 이 소비자는 X재 1단위를 추가하기 위해 Y재 4단위를 포기하려고 한다. 따라서 $MRS_{XY} = -(-4/1) = 4$이다. 마찬가지로 점 B와 C 사이에는 $MRS_{XY} = 3/2$, 점 C와 F 사이에는 $MRS_{XY} = 2/3$가 될 것이다. 무차별곡선상의 한 점에서의 한계대체율은 바로 그 점에서의 무차별곡선에 대한 접선의 기울기의 절대값이다.

그림 5-5 한계대체율

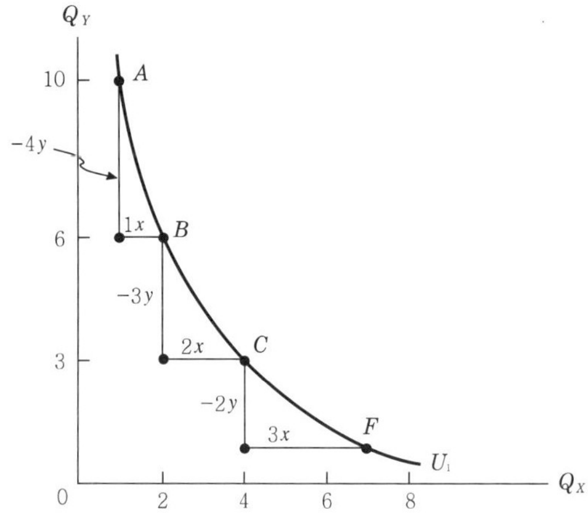

한계대체율은 소비자가 현재 소비하고 있는 각 재화의 수량에 의존한다. 특히 사람들은 보다 많이 가지고 있는 재화를 보다 적게 가지고 있는 재화와 교환하려고 하기 때문에 한계대체율은 무차별곡선을 따라 아래로 이동함에 따라 점점 감소한다. 무차별곡선을 따라 아래로 이동하면 X재의 소비량은 점점 증가하고 Y재의 소비량은 점차 감소한다. 따라서 Y재의 나머지 단위에 대해 소비자는 보다 중요한 가치를 부여하게 될 것이고, X재를 추가하기 위해 포기하고자 하는 Y재의 수량은 점차 감소할 것이다. 한계대체율이 체감하고 무차별곡선이 원점에 대해 볼록한 이유는 바로 이러한 특성에 기인한다.

> **한계대체율체감의** 법칙(law of diminishing marginal rate of substitution)이란 한 재화의 소비량이 증가함에 따라 소비자가 그 재화의 추가적인 한 단위를 얻기 위해 포기하려고 하는 다른 재화의 수량은 감소한다는 것이다.

한계대체율체감의 법칙(또는 무차별곡선의 볼록성)은 뒤에 살펴볼 소비자의 효용극대화분석에서 결정적인 역할을 한다.

2.1.4 예외적인 무차별곡선의 두 가지 사례

무차별곡선의 형태는 소비자가 한 재화를 다른 재화와 어떻게 교환하고자 하는가를 말해준다. 서로 대체하기 어려운 재화일수록 무차별곡선은 보다 볼록하게 되고, 대체하기 쉬울수록 보다 평평하게 된다. 그 이유를 알아보기 위해 다음 두 가지 사례를 살펴보자.

● 사례 1: 두 재화가 완전대체재인 경우

50원짜리 동전과 100원짜리 동전으로 구성된 상품묶음들이 있다고 하자. 여러분은 어떻게 서로 다른 상품묶음들의 순위를 결정할 것인가?

여러분은 각 상품묶음의 총화폐가치만을 따져서 순위를 결정할 것이다. 다시말해, 여러분은 상품묶음 속에 있는 각 동전들의 수에 관계없이 항시 100원짜리 하나와 50원짜리 둘을 교환하고자 할 것이다. 즉, 한계대체율은 2가 될 것이다.

이 경우 50원짜리 동전과 100원짜리 동전에 대한 여러분의 선호는 <그림 5-6> (a)와 같은 무차별곡선으로 나타낼 수 있다. 한계대체율이 일정하기 때문에 무차별곡선들은 직선이 된다. 두 재화는 바로 완전대체재(perfect substitutes)인 것이다.

● 사례 2: 두 재화가 완전보완재인 경우

이제 왼쪽 신들과 오른쪽 신들로 구성된 상품묶음들이 있다고 하자. 여러분은 각 상품묶음 속에 오직 몇 쌍의 완전한 신발이 있는가만을 고려하여 판단할 것

그림 5-6 예외적인 무차별곡선들

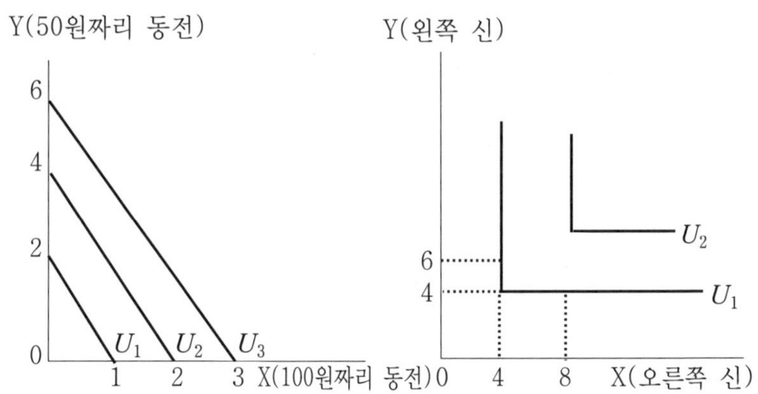

(a) 완전대체재 (b) 완전보완재

이다. 어느 한 쪽 신발이 더 많다고 해서 가치가 높은 것은 아니다.

이 경우 왼쪽 신과 오른쪽 신에 대한 여러분의 선호는 <그림 5-6> (b)와 같은 무차별곡선들로 나타낼 수 있다. 무차별곡선은 L자 형태가 되며, 두 재화는 완전보완재(perfect complements)라고 한다.

2.2 예산선

모든 소비자가 무한한 화폐소득을 가졌으면 경제문제는 발생하지 않을 것이다. 그러나 이러한 이상적 상태는 존재하지 않는다. 대부분의 사람들은 그들이 소비하는 재화의 양이나 질을 증대시키고 싶어할 것이나 자신의 소득에 의해 지출이 제한되기 때문에 원하는 것을 전부 소비할 수는 없다. 모든 소비자들은 그들의 욕망을 극대화함에 있어서 예산의 제약(budget constraint)이라는 문제에 부딪치게 된다. 즉, 일정기간 동안에 소비자가 구입할 수 있는 재화의 수량은 자신의 소득과 지불해야 하는 재화의 가격에 의해 제한된다.

2.2.1 예산선의 개념

이제 한 소비자가 자신의 소득(M)을 X재와 Y재에 모두 지출한다고 가정하자. 이 경우 '예산제약조건'은 다음과 같이 표시할 수 있다.

$$P_X Q_X + P_Y Q_Y = M \qquad (5-7)$$

(5-7)식은, X재에 지출되는 화폐액과 Y재에 지출되는 화폐액의 합은 소비자의 소득과 같다는 것을 의미한다. 여기에서 우리는 "소비자는 그가 구입하는 재화의 가격에 영향을 미칠 수 없다"고 가정한다.

당해기간 동안 $P_X = 2$원, $P_Y = 1$원, $M = 10$원이라고 하자. <그림 5-7>은 소비자가 선택할 수 있는 상품묶음들을 표시한 것이다. 소비자가 모든 소득을 Y재 구입에 지출한다면 10단위를 구입할 수 있다. 이점이 <그림 5-7>의 J점이다. 반면에 소비자가 그의 소득을 모두 X재 구입에 지출하면 5단위를 구입할 수 있으며, 그림에서 K점으로 표시되어 있다. 이 두 점을 연결한 직선이 소비자의 예산선이다.

그림 5-7 예 산 선

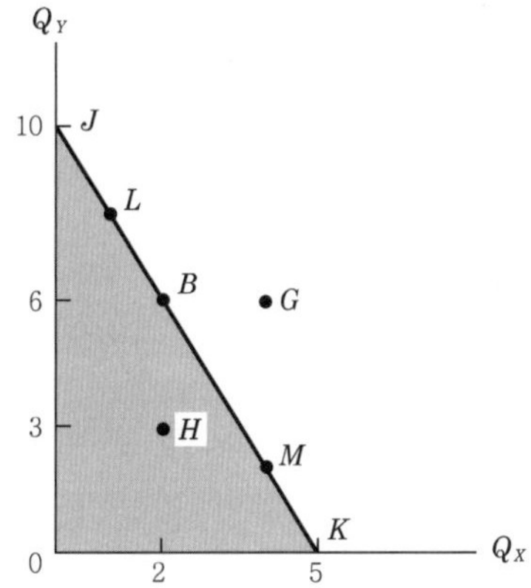

> **예산선**(budget line) 또는 **가격선**(price line)은 주어진 재화의 가격에서 모든 소득을 지출함으로써 소비자가 구입할 수 있는 두 재화의 여러 가지 조합을 보여 준다.

(5-7)식을 다시 정리하면 소비자의 예산제약조건을 보다 유용한 형태로 표시할 수 있다.

$$Q_Y = M/P_Y - (P_X / P_Y)Q_X \tag{5-8}$$

우변의 첫항 (M/P_Y)은 X재가 전혀 구입되지 않을 때의 Y재 수량으로써 Y축의 절편을 나타낸다. 둘째항에서 (P_X/P_Y)는 예산선의 기울기이다. 예산선의 기울기는 시장에서 두 재화가 서로 교환될 수 있는 비율—두 재화의 상대가격—을 나타낸다. 앞의 예에서 $(P_X/P_Y) = 2$이며, 이는 Y재 2단위가 X재 1단위와 교환될 수 있음을 의미한다.

소비자는 예산선상의 어떠한 재화 묶음도 구입할 수 있으며 (L, B, M점들), 또한 예산선과 양축으로 둘러 쌓인 부분에 위치한 재화 묶음들도 구입할 수 있는데 (H점) 이를 **예산공간**(budget space)이라 한다. 반면에 소득과 가격의 제약 때문에 예산선 밖에 위치하는 재화 묶음들은 구입할 수 없다 (G점).

2.2.2 예산선의 이동

특정 예산선은 특정 수준의 소비자 소득 및 재화 가격과 관련된 것이기 때문에 소비자의 소득이나 재화의 가격이 변화게 되면 예산선도 역시 이동한다.

그림 5-8 예산선의 이동

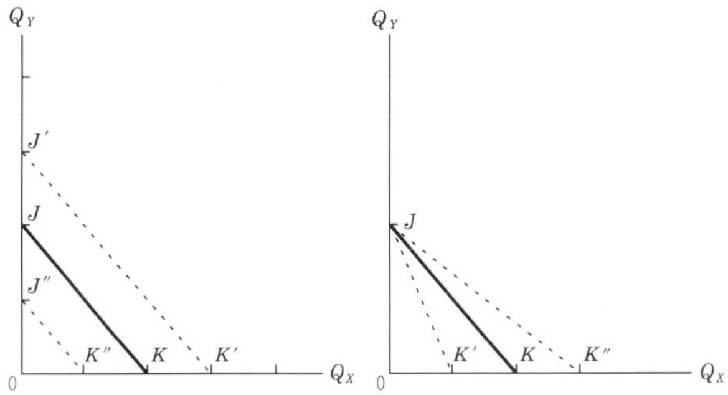

(a) 소득의 변화 (b) 가격의 변화

① 먼저 재화의 가격은 불변인 채 소비자의 소늑만 변하는 경우, 예산선은 평행이동한다. 소득이 증가하면 우상방으로 ($J'K'$), 소득이 감소하면 좌하방으로 ($J''K''$) 이동한다. 물론 어느 경우에도 예산선의 기울기는 변하지 않는다(<그림 5-8> (a) 참조).

② 오직 X재의 가격만 변하는 경우, Y축의 절편은 변하지 않은 채 절편을 중심으로 예산선이 회전한다. 즉, 가격이 상승하면 시계방향으로 (JK'), 하락하면 반시계방향으로 (JK'') 각각 회전한다(<그림 5-8> (b) 참조).

③ 오직 Y재의 가격만 변하면, X축의 절편은 변하지 않은 채 예산선이 회전한다. 즉, 가격이 상승하면 아래로, 하락하면 위로 회전한다.

④ 마지막으로 소비자의 소득은 불변인 채, 두 재화의 가격이 같은 비율로 감소하면 예산선은 상방으로 평행이동하고, 같은 비율로 증가하면 하방으로 평행이동하게 된다.

결국, 소비자의 소득수준뿐만 아니라 재화의 상대가격 (P_X/P_Y)이 예산선의 위치와 형태를 결정하는 중요한 요소이다.

2.3 소비자의 최적선택

이제 무차별지도에 의해 주어지는 소비자의 선호와 예산선에 의해 주어지는 소비자의 예산제약조건을 결합해서 소비자가 효용을 극대화하기 위해 어떻게 의사결정을 하는가를 살펴보기로 하자.

소비자의 선호가 주어지면 합리적인 소비자는 자신의 소득을 지출해서 얻을 수 있는 효용 또는 만족의 극대화를 추구한다. 이는 예산선이 주어지면 소비자는 가능한 한 가장 높은 수준의 무차별곡선에 도달하고자 노력한다는 것을 의미한다. 이러한 효용의 극대화는 무차별곡선이 예산선과 접하는 점에서, 즉 무차별곡선의 기울기 (MRS_{XY}) 가 예산선의 기울기 (P_X / P_Y) 와 일치하는 점에서 달성된다.

> 예산제약조건하의 효용극대화, 또는 소비자균형은 소비자가 모든 소득을 지출하고 또한 한계대체율 (MRS_{XY}) 이 상대가격 (P_X / P_Y) 과 일치할 때 달성된다

<그림 5-9>는 <그림 5-3> (b)의 무차별곡선들과 <그림 5-7>의 예산선을 동일 좌표상에 결합한 것이다. <그림 5-9>는 소비자가 무차별곡선 U_1 이 예산선 JK 에 접하는 B 점에서 효용을 극대화 한다는 것을 보여 주고 있다. 무차별곡선 U_1 은 예산선상에서 도달할 수 있는 가장 높은 수준의 곡선이다. 물론 무차별곡선 U_2 가 U_1 보다 높은 효용수준을 나타내지만 현재의 소득과 가격으로는 무차별곡선 U_2 에 도달할 수 없다.

효용을 극대화하기 위해서는 소비자는 10원의 소득중 X 재 2단위를 구입하는데 4원을, Y 재 6단위를 구입하는 데 나머지 6원을 지출해야 한다. 소비자가 구입할 수 있는 예산공간 안에서의 어떠한 상품 묶음도 B 점보다 낮은 효용을 제공한다. 예를 들면, L 점에서는 MRS_{XY} 가 (P_X / P_Y) 를 초과한다. 이는 소비자가 X 재를 1단위 추가하기 위해서 시장에서 포기해야 하는 수량보다 더 많은 Y 재를 포기하려고 한다는 것을 의미한다. 따라서 L 점에서 우측으로 이동하면 소비자는 효용을 증가시킬 수 있다.

그림 5-9 소비자균형

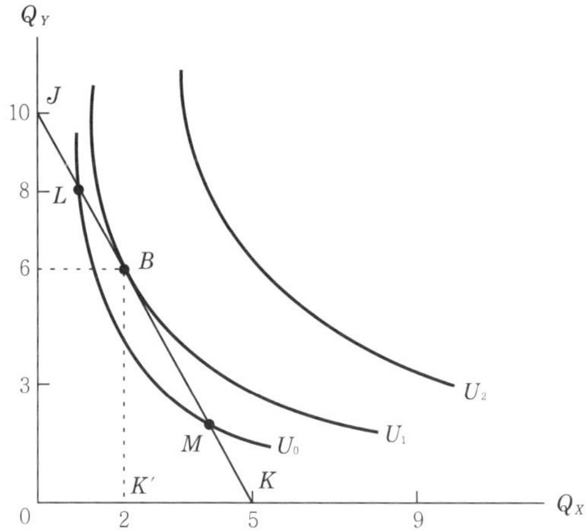

반면에, M점에서는 $MRS_{XY} < (P_X / P_Y)$이기 때문에 좌측으로 이동하면 효용를 증가시킬 수 있다. 우리는 이미 상품공간 안에서는 각 점을 지나는 하나의 무차별곡선이 존재한다는 것을 알고 있기 때문에 B점과 같은 접점은 언제나 보장된다.

여기에서 주목할 것은, 선택을 함에 있어 소비자는 두 재화의 상대가격을 주어진 것으로 간주한 후에 자신의 한계대체율이 상대가격과 일치하는 점을 선택한다는 것이다. 상대가격은 시장에서 두 재화가 교환되는 비율인 반면에, 한계대체율은 소비자가 두 재화를 서로 교환하고자 하는 비율이다. 따라서 최적선택이란 바로 두 재화에 대한 소비자의 평가가 시장의 평가와 일치할 때 달성된다.

2.4 소득, 가격의 변화와 소비자선택

앞에서 살펴본 바와 같이 소비자는 예산선이 주어질 때 가능한 한 가장 높은 수준의 무차별곡선에 도달함으로써 효용을 극대화한다. 이러한 사실은 소비자가 소득과 가격의 변화에 어떻게 대응하는가를 분석하는 데 이용될 수 있다.

2.4.1 소득의 변화

소비자의 소득의 변화는 예산선을 이동시켜 소비자의 구입량에 영향을 미친다. 소득이 증가하면 소비자는 두 재화를 모두 더 구입할 수 있다. 따라서 소득의 증가는 <그림 5-10>과 같이 예산선을 우측으로 평행하게 이동시킨다. 상대가격은 변하지 않았기 때문에 새로운 예산선의 기울기는 달라지지 않는다.

확대된 예산제약은 소비자로 하여금 보다 나은 상품묶음을 선택할 수 있도록 해준다. 다시말해, 소비자는 보다 높은 위치의 무차별곡선상에 도달할 수 있다. 소비자의 최적구입점은 그림에서 보는 바와 같이 이동한다.

<그림 5-10> (a)는 예산선이 JK로 주어질 때 소비자가 B점에서 효용을 극대화함을 보여 준다. 이제 화폐소득이 증가하여 예산선이 $J'K'$로 이동하면 새로운 균형은 R점에서 이루어진다. 화폐소득이 $J''K''$ 수준으로 계속 증가하면 새로운 균형점은 S가 될 것이다. 최적구입점들 B, R, S를 연결하면 이 소비자의 소득—소비곡선을 얻을 수 있다.

> 소득—소비곡선(income-consumption curve: ICC)는 오직 소비자의 소득수준이 변화함에 따라 이동하는 최적구입점들의 궤적이다.

그림 5-10 소득—소비곡선

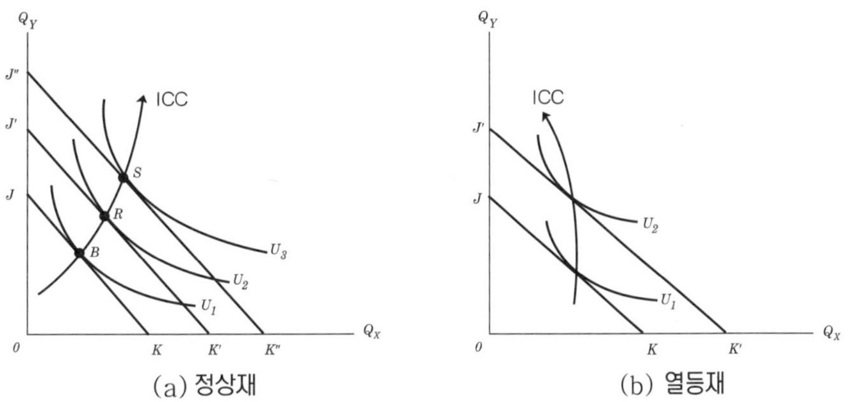

정상재와 열등재 소득-소비곡선의 형태를 보면 그 재화가 정상재인가 열등재인가를 알 수 있다. **정상재**(normal good)는 소득이 증가할 때 소비자가 더 많이 구입하는 재화이기 때문에 소득—소비곡선은 그림 (a)에서와 같이 양(+)의 기울기를 갖는다. 반면에 **열등재**(inferior good)는 소득증가와 더불어 구입량이 감소하는 재화이나. 열등재의 경우 그림 (b)에서 처럼 소득-소비곡선은 음(-) 의 기울기를 갖는다. 이 경우 X재가 열등재이다.

한 재화가 정상재인가 열등재인가는 오직 소비자가 특정 재화를 어떻게 생각하고 있는가에 달려 있기 때문에, 어느 사람에게는 정상재로 간주되는 재화가 다른 사람에게는 열등재로 간주될 수도 있다. 또한 한 소비자가 특정 소득수준에서는 정상재로 간주하는 재화를 그의 소득수준이 변하면 열등재로 간주할 수도 있다.

2.4.2 가격의 변화

상품가격의 변화는 소비자의 예산선을 변화시켜 구입량에 영향을 미친다. 한 재하이 가격하락은 예산선을 바깥 쪽으로 이동시켜 소비자가 구입할 수 있는 상품묶음들을 증대시킨다. 이제 X재의 가격이 종전의 1/2로 하락했다고 하자. <그림 5-11>은 가격의 하락이 예산제약에 어떻게 영향을 미치는가를 보다 명

그림 5-11 가격—소비곡선

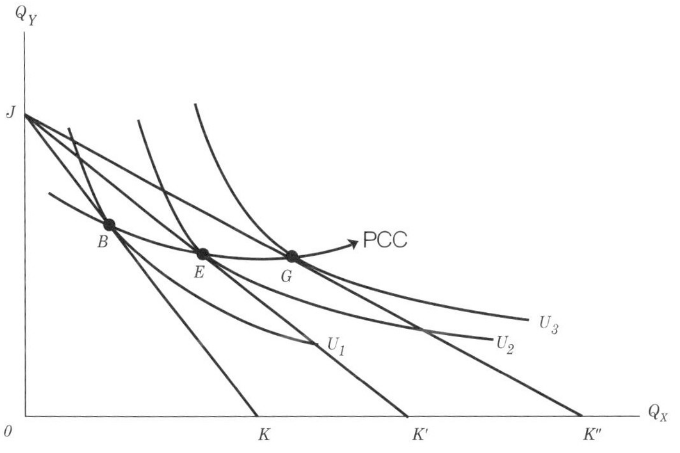

확하게 보여준다. 만일 소비자가 모든 소득으로 Y재만을 구입한다면 X재의 가격은 그의 의사결정에 영향을 미치지 못하기 때문에 Y축의 절편은 변하지 않는다. 그러나 소비자가 X재만을 구입한다면 이제 종전보다 2배를 더 구입할 수 있다. 따라서 X축의 절편은 우측으로 이동한다. 주목할 것은 이 경우 예산선의 기울기가 달라진다는 사실이다. 이러한 예산제약의 변화가 두 재화의 소비를 어떻게 변화시킬 것인가는 소비자의 선호에 의존한다.

한 재화의 가격하락이 초래하는 소비자 균형점의 변화는 가격—소비곡선으로 표시된다.

> **가격—소비곡선**(price-consumption curve: PCC)는 오직 한 재화의 가격이 변함에 따라 이동하는 최적구입점들의 궤적이다.

<그림 5-11>은 예산선이 JK로 주어질 때 소비자가 B점에서 효용을 극대화함을 보여 준다. X재의 가격이 하락하여 예산선이 JK'가 되면 새로운 균형은 E점에서 이루어진다. 가격이 계속 하락하여 예산선이 JK''가 되면 새로운 균형점은 G가 될 것이다. 이들 최적구입점들 B, E, G를 연결하면 가격—소비곡선을 얻을 수 있다.

대체효과와 소득효과 어떤 재화의 가격변화가 소비에 미치는 충격은 소득효과와 대체효과로 분해될 수 있다. 한 재화의 가격하락은 소비자의 구매력을 증대시켜 소비자를 실질적으로 부유하게 만든다. 만일 두 재화가 모두 정상재라면 이러한 구매력의 증대는 소비자로 하여금 두 재화의 구입량을 모두 증가시키는 방향으로 작용할 것이다. 이러한 효과를 소득효과라 한다.

> **소득효과**(income effect)는 다른 모든 가격과 화폐소득이 일정할 때, 한 재화의 가격변화가 야기하는 실질소득, 또는 구매력의 변화로 인한 수요량의 변화를 말한다.

또한 한 재화의 가격하락은 두 재화의 상대가격을 변화시킨다. 어떤 재화의 가격이 하락한다는 것은 그 재화가 다른 재화에 비해 상대적으로 싸졌다는 것을 의미한다. 소비자들은 일반적으로 동일한 재화일 경우 비싼 것보다는 싼 것을 선호할 것이기 때문에 언제나 가격이 하락한 재화의 구입량은 증가하고 상대적으로 비싸진 재화의 구입량은 감소한다. 이를 대체효과라 한다.

> **대체효과**(substitution effect)는 일정한 만족수준을 유지하면서 상대 가격을 변화시킬 때 초래되는 수요량의 변화를 말한다.

이제 이들 두 효과의 결과를 보자. 소비자는 명백히 가격이 하락한 재화를 더 많이 구입한다. 소득효과와 대체효과 모두가 그 재화의 구입을 증가시키는 방향으로 작용하기 때문이다. 그러나 소비자가 다른 재화를 더 많이 구입할 지는 알 수 없다. 소득효과와 대체효과가 서로 반대방향으로 작용하기 때문이다.

소득효과와 대체효과는 무차별곡선을 사용하여 설명할 수 있다. 소득효과는 보다 높은 위치의 무차별곡선으로 이동함에 따라 초래되는 소비의 변화이다. 대체효과는 한 무차별곡선상의 점들이 서로 다른 한계대체율을 갖게됨에 따라 초래되는 소비의 변화이다.

<그림 5-12>는 소비자 의사결정의 변화가 어떻게 두 효과로 분해되는가를 보여준다. 그림에서 보는 바와 같이 X재의 가격(P_X)이 하락하면, 소비자균형점은 U_1상의 B점으로부터 U_2상의 E점으로 이동한다. 따라서 소비자의 만족수준은 증가한다. 이제 P_X가 하락할 때 소비자가 새로운 가격체계하에서도 종전과 동일한 무차별곡선 U_1에 머물러 있을 수 있도록 그 소비자의 화폐소득을 충분히 감소시킬 수 있다고 가정하자. 이것은 새로운 상대가격과 같은 기울기를 가지면서 무차별곡선 U_1에 접하는 가상적인(hypothetical) 예산선 J^*K^*를 그려봄으로써 보일 수 있다. 이 가상적인 예산선 J^*K^*는 새로운 상대가격을 반영하는 예산선 JK''와 평행을 이루며 점 T에서 U_1과 접하고 있다. 대체효과는 바로 최초의 균형점 B로부터 가상의 균형점 T로의 이동으로 표시된다.

그림에서 U_1상의 가상 균형점 T로부터 U_2상의 실제 균형점 E로의 이동은 소득효과를 나타낸다. 이러한 이동은 어떠한 가격변화도 수반하지 않는다. 따라서 무차별곡선 U_1으로부터 U_2로의 이동은 소비자의 실질소득 또는 구매력 증가의 척도로 간주될 수 있다. 여기에서 X재는 정상재라고 간주하기 때문에 소비자의 실질소득증가는 X의 구입량을 증가시킬 것이다.

그림 5-12 총효과, 대체효과 및 소득효과

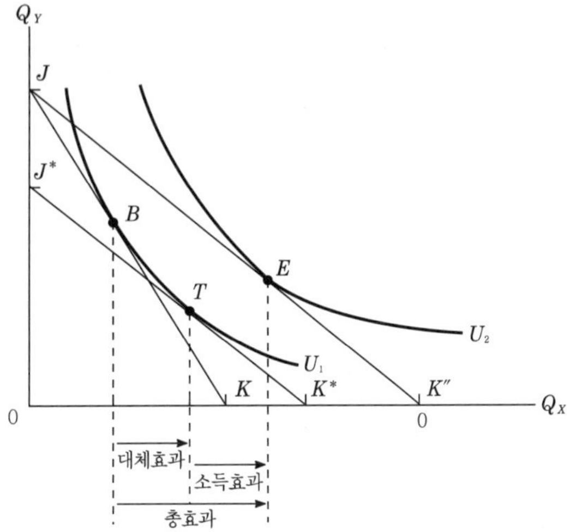

한 재화의 가격변화로 인한 **총효과**(total effect)는 **대체효과**와 **소득효과**를 합한 것과 같으며 이를 **가격효과**(price effect)라고도 한다. 대체효과는 단지 가격의 변화로 초래되는 수요량의 변화만을 반영하며 소비자의 만족수준 또는 실질소득수준의 변화와는 무관하다. 반면에 소득효과는 단지 만족 또는 실질소득증가로부터 기인하는 수요량의 변화만을 반영한다.

개별수요곡선 도출 지금까지 한 재화의 가격변화가 소비자의 예산제약과 두 재화의 구입량을 어떻게 변화시키는가를 보았다. 어떤 재화의 수요곡선은 이러한 소비결정을 반영한다. 소비자의 수요곡선은 자신의 예산선과 무차별곡선으로부터 야기되는 최적구입량결정의 결과로 간주될 수 있다.

예를 들면, <그림 5-11>의 가격-소비곡선으로부터 <그림 5-13>에 그려진 X재에 대한 개별수요곡선을 얻을 수 있다. <그림 5-13>의 점 B', E', G'는 <그림 5-11>의 점 B, E, G에 각각 대응하는 점들이다. 그림에서 보는 바와 같이 한 재화에 대한 개별소비자의 수요곡선은 음(−)의 기울기를 갖는다. 이것은 곧 재화의 구입량은 가격과 역비례한다는 수요의 법칙을 반영한 것이다.

그림 5-13 수요곡선

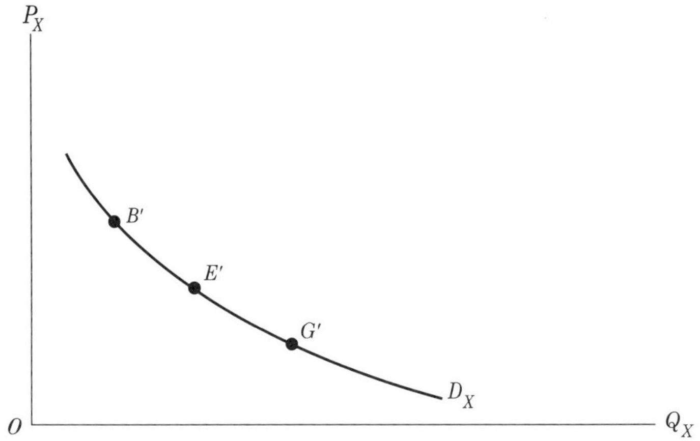

기펜의 역설 정상재인 경우 가격하락으로 인한 대체효과와 소득효과는 그 재화의 구입량을 크게 증가시키는 방향으로 작용한다. 그러나 그 재화가 열등재인 경우에는 소득효과는 대체효과와 반대 방향으로 작용한다. 즉, 한 열등재의 가격이 하락할 때 대체효과는 여전히 그 재화의 구입량을 증가시키도록 작용하지만, 소득효과는 오히려 구입량을 감소시키도록 작용한다. 그러나 대체효과는 통상 소득효과보다 크기 때문에 가격이 하락할 때 열등재의 수요량은 증가하며 따라서 수요곡선은 여전히 우하향한다.

반면에, 만약 (+)의 대체효과가 (−)의 소득효과보다 작다면 한 열등재의 가격하락은 그 재화의 구입량을 오히려 감소시킬 것이다. 이러한 현상을 가리켜 발견자인 19세기 영국의 경제학자 기펜(R. Giffen)의 이름을 따서 기펜의 역설(Giffen paradox)이라 한다. 어떠한 기펜재(Giffen good)라도 반드시 열등재에 속하지만 모든 열등재가 기펜재는 아니다. 만일 기펜재가 존재한다면 그것은 우하향하는 수요법칙에 대한 하나의 예외가 될 것이다.

3. 소비자선택이론의 응용

지금까지 우리는 효용이론과 무차별곡선이론을 통하여 합리적인 소비자가 주어진 소득을 가지고 효용을 극대화하기 위하여 어떻게 선택을 하는가를 살펴보았다. 이 절에서는 앞에서 제시된 이론을 몇 가지 분야에 응용하여 본다. 이는 소비자이론의 중요성을 잘 부각시킬 것이다.

3.1 배급제도

인간의 무한한 욕망에 비해 그것을 충족시켜 줄 수 있는 재화들은 희소하기 때문에 그것들을 배분하는 어떤 방법이 강구되어야 한다. 우리나라와 같은 시장경제에서는 주로 가격기구(price mechanism)가 이러한 역할을 수행한다. 그러나 전시와 같은 특수한 경우 정부가 재화를 배급하기도 한다. 만일 정부가 허용하는 어떤 재화의 최대량이 개인들이 구입하고자 하는 수량보다 적다면 배급(rationing)은 그들의 만족수준을 감소시킬 것이다.

그림 5-14 배급제도

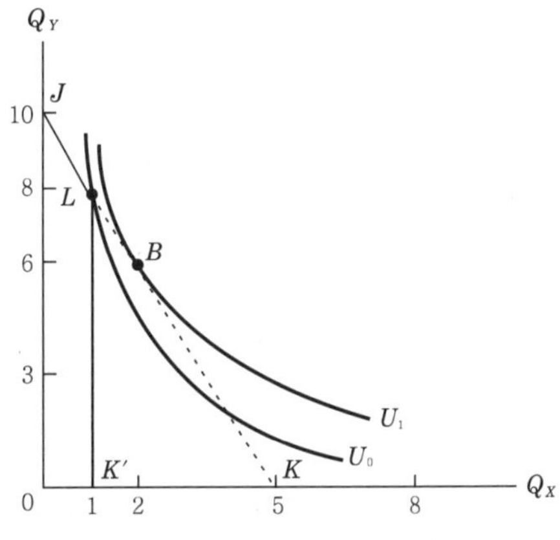

배급제도가 효용극대화와 소비에 미치는 효과는 <그림 5-14>에 의해 분석될 수 있다. 정상적인 경우 소비자는 B점에서 X재 2단위와 Y재 6단위를 소비함으로써 만족을 극대화한다. 만일 정부가 소비자로 하여금 하루 X재 1단위 이상을 구입할 수 없도록 통제한다면 예산선은 L점에서 굴절되는 JLK'가 될 것이다. 이렇게 배급제도는 소비자의 예산제약조건을 변화시킨다. 새로운 예산선 JLK' 하에서 소비자가 도달할 수 있는 가장 높은 무차별곡선은 U_0 이며, 소비자는 L 점에서 X 재 1단위와 Y 재 8단위를 소비할 것이다. 이 경우 소비자는 보다 높은 가격을 지불하고라도 X 재 구입량을 증가시키고자 할 것이기 때문에 소위 암시장(black market)이 형성될 수도 있다.

그러나 만일 배급량이 하루에 X 재 2단위 이상이라면 배급제도는 이 소비자에게 아무런 영향을 미치지 못할 것이다.

배급제도는 통상 저소득계층보다는 고소득계층에게 더 제한적이다. 저소득계층은 충분한 소득을 갖지 못해 허용된 수량도 구입하지 못할 수도 있다. 따라서 이 모형에 따르면 암시장을 형성하는 계층은 저소득계층보다는 고소득계층일 확률이 높다. 효과적인 배급제도는 암시장을 만들 뿐만 아니라 소비자로 하여금 다른 재화를 구매하도록 한다.

3.2 임금과 노동공급

소비자 이론은 어떤 사람이 자신의 시간을 일(work)과 여가(leisure) 사이에 어떻게 배분할 것인가를 분석하는데 응용할 수 있다.

사람들에게 가용한 시간은 1일 24시간이다. 사람들은 이 가운데 일정시간 동안 일을 하며, 그에 대한 대가로 임금을 받는다. 그리고 그 임금소득으로 여러 가지의 상품을 구입하여 소비함으로써 효용을 얻는다. 한편 일하지 않는 시간에는 휴식이나 취미생활 등을 통한 여가활동으로 효용을 증대시킬 수 있다. 그러므로 사람들은 가용한 시간을 노동시간과 여가시간에 적절히 배분함으로써 만족을 극대화할 것이다.

예를 들어 시간당 1만원의 임금을 받을 수 있는 박씨가 직면하는 문제를 살펴 보자. <그림 5-15>에는 박씨가 직면하는 예산선이 그려져 있다. 만일 24시간을 모두 여가를 즐기는데 사용한다면, 그는 아무런 소득도 얻지 못하고 따라서 소비는 0이 된다. 만일 24시간을 모두 일을 하는데 사용한다면, 그는 하루에 24만원을 벌 수 있으나 그대신 여가를 즐기지 못한다. 만일 정상적으로 8시간을 일을 한다면, 그는 하루에 8만원을 벌어 소비에 지출하고 16시간을 취미 생활이나 수면 등 여가에 활용할 수 있다.

그림 5-15 일—여가 선택

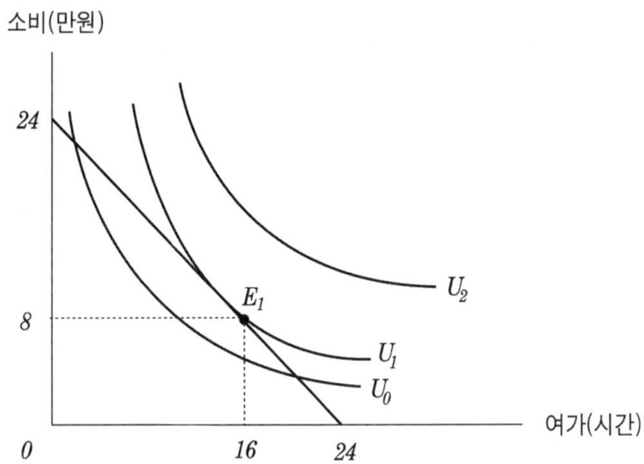

<그림 5-15>에는 소비와 여가에 대한 박씨의 선호가 무차별곡선으로 표시되어 있다. 여기에서 소비와 여가가 박씨가 선택해야 할 두 "재화"이다. 따라서 이 경우에 박씨의 효용극대화는 소비자이론에서 이미 설명한 바와 같은 원리로 E점에서 이루어지며, 그 때의 만족수준은 U_1이 될 것이다.

이제 만일 박씨가 벌 수 있는 임금률이 시간당 2만원으로 증가했다고 가정하자. 이는 그의 예산선을 <그림 15-16>에서와 같이 바깥쪽으로 이동시킬 것이다. 이 경우 두 가지 결과가 나타날 수 있다. 첫째는 그림 (a)에서 처럼 박씨가 여가를 줄이고 일을 더 많이 하게 되는 경우이다. 둘째는 그림(b)에서 처럼 일을 줄이고 여가를 더 많이 즐기게 되는 경우이다. 이 중 어느 결과가 나타날지는 박씨의 선호에 의존한다.

임금률이 상승하면 소비에 비해 여가가 상대적으로 비싸진다. 따라서 대체효과에 의해 여가를 소비로 대체하게 된다. 또한 임금률의 상승은 박씨의 소득을 증대시켜 보다 높은 위치의 무차별곡선으로 이동할 수 있게 해준다. 따라서 소비와 여가가 모두 정상재인 한 소득효과는 소비와 여가를 다같이 늘이도록 한다. 이 두 효과 중 어느 쪽이 큰가에 따라 여가는 줄어들 수도 있고 늘어날 수도 있는 것이다.

그림 5-16 임금률의 상승효과

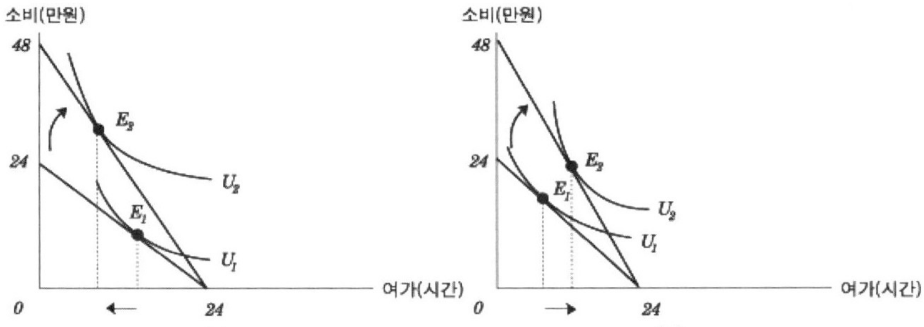

(a) (b)

이러한 분석은 노동의 공급곡선 도출과정에 그대로 적용될 수 있다. 만일 대체효과가 소득효과를 능가한다면 노동공급곡선은 우상향하게 된다. 반면에, 소득효과가 대체효과를 능가한다면 노동공급곡선은 우하향하게 된다.

3.3 경제재로서의 시간

이제까지 우리는 소득을 유일한 소비자제약으로 간주했다. 그러나 대부분의 소비행위는 돈(money)뿐만 아니라 시간(time)의 지출을 포함한다. 따라서 소비에 대한 추가적인 제약조건으로 시간을 고려하는 것이 타당할 것이다.

이제 한 소비자가 식당에서 외식 (X재)을 하거나 야구경기 (Y재)를 관람하는데 한달에 10만원의 화폐소득과 24시간을 쓸 수 있으며, 야구경기 입장료와 외식비용을 각각 1만원이라고 하자. 또한 야구경기를 관람하는 데는 3시간이, 외식을 하는 데는 2시간이 각각 소요된다고 하자. 통상적인 소득제약조건이 <그림 5-17> (a)에 예산선 CF로 표시되어 있다. C점은 한달에 관람할 수 있는 최대경기수(10만원/1만원=10경기)를 나타내며 F점은 한달에 외식할 수 있는 최대횟수(10회)이다. 이 두 점을 연결하면 소득예산선(income budget line)을 얻는다.

그림 5-17 제약조건으로서의 시간

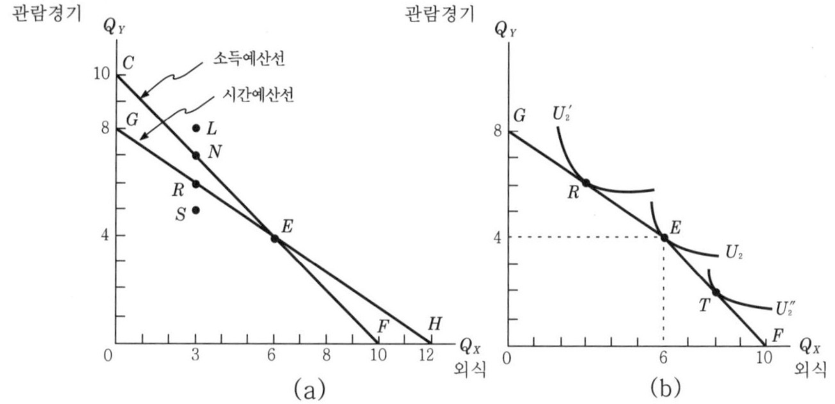

이와 마찬가지로, 소비자의 시간예산선(time budget line)을 도출할 수 있다. G점은 소비자가 한달에 8회(24시간/3시간)의 야구경기를 관람할 수 있다는 것을 표시하며, H점은 12회(24시간/2시간)의 외식이 가능하다는 것을 표시해 준다. 이 두 점을 연결하면 시간예산선 GH를 얻는다.

이제 두 예산선을 함께 살펴보자. L점은 소득제약과 시간제약에 모두 위배되기 때문에 선택될 수 없으며, N점은 소득제약을 만족시키나 시간제약에 위배되기 때문에 선택될 수 없다. R점과 S점은 두 제약을 동시에 충족시켜 준다. 따라서 소득제약과 시간제약을 동시에 충족시켜 주는 영역은 굴절선 GEF와 그 아래 쪽에 있는 영역이라는 것이 분명하다. GE구간에서는 시간이 구속제약(binding constraint)이 되며 EF구간에서는 소득이 구속제약이 된다.

그림 (b)는 달성될 수 있는 서로 다른 몇 가지 균형들을 보여 주고 있다. 소비자의 무차별곡선이 U_2'라면 소비자균형은 R점에서 이루어진다. 이 경우 시간은 구속제약이 되나 소득은 불필요한 여분의 제약이기 때문에 일을 열심히 하여 소득을 증가시키기 보다는 여가를 많이 갖는 것이 소비자에게 더 큰 만족을 줄 것이다.

소비자의 무차별곡선이 U_2''라면, 소비자의 균형은 T점에서 이루어지며, 이 경우는 소득이 구속제약이 됨으로, 여가를 줄이고 일을 많이 함으로써 만족을 증가시킬 수 있다. 마지막으로 E점은 시간과 소득제약을 동시에 만족시키면서 도달 가능한 균형점이다.

3.4 이자율과 가계저축

모든 사람이 직면하는 중요한 선택의 하나는 얼마나 많은 소득을 현재소비와 장래를 위한 저축으로 각각 배분할 것인가의 문제이다. 소비자선택이론을 이용하면 사람들이 어떻게 이러한 의사결정을 하고, 저축이 어떻게 이자율에 의존하는가를 분석할 수 있다.

퇴직을 준비하는 공무원인 김씨가 직면하는 문제를 생각해보자. 문제를 단순화하기 위해 김씨의 일생을 누 기로 나누자. 제1기에는 김씨는 젊어서 일을 하며, 제2기에는 나이가 들어 퇴직한다. 김씨가 제1기에 번 소득을 1억원이라 하자. 그는 이 소득을 현재소비와 저축으로 배분한다. 제2기에는 김씨는 저축한 돈(이자를 포함한)을 가지고 생활한다. 이자율은 10%이다. 즉, 저축한 매 1원당 1.10원을 소비힐 수 있나. 우리는 현재소비와 저축(장래소비)을 김씨가 선택해야 할 두 재화로 간주할 수 있다. 이 경우 이자율은 이들 두 재화의 상대가격을 결정한다.

<그림 5-18>은 김씨의 예산제약을 보여준다. 만일 저축을 전혀하지 않으면 그는 1억원을 제1기에 소비하며, 제2기에는 아무것도 소비하지 않는다. 만일 소득을 전부 저축하면 그는 제1기에는 아무런 소비를 하지 않으며, 제2기에 1억1천만원을 소비한다.

그림에서 두 기의 소비에 대한 김씨의 선호를 나타내기 위해 무차별곡선을 사용한다. 선호가 주어지면, 김씨는 최적소비조합을 선택한다. 최적소비조합은 바로 예산선과 무차별곡선이 접하는 E점이다. 이 경우 김씨는 5천만원을 제1기에 소비하고 5천5백만원을 제2기에 소비한다.

그림 5-18 소비—저축의 결정

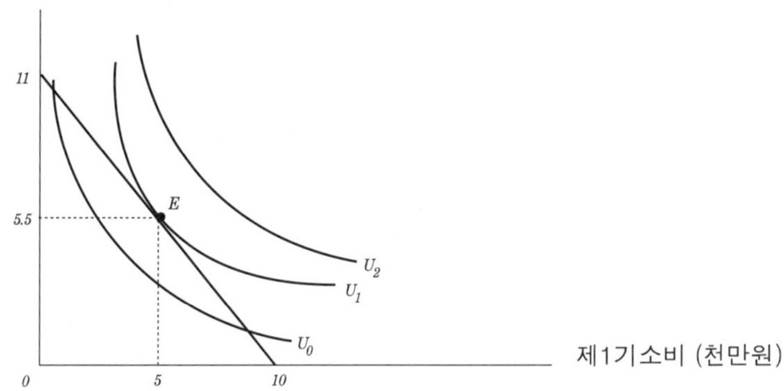

이제 이자율이 20%로 증가하면 어떻게 될지 생각해보자. <그림 5-19>은 두가지 가능한 결과를 보여준다. 두 경우 모두 예산선은 바깥쪽으로 이동하여 보다 가파르게 된다. 이자율이 증가하면 김씨는 제1기에 포기한 소비의 대가로 제2기에 더 많은 소비를 할 수 있다.

두 그림은 김씨의 상이한 선호가 이자율 증가에 대한 그의 반응에 어떻게 영향을 미치는가를 잘 보여준다. 그림 (a)에서, 김씨는 높아진 이자율에 대해 제

그림 5-19 이자율증가와 저축

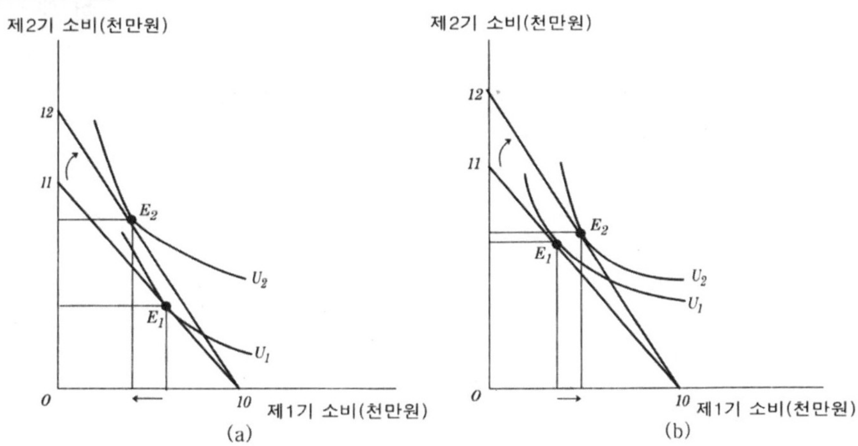

1기의 소비를 감소시키는 방향으로 반응한다. 그림 (b)에서, 그는 제1기의 소비를 증가시키는 방향으로 반응한다.

그림 (b)에서 보여주는 결과는 얼핏 생각하면 이상하게 느껴질 수도 있다. 그러나 높아진 이자율의 소득효과와 대체효과를 고려하면 이해할 수 있을 것이다. 이자율이 증가하는 경우, 제2기의 소비는 제1기의 소비에 비해 상대적으로 싸진다. 따라서 대체효과는 김씨의 저축을 증가시킨다. 한편 이자율의 증가는 김씨를 종전보다 부유하게 만든다. 두 기의 소비가 정상재인 한 이자율증가에 따른 소득효과는 저축을 줄이는 방향으로 작용한다.

최종결과는 물론 이들 두 효과의 크기에 의존한다. 만일 대체효과가 소득효과보다 크다면 김씨는 저축을 증가시킨다. 반면에 소득효과가 대체효과보다 크다면 저축은 감소한다. 요컨데, 소비자이론에 따르면 이자율의 증가는 저축을 장려할 수도 있고 소비를 장려할 수도 있다.

상기 분석은 경제이론의 관점에서 보면 흥미롭지만, 경제정책의 관점에서 보면 실망스러운 결과이다. 이자소득에 대한 과세는 조세정책에 있어 중요한 쟁점의 하나이다. 이자소득에 대한 세율인하가 과연 저축을 증가시킬 것인지의 여부는 순전히 저축이 이자율에 대해 어떻게 반응하는가에 의존하기 때문에 합의된 결론을 내릴 수 없다.

■ 요 약 ■

1. 효용이란 사람들이 재화나 서비스를 소비할 때 느끼는 만족감이다. 효용이론에서 총효용과 한계효용을 구분하는 것은 대단히 중요하다. 총효용은 한 재화의 소비로부터 얻는 만족감의 총량이며, 한계효용은 추가적인 한 단위의 소비변화에 기인하는 총효용의 변화분이다.

2. 한계효용체감의 법칙은 한 재화의 소비량이 증가할수록 추가적인 한 단위가 주는 한계효용이 감소하는 현상을 의미한다.

3. 소비자의 총효용은 각 재화에 추가적으로 지출된 1원의 한계효용이 모두 같도록, 즉 한계효용균등의 법칙이 성립하도록, 주어진 소득을 모두 지출할 때 극대화 된다.

4. 무차별곡선은 소비자의 선호를 나타내며, 소비자에게 동일한 만족을 주는 두 재화의 여러 가지 조합을 보여 준다. 보다 높은 위치에 있는무차별곡선상의 점들은 보다 낮은 위치에 있는 무차별곡선상의 점들보다 선호된다. 무차별곡선상의 한 점에서의 기울기는 바로 소비자의 한계대체율이다. 한계대체율은 소비자가 한 재화를 다른 재화와 교환하려는 비율을 나타내며, 일반적으로 체감한다.

5. 예산선은 소득과 재화의 가격이 주어졌을 때 소비자가 구입할 수 있는 두 재화의 여러 가지 조합을 보여 준다. 예산선의 기울기는 두 재화의 상대가격과 같다.

6. 소비자의 총효용은 예산선과 무차별곡선이 접하는 점에서 극대화 된다. 그 점에서 한계대체율과 상대가격은 서로 일치한다.

7. 한 재화의 가격하락이 소비자의 선택에 미치는 효과는 소득효과와 대체효과로 분리될 수 있다. 소득효과는 가격의 하락이 소비자의 실질소득을 증대시키기 때문에 나타나는 소비의 변화이다. 대체효과는 가격이 변하는 경우 상대적으로 싸진 재화의 소비는 증가되기 때문에 나타나는 소비의 변화이다.

■ 주요개념 ■

효용, 총효용, 한계효용, 한계효용체감의 법칙, 한계효용균등의 법칙, 무차별곡선, 한계대체율, 예산선, 상대가격, 완전대체재, 완전보완재, 소득-소비곡선, 가격-소비곡선, 총효과, 소득효과, 대체효과, 기펜재

제6장

생산과 비용

<개 요>

생산물의 가격은 수요와 공급의 상호작용에 의해 결정된다. 앞 장에서는 생산물시장의 수요측면을 분석하였으며, 관심의 초점은 소비자였다. 이 장에서는 시장의 공급측면을 분석하며, 관심의 초점은 기업이다.

시장에서 한 생산물을 공급하기 위한 기업의 능력과 의지에 결정적인 영향을 미치는 요인은 생산비용이다. 어떠한 재화의 생산도 경제적 자원의 사용을 필요로 하며, 경제적 자원은 희소하기 때문에 비용을 발생한다. 따라서 한 기업이 시장에서 공급하고자 하는 생산물의 수량은 그것의 생산에 필수불가결한 자원의 가격(또는 비용)과 생산성에 달려 있다.

이 장의 목적은, 기업이 어떻게 생산을 조직하고, 기업의 생산비용의 본질은 무엇인가를 살펴 봄으로써 공급의 법칙의 배후에 작용하는 원리를 규명하는 것이다.

1. 생산 분석

생산분석은 기업이 어떻게 생산을 조직하는가에 관한 이론이다. 즉, 생산분석의 중심과제는 최종상품을 생산하기 위해 기업이 어떻게 자원(또는 투입물)을 결합하는가를 살펴보는 것이다.

이 절에서는 기술수준이 일정하다는 가정하에 투입수준의 변화가 산출수준의 변화와 어떤 관계를 가지는가에 관해 주로 살펴볼 것이다.

1.1 기업과 생산

1.1.1 생산의 개념

경제학에서 생산의 개념은 무엇인가를 만들어 내는 행위뿐만 아니라 무형의 서비스(service)의 창출과정도 포함하는 상당히 넓은 의미로 사용된다. 즉, 생산되는 산출물은 자동차와 같은 최종상품(final commodity)뿐 아니라 자동차생산에 투입되는 강철과 같은 중간생산물(intcrmcdiatc product)도 될 수 있으며, 교육·국방·통신·교통 등과 같은 서비스(services)일 수도 있다. 일반적으로 누군가가 대가를 지불하고자 하는 유용한 재화나 서비스를 창출하는 어떠한 행위도 생산으로 간주되는 것이다.

생산(production)은 **투입물**(inputs)을 **산출물**(outputs)로 **변환시키는** 행위이다.

경제학자들이 관심을 갖는 생산의 기본적인 특성은 산출물을 생산하기 위하여 투입물들이 결합되는 방법에 관한 것이다. 투입물이란 사회에서 수요되는 재화나 서비스를 생산하기 위하여 사용되는 모든 경제적 자원(economic resources)으로 생산요소(factor of production)라고도 한다.

1.1.2 기업의 조직

생산은 정부나 비영리조직에 의해서도 이루어지지만 대부분의 재화나 서비스는 기업에 의해 생산된다. 기업은 재화와 서비스를 공급하는데 있어 의사결정의 주체이다.

기업(firm)은 이윤을 남기고 판매할 목적으로 재화와 용역을 생산하기 위해 자원을 결합하고 조직하는 하나의 조직이다.

현실세계에는 물론 수많은 기업들이 있다. 현대 시장경제에서 기업은 크게 세 종류로 분류된다. 기업은 **개인회사**(proprietorships)와 같이 한 개인에 의해 소유될 수도 있고, **합명회사·합자회사**(partnerships)와 같이 여러 사람에 의해 소유될 수도 있으며, **주식회사**(corporations)와 같이 주주(stockholders)에 의해 소유되나 이사회(board of directors)에 의해 임명된 경영진에 의해 운영될 수도 있다. 그러나 기업이 어떻게 조직되는가는 우리의 관심사가 아니다. 중요한 것은 기업이 무엇을 하는가를 이해하는 것이다.

기업이 조직되는 이유는 노동이나 기타 자원의 소유자들이 재화나 서비스를 생산할 목적으로 그들의 자원을 동원하기 위해 당사자들간에 직접 계약을 맺는 것은 지극히 비효율적이고 많은 비용이 소요되기 때문이다.

1.1.3 기업의 목적: 이윤극대화

기업가는 돈을 벌기 위해 기업활동에 종사한다. 경제학에서는, 소비자들이 **효용극대화**를 추구한다는 것과 마찬가지로, 기업은 **이윤극대화**를 추구한다고 가정한다. 물론 현대사회의 기업을 살펴보면 이윤극대화가 유일한 목적이 아닌 것처럼 보이는 경우도 있다. 특히 주식회사와 같이 소유권과 경영이 분리되어 있는 경우, 주주들은 명백히 이윤극대화를 원할지라도 실제로 의사결정을 하는 이사회와 경영자들은 다른 목표를 추구할 여지가 있다. 예를 들면, 경영자들의 봉급은 통상 기업의 규모가 클수록 많기 때문에, 그들은 이윤극대화보다는 오히려 기업의 성장에 많은 관심을 가질 수도 있다.

그럼에도 불구하고, 우리가 이윤극대화 가정을 도입하는 이유는 다음과 같다.

첫째, 오늘날 비영리조직의 중요성과 기업의 사회적 책임에 대한 요구의 증대에도 불구하고, 이윤은 여전히 시장경제에서 생산자들의 가장 중요한 목표의 하나가 되고 있다. 기업의 목적이 비록 이윤극대화 목적과 약간의 괴리가 있더라도 기업이 장기적으로 이윤획득을 의도하는 한 이윤극대화 가정에서 나타날 수 있는 오류는 줄어들 것이다.

둘째, 이윤극대화 가정은 이윤을 극대화하고자 하는 기업의 행동준칙을 매우 잘 설명해 준다. 또한 이윤극대화가 기업의 목표가 아닐지라도, 가능한 한 많은 돈을 벌기 위해서는 기업이 어떻게 행동해야 하는가를 잘 설명해 주기 때문에 그 자체로서 유용한 가정이다.

그러면 **이윤**(profits)이란 무엇을 의미하는가? 기업이 일정기간 동안에 재화나 서비스를 판매하여 벌어들인 금액을 **총수입**(total revenue)이라 하며, 그러한 생산에 필요한 투입물들을 구입하는데 지불한 금액을 **총비용**(total cost)이라 한다. 이윤은 바로 총수입에서 총비용을 뺀 부분이다.

$$\text{이윤} = \text{총수입} - \text{총비용} \tag{6-1}$$

따라서 기업이 어떻게 이윤을 극대화 하는가를 알기 위해서는 총수입과 총비용을 어떻게 측정하는가를 완전히 이해해야 한다. 총수입은 이해하기 쉽다. 기업의 산출량과 판매가격을 단순히 곱한 것이 총수입이다. 그러나 총비용의 측정은 그리 쉽지 않다. 이를 위해서는 먼저 기회비용의 개념을 이해해야 한다.

1.1.4 기회비용

경제학자들의 비용에 대한 관심은 자원의 희소성에서 출발한다. 어떤 재화를 생산하기 위해 어떤 자원을 사용한다는 것은 다른 생산기회를 포기한다는 것을 의미한다. 경제학에서 의미하는 비용은 다른 대체적인 재화나 용역을 생산할 기회의 상실과 관계된다. 소위 **기회비용**의 개념이다.

명시적 비용과 암묵적 비용 이제 개별기업의 관점에서 비용을 생각해 보자. 기회비용의 관점에서 보면 **경제적 비용**(economic costs)은 한 기업이 자원의 공급자를 다른 생산과정으로부터 유인하기 위해 지불해야 하는 대가를 의미한다. 이러한 경제적 비용은 명시적 비용과 암묵적 비용을 포함한다.

명시적 비용은 임금·이자·지대·임대료·원료비 등과 같이 그 기업의 소유자가 아닌 '외부인'(outsiders)에게 지출한 화폐액으로 이를 회계비용이라고도 한다.

> **명시적 비용**(explicit costs) 또는 **회계비용**(accounting costs)은 생산에 필요한 투입물을 구입하거나 차용하기 위해 기업이 실제로 지출한 화폐액이다.

그러나 어떤 기업은 자신이 소유하는 자원을 이용할 수 있다. 기회비용의 관점에서 볼 때, 한 자원이 기업에 의해 소유되거나, 외부로부터 차용되거나에 관계 없이 일단 사용하면 비용이 발생한다고 볼 수 있다. 기업이 자기 자원을 고용하는 경우 실제 지출은 발생하지 않지만 비용의 성격을 지니기 때문에 이를 암묵적 비용이라고 한다.

> **암묵적 비용**(implict costs)은 한 기업의 생산과정에서 그 기업에 의해 소유되고 고용되는 투입물의 화폐가치이다.

이들 소유된 투입물의 가치는 그 투입물이 다른 최선의 용도에 사용되었을 때 얻을 수 있다고 기대되는 가치로 측정될 수 있다. 암묵적 비용은 기업가 자신이 노동과 자본을 다른 최선의 용도에 사용해서 얻을 수 있는 임금과 수익을 모두 포함한다.

명시적비용과 암묵적비용간의 이러한 구분은 기업을 분석함에 있어 경제학자들과 회계사들간에 어떻게 다른가를 잘 보여준다. 경제학자들은 기업의 생산과 가격결정이 어떻게 이루어지는가를 연구하는 데 관심이 있기 때문에 비용을 측정하는 데 있어 모든 기회비용을 포함하나, 회계사들은 기업의 화폐흐름에만 관심이 있기 때문에 명시적 비용만을 고려하고 암묵적 비용은 무시한다.

비용의 이러한 차이는 이윤의 개념에도 영향을 미친다.

정상이윤, 회계적 이윤 및 경제적 이윤 기업이 시장에 진입하거나 계속 머물러 있기 위해서는 최소한의 수입이 보장되어야 한다. 이를 정상이윤이라 한다.

> **정상이윤**(normal profit)은 한 기업가로 하여금 그 기업에 계속해서 종사하도록 하기 위해 요구되는 최저보수이다.

정상이윤은 하나의 암묵적 비용이다. 왜냐 하면 만일 정상이윤이 실현되지 않으면 그 기업가는 생산을 포기하고 다른 생산과정에 노력을 기울이든지, 또는 임금생활자나 봉급생활자가 되려고 기업가직을 포기할지도 모르기 때문이다.

요컨대, 경제학에서 의미하는 비용이란 자원을 현재의 생산과정에 계속 묶어두기 위해 요구되는 모든 형태의 지불(명시적·암묵적 비용과 정상이윤)을 포함한다. 이러한 관점에서 볼 때 경제적 이윤은 회계적 이윤과는 다르다.

> **회계적 이유**(accounting profits)은 단순히 기업의 총수입에서 명시적 비용만을 뺀 것을 말하나, **경제적 이윤**(economic profits)은 총수입에서 모든 경제적 비용을 뺀 것을 의미한다.

경제적 이윤은 정상이윤을 초과하는 수입이기 때문에 비용이 아니다.

사적 비용과 사회적 비용 비용은 사적 비용과 사회적 비용으로 분류될 수도 있다.

> **사적 비용**(private costs)은 생산과정에서 개인 또는 개별기업이 부담하는 명시적·암묵적 비용을 말한다.

> **사회직 비용**(social costs)은 사회진체의 괸점에시 볼 때 발생히는 비용이다.

사적 비용과 사회적 비용간에는 괴리가 발생할 수 있다. 만일 기업이 생산과정에서 경제적 비용의 일부를 회피할 수 있다면 사회적 비용은 사적 비용을 초과하게 된다. 이에 관해서는 제14장에서 외부성의 문제를 다룰 때 자세히 살펴볼 것이다.

1.2 투입물의 분류와 단기 및 장기

경제분석에서 단기와 장기의 구분은 매우 중요하다. 생산분석에서 장기와 단기는, 비록 장기가 단기보다 긴 기간을 의미한다고 할지라도, 그렇게 엄격하게 시간의 길이에 의해 결정되는 것은 아니다.

생산에 있어서 어떤 투입물은 매우 짧은 기간에도 그 사용량을 변화시킬 수 있다. 예를 들어 노동자들은 하루하루 고용될 수도 있고 불특정기간 동안에만 고용될 수도 있다. 다시 말해 노동투입량은 생산의 필요에 따라 얼마든지 변화시킬 수 있다. 원료(raw materials)의 사용도 거의 산출량에 비례한다. 산출량에 따라 사용량이 직접적으로 변하는 이러한 투입물을 **가변투입물**(variable inputs)이라 한다.

한편 시장조건이 변화해서 산출량이 변한다고 해도, 짧은 기간에는 도저히 그 사용량을 변화시킬 수 없는 투입물도 존재한다. 예를 들면 공장시설은 일단 건설되면, 비록 수요가 급격하게 증가한다고 해도 몇 달 또는 2~3년 사이에 규모를 확장시킬 수가 없고, 또 수요가 감소한다고 해서 손실을 고려하지 않고서는 단기간 내에 축소시킬 수도 없다. 짧은 기간에 그 사용량을 변화시킬 수 없는 이러한 투입물을 **고정투입물**(fixed inputs)이라 한다.

이러한 의미에서 볼 때 시간(time)은 분명히 가변투입물과 고정투입물을 구분하는 데 있어서 중요한 요소이다. 공장시설은 비록 짧은 기간에 확장되거나 축소될 수는 없지만, 충분한 기간이 주어진다면 확장되거나, 팔리거나, 또는 철거될 수 있다. 따라서 충분한 기간이 주어지면 모든 투입물은 가변적이 된다. 이러한 이유로 생산분석에서는 단기는 가변투입물과 함께 고정투입물이 존재하는 기간으로, 장기는 모든 투입물이 가변적인 기간으로 정의된다.

> **단기**(short-run)란 적어도 하나의 투입물의 공급량이 고정되어 있어서 추가적인 생산은 오직 가변투입물의 증가에 의해서만 가능한 짧은 기간을 말하며, **장기**(long-run)란 모든 투입물의 공급량을 변화시킬 수 있을 정도로 긴 기간을 말한다.

1.3 생산함수와 수확체감의 법칙

1.3.1 생산함수

이미 서술한 것처럼 기업은 투입물을 변환시켜 산출물을 생산한다. 생산과정에서 존재하는 투입물과 산출물의 기술적 관계는 생산함수로 표시된다.

> **생산함수**(production function)란 어떤 투입물의 일정량으로부터 생산될 수 있는 최대산출량을 나타내는 함수이다.

생산함수는 표나 그래프에 의해 표시될 수도 있으나 일반적으로 다음과 같은 식으로 표시된다.

$$Q = f(L,\ K) \tag{6-2}$$

여기에서 Q는 단위 기간당 산출량을, L은 노동을, K는 자본을 나타낸다. 물론 기업은 수많은 투입물들을 사용하나 편의상 노동과 자본 두 가지 투입물만을 고려한 것이다.

생산함수는 산출물을 생산하기 위해 투입물들을 결합시키는 여러 가지 방법 중에서, 주어진 투입물로 최대의 산출량을 생산할 수 있는 방법이나, 주어진 산출량을 최소의 투입물로 생산할 수 있는 방법만을 포함한다. 그러한 생산방법을 **"기술적으로 효율적"**이라 한다. 이윤극대화를 추구하는 기업은 낭비적이거나 비효율적인 생산방법에는 관심을 갖지 않을 것이기 때문에 우리는 기술적으로 효율적인 생산방법에만 주의를 한정시킬 수 있다.

생산함수는 기업이 사용할 수 있는 기술수준에 의존하기 때문에, 기술수준이 개선되면 당연히 생산함수도 달라진다.

1.3.2 생산물곡선과 수확체감의 법칙

단기에는 투입물 중 적어도 하나는 가변적이지 못하기 때문에 기업의 신축성이 그만큼 제한된다. 여기에서는 가변투입물이 오직 하나인 경우에 대해 생산의 문제를 다룬다. 즉, 우리가 고려하는 생산함수는 단기생산함수 이다

> **단기생산함수**(short-run production function)는 일정량의 고정투입물이 주어진 상태에서 여러 수준의 가변투입물로부터 얻을 수 있는 최대산출량을 나타낸다.

총생산, 평균생산, 한계생산 분석을 단순화하기 위해서 두 투입물 노동(L)과 자본(K)을 사용하여 재화 X를 생산하는 경제를 가정하여 보자. 여기에서 노동은 가변투입물이고 자본은 고정투입물이다. 단기생산함수는 다음과 같이 나타낼 수 있다. 식에서 $\overline{K}$는 K가 고정되어 있음을 의미한다.

$$X = X(L, \overline{K}\ ) \tag{6-3}$$

단기에 기업은 주어진 자본을 가지고 얼마의 노동을 고용하여 산출물을 얼마나 생산할 것인가를 결정해야 한다. 한 가상적인 단기생산함수가 <표 6-1>에 주어져 있다.

〈표 6-1〉 단기생산함수

(1) 노동량	(2) 총생산	(3) 평균생산	(4) 한계생산
0	0	…	…
1	3	3	3
2	8	4	5
3	12	4	4
4	14	3.5	2
5	14	2.8	0
6	12	2	−2

<표 6-1>의 (1)란은 노동량을, (2)란은 기간당 생산 가능한 **총생산(물)**(total product, TP)을 나타내고 있다. 총생산은 특정 자본량과 결합된 각각의 노동량에 의해 생산가능한 수치들을 표시한 것이기 때문에, 만일 자본량이 달라지면 이 수치들도 달라져야 한다. 즉, 가변투입물의 총생산은 고정투입물의 사용량에 따라 달라진다.

생산분석에서 **평균생산**(물)과 **한계생산**(물)의 개념은 매우 중요하다.

> 한 가변투입물의 **평균생산**(물)(average product, AP)은 다른 투입물을 고정시킨 채 **총생산**(물)을 그 가변투입물의 수량으로 나눈 값이다.

> 한 가변투입물의 **한계생산**(물)(marginal product, MP)은 다른 투입물을 고정시킨 채 그 가변투입물을 한 단위 추가했을 때 증가되는 **총생산**(물)의 증가분이다.

여기에서 평균생산과 한계생산은 물적 단위로 표시한 생산성을 의미한다. 위 정의에 따라 노동의 평균생산 AP_L과 한계생산 MP_L을 식으로 나타내면 다음과 같다.

$$AP_L = TP/L \tag{6-4}$$

$$MP_L = \Delta TP/\Delta L \tag{6-5}$$

<표 6-1>의 (3)란과 (4)란은 각각 AP_L과 MP_L을 표시하고 있다.

그림 6-1 생산물곡선

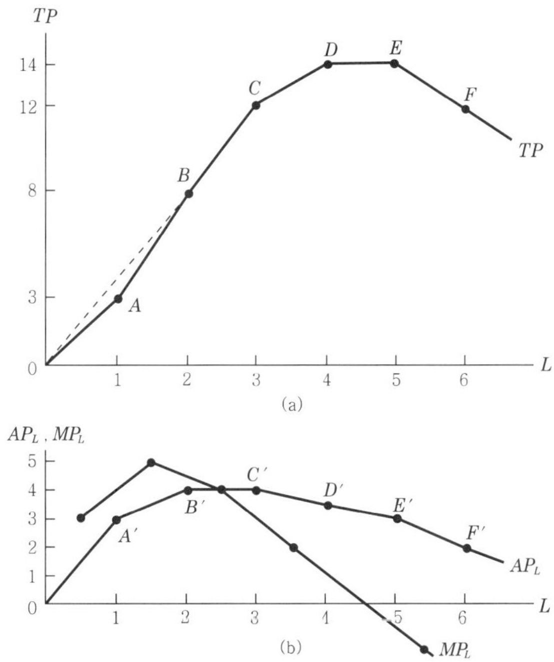

생산물곡선 <표 6-1>의 TP, AP_L, MP_L을 도시하면 <그림 6-1>을 얻는다. 노동의 평균생산곡선과 한계생산곡선의 형태는 총생산곡선의 형태에 의해 결정된다. TP곡선 위의 어느 한 점에서의 AP_L은 원점으로부터 그 점에 이르는 직선의 기울기와 같다. 예를 들면, 그림 (a)의 B점에서의 AP_L은 점선 OB의 기울기와 같다. 이 값이 그림 (b)에서 B'점으로 표시되어 있다. TP곡선상의 임의의 두 점 사이의 MP_L은 그 두 점간의 TP곡선의 기울기가 같다. 즉, 그림 (a)에서 원점과 A점 사이의 MP_L은 OA의 기울기와 같으며, 그 값이 그림 (b)에서 0과 1사이의 중간지점에 표시되어 있다.

<그림 6-1>은 전형적인 생산과정에서 나타나는 몇 가지 중요한 특성을 보여 주고 있다.

첫째, TP, AP_L 및 MP_L 곡선은 모두 처음에는 상승하다가 극대점에 이르고, 그 이후에는 하강하기 시작한다.

둘째, MP_L 곡선은 AP_L 곡선이 상승하고 있을 때는 AP_L 보다 위에 위치하고, AP_L 곡선이 하강하고 있을 때는 그 아래에 위치한다. 이는 MP_L과 AP_L의 정의로부터 쉽게 증명할 수 있다. 즉, 노동량을 한 단위 추가할 때 증가되는 총생산의 증가분이 그 전까지의 평균값보다 크다면 새로운 평균값은 증가할 것이고, 반대로 작다면 새로운 평균값은 감소할 것이다. 그런데 그 증가분이 처음에는 증가하다가 나중에는 감소하므로 평균 값도 이와 마찬가지로 변하며 따라서 두 곡선은 AP_L 곡선이 극대가 되는 점에서 교차하게 된다.

수확체감의 법칙 <그림 6-1>에서 MP_L 곡선이 하강하고 있는 것은 수확체감의 법칙을 반영하는 것이다.

> **수확체감의 법칙**(law of diminishig returns), 또는 **한계생산체감의 법칙**(law of diminishing marginal product)이란 다른 투입물의 사용량을 고정시켜 놓고 한 가변투입물의 사용량을 증가시킬 때, 각 추가적인 가변투입물의 단위당 수확이 점차 감소한다는 것이다.

다시 말하면 가변투입물의 한계생산물은 일정 수준을 넘어서면 궁극적으로 감소한다는 것이다. 이러한 수확체감의 법칙은 단지 현실경제에서 경험적으로 관찰되는 실물적 관계를 일반화한 것이며, 따라서 수학적 증명이 가능한 논리적 명제는 아니다.

또한 수확체감의 법칙은 고정투입물이 존재하는 단기에만 나타나는 현상이다. 즉, 가변투입물의 사용량이 증가하면, 가변투입물 한 단위와 결합되는 고정투입물의 수량은 점차 감소될 것이고 따라서 가변투입물의 한계생산도 감소될 것이다. 수확체감의 법칙은 이렇게 투입물의 비율변화에 기인하는 현상이기 때문에 이를 **가변비율의 법칙**(law of variable proportion)이라고도 한다.

2. 생산비용분석

이 절에서는 기업의 생산비용에 관해 살펴보고, 앞 절에서 살펴본 생산분석과의 관련성을 검토한다.

기업의 비용함수는 여러 산출량수준에서 각 산출량을 생산할 수 있는 최소비용을 나타낸다. 즉, 비용함수는 산출량의 함수이다. 이러한 비용함수는 기업의 생산함수와 투입물의 가격으로부터 도출된다. 여기에서 투입물의 가격은 기업의 수요량과 관계 없이 주어졌다고 가정한다. 이 절에서 도출되는 기업의 단기 및 장기비용함수는 다음 장에서 살펴볼 기업의 이윤극대화 산출량수준을 결정하는 데 이용될 것이다.

2.1 단기비용

한 기업의 생산비용은 사용된 자원의 가격과 기술(technology)에 의존한다. **기술**이란 산출물을 생산하기 위해 투입물을 결합하는 방법들을 의미한다. 비용분석에서 관심을 가져야 할 것은 비용의 "기술적" 측면이다. 먼저 단기비용(short-run cost)부터 살펴보자.

2.1.1 총비용

단기에는 어떤 투입물은 고정되어 있고 어떤 투입물은 가변적이기 때문에 총비용 또한 **고정비용**과 **가변비용**의 두 가지 구성 요소로 구분할 수 있다.

> **총고정비용**(total fixed cost, *TFC*)은 기업이 고용하고 있는 모든 고정투입물에 대해 지불해야 하는 비용이다.

총고정비용은 총생산이 증가해도 증가되지 않는 비용이며, 생산이 전혀 이루어지지 않아도 지불해야 하는 비용이다.

> **총가변비용**(total variable cost, *TVC*)은 기업이 고용하고 있는 모든 가변투입물에 대해 지불해야 하는 비용이다.

산출량수준을 증가시키려면 가변투입물의 수량도 증가되어야 하므로 총가변비용은 산출량이 증가됨에 따라 증가한다. 물론 생산을 하지 않으면 총가변비용은 0이 된다.

총비용(total cost, TC)은 각 산출량수준에서 총고정비용과 총가변비용을 합한 것과 같다.

$$TC = TFC + TVC \tag{6-6}$$

단기에 기업은 주어진 공장규모 내에서 기간당 사용되는 가변투입물의 수량을 변화시킴으로써 산출량수준을 변화시킬 수 있다. TC, TFC, TVC는 각각 단기에 기업이 산출량수준에 따라 부담해야 하는 **최소비용**들을 보여준다. 이 때 모든 투입물의 비용은 물론 명시적 비용과 암묵적 비용을 포함한 기회비용으로 측정된다.

〈표 6-2〉 총비용표

(1) 산출량(개)	(2) 총고정비용(원)	(3) 총가변비용(원)	(4) 총비용(원)
0	30	0	30
1	30	20	50
2	30	30	60
3	30	45	75
4	30	80	110
5	30	145	175

<표 6-2>와 <그림 6-2>에 각각 한 기업의 가상적인 비용표와 이에 대응하는 총비용곡선들이 주어져 있다. TFC는 산출량수준에 관계없이 30원으로 주어져 있으며 그림에서는 수평선으로 표시되어 있다. 산출량이 0일 때는 TVC도 0이며 산출량수준과 함께 증가하고 있다. TVC곡선의 형태는 수확체감의 법칙을 반영한다. 즉, W'점(변곡점)에 이를 때까지는 기업의 가변투입물의 사용량이 미미해서 수확체감의 법칙이 작용하지 않기 때문에 TVC곡선은 "완만하게" 상승하고 있다. 그러나 W'점을 지나면 수확체감의 법칙이 작용하여

TVC곡선이 "급격하게" 상승하고 있다. 왜냐 하면 수확체감의 법칙이 작용한다는 것은 한계생산이 감소한다는 것을 의미하며 따라서 주어진 산출량을 생산하기 위해 투입되는 투입물의 수량은 증가되어야 하고 이는 결국 비용을 증가시킬 것이기 때문이다.

그림 6-2 총비용곡선

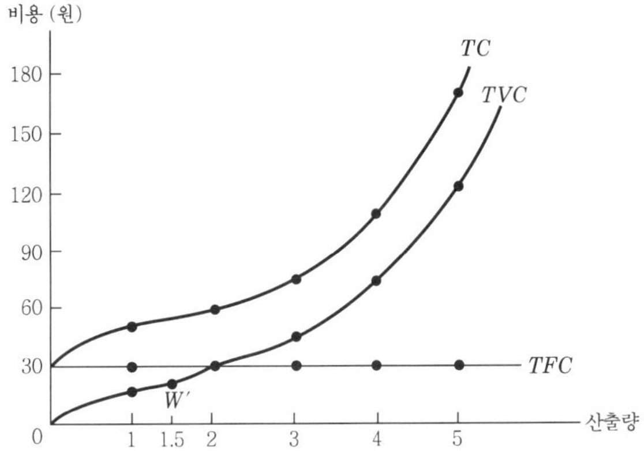

$TC = TFC + TVC$이기 때문에 TC곡선의 형태는 TVC곡선과 동일하나 다만 TFC의 크기만큼 위에 위치하게 된다.

2.1.2 평균비용과 한계비용

단기분석에 있어서 기업의 "단위당 비용"의 개념은 매우 중요하다. 이들 단위당 비용은 총비용으로부터 도출될 수 있다. 먼저 평균비용(average costs)부터 살펴보자.

> **평균고정비용**(average fixed cost, AFC)은 총고정비용을 산출량으로 나눈 값이다 : $AFC = TFC / Q$.

> **평균가변비용**(average variable cost, AVC)은 총가변비용을 산출량으로 나눈 값이다 : $AVC = TVC / Q$.

평균총비용(average total cost, ATC)은 총비용을 산출량으로 나눈 값으로 평균고정비용과 평균가변비용의 합과 같다 : $ATC = TC / Q = AFC + AVC$.

한편 **한계비용**은 산출물을 한 단위 더 생산하는 데 소요되는 추가적인 비용이다.

한계비용(marginal cost, MC)은 산출량 한 단위의 변화에 기인하는 총비용 또는 총가변비용의 변화분과 같다 : $MC = \Delta TC / \Delta Q = \Delta TVC / \Delta Q$.

TFC는 일정하기 때문에 TC의 변화분은 TVC의 변화분과 같다. 다시 말해서, 한계비용은 고정비용과는 무관하다.

<표 6-3>은 <표 6-2>의 총비용표로부터 구한 단위당 비용표를 나타낸 것이며 이에 대응하는 각 비용곡선들이 <그림 6-3>에 그려져 있다.

〈표 6-3〉 비용표

(1)산출량 (개)	(2)총고정 비용	(3)총가변 비용	(4)총비용	(5)평균 고정비용	(6)평균 가변비용	(7)평균 총비용	(8)한계 비용
1	30	20	50	30	20	50	20
2	30	30	60	15	15	30	10
3	30	45	75	10	15	25	15
4	30	80	110	7.5	20	27.5	35
5	30	145	175	6	29	35	65

그림에서 보는 바와 같이 AFC곡선은 연속적으로 하강하나 (AFC곡선은 수학적으로 볼 때 직각쌍곡선이다.), AVC, ATC 및 MC곡선들은 처음에는 하강하다가 나중에는 상승하는 U자 형태를 이룬다.

AVC곡선이 U자 형태가 되는 이유는 다음과 같다. 단기에는 노동만이 유일한 가변요소라고 가정하면, 각 산출량(Q)에 대한 총가변비용은 임금률(w)을 사용한 노동량(L)에 곱한 것과 같다.

$$AVC = TVC / Q = wL / Q = w / Q/L = w / AP_L \qquad (6-7)$$

그림 6-3 비용곡선

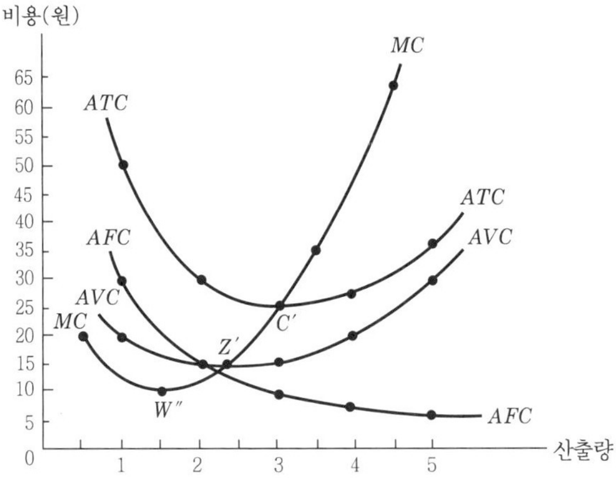

그런데 w는 일정하고 AP_L은 통상 처음에는 증가하다가 극대점에 이른 후 감소하기 때문에, AVC곡선은 처음에는 하강하다가 극소점에 이른 후 상승하게 된다. 즉, AVC곡선은 AP_L곡선의 "반사형"(mirro image)임을 알 수 있다. AVC곡선이 U자 형태이기 때문에 ATC곡선도 역시 U자 형태가 된다. ATC곡선이 최저가 되는 산출량 수준을 그 기업의 **효율적 규모**(efficient scale of the firm)라고 한다.

MC곡선이 U자 형태가 되는 이유도 이와 유사하게 설명할 수 있다:

$$\begin{aligned} MC &= \Delta TVC/\Delta Q \\ &= \Delta(wL)/\Delta Q = w(\Delta L)/\Delta Q = w/\Delta Q/\Delta L = w/MP_L \end{aligned} \tag{6-8}$$

즉, MC곡선은 MP_L곡선의 반사형이다. MC곡선의 상승부분은 바로 수확체감의 법칙이 작용함을 반영한다. MC곡선은 AVC 및 ATC곡선보다 적은 산출량수준에서 극소점에 이르며 AVC 및 ATC곡선의 극소점을 아래로부터 교차한다. 그 이유는 평균비용이 하락하는 한 한계비용은 그 보다 낮아야 하고 평균비용이 증가하는 한 한계비용은 그보다 높아야 하기 때문이다. 따라서 평균비용이 변하지 않으면 한계비용은 평균비용과 일치하게 된다.

2.1.3 평균비용곡선과 한계비용곡선의 도출

평균 및 한계비용곡선의 형태는 그에 대응하는 총비용곡선들의 형태에 의해 결정된다. 즉, *AFC*, *AVC* 및 *ATC*곡선은 각각 원점으로부터 *TFC*, *TVC* 및 *TC*곡선에 이르는 직선의 기울기에 의해 주어진다. 한편 *MC*곡선은 *TC* 또는 *TVC*곡선의 기울기에 의해 주어진다. <그림 6-4>는 *AFC*, *AVC*, *ATC* 및 *MC*곡선들이 도출되는 방법을 보여 주고 있다.

그림 6-4 비용곡선의 도출

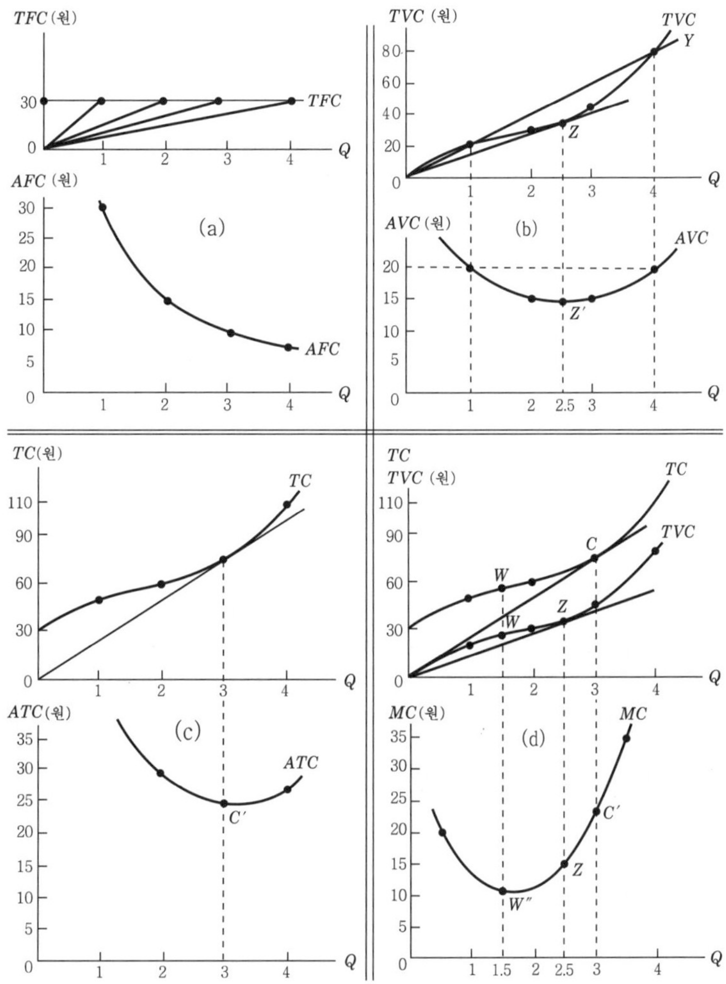

2.2 장기비용

단기와 장기의 본질적인 차이점은 단기에는 고정비용과 가변비용이 모두 존재하지만, 장기에는 모든 비용이 가변비용이라는 점이다. 다시 말해 고정비용이 장기에는 사라진다.(물론 현실세계에서는 고정비용은 결코 완전히 사라질 수 없다. 그러나 이론적인 분석 목적상 이는 무시될 수 있다.).

기업운영에 있어서 장기비용(long-run cost)의 중요성은 단지 장래에 있어 기존기업을 확대하거나 축소시키기 위한, 또는 새로운 사업을 시작하기 위한, "계획수립"(planning)과 관계된다. 이런 의미에서 장기는 계획기간(planning horizon)이라 할 수 있다. 일단 기업규모에 대한 의사결정이 이루어지면, 기업의 운영에 실제로 중요한 것은 단기비용이다.

2.2.1 장기비용곡선

기업의 장기비용곡선들은 단기비용곡선들과는 다르다. <그림 6-5>는 하나의 예를 보여준다. 그림에는 각각 소규모, 중간규모 및 대규모 공장에 대응하는 세 개의 단기평균총비용곡선($SATC$)들과 장기평균총비용곡선($LATC$)이 주어져 있다. 기업이 장기곡선을 따라 이동하는 것은 바로 산출량에 대응하여 공장규모를 조정하는 것을 의미한다.

그림 6-5 장기평균총비용곡선

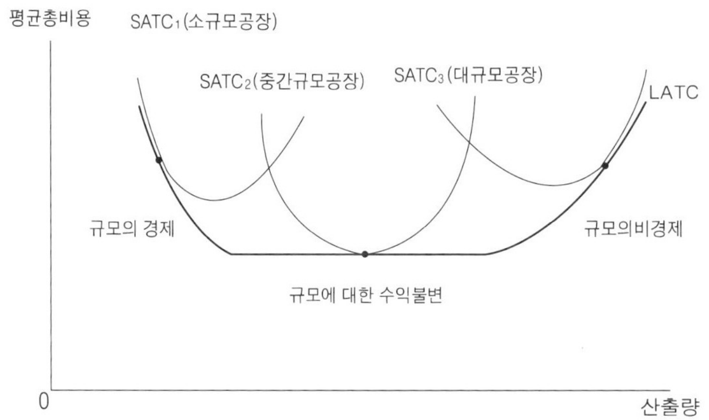

이 그림은 단기와 장기 비용들이 서로 어떻게 연관되는가를 보여준다. 장기평균총비용곡선은 단기평균총비용곡선보다 훨씬 평평한 U자 형태를 이룬다. 또한 장기평균총비용곡선은 모든 단기평균총비용곡선들의 아래에 위치한다. 수학적으로 $LATC$곡선은 $SATC$곡선들의 포락선(envelope curve)이다. 이러한 특성은 기업들이 장기에는 매우 융통성을 갖고 있기 때문에 나타난다. 단기에 생산을 증가시키기 위해서는 주어진 공장규모에서 오직 노동투입량을 증가시킬 수밖에 없는데 한계생산체감의 법칙 때문에 평균총비용이 증가한다. 그러나 장기에는 공장규모와 노동투입량을 동시에 증가시킬 수 있고, 따라서 평균총비용도 증가되지 않을 수 있다.

2.2.2 규모에 대한 수익

산출량이 증가함에 따라 $LATC$곡선이 하강하는 경우 우리는 **규모의 경제**(economies of scale)가 존재한다고 하고, 상승하는 경우는 **규모의 비경제**(diseconomies of scale)가 존재한다고 한다. $LATC$곡선이 산출량수준과 관계없이 변하지 않을 때 규모에 대한 수익불변(constant returns to scale) 이라고 한다. 이와같이 $LATC$곡선이 U자 형태를 이루는 것은 규모에 대한 수익과 관계되는 것이다.

규모의 경제가 존재할 수 있는 이유의 하나는 현대의 일괄생산공정(assembly-line production)은 각자 특정 과업에 전문화된 많은 수의 인력을 필요로 하는바, 만일 기업의 산출량 수준이 낮으면 그러한 이점을 충분히 살릴 수 없기 때문에 평균총비용이 높을 수밖에 없다는 사실에 기인한다. 규모의 비경제가 존재하는 이유는 기업의 관리자들이 대규모 조직을 감독하기가 어렵기 때문이다.

■ 요 약 ■

1. 생산이란 투입물을 산출물로 변환시키는 행위이다. 생산의 주체는 기업이며, 기업의 목표는 총수입과 총비용의 차이인 이윤을 극대화 하는 것이다.

2. 기업의 행동을 분석하는 경우 명시적 비용과 암묵적 비용을 포함한 생산의 모든 기회비용을 고려해야 한다.

3. 생산분석에 있어 단기와 장기의 구분은 대단히 중요하다. 단기란 하나 이상의 고정투입물이 존재하는 기간이며, 장기란 모든 투입물이 가변적이 되는 기간이다.

4. 기업의 비용은 생산과정을 반영한다. 전형적인 기업의 생산함수는 한계생산이 체감하는 특성을 나타내기 때문에 총비용곡선은 산출량이 증가할수록 점점 가파르게 된다.

5. 단기에 있어 기업의 총비용은 고정비용과 가변비용으로 구성된다. 기업의 총비용으로부터 평균총비용과 한계비용을 도출할 수 있다.

6. 평균총비용은 산출량이 증가함에 따라 처음에는 감소하다가 점차 증가한다. 한계비용곡선은 항시 평균총비용곡선의 최저점을 아래로부터 교차한다.

7. 장기평균총비용곡선은 단기평균총비용곡선들의 포락선이다.

■ 주요개념 ■

생산, 이윤, 명시적 비용, 암묵적 비용, 정상이윤, 경제적 이윤, 회계적 이윤, 고정투입물, 가변투입물, 단기, 장기, 생산함수, 총생산, 평균생산, 한계생산, 한계생산체감의 법칙, 총비용, 총고정비용, 총가변비용, 평균총비용, 평균고정비용, 평균가변비용, 한계비용, 효율적 규모, 장기평균총비용, 규모의 경제, 규모의 비경제, 규모에 대한 수익불변

제 3 편

기업행동과 시장조직

제7장

완 전 경 쟁

<개 요>

앞으로 3개장(7, 8, 9장)에 걸쳐, 제5장과 6장에서 살펴본 소비자 및 생산자 이론을 결합하여 시장에서 가격과 산출량이 어떻게 결정되는가를 분석할 것이다. 가격과 산출량에 관한 기업의 의사결성은 그 기업이 어떠한 시상구조하에서 운영되고 있는가에 따라 매우 달라진다.

현실세계에서 시장의 종류는 무수히 많으며 그 형태도 다양하기 때문에 이를 몇 개의 그룹으로 묶어 가격과 산출량과의 관계를 분석하는 것이 보다 현실적이라 할 수 있다. 대부분의 경제학자들은 시장형태를 주로 경쟁(competition)의 관점에서 다음 네 가지로 분류하는 데 동의한다 : ① 완전경쟁, ② 독점, ③ 독점적 경쟁, ④ 과점.

시장의 형태를 이와 같이 분류하는 기본적인 기준은 다음과 같다.

첫째, 시장에 참여하는 기업의 수이다.

둘째, 생산물의 표준화 정도이다. 즉, 시장에 참여하는 모든 기업들이 동질적인 상품만을 판매하는가, 아니면 어떤 질적인 차이가 존재하는가의 여부이다.

셋째, 진입의 조건이다. 즉, 새로운 기업들이 얼마나 자유롭게 시장에 참여할 수 있는가의 여부이다. 이 밖에도 기업이 가격에 대해 통제할 수 있는 정도나 비가격경쟁의 존재 여부도 중요한 기준이 될 수 있다.

이 장에서 우리의 관심사는 완전경쟁시장구조에서 활동하는 기업이 어떻게 산출량에 관한 의사결정을 하는가를 분석하는데 있다. 먼저 완전경쟁이라고 하는 시장구조의 특성부터 살펴본다.

1. 완전경쟁시장구조

1.1 완전경쟁의 특성

완전경쟁하에서 개별기업—앞으로는 이를 간단히 **'경쟁기업'**(competitive firm)이라 한다—은 상품의 가격에 영향을 미칠 수 없고 기업밖에서 결정된 가격을 주어진 것으로 간주한다. 이는 경쟁기업이 '가격순응자'(price-taker)라는 것을 의미한다.

물론 어떤 의미에서 개별기업은 가격을 결정해야 하기 때문에 경쟁기업을 가격순응자라고 정의하는 것은 너무 이상적이다. 그렇다면 어떤 상황에서 개별기업들은 자신들이 통제할 수 없는 힘에 의해 결정되는 가격을 그대로 받아들여야만 하는가? 이러한 상황은, 개별기업은 비록 자신의 가격을 결정하지만, 기업이 만약 경쟁가격보다 높게 가격을 설정하면 모든 고객을 잃게되는 경우에 초래된다.

이제 경쟁기업이 가격순응자가 될 수밖에 없는 이유를 보나 자세히 실펴 보자. 이는 바로 완전경쟁시장의 특성으로부터 나온다.

> **완전경쟁**(perfect competition)은 다음과 같은 특성을 갖는 시장조직의 한 형태이다. ① 다수의 구매자와 판매자가 존재한다. ② 상품이 동질적이다. ③ 자원이 완전한 이동성을 갖는다. ④ 경제주제들이 시장 조건에 관해 완진한 징보를 갖는다.

이제 이러한 특성들이 구체적으로 무엇을 의미하는지 살펴보자.

첫째, 완전경쟁시장에서는 상품의 구매자와 판매자가 무수히 많아서 시장에서 차지하는 비중이 무시할 정도로 작기 때문에 상품의 가격에 대하여 어떤 개인도 감지할 수 있는 영향을 미치지 못한다. 모든 경제주체들은 시장에서 결정된 가격을 주어진 것으로 받아들이고 행동한다.

둘째, 각 기업이 판매하는 상품은 다른 판매자의 상품과 완전대체재이기 때문에 각 판매자는 가격에 대해 영향력을 행사할 수 없을 뿐만 아니라, 구매자도 거래하는 판매자가 누구인지 상관할 필요가 없다.

셋째, 자원의 이동성을 제한하는 어떠한 인위적(특허권 등)이거나 자연적(막대한 자본소요 등)인 장벽도 존재하지 않기 때문에 모든 경제적 자원은 화폐적인 인센티브(monetary incentive)에 따라 경제의 어느 부문으로든 자유롭게 이동할 수 있고, 따라서 기업들도 커다란 어려움이 없이 한 **산업**(industry)에 진입(entry)하거나 기존산업에서 탈퇴(exit)할 수 있다.

산업이란 구매자의 관점에서 밀접한 "대체재"로인정될 정도로 매우 유사한 상품을 생산공급하는 일단의 기업들을 말한다

넷째, 소비자, 기업 및 자원소유자들 모두가 관련된 가격과 비용에 관해 완전한 정보(perfect information)를 가지고 있기 때문에 특정상품이나 투입물에 대해 시장에서 단일 가격이 유지될 수 있다.

말할 필요도 없이, 이들 조건들이 모두 충족되는 시장은 거의 없다. 그럼에도 불구하고 완전경쟁모형은 완전경쟁에 상당히 가까운 시장상황—예를 들면, 쌀시장을 들 수 있다—을 분석하는 데 매우 유용하다. 또한 완전경쟁모형은 완전경쟁으로부터 이탈할 경우의 경제적 비용 또는 비효율성(inefficiency)을 측정하는 데 있어 하나의 준거(reference or standard)를 제공해 준다.

여기에서 한 가지 유의해야 할 점은, 시장구조와 관련하여 경제학자들이 사용하는 '**경쟁**'에 관한 이러한 정의(definition)는 일상 생활에서 사용되는 개념과는 상당히 다른 의미를 갖는다는 것이다. 경제학에서 **경쟁**이라는 개념의 핵심은 시장의 비개인성(impersonality)을 강조하는 데 있다. 즉, 시장에 참여하는 기업의 수가 너무 많아 한 기업은 다른 기업들이 무엇을 하고 있는지에 관심을 가질 필요도 없고 또 다른 기업들로부터 영향을 받지도 않는다. 모든 기업들의 상품은 똑같이 취급되며 개별기업은 광고와 같은 비가격경쟁(nonprice competition)을 할 필요가 없이 주어진 가격에서 상품을 얼마든지 판매할 수 있다.

반면에 일상용어로서의 경쟁의 개념은 구매자나 판매자들의 행위에 중점을 두고 그들 사이의 대항관계(rivalry)를 강조한다. 예를 들면, 우리나라에서 자동차를 생산하는 기업은 소수에 지나지 않지만 그들은 외양(style), 경제성, 가격 등의 측면에서 매우 치열한 경쟁을 해야 한다. 따라서 그들은 소비자들로 하여금 자기 기업의 제품이 가장 우월하다는 것을 믿도록 하기 위해 많은 광고비를 지출하기도 한다. 그러나 이러한 의미의 경쟁은 분명히 시장구조와 관련해 경제학자들이 사용하는 경쟁의 개념은 아닌 것이다.

1.2 완전경쟁기업이 직면하는 수요곡선

앞에서 설명한 바와 같이 경쟁기업은 가격순응자이다. 개별기업은 결코 시장가격을 조정할 수 없고, 다만 시장가격에 순응할 뿐이다. 만일 어떤 기업이 가격을 조금이라도 인상한다면 그 기업은 모든 고객을 잃게 될 것이다. 또한 경쟁기업은 주어진 시장가격에서 얼마든지 판매할 수 있기 때문에 가격을 인하시킬 어떠한 이유도 존재하지 않는다. 따라서 경쟁 기업은 시장수요와 공급곡선의 교차점에서 결정되는 가격수준에서 수평적(horizontal)인, 즉 **완전탄력적**(perfectly elastic)인 수요곡선에 직면한다.

<그림 7-1>에 어떤 재화 X에 대한 완전경쟁시장의 수요곡선(D)과 공급곡선(S), 개별기업이 직면하는 수요곡선(d_x)이 각각 표시되어 있다.

그림 7-1 완전경쟁기업의 수요곡선도출

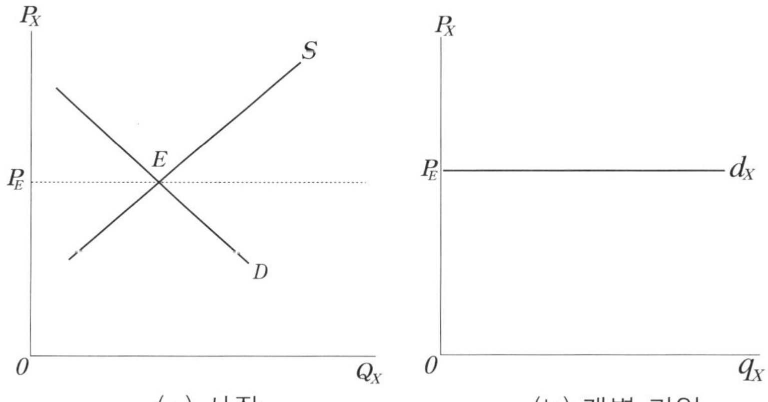

여기에서 유의해야 할 것은 완전경쟁시장에서 개별기업이 직면하는 수요곡선이 비록 완전탄력적이라 하더라도, 시장수요곡선은 그림 (a)에서 보는 바와 같이 우하향한다는 점이다. 한 산업의 생산물은 다른 산업의 생산물과 경쟁적인 관계에 있다. 따라서 특정상품을 공급하는 산업은 가격을 인하해야만 판매량을 증가시킬 수 있다. 이러한 이유로 시장수요곡선은 우하향하게 된다.

1.3 완전경쟁기업의 수입

경쟁기업의 목표는 경제의 모든 다른 기업들처럼 이윤을 극대화하는 것이다. 이윤이란 총수입에서 총비용을 뺀 것이기 때문에 경쟁기업이 어떻게 이윤을 극대화 하는가를 보기 위해서는 먼저 기업의 '수입'(revenue)에 대해 알아야 한다.

어떤 기업이 X재를 Q만큼 생산해서 한 단위당 P라는 가격에 판매한다고 하자. 그러면 그 기업의 총수입은 다음과 같이 주어진다.

> **총수입**(total revenue, TR)은 상품 한 단위당 가격(P)에 산출량(Q)을 곱한 것과 같다 : $TR = PQ$.

그런데 가격은 개별기업이 생산해서 판매하는 양에 의존하지 않기 때문에 총수입은 산출량에 비례하며, 따라서 경쟁기업의 총수입곡선은 항시 원점에서 출발하는 우상향하는 직선의 형태를 지닌다.

앞장에서 비용을 분석할 때 '**평균**'과 '**한계**'라는 개념이 유용했던 것처럼, 그것들은 수입에 관해 분석할 때도 역시 유용하다. '평균수입'은 기업이 상품 한 단위를 판매해서 얻을 수 있는 수입으로 다음과 같이 구한다.

> **평균수입**(average revenue, AR)은 총수입을 산출량으로 나눈 값이다 : $AR = TR/Q$.

그런데 총수입은 가격에 산출량을 곱한 것이므로 평균수입은 결국 가격과 같다. 따라서 평균수입곡선은 수요곡선과 일치한다. 이러한 관계는 비단 완전경쟁시장에서 뿐만 아니라 다른 모든 시장에서도 성립한다.

한편 '한계수입'은 기업이 산출량을 한 단위 증가시켜 판매하는 경우 추가되는 총수입의 증가분이다.

> **한계수입**(marginal revenue, MR)은 산출량 한 단위의 변화에 기인하는 총수입의 변화분이다. : $MR = \Delta TR/\Delta Q$.

경쟁기업은, 주어진 가격에서 판매하고자 하는 수량을 모두 판매할 수 있으므로, 그 기업이 추가적인 한 단위의 판매로부터 얻을 수 있는 수입은 바로 가격과 같다. 따라서 한계수입곡선도 수요곡선과 일치한다. 이러한 관계는 평균수입과는 달리 오직 경쟁기업에게만 적용되는 특수한 관계이다.

<표 7-1>에 한 기업의 수입표가 주어져 있고, <그림 7-2>에는 표에 주어진 자료를 사용하여 도출한 수입곡선들이 그려져 있다. <그림 7-2>는, 앞에서 지직한 것처럼, 경쟁기업의 평균수입곡선과 한계수입곡선이 모두 그 기업의 수요곡선과 일치함을 보여 준다.

〈표 7-1〉 기업의 수입표

(1) 산출량	(2) 가격	(3) 총수입	(4) 평균수입	(5) 한계수입
0	35원	0원	0원	…
1	35	35	35	35원
2	35	70	35	35
3	35	105	35	35
4	35	140	35	35
5	35	175	35	35

그림 7-2 총수입곡선, 평균수입곡선, 한계수입곡선

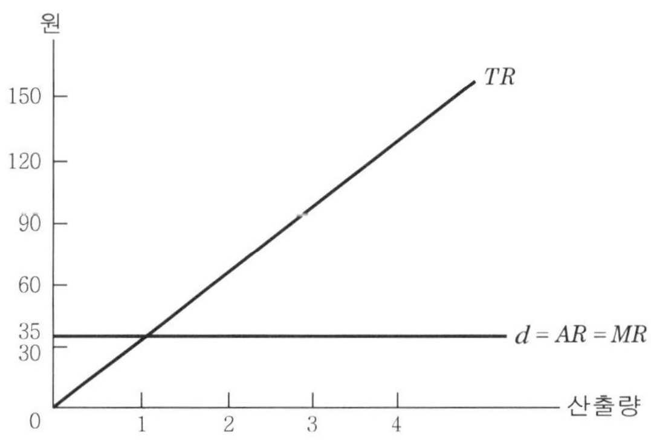

2. 단기균형분석과 공급곡선

시장조직과 관련하여 기업의 의사결정을 분석할 때는 고려되는 시간의 길이를 미리 정해 놓는 것이 대단히 중요하다. 기업의 공급이 시장여건의 변화에 어떻게 반응할 수 있는가는 시간의 길이에 따라 다를 것이기 때문이다. 이 절에서는 먼저 **'단기'**(short-run)에 있어서 기업이 어떻게 **'이윤극대화 산출량 수준'**(profit-maximizing level of output)을 결정 하는지 알아보기로 한다. 단기란 이미 존재하고 있는 기업의 산출량 변화를 통한 공급의 반응만이 가능한 기간이다. (경제학자들은 때로 단기와 장기 이외에도 시장기(market period) 또는 최단기(very short-run)를 도입하기도 한다. 시장기란 한 상품의 시장공급이 고정되어 있는 기간으로서, 이 경우 생산비용은 가격결정과 무관하다. 즉, 가격은 오직 수요에 의해 결정된다.)

이 과정에서 우리는 기업과 시장의 공급곡선을 도출하고, 시장의 수요와 공급곡선의 상호작용에 의해 상품의 균형가격과 산출량이 어떻게 결정되는가를 살펴본다.

2.1 기업의 단기균형

2.1.1 총량적 접근방법(total approach)

이미 언급한 바와 같이 이윤극대화는 기업분석의 기본틀을 제공한다. 이윤은 총수입과 총비용의 차이이다. 따라서,

> 총이윤은 총비용에 대한 총수입의 초과분이 가장 커지는 산출량 수준에서 극대화된다.

〈표 7-2〉 총수입·총비용·총이윤, 한계수입, 한계비용

(1)산출량	(2)가격	(3)총수입	(4)총비용	(5)총이윤	(6)한계수입	(7)한계비용
0	35원	0원	30원	-30원	…	…
1	35	35	50	-15	35원	20원
2	35	70	60	10	35	10
3	35	105	75	30	35	15
4	35	140	110	30	35	35
5	35	175	175	0	35	65

<표 7-2>에 주어진 자료를 이용하여 경쟁기업이 어떻게 이윤을 극대화 하는 산출량을 결정하는가를 알아보자. 표의 (1)란과 (2)란에는 한 경쟁기업이 생산하는 상품의 수량과 가격이 각각 주어져 있다. (3)란은 산출량에 가격을 곱하여 구한 기업의 총수입을 나타낸다. (4)란은 기업의 총비용을 나타낸다. 총비용은 30원의 고정비용과 각 산출량 수준에 의존하는 가변비용을 포함한 것이다.

(5)란은 총수입에서 총비용을 공제해 구한 총이윤을 보여준다. 이 기업이 이윤을 극대화 하기 위해서는 바로 총이윤이 가장 커지는 산출량을 선택해야 한다. 이 표에서 보면 이윤은 3단위나 4단위를 생산할 때 극대화된다.

2.1.2 한계적 접근방법(marginal approach)

총수입—총비용에 의한 총량적 접근방법도 유용하지만, 기업행동을 분석하는 데는 한계수입—한계비용에 의한 한계적 접근방법이 보다 쓸모가 있고 또 명확하다.

<표 7-2>의 마지막 두 란은 각 산출량당 한계수입과 한계비용을 보여 준다. 표에서 보는 바와 같이, 한계수입이 한계비용을 초과하고 있는 한 산출량 증가는 이윤을 증가시킨다. 그러나 산출량이 일단 4개를 넘어서면 상황이 달라져 한계비용이 한계수입을 초과하게 되고, 이윤은 오히려 감소한다. 따라서 이 기업은 4개 이상을 생산하지는 않을 것이다. 이는 기업이 이윤을 극대화 하기 위해서는, 한계수입이 한계비용을 초과하면 산출량을 늘여야 하고, 한계비용이 한계수입을 초과하면 산출량을 줄여야 한다는 것을 보여준다.

분석을 보다 명확히 하기 위해 <그림 7-3>에 표시되어 있는 곡선들을 이용하자. 그림에는 기업의 수요곡선(d)과 평균(ATC) 및 한계비용곡선(MC)이 주어져 있다.

그림 7-3 기업의 단기균형

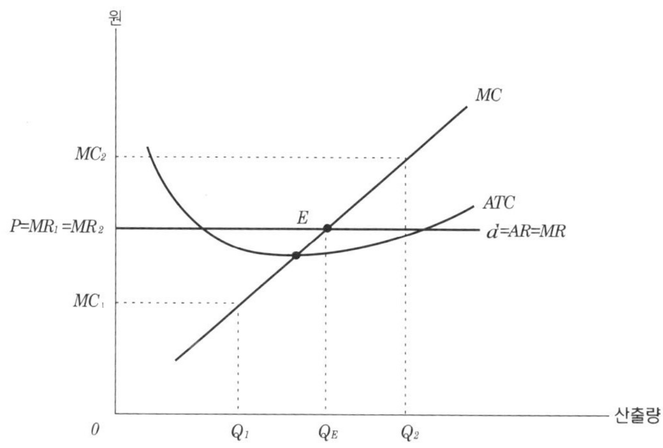

먼저 완전경쟁기업은 가격순응자이기 때문에 주어진 가격에서 완전탄력적인 수요곡선에 직면한다. 따라서 $P = AR = MR$이다.

ATC곡선은 전형적인 U자 형태를 보이고 있다. 또한 MC곡선은 ATC곡선의 최소점을 통과하고 있다.

이 그림을 이용하여 이윤을 극대화하는 산출량 수준을 구해보자. 그림에서 Q_1점과 같이, Q_E점의 좌측에서는 모든 산출량 수준에서 한계수입이 한계비용을 초과하고 있다. 이 경우 산출량을 한 단위 증가시켜 판매할 때마다 추가되는 수입이 추가되는 비용보다 커지게 되고, 따라서 이윤은 증가한다. 한편 Q_2점과 같이, Q_E점의 우측에서는 한계비용이 한계수입을 초과하고 있기 때문에, 산출량을 한 단위 감소시키면 절약되는 비용이 상실되는 수입보다 커지게 된다. 따라서 산출량을 감소시키면 기업의 이윤은 증가한다.

그러면 이러한 한계적 조정은 어디에서 끝날 것인가? 이 기업이 어느 수준에서 생산을 시작하는가에 상관없이 산출량이 Q_E점에 도달할 때까지 조정이 계속될 것이다. 이는 다음과 같은 이윤극대화에 대한 일반적 법칙을 보여준다.

이윤을 극대화하는 산출량 수준에서 한계수입과 한계비용은 정확히 일치한다.

이제 경쟁기업이 어떻게 산출량 수준을 결정하는가를 보일 수 있다. 경쟁기업의 한계수입은 시장가격과 같기 때문에, 어떤 주어진 가격에서 경쟁기업의 이윤극대화 산출량은 가격이 한계비용곡선과 교차하는 점에서 달성된다.

완전경쟁기업의 이윤극대화조건, 즉 단기균형조건은 $P(=MR) = MC$이다.

한편 이윤극대화 산출량이 결정되면 그 점에서의 이윤을 구할 수 있다. 이윤은 총수입(TR)에서 총비용(TC)을 뺀 것이기 때문에 이를 식으로 표현하면,

$$이윤 = TR - TC.$$

위 식의 우변을 Q로 곱하고 나누어 주면,

$$이윤 = (TR/Q - TC/Q) \times Q$$

이를 정리하면,

$$이윤 = (P - ATC) \times Q$$

위 식은 그림에서 어떻게 이윤을 측정할 수 있는가를 보여 준다. 즉, 이윤은 이윤극대화산출량 수준에서의 가격과 평균비용의 차이에 그 산출량을 곱하여 구한다. <그림 7-4>에 이 기업의 이윤이 빗금친 사각형의 면적으로 표시되어 있다.

그림 7-4 이윤 및 손실

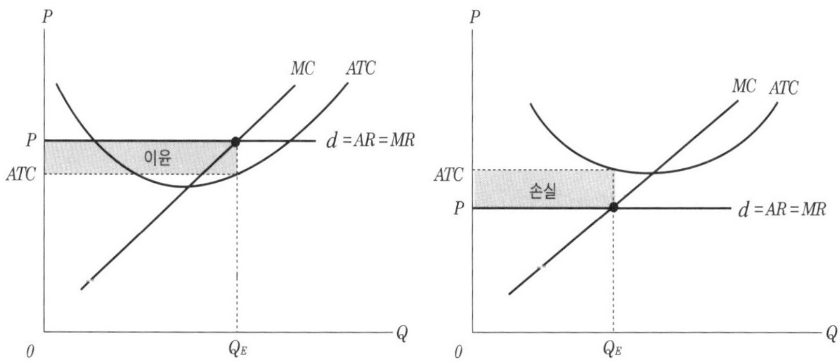

(a) 이윤 (b) 손실

2.1.3 손실극소화와 생산중단

앞에서 본 바와 같이 경쟁기업의 이윤극대화 산출량 수준은 $P = MC$인 점에서 달성된다. 그러나 이윤극대화조건이 만족되었다고 해서 곧 그 기업이 양(+)의 이윤(즉, 경제적 이윤)을 벌고 있음을 의미하는 것은 아니다. 기업이 비록 단기균형상태에 있더라도 손실을 볼 수 있다. 한 기업이 단기균형상태에서 경제적 이윤을 버느냐, 정상이윤만을 얻느냐, 아니면 손실을 보느냐는 전적으로 ATC곡선의 위치에 달려 있다.

<그림 7-4> (a)에서와 같이, 이윤극대화 산출량 수준에서 P가 ATC보다 크면 그 기업은 양(+)의 이윤을 얻는다. 그러나 (b)에서와 같이 그 산출량 수준에서 P가 ATC보다 작으면 그 기업은 음(−)의 이윤, 즉 손실을 볼 것이다.

이 경우 이윤극대화 조건이 만족되었다는 것은 단지 손실이 극소화되었음을 의미할 뿐이다.

그렇다면 기업이 손실을 보는 경우 과연 생산을 계속할 것인가? 이 문제의 해답을 얻기 위해서는 그 손실의 크기가 이미 지출되어 회수할 수 없는 '매몰비용'(sunk cost)보다 큰지 작은지에 달려 있다. 손실이 매몰비용보다 작다면 생산을 계속하는 것이 유리하고, 매몰비용보다 크다면 아예 생산을 중단하고 매몰비용만큼만 손해를 보는 것이 더 낫다.

그런데 단기에 있어 생산을 중단할 경우 발생하는 매몰비용은 곧 고정비용이다. 기업이 생산을 중단하면 상품판매로부터의 모든 수입을 잃는 반면에 가변비용만큼 절감할 수 있다. 그러나 여전히 고정비용은 지불한다. 따라서 기업은, 만일 생산으로부터 얻을 수 있는 수입이 가변생산비용보다 작다면 생산을 중단해야 한다. 이를 간단히 식으로 표현하면,

$$TR < TVC \rightarrow \text{생산 중단.}$$

위 부등식의 양변을 Q로 나누면,

$$TR/Q < TVC/Q.$$

그런데 $TR/Q = AR = P$이고, $TVC/Q = AVC$이므로,

$$P < AVC \rightarrow \text{생산중단.}$$

요컨데 기업은 상품의 가격이 평균가변비용보다 작다면 생산을 중단해야 한다. 만일 P가 AVC를 초과한다면 그 금액만큼 기업은 고정비용의 일부를 충당할 수 있고 따라서 손실을 극소화할 수 있다. 이 경우 만일 생산을 중단하게 되면 그 기업은 고정비용만큼 손실을 보게 되어 오히려 보다 큰 손실이 발생한다. 이러한 상황이 <그림 7-5>에 표시되어 있다.

균형상태에서 $ATC > P$이고 이 기업은 산출량 1단위당 $F'F$만큼 손실을 보고 있다. 이 기업의 총손실은 사각형 $F'FNR$면적으로 주어진다. 이 경우 만일 기업이 생산을 중단하게 되면 사각형 $F'F''GR$의 면적, 즉 총고정비용만큼의 손실을

보게 될 것이다. 그러나 이 기업이 생산을 계속하면 총고정비용 중에서 $FF''GN$의 면적만큼을 충당할 수 있기 때문에 비록 손실을 본다고 할지라도 생산을 계속하는 것이 유리하다.

그림 7-5 기업의 손실극소화

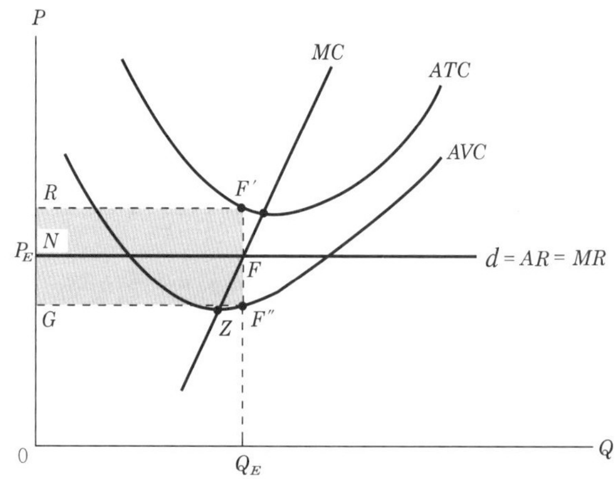

2.2 단기공급곡선과 균형분석

2.2.1 기업의 단기공급곡선

지금까지 완전경쟁기업은 $P>AVC$인 한 항시 $P=MC$인 점에서 생산을 한다는 것을 보았다. 이처럼 기업의 한계비용곡선은 어떤 가격에서 기업이 얼마나 공급하고자 하는가를 결정해주기 때문에, 우리는 가격과 공급량과의 관계를 나타내는 기업의 공급곡선을 다음과 같이 정의할 수 있다.

> 완전경쟁기업의 **단기공급곡선**은 평균가변비용곡선보다 위에 있는 **한계비용곡선**이다.

<그림 7-6>에 한 기업의 단기공급곡선이 표시되어 있다. Z점은 AVC곡선의 최하점과 MC곡선이 교차하는 점으로써 **생산중단점**(shut-down point)이라고 한다.

그림 7-6 기업의 단기공급곡선

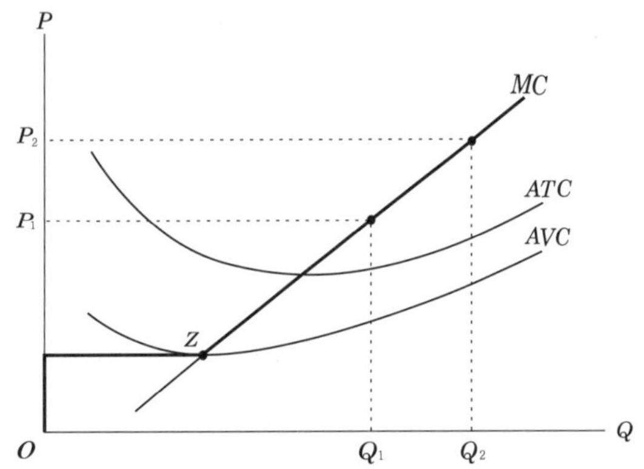

생산중단점을 상회하는 MC곡선은 단기에 있어서의 각각의 가격에 따라 기업이 공급하고자 하는 상품의 수량을 표시하고 있다는 점에서 바로 그 기업의 단기 공급곡선이 된다. 예를 들면, 가격이 P_1일 때 이 기업은 Q_1단위를 공급할 것이고 P_2이면 Q_2단위를 공급할 것이다. 만약 가격이 Z점에서의 가격수준보다 낮다면 공급량은 0이 될 것이다.

2.2.2 시장의 단기공급곡선

기업의 단기공급곡선을 알면 시장의 단기공급곡선을 도출할 수 있다.

> 시장의 단기공급곡선은 그 시장 내에 있는 모든 기업들의 단기공급곡선의 수평적인 합이다.

<그림 7-7>에 개별기업과 시장의 단기공급곡선(S)이 표시되어 있다 시장공급곡선은 이 시장 내에 100개의 동일한 기업이 있다는 가정하에 그린 것이다.

여기에서 한 가지 유의해야 할 점은, 완전경쟁시장의 단기공급곡선이 각 기업의 단기공급곡선의 수평적 합으로써 도출되는 것은, 각 기업과 시장이 수요하는 투입물의 수량에 관계 없이, 투입물의 가격이 일정하다는 가정하에서만 타당하다는 것이다. 만일 기업들의 투입물에 대한 수요량이 증가하여 투입물가격이 상승한다면, 각 기업의 한계비용곡선은 위로 이동할 것이고, 따라서 시장공급곡선은 보다 가파르게(보다 덜 탄력적이게) 될 것이다.

그림 7-7 기업과 시장의 단기공급곡선

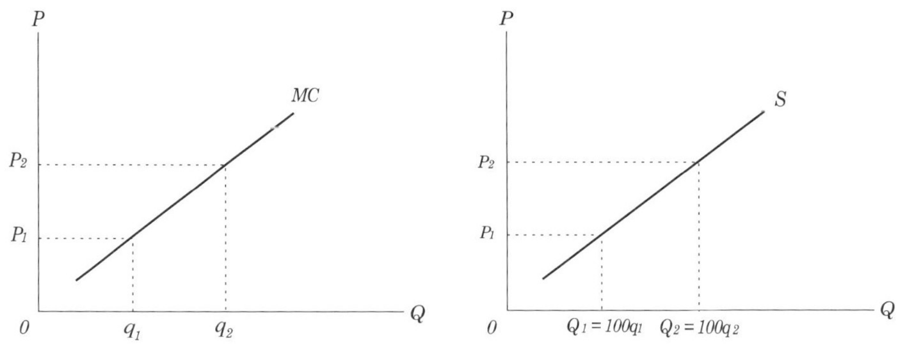

(a) 기업의 단기공급곡선 (b) 시장의 단기공급곡선

2.2.3 시장의 단기균형

우리는 이미 시장수요곡선은 모든 개별소비자들의 수요곡선의 수평적 합으로 도출되고, 시장공급곡선은 모두 개별기업들의 공급곡선의 수평적 합으로 도출된다는 것을 살펴보았다. 완전경쟁시장에서 상품의 균형가격(P_E)과 산출량(Q_E)은 <그림 7-8>에서 보는 것처럼 시장수요곡선(D)과 시장공급곡선(S)의 교차점에서 결정된다.

그림 7-8 시장의 단기균형

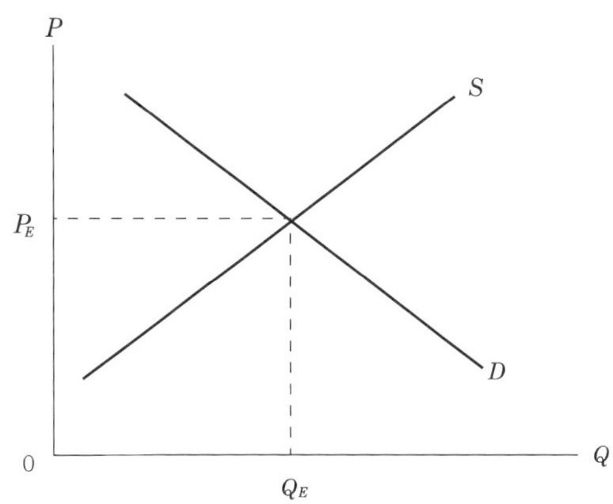

3. 장기균형분석

3.1 기업의 장기균형과 장기공급곡선

'장기'(long-run)란 새로운 기업의 진입이나 기존 기업의 탈퇴가 가능할 만큼 충분히 긴 기간이다. 따라서 장기에 있어 기업의 중요한 의사결정의 하나는 시장에 계속 머물러 있을 것인가 아니면 탈퇴할 것인가를 결정하는 것이다.

먼저 한 경쟁기업이 장기에도 시장에 계속 머물러 있다면 그 기업이 이윤을 극대화 하기 위해서는 단기에서와 마찬가지로 가격이 한계비용과 일치하는 산출량 수준을 생산해야 한다. 물론 그러한 산출량 수준이 앞에서 살펴 본 단기균형 상태에서의 산출량 수준과 일치한다는 보장은 없다. 장기에는 모든 투입물이 가변적이기 때문에 기업은 이윤을 극대화하는 산출량을 생산하기 위해 '**가장 효율적인 규모**'를 선택할 수 있다. 가장 효율적인 규모란 기업으로 하여금 이윤극대화 산출량을 가능한 '최소의 비용'으로 생산할 수 있도록 하는 규모이다. 이는 기업이 단기비용곡선이 아닌 '**장기비용곡선**' 상의 한점을 선택한다는 것을 의미한다.

한편 어떤 경쟁기업이 만일 시장에서 탈퇴하면 그 기업은 생산물 판매로부터의 모든 수입을 상실할 것이나 그 대신 고정비용과 가변비용을 모두 절감할 수 있다. 따라서 기업은 총수입 (TR) 이 총비용 (TC) 보다 작으면 탈퇴해야 한다. 이를 수학적으로 표현하면,

$$TR < TC \rightarrow \text{탈퇴}$$

위 부등식의 양변을 Q 로 나누면,

$$TR/Q < TC/Q.$$

그런데 $TR/Q = AR = P$ 이고, $TC/Q = ATC$ 이므로,

$$P < ATC \rightarrow \text{탈퇴}$$

요컨데 기업은 상품의 가격이 평균총비용에 미치지 못하면 시장에서 탈퇴해야 한다.

위 분석과 같은 방법으로 우리는 어떤 기업이 시장에 진입하기 위한 조건을 도출

할 수 있다. 새로운 기업이 시장에 진입하기 위해서는 그 시장에서 이윤을 얻을 수 있어야 하는데, 이는 상품의 가격이 평균총비용을 초과하는 경우에만 가능하다.

$$P > ATC \rightarrow \text{진입}$$

위시을 보면 진입조건은 탈퇴소건과 정반대임을 알 수 있다.

지금까지의 논의를 통해 이제 우리는 경쟁기업의 '장기이윤극대화 전략'을 다음과 같이 정리할 수 있다.

> 만일 기업이 시장에 머물러 있다면 그 기업은 상품의 **가격이 한계비용**과 일치하는 산출량 수준을 생산한다. 그러나 그러한 산출량 수준에서 만일 **가격이 평균총비용**보다 작다면 기업은 시장에서 **탈퇴**하거나 시장에 **진입**하지 말아야 한다.

따라서 경쟁기업의 장기공급곡선을 다음과 같이 정의할 수 있다.

> 완전경쟁기업의 **장기공급곡선**은 평균총비용곡선보다 위에 있는 **한계비용곡선**이다.

이러한 결과가 <그림 7-9>에 예시되어 있다. 그림에서 H점은 ATC곡선의 최하점과 MC곡선이 교차하는 점으로써 **손익분기점**(break-even point)이라고 한다.

그림 7-9 기업의 장기공급곡선

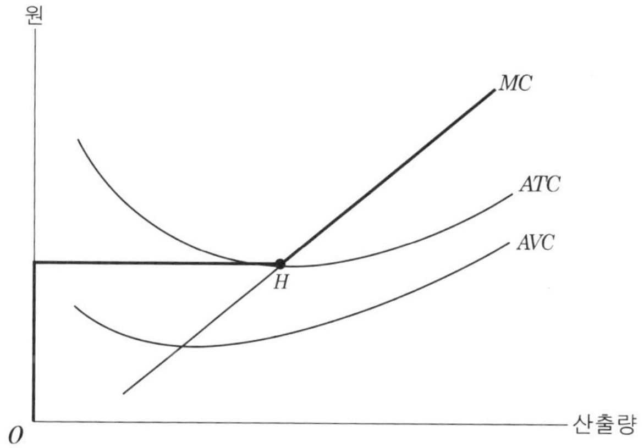

3.2 시장의 장기공급곡선

지금까지는 개별기업의 공급이 장기적으로 어떻게 결정되는가를 살펴 보았다. 이러한 논의를 근거로 이제 시장의 장기공급곡선을 도출해보자. 시장에 참여하는 기업의 수가 고정되어 있는 단기와는 달리, 장기에는 시장여건에 따라 새로운 기업의 진입과 기존기업의 탈퇴가 가능하기 때문에 기업의 수가 변할 수 있다.

이제 편의상 어떤 재화를 생산함에 있어 누구나 동일한 기술을 이용할 수 있고 또한 누구나 동일한 시장에서 주어진 가격으로 얼마든지 투입물을 구입할 수 있다고 하자. 따라서 잠재적 기업을 포함한 모든 기업은 동일한 비용곡선을 갖는다.

이러한 형태의 시장—이를 '**비용불변산업**'(constant cost industry)이라 한다—에서 진입과 탈퇴에 관한 의사결정은 기존기업과 잠재적 기업이 직면하는 인센티브에 의존한다. 만일 기존기업들이 시장에서 양(+)의 이윤을 얻고 있다면 새로운 기업들이 그 시장에 진입하고자 할 것이다. 이러한 진입은 기업의 수를 증가시켜 공급량을 증가시키고 가격과 이윤을 하락시킬 것이다. 반면에 기존기업들이 시장에서 손실을 보고 있다면 일부 기업들은 시장에서 탈퇴할 것이다. 이러한 탈퇴는 기업의 수를 감소시켜 공급량을 감소시키고 가격과 이윤을 증가시킬 것이다. 이러한 진입과 탈퇴의 과정이 종료되면 시장에 남아있는 기업들은 0의 경제적 이윤, 즉 '**정상이윤**'만을 얻게될 것이다.

기업의 이윤은 $(P-ATC)\times Q$로 표시할 수 있으므로, 기업은 오직 재화의 가격이 평균총비용과 같을 경우에만 0의 이윤을 얻는다. 만일 가격이 평균총비용을 초과하면 이윤이 발생하여 새로운 기업의 진입을 촉진하고 가격이 평균총비용에 미치지 못하면 손실이 발생하여 일부 기업의 탈퇴를 초래한다. 따라서,

> 진입과 탈퇴의 과정은 오직 가격과 평균총비용이 같아지는 경우에 종료된다.

이러한 결론은 매우 중요한 의미를 갖는다. 이미 알고 있는 바와 같이 경쟁기업들은 가격과 한계비용이 일치하는 수준에서 생산한다. 그런데 진입과 탈퇴의 자유는 가격이 평균총비용과 같아지도록 만든다. 만일 가격이 한계비용과 같고 동시에 평균총비용과도 같다면, 한계비용은 평균총비용과 같아지게 될 것이다. 그러나 한계비용과 평균총비용은 오직 기업이 평균총비용의 최소점에서 가동될

때만 같아진다. 따라서,

> 진입과 탈퇴가 자유로운 **완전경쟁시장의 장기균형**(long-run equilibrium)은 기업으로 하여금 장기평균비용이 극소화 되는 가장 효율적인 규모에서 운영되도록 만든다.

<그림 7-10> (a)는 한 기업의 장기균형상태를 보여준다. 그림에서 가격 P는 한계비용 MC와 같기 때문에 기업의 이윤은 극대화된다. 가격은 또한 평균총비용 ATC와도 같기 때문에 이윤은 0이 된다. 새로운 기업이 진입할 인센티브도 없고 기존기업이 탈퇴할 인센티브도 없다.

기업의 행동에 대한 이러한 분석을 통해 시장의 장기공급곡선을 도출할 수 있다.

> **장기시장공급곡선**(long-run market supply curve, LS)은 기업들의 진입과 탈퇴가 완료된 후 시장이 상이한 가격수준에서 공급하고자 하는 수량을 보여준다.

진입과 탈퇴가 자유로운 시장에서는 0의 이윤과 모순되지 않는—최소평균총비용과 일치하는—오직 하나의 가격만 존재한다. 결과적으로 '장기시장공급곡선'은 그림 (b)에서 보는 바와 같이 이 가격수준에서 수평선이 되어야 한다. 가격이 이 수준보다 높으면 이윤이 발생하여 진입과 총공급량의 증가를 초래하고, 이 수준보다 낮으면 손실이 발생하여 탈퇴와 총공급량의 감소를 초래한다. 결국 기업의 수는 가격이 최소평균총비용과 같아지도록 조정되며, 이 가격수준에서 모든 수요를 충족시키기에 충분한 수의 기업이 존재하게 된다.

그림 7-10 기업의 장기균형과 시장의 장기공급곡선

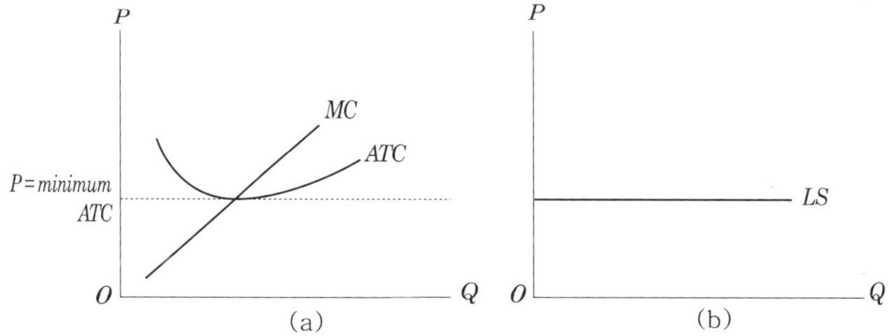

3.3 수요의 변화와 시장의 장기공급곡선

장기에는 기업들이 자유롭게 시장에 진입하거나 탈퇴할 수 있기 때문에, 수요의 변화가 시장에 미치는 효과도 고려되는 기간에 따라 달라진다.

어떤 시장이 장기균형상태에 있다고 하자. 이 경우 기업들은 0의 이윤만을 얻고 있고 따라서 가격은 최소평균총비용과 일치한다. <그림 7-11> (a)는 그러한 상황을 보여 준다. 장기균형은 점 A에서 달성되며 시장가격은 P_1이고 판매량은 Q_1이다.

이제 어떤 이유로 시장수요가 증가했다고 가정해 보자. 이러한 수요증가는, 그림(b)에서 보는 바와 같이, 단기균형을 점 A에서 점 B로 이동시켜 가격과 판매량을 각각 P_2와 Q_2로 증가시킨다. 모든 기존기업들은 높아진 가격에 반응해서 산출량을 증대시킨다. 개별기업의 공급곡선은 그 기업의 한계비용곡선을 반영하기 때문에 개별기업들이 얼마나 산출량을 증가시키는가는 한계비용곡선에 의해 결정된다. 새로운 단기균형에서 가격은 평균총비용을 초과하기 때문에 기업들은 양(+)의 이윤을 얻게 된다.

시간이 지남에 따라 이 시장에서의 이윤은 새로운 기업의 진입을 촉진하고, 따라서 기업의 수는 증가하며 단기공급곡선은, 그림 (c)와 같이, 우측으로 이동한다. 결과적으로 가격은 최소평균총비용 수준으로 하락하게 되고 이윤은 소멸되며 기업의 진입은 멈추게 되어, 새로운 장기균형이 점 C에서 달성된다. 이 과정에서 가격은 P_1으로 복귀하였으나 판매량은 Q_3로 증가했다.

지금까지 진입과 탈퇴가 장기시장공급곡선을 수평선으로 만들 수 있음을 살펴 보았다. 이러한 분석에 있어 핵심은 동일한 비용에 직면하는 다수의 잠재적 진입자들이 존재한다는 가정이다. 그러나 장기시장공급곡선은 다음 두 가지 이유로 우상향할 수도 있다.

첫째, 어떤 투입물은 오직 제한된 수량만 사용가능할 수도 있다. 시장의 확장에 따라 이러한 투입물의 수요가 증가할 때 그 투입물의 가격은 상승할 것이고 따라서 생산비용이 증가된다. 이는 장기에 있어서의 공급량의 증가는 보다 높은 가격으로만 가능하다는 것을 의미한다. 결과적으로 장기시장공급곡선은 양(+)의 기울기를 갖게 되는데 이러한 산업을 **'비용증가산업'**(increasing cost industry)

이라고 한다.

둘째, 기업들이 상이한 비용구조를 갖는 경우이다. 이 경우 보다 낮은 비용구조를 갖는 기업들이 우선적으로 시장에 진입할 것이다. 그러나 수요증가에 따라 시장이 확장되면 추가적인 진입을 촉진하고, 이 경우 새로운 진입자들은 보다 높은 비용구조를 갖고 있기 때문에 이들이 진입하기 위해서는 가격이 보다 높아져야 한다. 따라서 장기시장공급곡선은 우상향 하게 된다.

그림 7-11 기업과 시장의 장기균형

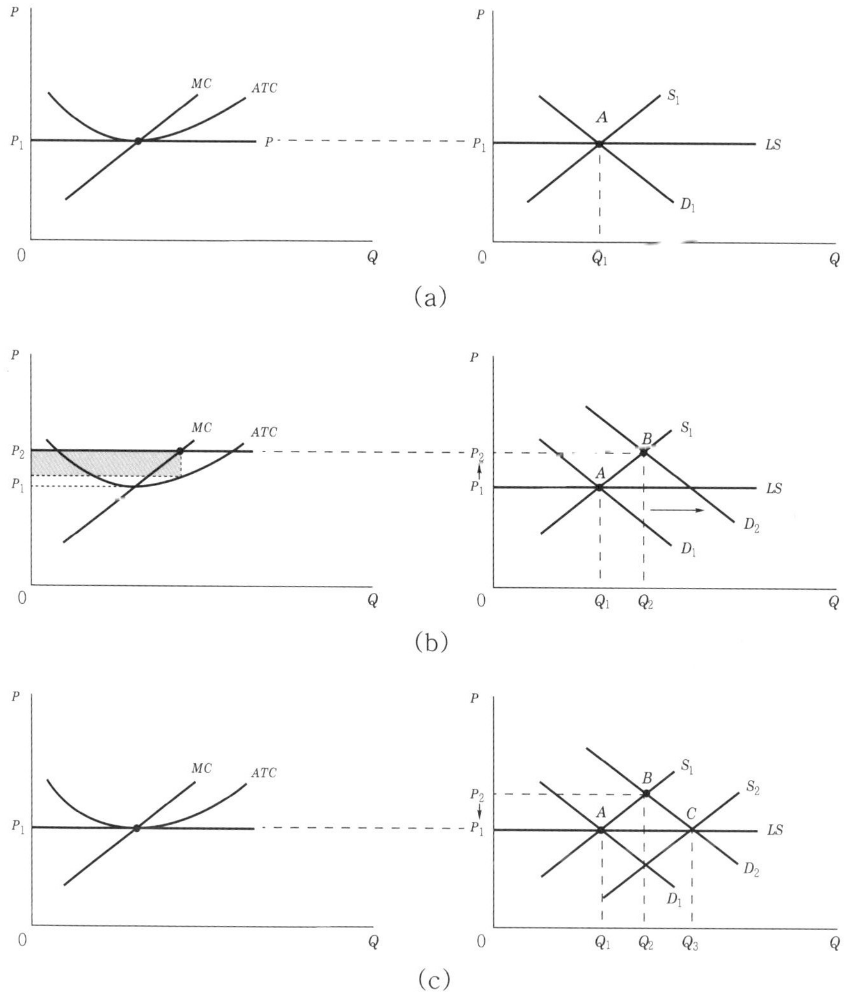

여기에서 주목할 것은 기업들이 상이한 비용구조를 갖는다면 어떤 기업들은 장기에도 양(+)의 이윤을 얻을 수 있다는 것이다. 이 경우 시장가격은 가격이 더 낮아지면 탈퇴해야 하는 소위 **'한계기업'**(marginal firm)의 평균총비용을 반영한다. 이 한계기업은 0의 이윤만을 얻는 반면 여타의 기업들은 양(+)의 이윤을 얻는다. 잠재적 진입자들은 기존기업들보다 높은 비용구조를 갖고 있기 때문에 새로운 진입도 이러한 이윤을 제거하지 못한다.

이러한 두 가지 이유로 장기시장공급곡선은 우상향할 수 있으며, 이는 공급량을 증가시키기 위해서는 가격이 상승해야 한다는 것을 의미한다. 그러나 이 경우도 진입과 탈퇴의 자유 때문에 장기공급곡선은 단기공급곡선 보다는 훨씬 탄력적일 것이다.

한편, 시장의 확장에 따른 투입물의 수요가 증가할 때 만일 투입물가격이 하락한다면 장기시장공급곡선은 음(−)의 기울기를 갖게 되는데 이러한 산업을 **'비용감소산업'**(decreasing cost industry)이라고 한다. 이는 장기에 있어서 보다 낮은 가격으로 상품의 공급이 증가될 수 있음을 의미한다.

4. 완전경쟁시장의 평가

완전경쟁은 과연 우리 사회를 위해 바람직한 시장모형인가? 이에 대한 해답은 가치판단(value judgement)의 문제에 속한다. 완전경쟁모형을 옹호하는 사람들은 완전경쟁이 가능한 최선의 세계를 가져다 줄 것이라고 주장한다. 이러한 주장은 정치적 측면과 경제적 측면으로 나누어서 살펴볼 수가 있다.

● 정치적 측면

완전경쟁이 이루어지고 있는 사회는 대기업도 존재하지 않고, 막강한 노동조합도, 큰 정부도 없는 사회이다. 모든 경제주체들은 다른 경제주체들에 대해 아무런 영향력을 행사할 수 없다. 모든 힘(power)은 수요와 공급이 작용하는 비개인화된 시장의 손에 놓여 있다. 즉, 애덤 스미스(Adam Smith)가 그의 「국부론」(Wealth of Nations)에서 설명한 소위 **보이지 않는 손**(invisible hands)에 의해 움직이는 것이다.

시장을 구성하는 각 기업은 단지 시장조건에 따라 자신의 산출량을 조정할 뿐이다. 노동자가 임금인상을 주장할 아무런 이유가 없다. 단지 정상이윤만을 벌고 있는 기업으로부터 보다 높은 임금을 얻는다는 것은 곧 일자리를 잃게 된다는 것을 의미하기 때문이다. 마찬가지로 정부가 시장과정에 개입할 아무런 이유도 없다. 일시적인 초과수요나 초과공급은 시장에 의해 신속히 제거될 것이다.

더 나아가 완전경쟁은 기회의 자유(freedom of opportunity) 또는 자유기업(free enterprise)을 보장한다. 기업활동에 참여하고자 하는 사람은 누구나 그렇게 할 수 있다. 여기에는 어떠한 장벽도 존재하지 않는다.

● 경제적 측면

경제적 측면에서 완전경쟁을 옹호하는 주장의 핵심은 바로 완전경쟁하에서는 자원이 효율적으로 배분된다는 점에 있다(이 점에 관해서는 제13장에서 보다 자세히 논의할 것이다). 이제 완전경쟁하에서 자원이 어떻게 효율적으로 배분되는가를 장기균형상태와 관련해서 살펴보자. <그림 7-9>에서 보인 것처럼 장기균형상태에서는 다음 세 가지가 성립한다.

① 상품의 가격은 기업의 한계비용과 같다 ($P = MC$)

② 기업은 정상이윤만을 얻는다 ($P = ATC$)

③ 기업은 평균총비용의 최저점에서 생산한다 ($P =$ minimum of ATC)

첫째, 기업의 추가적인 한 단위 생산에 드는 비용만을 지불하고자 하는 소비자는 기업이 한계비용과 일치하는 가격을 매기는 경우에만 구입해서 소비할 수 있다. 이는 오직 완전경쟁의 경우에만 일어날 수 있다. 뒤에 살펴볼 여하한 시장의 경우에도 가격은 한계비용보다 높을 것이다.

둘째, 기업이 정상이윤만을 버는 경우 그 기업의 수입은 정확히 그 기업의 기회비용과 일치한다. 기업이 장기에 있어서도 경제적 이윤을 벌수 있다는 것은 자원의 이동이 자유롭지 못할 때만 가능하다. 이는 자원이 비효율적으로 배분되고 있음을 의미한다.

끝으로, 기업이 평균총비용의 최저점에서 생산한다는 것은 그 산출량 수준을 생산하기 위해 최소의 투입물이 사용되고 있음을 의미한다. 평균총비용의 최저점보다 높은 수준에서 생산하는 기업들은 경제적 손실을 입게 될 것이고 따라서 그 산업에 머물러 있을 수 없을 것이다. 오직 자원을 낭비하지 않는 기업만이 살아 남을 수 있다.

지금까지는 완전경쟁을 옹호하는 주장들에 관해 살펴보았다. 이제 산업이 모두 완전경쟁이기를 바라지 않는 주장들에 관해 알아보자.

첫째, 소비자들은 표준화된 상품만을 원하지 않고 가격이 조금 올라가도 다양한 상품을 원할 수도 있다. 표준화된 상품만이 생산된다는 것은 그만큼 **선택의 기회**가 제한된다는 것을 의미한다.

둘째, 연구·개발을 수행하기 위해서는 **경제적 이윤**이라는 인센티브가 필요할지 모른다. 완전경쟁기업이 비록 새로운 상품을 발명한다고 할지라도 그것을 그렇게 오랫동안 단독으로 사용할 수는 없을 것이다. 생산물들은 표준화되기 때문에 그 산업의 모든 기업들은 새로운 상품이 발명되자 마자 곧 그것을 이용할 수 있을 것이다. 이러한 사실을 잘 알고 있는 기업들은 그들의 돈을 비록 여유가 있다 해도 연구·개발에 투자하는 모험을 감수하지는 않을 것이다. 또한 완전경쟁기업들은 단지 정상이윤만을 벌기 때문에 장기적인 경제적인 이윤을 통해 연구·개발 자금을 확보할 기회를 갖지 못한다.

끝으로, 많은 산업들 중에서 소수의 대기업들만이 수요량을 보다 낮은 비용으로 생산할 수 있다. 즉, 많은 산업들이 **규모의 경제**의 이점을 누릴 수 있도록 충분한 수요는 존재하기 어렵다. 비록 완전경쟁기업이 장기평균비용의 최저점에서 생산한다고 할지라도 그 점은 대규모의 기업들이 생산할 수 있는 장기평균비용의 최저점보다 높을 수 있다.

이러한 이유들은 왜 대부분의 경제학자들이 모든 산업들이 완전경쟁적이 되는 것을 옹호하지 않는가를 잘 설명해 준다.

■ 요 약 ■

1. 완전경쟁시장에서는 다수의 구매자와 판매자가 존재하기 때문에 어느 누구도 시장가격에 영향을 미치지 못한다.

2. 완전경쟁기업은 가격순응자이기 때문에 기업의 총수입은 산출량에 비례한다. 시장가격은 기업의 평균수입 및 한계수입과 일치한다.

3. 일반적으로, 이윤을 극대화하기 위해 기업은 한계수입이 한계비용과 같아지는 산출량을 선택한다. 경쟁기업의 한계수입은 시장가격과 같기 때문에 경쟁기업은 가격이 한계비용과 같아지도록 산출량을 선택한다. 따라서 기업의 한계비용곡선은 그 기업의 공급곡선이 된다.

4. 고정비용이 존재하는 단기에, 만일 가격이 기업의 평균가변비용에 미치지 못한다면 그 기업은 생산을 중단해야 한다. 장기에 있어 만일 가격이 평균총비용에 미치지 못한다면 그 기업은 시장에서 탈퇴해야 한다.

5. 진입과 탈퇴가 자유로운 시장에서는 경제적 이윤은 장기적으로 0이 된다. 이러한 장기균형상태에서 모든 기업은 가격이 최소평균총비용과 같아지는 효율적 규모에서 생산하며, 기업의 수는 그 가격수준에서의 수요량을 충족시키도록 조정된다.

6. 수요의 변화는 기간에 따라 다른 효과를 갖는다. 단기에는, 수요의 증가는 가격을 상승시켜 이윤을 증대시킨다. 그러나 진입과 탈퇴가 자유로운 장기에 수요가 변화하면 기업의 수가 조정되어 경제적 이윤이 0이 되는 균형상태로 시장을 복귀시킨다.

■ 주요개념 ■

완전경쟁시장, 가격순응자, 평균수입, 한계수입, 손익분기점, 단기공급곡선, 생산중단점, 장기공급곡선, 비용불변산업, 비용증가산업, 비용감소산업

제8장

독 점

<개 요>

이 장에서는 독점하에서 가격과 산출량이 어떻게 결정되는가를 분석한다. 독점은 완전경쟁과 정반대의 시장형태이다. 독점모형은 현실세계에 많이 존재하는 준독점시장의 경우를 분석하는 데 대단히 유용할 뿐만 아니라 다른 불완전경쟁시장들—즉, 독점적 경쟁과 과점—이 어떻게 운영되는가를 분석하는 데 하나의 길잡이가 된다.

1. 독점시장의 성격

1.1 독점의 개념 및 발생원인

> **독점**(monopoly)은 오직 하나의 기업이 밀접한 대체재가 없는 상품을 생산하여 시장에 판매하는 시장조직의 한 형태이다.

독점기업(monopolist)은 완전대체가 불가능한 재화와 용역의 유일한 공급자로서 그 자체가 산업을 구성하고 있으므로 산업의 우하향하는 수요곡선에 직면한다. 완전경쟁기업과는 달리 그 산업에로의 진입이 금지되거나, 매우 어렵기 때문에 독점기업은 장기에 있어서도 이윤을 벌 수 있다. **완전경쟁기업**은 가격순응자로서 상품의 가격에 대해 아무런 영향력을 갖지 못하는 반면 독점기업은 가격에 대해 상당한 영향력을 갖는다. 즉, **독점기업**은 **가격설정자**(price-maker)이다.

독점이 발생할 수 있는 근본적인 원인은 시장에 대한 '진입장벽'(barriers to entry)의 존재 때문이다. 시장에의 진입을 가로막는 몇 가지 중요한 진입장벽들을 살펴보면 다음과 같다.

핵심자원의 소유 한 기업이 특정상품의 생산에 필요한 핵심적인 자원을 독점적으로 소유하거나 통제할 수 있는 경우 그 기업은 독점기업이 될 수 있다. 그러나 핵심자원의 배타적 소유가 비록 독점의 잠재적인 원천의 하나이긴 하지만, 실제로 이러한 이유 때문에 발생하는 독점은 거의 없다. 현실경제는 대단히 크고 자원은 많은 사람들에 의해 소유된다. 대부분의 상품은 국제적으로 거래되기 때문에 시장의 범위는 전세계적(worldwide)이고, 따라서 밀접한 대체재가 없는 자원을 소유하는 기업의 예를 들기는 쉽지 않다. 핵심자원의 소유로 인해 발생한 독점의 한 예로는 남아프리카(South Africa)의 다이아몬드(diamond) 회사인 「DeBeers」를 들 수 있다. 「DeBeers」는 전세계 다이아몬드 생산의 약 80%를 통제한다. 이 기업의 시장점유율이 비록 100%는 아니지만, 다이아몬드 시장가격에 대해 상당한 영향력을 행사할 수 있을 정도로 충분히 큰 규모이다.

정부에 의한 창출(government-created monopolies)　　독점은 정부가 '공익'(public interest) 목적이나 기타 특수한 목적을 위해 한 개인이나 기업으로 하여금 특정재화나 서비스를 배타적으로 판매할 수 있는 권리를 부여함으로써 창출되기도 한다. 먼저, 정부는 공익을 위해 특허권(patent)이나 저작권(copyright) 등을 부여함으로써 그 소지자로 하여금 법적으로 독점적 지위를 누리도록 할 수 있다. 어떤 제약회사가 그야말로 독창적인 신약을 개발하여 특허권을 획득하는 경우 그 회사는 존속기간 동안(현재는 20년) 그 약을 제조, 판매할 수 있는 배타적 권리를 갖게 된다. 마찬가지로, 어떤 컴퓨터 회사가 프로그램을 개발하여 저작권을 획득하면 어느 누구도 그 프로그램을 무단복제하여 사용할 수 없다. 어떤 발명품이나 창작물이 그 개발자나 저자에게 보상을 하지 않고 자유롭게 모방될 수 있다면 발명이나 창작을 위한 노력은 크게 감소될 것이다. 이와같이 특허권이나 저작권은 창조적 활동을 위한 인센티브를 증대시키는 편익을 제공하지만 한편으로는 독점적 가격설정이라는 비용을 발생시키기도 한다.

또한 정부는 어떤 기업에게 '독점영업권 또는 전매권'(franchise)을 부여하기도 한다. 전매권은 정부와 개인 또는 기업 사이에 맺어지는 계약으로, 정부는 통상 재정수입을 위해 어떤 기업으로 하여금 특정재화나 서비스를 배타적으로 공급하도록 허용하는 한편 이에 대한 규제를 행한다. 담배인삼공사가 그 좋은 예이다.

규모의 경제(economies of scale)　　한 기업이 시장전체의 수요를 공급할 수 있을 만큼 충분히 큰 생산규모에 이르기까지 장기평균비용이 하락하는 소위 '규모의 경제'가 존재하는 경우, 새로운 기업이 진입하기가 매우 어려울 뿐만 아니라 경쟁을 형성하는 것이 비경제적일 수 있다. 흔히 자연독점(natural monopoly)이라 불리는 기업이 바로 좋은 예이다. 자연독점이란 용어는 시장조건의 "자연적" 결과로 독점조직이 형성된다는 것을 의미하며 수도, 전기, 가스, 전화, 통신설비 등 대부분의 공익사업(public utilities)이 이의 좋은 예이다. 규모의 경제가 작용하는 이러한 부문에 만약 다수의 기업이 참여한다면 시장규모의 제약 때문에 각 기업은 상대적으로 높은 비용에서 생산할 수밖에 없을 것이다. 이 경우 각 기업은 시장을 확보하기 위해 가격을 낮추고 산출량을 증가시키려는 인센티브를 갖게 될 것이다. 기업간의 이러한 경쟁은 평균비용보다 더 빠른 속도로 가격을 하락시킬 것이며 궁극적으로 한 기업만이 살아 남아서 독점적 지위를 얻게 될 것이다.

독점은 시장에 난 하나의 공급자만이 존재한다는 의미에서 통상적인 의미에서건 기술적인 의미에서건 직접적 경쟁관계는 존재하지 않는다. 그러나 현실적으로 무한한 독점력을 행사하는 독점기업은 존재하지 않으며 어떠한 독점기업이라도 직접적인 또는 간접적인 경쟁에 직면하게 된다. 일반적으로 소비자의 화폐소득은 제한되어 있기 때문에 독점기업이라 할지라도 다른 상품의 판매자와 경쟁관계에 놓일 뿐만 아니라, 비록 독점상품에 대한 밀접한 대체재는 존재하지 않을지라도 불완전한 대체재는 존재하기 마련이다.

1.2 독점기업의 수요곡선과 수입

1.2.1 수요곡선

경쟁기업과 독점기업의 핵심적인 차이점은 가격에 영향을 미칠 수 있는 독점기업의 능력이다. 경쟁기업은 시장에 비해 상대적으로 적은 규모이기 때문에 시장조건에 의해 형성된 가격을 주어진 것으로 간주하지만, 독점기업은 시장에서 유일한 생산자이기 때문에 공급량을 조성함으로써 가격을 변화시킬 수 있다.

경쟁기업과 독점기업의 이러한 차이는 각 기업이 직면하는 수요곡선을 보면 더욱 분명해진다. 경쟁기업은 시장의 수요와 공급에 의해 결정되는 가격에서 얼마든지 판매할 수 있기 때문에 수평선인 수요곡선에 직면한다. 사실상 경쟁기업은 다수의 완전대체재가 존재하는 상품을 판매하기 때문에 어느 한 기업이 직면하는 수요곡선은 완전탄력적이다.

반면에, 독점기업은 그 자체가 시장이며 따라서 **우하향**하는 시장수요곡선에 직면하게 된다. 우하향하는 수요곡선에 직면한다는 것은, 상품의 판매량을 증가시키기 위해서 독점기업은 반드시 가격을 낮추어야 한다는 것을 의미한다.

시장수요곡선은 독점기업이 자신에게 유리하도록 가격을 결정할 수 있는 능력—이를 '**시장지배력**'(market power)이라 한다—에 대한 일종의 제약요인으로 작용한다. 독점기업은 가능하다면 높은 가격으로 많은 양을 판매하고자 할 것이다. 시장수요곡선은 그러한 결과를 불가능하게 한다. 시장수요곡선은 독점기업이 판매할 수 있는 가격과 수량의 조합을 나타내기 때문에 독점기업은 수요곡선상의 점만을 선택할 수 있을 뿐이고 수요곡선을 벗어난 점을 선택할 수는 없다.

1.2.2 수입

<표 8-1>은 어떤 독점기업의 수입과 산출량과의 관계를 보여준다. 표의 (1)란과 (2)란은 독점기업의 시장수요표를 제시하고 있다. 표에서 상품의 판매량 (Q)이 증가할수록 가격이 낮아지고 있음은 바로 우하향하는 수요곡선을 반영하는 것이다. 나머지 세 란에는 총수입, 평균수입 및 한계수입이 각각 표시되어 있다. 앞장에서 살펴본 것처럼 평균수입은 항시 가격과 일치한다.

〈표 8-1〉 독점기업의 수요표

(1) P(원)	(2) Q	(3) TR(원)	(4) AR(원)	(5) MR(원)
9	0	0	0	…
8	1	8	8	8
7	2	14	7	6
6	3	18	6	4
5	4	20	5	2
4	5	20	4	0
3	6	18	3	−2
2	7	14	2	−4
1	8	8	1	−6
0	9	0	0	−8

<표 8-1>은 독점기업의 행위를 이해하는 데 있어 대단히 중요한 하나의 결과를 보여 준다. 즉, 독점기업의 한계수입은 항시 가격보다 작다는 점이다. 그 이유는 독점기업이 우하향하는 수요곡선에 직면하기 때문이다. 이는 판매량을 증가시키기 위해서는 독점기업은 상품의 가격을 낮추지 않으면 안된다는 것을 의미한다.

독점기업의 한계수입은 경쟁기업의 한계수입과는 매우 다르다. 독점기업이 판매량을 증가시킬 때 총수입 $P \times Q$에 다음 두 가지 효과를 미친다.

◆ 산출량효과(output effect): 판매량 (Q) 이 증가하여 총수입을 증가시킨다.

◆ 가격효과(price effect): 가격 (P) 이 하락하여 총수입을 감소시킨다.

경쟁기업은 시장가격에서 원하는 양을 모두 팔 수 있기 때문에 가격효과가 존재하지 않는다. 경쟁기업이 산출량을 한 단위 증가시키는 경우 그 단위에 대해 시장가격만큼 수입을 얻으며, 이미 팔고 있던 양에 대해서도 수입이 줄어들지 않는다. 다시 말해서, 경쟁기업은 가격순응자이기 때문에 한계수입은 가격과 일치한다.

반면에 독점기업이 산출량을 한 단위 증가시킬 경우 판매하는 모든 단위에 대해 가격을 낮추어야 하며, 이러한 가격하락은 이미 팔고 있던 단위에 대한 수입을 감소시킨다. 결과적으로 독점기업의 한계수입은 가격보다 작아진다.

<그림 8-1>에 독점기업의 수요곡선과 한계수입곡선이 그려져 있다. 독점기업이 판매한 첫 번째 단위의 한계수입은 바로 그 상품의 가격과 같기 때문에 두 곡선은 항시 수직축의 한 점에서 같이 출발하지만 위에서 본 바와 같은 이유로 한계수입곡선은 수요곡선보다 아래에 놓이게 된다. 또한 한계수입은 표와 그림에서 보는 것처럼 음(−)의 값을 가질 수도 있다. 이는 총수입에 대한 가격효과가 산출량효과보다 큰 경우에 발생한다.

그림 8-1 독점기업의 수요곡선과 한계수입곡선

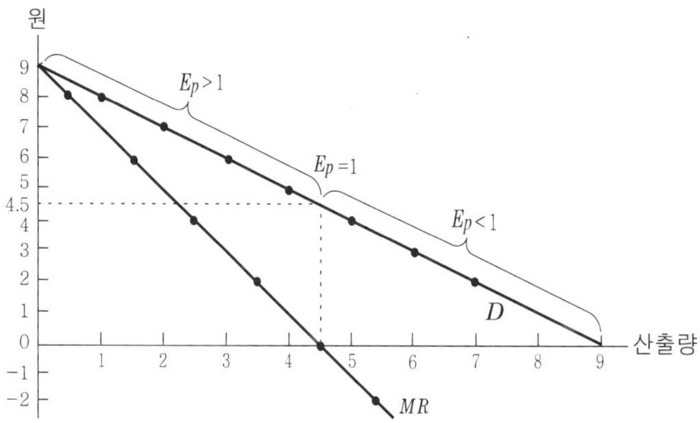

한계수입은 추가되는 산출량 한 단위당 총수입의 변화분으로 정의되기 때문에 가격탄력성을 이용하면 수요곡선으로부터 한계수입곡선을 보다 분명하게 도출할 수 있다. 수요곡선이 탄력적일 경우 산출량의 증가는 총수입을 증가시키기 때문에 한계수입은 양(+)의 값을 가지며, 수요곡선이 비탄력적일 경우 이와 반대로 음(−)의 값을 갖는다. 수요곡선이 단위 탄력적일 경우 산출량의 증가는 총수입에 아무런 변화를 가져다 주지 못하므로 한계수입은 0이 된다. 따라서 한계수입곡선은 각 산출량 수준에서 수직축과 수요곡선 사이의 거리를 이등분한다.

가격, 한계수입 및 수요의 가격탄력성 (E_P) 과의 관계는 다음 식에 의해 분명하게 보일 수 있다.

$$MR = P(1 - 1/E_p)^* \tag{8-1}$$

[증명] $TR = PQ$ 이므로, $\Delta TR = P\Delta Q + Q\Delta P = P\left(\Delta Q + \frac{Q\Delta P}{P}\right)$.

양변을 ΔQ 로 나누면, $\Delta TR/\Delta Q = P\left(1 + \frac{Q}{P}\frac{\Delta P}{\Delta Q}\right)$.

그런데 $\mathrm{E_P} = (-)\frac{\Delta Q}{\Delta P}\frac{P}{Q}$ 이므로, $\frac{\Delta TR}{\Delta Q} = MR = P\left(1 - \frac{1}{Ep}\right)$

이 식을 이용하면 완전경쟁의 경우 $E_P = \infty$ 이므로 $MR = P$ 라는 것을 보일 수 있다. 한편 독점기업의 경우 수요곡선은 완전탄력적이 아니기 때문에 $E_p < \infty$ 이고 따라서 $MR < P$ 이다. 즉, 수요의 가격탄력성이 무한대보다 작은 값을 갖는 경우 한계수입은 항시 가격보다 작을 것이고 한계수입곡선은 수요곡선보다 아래에 위치할 것이다. 또한 위 식으로부터 다음과 같은 관계를 보일 수 있다 :

$$E_p = 1 \rightarrow MR = 0;\ E_p > 1 \rightarrow MR > 0;\ E_p < 1 \rightarrow MR < 0.$$

위에서 보는 바와 같이 수요곡선이 비탄력적일 때 한계수입은 음(−)의 값을 가지므로 독점기업은 이 경우 판매량을 줄여야만 총수입을 증가시킬 수 있다. 이는 독점기업은 수요곡선이 비탄력적인 구간에서는 결코 생산하지 않을 것이라는 것을 의미한다.

2. 독점기업의 가격과 산출량 결정

독점기업은 고객에 따라 다른 가격을 매기는 경우가 있는데 이를 '차별독점'(discriminating monopoly)이라 한다. 이 문제는 다음 절에서 다루기로 하고 이 절에서는 가격차별을 하지 않는 '순수독점'(pure monopoly)의 경우를 다룬다.

2.1 단기균형분석

2.1.1 이윤극대화

독점분석의 기본적인 틀도, 완전경쟁의 경우와 같이, '이윤극대화 원리'에 있다. 즉, 독점기업의 균형가격과 산출량은 그 기업의 총이윤을 극대화하는 가격과 산출량 수준이다. 단기에 있어서 독점기업이 어떻게 이윤을 극대화 하는가는, 완전경쟁의 경우와 마찬가지로, 총량적 접근방법과 한계적 접근방법에 의해 분석될 수 있다.

● 총량적 접근방법

총이윤은 총수입에서 총비용을 뺀 값이다. 총수입은 가격과 산출량을 곱한 값과 같으며 총비용은 완전경쟁분석에서 살펴본 것들과 다를 필요가 없다. 결국 독점과 완전경쟁의 근본적인 차이점은 생산 또는 비용측면에 있는 것이 아니라 수요측면에 있다.

〈표 8-2〉 총수입·총비용·총이윤

(1) 산출량	(2) 가격	(3) 총수입	(4) 총비용	(5) 총이윤
0	9원	0원	6원	-6원
1	8	8	10	-2
2	7	14	13	1
3	6	18	14	4
4	5	20	19	1
5	4	20	30	-10
6	3	18	48	-30

<표 8-2>는 단기에 있어서 한 독점기업의 산출량수준에 따른 총수입(TR), 총비용(TC) 및 총이윤을 나타낸 것이다. 총비용은 수확체감의 법칙을 반영하여 처음에는 서서히 증가하다가 나중에는(3단위 이후) 급격히 증가하고 있다. 표에서 보면 이 기업이 3단위를 생산할 때 총 이윤이 극대화 된다는 것을 알 수 있다.

● 한계적 접근방법

한계적 접근방법에 따르면 독점기업은 한계수입과 한계비용이 일치하는 수준에서 생산함으로써 이윤을 극대화한다. 분석을 보다 명확히 하기 위해 <그림 8-2>에 표시되어 있는 곡선들을 이용하자. 그림에는 기업의 수요곡선(D), 한계수입곡선(MR)과 평균총비용곡선(ATC) 및 한계비용곡선(MC)이 주어져 있다. MC곡선과 ATC곡선은 경쟁기업을 분석할 때 사용한 곡선들과 같다.

그림 8-2 독점기업의 단기균형

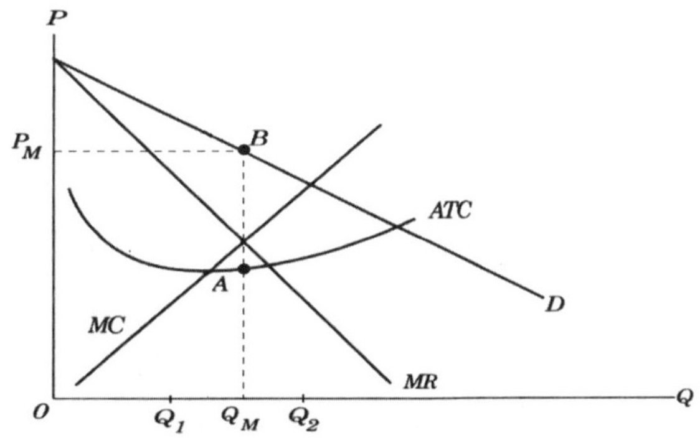

이 그림을 이용하여 이윤을 극대화하는 산출량 수준을 구해보자. 그림에서 Q_1과 같이, Q_M점의 좌측에서는 모든 산출량 수준에서 한계수입이 한계비용을 초과하고 있다. 이 경우 산출량을 한 단위 증가시켜 판매할 때마다 추가되는 수입이 추가되는 비용보다 커지게 되고, 따라서 이윤은 증가한다. 한편 Q_2점과 같이, Q_M점의 우측에서는 한계비용이 한계수입을 초과하고 있기 때문에, 산출량을 한 단위 감소시키면 절약되는 비용이 상실되는 수입보다 커지게 된다. 따라서 산출량을 감소시키면 기업의 이윤은 증가한다.

결국 이 기업은 산출량이 Q_M 점에 도달할 때까지 조정을 계속할 것이다. 이는 다음과 같은 이윤극대화에 대한 법칙을 보여준다.

> $MR > MC$ 일 때 독점기업은 산출량을 증가시킴으로써(가격을 낮춤으로써) 이윤을 증가시킬 수 있으며, $MR < MC$ 이면 산출량을 감소시킴으로써(가격을높임으로써) 이윤을 증가시킬 수 있다. 따라서 독점기업은 $MR = MC$ 일 때 이윤을 극대화한다.

독점기업의 이윤극대화 산출량이 일단 결정되면 가격은 수요곡선을 이용하여 결정할 수 있다. 그림에서 이윤을 극대화하는 가격은 B 점에서 발견된다.

독점기업의 이윤극대화원리는 본질적으로 완전경쟁기업의 이윤극대화 원리와 크게 다를 바 없다. 독점기업도 총수입의 증가분(한계수입)이 총비용의 증가분(한계비용)보다 큰 이상 산출량을 계속 증가시킬 것이다. 다만 이윤극대화 산출량 수준에서 완전경쟁의 경우 가격이 한계비용과 일치하지만 독점의 경우에는 성립하지 않는다는 점이 다를 뿐이다. 독점의 경우에는 이윤극대화 산출량 수준에서 가격이 항상 한계비용을 초과한다.

- ◆ 경쟁기업의 경우 : $P = MR = MC$
- ◆ 독점기업의 경우 : $P > MR = MC$

2.1.2 이윤의 크기

그림에서 독점기업의 이윤을 측정하는 방법은 완전경쟁의 경우와 같다. 이윤은 다음 식과 같이 표시될 수 있음을 상기하자.

$$\text{이윤} = (P - ATC) \times Q$$

위 식에서 가격과 평균총비용의 차이 (BC) 는 단위산출량당 이윤을 나타낸다. 따라서 총이윤은 그림에서 빗금친 사각형의 면적 $BCDE$ 로 표시된다.

독점기업도 단기에는 손실을 볼 수 있다. 독점기업이 이윤을 얻고 있는지 손실을 보고 있는지의 여부는 가격과 평균총비용과의 관계에 달려 있다.

<그림 8-3>의 경우에는 독점기업은 완전경쟁기업과 마찬가지로 단기에서 경제적 이윤을 얻고 있다. 그러나 만약 수요가 비용에 비하여 상대적으로 낮은 수준일 때는 독점기업도 손실을 볼 수 있다. 이 경우 이윤극대화 산출량 수준에서 만일 $P < AVC$라면 독점기업은 생산을 중단하는 것이 손실을 극소화하는 길이 된다.

그림 8-3 독점이윤

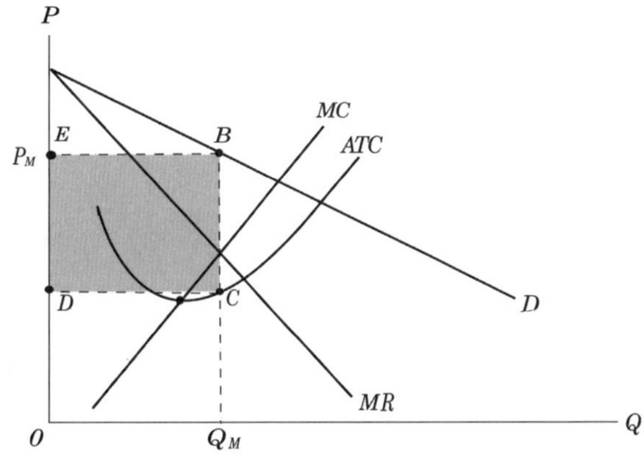

2.1.3 공급곡선

완전경쟁기업의 단기공급곡선은 생산중단점을 상회하는 한계비용곡선이라는 것을 이미 지적하였다. 그러나 독점의 경우에는 그렇지 못하다. 그 이유는 독점기업은 가격설정자이기 때문이다. 독점기업의 경우 공급량의 결정은 수요곡선과 분리될 수 없다. 수요곡선의 형태가 한계수입곡선의 형태를 결정하고, 이는 다시 이윤극대화 산출량을 결정한다. 일단 이윤극대화 산출량이 결정되면 가격은 수요곡선상에서 동시에 결정된다. 따라서 어떤 가격에서 얼마나 공급할 것인가를 묻는 것은 의미가 없다. 또한 독점기업은 하나의 생산량을 수요의 가격탄력성에 따라 서로 상이한 가격으로 공급할 수도 있기 때문에 가격과 공급량간에 유일한 대응관계가 존재하지 않는다. 이러한 이유로 독점기업의 공급곡선은 존재할 수 없다.

2.2 장기균형분석

장기에는 모든 투입물이 가변적이기 때문에 독점기업은 이윤을 극대화하기 위한 공장규모를 건설할 수 있다. 이윤극대화 산출량 수준은 독점기업의 장기한계비용곡선이 한계수입곡선을 아래로부터 교차하는 점에서 결정된다.

완전경쟁의 경우 단기와 장기의 구분은 매우 중요하다. 단기에는 기업의 수가 고정되어 있으나 장기에는 경제적 이윤 또는 손실에 반응하여 새로운 기업이 산업에 진입할 수도 있고 기존기업이 탈퇴할 수도 있다. 이러한 진입과 탈퇴의 자유는 장기에 있어서 완전경쟁산업의 경제적 이윤(손실)을 사라지게 한다.

그러나 독점의 경우 단기와 장기의 구분은 그렇게 중요하지 않을 수도 있다. 즉, 진입장벽 때문에 독점기업은 장기에서도 계속해서 이윤을 벌 수가 있다.

완전경쟁의 경우와는 달리 **독점이윤**은 오랜 기간 존재할 수 있다.

그러나 현실세계에서 순수독점을 발견하기란 쉽지 않다. 현실세계에는 실질적인 또는 잠재적인 대체재들이 존재할 뿐 아니라 절대적인 진입 장벽들도 거의 존재하지 않는다. 따라서 현존하는 대부분의 독점기업들은 순수독점이 아니라 준독점(near monopoly)일 뿐이다. 장기에 있어서 이러한 준독점기업의 이윤은 점점 줄어들 것이다.

일반적으로 독점기업은 완전경쟁기업과는 달리 평균총비용곡선의 최저점에서 생산하지는 않는다. 이러한 의미에서 독점기업은 비효율적이라 할 수 있다.

3. 가 격 차 별

지금까지는 독점기업이 모든 고객들에게 동일한 가격을 매긴다고 가정해왔다. 그러나 경쟁기업과는 달리 독점기업은 **가격설정자**이기 때문에 고객들에 따라서 같은 상품을 여러 가지 다른 가격으로 판매할 수도 있다. 이를 '**가격차별**' (price discrimination)이라 한다. 가격차별이론은 피구(A.C. Pigou)에 의해 처음으로 소개되었다. *A.C.P igou, The Economics of Welfare, 4th ed.*(*Macmillan*, 1950)

이 절에서는 가격차별이 어떻게 이루어지는가를 살펴보기로 한다. 분석에 들어가기 전에 먼저 강조할 것은 가격차별은 독점기업이 이윤을 극대화하기 위한 합리적인 전략의 하나라는 점이다. 독점기업은 고객이 지불할 용의가 있는 최고가격 수준에 따라 가격을 차별하여 설정함으로써 단일가격에 판매하는 것보다 총수입과 총이윤을 증가시킬 수 있다. 또한 같은 상품에 대해 다른 가격이 매겨져 있다고 해서 무조건 가격차별이 아니라는 점이다. 같은 상품이라도 운송비 등에 따라 한계비용의 차이가 있는 경우 가격의 차이가 발생하는 것은 당연하며, 이는 가격차별이 아니라 '**가격분화**'(price differentiation)라고 한다.

> 가격차별은 특정상품이 둘 이상의 가격으로 판매되고 또 이러한 가격차이가 비용의 차이에서 기인한 것이 아닐 때 성립한다.

3.1 가격차별의 필요조건

기업이 가격차별을 행할 수 있기 위해서는 다음 세 가지 조건이 반드시 충족되어야 한다.

① 기업은 어느 정도의 시장지배력(market power)을 가지고 있어야 한다. 즉, 기업이 가격순응자이어서는 안 된다.

② 기업은 합리적인 비용으로 각 시장을 격리시킬 수 있어야 한다. 만일 기업이 각 시장을 격리시킬 수 없다면 가격이 낮은 시장의 소비자는 원하는 수량보다 많은 양을 구입하여 가격이 높은 시장에 재판매할 수 있을 것이다.

③ 각 시장에서 상품에 대한 수요의 가격탄력성이 서로 달라야 한다. 그렇지 못한 경우 기업은 각 시장에서 모두 동일한 가격을 부과할 수 밖에 없을 것이다.

이러한 조건 때문에 가격차별은 제조업부문보다는 서비스산업(service industries)에서 보다 쉽게 이루어질 수 있다. 예를 들면 항공료, 의료비, 극장입장료 등은 소득계층이나 연령계층에 따라 다른 가격이 부과된다. 서비스산업에서는 일단 구입한 서비스를 다른 시장에 재판매하기가 매우 어렵거나 거의 불가능하기 때문이다.

3.2 가격차별하의 가격과 산출량

분석을 단순화하기 위해 한 시장이 수요의 탄력성이 서로 다른 두 개의 시장

(A, B)으로 나누어질 수 있다고 가정하자. <그림 8-4>에서 보는 것처럼 시장 A에서의 수요곡선은 시장 B에서의 수요곡선보다 더욱 가파른 기울기를 갖고 있다. 이 경우 독점기업은 주어진 양의 상품을 각 시장에 얼마씩 판매해야만 이윤을 극대화 할 수 있을 것인가?

> 독점기업은 두 시장에서 한계수입이 서로 같아지도록 그 산출량을 배분해야 한다: $MR_A = MR_B$.

만일 이 조건이 충족되지 못하고 $MR_A > MR_B$이라면, 시장 B에서 팔던 상품 한 단위를 빼내어 시장 A에서 팔면 이윤을 증가시킬 수 있다.

그렇다면 이 독점기업은 이윤을 극대화하기 위해 얼마나 생산을 해야 하는가? 이윤을 극대화하는 산출량은 위에서 결정된 한계수입이 한계비용과 같아지는 수준에서 달성된다. 만일 한계수입이 한계비용을 초과한다면 상품 한 단위를 추가로 생산함으로써 이윤을 증가시킬 수 있으며, 한계수입이 한계비용에 미치지 못한다면 산출량을 한 단위 감소시킴으로써 이윤을 증가시킬 수 있다. 이상의 논의를 통해 차별독점의 이윤극대화조건을 정리하면 다음과 같다.

> 독점기업은 이윤극대화 산출량 수준을 생산해서 두 시장에서 한계수입이 서로 같아지도록 그 산출량을 배분해야 한다: $MR_A = MR_B = MC$.

그림 8-4 가격차별

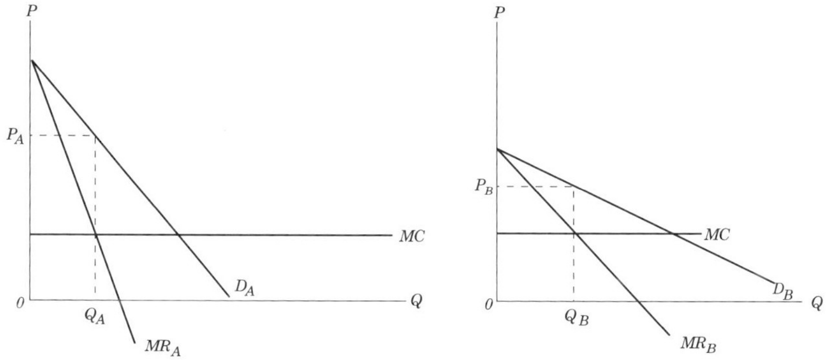

이러한 원칙은 <그림 8-4>에 의해 설명될 수 있다. 그림에서 D_A 와 MR_A 는 시장 A 의 수요곡선과 한계수입곡선을 나타내며, D_B 와 MR_B 는 시장 B 의 수요곡선과 한계수입곡선을 나타낸다. 이제 분석의 편의상 한계비용이 일정하다고 가정하면 MC 곡선은 그림에서 처럼 수평선으로 표시된다.

독점기업의 이윤극대화 산출량은 MC 곡선이 각각의 MR 곡선과 교차하는 점에서 결정된다. 즉, A 시장에서는 Q_A 단위를 P_A 에, B 시장에서는 Q_B 단위를 P_B 에 각각 판매해야 한다. 만일 한 시장에서 판매된 마지막 단위의 한계수입이 다른 시장에서 판매된 그것과 다르다면, 한계수입이 보다 낮은 시장으로부터 보다 높은 시장으로 판매량을 재분배함으로써, 총수입과 이윤을 증가시킬 수 있을 것이다.

한 가지 재미있는 사실은 수요가 보다 덜 탄력적인 A 시장에서의 가격 (P_A)이 수요가 보다 탄력적인 B 시장에서의 가격 (P_B)보다 높다는 점이다. 이는 (8-1)식을 이용하면 쉽게 증명할 수 있다.

> 독점기업이 이윤을 극대화하기 위해서는 보다 덜 탄력적인 시장에서 보다 높은 가격을 부과해야 한다.

3.3 그 밖의 가격차별

앞에서 살펴본 가격차별은 서로 수요의 특성이 다른 시장에서 서로 다른 가격을 매기는 방식으로 이를 Pigou는 '제3급 가격차별'(third-degree price discrimina- tion)이라 부른다. 이러한 가격차별 외에도 독점기업은 고객이 지불하고자 하는 가격수준이나 판매량 수준에 따라 가격을 차별할 수도 있다.

어떤 독점기업이 상품을 매 단위마다 분리해서 팔 수 있고, 또한 소비자가 그 상품에 대해 지불하고자 하는 최고가격을 알고 그 가격을 매길 수 있다면, 그 독점자는 소비자로부터 소비자잉여(consumers' surplus)의 전부를 자신의 수입으로 만들 수 있다. 이를 **제1급 가격차별**(first-degree price discrimination), 또는 **완전가격차별**(perfect price discrimination)이라고 한다. 이와 같은 완전가격차별을 실시하기 위해서는 독점기업은 각 소비자의 수요곡선의 형태를 정확히 알아야 하고, 또 모든 개별소비자가 매 단위의 상품에 대해 지불할 용의가 있는 최고가격을 부과할 수 있어야 한다. 이것은 매우 어려운 일이며 설령 가능하다 할지라도 실행하기에는 매우 비용이 많이 들 것이므로 현실세계에서 적용하기는 어렵다.

현실적으로 보다 실용적인 형태의 가격차별은 **제2급**(second-degree) 또는 **다부분**(multi-part) 가격차별이다. 이는 일종의 **블록가격제**(block pricing)로써 상품의 추가적인 블록마다 가격을 낮추어 부과하는 방법을 말한다. 이와 같은 제2급 가격차별을 실시함으로써 독점기업은 소비자잉여 중 많은 부분을 자신의 이윤으로 전화시킬 수 있으며 이러한 예는 전화, 전기, 수도요금과 같은 공익사업에서 흔히 볼 수 있다.

4. 독점시장의 평가

이 절에서는 독점에 관해 잘못 인식하기 쉬운 몇 가지 오류에 대해서 먼저 살펴본 후 독점의 경제적 효과를 완전경쟁모형과 비교 분석하기로 한다.

4.1 몇 가지 오류들

일반적으로 독점에 관해 잘못 인식하기 쉬운 사항들은 다음과 같다.

① 「독점기업은 항시 가능한 가장 높은 가격을 부과한다.」: 독점기업은 한계비용보다 높은 가격을 매길 뿐, 가장 높은 가격을 책정하는 것은 아니다. 독점기업은 가격을 높임으로써 얻을 수 있는 수입과 판매량의 감소에 기인하는 손실을 비교하여야 한다. 독점기업이 이윤극대화산출량 수준에서의 가격 이상으로 가격을 올릴 수도 있지만 그 경우 $MR > MC$ 이고 총이윤은 오히려 감소할 것이다. 독점기업은 $MR = MC$ 인 산출량수준에서 시장수요를 충족시켜 주는 가격을 선택한다.

② 「독점기업은 항시 이윤을 번다.」: 비록 독점기업이라 할 지라도 항시 독점이윤이 보장되는 것은 아니다. 어떤 기업들은 정상이윤을 상회하는 이윤을 벌 수도 있고 어떤 기업들은 손실을 볼 수도 있다. 이미 살펴본 바와 같이

한 독점기업이 이윤을 벌 수 있는지의 여부는 전적으로 수요곡선과 비용곡선에 달려 있다. 그러나 만일 독점기업이 현재 이윤을 얻고 있다면 계속해서 그 이윤을 확보할 수 있는 가능성은 완전경쟁기업의 경우보다는 높다고 할 수 있다.

③ 「독점기업은 수요에 관해 걱정할 필요가 없다.」: 독점기업이 비록 유일한 공급자라고 할지라도 수요의 법칙을 무시할 수는 없다. 독점기업이 얼마나 생산할 것인가를 일단 결정하면 시장이 판매가격을 지정한다. 만일 독점기업이 "시장에서 지정된 가격"(market-dictated price)보다 더 높은 가격을 설정하려고 시도한다면 산출량 중 일부는 팔리지 않을 것이다.

4.2 완전경쟁과 독점의 비교

독점은 사회전체의 입장에서 볼 때 과연 바람직한가? 이제 지금까지 살펴본 완전경쟁모형과 독점모형을 이용하여 과연 어떠한 시장구조가 보다 바람직한가를 비교하여 보기로 하자.

<그림 8-5>에 한 완전경쟁시장의 수요곡선 (D)과 공급곡선 (S)이 표시되어 있다. 균형은 D와 S가 교차하는 E점에서 달성되며 균형가격은 P_c이고 균형량은 Q_c이다.

그런데 이 완전경쟁시장이 갑자기 독점화 되었다고 가정하자. 만일 이러한 변화가 비용구조에 아무런 영향을 미치지 않는다고 가정하면 공급곡선 S는 이제 독점기업의 한계비용곡선 (MC)이 된다. 완전경쟁에서 시장의 공급곡선은 다름 아닌 경쟁기업들의 한계비용곡선을 수평으로 합한 것이기 때문이다. 독점기업의 이윤극대화 산출량 수준은 $MR = MC$가 되는 점 M에 의해 주어진다. 따라서 독점기업은 Q_m 단위를 P_m에 판매한다.

완전경쟁시장이 독점화되면서 결과적으로 가격은 증가하고 ($P_m > P_c$), 산출량은 감소했다 ($Q_m > Q_c$). 다시 말해 독점기업은 보다 적은 양을 생산해서 보다 비싸게 판매한다. 이러한 사실 때문에 통상 독점기업이 비난을 받는다. 그림에서 보는 것처럼, 완전경쟁하에서 소비자는 한계비용과 일치하는 가격으로 생산물을 구입할 수 있었지만, 독점하에서는 한계비용을 초과하는 가격을 지불해야 된다. 이와 같은 차이는 독점기업이 완전탄력적인 수요곡선 대신 우하향하는 수요곡선에 직면한다는 사실에 기입하는 것으로 독점기업을 바람직하지 못하게 민든다.

한계비용은 그 재화의 마지막 단위(last unit)를 생산하기 위해 사회가 포기해야 하는 기회비용을 나타내는 반면에, 가격은 구매자들이 그 단위를 얻기 위해 지불하고자 하는 금액, 다시 말해서 그 단위에 대해 사회가 평가하는 가치를 나타낸다. 따라서 가격이 한계비용을 초과한다는 것은 그 재화의 마지막 단위에 대한 사회적 가치가 사회적 비용을 초과한다는 것을 의미한다. 이는 결국 구매 자들이 원하는 만큼 충분히 생산되지 못하고 있다는 것을 의미한다. 독점하에서는 소비자들은 E점과 M점 사이의 산출량 $(Q_c - Q_m)$을 구입할 수 없다. 따라서 소비자들은 그들이 구입하는 생산물에 대해 보다 높은 가격을 지불해야 할 뿐 아니라 소비할 수 있는 양도 감소한다. 이는 독점이 존재하는 경우 사회의 자원의 일부가 덜 가치 있는 상품을 생산하기 위해 사용된다는 것을 의미하며 따라서 그만큼 비효율적이라고 볼 수 있나(이에 대해서는 제13장과 제14장에서 보다 구체적으로 논의할 것이다).

그림 8-5 독점화의 효과

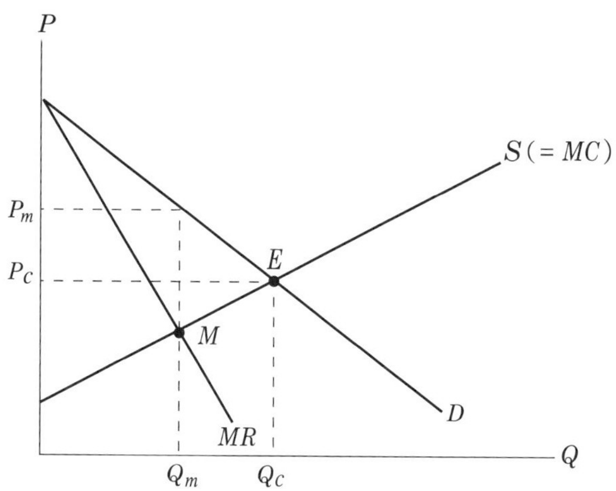

■ 요 약 ■

1. 독점기업은 그 시장에서의 유일한 판매자이다. 독점은 한 기업이 핵심자원을 소유하거나, 정부가 한 기업에게 어떤 재화를 생산할 수 있는 배타적인 권리를 부여할 때, 또는 한 기업이 여러 기업이 할 수 있는 것보다 더 낮은 비용으로 전체시장에 공급할 수 있을 때 나타난다.

2. 독점기업은 그 시장의 유일한 생산자이기 때문에 우하향하는 수요곡선에 직면한다. 독점기업이 산출량을 한 단위 증가시키면 가격이 하락하기 때문에 생산된 모든 단위에서 얻는 수입이 감소한다. 따라서 독점기업의 한계수입은 항상 가격보다 낮다.

3. 경쟁기업처럼, 독점기업도 한계수입과 한계비용이 일치하는 산출량 수준을 생산함으로써 이윤을 극대화한다. 그런 다음 독점기업은 그 산출량이 수요되는 점에서 가격을 결정한다. 경쟁기업과는 달리 독점기업의 가격은 한계수입을 초과하고 따라서 한계비용을 초과한다.

4. 독점기업은 구매자가 지불하고자 하는 금액에 근거하여 동일한 상품에 대해 다른 가격을 매김으로써 이윤을 증대시킬 수 있다.

5. 독점기업은 한계비용을 초과하는 가격을 매기기 때문에 사회적으로 자원의 낭비를 초래한다.

■ 주요개념 ■

독점, 자연독점, 가격차별

제9장

불 완 전 경 쟁

<개 요>

제7장과 8장에서는 완전경쟁과 독점이라는 두 극단적인 시장형태에 관해 살펴보았다. 이 장에서는 불완전경쟁이라 불리는 나머지 두 시장형태, 즉 독점적경쟁과 과점에 관해 살펴보기로 한다. 독점적경쟁은 개별기업이 어느 정도 시장지배력을 가지고 있지만 시장에 참여하는 기업의 수가 다수라는 점에서 완전경쟁에 가까운 시장형태이다. 반면에 과점은 기업의 수가 소수라는 점에서 오히려 독점에 가까운 시장형태이다.

현실경제에서 볼 수 있는 대부분의 시장들은 바로 이 장에서 논의할 불완전경쟁에 속한다고 볼 수 있다.

1. 독점적경쟁

이 절에서는 독점적경쟁시장에서 가격과 산출량이 어떻게 결정되는가를 분석한다. 독점적경쟁이론은 1930년대 초 미국의 경제학자 챔벌린(Edward Chamberlin)과 영국의 경제학자 로빈슨(Joan Robinson)에 의해 이질적인 생산물을 생산하는 시장을 분석하기 위해 독립적으로 전개되었다.

1.1 독점적경쟁의 본질

완전경쟁은 동질적인 생산물을 다수의 판매자가 공급하는 시장형태이며 독점은 밀접한 대체재가 존재하지 않는 한 상품을 오직 하나의 판매자가 공급하는 시장형태이다. 이들 양극단의 사이에 존재하는 시장형태가 곧 **독점적 경쟁**이다.

> **독점적경쟁**(monopolistic competition)은 이질적인(heterogeneous) 또는 차별화된(differentiated) 생산물을 다수의 판매자가 공급하며 장기에는 신입과 탈퇴가 비교적 쉬운 시장형태이다.

독점적경쟁은 경쟁과 독점이라는 두 요소를 모두 포함하는 시장조직이다. 먼저 독점적인 요소는 **생산물의 차별화**(product differentiation)로부터 기인한다. 차별화된 생산물이란 매우 유사하나 그렇다고 꼭 같지는 않은 생산물을 말한다. 차별화된 생산물의 유사성은 그것들이 기본적으로 동일한 소비자욕망을 충족시켜 준다는 사실에 기인한다. 예를 들면 흔히 시장에서 볼 수 있는 치약, 비누, 음료수 등을 들 수 있다. 생산물의 차별화는 실제적(real)일 수도 있고(생산물의 내재적 성질이 다른 경우) 상상적(imaginary)일 수도 있다(생산물은 기본적으로 같은데 광고 등에 의해 소비자들이 다른 것처럼 설득되는 경우). 생산물의 차별화는 또한 소비자가 생산물을 구입하는 데 편리한 기업의 입지나, 제공하는 서비스의 종류와 같은 판매조건에 기인할 수도 있다.

이와 같이 각 판매자의 생산물이 유사하면서 서로 다르기 때문에 각 판매자는 그가 판매하는 특정 생산물에 대해 어느 정도 시장지배력을 행사할 수 있다. 그러나 이러한 시장지배력은 밀접한 대체재가 존재하기 때문에 크게 제한된다.

즉, 특정 상표의 상품 판매자가 다른 상표의 판매자보다 높은 가격을 책정한다면 그는 많은 시장을 잃게 될 것이다.

한편 경쟁적 요소는 다수의 소규모 판매자가 존재한다는 사실에 기인한다. 각 판매자는 전체시장에서 차지하는 비중이 작기 때문에 다른 판매자에게 영향을 미치지 못한다. 또한 독점적경쟁의 경우 진입과 탈퇴가 완전경쟁의 경우와 같이 자유롭지는 못하지만 비교적 쉽게 이루어진다. 생산물이 차별화되어 있는 한 새로운 기업이 즉각적으로 소비자의 평판을 얻기란 쉽지 않을 것이다. 그러나 새로운 기업의 공급량이 전체시장에서 차지하는 비율은 그리 크지 않을 것이기 때문에 진입은 비교적 용이할 것이다. 마찬가지로 시장으로부터의 탈퇴도 완전경쟁의 경우만큼 쉽지는 않을 것이다. 한 독점적경쟁기업이 그 시장을 떠나게 되면 가까스로 구축해 놓은 소비자평판을 잃게 될 것이기 때문이다.

현실경제에서 소매업과 서비스업 부문은 독점적경쟁에 아주 가깝다. 의류산업, 식품산업, 서점, 주유소, 이발소, 식료품가게, 약국, 식당 등은 독점적경쟁의 아주 좋은 예이다. 이들은 각각 경쟁자들에 대해 약간의 시장지배력을 행사하지만 밀접한 대체재의 존재 때문에 크게 제한 된다.

독점적경쟁하에서 각 기업은 약간 다른 생산물을 생산하기 때문에 산업을 정의하기가 쉽지 않다. 독점적 경쟁이론을 소개한 챔벌린은 이러한 어려움을 극복하기 위해 모든 유사한 생산물의 생산자를 하나의 '**생산물집단**'(product group)으로 묶어서 분석하였다. 여기에서는 "생산물집단" 대신 "산업"이라는 개념을 계속 사용할 것이다. 그러나 생산물차별화 때문에 산업의 수요·공급곡선을 도출할 수는 없다. 따라서 그래프에 의한 분석은 산업 대신 '전형적'(typical)인 또는 '대표적'(representative)인 기업에 한정될 것이다.

이 절에서는 한 산업에 속해 있는 모든 기업은 동일한 수요곡선과 비용곡선에 직면한다고 가정한다. 이와 같은 가정은 상당히 엄격한 가정이지만 분석을 매우 단순화시킬 것이다.

1.2 단기균형분석

독점적경쟁하에서 개별기업은 여러 가지 면에서 독점기업과 흡사하다. 한 기업이 생산하는 상품이 다른 기업들과는 차별화 되어 있기 때문에 개별기업은 우하향하는 수요곡선에 직면한다. 따라서 독점적경쟁기업은 독점기업의 이윤극대화원리를 그대로 따른다.

> 이윤을 극대화하는 **독점적경쟁기업은 한계수입과 한계비용**이 일치하는 산출량을 선택한다.

완전경쟁이나 독점에서와 마찬가지로 독점적경쟁기업도 물론 단기에는 이윤을 얻을 수도 있고 손실을 볼 수도 있다. 이 중 어느 결과가 나타날지는 수요조건과 비용조건에 달려 있다.

<그림 9-1>에 서로 다른 산업에 속하는 두 개의 전형적인 독점적경쟁기업에 대한 수요, 비용 및 한계수입곡선들이 표시되어 있다. 그림에서 이윤극대화 산출량은 한계수입곡선과 한계비용곡선이 교차하는 점에서 달성된다. 그림 (a)에는 가격이 평균총비용을 초과하기 때문에 기업이 이윤을 얻고 있는 경우가 표시되어 있고, 그림 (b)는 가격이 평균총비용에 미치지 못하여 손실을 보고 있는 경우를 보여 준다.

그림 9-1 독점경쟁기업의 단기균형

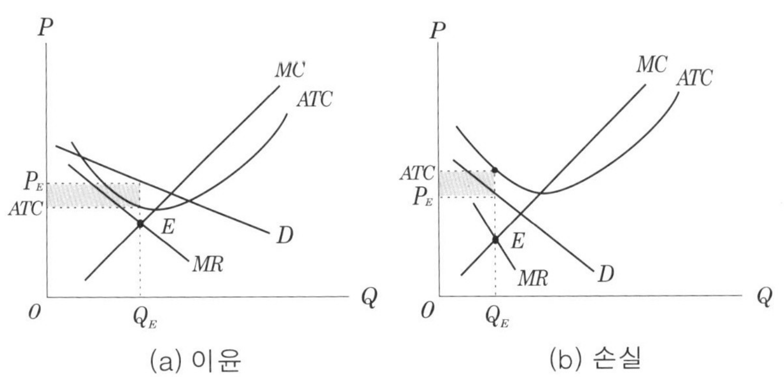

1.3 장기균형분석

완전경쟁의 경우와 같이 독점적경쟁기업은 장기에 공장규모를 변경할 수도 있고 커다란 어려움이 없이 산업에 진입하거나 산업으로부터 탈퇴할 수도 있기 때문에 <그림 9-1>과 같은 상황은 오래 계속될 수 없다. 그림 (a)에서 처럼 단기에 어떤 기업이 이윤을 벌고 있다면 장기에는 보다 많은 기업들이 그 산업에 진입할 것이다. 따라서 이미 시장에 참여하고 있는 개별기업들이 직면하는 수요는 감소한다. 즉, 개별기업의 수요곡선은 좌측으로 이동한다. 이러한 수요의 감소는 이윤의 감소로 이어진다.

그림 (b)에처럼 손실이 발생하면 이와 반대의 현상이 일어난다. 시장에 참여하는 기업들은 탈퇴할 인센티브를 갖게 되고, 일부 기업이 탈퇴하여 기업의 수가 감소됨에 따라 시장에 그대로 머물러 있는 기업들이 직면하는 수요는 증가한다. 개별기업의 수요곡선은 우측으로 이동하고 이윤은 증가하게 된다(또는 손실이 감소한다).

이러한 진입과 탈퇴의 과정은 시장에 참여하고 있는 기업들이 정확히 정상이윤만을 얻을 때까지 계속된다. <그림 9-2>는 독점적 경쟁기업의 장기균형상태를 나타낸다. 일단 이러한 균형에 도달하면 어떠한 기업도 진입하거나 탈퇴할 인센티브를 갖지 않는다.

그림 9-2 독점적경쟁기업의 장기균형

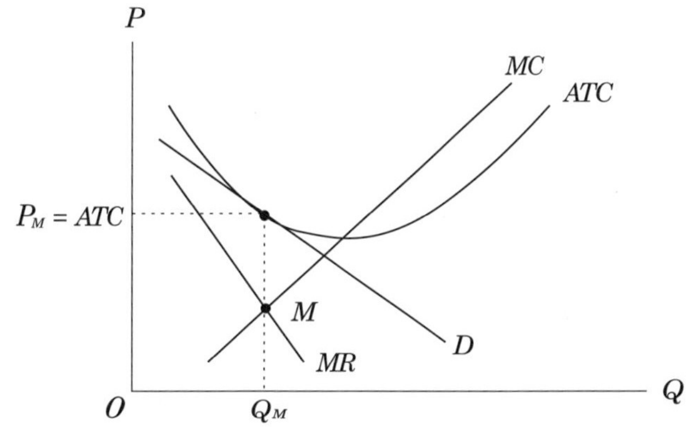

그림에서 장기균형점은 그 기업의 한계비용곡선이 한계수입곡선과 교차하는 M점으로 표시되어 있다. 독점적경쟁기업의 장기균형과 관련해서 주목할 것은

수요곡선과 평균총비용곡선이 서로 접하고 있다는 사실이다. 일단 진입과 탈퇴가 이윤을 0으로 만들면 이 두 곡선은 반드시 접해야 한다. 판매량 한 단위당 이윤은 수요곡선상에서 결정되는 가격과 평균총비용곡선간의 차이이기 때문에, 이들 두 곡선이 교차하지 않고 서로 접할 경우에만 극대이윤이 0이 된다.

이상을 요약하면 독점적경쟁시장의 장기균형은 다음 두 가지 특성을 나타낸다.

첫째, 독점시장에서와 같이, 가격은 한계비용을 초과한다. 이윤극대화는 한계수입과 한계비용이 일치할 것을 요구하고, 우하향하는 수요곡선은 한계수입을 가격보다 작게 만들기 때문이다.

$$: P > MR = MC.$$

둘째, 완전경쟁시장에서와 같이, 가격은 평균총비용과 일치한다. 진입과 탈퇴의 자유가 경제적이윤을 0으로 만들기 때문이다.

$$: P = ATC.$$

1.4 생산물차별화의 두 형태

독점적경쟁이 완전경쟁과 다른 점은 바로 차별화된 생산물에 있다. 여기에서는 생산물차별화와 관련해서 나타나는 독점적경쟁기업의 중요한 두 가지 행위에 대해 살펴본다.

1.4.1 광고

현대경제에서 하루도 광고에 접하지 않고 지내기란 거의 불가능하다. 신문을 읽든, TV를 시청하든, 아니면 거리에 나가든, 자신의 제품을 구입하도록 선전하는 기업광고를 볼 수 있다. 이러한 행위는 독점적경쟁의 본질적인 특성이다. 차별화된 생산물을 판매하고 한계비용을 초과하는 가격을 매기는 독점적경쟁기업의 입장에서 자신의 판매량을 증가시키기 위해 광고를 하지 않을 수 없다.

그렇다면 과연 광고는 사회적으로 낭비인가 아니면 그만한 가치를 가지고 있는가?

비판적 견해 광고에 대한 비판론자들은 기업들이 소비자들의 기호를 조작하기 위해 광고를 한다고 주장한다. 많은 광고들은 소비자들에게 유용한 정보를 알려주기 보다는 단순히 심리적으로 좋아하도록 만들 뿐이다. 예를 들면 TV에서 흔히 볼 수 있는 음료수 광고는 상품의 품질이나 가격에 관해 알려주기보다는 단지 그것을 마시고 좋아하는 사람들만을 보여 준다. 그러한 광고는 소비자들의 욕구를 창출할 뿐이다.

비판론자들은 또한 광고가 경쟁을 침해한다고 주장한다. 광고는 흔히 소비자들로 하여금 실제로는 별로 다르지 않은 상품들이 대단히 다른 것처럼 느끼도록 만들어 유사한 상품들간의 가격차이에 무심하도록 유도한다. 수요곡선이 비탄력적일수록 기업은 한계비용을 훨씬 상회하는 가격을 매길 수 있다.

옹호론 광고에 대한 옹호론자들은 기업들이 고객들에게 정보를 제공하기 위해 광고를 한다고 주장한다. 광고는 판매중인 상품의 가격, 신상품의 등장, 점포의 위치 등을 알려준다. 이러한 정보는 소비자로 하여금 무엇을 사야 할지에 관해 보다 나은 선택을 할 수 있도록 만들어 효율적인 자원배분을 위한 시장의 능력을 증진시킨다.

또한 옹호론자들은 비판론자들과는 달리 광고가 경쟁을 촉진시킨다고 주장한다. 광고를 통해 소비자들은 유사한 상품들간의 가격차이를 보다 정확하게 알 수 있게 되고, 따라서 기업들의 시장지배력은 줄어든다.

1.4.2 품질변형

독점적경제하에서 기업은, 생산물의 가격뿐만 아니라, 소비자들의 마음을 끌기 위해 생산물의 특성까지 변화시킬 수 있다. 예를 들면 체중이 증가하는 것을 걱정하는 소비자를 위해 설탕의 양을 줄인 음료수를 개발한다든지, 보다 가볍고 깨지지 않도록 유리병 대신 '플라스틱'(plastic)을 사용한다든지 하는 것들을 들 수 있다. 이러한 **품질변형**(product variation)을 통해서 생산자들은 그들의 생산물에 대한 수요를 증가시키고 수요곡선을 보다 덜 탄력적으로 만들고자 시도할 수 있다. 이와 같은 품질변형은 모든 생산물이 동질적인 완전경쟁시장의 경우에는 불가능하다. 즉, 생산물의 차별화가 가능하다면 그 시장은 이미 완전경쟁일 수 없다.

품질변형은 그 기업의 판매량과 이윤을 증가시킬 수 있으나, 비용 역시 증가시킬 것이다. 기업은 생산물의 특성을 개발하고 소비자의 반응을 측정하며 변형된 생산물을 소개하는 데 추가적인 비용을 부담해야 한다. 따라서 품질변형은 독점적경쟁하의 기업에게 가격변경 이외의 또 하나의 선택변수(choice variable)라고 할 수 있다. 기업은 품질변형으로부터 얻을 수 있는 한계수입을 그것을 도입하는 데 소요되는 한계비용과 비교해야 한다. 한계수입이 한계비용을 초과하는 한 기업은 품질변형을 추진해야 한다. 그러나 품질변형에 의해 단기적으로 기업의 판매량과 이윤을 증가시킬 수 있지만, 장기에는 결국 정상이윤상태로 되돌아갈 것이다.

1.5 독점적경쟁시장의 평가

마지막으로 독점적경쟁을 완전경쟁의 경우와 비교하여 살펴보고 독점적경쟁모형을 평가하기로 한다.

1.5.1 완전경쟁과 독점적경쟁의 비교

장기균형상태에서 독점적경쟁기업과 완전경쟁기업은 모두 0의 경제적 이윤을 얻음에도 불구하고 다음 두 가지 면에서 차이가 존재한다.

첫째, 독점적경쟁기업은 장기균형상태에서 '**효율적 규모**'보다 적은 산출량을 생산한다.

> **효율적 규모**(efficient scale)란 평균총비용(ATC)의 최저점에서 생산되는 산출량 수준이다.

<그림 9-3>을 보자. 장기에 완전경쟁기업은 효율적 규모에서 생산하는 반면, 독점적경쟁기업은 이 수준보다 적은 양을 생산한다. 이러한 경우에 독점적경쟁기업은 '**초과생산능력**'을 갖는다고 한다.

> 장기균형상태에서 독점적경쟁기업의 실제산출량(actual output)과 효율적 규모와의 차이를 **초과생산능력**(excess capacity)이라 한다.

둘째, 독점적경쟁하의 장기균형가격은 완전경쟁하의 장기균형가격보다 높고, 또한 한계비용보다 크다. 이 차이를 '부가이윤'(markup)이라 한다. 이러한 부가이윤의 존재가 진입과 탈퇴의 자유 및 "0"의 경제적 이윤과 모순되지 않는다는 사실에 주목할 필요가 있다. 0의 경제적이윤은 오직 가격과 평균총비용을 일치시킬 뿐, 가격과 한계비용을 일치시키지는 않는다.

그림 9-3 독점적경쟁과 완전경쟁의 비교

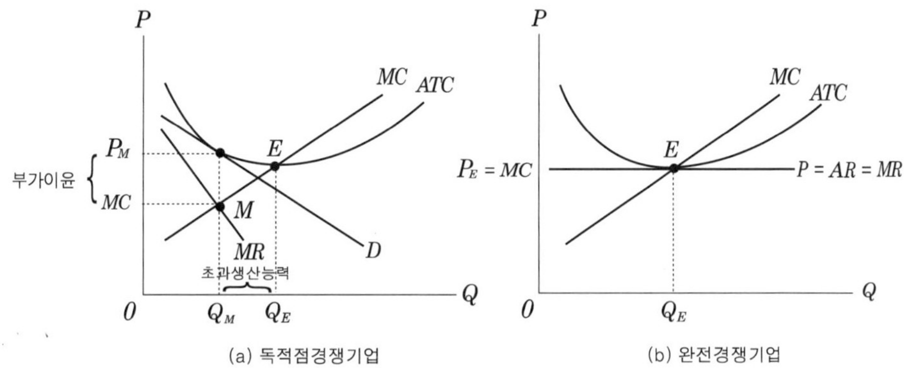

두 시장간의 이러한 차이는 완전경쟁기업은 완전탄력적인 수요곡선에 직면하는데 비해서, 독점적경쟁기업은 우하향하는 수요곡선에 직면하고 있다는 데 기인한 것이다. 수요곡선이 우하향하기 때문에 독점적경쟁기업의 균형은 평균총비용이 감소하는 부분에서 달성되며 따라서 한계비용은 평균총비용보다 작을 수밖에 없다. 결과적으로 가격이 평균총비용과 같아지기 위해서는 한계비용보다 커야한다.

이러한 관계에서 우리는 완전경쟁기업들과 독점적경쟁기업들이 서로 다르게 행동할 것이라는 것을 알 수 있다. 완전경쟁기업의 경우 가격과 한계비용이 같기 때문에 주어진 가격에서 판매량이 증가해도 이윤이 추가되지 않는다. 따라서 고객을 끌어들이기 위한 경쟁을 할 인센티브가 존재하지 않는다. 반면에 독점적경쟁기업의 경우 가격이 한계비용을 초과하기 때문에 주어진 가격에서 판매량이 증가될수록 이윤이 늘어난다. 따라서 보다 많은 고객을 확보하기 위해 노력할 것이다.

1.5.2 독점적경쟁과 사회후생

독점적경쟁시장의 성과는 과연 사회적 관점에서 볼 때 바람직한가? 물론 이 문제에 대해 간단히 답할 수는 없다.

독점적경쟁이 초래하는 비효율성의 하나는 가격이 한계비용을 초과한다는 점이다. 이는 상품의 가치가 한계비용보다는 크지만 가격보다는 작다고 생각하는 소비자들로 하여금 상품을 구입하는 것을 주저하게 만들 것이다. 따라서 독점적경쟁시장은 독점과 같이 비효율성을 초래한다. 그러나 다른 측면에서 보면 '부가이윤'은 독점적경쟁하에서 가능한 생산물의 '다양성'(variety)에 대해 사회가 지불하는 가격이다. 챔벌린에 의하면 이는 곧 '**생산물차별화의 비용**'이다. 만일 생산물차별화가 소비자들의 다양성에 대한 욕구를 충족시켜 준다면 이러한 가격차이는 소비자의 관점에서 유익할 수도 있다.

독점적경쟁이 사회적으로 비효율적일 수 있는 또 하나의 이유는 시장에 참여하는 기업의 수가 '이상적'이지 못할 수도 있다는 점이다. 초과생산능력의 존재는 완전경쟁하에서보다는 독점적경쟁하에서 보다 많은 기업들이 진입할 수 있음을 의미한다. 새로이 진입하는 기업들이 생산물차별화를 통해 소비자들의 다양한 기호를 충족시켜준다는 긍정적인 측면도 있지만 기존기업들의 관점에서 볼 때 고객과 이윤을 빼앗긴다는 점에서 결코 긍정적이지 못할 것이다.

이처럼 독점적경쟁이 초래하는 비효율성은 아주 미묘하고 측정하기도 쉽지 않을 뿐만 아니라 시정하기도 어렵기 때문에, 비록 시장의 성과가 완전하지 못하다고 해도 이를 개선하기 위한 마땅한 정책적 수단을 찾기란 결코 쉬운일이 아니다.

2. 과 점

이 절에서는 과점하에서 가격과 산출량이 어떻게 결정되는가를 분석 한다. 과점모형은 독점과 독점적경쟁 사이에 존재하는 시장형태를 분석 하기 위한 이론이다.

과점기업들은 단지 소비자의 수요와 생산비용만을 고려하여 가격과 산출량을 결정하지는 않는다. 과점기업들은 경쟁자의 반응도 고려해야 한다. 이것은 과점기업이 직면하는 수요곡선은 단순히 소비자에 관한 자료로부터 도출되는 것이 아니라 경쟁자들이 자신의 가격과 산출량변화에 어떻게 대응할 것인가를 포함한다는 것을 의미한다. 즉, 과점기업의 수요곡선은 경험적 변수(experience variables)를 포함한다. 경험적 변수는 가격 변화에 대해 경쟁기업들이 보였던 반응, 경쟁기업의 주요 관리자들의 특성, 경쟁자의 반응이 자기 기업에 미치는 효과 등에 관한 과점기업의 지식을 의미한다.

지금까지 상당히 많은 과점모형들이 제시되어 왔다. 이 절에서는 이들 중 가장 중요한 몇 가지 모형을 소개할 것이다.

2.1 과점의 개념 및 발생원인

> **과점**(oligopoly)은 동질적이거나 차별화된 생산물을 소수의 판매자가 공급하는 시장형태이다. 판매자가 둘인 경우 **복점**(duopoly)이라 하며, 생산물이 동질적인 경우 **순수과점**(pure oligopoly), 생산물이 차별화된 경우 **차별과점**(differentiated oligopoly)이라 한다.

과점은 대부분의 산업사회에서 가장 널리 퍼진 시장형태의 하나이다. 과점의 중요한 특징은 기업들간에 존재하는 상호의존성(interdependence) 또는 경쟁관계(rivalry)에 있다. 과점기업들의 상호의존성은 과점의 **소수성**(fewness)에 기인한다. 여기에서 '소수'란 단순한 수적인 개념만을 의미하는 것은 아니다. 소수성에 내포된 보다 중요한 의미는 각 기업의 행동이 다른 기업의 행동에 영향을 미친다는 것이다. 즉, 어떠한 과점기업도 경쟁기업의 반응을 고려하지 않고는 생산물의 가격, 품질, 광고비지출 등 제반정책을 결정할 수 없을 것이다.

소수성은 곧 상호의존성을 의미하며 과점기업들간에 상호의존성은 어떻게 그들이 중요한 경제적 결정을 내리는가에 의해 표현된다. 어떤 기업이 무엇을 할 것인가는 경쟁기업이 어떻게 반응할 것이라고 기대하는가에 달려 있다. 경쟁자들의 반응은 서로 다를 수 있기 때문에 모든 과점기업들의 행동을 설명할 수 있는 일반화된 과점모형은 존재할 수 없다. 경쟁자들이 어떻게 반응할 것이라고 가정하는냐에 따라 다른 과점모형이 나타날 수 있다. 이 점이 가격과 산출량 결정과정에 관해 더 이상의 논란의 여지가 없도록 정밀하게 전개되어 온 앞의 세 모형과 다른 점이다.

과점이 발생할 수 있는 원천은 일반적으로 독점의 경우와 비슷하다. 즉, ① 단지 소수의 기업이 전 시장을 공급할 수 있을 만큼 충분히 큰 산출량 범위에 걸쳐 규모의 경제가 작용할 때, ② 특허권이나 정부의 전매권 등 각종 진입장벽들로 인해 소수의 기업만이 시장에 참여하도록 허용될 때, ③ 합법적인 합병이나 비합법적인 수단을 통해 경쟁기업을 몰아낸 경우이다.

2.2 과점모형들

과점모형은 기업들이 "상호의존성"을 인식하고 행동하는가 그렇지 못한가에 따라 구분될 수도 있고 기업들이 그들의 이익을 위해 서로 "담합"하는가 그렇지 않은가에 따라 구분될 수도 있다. 여기에서는 각 경우에 대해 대표적인 모형들을 차례로 살펴보기로 한다. 그러나 분석을 단순화하기 위해 모든 기업들이 동질적인 생산물을 생산하는 순수과점의 경우만을 다룰 것이다.

2.2.1 상호의존성을 인식하지 않는 경우 : 쿠르노모형

쿠르노모형(Cournot model)은 프랑스 경제학자 쿠르노(Augustin Cournot)에 의해 소개된 최초의 과점모형으로 기업들이 상호의존성을 인식하지 않고 독자적으로 행동하는 경우를 분석한 가장 소박하고 단순한 과점모형이다. 쿠르노모형은 다음과 같은 기본가정에서 출발한다.

> 각 기업은 항시 상대 기업이 '현재의 산출량수준을 결코 변경시키지 않을 것'으로 추측한다.

쿠르노모형은 한 산업이 모든 면에서 동일한 두 기업으로 구성된 복점의 경우를 분석하고 있다. 이들 두 기업은 아무런 비용을 들이지 않고 샘물을 길어다 똑같은 가격을 받고 시장에 판다고 한다. 이 경우 각 기업은 얼마만큼씩의 샘물을 팔 것이며, 시장가격은 얼마나 될 것인가?

<그림 9-4>를 통해 복점기업이 어떻게 균형에 도달하는가를 살펴보자. 그림

에서 D는 샘물에 대한 시장수요곡선을 나타낸다. 하루에 판매할 수 있는 샘물의 최대량은 12단위라고 가정한다.

최초에 A 기업만이 시장에 참여한다고 가정하자. A 기업은 B 기업이 계속 생산을 하지 않을 것이라고 기대하기 때문에 A 기업의 수요곡선 d_A는 시장수요곡선 D와 같아진다. MR_A는 A 기업의 한계수입곡선이다. 이 모형에서 한계비용은 0으로 가정하고 있기 때문에 MC곡선은 수평과 일치한다. 이러한 상황에서 기업 A는 $MR_A = MC = 0$일 때 총이윤을 극대화한다. 기업 A의 균형점이 A로 표시되어 있다. 즉, 6단위를 생산해서 6원에 판매하여 36원의 수입(이윤)을 얻는다. 이 경우는 바로 '독점적 성과'(monopoly outcome)와 같다.

그림 9-4 쿠르노모형

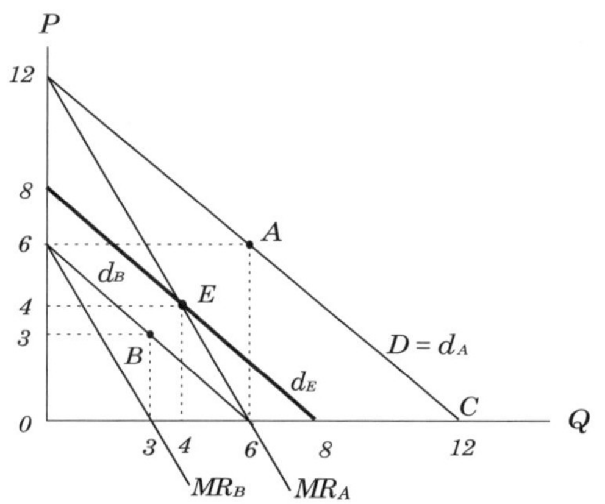

이제 기업 B가 시장에 참여한다고 가정하자. 기업 B는 기업 A가 A점에서 생산을 계속할 것이라고 기대한다. 따라서 기업 B가 직면하는 수요곡선 d_B는 시장수요곡선에서 A가 판매하는 양을 뺀 (시장수요곡선을 6단위만큼 좌측으로 수평이동 시킨) 것이다. 기업 B의 한계수입곡선이 MR_B로 표시되어 있다. 기업 B는 $MR_B = MC = 0$일 때 총 이윤을 극대화한다. 즉, 기업 B의 균형점은 B점이 될 것이고 3단위를 생산해서 3원에 판매하여 9원의 수입을 얻는다.

이제 기업 A는 기업 B가 계속 B점에서 생산할 것이라고 기대하기 때문에

d_A가 아닌 새로운 수요곡선(시장수요곡선을 3단위만큼 좌측으로 수평이동 시킨)에 직면하게 되고, 따라서 이에 상응하는 한계수입곡선을 도출하여 이것이 수평축과 교차하는 점을 선택하여 이윤을 극대화한다. 기업 B도 다시 반응하여 지신의 새로운 수요곡신상에서 이윤을 극대화한다.

이러한 과정은 어느 기업도 혼자만 산출량을 변경하려 하지 않을 때까지 계속된다. 그림에서 E점이 바로 그러한 점이다. E점은 어느 기업이 먼저 d_E곡선에 직면하여 E점에 도달하더라도 상대 기업도 역시 동일한 수요곡선에 직면하게 되고 따라서 E점에서 이윤을 극대화한다는 의미에서 균형점이다. 즉, E점은 '쿠르노균형'(게임이론에서는 통상 내쉬균형이라 한다)을 나타낸다.

> **'쿠르노균형'**(Cournot equilibrium) 또는 **'내쉬균형'**(Nash equilibrium)이란 각 기업이 상대기업의 전략을 주어진 것으로 보고 자신에게 최적인 전략을 선택하는 상황이다.

이 경우 A기업이 4단위를 생산한다면 B기업의 최적의 전략은 역시 4단위를 생산하는 것이다. 마찬가지로 B기업이 4단위를 생산한다면 A기업의 최적의 전략은 역시 4단위를 생산하는 것이다. 따라서 두 기업은 총 8단위를 생산해서 4원에 판매하여 각각 16원씩의 수입을 얻는다.

만약 이 시장이 완전경쟁시장이라면, 판매량은 D가 수평축과 교차하는 C점에 의해 주어진 12단위가 될 것이다. C점에서는 $P = MR = MC = 0$이다. 따라서 복점산출량($Q = 8$)은 완전경쟁산출량($Q = 12$)보다는 적고 독점산출량($Q = 6$)보다는 많다. 기업의 수가 증가할수록 모든 기업에 의한 총산출량은 증가할 것이고 가격은 하락할 것이다. 극단적인 경우 기업의 수가 무수히 증가하면 총산출량은 12단위로 접근할 것이고 가격은 0에 접근할 것이다.

쿠르노모형은 과점시장의 본질인 협조(cooperation)와 이기심(self-interest) 간의 긴장관계를 잘 예시해주고 있다. 과점기업들이 서로 협조하여 독점적 성과에 도달할 수 있다면(이 경우 각 기업은 3단위씩 생산한다) 공동이윤을 극대화시킬 수 있다. 그러나 그들은 오직 자신의 이익만을 추구하여 독자적으로 행동하기 때문에 독점적 성과에 도달하지 못한다. 각 과점기업은 산출량을 늘여서 시장점유율을 높이려는 유혹을 받는다. 각 기업이 그렇게 행동함에 따라 총산출량은 증가하고 이윤은 감소한다.

그렇다고 이기적인 행동이 '경쟁적 성과'(competitive outcome)로 인도하지는 못한다. 독점기업과 같이 과점기업들도 산출량을 증대시키면 가격이 하락한다는 점을 잘 인식하고 있다. 따라서 그들은 가격이 한계비용과 일치하는 완전경쟁 산출량 수준에 미치지 못하는 수준에서 멈춘다.

요컨데, 과점시장에서 기업들이 이윤을 극대화 하기 위해 독자적으로 산출량 수준을 선택하는 경우, 그들은 독점 산출량보다는 많고 완전경쟁 산출량보다는 적은 수준을 생산한다. 과점가격은 독점가격에는 미치지 못하지만 경쟁가격보다는 높다.

2.2.2 상호의존성을 인식하는 경우 : 굴절수요곡선 모형

과점기업들이 상호의존성을 인식하고 있으나 담합을 하지 않고 상호 경쟁적으로 행동하는 경우를 분석한 대표적인 과점모형의 하나가 스위지(Paul Sweezy)에 의해 소개된 **굴절수요곡선 모형**(kinked demand curve model)이다. 굴절수요곡선 모형은 과점시장에서 흔히 목격되는 '가격의 경직성'(price rigidity)을 설명하기 위해 시도되었다.

이제 한 과점기업의 가격변화에 따라 경쟁기업들(rival firms)이 다음과 같이 반응한다고 가정하자.

> ① 한 과점기업이 가격을 인상하면 경쟁기업들은 이에 동조하지 않는다.
> ② 한 과점기업이 가격을 인하하면 경쟁기업들은 이에 즉각적으로 동조한다.

만약 한 기업이 가격을 인상할 때 경쟁기업이 동조하지 않는다면 그 기업은 대부분의 고객을 잃게 될 것이다. 반면에 한 기업이 가격을 인하할 때 경쟁기업도 즉각 동조한다면 그 기업은 시장에서 자기의 몫을 증가시킬 수 없을 것이다. 따라서 과점기업은 가격인상의 경우에는 매우 탄력적인 수요곡선에 직면하게 되고, 가격인하의 경우에는 보다 덜 탄력적인 수요곡선에 직면하게 될 것이다. 즉, 과점기업이 직면하는 수요곡선은 현행가격수준에서 굴절된 형태를 취하게 되고, 이 때문에 과점기업들은 비록 수요와 비용조건이 변화해도 가격을 현행수준으로 유지하려는 경향을 나타낸다. 이러한 상황이 <그림 9-5>에 나타나 있다.

그림에서 한 과점기업이 현재 B점에서 생산하고 있다고 하자. 이 기업이 직면하는 수요곡선은 B점에서 굴절되는 HBC가 될 것이나. 수요곡선 HBC는 경쟁자들이 가격인상에는 동조하지 않으나 가격인하에는 즉각 동조할 것이라는 가정을 반영하여 B점 위에서는 보다 탄력적으로 그려져 있다. 따라서 과점기업의 한계수입곡선 (MR) 은 $HJKFG$가 된다. 굴절점 B때문에 MR곡선은 불연속적인 구간 (JF) 을 갖게 된다.

그림 9-5 굴절수요곡선모형

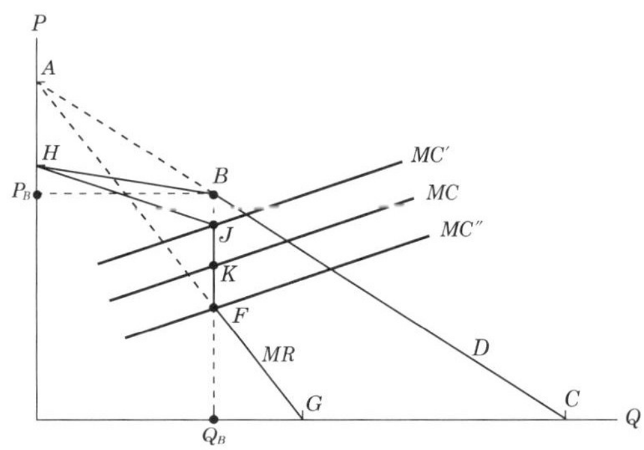

이제 한계비용곡선이 MC로 주어지면 이 과점기업은 MC곡선이 MR곡선과 교차하는 점 K에서 이윤을 극대화한다. MR곡선의 불연속적인 구간 내에서의 어떠한 MR곡선의 이동도 과점의 가격과 산출량을 변화시키지 못할 것이다.

이 기업은 MR곡선이 MC' 곡선보다 위로 이동할 때만 가격을 인상할 것이고 MC곡선이 MC'' 곡선보다 아래로 이동할 때만 가격을 인하할 것이다.

굴절수요곡선 모형은 과점가격의 경직성을 설명하는 데는 아주 유용하다. 그러나 이 모형은 굴절이 왜 발생하는지는 설명하여 주지만 어느 점에서 발생할 것인지는 설명해 주지 못한다. 만약 그림에서 B점이 균형점이라는 것을 알고 있다면 이 분석을 통해서 그것을 합리화시킬 수는 있다. 그러나 미시경제학의 주요 목적의 하나는 가격과 산출량이 수요와 비용의 상호작용에 의해 어떻게 결정되는가를 설명하기 위한 것이라는 점에서 볼 때 이 모형은 완전하다고 할 수는 없다.

2.2.3 담합이 존재하는 경우

이제까지 살펴본 과점모형들은 과점기업들이 서로 독자적으로 행동한다는 가정에 그 기초를 두고 있다. 그러나 과점시장에 존재하는 기업간의 상호의존성의 관점에서 볼 때 기업들이 명시적으로나 암묵적으로 서로 담합(collusion)하고자 하는 경향은 아주 자연스러운 것이다. 담합을 함으로써 과점기업들은 그들의 공통적인 이익에 저해되는 행동을 피할 수 있고 이윤을 증가시키는 정책을 채택할 수 있다. 이제 담합이 존재한다는 사실에 기초를 둔 몇몇 이론들을 살펴보기로 하자.

● 카 르 텔

> **카르텔**(cartel)은 총이윤을 증가시킬 목적으로 '회원기업들'(member firms)의 정책을 조정하기 위해 설립된 생산자들의 공식적 또는 비공식적 조직이다.

카르텔은 다음 세 가지 사항을 결정해야 한다 : ① 독점가격을 설정해야 한다. ② 독점산출량을 회원기업들간에 분배해야 한다. ③ 독점이윤의 배분방법을 결정해야 한다.

<그림 9-6>을 통해 카르텔을 살펴보자.

그림 9-6 카르텔

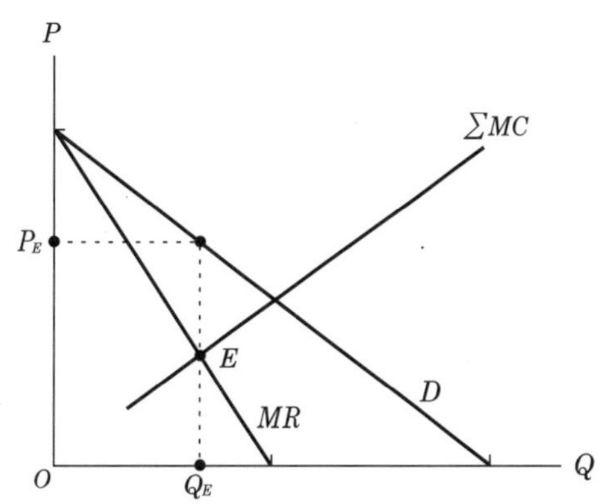

그림에서 D는 회원기업들에 의해 생산되는 동질적인 상품에 대한 총시장수요곡선을 나타내며 MR은 그에 대한 한계수입곡선이다. $\sum MC$곡선은 각 회원기업의 MC곡선을 수평적으로 합한 것이다. 중앙관리기구는 총이윤을 극대화하기 위해 $\sum MC$곡선과 MR곡선이 교차하는 E점에서 가격과 총산출량을 결정한다. 이는 곧 독점적 성과이다.

총산출량은 중앙관리기구에 의해 생산비용을 극소화하는 방법으로 각 회원기업에게 배분되어야 한다. 이 경우 생산비용은 "각 회원기업에 의해 생산된 마지막 단위의 MC가 일치할 때" 극소화된다. 왜냐 하면 만약 어떤 기업의 MC가 다른 기업보다 높다고 하면 카르텔 전체의 총비용은 MC가 높은 기업으로부터 낮은 기업으로 생산을 이전시킴으로써 감소될 수 있기 때문이다.

마지막으로 중앙관리기구는 이윤의 분배방법을 결정해야 한다. 만일 모든 기업들의 규모가 같고 비용조건이 같다면 문제는 간단할 것이다. 즉, 각 기업들은 똑같은 산출량을 할당받고 똑같은 이윤을 분배받을 것이다. 만약 규모가 다르고 비용조건이 같지 않다면 회원기업들이 산출량과 이윤배분에 동의하기란 쉽지 않을 것이다.

카르텔은 실패하기가 쉽다. 그 이유는 회원기업들의 수가 많고 각 기업들간에 규모와 비용조건의 차이가 발생할 때 가격을 설정하고 산출량과 이윤을 배분하기가 쉽지 않기 때문이다. 또한 카르텔에 속해 있다고 해도 경쟁기업 몰래 가격을 인하하여 초과이윤을 얻고자 하는 경향이 있으며, 독점이윤이 존재하는 한 다른 기업들이 그 산업에 진입하여 카르텔 협정을 잠식할 가능성도 있다.

● 가격선도모형

과점시장에 있는 기업들이 가격전쟁(price war)의 위험에 봉착하거나 공개적으로 담합하지 않고서도 필요한 가격조정을 할 수 있는 한 가지 방법이 바로 가격선도제이다.

> 가격선도제(price leadership system)는 하나 또는 몇몇 기업이 가격 변화를 선도하고(즉, 가격선도기업이 되고) 다른 기업들은 거기에 추종하는 보다 은밀한 담합수단이다.

가격선도모형은 왜 기업들이 특정기업의 가격변화를 추종하게 되는가를 살펴봄으로써 보다 잘 이해할 수 있다. 여기에는 다음 세 가지 이유가 있을 수 있다 : ① 산업에 있는 어느 한 기업이 너무 지배적(dominant) 이어서 다른 기업들이 따르지 않을 수 없을 때, ② 가격선도기업(price leader)이 시장조건의 한 "척도"(barometer)로 간주되어 다른 기업들이 그 기업을 모방하고자 할 때, ③ 한 지배적인 기업의 가격변화를 추종함으로써 가격경쟁을 회피할 수 있을 때이다.

가격선도기업은 통상 그 시장에서 지배력이 가장 큰 또는 생산비용이 가장 낮은 기업인 경우가 많다. 그러나 보다 중요한 것은 시장조건의 변화에 대한 가격선도기업의 평가와 이에 따른 대응이 항시 옳다는 것을 다른 기업들이 믿을 수 있도록 행동해야 한다는 것이다. 가격선도기업은 자신의 이윤을 극대화하는 가격을 설정하고, 나머지 기업들은 이 가격을 주어진 것으로 받아들인다. 즉, 나머지 기업들은 완전경쟁에서 가격순응자처럼 행동하게 된다. 이러한 가격선도모형이 <그림 9-7>에 주어져 있다.

그림에서 D는 과점시장에서 판매되는 동질적인 상품에 대한 시장수요곡선이다. $\sum MC_s$ 곡선은 가격선도기업을 제외한 나머지 기업들의 한계비용곡선을 수평적으로 합한 것이다. 이들 기업들은 가격순응자이기 때문에 $P = \sum MC$가 되는 점에서 생산한다. 즉, $\sum MC_s$곡선은 바로 나머지 기업들의 공급곡선이 된다.

그림 9-7 지배기업에 의한 가격선도모형

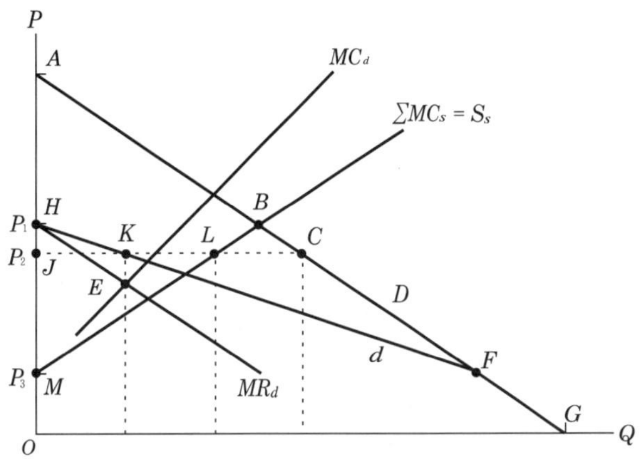

각 가격수준에서 D와 $\sum MC_s$ 사이의 수평적 거리는 지배기업으로부터 수요되는 상품의 잔여량(residual quantity)이다. 예를 들면 지배기업이 P_1의 가격을 설정하면 나머지 기업들은 HB 단위를 공급하게 되고 지배기업의 공급량은 0이 된다. 만약 지배기업이 P_2의 가격을 설정하면 나머지 기업들은 JL 단위를 공급할 것이고 따라서 지배기업은 나머지 $LC(=JK)$ 단위를 공급하게 된다. 끝으로 지배기업이 P_3로 가격을 설정하면 나머지 기업들의 공급량은 0이 되고 지배기업이 전량(MF 단위)을 공급하게 된다. 따라서 지배기업의 수요곡선은 $d(HKFG)$가 된다.

수요곡선 d에 대응하는 지배기업의 한계수입곡선은 MR_d로 표시되어 있다. 이제 지배기업의 한계비용곡선이 MC_d라면 이 기업의 균형점은 $MR_d = MC_d$인 E점이 될 것이다. 따라서 지배기업은 P_2의 가격을 설정하여 JK 단위를 공급하게 되고 나머지 기업들은 JL 단위를 공급하게 된다.

이러한 가격선도모형은 하나 혹은 소수의 지배기업과 수많은 작은 기업이 존재하는 과점시장의 분석에 아주 유용하다.

● 경험적 방법

과점산업에서 기업들이 협조하는 또 하나의 수단은 산업의 '관례'(conventions) 또는 경험에 의존하는 소위 주먹구구 방식(rule of thumb) 이다. 이 방식은 생산물의 가격이나 특성뿐만 아니라 광고비지출, 또는 연구, 개발 등 다양한 문제를 결정하는 데 있어서 널리 이용될 수 있다.

기업들간의 상호의존성은 과점기업들로 하여금 서로의 행동을 면밀히 주시하지 않을 수 없도록 만든다. 기업들은 경쟁기업의 반응으로부터 어떤 행동이 받아들여질 수 없는가를 배우게 된다. 기업들의 어떤 행동은 다른 기업의 반응을 유발하지 않을 수도 있고 또 어떤 행동은 경쟁자의 강력한 보복을 초래할 수도 있다. 이들 반응이 알려지고 또 받아들여질 때 그것들은 곧 하나의 관례로 자리잡게 된다.

가격결정에 있어서 중요한 하나의 관례는 **비용포함가격설정원리**(cost-plus pricing principle)이다. 이 방식에 따르면 기업은 추정된 평균생산비에 일정한 부가이윤(markup)을 포함하여 가격을 결정한다. 부가이윤은 통상 평균생산비의 백분율

(percentage)형태를 취한다. 예를 들어 한 상품 제조업자의 추정된 평균생산비가 250원이라 하자. 만약 이 업자가 50%의 부가이윤을 부가한다면 이 상품가격은 375원이 될 것이다. 이 경우 부가이윤의 크기는 통상 기업의 투자에 대한 목표수익률(target rate of return)에 의존한다.

이러한 주먹구구 방식에 따른 가격결정은 명시적인 담합이나 가격선도제를 도입하지 않고도 경쟁기업들이 책정할 가격을 쉽게 예측할 수 있게 해 주기 때문에 기업간의 경쟁을 약화시킬 뿐 아니라 불확실성도 감소시켜 줄 수 있다.

2.3 과점시장의 평가

2.3.1 비가격경쟁

과점시장의 특징의 하나는 기업들이 가격경쟁보다는 **비가격경쟁**(nonprice competition)을 선호할 것이라는 점이다. 이 절에서 살펴본 모형들에 따르면 과점시장에서는 가격의 경직성이 나타날 것이라고 볼 수 있다. 기업들간의 가격전쟁(price war)은 통상 오래 계속되지 않는다. 과점기업들이 가격을 변화시키는 대신 비가격경쟁을 선호하는 것은 가격전쟁에 돌입할 가능성을 회피하기 위한 것이다. 즉, 과점기업은 수요조건과 비용조건이 변화하여 불가피할 때만 가격변화를 시도한다. 가격변화는 통상 가격선도기업에 의해 주도된다.

비가격경쟁의 대표적인 수단은 독점적경쟁의 경우와 같이 광고와 품질변형을 들 수 있다. 기업은 수요를 증대시키기 위해 광고를 이용할 수 있다. 만약 광고가 성공한다면 그 기업은 주어진 가격으로 보다 많은 양을 판매할 수 있다. 문제는 판매량이 감소한 기업들이 광고비지출을 증가시켜 보복할 가능성이 높다는 것이다. 결과적으로 광고경쟁은 단순히 모든 기업들의 비용을 증가시켜 이윤을 감소시킬 뿐, 목표한 시장확대는(비록 다소의 성공을 거둘지라도) 달성하기 어려울 것이다.

품질변형의 경우도 마찬가지이다. 기업은 판매량을 증가시키기 위해 품질을 변형시킨다. 이러한 품질변형은 통상 보복을 유발하여 높은 비용과 가격을 초래한다.

2.3.2 경제적 효과

마지막으로 과점의 경제적 효과에 관해 살펴보기로 하자.

첫째, 독점이나 독점적경쟁의 경우와 같이, 과점기업은 통상 평균비용의 최저점에서 생산하지는 않는다. 과점기업이 평균비용의 최저점에서 생산할 수 있기 위해서는 한계수입곡선이 평균비용의 최저점에서 한계비용곡선과 교차하여야 하는데 이는 우연의 일치에 지나지 않을 것이다. 오직 완전경쟁하에서만 기업이 평균비용곡선의 최저점에서 생산할 수 있을 뿐이다.

둘째, 독점의 경우와 같이, 과점기업은 장기적으로도 이윤을 획득할 수 있다. 즉, 가격이 평균비용을 초과할 수 있다. 이는 장기에서도 $P = ATC$가 되는 완전경쟁 및 독점적경쟁의 경우와 대조된다. 그러나 과점 기업들은 대부분의 이윤을 새롭고 보다 좋은 생산물을 생산하고 신기술을 개발하기 위한 연구·개발에 사용한다고 믿어진다. 이러한 것들은 경제성장의 근본원천이다. 독점기업들은 연구·개발에 대한 동기가 결여되어 있으며, 완전경쟁기업들과 독점적 경쟁기업들은 너무 소규모이기 때문에 연구·개발에 필요한 충분한 자원을 갖지 못하는 경우가 많다.

셋째, 독점이나 독점적 경쟁의 경우와 같이, 과점하에서는 가격이 한계비용을 초과한다. 이는 사회가 상품의 추가적인 한 단위의 가치를 그것을 생산하는 한계비용보다 더 높게 평가한다는 것을 의미하며, 따라서 자원의 과소배분이 존재함을 의미한다.

끝으로, 광고나 품질변형은 그것들이 소비자에게 필요한 정보를 제공해 주고 또 소비자들의 다양한 기호를 충족시켜 준다는 점에서 유용할 경우도 있으나, 과점시장에서는 사회적으로 바람직한 수준을 과도하게 넘어설 가능성이 높다.

■ 요 약 ■

1. 독점적경쟁시장은 다수의 판매자, 차별화된 생산물 및 자유로운 진입과 탈퇴 등 세 가지 특성을 갖는 시장형태이다.

2. 독점적경쟁시장의 장기균형은 완전경쟁시장과 두 가지 면에서 다르다. 첫째, 각 기업은 초과생산능력을 갖는다. 둘째, 각 기업은 한계비용을 초과하는 가격을 매긴다.

3. 과점기업들이 독자적으로 산출량 수준을 결정하는 경우 총산출량수준은 독점산출량 보다는 많고, 완전경쟁산출량 보다는 적게 된다. 또한 가격은 독점가격 보다는 낮고 완전경쟁가격 보다는 높게 된다.

4. 굴절수요곡선 모형은 기업의 한계비용의 변화가 가격변화를 초래하지 않을 수도 있음을 보여 준다.

5. 과점기업들은 카르텔을 형성하여 독점기업처럼 행동함으로써 총이윤을 극대화 한다. 과점기업들은 또한 가격전쟁을 회피하기 위해 가격선도기업에 의해 설정된 가격을 추종하거나, 관례에 따라 가격을 결정하기도 한다.

■ 주요개념 ■

독점적경쟁, 생산물의 차별화, 초과생산능력, 과점, 쿠르노균형, 담합, 굴절수요곡선, 카르텔, 가격선도기업, 비용포함가격설정원리

제 4 편

생산요소시장과 소득분배

제10장

노동시장과 임금

<개 요>

개인의 소득은 그가 어떤 직업을 가지고 있느냐에 따라 결정된다. 프로골프선수는 한 번의 경기에서 우승할 경우 대학교수의 연간소득보다 더 많은 수입을 벌 수도 있다. 이러한 사실은 놀라운 일이 아니나 왜 그렇게 되어야 하는지는 분명하지 않다. 어떠한 법률이나 윤리적 기준도 당연히 그렇게 되어야 한다고 요구하지는 않는다. 그렇다면 어떤 직업이 보다 많은 임금을 지불할 것인가를 결정하는 요인은 무엇인가?

사람들은 여러가지 방법으로 소득을 번다. 노동자들은 임금의 형태로 소득을 벌고, 토지나 자본 소유자들은 지대, 이윤, 이자의 형태로 소득을 번다. 얼마나 이들에게 돌아갈 것인가는 무엇이 결정하는가? 왜 어떤 사람은 다른 사람보다 더 많이 버는가?

이러한 질문에 대한 답은 수요와 공급에 의존한다. 생산물시장에서 상품의 가격이 수요와 공급에 의해 결정되는 것과 같은 원리로 생산요소 소유자에게 지불되는 가격은 생산요소에 대한 수요와 공급에 의해 결정된다. 따라서 어떤 사람이 다른 사람보다 더 많은 소득을 버는 이유를 이해하기 위해서는 그들이 제공하는 생산요소의 시장에 대해 고찰해야 한다.

이 장에서는 먼저 노동이라는 생산요소의 가격결정원리를 살펴본다. 이는 다음 장에서 설명하게 될 지대, 이자, 이윤의 분석에서도 그대로 적용될 수 있다.

1. 생산요소시장의 기초개념

가계와 기업은 생산물시장과 생산요소시장이라는 각기 다른 두 가지 형태의 시장을 통해서 거래를 하게 된다. 생산물시장에서는 이미 앞에서 살펴본 것처럼 기업이 재화와 서비스를 생산하여 공급하며, 가계는 이러한 상품들을 구입한다. 그러나 지금부터 설명할 생산요소시장에서는 공급자와 수요자의 역할이 바뀌어 가계가 생산요소를 공급하게 되며, 기업이 이러한 생산요소를 구입하게 된다.

> **생산요소**(factors of production)란 재화나 서비스를 생산하기 위해 사용되는 노동, 자본, 토지 등과 같은 투입물을 말하며, 이러한 생산요소가 거래되는 시장이 곧 **생산요소시장**(factor of production market)이다.

생산요소시장은 여러 가지 면에서 생산물시장과 유사하지만 한 가지 면에서 서로 다르다. 즉, 생산요소에 대한 수요는 '**파생수요**'(derived demand)라는 점이다. 가계는 소비를 통해 만족을 얻기 위해 상품을 구입한다. 그러나 기업이 생산요소를 구입하는 이유는 이와는 다르다. 기업은 재화나 서비스를 생산해서 그것을 판매하여 이윤을 얻기 위해 생산요소를 구입하는 것이다. 기업의 어떤 생산요소에 대한 수요는 그 생산요소에 의해 생산된 상품에 대한 수요가 있기 때문에 비로소 발생한다. 따라서 기업의 생산요소에 대한 수요는 그 기업이 생산물시장에 공급하는 상품에 대한 의사결정과 직결된다.

2. 노동에 대한 수요

노동시장은 경제의 다른 시장과 마찬가지로 수요와 공급이라는 두 상반된 힘에 의해 지배된다. 그러나 이미 지적한 바와 같이 노동시장은 노동에 대한 수요가 파생수요라는 점에서 대부분의 다른 시장과 구분된다. 대부분의 노동서비스는 소비자에 의해 소비되는 최종재가 아니라 다른 상품의 생산에 사용되는 투입물이다. 노동에 대한 수요를 이해하기 위해서는 그 노동을 고용하여 생산에 투입하는 기업에 대해 초점을 맞출 필요가 있다. 상품의 생산과 노동에 대한 수요 사이의 연관관계를 살펴봄으로써 균형임금이 어떻게 결정되는가를 알 수 있다.

이 절에서 도출되는 노동에 대한 수요의 결정원리는 자본, 토지 등 모든 다른 생산요소에 대해서도 그대로 적용할 수 있다.

2.1 기업의 이윤극대화와 노동에 대한 수요

2.1.1 가변생산요소가 하나인 경우

먼저 노동 이외의 나머지 생산요소들은 모두 고정요소라고 가정하고 개별기업의 노동에 대한 수요를 분석하기로 한다. 예를 들어 사과를 생산하는 어떤 기업의 노동에 대한 수요를 살펴보자. 이 기업은 과수원을 소유하고 있으며 매일 사과를 수확하기 위해 얼마나 많은 일꾼(worker)을 고용할 것인가를 결정해야 한다. 기업의 고용량이 결정되면 일꾼들은 그들이 딸 수 있는 만큼의 사과를 따고, 기업은 그 사과를 팔아서 임금을 지불하고 나머지를 이윤으로 보관한다.

분석에 앞서 여기서 고려하는 기업에 대해 두 가지 가정을 한다. 첫째, 이 기업이 판매자로서 활동하는 사과시장(생산물시장)이나 구매자로 활동하는 노동시장(생산요소시장) 모두가 완전경쟁시장이다. 따라서 이 기업은 가격순응자이기 때문에 사과가격이나 일꾼들의 임금에 대해 아무런 영향력도 미칠 수 없다. 기업은 가격과 임금을 시장조건에 의해 주어진 것으로 간주하고, 오직 얼마나 많은 노동자를 고용하고 얼마나 많은 사과를 판매할 것인가 만을 결정해야 한다.

둘째, 이 기업은 이윤극대화를 추구한다. 따라서 일꾼들의 수나 사과 산출량에 대해 직접적으로 관심을 갖지는 않는다. 기업은 오직 이윤에만 관심을 갖는다. 사과의 공급과 일꾼에 대한 수요는 이윤극대화 목표로부터 도출된다.

고용량을 결정하기 위해 기업은 노동력의 규모가 산출량에 어떻게 영향을 미치는가를 고려해야 한다. 노동의 투입량을 증가시켜 감에 따라 변화하는 가상적인 노동생산성이 <표 10-1>에 나타나 있다. (1)란에는 일꾼의 수가, (2)란에는 사과의 수확량이 주어져 있다. 이 두란은 기업의 생산능력을 나타낸다. 이는 바로 투입량과 산출량간의 관계를 나타내는 기업의 생산함수이다. 나머지 투입물들은 당분간 고정되어 있다고 가정했기 때문에, 여기서 투입물은 일꾼이고 산출물은 사과이다.

〈표 10-1〉 노동에 대한 수요

(1) L	(2) Q	(3) MP	(4) P	(5) TR	(6) MRP	(7) VMP
1	20	20	200원	4000원	4000원	4000원
2	34	14	200	6800	2800	2800
3	46	12	200	9200	2400	2400
4	54	8	200	10800	1600	1600
5	60	6	200	12000	1200	1200
6	64	4	200	12800	800	800
7	66	2	200	13200	400	400

<그림 10-1>은 표에서 주어진 노동과 산출량에 대한 자료를 그래프로 그린 것이다. 이 곡선은 생산함수를 나타낸다.

그림 10-1 생산함수

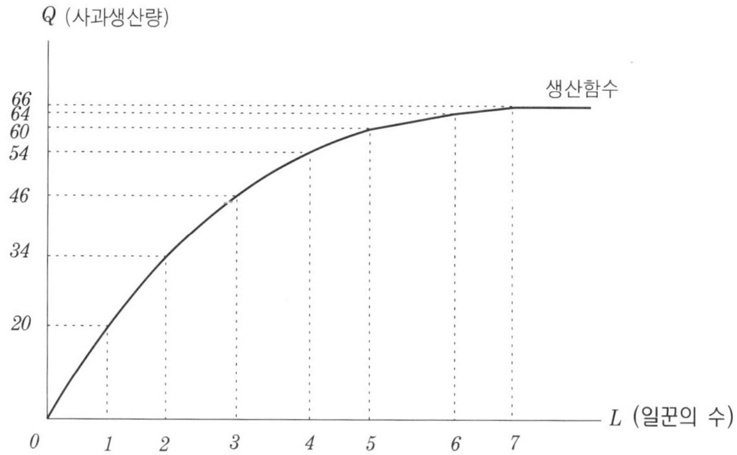

(3)란은 노동이 한 단위 추가될 때 산출량이 얼마나 증가하는가를 보여주는 '노동의 한계생산'(marginal product of labor; MP_L)을 나타낸다—이는 때로 노동의 '한계실물생산'(marginal physical product; MPP_L)이라고도 한다. 표에서 보는 것처럼 일꾼들의 수가 증가함에 따라 노동의 한계생산은 감소하고 있다.

이는 '한계생산체감의 법칙'(law of diminishing marginal product)이 작용하고 있음을 의미한다. 처음에 고용된 일꾼들은 과수원에서 가장 좋은 사과나무로부터 사과를 따겠지만, 고용자들의 수가 늘어남에 따라 추가되는 일꾼들은 사과가 별로 열리지 않은 나무로부터 딸 수밖에 없기 때문에 산출량이 줄어든다. 이러한 이유로 <그림 10-1>의 생산함수는 고용자의 수가 증가함에 따라 점점 평평하게 된다.

이윤극대화 기업은 산출물 자체보다는 돈에 관심이 많기 때문에, 얼마나 많은 노동자를 고용할 것인가를 결정함에 있어 각 노동자가 얼마나 많은 이윤을 가져다 줄 것인가를 고려해야 한다. 이윤은 총수입에서 총비용을 뺀 것이므로 추가되는 노동자로부터의 이윤은 그 노동자의 총수입에 대한 기여분에서 임금을 뺀 것이다.

노동자의 총수입에 대한 기여분을 구하기 위해 노동의 한계생산(물적 단위로 측정된)을 '노동의 한계생산가치'(금액으로 측정된)로 바꾸어야 한다. 이는 노동의 한계생산에 사과의 가격을 곱해서 구한다.

> 어떤 투입물의 **한계생산가치**(value of marginal product : VMP)는 그 투입물을 한 단위 추가시킬 때 변화되는 총수입의 증가분이며, 투입물의 한계생산(MP)에 생산물의 시장가격 (P)을 곱한 값이다: $VMP = MP \times P$.

표의 (7)란은 사과의 가격이 200원이라는 가정하에서 노동의 한계생산가치를 보여준다. 경쟁기업의 경우 시장가격이 일정하기 때문에 한계생산가치도 체감한다.

이제 사과생산기업이 이윤을 극대화하기 위해서는 일꾼을 얼마나 고용해야 할 것인가를 알아보자. 예를 들어 시장임금률(W)이 하루에 2,400원이라 하자. 이 경우 기업은 3명의 일꾼을 고용할 때 이윤이 극대화될 것이다. 왜냐하면 만일 2명만 고용한다면 총수입의 증가분(VMP)은 2,800원인 데 반해 총비용의 증가분(W)은 2,400원에 그치기 때문에 400원의 이윤이 남는다. 따라서 추가적인 노동의 고용으로 이윤을 증가시킬 수가 있다. 반면에 4명을 고용하면 총수입은 1,600원이 추가되는데 반해 총비용은 2,400원이 추가됨으로 오히려 800원의 손실을 초래한다. 따라서 이 경우 고용량을 줄여야 한다.

따라서 우리는 다음과 같이 결론을 내릴 수 있다.

> 완전경쟁하의 이윤극대화 기업은 **노동의 한계생산가치가 임금률과 일치하는 수준까지 노동을 고용해야 한다**: $VMP_L = W$.

지금까지의 논의를 토대로 노동에 대한 수요곡선을 도출할 수 있다. 기업의 노동수요곡선은 어떤 주어진 임금수준에서 기업이 고용하고자 하는 노동량을 나타낸다. 그런데 기업은 한계생산가치가 임금률과 일치하는 수준까지 노동을 고용하므로, '한계생산가치곡선'은 바로 이윤을 극대화하는 완전경쟁기업의 노동수요곡선이 된다.

> **완전경쟁기업의 노동의 수요곡선은** 바로 **노동의 한계생산가치곡선**과 같다.

이는 <그림 10-2>를 보면 명백해진다. 그림에는 어떤 기업의 노동의 한계생산가치곡선이 그려져 있다. 이 곡선이 우하향하는 이유는 고용량이 증가할 때 노동의 한계생산은 체감하기 때문이다. 그림에는 또한 경쟁기업은 가격순응자라는 사실을 반영하여 시장임금률이 수평선으로 표시되어 있다. 이윤을 극대화하기 위해 기업은 이들 두 곡선이 교차하는 점까지 노동을 고용한다. 이 수준에 미치지 못하면 한계생산가치가 임금률을 초과하므로 추가적인 고용은 이윤을 증가시킬 것이다. 반면에 이 수준을 초과하면 한계생산가치가 임금률에 미치지

그림 10-2 한계생산가치곡선

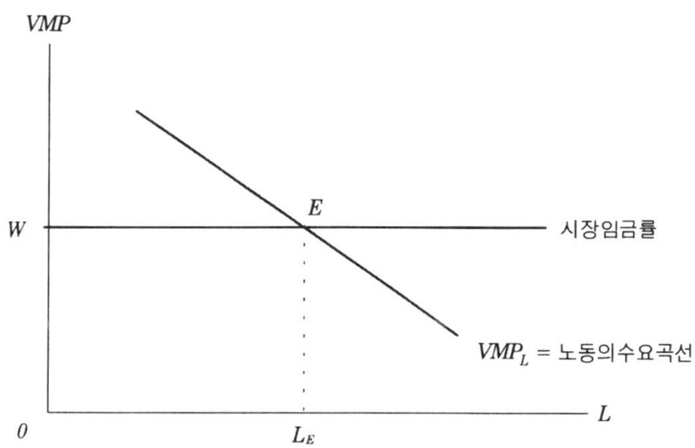

못해 추가적인 고용은 오히려 이윤을 하락시킬 것이다.

여기에서 한가지 언급할 것이 있다. 만일 우리가 고려하고 있는 시장이 완전경쟁이 아니라면 어떤 노동자의 총수입에 대한 기여분을 구하기 위해서는 '노동의 한계생산가치'가 아닌 '노동의 한계수입생산'을 구해야 한다. 이는 노동투입량을 한 단위 추가시킴으로써 기업이 얻는 총수입의 증가분으로 노동의 한계생산에 기업의 한계수입을 곱해서 구한다.

> 어떤 투입물의 **한계수입생산**((marginal revenue product: *MRP*)은 그 투입물의 한계생산 (*MP*) 에 생산물의 한계수입 (*MR*)을 곱한 값이다: $MRP = MP \times MR$.

완전경쟁하에서는 항상 $P = MR$이므로 $MRP = VMP$이다. 그러나 독점이나 불완전경쟁처럼 산출량이 증가함에 따라 그 가격이 하락하는 경우에는 $P > MR$이므로 $MRP < VMP$가 된다.

또한 노동만이 유일한 가변요소라고 가정하고 있기 때문에 노동의 가격인 임금률은 기업이 노동투입량을 한 단위 추가할 때 지불해야 하는 비용의 증가분이다. 이는 곧 '한계요소비용'이다.

> 한계요소비용(marginal factor cost: *MFC*)이란 어떤 투입물을 한 단위 추가시킬 때 변화하는 총비용의 증가분이다.

따라서 기업의 이윤극대화조건을 일반화 하면,

> 이윤극대화 기업은 어떤 생산요소의 **한계수입생산이 한계요소비용과 일치하는** 수준까지 그 투입물을 고용해야 한다: $MRP = MFC$.

기업이 이 조건을 필요로 하는 이유는 자명하다. 어떤 생산요소의 한계수입생산은 그 생산요소를 한 단위 추가고용할 때 얻을 수 있는 총수입의 증가분이며, 한계요소비용은 그 생산요소를 한 단위 추가로 고용할 때 소요되는 총비용의 증가분이기 때문에, 이윤을 극대화하기 위해서는 당연히 양자가 일치해야 한다.

생산물시장에서는 한계수입 (*MR*) 이 한계비용 (*MC*) 과 일치하는 수준에서 기업이 생산을 할 때 이윤이 극대화된다. 생산요소시장에서는 생산요소의 한계수입생산 (*MRP*) 이 한계요소비용 (*MFC*) 과 일치하는 수준에서 생산요소를 고용할 때 이윤이 극대화된다. 그런데 생산함수는 투입물의 양과 산출물의 양간에 존재하는 기술적 관계를 나타내기 때문에, 기업의 투입물의 수요에 대한 결정은 산출물의 공급에 대한 결정과 동전의 앞뒷면처럼 밀접히 연관되어 있다는 것을 알 수 있다. 이는 "생산요소에 대한 수요는 파생수요"라는 사실에 기인한다.

실제로 노동만이 유일한 가변요소인 경우,

$$MC = W/MP_L \tag{10-1}$$

그런데 이윤극대화조건에서

$$MRP_L = MP_L \times MR = W \tag{10-2}$$

이를 다시 쓰면,

$$MR = W/MP_L \tag{10-3}$$

따라서,

$$MR = MC \tag{10-4}$$

이 식은 생산요소시장에서 이윤을 극대화하는 기업은 생산물시장에서도 이윤을 극대화함을 보여준다.

2.1.2 가변생산요소가 둘 이상인 경우

지금까지는 다른 모든 생산요소는 고정요소로 간주한 상태에서 유일한 가변요소인 노동에 대한 수요를 설명하였다. 가변요소가 둘 이상인 경우에는 노동의 한계생산가치곡선이 바로 노동에 대한 수요곡선이라는 앞에서의 결론을 적용할 수 없다. 왜냐 하면 다른 생산요소의 투입량이 달라지면 노동의 한계생산가치곡선 자체가 이동하기 때문이다.

여기에서는 편의상 가변생산요소가 노동과 자본 두 가지라고 가정해보자. <그림 10-3>에서는 임금률이 하락한 경우 노동의 수요곡선의 도출과정을 보여 주고 있다. 그림에서 VMP_{L1} 곡선은 자본투입량이 K_1 으로 주어진 경우의 노동의 한계생산가치곡선이다. 만일 노동의 가격이 W_1 에서 W_2 로 하락한다면 기업의 노동투입량은 일단 L_1 에서 L_1' 로 증가할 것이다. 그런데 노동투입량이 늘어나면 통상 자본의 한계생산을 증가시켜 자본투입량이 K_1 에서 K_2 로 증가한다. 이는 다시 노동의 한계생산을 증가시킬 것이기 때문에 VMP_{L1} 곡선은 우측으로 이동하여 VMP_{L2} 가 될 것이다. 따라서 기업은 임금이 W_2 로 하락할 경우 노동투입량을 L_1' 가 아닌 새로운 VMP_{L2} 곡선과 만나는 L_2 까지 늘이게 된다.

그림 10-3 가변요소가 둘일 때 노동의 수요곡선

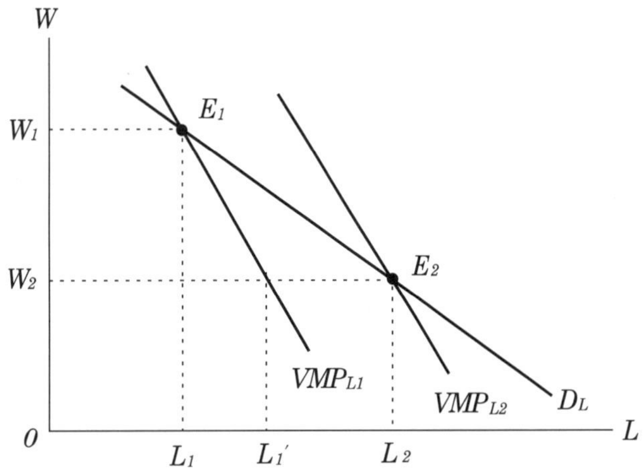

그러므로 가변생산요소가 둘인 경우 기업의 노동수요곡선은 E_1, E_2 를 연결한 D_L 곡선이 될 것이다. 이 때 수요곡선 D_L 은 가변요소가 하나인 경우의 수요곡선 (VMP_{L1})보다 그 기울기가 완만함을 그림에서 알 수 있다.

2.2 노동의 시장수요곡선

노동의 시장수요곡선은 개별기업의 수요곡선으로부터 도출된다. 그러나 소비자이론에서 시장수요곡선을 도출한 방법과는 달리 생산요소시장에서 시장수요곡선은 개별수요곡선의 단순한 수평적 합은 아니다. 이는 생산요소에 대한 수요가 파생수요라는데 기인한다. 노동생산성 (MP_L) 이 변하지 않더라도 노동에 대한 수요는 여전히 임금률 (W) 과 상품의 가격 (P) 에 의존한다.

그림 10-4 노동의 시장수요곡선

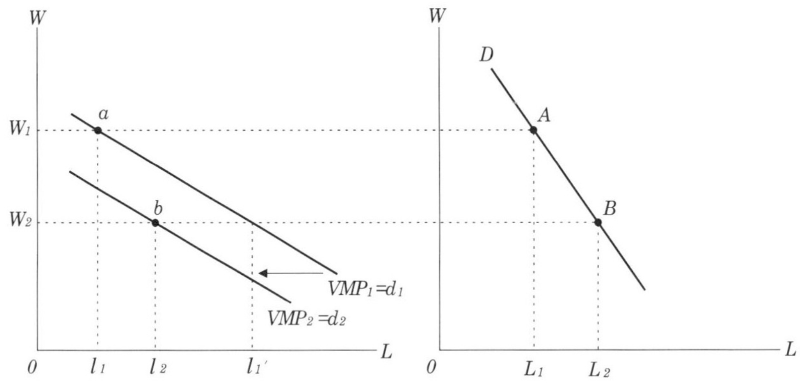

(a) 기업 (b) 시장

<그림 10-4>에서 d_1을 X재를 생산하는 전형적인 한 기업의 노동에 대한 수요곡선이라고 하자. 현재 임금수준은 W_1이며 고용수준은 l_1이다(a점). 현재의 임금수준에서 이 고용량을 시장의 모든 기업에 대해 합하면 시장전체의 수요량 L_1을 얻는다(A점). 이제 만일 임금률이 W_1에서 W_2로 하락한다면, 개별기업은 노동투입량을 l_1'로 증대시켜 X재 생산을 늘이려고 할 것이다. 그러나 모든 기업이 동시에 고용량을 증가시키면 X재의 시장공급곡선이 우측으로 이동하여 X재 생산량이 증대될 것이다. 따라서 X재의 가격(P_X)은 하락할 것이며, 이는 $VMP = MP \times P_X$에서 VMP가 감소함을 의미한다. 그러므로 임금률의 하락은 개별기업의 수요곡선을 좌측으로 이동시키고(d_2), W_2의 임금수준에서 각 기업의 노동투입량은 l_1'로 증가하는 것이 아니라 l_2로 증가하게 된다(b점). 이러한 고용량을 모두 합하면 시장전체의 수요량 L_2를 얻는다(B점). 따라서 시장수요곡선은 A점과 B점을 연결한 D곡선이 된다.

3. 노동의 공급

앞에서 설명한 노동에 대한 수요의 결정원리는 다른 모든 생산요소에 대해서 그대로 적용될 수 있다. 그러나 노동을 비롯한 생산요소의 공급에 대해서는 수요와는 달리 공통적인 결정원리를 찾기 힘들며, 생산요소마다 각기 다른 과정을 통해 공급이 결정된다. 물론 완전경쟁시장이라면 개별기업에 대한 생산요소의 공급은 무한히 탄력적이라 할 수 있다. 그 기업은 시장조건에 의해 결정된 가격에서 얼마든지 생산요소를 구입하여 고용할 수 있기 때문이다. 그러나 시장전체에 대한 공급의 경우에는 이 논리를 그대로 적용할 수 없다. 대부분의 경우 어떤 생산요소가 더 많이 공급되기 위해서는 그 생산요소에 더 높은 가격을 지불해야 한다. 다시 말해 생산요소의 시장공급곡선은 통상 우상향한다. 그러나 모든 생산요소의 시장공급곡선이 우상향하는 것은 아니다. 생산요소 각각의 특성상 그 공급곡선의 형태에 다소간의 차이가 있을 수 있다.

이 절에서는 노동의 공급곡선에 대해 살펴본다.

3.1 개인의 노동공급곡선

모든 '일'(work)에는 기회비용이 수반된다. 얼마나 일을 할 것인가에 관한 개인의 의사결정을 분석하는 것은 생산물시장에서 얼마나 구입할 것인가에 관한 소비자의 의사결정을 분석하는 것과 유사하다. 본질적으로, 개인은 '여가'(leisure)와, 일을 하여 획득한 소득(임금)으로 시장에서 구입할 수 있는 상품의 '소비'간에 선택을 한다. 상품의 소비를 증가시키기로 결정하는 것은 필연적으로 여가의 소비를 감소시키는 결정이 된다. 따라서 여가의 기회비용을 알아야만 적절한 의사결정을 할 수 있다. 여가의 기회비용은 다름아닌 여가때문에 포기할 수밖에 없는 소득(또는 소비)이다.

이제 임금률이 상승하는 효과를 알아보자. 이는 여가를 그만큼 비싸게 만들기 때문에 노동자는 일을 더 많이 하려는 인센티브를 갖게된다. 따라서 노동자는 여가를 일로 대체한다. 이것을 임금상승의 '대체효과'(substitution effect)라고 한다. 대체효과만을 고려하면 임금률의 상승은 노동자로 하여금 보다 많은 시간을 일을 하도록 할 것이다.

그러나 임금률이 상승하면 대체효과와는 반대방향으로 작용하는 소위 '소득효과'(income effect)도 존재한다. 보다 높아진 임금률은 노동시간이 주어진 경우 노동자가 더 많은 소득을 얻게 된다는 것을 의미한다. 소득이 증가하면 그 노동자는 여가를 포함해서 모든 것을 더 많이 구입할 것이다. 따라서 임금의 상승은 노동자로 하여금 보다 많은 여가를 구입하기 위해 노동시간을 줄이도록 만드는 소득효과를 초래한다.

일반적으로, 대체효과는 소득효과를 능가하기 때문에 개인의 노동공급곡선은 우상향한다. 즉, 임금률이 상승하면 노동시간을 증가시키는 경향이 나타난다. 그러나 임금률이 충분히 상승하여 어떤 수준을 넘어서게 되면 궁극적으로 소득효과가 우세하게 되어 더 이상의 임금상승은 오히려 노동시간을 감소시킬 수도 있다.

<그림 10-5>에 그려진 노동공급곡선은 바로 그러한 경우를 나타내고 있다. 그림에서 임금률이 W_1일 때까지는 대체효과가 소득효과를 능가하지만 그 수준을 넘어서게 되면 오히려 소득효과가 대체효과를 능가하게 된다. 이러한 모양의 공급곡선을 '**후방굴절 노동공급곡선**'(backward-bending labor supply curve)이라 한다.

그림 10-5 노동의 공급곡선

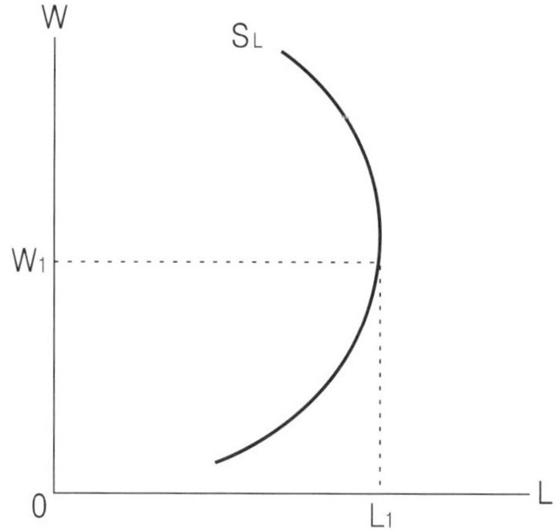

3.2 노동의 시장공급곡선

한편 노동의 시장공급곡선은 개인의 노동공급곡선을 수평으로 더하여 구할 수 있다. 다만 개인의 노동공급곡선이 뒤쪽으로 구부러지는 형태를 취하는 것과는 달리 일반적으로 우상향하는 곡선의 형태를 보이게 된다. 그 이유는 임금률이 상승할 때 오히려 노동공급량이 감소되는 임금수준이 각 개인마다 모두 다르고, 또한 높은 임금률은 보다 많은 사람들을 노동시장에 참여하도록 유인할 것이기 때문이다.

4. 노동시장의 균형

생산요소의 균형가격과 고용량이 결정되는 과정은 생산물시장에서의 분석과정과 동일하다. 노동시장이 완전경쟁시장인 경우 균형임금률은 노동의 시장수요곡선과 시장공급곡선이 교차하는 점에서 결정된다.

<그림 10-6> (a)에 어떤 산업에 대한 노동의 시장수요곡선(D)과 시장공급곡선(S)이 주어져 있다. 그림에서 균형은 E점에서 이루어지며, 균형임금률은 W_1, 균형고용량은 L_1이 된다. 만일 임금률이 어떤 이유로 W_1보다 높은 W_2 수준에서 형성된다면 노동의 초과공급상태(즉, 실업)가 발생하며, 그 초과공급된 만큼의 일자리를 원하는 실업자들은 임금을 적게 받고서라도 고용되기를 원할 것이므로 임금률은 하락하게 된다. 반면에 임금률이 W_1보다 낮은 W_0 수준이

그림 10-6 균형임금률결정

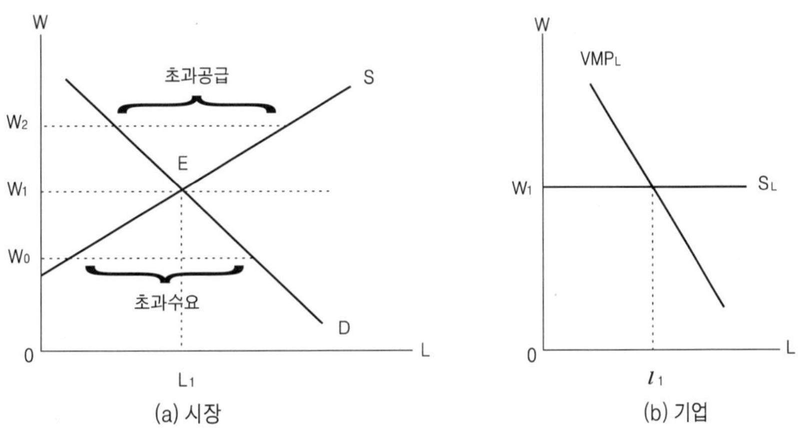

라면 노동의 초과수요로 인해 기업은 임금을 높여 주고서라도 부족한 고용량을 채우려 할 것이므로 임금률은 상승하게 될 것이다.

이처럼 완전경쟁하의 노동시장에서 수요와 공급의 상호작용에 의해 임금률이 결정되는 과정에서 임금률은 다음과 같은 두 가지 특성을 나타낸다.

- ◆ 임금률은 노동에 대한 수요와 공급이 일치하도록 조정된다.
- ◆ 임금률은 노동의 한계생산가치와 같아진다.

그림 (a)에서처럼 전체시장에서 균형임금률이 결정되면 완전경쟁하의 개별 기업은 이 가격에서 원하는 대로 얼마든지 많은 양의 노동을 구입할 수 있다. 따라서 이 기업이 직면하는 노동의 공급곡선은 W_1 수준에서 수평선이 된다. 그림 (b)를 보면 이 상황에서 개별 기업은 l_1 만큼의 노동을 고용한다는 것을 알 수 있다. 이러한 고용수준에서 기업이 지불하는 임금률 W_1 은 수요곡선의 높이와 일치하므로 W_1 은 노동의 한계생산가치와 같아진다.

이러한 사실은 하나의 중요한 교훈을 시사한다.

> 노동에 대한 수요와 공급을 변화시키는 어떤 사건은 **균형임금률과 한계생산가치를 동시에 변화시킨다.**

그림 10-7 노동공급의 변화

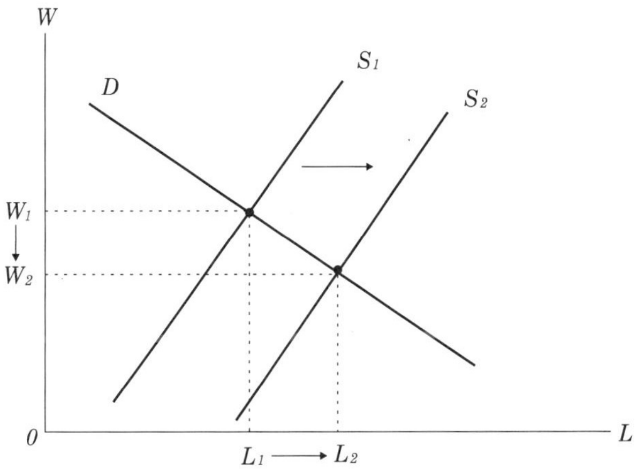

이를 알아보기 위해 두 곡선을 이동시키는 사건들을 고려해 보자.

노동공급의 변화 어떤 산업에서 작업환경을 개선시키는 획기적인 기술이 개발되었다고 하자. 이는 그 산업의 노동공급곡선을 <그림 10-7>에서 보는 것처럼 우측으로 이동시킬 것이다. 최초의 임금률 W_1 수준에서 노동공급량은 노동수요량을 초과한다. 이러한 초과공급은 임금률이 하락하도록 작용하고, 임금률의 하락은 개별 기업의 고용량 증대를 유리하게 만든다. 각 기업의 고용량이 늘어남에 따라 노동의 한계생산과 한계생산가치는 체감한다. 새로운 균형에서 임금률과 노동의 한계생산가치는 처음에 비해 모두 낮아진다.

노동수요의 변화 어떤 상품에 대한 소비자의 기호가 바뀌어 그 상품의 시장가격이 상승했다고 하자. 이러한 가격상승은 주어진 고용수준에서 노동의 한계생산을 변화시키지는 않지만 한계생산가치는 증대시킨다. 따라서 가격이 높아지면 고용량을 늘이는 것이 유리하게 된다. <그림 10-8>에서 보는 것처럼 노동에 대한 수요가 증가하여 수요곡선이 우측으로 이동하면 균형임금률은 W_2 수준으로 높아지고 균형고용량은 L_2 수준으로 증대된다. 따라서 임금률과 노동의 한계생산가치는 다 같이 높아진다.

그림 10-8 노동수요의 변화

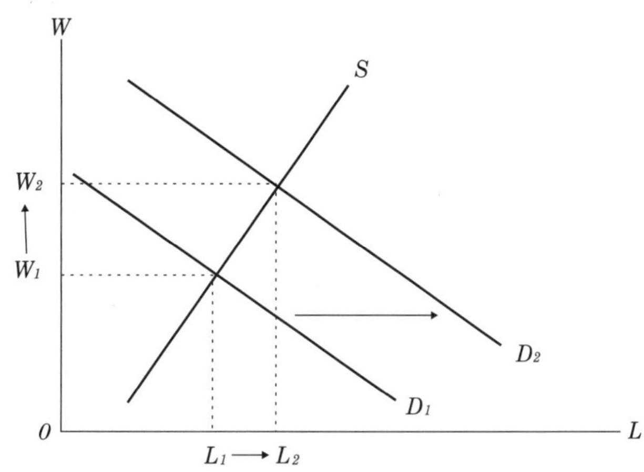

이러한 분석은 어떤 산업의 번영은 그 산업의 노동자들의 복지와 직결된다는 점을 보여 준다. 어떤 상품의 가격상승은 그 생산자의 이윤을 크게 증가시키고 따라서 생산에 종사하는 노동자들은 보다 높은 임금을 받게 된다.

■ 요 약 ■

1. 경제의 소득은 생산요소시장에서 분배된다.

2. 생산요소에 대한 수요는 재화나 서비스를 생산하기 위해 그 생산요소를 사용하는 기업으로부터 나오는 파생수요이다. 이윤을 극대화하는 경쟁기업은 노동의 한계생산가치가 임금과 같아지는 점까지 노동을 고용한다.

3. 임금률은 노동에 대한 수요와 공급을 균형시키도록 조정된다. 노동수요는 노동의 한계생산가치를 반영하기 때문에 균형상태에서 노동은 재화나 서비스 생산에 기여하는 한계기여분만큼 보상된다.

■ 주요개념 ■

생산요소시장, 파생수요, 한계생산가치, 한계수입생산, 한계요소비용, 후방굴절노동공급곡선

제11장

지대, 이자, 이윤

<개 요>

제10장에서는 노동이라는 생산요소의 가격인 임금의 결정과정을 살펴보았다. 이 장에서는 토지, 자본 그리고 기업경영활동이라는 생산요소가 가지고 있는 특수성과 그로부터 얻는 소득에 대하여 설명하고자 한다.

제1절에서는 토지 및 기타 자연자원의 사용에 대한 대가로서의 지대와, 그 공급이 상대적으로 고정되어 있다는 특수성 때문에 나타나는 경제적 지대에 대하여 알아본다. 제2절에서는 자본사용에 대한 대가로서의 이자와, 대부자금설을 통하여 이자율의 결정과정을 살펴본 다음, 제3절에서는 기업경영활동의 대가로 주어지는 이윤의 개념과 경제적 이윤의 본질에 대하여 설명하기로 한다.

1. 지　　대

1.1 지대의 성격과 결정

지대(rent)란 경제분석에서 특별한 의미를 갖는다. 경제학에서 지대란 원래 토지 사용에 대한 지불과 자본장비 사용에 대한 지불을 구분하기 위해 사용했다. 토지라는 생산요소는 다른 생산요소와는 달리 일반적으로 공급이 완전비탄력적이다. 따라서 토지의 공급곡선은 수직선이다. 즉, 토지의 현행가격이 얼마이든지 상관없이 그 공급량은 변하지 않는다. (엄밀한 의미에서의 토지의 공급곡선이 완전비탄력적은 아니다. 매립을 통해 새로운 토지를 늘릴 수도 있으며, 척박한 토지를비옥하게 할 수도 있기 때문이다).

토지의 소유자들이 생산과정에 기여한 대가로 얼마나 소득을 얻는가를 결정하는 요인은 무엇인가? 이 질문에 답하기 전에 다음 두 가지 가격을 구분할 필요가 있다 : **구입가격과 임대가격**

> 생산요소의 '**구입가격**'(purchase price)은 어떤 사람이 그 생산요소의 소유자에게 '무기한으로'(indefinitely) 지불하는 가격이다. '**임대가격**'(rental price) 은 어떤 사람이 그 생산요소를 '일정기간 동안' 사용하기 위해 지불하는 가격이다.

이러한 두 가격은 물론 서로 연관되어 있지만, 각기 다른 경제적 힘에 의해 결정되기 때문에 이를 구분하는 것이 대단히 중요하다.

임금은 단순히 노동의 임대가격이고 지대는 토지의 임대가격이기 때문에 지대의 결정과정은 앞장에서 살펴본 임금의 결정과정을 그대로 적용할 수 있다. <그림 11-1>은 일정한 양의 토지에 대한 지대의 결정과정을 보여주고 있다.

토지에 대한 수요는 노동에 대한 수요와 같은 방식으로 결정된다. 기업은 토지의 한계생산가치가 토지의 가격과 일치하는 수준까지 토지를 고용한다. 따라서 수요곡선 D는 토지의 한계생산성을 반영한다. 그리고 수직선으로 나타낸 공급곡선 S는 어떤 수준의 가격에 대해서도 공급이 일정함을 표시해 주고 있다. 따라서 토지의 균형가격—지대—은 수요곡선과 공급곡선이 교차하는 E점에서 결정된다. 만약 이 토지를 사용하는 기업이 완전경쟁시장에서 이윤을 극대화하는 기업이라면 지대는 토지의 한계생산가치와 일치해야 하고, 따라서 그 토지의 소유자는 생산과정에서 기여하는 한계가치만큼 임대소득(rental income)을 얻게 된다.

그림 11-1 지대의 결정

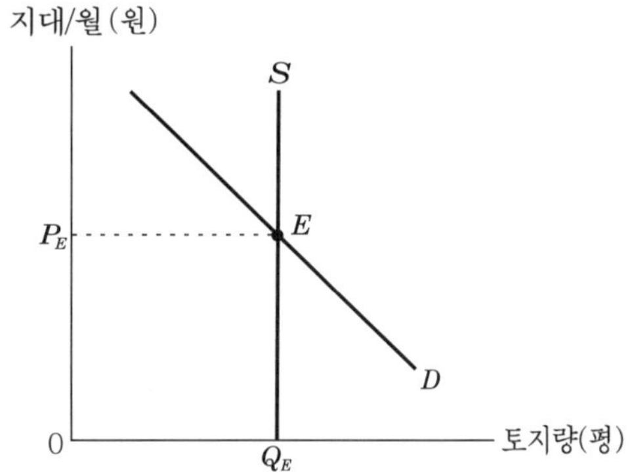

이제 토지의 구입가격에 대해 알아보자. 토지의 구매자들은 만일 어떤 토지가 값비싼 임대소득의 흐름을 창출하는 경우에 더 많이 지불하고자 한다. 또한 어느 시점에서의 균형임대소득은 그 토지의 한계생산가치와 같다. 따라서 어떤 토지의 균형구입가격은 한계생산의 현재가치와 장래에 유지되리라고 기대하는 가치에 의존한다.

이와 같이 공급이 고정되어 있는 토지의 사용에 대해 지불되는 보수라는 특정한 의미로 사용되어 왔던 「지대」라는 용어는 지금은 그 의미가 확대 해석되어 어떤 생산요소라도 공급이 고정되어 있기만 하면 그 생산요소에 지불되는 임대가격은 지대라고 부른다. 그러므로 일반적으로 사용되는 지대의 의미는 앞으로 설명할 경제적 지대(economic rent)와는 구별되어야 한다.

1.2 경제적 지대

경제적 지대(economic rent)란 어떤 생산요소에 대해 지불되는 보수 중에서 그 생산요소의 기회비용을 뺀 부분을 말한다. 여기서 기회비용이란 그 생산요소가 현재의 용도에서 다른 용도로 옮겨가지 않도록 하기 위하여 지불되어야 하는 보수를 말하는 것으로, 이를 **전용수입**(transfer earnings)이라고도 한다.

예를 들어 어떤 회사의 이사로 근무하는 A라는 경제학 박사의 현재의 연봉을 6,000만원이라 하자. 만일 그가 대학 교수로 근무하면 연봉 4,000만원을 받을 수 있다고 한다면 그가 이사로 계속 근무하기 위해서는 최소한 연봉 4,000만원은 받아야 한다. 이 경우 A의 이사로서의 전용수입은 바로 연 4,000만원이 된다. 이렇게 전용수입은 어떤 자원의 기회비용을 나타낸다. 반면에, 경제적 지대는 총수입 중에서 전용수입을 초과하는 부분이다. 이사로서의 A의 경제적 지대는 2,000만원이다.

이러한 경제적 지대의 개념이 앞에서 설명한 지대의 개념과 어떻게 관련되는지를 알아 보기 위해 <그림 11-2> (a)에서 처럼 어떤 생산요소의 공급이 완전 탄력적이어서 공급곡선이 수평선으로 주어진 경우를 살펴 보자. 각 고용수준에서의 공급곡선의 높이는 그 단위의 생산요소가 공급되도록 하기 위해 최소한으로 지불해야 하는 금액을 의미하기 때문에, 이 경우는 현재 그 생산요소에 대해 지불되는 보수 전체가 그 것을 현재의 용도에 묶어 두기 위해서 최소한으로 지불되어야 하는 금액을 의미한다. 따라서 경제적 지대는 0이다. 반면에, <그림 11-2> (b)에서처럼 공급이 완전비탄력적이라면 지불되는 보수는 전부 경제적 지대가 된다. 이 경우 경제적 지대를 '순수경제적 지대'(pure economic rent)라

그림 11-2 경제적 지대

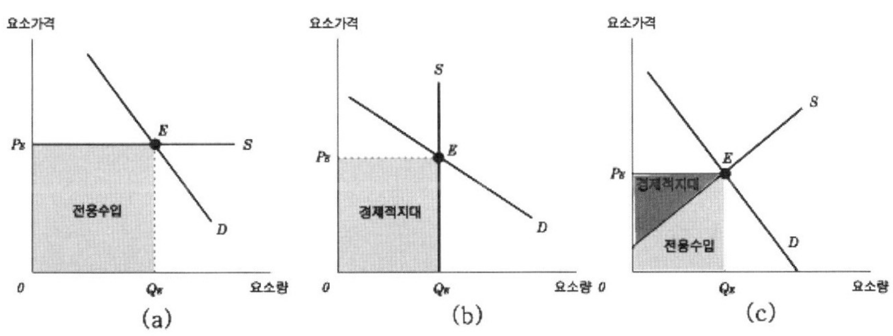

하며, 일반적인 의미에서의 지대와 같다. 공급곡선이 우상향하는 일반적인 경우 총수입은 <그림 11-2> (c)에서 보는 것처럼 전용수입과 경제적 지대로 구성된다.

이렇게 볼 때 경제적 지대란 어떤 생산요소의 공급이 가격에 대해 비탄력적이기 때문에 추가로 발생하는 소득이라고 볼 수 있다. 공급이 비탄력적일수록 총수입 중에서 경제적 지대가 차지하는 비중은 커진다. 예를 들어 유명한 연예인이나 운동선수들이 얻고 있는 막대한 소득은 대부분이 경제적 지대로 구성되어 있을 것이다. 이들이 연예계나 운동을 떠나 다른 직업을 가진 다면 그토록 많은 소득을 올릴 수는 없을 것이기 때문이다.

그런데 이러한 경제적 지대는 그 생산요소가 최선의 용도로 사용되도록 만드는 효율적인 자원배분의 기능을 갖는다. 왜냐 하면 만일 프로야구선수들의 경제적 지대가 없거나 미미하다면 많은 재능있는 야구선수들이 선수생활을 포기하고 다른 직업을 선택할 것이고, 따라서 야구 애호가들의 효용은 크게 감소될 것이기 때문이다.

2. 이 자

2.1 이자의 개념

이자(interest)는 두 가지 의미로 사용된다. 첫째는 대부자금(loanable funds)의 사용에 있어 채무자(debtor)가 채권자(creditor)에게 지불하는 가격을 의미한다. 둘째는, 생산요소로서의 자본(capital)의 사용에 대해 지불되는 가격을 의미한다. 여기서 자본이란 재화나 서비스를 생산하기 위한 목적으로 경제에서 만들어진 자원으로서 건물, 기계, 도구 등과 같은 자본재(capital goods) 즉, 실물자본(real capital)을 의미한다. 이러한 실물자본은 물론 돈을 가지고 구입할 수 있기 때문에, 화폐는 화폐자본(money capital)이라고 해서 실물자본과 구분한다.

생산요소로서의 자본이라는 개념을 사용할 때 한 가지 유의할 것은 기업이 생산과정에 직접 투입하는 것은 실물자본 그 자체가 아니라 그것에서 나오는 서비스—이를 '자본서비스'(capital service)라 할 수 있다—라는 점이다. 실물자본은 저량(stock)인데 비해 자본서비스는 유량(flow)이다. 이자를 자본사용에 대해 지불하는 가격이라는 의미로 사용하는 경우 이자는 곧 자본서비스의 임대가격을 의미하며, 앞에서 살펴본 노동, 토지 등 다른 생산요소의 가격결정과정과 같이 수요와 공급의 분석의 틀을 그대로 적용할 수 있다.

따라서 이 절에서는 주로 화폐자본의 가격으로서의 이자가 어떻게 결정되는가를 살펴보기로 한다.

2.2 이자율의 결정

이자는 미래보다는 현재의 자원사용에 대한 지불이라고 할 수 있다. 만일 누군가가 나로부터 100,000원을 빌리는 경우 그 사람은 현재 100,000원의 가치를 갖는 재화와 서비스에 대한 지배력(command)을 갖는 반면에 나는 그러한 지배력을 상실한다. 그대신 그 사람은 나에게 일정기간 후에 100,000원에 이자를 포함한 금액을 지불하기로 약속한다. 이 때 이자는 통상 1년 단위로 빌린 금액에 대한 백분율(%)로 표시된다. 이를 '이자율'(rate of interest)이라 한다. 만일 1년후 110,000원을 지불하기로 했다면 이자율은 연 10%가 된다.

이러한 이자율은 대부기간이나 위험의 정도 등에 의해 달라질 수 있지만, 총체적인 이자율 수준은 대부자금에 대해 지불되는 가격으로 설명할 수 있다.

2.2.1 대부자금에 대한 수요

대부자금에 대한 수요에는 세 가지 주된 원천이 있다:

① 서비스, 내구재(durable goods) 및 비내구재(nondurable goods) 구입을 위한 가계의 수요

② 투자를 위한 기업의 수요

③ 적자를 매꾸기 위한 정부의 수요

여기에서는 정부에 의한 수요는 무시하고 가계와 기업에 의한 수요만을 살펴보기로 한다.

가계의 수요 가계는 일반적으로 미래의 소비보다는 현재의 소비를 선호하기 때문에 대부자금을 수요한다. 개별 가계의 현재소득은 일생 동안 얻으리라고 기대되는 평균소득 수준에 미치지 못할 수 있다. 이 경우 가계는 대부자금시장에서 자금을 차입하여 원하는 재화나 서비스를 구입하므로써 일생 동안의 총효용을 극대화 할 수 있다.

대부자금에 대한 가계의 수요는 차입의 비용인 이자율과 역의 관계를 갖는다. 이자율이 높다는 것은 자금차입의 비용이 높다는 것을 의미하고 따라서 가계는 현재소비를 포기할 것이다.

기업의 수요 기업은 새로운 공장, 장비, 연구개발 등 생산성과 이윤을 증대시킬 수 있다고 믿는 것에 투자하기 위해 대부자금을 수요한다. 기업은 대부자금시장에서 지불해야 하는 이자율과 투자를 통해 얻을 수 있으리라고 기대하는 '수익률'(rate of return)을 비교하여 투자 여부를 결정한다.

기업에 의한 대부자금에 대한 수요곡선은 우하향 한다. 이자율이 높을수록 자금의 비용이 투자수익률을 초과하여 유리한 투자대상 사업이 줄어들 것이기 때문이다.

그림 11-3 대부자금시장

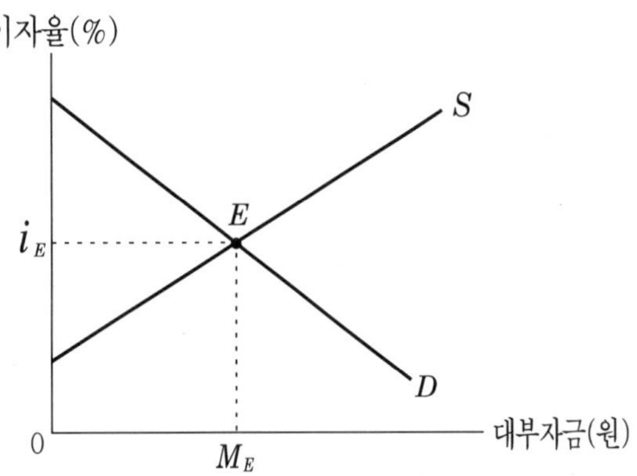

<그림 11-3>에 대부자금의 수요곡선이 D로 표시되어 있다. 우하향하는 수요곡선은 대부자금의 수요와 이자율이 역의 관계에 있음을 말해 준다.

2.2.2 대부자금의 공급

대부자금의 공급은 가계, 기업, 정부 등 자금의 공급자가 얼마나 저축을 하고자 하는가에 의존한다(물론 금융당국과 은행제도의 행위도 영향을 미치지만 분석의 편의상 이를 무시한다). 저축을 한다는 것은 미래의 소비를 위해 현재에 소비할 권리를 포기한다는 것을 의미한다. 현재의 소비를 포기하면 할수록 포기되는 현재소비 한 단위의 가치는 미래소비에 비해 커질 것이다. 한계효용체감의 법칙을 상기하면 적게 가질수록 그 것의 가치는 커진다는 것을 이해할 수 있을 것이다.

따라서 보다 많은 저축을 끌어들이기 위해서는 포기해야 하는 현재소비의 한계효용에 대응하는 보상이 커져야 한다. 이는 사회가 저축을 증대시키기 위해서는 높은 이자율을 제공해야 한다는 것을 의미한다. 그러므로 대부자금의 공급곡선은 <그림 11-3>에 S로 주어진 것처럼 우상향하게 될 것이다.

2.2.3 대부자금시장이 균형

다른 시장에서의 가격과 마찬가지로 대부자금에 대한 수요곡선과 공급곡선이 교차하는 점에서 균형이자율이 결정된다. <그림 11-3>에서 균형이자율이 i_e로 표시되어 있다.

2.3 실질이자율과 명목이자율

지금까지는 인플레이션을 고려하지 않았다. 인플레이션이 있을 것으로 예상되면 대부자금에 대한 수요와 공급은 다같이 영향을 받는다. 인플레이션이 발생하면 화폐의 가치는 하락하므로, 대부자금의 공급자는 장래에 자금을 회수할 때 화폐가치의 하락분만큼 보상이 되어지길 원할 것이다. 그리고 수요자는 장래에 대부자금을 지불할 때 화폐가치의 하락분만큼 부담이 줄어들게 되므로 보다 높은 이자율을 지불하고서라도 자금을 빌리려고 할 것이다. 결과적으로 <그림 11-4>에서와 같이 공급곡선은 S에서 S'로 왼쪽으로 이동하며, 대부자금의 수요곡선은 D에서 D'으로 오른쪽으로 이동한다.

그림 11-4 실질이자율과 명목이자율

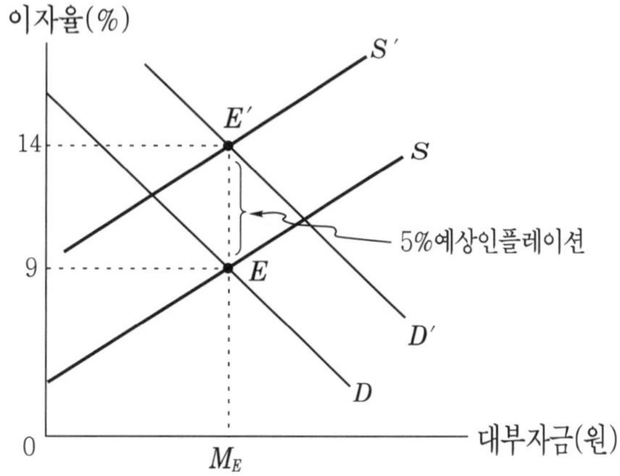

그림에서 보는 바와 같이 인플레이션이 없는 경우 최초 균형이자율은 9%였다. 만일 5%의 인플레이션율이 있을 것으로 예상한다면, **명목이자율**(nominal rate of interest)—또는 시장이자율(market rate of interest)—은 인플레이션율만큼 올라가게 된다. 만일 이자율이 상승하지 않는다면 9% 수준에서 얻는 이자는 인플레이션에 따른 화폐가치의 하락으로 미래에 그만한 가치를 갖지 못할 것이다. 그러므로 명목이자율은 **실질이자율**(real rate of interest)에 예상된 인플레이션율을 더한 값이라고 할 수 있다.

<그림 11-4>에서 새로운 균형점은 E'로 이동하며, 이 때 대부자금의 총액은 전과 동일한 수준에서 결정되고 단지 균형이자율만 14%로 변화한다. 즉, 대부자금의 수요와 공급에 영향을 미치는 것은 명목이자율이 아니라 실질이자율이다.

2.4 이자율과 현재가치

이자율은 현재가치와 미래가치를 연결해 주는 지표료 사용된다. 이자율을 알고 있으면 어떤 금액의 현재가치를 일정기간 후 미래의 가치로 환산할 수 있다. 예를 들어 연이자율이 10%일 때 현재의 1000원은 1년 후에는 1,100원(1100 =1000×1.1)이 된다. 또한 미래의 가치를 이자율을 통해 현재가치로 환산할 수도 있다. 연이자율이 10%이면 1년 후의 1,100원은 현재의 1,000원(1,100 ÷ 1.1)과 그 가치가 동일함을 의미한다.

따라서 현재가치(present value)를 PV, 1년 후 얻을 수 있는 금액을 A_1, 그리고 이자율을 i라고 하면 A_1의 현재가치는 다음과 같이 나타낼 수 있다.

$$PV = \frac{A_1}{1+i} \tag{11-1}$$

일반적으로 n년 후에 얻는 금액을 A_n이라고 하면 A_n의 현재가치는 다음과 같이 구한다.

$$PV = \frac{A_n}{(1+i)^n} \tag{11-2}$$

한편 어떤 자본으로부터 영원히 매년 일정액의 소득을 얻을 수 있다고 할 때, 그 소득흐름의 현재가치는 어떻게 환산될까? 소득의 흐름을 A, 이자율을 i라 하면 현재가치는 다음과 같이 구한다.

$$PV = \frac{A}{i} \tag{11-3}$$

예를 들어 어떤 사람이 소유하고 있는 토지로부터 매년 평당 1,000원의 임대료를 영원히 받을 수 있다면, 그 토지의 평당 현재가치는 이자율이 연 10%일 경우 $1{,}000 + \frac{1{,}000}{1.1} + \frac{1{,}000}{(1.1)^2} + \cdots = \frac{1{,}000}{1 - \frac{1}{1.1}} = 10{,}000$원이 된다.

이처럼 현재가치를 구하기 위해 사용되는 이자율을 '할인율'(discount rate)이라 한다.

3. 이 윤

지금까지 우리는 노동, 토지 및 자본에 대한 수요와 공급에 대해 살펴 보았다. 그러나 기업경영활동에 대한 수요와 공급에 관해서는 쉽게 논의할 수 없다. 기업경영활동을 계량화 한다는 것은 거의 불가능하기 때문이다. 기업경영활동이 존재하는 것은 분명하지만, 그것의 균형가격을 보여줄 수요와 공급곡선을 도출하기가 쉽지 않다. 따라서 앞에서와는 다른 접근방법을 사용해야 한다. 여기에서는 먼저 무엇이 진정한 이윤인가를 결정한 다음, 진정한 이윤, 즉 경제적 이윤의 원천에 대해 알아보고, 마지막으로 시장경제에서 이윤의 기능을 살펴볼 것이다.

3.1 이윤의 개념

일반적으로 '이윤(profit)이란 기업경영활동(entrepreneurship)이라는 생산요소에 대한 보수'라고 정의할 수 있다.

이윤은 총수입에서 총비용을 공제한 잔여분으로 구한다. 앞에서 지대에 관해 논의할 때 일반적인 의미에서의 지대와 경제적 지대를 구분하였다. 마찬가지로 이윤에 관해 논의할 때도 '경제적 이윤'과 '회계적 이윤'을 구분해야 한다(제6장을 참조할 것). 회계사가 기업이윤을 계산할 때는 총수입에서 실제로 화폐의 지출이 발생하는 임금, 지대, 원료비 등 명시적 비용만을 공제한다.

그러나 그러한 이윤은 경제적 이윤이 아니다. 기업가들은 기업활동을 하는 과정에서 자신이 보유하고 있는 생산요소도 투입을 하게 되는데, 이러한 기업가 자신의 생산요소 사용에 대한 기회비용인 암묵적 비용은 회계비용에는 포함되지 않는다. 따라서 경제적 이윤을 구하기 위해서는 총수입에서 사용된 모든 생산요소의 기회비용을 공제해야 한다.

경제적 이윤은 일종의 '나머지'(residual)이다. 모든 경제적 비용 또는 기회비용이 고려된 후에 남아있는 것이 있다면 그것이 바로 이윤이다. 따라서 회계적 이윤이 양(+)의 값을 갖는 경우에도 경제적 이윤은 음(−)의 값을 가질 수 있다.

3.2 경제적 이윤의 원천

경제적 이윤이 발생하는 요인을 설명하는 이론은 여러 가지가 있으나, 그 가운데 대표적인 세 가지 이론을 소개하면 다음과 같다.

3.2.1 독점이윤

이미 앞에서 설명한 것처럼 독점기업은 정상이윤(normal profit)을 초과하는 경제적 이윤을 벌 수 있다. 뿐만 아니라 경쟁기업에서는 이와 같은 경제적 이윤이 발생한다 하더라도 일시적인 현상에 그치지만, 독점기업은 오랜 기간에 걸쳐 경제적 이윤을 유지할 수 있다. 다시 말하면 독점하에서는 기업이 생산요소의 기회비용을 능가하는 수입을 벌 수 있다는 것이다.

그러나 엄밀한 의미에서 독점이윤(monopoly profit)은 경제적 이윤이라기보다는 경제적 지대로 봄이 타당하다. 왜냐 하면 독점이윤이란 단순히 진입장벽 때문에 발생하는 것이므로 이것은 앞에서 설명한 지대의 범주에 속하기 때문이다. 이와 같은 이유에서 일반적으로 경제학자들은 독점이윤을 **독점지대**(monopoly rent)라 부른다.

3.2.2 위험부담설

만일에 진입의 장벽이 존재하지 않고 사람들이 미래를 정확히 예측할 수 있으며, 아무런 추가적인 비용없이도 시장에 대한 정보를 충분히 획득할 수 있다고 가정한다면 경제적 이윤은 존재하지 않을 것이다. 어떤 산업에 경제적 이윤이 있게 되면 새로운 기업들의 자유로운 진입으로 곧 그 이윤은 사라질 것이며, 결국 모든 기업들은 정상이윤만을 얻을 수 있다. 그러나 현실적으로는 어떤 기업도 미래에 발생할 여러 가지 변화를 정확히 예측할 수는 없다. 어떤 산업에 진입하는 것이 아무리 자유롭다 해도 어느 시점에서 보면 경제적 이윤을 얻는 기업이 있는 반면에 손실을 보는 기업도 있는 것이다. 예기치 못한 수요나 비용의 변동은 경제적 이윤을 증대시키기도 하고 하락시키기도 한다.

이러한 과정에서 대부분의 사람들은 예측할 수 없는 경제적인 상황의 변화를 회피하고자 하며, 그래서 안정적인 수입을 얻기를 원한다. 그러므로 경제적인 변동에 대한 위험을 부담하는 사람에게는 마땅히 그에 상응하는 보수가 주어져야만 할 것이다.

나이트(F. Knight)는 궁극적인 이윤의 본질을 '**불확실성**'(uncertainty)과 '**위험**'

(risk)을 부담하는 데 따른 보수라고 강조하였다. 기업경영활동은 이러한 불확실성과 위험을 수반하는 것이므로 그 대가가 기업이윤이라고 보는 것이다.

3.2.3 혁 신 설

슘페터(J. Schumpeter)는 경제적 이윤은 기업활동의 혁신(innovation)에 의해 창출된다고 주장하였다. 혁신이란 새로운 조직전략, 새로운 시장전략, 또는 새로운 상품의 창조를 의미한다.

혁신적 기업가는 혁신을 통해 새로운 경제적 이윤을 얻을 수 있는 기회를 창출한다. 그러나 이와 같은 기업의 이윤은 일시적일 뿐이다. 왜냐 하면 경제발전이란 계속적인 새로운 혁신의 출현으로 그 이전의 상황을 대체해 가는 과정을 통해서 이루어지기 때문이다. 다시 말해 어떤 성공적인 기업이 일시적으로는 독점적 지위를 확보하여 경제적 이윤을 얻고 있다 하더라도, 보다 새롭고 진보된 생각을 가진 다른 새로운 기업이 출현하게 되면 그 기업의 독점적 지위는 소멸되고 따라서 이윤도 사라질 것이다.

3.3 경제적 이윤의 기능

시장경제에서 이윤에 대한 기대는 기업으로 하여금 새로운 상품, 새로운 기술, 새로운 판매기법을 발명하도록 유인한다. 이런 의미에서 이윤은 혁신과 투자를 자극한다.

이윤은 또한 자원이 보다 가치있는 용도에 사용되도록 만든다. 가격과 판매량은 결국 소비자에 의해 결정된다. 수요곡선이 원점에 가깝게 위치하면 이윤이 존재한다고 해도 극히 미미할 것이다. 이윤의 결핍은 생산의 기회비용을 충당할 만큼 수요가 충분하지 못하다는 것을 의미한다. 보다 높은 이윤을 추구하는 기업이라면, 손실을 보는 부문에서 자원을 빼내어 보다 높은 이윤이 기대되는 부문에 투입할 것이다. 이처럼 이윤은 자원을 효율적으로 배분하는 기능을 수행한다.

■ 요 약 ■

1. 지대란 공급이 완전비탄력적인 생산요소에 지불되는 임대가격이다.

2. 경제적 지대란 어떤 생산요소에 대해 지불되는 보수 중에서 그 생산요소의 기회비용을 뺀 부분을 말한다. 여기서 기회비용이란 그 생산요소가 현재의 용도에서 다른 용도로 옮겨가지 않도록 하기 위하여 지불되어야 하는 보수를 말하는 것으로, 이를 전용수입이라고도 한다. 생산요소의 공급이 비탄력적일수록 그 생산요소가 얻는 총수입에서 경제적 지대가 차지하는 비중은 커진다.

3. 경제적 지대(경제적 이윤)는 자원을 가장 효율적인 용도에 사용되도록 하는 배분기능을 수행한다.

4. 화폐자본의 가격으로서의 이자율은 대부자금에 대한 수요와 공급에 의해 결정된다. 대부자금에 영향을 미치는 것은 명목이자율이 아니라 실질이자율이다. 또한 이자율은 현재가치와 미래가치를 연결시켜주는 지표로 사용된다.

5. 이윤이란 기업경영활동이라는 생산요소에 대한 보수이며 경제적 이윤만이 진정한 이윤이다. 경제적 이윤은 독점 때문에 발생할 수도 있고, 기업가의 위험부담 또는 기업의 혁신 때문에 발생할 수도 있다.

■ 주요개념 ■

지대, 임대가격, 구입가격, 경제적 지대, 전용수입, 이자, 이자율, 명목이자율, 실질이자율, 현재가치, 이윤, 독점지대, 경제적 이윤, 위험, 혁신

제12장

소 득 분 배

<개 요>

앞의 두 장에서는 시장경제에서 생산요소의 가격, 즉 임금, 이자, 지대, 이윤이 결정되는 원리를 분석하였다. 이를 통해 왜 사람에 따라 소득의 차이가 발생하는가에 대해 어느 정도 이해할 수 있었으리라 생각된다. 어떤 사람의 소득은 그 사람이 소유하는 생산요소에 대한 수요와 공급에 의존한다. 따라서 생산요소의 가격을 결정하는 요인들은 결국 경제의 총소득이 사회구성원들 사이에 어떻게 분배되는가에 결정적인 역할을 한다.

이 장에서는 소득분배에 관해 논의할 것이다. 먼저 계층별 소득불평등의 정도를 측정하는 방법을 살펴본 다음, 소득불평등을 초래하는 원인과 공정한 소득분배에 대한 몇 가지 이론들을 소개할 것이다.

1. 소득불평등도의 측정

한 사회의 소득분배상태를 나타내는 방법은 여러 가지가 있다. 그중 하나는 단순히 소득 계층별 분포를 알아보는 방법이다. <표 12-1>은 각 소득 범위에 포함되는 가구의 비율을 보여 준다. 이 표는 한 가구가 어느 소득 계층에 포함되는가를 알아 보기 위해 사용될 수 있다.

〈표 12-1〉 월소득 계층별 가구분포(1996)

구 분	가구비율(%)
200미만(천원)	0.7
200-400	1.2
400-600	2.3
600-800	3.9
800-1,000	4.7
1,000-1,200	6.9
1,200-1,500	12.2
1,500-2,000	21.8
2,000-2,500	17.7
2,500-3,000	10.8
3,000-4,000	10.8
4,000이상	6.9

자료: 통계청, 「한국의 사회지표」, 1998

그러나 이러한 방법으로는 한 사회의 소득분배가 어느 정도 불평등한지를 알기 어렵다. 따라서 소득분배의 불평등의 정도를 측정하기 위해서는 다음과 같은 방법들이 보다 널리 사용된다.

1.1 로렌츠곡선

로렌츠곡선(Lorenz curve)은 한 사회의 구성원을 소득이 가장 낮은 사람으로부터 차례로 배열하였을 때, 일정 비율의 사람들이 전체소득 중에서 차지하고 있는 소득의 비율을 나타내는 곡선이다. <표 12-2>에 제시된 우리나라의 1996년도 소득분배상태를 기초로 하여 구체적으로 로렌츠곡선을 도출해 보자.

〈표 12-2〉 소득10분위별 소득분포(1996) (단위: %)

소득계층	점유비율	누적점유비율
제1분위	2.75	2.75
제2분위	4.92	7.67
제3분위	6.20	13.87
제4분위	7.29	21.16
제5분위	8.32	29.48
제6분위	9.45	38.93
제7분위	10.68	49.61
제8분위	12.37	61.98
제9분위	14.84	76.82
제10분위	23.17	100.0
지니계수	0.2954	

자료: 통계청,「한국의 사회지표」, 1998

표의 제1란에는 소득계층이 10개의 계층으로 나누어져 있다. 제1분위는 소득이 가장 낮은 하위 10%의 사람을 뜻하고 제10분위는 소득이 가장 높은 상위 10%의 사람을 뜻한다. 제2란은 각 소득계층이 벌어드린 소득이 전체소득 중에서 차지하는 비율을 나타내고, 마지막 란은 계층별 소득점유율의 누적비율을 나타낸다. 이 표를 보면 우리나라 국민 중 최하위 20%에 해당하는 사람들이 전체소득의 7.67%를 점유하고 있다는 것을 알 수 있다.

<그림 12-1>의 수평축에는 가장 소득이 낮은 사람으로부터 순서대로 배열했을 때의 사람의 누적비율이 표시되어 있고, 수직축에는 전체소득 중에서 차지하는 누적비율이 표시되어 있다. 이 정사각형 안에 <표 12-2>의 마지막 란에 주어진 계층별 소득의 누적점유율을 나타낸 곡선이 바로 로렌츠곡선이다. 예를 들어 곡선상의 A점은 최하위 20%가 전체소득의 7.67%를 차지하고 있다는 사실을 나타낸다.

그렇다면 이러한 로렌츠곡선을 가지고 어떻게 불평등의 정도를 측정할 수 있

크는가? 만일 어떤 사회의 소득이 완전히 평등하게 분배되었다면 사람의 비율과 이들이 차지하는 소득의 비율이 항시 같게 될 것이므로 로렌츠곡선은 원점에서 시작되는 대각선이 될 것이다. 이를 **완전균등선**이라고 한다. 반면에 만일 소득분배가 완전히 불평등하게 이루어져 한 사람이 그 사회의 모든 소득을 차지하고 있다면 로렌츠곡선은 그림에서 OHO' 로 연결되는 직선으로 표현될 것이다.

그러나 현실적으로 소득분배가 완전히 평등하게 이루어지는 경우도 없지만, 또한 완전히 불평등하게 이루어지는 경우도 없다. 따라서 실제의 로렌츠곡선은 양곡선 사이의 어디엔가 위치할 것이며, 이 때 로렌츠곡선이 대각선에 가깝게 위치할수록 보다 평등한 소득분배를 의미하며, 대각선으로부터 멀리 떨어질수록 소득의 불평등도는 커짐을 나타낸다.

그림 12-1 로렌츠곡선

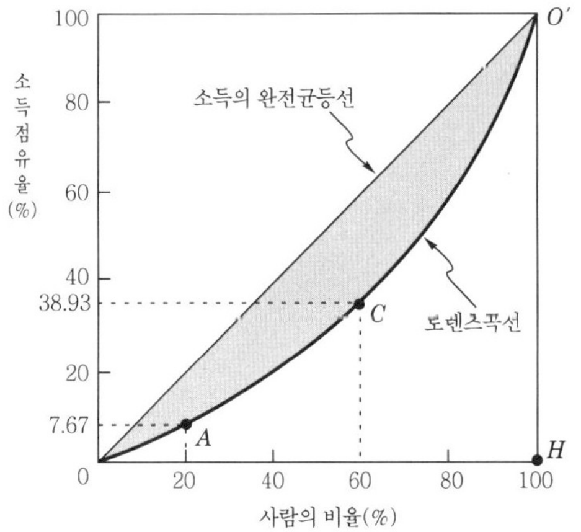

이러한 로렌츠곡선은 서로 상이한 기간에 대한 소득분배상태의 차이나, 나라와 나라 사이의 소득분배상태의 차이를 분석하는데 유용하다. 그러나 로렌츠곡선은 오직 화폐소득만을 고려할 뿐 현실에서 여러 형태로 제공되는 "현물소득"(income in kind)이나 "지하경제"(underground economy)로부터 나오는 소득은 포함하지 않는다는 한계를 지닌다. 또한 로렌츠곡선이 서로 교차하는 경우에는 어느 쪽이 더 평등하다고 말할 수 없다는 것도 문제이다. 비록 로렌츠곡선이 서로 교차하지 않는다고 할지라도, 로렌츠곡선은 어느 하나의 분배상태가 다른 분배상태보다 평등한지 아닌지를 알려줄 수는 있지만, 얼마나 더 평등한지는 알려주지는 못한다. 따라서 현실에서 소득의 불평등의 정도를 측정하기 위해서 지니계수가 보다 널리 쓰인다.

1.2 지니계수

지니계수(Gini coefficient)는 소득의 완전균등선과 로렌츠곡선이 형성하는 면적—이를 **불평등면적**이라고도 한다—을 완전평등선 아래의 전체 면적으로 나눈 값으로 정의된다.

$$\text{지니계수} = \frac{\text{불평등면적}}{\triangle OHO'} \qquad (12\text{-}1)$$

만일 소득분배가 완전히 평등한 경우라면 소득의 완전균등선과 로렌츠곡선은 일치할 것이므로 지니계수는 0이 된다. 반면에 소득분배가 완전히 불평등한 경우라면 불평등면적이 완전균등선 아래의 전체 면적과 같아질 것이므로 지니계수는 1이 된다. 따라서 지니계수는 0부터 1사이의 값을 갖게 되며, 그 값이 클수록 소득분배가 불평등하다는 것을 의미한다.

<표 12-2>에 제시된 우리나라의 1996년도 지니계수는 0.2954이다. 이를 1985년도의 0.3449와 비교해보면 과거 10여 년 동안 우리나라의 소득분배상태가 어느 정도 개선된 것처럼 보인다. 그러나 지니계수도 로렌츠곡선으로부터 도출된다는 점을 상기하면 한계를 지닐 수밖에 없다는 것을 알 수 있다.

2. 소득불평등의 원인

<표 12-1>에서 보는 것처럼 어떤 가계의 월소득은 20만원에도 미치지 못하는가 하면 400만원이 넘는 가계도 많다. 이와 같은 소득불평등의 원인은 어디에 있는 것일까? 제10장에서 살펴본 노동시장 이론은 이 질문에 대한 하나의 답을 제공한다.

우리나라의 노동소득분배율(노동을 제공한 대가로 가계에 분배된 피고용자보수를 협의의 국민소득(national income; NI)으로 나눈 값)을 보면 노동소득은 대략 총소득의 2/3를 차지하고 있기 때문에, 경제의 총소득이 사회구성원들 사이에 어떻게 분배되는가를 결정함에 있어 임금의 결정요인이 대단히 중요하다는 것을 알 수 있다. 임금수준은 노동에 대한 수요와 공급에 의해 결정되고, 노동에 대한 수요는 기본적으로 노동의 한계생산성을 반영한다. 균형상태에서 개별 노동자는 자신이 생산에 기여한 한계생산의 가치만큼 소득을 얻는다.

그러나 이러한 노동시장이론은 시작에 불과하다. 현실사회에서 목격되는 광범위한 소득격차를 이해하기 위해서는 무엇이 다양한 형태의 노동에 대한 수요와 공급을 결정하는가를 보다 분명히 분석해야 한다.

이 절에서는 소득의 중요한 원천으로서의 균형임금의 결정에 영향을 미치는 몇가지 요인들과 함께 또 다른 원천인 재산소득에 대해 살펴보기로 한다.

2.1 균형임금의 결정요인

노동자들은 여러 가지 면에서 서로 다르다. 또한 직종에 따라서도 임금격차가 존재한다. 여기에서는 노동자나 직업의 특성이 어떻게 노동에 대한 수요와 공급에 영향을 미치는가를 살펴본다.

2.1.1 보상적 차이

임금은 노동자가 직업을 선택할 때 고려하는 많은 요인들 중에서 하나에 불과하다. 어떤 직업은 다른 직업에 비하여 어렵고 위험하며, 불유쾌한 경우가 있다. 임금수준이 주어진 경우, 일반적으로 사람들은 이러한 비금전적인 특성들이 보다 나은 직업을 선택하려고 할 것이다. 다시 말해서 "쉽고 안전하며, 즐거운" 직업에 대한 노동공급은 "어렵고 위험하며, 불유쾌한" 직업에 대한 노동공급보다 크다. 따라서 "좋은" 직업은 "나쁜" 직업보다 균형임금수준이 낮을 것이다.

이렇게 상이한 직업들의 비금전적 특성 때문에 야기되는 임금의 격차를 **보상적 차이**(compensating differential)라고 한다. 예를 들어 공장에서 주간에 일하는 노동자보다는 같은 일이라도 야간에 일하는 노동자의 임금이 더 높을 것이며,

교수들의 임금수준은 비슷한 교육을 받은 변호사나 의사들에 비해 낮다. 교수들의 낮은 임금은 교수직이 제공하는 지적, 개인적 만족감에 의해 보상된다.

2.1.2 인적 자본

자본이라 하면 통상 공장이나 장비와 같은 실물자본을 의미한다. 그러나 생산과정에서 실물자본만큼 중요한 역할을 하지만 덜 유형적인 자본이 있다. 바로 **인적자본**(human capital)이다. 인적자본이란 사람들 속에 쌓여 있는 투자의 축적으로, 가장 중요한 인적자본의 한 유형은 교육이다. 다른 모든 유형의 자본과 마찬가지로 교육은 미래의 생산성을 높이기 위해 한 시점에서 이루어진 자원의 지출을 나타낸다. 그러나 교육에 대한 투자는 다른 자본에 대한 투자와는 달리 특정한 사람에게 하는 것이다.

보다 많은 인적자본을 가지고 있는 노동자들은 그렇지 못한 노동자들 보다 평균적으로 더 많은 수입을 얻는다. 예를 들면 우리나라에서 대학교육을 받은 가구주의 연간소득은 고등학교 교육을 받은 가구주보다 약 30% 정도 높다.

교육이 왜 임금수준을 증대시키는가를 수요와 공급의 관점에서 살펴 보기란 그리 어렵지 않다. 교육수준이 높은 노동자들의 한계생산은 크기 때문에 그러한 노동자들에게 노동의 수요자인 기업은 보다 많은 임금을 지불하려 할 것이고, 공급자인 노동자들은 교육에 따르는 보상이 있는 경우에만 교육비용을 지출하려 할 것이다. 이러한 의미에서 볼 때, 교육정도에 따른 임금격차는 교육을 받는 비용에 대한 일종의 보상적 차이라고 할 수 있다.

2.1.3 능력, 노력, 운

프로야구 1부리그 선수들은 왜 2부리그 선수들보다 더 많은 소득을 얻는가? 그러한 임금격차는 분명히 보상적 차이는 아니다. 실제로 1부리그에서 경기를 하는 것은 2부리그에서 경기를 하는 것보다 오히려 유쾌한 일이다. 그렇다고 1부리그가 2부리그보다 더 높은 교육수준이나 더 많은 경험을 요구하는 것도 아니다. 1부리그 선수들은 주로 선천적인 능력(natural ability) 때문에 더 많은 소득을 얻는다.

선천적인 능력은 비단 프로야구 뿐만 아니라 모든 직업에서 중요하다. 유전이나 가정교육 때문에 사람들의 정신적, 육체적 능력에는 차이가 있다. 다른 사람에 비해 뛰어나게 건강한 사람이 있는가 하면 약한 사람도 있다. 영리한 사람도 있고 둔한 사람도 있다. 사교적인 사람이 있는 반면에 눈치없는 사람도 있다. 이러한 개인간의 능력차이는 그 사람의 생산성을 결정하고, 따라서 임금수준을 결정하는 데 중요한 역할을 한다.

노력(effort)은 능력과 밀접하게 연관되어 있다. 어떤 사람은 매우 열심히 일하는가 하면, 게으른 사람도 있다. 열심히 일하는 사람이 보다 생산적이고 보다 많은 소득을 얻는다고 해서 놀라운 일은 아니다.

기업은 어느 정도까지는 노동자들의 생산량에 기초해서 임금을 지불함으로써 그들의 노력에 대해 직접적으로 보상한다. 예를 들어 영업사원은 판매량에 비례해서 임금을 받는다. 때로는 보다 높은 연봉이나 보너스 등 덜 직접적인 형태로 보상받기도 한다.

운(chance)도 임금을 결정하는데 중요한 역할을 한다. 노동시장에서 예기치 못한 수요의 증가가 발생한 직업을 선택한 사람은 소득이 크게 늘어나기도 한다. 반면에 졸업 후 높은 보수를 받을 수 있을 것으로 예상되었던 직업을 갖기 위해 관련학문을 공부한 학생이 졸업을 하였을 때는 이미 그러한 기회가 사라진 뒤일 수도 있다. 예기치 못한 사고나 건강악화 등으로 개인의 노동능력이 저해되기도 한다.

능력, 노력, 운 등을 측정하기는 어렵기 때문에, 이들이 임금결정에 얼마나 중요한지는 말할 수 없다. 그러나 이들이 매우 중요하다는 것은 부인할 수 없을 것이다.

2.1.4 차별

임금격차의 원천과 관련해서 마지막으로 살펴볼 것은 차별이다. **차별**(discrimination)은 시장이 성(sex), 연령(age), 인종(race), 기타 개인적 특성을 제외하고는 경험, 능력, 교육수준 등에서 별로 다를 것이 없는 사람들에게 상이한 기회(opportunity)를 제공하는 경우에 발생한다. 차별은 사회의 특정 계층에 대한 일부 사람들의 편견을 반영한다. 차별은 고용주에 의해 이루어질 수도 있고, 고객이나 정부 때문에 발생할 수도 있다.

이러한 차별이 소득의 분배에 영향을 미치는 것은 분명하다. 예를 들어 「한국의 사회지표」(통계청, 1998)를 보면, 우리나라의 성별 임금수준은 월급여액 기준으로 여성은 남성의 약 60% 수준에 불과하다. 물론 이러한 임금격차가 오직 성차별 때문만이라고 할 수는 없다. 노동생산성에 결정적으로 중요한 인적자본 형성에 핵심적인 요소인 교육정도를 비교해보면 대학졸업 이상의 학력수준을 가진 여성은 남성의 50% 수준에 불과하다. 이는 비록 성차별이 감소되더라도 교육수준에 기인하는 남녀간의 임금격차는 여전히 존재할 수 있다는 것을 의미한다. 그러나 우리나라의 대표적인 고소득 직종이라 할 수 있는 고위임직원 및 관리자의 여성 종사자 비율을 보면 대략 20% 수준에 불과한 실정임을 볼 때, 노동시장에서 차별이 존재한다는 것은 부인할 수 없을 것이다.

2.2 재산소득의 차이

사람들이 얻는 소득에는 노동소득 이외에도 재산소득이 있다. 재산소득은 유산의 형태로 자손에게 상속되어 소득불평등의 한 원인이 된다. 특히 고소득층의 경우에 상속된 재산에 기인하는 소득격차는 상당히 클 것이라고 생각할 수 있다.

그런데 이렇게 상속된 재산이 소득불평등에 미치는 직접적인 효과는 그렇게 크지 않은 것으로 알려져 있다. 다만 그 형태가 측정하기 어려운 비물질적인 형태까지를 포함할 때 소득불평등의 원인으로서 비중은 더욱 커진다. 즉, 재산이 많은 부모는 자녀들에게 물질적인 재산상속뿐만 아니라 보다 나은 교육기회나 성장환경을 제공함으로써 인적자본 측면에서 질을 높여 줄 수 있다.

3. 소득재분배에 관한 정치철학

지금까지 우리는 소득의 분배상태를 측정하는 문제와 불평등의 원인에 대해 살펴 보았다. 이제 마지막으로 정책적인 문제를 살펴보기로 한다.

소득의 격차가 발생하는 것은 당연한가? 아니면 모든 사람에게 꼭 같은 크기의 소득이 돌아가도록 정부가 재분배하는 것이 옳은가? 이와 같은 문제는 비단

경제학에 국한되는 문제만은 아니다. 경제적 분석만으로는 어떻게 분배되는 것이 공정한지에 관해 말할 수 없다. 이는 다분히 정치철학적 문제로서 수 세기에 걸쳐 정치철학자들 사이에서 논의되어 왔다.

이 절에서는 소득재분배와 관련된 대표적인 몇 가지 견해를 살펴봄으로써 경제적 불평등과 관련해서 정부가 무엇을 해야 하는가를 알아보고자 한다.

3.1 공리주의

공리주의(utilitarianism)는 영국의 철학자 밴담(Jeremy Bentham, 1748-1832)에 의해 체계화된 정치철학의 하나로, 공리주의자들의 목표는 그의 유명한 경구, '최대다수의 최대행복'(the greatest happiness of the greatest number)이라는 말에 직접적으로 나타나 있다.

공리주의의 출발점은 "**효용**"이라는 개념이다. 공리주의자들에 따르면 효용은 어떤 사람이 자신이 처해있는 상황으로부터 얻는 만족감의 수준으로 '복지'(well-being)의 척도이며 모든 공적, 사적 행위의 궁극적인 목표이다. 따라서 그들은 "정부는 사회의 모든 구성원의 총효용을 극대화하는 정책을 선택해야 한다"고 주장한다.

소득재분배에 있어서 공리주의자들의 주장은 '**한계효용 체감**'의 가정에 근거한다. 추가되는 소득 한 단위는 부자보다는 가난한 사람에게 더 큰 효용을 제공한다고 가정하는 것은 합리적이라고 볼 수 있다. 다시 말해 어떤 사람의 소득이 증가함에 따라 추가되는 소득으로부터 얻는 효용은 감소한다는 것이다. 이러한 가정은 사회의 총효용을 극대화 하기 위해서 정부는 보다 균등한 소득분배를 달성하도록 노력해야 한다는 것을 의미한다.

예를 들어 김씨는 부유한데 박씨는 빈곤하다면 김씨가 마지막 한 단위의 소득에 대하여 느끼는 효용은 박씨에 비하여 더 작을 것이다. 이 경우에 김씨로부터 박씨에게로 소득 한 단위를 재분배하면 박씨의 효용증가분이 김씨의 효용감소분보다 클 것이다. 따라서 이러한 재분배는 사회의 총효용을 증대시킨다.

이러한 공리주의적 주장은 사회의 모든 구성원의 소득이 완전히 동일하게 될 때까지 정부가 재분배해야 한다는 것을 의미하는 것처럼 보일 수도 있다. 그러나 사실은 그렇지 않다. 정부가 소득을 재분배하는 과정에서 소득의 일부를 빼앗기는 부유한 사람이나 아무런 대가없이 소득을 얻게되는 가난한 사람이나 모두 열심히 일하고자 하는 인센티브가 줄어들게 된다. 그들이 일을 열심히 하지 않으면 사회전체의 소득은 감소하고 총효용도 감소한다. 정부는 소득의 균등화에 따른 이득과 부정적 인센티브로부터 야기되는 손실을 고려해야 한다. 따라서 소득의 완전한 균등화는 실현되지 않을 것이다.

또한 실제로 사람들의 효용기준은 동일한 것이 아니라 매우 다양하다. 화폐소득을 그렇게 중요하게 생각하지 않는 사람도 있겠지만 어떤 사람들은 매우 중요하게 여길 수도 있다. 때문에 부유한 사람이 가난한 사람보다 마지막 한 단위의 소득에 대하여 느끼는 효용이 더 작다고 단정적으로 말할 수는 없다. 따라서 개인간의 효용을 비교할 수 없기 때문에 소득이 각 개인에게 동일하게 분배되었을 때 사회전체의 총효용이 극대화된다고 주장할 수는 없는 것이다.

3.2 자유주의: 롤즈의 최소극대화 원칙

소득의 불평등에 관한 두번째 견해는 **자유주의**(liberalism)라고 부를 수 있다. 자유주의란 "정부는 불편부당한 관찰자에 의해 공정하다고 평가되는 정책을 선택해야 한다"는 정치철학으로서 철학자 롤즈(John Rawls)가 그의 저서 「정의론」(Theory of Justice, 1971)에서 발전시켰다.

롤즈는 사회의 제도, 법률 및 정책은 공정해야 한다는 전제하에서 출발한다. 그는 "**정의**(justice)가 무엇을 의미하는지에 관해 사회구성원들이 어떻게 동의할 수 있는가?"라는 질문에 답하기 위해 **원초적 상황**(original position)이라는 가상적 상황을 설정한다. 이는 아무런 사회질서도 아직 세워져 있지 않았을 뿐만 아니라, 모든 사람이 **무지의 장막**(veil of ignorance)에 가려 자신의 장래가 어떻게 될지 모르는 상태를 말한다. 롤즈는 이러한 상황에서 사람들이 앞으로 사회를 지배할 규칙들을 설계한다면 공정한 규칙들을 선택할 수 있다고 주장한다. 자신의 미래를 내다볼 수 없는 원초적 상황에서 모든 사람들은 유사한 상황에 놓이게 되고 또한 아무도 자신에게 유리한 원칙들을 설계할 수 없기 때문에, 정의의 원칙에 동의할 수밖에 없다는 것이다. 공공정책과 제도를 이러한 방식으로 설계하면 사람들은 어떠한 정책이 공정한지에 관해 객관적일 수 있다는 것이 롤즈의 생각이다.

그렇다면 만일 어떤 사람이 장래에 어떠한 소득분배상태에 놓이게 될지 모른다면 그 사람은 어떠한 소득분배가 공정하다고 간주할 것인가? 이에 대해 롤즈는 원초적 상황에 놓인 사람은 특히 자신이 최하위의 소득분배상태에 속할 가능성에 관해 걱정한다고 주장한다. 따라서 롤즈에 의하면, 공공정책은 사회에서 가장 못사는 사람(worst-off person)의 후생수준을 증대시키는 방향으로 설계되어야 한다. 모든 사람의 효용을 극대화 하려는 공리주의와는 달리, 롤즈는 최소효용을 극대화 하고자 한다. 이러한 원칙을 '**최소극대화 원칙**'(maximin principle)이라 한다.

최소극대화 원칙은 사회에서 가장 못사는 사람의 후생수준을 강조하기 때문에 소득분배를 균등화 시키려는 정책을 정당화 한다. 부유한 사람의 소득을 가난한 사람에게 이전시킴으로써 사회는 가장 못사는 사람의 복지를 증대시킬 수 있다. 그렇다고 최소극대화 원칙이 완전하게 '평등한 사회'(egalitarian society)로 이끌지는 않을 것이다. 만일 정부가 소득을 완전히 균등화 시킨다고 약속한다면 사람들이 열심히 일하려는 인센티브는 없어지고 사회의 총소득은 대폭적으로 감소하여 가장 못사는 사람의 후생수준은 오히려 악화될 것이다. 어느 정도의 소득격차는 인센티브를 개선시켜 가난한 사람을 도울 수 있는 사회의 능력을 증대시킬 것이다. 그럼에도 불구하고 롤즈의 철학은 오직 사회의 가장 못사는 사람에게만 비중을 두기 때문에 공리주의 보다는 훨씬 더 소득의 재분배를 요구한다.

롤즈의 견해는 논쟁의 여지가 있지만 상당히 호소력을 갖는다. 특히 무지의 장막에 가려진 원초적 상황에서 소득의 재분배는 일종의 사회적 보험으로 간주할 수 있다. 누구나 가난하게 태어날 가능성은 항시 존재한다. 사람들은 통상 '위험'(risk)을 싫어 하기 때문에 이러한 보험을 제공하는 사회에 태어난다면 행복하게 여길 것이다.

그러나 무지의 장막에 가려 있는 합리적인 사람이 정말로 위험을 회피해서 최소극대화 원칙을 따를 것인지는 그리 명확하지 않다. 사실 원초적 상황에 놓인 사람은 어떠한 소득분배상태에 처하게 될지 모르기 때문에 공공정책을 설계할 때 모든 가능한 결과를 똑같이 취급할 수도 있다. 이 경우에 최선의 정책은 사회구성원의 평균효용을 극대화하는 것일 것이며, 결과적으로 공리주의적 관점이 롤즈적 관점보다 정의의 개념에 가까울 수도 있다.

3.3 자유지상주의

소득의 불평등에 관한 세번째 견해는 '**자유지상주의**'(libertarianism)라고 부른다. 앞에서 살펴본 두 견해는 사회의 총소득을 어떤 사회적 목표를 달성시키기 위해서는 자유롭게 재분배할 수 있는 "공동자원"으로 간주한다. 반면에 자유지상주의자들은 "사회 그 자체는 아무런 소득을 벌지 못하며 다만 사회의 구성원인 개인만이 소득을 벌기 때문에, 정부는 특정한 소득분배상태를 달성하기 위해 어떤 사람의 소득을 빼앗아 다른 사람에게 주어서는 안된다"고 주장한다.

이러한 견해는 철학자 노직(Robert Nozick)의 저서 「무정부, 정부, 그리고 유토피아」(Anarchy, State, and Utopia, 1974)에 잘 나타나 있다. 공리주의자들과 자유주의자들은 어느 정도의 불평등이 사회적으로 바람직한가를 판단하려고 노력한 반면에, 노직은 그러한 질문 자체를 거부한다. 개인의 권리는 어떠한 경우에도 침해될 수 없으며, 본인의 동의 없이는 어느 누구도 사회전체를 위한다는 미명 아래 다른 사람을 희생시켜서는 안된다는 것이다.

자유지상주의자들은 경제적 성과가 아니라 그러한 성과가 초래되는 과정을 중시한다. 소득의 분배가 불공평하게 달성되는 경우 정부는 그러한 문제를 시정할 권리와 의무를 갖는다. 그러나 소득의 분배를 결정하는 과정이 공정하다면 그로 인한 분배상태는 그것이 아무리 불평등하다고 해도 공평한 것이다.

자유지상주의자들은 소득의 평등성 보다는 기회의 평등성이 더 중요하다고 주장한다. 정부는 누구나 자신의 재능을 발휘해서 성공할 수 있도록 똑같은 기회를 보장해야 한다는 것이 그들의 신념이다. 일단 이러한 원칙이 수립되면, 정부가 그에 따른 소득분배상태를 변경시킬 아무런 이유가 없다.

■ 요 약 ■

1. 소득분배상태에 관한 통계를 보면 우리사회의 소득분배구조는 계층에 따라 심한 격차를 보이고 있다. 상위 50%는 하위 50%보다 대략 3배이상 많은 소득을 번다.

2. 로렌츠곡선은 소득의 분배상태를 그래프로 나타낸 것이다. 소득의 완전균등분배가 이루어지면 로렌츠곡선은 직선이 된다. 로렌츠곡선이 보다 볼록하게 휘어지면 소득의 불평등도는 커진다.

3. 소득불평등도는 지니계수에 의해 측정될 수도 있다. 지니계수는 0과 1 사이의 값을 갖는데, 소득이 평등하게 분배 될수록 0에 가까운 값을 가지게 된다.

4. 소득분배상태와 관련해서 임금소득은 대단히 중요하다. 어떤 사람의 임금수준은 그 사람이 가지고 있는 인적자본뿐만 아니라 선천적인 능력, 노력, 운, 차별 등에 의해서도 영향을 받는다.

5. 소득재분배에 있어 정부의 역할에 관해 정치철학자들 사이에 견해의 차이가 존재한다. 공리주의자들은 사회의 모든 구성원의 총효용을 극대화하는 소득분배를 선택할 것이다. 자유주의자들은 사회에서 가장 못사는 계층의 후생을 증진시키는 소득재분배에 관심을 갖는다. 자유지상주의자들은 결과적인 소득분배의 불평등보다는 절차상의 공정성을 더 중시한다.

■ 주요개념 ■

로렌츠곡선, 지니계수, 인적자본, 공리주의, 자유주의, 최소극대화 원칙, 원초적 상황, 무지의 장막, 자유지상주의

제 5 편

정부와 경제

제13장

시장의 효율성

<개 요>

지금까지는 시장에 의한 자원배분이 과연 바람직한가의 문제는 고려하지 않고 단지 시장이 수요와 공급에 의해 어떻게 희소한 자원을 배분하는가만을 살펴 보았다. 다시 말해서 지금까지의 분석은 규범적이 아니고 실증적이었다.

이 장에서는 자원의 배분이 어떻게 경제적 후생에 영향을 미치는가를 연구하는 후생경제학의 주제를 살펴본다. 이 장의 목적은 시장경제가 어떤 면에서 경제활동을 조직하는 좋은 제도인가를 알아보는 한편, 다음 장에서 살펴볼 시장경제에서의 정부의 역할에 대한 논의의 기초를 제공하는데 있다.

1. 소비자잉여와 생산자잉여

이 절에서는 구매자와 판매자가 시장에 참여함으로써 얻게되는 편익을 살펴봄으로써 시장에서 수요와 공급에 의해 결정되는 가격이 사회전체적인 관점에서 최적이라는 점을 밝히고자 한다. 여기에서는 먼저 구매자들이 얻는 편익을 살펴보는 것으로부터 후생경제학에 대한 연구를 시작한다.

1.1 소비자잉여

1.1.1 소비자잉여의 개념

만일 누군가가 유명한 가수의 앨범(album)을 가지고 있다고 하자. 그는 노래를 별로 좋아하지 않기 때문에 그 앨범을 경매(auction) 방식으로 팔기로 작정하고 인터넷을 통해 그와 같은 사실을 알렸다. 얼마후 4명의 원매자로부터 회신이 왔다. 4명은 모두 그 앨범을 사고 싶어 하나 각자가 지불하고자 하는 금액에는 차이가 있다고 하자. 예를 들어 A는 10만원, B는 8만원, C는 7만원, D는 6만원을 지불하고자 한다고 하자. 이 때 각자가 지불하고자 하는 최대금액을 '**지불용의 금액**'(willingness to pay)이라고 한다. 이는 구매자가 그 상품의 가치를 얼마로 평가하느냐를 나타낸다. 각 구매자는 이 금액보다 낮은 가격으로 앨범을 사고 싶어하며, 그보다 높은 가격으로는 구입하지 않을 것이다. 만약 가격이 지불용의 금액과 정확히 일치한다면 그는 구입하건 안 하건 간에 무차별 할 것이다.

이제 앨범을 팔기 위해 경매를 한다면 8만원보다 높은 금액을 지불하려는 사람은 아무도 없기 때문에, 앨범은 결국 8만원(또는 그보다 약간 높은 금액)에 팔릴 것이다. 즉, 앨범은 그것의 가치를 가장 높게 평가하는 구매자 (A) 에게 팔리게 된다.

그렇다면 A는 앨범의 구입으로부터 얼마나 편익을 얻게 되는가? 그는 10만원을 지불하고자 했으나 실제로는 8만원밖에 지불하지 않았다. 이 경우 A는 2만원의 소비자잉여를 얻었다고 말한다.

> 소비자잉여(consumer surplus)란 구매자가 한 재화에 대해 지불하고자 하는 최대금액과 실제로 지불하는 금액과의 차이이다.

소비자잉여는 구매자가 재화를 구입할 때 재화의 매 단위마다 지불하고자 하는 최대금액을 지불하는 것이 아니라, '재화의 마지막 단위에 대해서 지불하고자 하는 만큼만' 실제로 지불하기 때문에 발생한다.

소비자잉여의 개념은 1844년 프랑스의 경제학자 드쀠이(Dupuit)에 의해 처음 사용되었으며 마샬(A. Marshall)에 의해 널리 보급되었다. 이 개념은 1870년까지 고전학파 경제학자들을 괴롭힌 소위 물—다이아몬드 역설(water-diamond paradox)을 해결하는 데 결정적인 도움을 주었다.

왜 인간생활에 필수적인 물은 싸고 별로 중요하지 않은 다이아몬드는 그렇게 비싼가? 이 질문에 대한 답은 다음과 같다 : 물은 매우 풍부하기 때문에 마지막 단위의 효용은 거의 0에 가깝다. 따라서 물의 모든 단위에 대해 소비자들은 거의 비용을 지불하고자 하지 않는다. 반면에, 다이아몬드는 매우 희소하기 때문에 마지막 단위의 효용과 가격은 매우 크다. 사용된 물의 총효용과 소비자잉여는 구입된 다이아몬드의 총효용과 소비자잉여에 비해 훨씬 크지만 수요는 총효용이 아니라 한계효용에 의존하기 때문에 다이아몬드의 가격이 물에 비해 비쌀 수밖에 없다.

1.1.2 소비자잉여의 측정

소비자잉여는 상품에 대한 수요곡선과 밀접한 관계를 갖는다. <그림 13-1>를 보자. 그림에는 앞에서 예로 든 앨범을 구입하고자 하는 4명에 대한 수요곡선이 그려져 있다. 만일 가격이 10만원을 초과하면 아무도 그 가격을 지불하고자 하지 않기 때문에 수요량은 0이다. 가격이 8만원에서 10만원 사이라면 오직 A만 그 가격을 지불하고자 하기 때문에 수요량은 1이고, 가격이 7만원에서 8만원 사이라면 수요량은 2, 6만원에서 7만원 사이에서는 수요량이 3이 된다. 가격이 6만원 아래라면 4명 모두 그 가격을 지불하고자 하기 때문에 수요량이 4가 된다.

수요곡선은 구매자가 지불하고자 하는 최대금액을 반영하기 때문에 이를 이용하면 소비자잉여를 측정할 수 있다. 예를 들어 가격이 8만원(또는 약간 높은)

인 경우 수요량은 1이기 때문에, 가격과 수요곡선 사이의 빗금 친 면적은 2만원이 된다. 이 금액은 바로 앞에서 구한 소비자잉여와 일치한다. 위의 예를 통해서 우리는 다음과 같은 사실을 알 수 있다.

그림 13-1 소비자잉여(I)

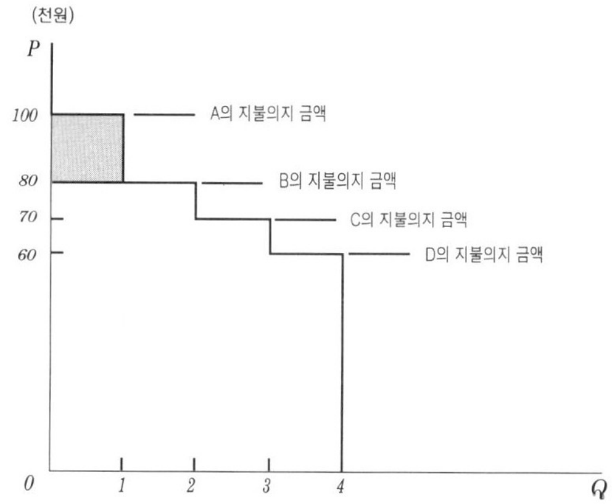

시장가격 수준과 그보다 위에 놓인 수요곡선 사이의 면적은 한 시장의 소비자잉여를 나타낸다.

이러한 결론을 내릴 수 있는 근거는, 수요곡선의 높이는 구매자들이 어떤 상품에 대해 지불하고자 하는 최대금액을 나타내고, 이는 곧 구매자들이 그 상품에 부여하는 가치를 의미하기 때문이다. 이 지불하고자 하는 최대금액과 시장가격과의 차이는 각 구매자의 소비자잉여이다. 따라서 시장가격을 상회하는 수요곡선 아래의 총면적은 한 시장의 모든 구매자들의 소비자잉여의 합과 같다.

구매자들은 항시 보다 낮은 가격으로 구입하기를 원하기 때문에 가격이 낮을수록 구매자들의 복지는 증대된다. 가격이 하락할 때 구매자들의 복지수준이 얼마나 증대되는가는 소비자잉여 개념을 사용하면 분명히 보일 수 있다.

<그림 13-2>는 전형적인 우하향하는 수요곡선을 보여 준다. 그림에서 가격이 P_1 인 경우 수요량은 Q_1 이고 소비자잉여는 삼각형 ABC 의 면적과 같다.

이제 가격이 P_2 로 하락하면 수요량은 Q_2 로 증가하며 소비자잉여는 면적 ADF 와 같아진다. 따라서 소비자잉여는 면적 $BCFD$ 만큼 증가한다.

소비자잉여의 이러한 증가는 다음과 같은 두 부분으로 구성된다. 첫째, P_1 의 가격으로 Q_1 을 구입하고 있던 기존의 구매자들의 소비자잉여는 가격하락으로 면적 $BCED$ 만큼 증가한다. 둘째, 가격하락으로 새로운 구매자들이 시장에 들어오게 되고 수요량이 증가한다. 이들이 얻는 소비자잉여는 면적 CEF 와 같아진다.

그림 13-2 소비자잉여(II)

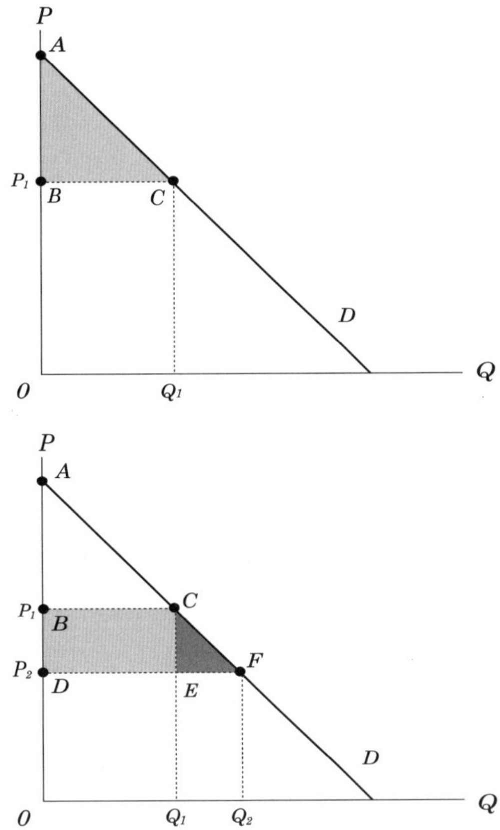

1.1.3 소비자잉여와 경제적 복지

소비자잉여의 개념을 도입하는 목적은 시장성과에 대한 규범적 판단을 하기 위한 것이다. 이제 소비자잉여의 개념이 경제적 복지를 측정하는데 있어 얼마나 좋은 척도인지 살펴보자.

소비자잉여는 구매자들이 어떤 재화로부터 얻게되는 주관적인 편익을 나타낸다. 따라서 좋은 경제체계를 설계하고자 하는 한 정책결정지기 만일 구매자들의 선호를 존중한다면 소비자잉여는 경제복지에 대한 훌륭한 척도가 된다.

어떤 상황에서는 정책결정자가 구매자들의 선호를 존중하지 않기 때문에 소비자잉여를 무시할 수도 있다. 예를 들면 약물중독자는 헤로인(heroin)에 대해 높은 가격을 지불하고자 한다. 그러나 약물중독자들이 헤로인을 낮은 가격에 구입할 수 있다고 해서 편익이 증대한다고 말하지는 않을 것이다(물론 그들은 그렇게 말할 지도 모른다). 사회적 관점에서 보면 이 경우 약물중독자들은 자신들의 최선의 이익을 돌보고 있지 않기 때문에 소비자잉여는 좋은 척도가 되지 못한다.

그러나 대부분의 시장에서 소비자잉여는 경제적복지를 반영한다. 경제학에서는 통상 "구매자들은 합리적으로 의사결정을 한다"고 가정하기 때문에 그들의 선호가 반영되어야 한다. 이 경우 한 구매자가 재화의 구입으로부터 얼마나 많은 편익을 얻게 되는가는 구매자 자신이 가장 잘 판단할 수 있다.

1.2 생산자잉여

여기에서는 시장에 참여하는 판매자들이 얻게 되는 편익을 살펴본다. 판매자의 후생에 관한 분석은 앞에서 살펴본 구매자의 후생에 관한 분석과 크게 다를 바 없다. 따라서 구체적인 도출과정은 생략하고 요점만 설명할 것이다.

1.2.1 생산자잉여의 개념

판매자들은 어떤 재화나 서비스를 판매하고자 할 경우 비용을 고려해야 한다. 여기에서 비용은 물론 기회비용으로 설명되어야 한다. 즉, 비용이란 어떤 재화나 서비스를 생산하기 위해 포기해야 하는 모든 것의 가치를 의미한다. 비용은 판매자들이 어떤 재화나 서비스를 판매하는 대가로 받아들일 수 있는 최소한의 가격이기 때문에, 이는 곧 판매자가 판매할 용의가 있는 금액을 나타낸다. 다시 말해서 판매자는 재화나 서비스의 가격이 생산비용과 같거나 높은 경우에만 판매하고자 할 것이다. 만일 가격이 생산비용을 초과한다면 판매자는 그로부터 편익을 얻을 수 있는데 이를 생산자잉여라 한다.

> **생산자잉여**(producer surplus)란 판매자가 재화나 서비스의 판매로부터 얻게되는 금액과 생산비용과의 차이이다.

1.2.2 생산자잉여의 측정

소비자잉여가 수요곡선과 밀접한 관계를 갖는 것처럼 생산자잉여는 공급곡선과 밀접한 관계를 갖는다. 공급곡선은 판매자의 비용을 반영하기 때문에 생산자잉여는 공급곡선으로부터 측정된다.

> 시장가격 수준과 그보다 아래에 놓인 공급곡선 사이의 면적은 한 시장의 **생산자잉여**를 나타낸다.

<그림 13-3>은 전형적인 우상향하는 공급곡선을 보여 준다. 그림에서 가격이 P_1 인 경우 공급량은 Q_1 이고 생산자잉여는 삼각형 ABC 의 면적과 같다.

그림 13-3 생산자잉여

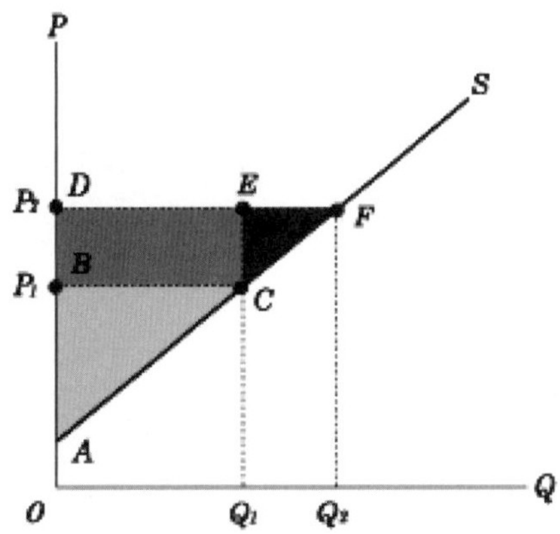

1.2.3 생산자잉여와 경제적 복지

구매자들과는 달리 판매자들은 항시 보다 높은 가격에 판매하기를 원한다. 가격이 상승할 때 판매자들의 복지수준이 얼마나 증대되는가는 생산자잉여 개념을 사용하면 분명히 보일 수 있다. <그림 13-3>에서 만일 가격이 P_2로 상승하면 공급량은 Q_2로 증가하며 생산자잉여는 면적 ADF와 같아진다. 따라서 생산자잉여는 면적 $BCFD$만 큼 증가한다.

생산자잉여의 이러한 증가는 다음과 같은 두 부분으로 구성된다. 첫째, P_1의 가격으로 Q_1을 판매하고 있던 기존의 판매자들의 생산자잉여는 가격상승으로 면적 $BCED$만큼 증가한다. 둘째, 가격상승으로 새로운 판매자들이 시장에 들어오게 되고 공급량이 증가한다. 이들이 얻는 생산자잉여는 면적 CEF와 같아진다.

2. 시장의 효율성 분석

소비자잉여와 생산자잉여는 시장에서 구매자와 판매자의 후생수준을 분석하기 위해 사용되는 기본적인 도구이다. 이를 사용하면 "자유시장경제에서 결정되는 자원배분이 과연 바람직한가?"라는 근본적인 질문에 답할 수 있다.

2.1 효율성과 공평성

이제 시장의 성과를 평가하기 위해 인정 많고 전지전능한 통치자가 있다고 가정하자. 그는 사회의 모든 사람의 경제적 복지를 극대화 하기를 원한다. 이 경우 그는 구매자들과 판매자들에 의해 자연적으로 결정되는 균형상태를 그대로 두어야 할 것인가? 아니면 어떤 방식으로든지 시장의 성과를 변경시켜 경제적 복지를 증대시킬 수 있는가?

이 질문에 답하기 위해 통치자는 우선 사회의 경제적 복지를 어떻게 측정할 것인가를 결정해야 한다. 한 가지 가능한 척도는 소비자잉여와 생산자잉여의 합이다. 이를 **총잉여**(total surplus)라고 할 수 있다. 소비자잉여는 시장에 참여하는 구매자들이 얻는 편익이고 생산자잉여는 판매자들이 얻는 편익이기 때문에, 총잉여를 사회의 경제적 복지의 척도로 사용하는 것은 자연스럽다.

이 척도를 보다 명확히 이해하기 위해 다음과 같이 정의한다.

◆ 소비자잉여 = 구매자가 평가하는 가치 − 구매자의 지불액
◆ 생산자잉여 = 판매자의 수입액 − 판매자의 비용

따라서 총잉여는 다음과 같이 구할 수 있다.

◆ 총잉여 = 구매자가 평가하는 가치 − 구매자의 지불액 + 판매자의 수입액
　　　　− 판매자의 비용

그런데 구매자의 지불액과 판매자의 수입액은 일치하므로,

◆ 총잉여 = 구매자가 평가하는 가치 − 판매자의 비용

시장의 총잉여는 구매자들이 지불하고자 하는 최대금액으로 측정된 상품의 가치에서 그 상품을 공급하는 판매자들의 비용을 뺀 값이다.

만일 어떤 자원배분(allocation of resources)이 총잉여를 극대화 한다면 그 자원배분은 '**효율성**'(efficiency)을 나타낸다고 한다. 만일 어떤 자원배분이 효율적이지 못하다면 그것은 구매자들과 판매자들 사이의 거래로부터 나오는 이득의 일부가 실현되지 않는다는 것을 의미한다. 예를 들어, 어떤 재화가 최소의 비용으로 생산할 수 있는 판매자에 의해 생산되지 않고 있다면 그 자원배분은 비효율적이다. 이 경우 고비용 생산자로부터 저비용 생산자로 생산을 바꾸면 총비용은 낮아지고 따라서 총잉여를 증대 시킨다. 마찬가지로 어떤 재화가 그것의 가치를 가장 높게 평가하는 구매자에 의해 소비되지 않고 있다면 그 자원배분도 비효율적이다. 이 경우 저평가 구매자로부터 고평가 구매자로 소비를 바꾸면 총잉여를 증대시킬 것이다.

이러한 효율성 외에도 통치자는 '**공평성**'(equity)에 대해 관심을 가질 수도 있다. 여기서 공평성은 다양한 구매자들과 판매자들 사이의 분배의 공정성(fairness)을 의미한다. 효율성은 시장 참여자들 사이에 분배되어질 총잉여의 크기와 관련된 문제이다. 공평성은 이러한 총잉여가 공정하게 분배되는가의 문제이다. 시장성과의 공평성을 평가하는 것은 효율성을 평가하는 것보다 훨씬 어렵다. 효율성은 실증적으로 판달될 수 있는 객관적인 목표인 반면에, 공평성은 주관적 가치판단을 포함하기 때문에 경제학의 영역을 벗어나 정치철학적 영역에 속한다. 따

라서 이 장에서는 효율성의 문제에 집중할 것이다.

2.2 시장균형의 평가

<그림 13-4>는 시장이 균형상태에 있을 때 소비자잉여와 생산자잉여를 보여준다. 수직축에서 균형점에 이르기까지의 수요곡선과 공급곡선 사이의 총면적은 이 시장의 총잉여를 나타낸다.

그림 13-4 총 잉여

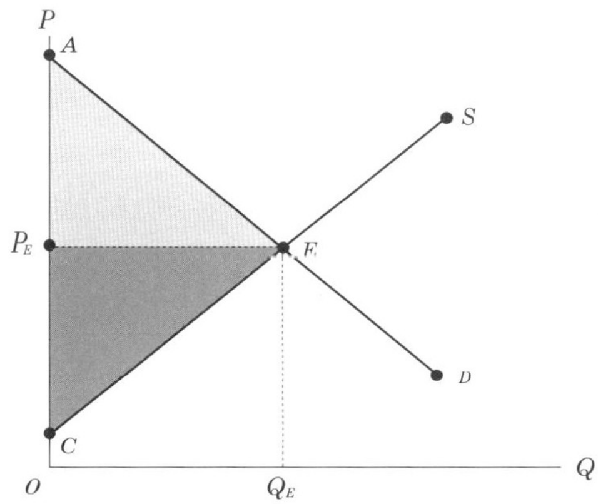

이러한 자원배분은 효율적인가? 이 질문에 답하기 위해서는 시장이 균형상태에 있을 때 어느 구매자들과 판매자들이 시장에 참여하는가를 결정하는 것은 바로 가격이라는 사실을 주목할 필요가 있다. 재화의 가치를 가격보다 높게 평가하는 구매자들(수요곡선상의 AE 부분)은 그 재화를 사고자 할 것이다. 마찬가지로 가격보다 비용이 낮은 판매자들(공급곡선상의 CE 부분)은 그 재화를 생산해서 팔고자 할 것이다.

이로부터 다음과 같은 사실을 알 수 있다.

◆ 자유시장은 재화의 가치를 가장 높게 평가하는 구매자들에게 그 재화의 공급을 배분한다.

◆ 자유시장은 재화를 가장 낮은 비용으로 생산할 수 있는 판매자들에게 그 재화의 수요를 배분한다.

따라서 시장균형하에서 생산되고 판매되는 양이 주어지면, 아무리 전지전능한 통치자라도 구매자들간에 소비의 배분을 변경시키거나 또는 판매자들간에 생산의 배분을 변경시켜 경제적 복지를 증대시킬 수 없다.

그렇다면 이 통치자는 재화의 양을 증가시키거나 감소시켜 총경제적 복지를 증대시킬 수 있는가? 그렇지 않다. <그림 13-5>를 보자. 균형량에 미치지 못하는 수준에서는 구매자들이 평가하는 가치가 판매자들의 비용을 초과한다. 이 경우 산출량의 증가는 총잉여를 증대시킨다. 균형량을 넘어서면 이번에는 비용이 가치를 초과하기 때문에 산출량을 감소시키면 총잉여는 증대된다. 따라서 다음과 같은 결론을 내릴 수 있다.

◆ 자유시장은 소비자잉여와 생산자잉여의 합을 극대화하는 산출량을 생산한다.

이러한 분석을 통해서 우리는 수요와 공급에 의한 균형은 소비자잉여와 생산자잉여의 합을 극대화 한다는 것을 알 수 있다. 다시 말해서 시장균형은 효율적인 자원배분을 달성한다.

그림 13-5 균형량의 효율성

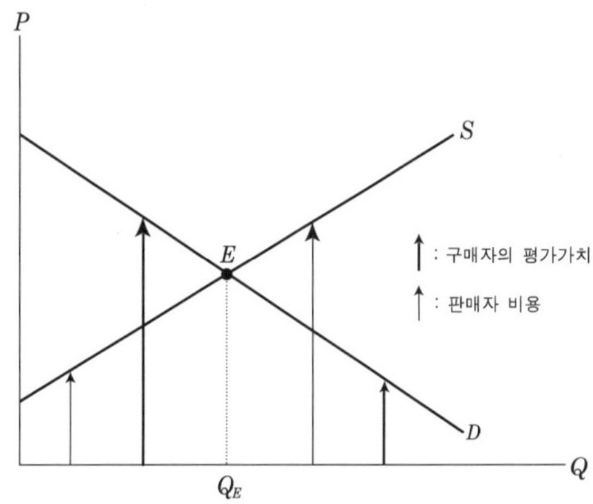

2.3 시장의 효율성과 시장의 실패

지금까지 후생경제학의 기본도구인 소비자잉여와 생산자잉여의 개념을 사용하여 자유시장경제의 효율성을 평가하였다. 이미 살펴본 바와 같이 각 구매자나 판매자가 비록 자신의 후생에만 관심을 갖는다고 해도 수요와 공급이라는 시장의 두 상반된 힘은 자원을 효율적으로 배분시킨다. 수요와 공급은 소위 '**보이지 않는 손**'(invisible hand)에 의해 구매자와 판매자의 총편익을 극대화 하는 균형으로 인도한다.

그러나 여기에서 한 가지 주의해야 할 점이 있다. 시장배분이 효율적이라는 결론을 내리기 위해서는 시장이 어떻게 작동하는가에 관해 몇가지 가정을 해야 한다.

첫째, 시장이 **완전경쟁**이어야 한다. 현실세계의 시장은 완전경쟁과는 거리가 멀다. 어떤 시장에서는 소수의 구매자나 판매자가 시장가격에 영향을 미칠 수도 있다. 이러한 **시장지배력**(market power)은 가격과 산출량을 수요와 공급에 의해 결정되는 균형가격과 균형량으로부터 괴리시켜 시장이 비효율적이 되도록 할 수 있다.

둘째, **외부성**(externalities)이 없어야 한다. 지금까지는 시장의 성과는 오직 그 시장에 참여하는 구매자들과 판매자들에게만 중요하다고 암묵적으로 가정해 왔다. 그러나 현실세계에서 구매자들과 판매자들의 의사결정은 때로는 시장에 전혀 참여하지 않고 있는 사람들에게도 영향을 미칠 수 있다. 이러한 부수적인 효과를 **외부성** 또는 **외부효과**(external effects)라 한다. 외부성은 시장의 후생이 구매자들이 평가하는 가치와 판매자들의 비용 이외의 다른 것에도 의존하도록 만든다. 구매자들과 판매자들은 이러한 외부성을 고려하지 않고 소비와 생산에 대한 의사결정을 하기 때문에, 시장균형은 사회전체의 관점에서 볼 때 비효율적일 수도 있다.

정부에 의해서 규제되지 않은 자유시장경제 하에서의 균형이 자원을 효율적으로 배분시키지 못하는 모든 경우를 가리켜 **시장의 실패**(market failure)라고 한다. 위에서 지적한 시장지배력과 외부성은 바로 대표적인 시장의 실패 요인들이다. 시장의 실패가 존재하면 정부는 공공정책을 통해 문제를 시정하여 경제적 효율성을 증대시킬 수 있다.

그러나 시장의 실패 가능성에도 불구하고 시장의 보이지 않는 손은 대단히 중요하다. 많은 시장에서 위에서 든 가정들은 잘 작동하고, 따라서 시장의 효율성에 관한 우리의 결론은 직접적으로 적용된다. 더 나아가 이 장에서 살펴본 후생경제학과 시장의 효율성에 관한 분석은 다양한 정부정책의 효과를 분석하는데 사용될 수 있다. 이 문제는 다음 장에서 살펴볼 것이다.

■ 요 약 ■

1. 소비자잉여란 구매자가 한 재화에 대해 지불하고자 하는 최대금액과 실제로 지불하는 금액과의 차이이며, 시장에 참여하는 구매자들이 얻는 편익을 나타낸다. 소비자잉여는 시장가격 수준과 그보다 위에 놓인 수요곡선 사이의 면적으로 측정할 수 있다.

2. 생산자잉여란 판매자가 재화나 서비스의 판매로부터 얻게되는 금액과 생산비용과의 차이이며, 시장에 참여하는 판매자들이 얻는 편익을 나타낸다. 생산자잉여는 시장가격 수준과 그보다 아래에 놓인 공급곡선 사이의 면적으로 측정할 수 있다.

3. 소비자잉여와 생산자잉여의 합을 극대화하는 자원배분을 효율적이라고 한다. 정책결정자는 경제적 성과의 효율성뿐만 아니라 공평성에 대해서도 관심을 갖는다.

4. 수요와 공급에 의한 균형은 소비자잉여와 생산자잉여의 합을 극대화 한다. 즉, 시장의 보이지 않는 손은 자원을 효율적으로 배분하도록 구매자들과 판매자들을 인도한다.

5. 시장지배력이나 외부성과 같은 시장의 실패가 존재하면 시장은 자원을 효율적으로 배분하지 못한다.

■ 주요개념 ■

후생경제학, 지불용의 금액, 소비자잉여, 생산자잉여, 효율성, 공평성, 시장지배력, 외부성, 시장의 실패

제14장

정부와 자원배분

<개 요>

우리가 연구대상으로 삼고 있는 것은 자유시장경제이다. 자유시장경제에서 자원의 배분은 가격의 매개변수적 기능(parametric function of prices)에 의해서 소비자와 생산자들간의 자발적인 교환과 경쟁을 통해 이루어진다. 완전경쟁하에서 가격기구는 정부의 개입없이도 자원을 효율적으로 배분한다는 것을 앞 장에서 살펴보았다. 우리가 살펴본 완전경쟁모형이 이론적인 측면에서도 이상적인 모형이지만, 현실세계의 관찰 역시 시장기구의 성과와 상당히 부합된다. 자유시장경제는 산출량수준, 생산의 효율성, 소비재의 다양성 및 경제적 번영의 관점에서 볼 때 역사상 유례 없는 발전을 가져다 주었다.

그러나 앞에서 살펴본 것처럼 자유시장경제의 가격기구만으로는 해결 할 수 없는 문제들도 또한 존재한다. 이러한 문제들을 해결하기 위해서 정부의 역할이 필요하게 된다

이 장에서는 정부가 어떻게 행동해야 하는가를 조세, 외부성, 공공재 및 산업규제정책과 관련하여 살펴보고자 한다.

1. 조세와 자원배분

조세를 부과하는 두 가지 주요 이유는 자원배분의 비효율성을 개선하고, 합법적인 정부의 목표를 추구하기 위한 수입(revenue)을 증대하기 위한 것이다. 이 절에서는 조세가 경제적 후생에 어떠한 영향을 미치고, 바람직한 조세체계는 어떠한 특성을 구비해야 하는가를 살펴 봄으로써 조세의 규범적인 측면을 분석한다.

1.1 조세와 경제적 효율성

제4장에서 우리는 수요와 공급이 어떻게 구매자와 판매자간의 조세부담을 결정하는가를 살펴 보았다. 여기에서는 후생경제학의 도구를 사용해서 조세가 시장참여자들에게 어떠한 영향을 미치는가를 살펴보기로 한다.

1.1.1 조세의 자중손실

어떤 재화에 조세를 부과하는 경우 초래되는 이득과 손실을 측정하기 위해서는 조세가 구매자와 판매자뿐만 아니라 정부에 대해서 어떻게 영향을 미치는가를 고려해야 한다. 시장에서 구매자가 얻는 편익은 소비자잉여에 의해 측정되고 판매자가 얻는 편익은 생산자잉여에 의해 측정된다.

그러면 정부가 얻는 편익은 무엇으로 측정할 수 있는가? 재화 한 단위당 조세의 크기를 T, 판매량을 Q라고 하면 정부는 $T \times Q$만큼의 **조세수입**(tax revenue)을 얻는다. <그림 14-1>에서 빗금친 사각형의 면적은 정부의 조세수입을 나타낸다. 정부는 이러한 조세수입을 사용해서 교육, 국방 등 필요한 서비스를 제공한다. 따라서 정부가 얻는 편익은 조세수입으로 측정할 수 있다. 물론 이러한 편익은 실제로는 정부에게 돌아가는 것이 아니라 조세수입이 지출되는 당사자에게 돌아간다.

그림 14-1 조세수입

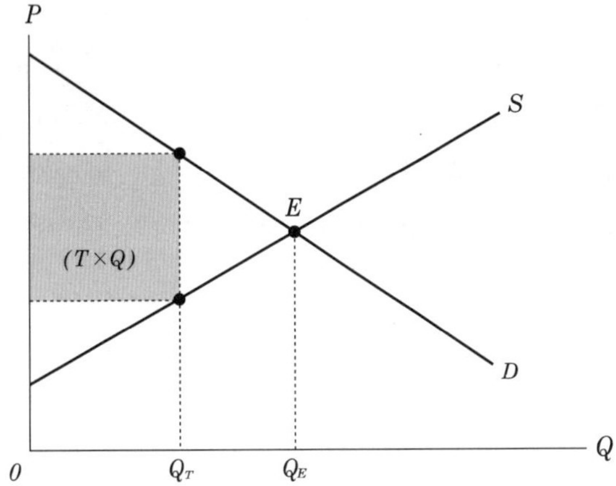

조세가 경제적 후생에 어떠한 영향을 미치는가를 알아 보기 위해 먼저 정부가 조세를 부과하기 전의 후생에 대해 살펴 보기로 한다. <그림 14-2>를 보자. 조세가 없다면 균형가격과 균형량은 각각 P_1, Q_1 에서 결정된다. 이 경우 소비자잉여는 면적 $(A+B+C)$ 이며, 생산자잉여는 면적 $(D+E+F)$ 이다. 따라서 총잉여는 면적 $(A+B+C+D+E+F)$ 이다. 물론 조세수입은 0이다.

그림 14-2 조세와 후생의 변화

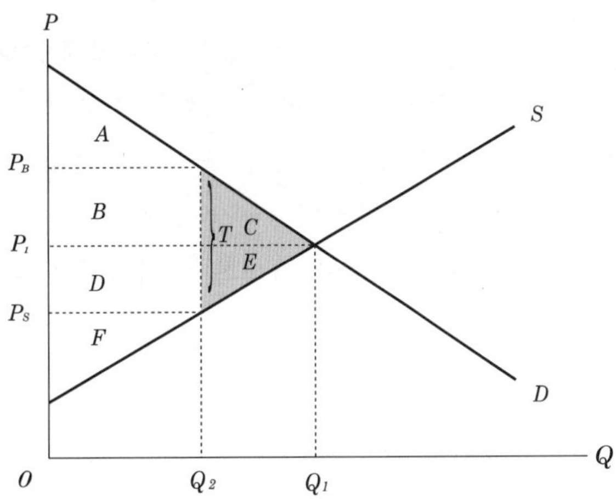

이제 조세가 부과된다고 하자. 이 경우 구매자가 지불하는 가격은 P_1 에서 P_B 로 증가하고 따라서 소비자잉여는 면적 A 로 감소한다. 한편 생산자가 받는 가격은 P_1 에서 P_s 로 하락하며 따라서 생산자잉여는 면적 F 로 감소한다. 정부는 이제 면적 $(B+D)$ 만큼의 조세수입을 얻는다. 따라서 총잉여는 소비자잉여, 생산자잉여 및 정부의 조세수입을 합한 면적 $(A+B+D+F)$ 와 같게 된다.

이와 같이 조세의 부과는 소비자잉여, 생산자잉여 및 조세수입을 모두 변화시킨다. 구매자와 판매자의 후생수준은 악화된 반면, 정부는 나아진다. 결과적으로 시장전체의 총잉여는 면적 $(C+E)$ 만큼 감소한다. 다시 말해서 구매자와 판매자의 손실이 정부의 조세수입을 초과한다. 조세로 인해 발생하는 총잉여의 감소를 조세의 **자중손실**(deadweight loss)이라 한다. 면적 $(C+E)$ 는 이 경우 자중손실의 크기를 나타낸다.

이러한 자중손실은 사람들이 인센티브에 반응하기 때문에 발생한다. 조세는 구매자의 가격을 증가시켜 소비를 줄이도록 만들고, 판매자의 가격을 하락시켜 생산을 줄이도록 만드는 인센티브를 제공한다. 구매자와 판매자가 모두 이러한 인센티브에 반응하면 시장의 크기는 최적규모보다 축소된다. 따라서 우리는 다음과 같은 결론을 내릴 수 있다.

> 조세는 인센티브를 왜곡시켜 시장으로 하여금 자원을 비효율적으로 배분하도록 만든다.

1.2 조세체계의 설계

앞에서는 조세가 경제적 복지에 어떻게 영향을 미치는가를 살펴 보았다. 이로부터 우리는 조세는 자중손실을 초래한다는 것을 알게 되었다. 여기에서는 **조세체계**(tax system)를 설계하는 문제에 대해 살펴본다. 조세체계의 목적은 정부의 재정수입을 증대시키기 위한 것이다. 따라서 먼저 정부의 재정에 대해 개관하기로 한다.

1.2.1 정부재정의 개관

<표 14-1>에는 중앙정부와 지방정부를 합친 총재정규모가 국민총생산과 대비되어 있다. 이를 보면 재정의 규모가 국민총생산보다 더 빠른 속도로 증가되어 왔다는 것을 알 수 있다. 이와 같은 재정규모의 빠른 팽창에 따라 국민들의 조세부담도 빠른 속도로 상승해 왔다. 국민총생산에서 차지하는 총조세(국세와 지방세)의 비중, 즉 **조세부담율** 추이를 보면 1970년에는 14.3%의 수준이었던 것이 꾸준히 상승하여 1997년에는 21.4%의 수준에까지 이르게 되었다.

그러나 이러한 정부재정의 총규모만으로는 모든 것을 알기에는 부족하다. 정부의 재정을 완전히 이해하기 위해서는 좀더 구체적으로 살펴볼 필요가 있다.

〈표 14-1〉 중앙정부와 지방정부의 재정규모 및 조세부담률

(단위: 10억원, %)

연도	국민총생산(경상가격)	총재정 규모	총재정규모/국민총생산	중 앙 정 부			지방 정부	조세부담율(총조세부담/국민총생산)
				총계	일반 회계	특별회계		
1970	2,776.9	696.8	25.1	599.0	428.0	171.0	97.7	14.3
1975	10,135.8	2,480.1	24.5	2,123.6	1,535.3	588.3	356.5	15.3
1980	36,749.7	10,496.4	28.6	8,647.9	6,486.1	2,161.8	1,848.6	17.8
1985	78,088.4	19,810.6	25.4	15,000.3	12,406.4	2,593.9	4,810.3	17.1
1990	178,262.1	44,618.2	27.0	32,563.9	27,463.7	5,100.2	12,081.3	18.6
1995	348,979.3	116,382.9	33.3	72,915.0	51,498.1	21,416.9	43,467.9	20.1
1996	386,438.2	127,382.3	33.0	85,694.4	58,822.8	26,871.6	41,687.9	20.7
1997	416,017.9	137,418.8	33.0	98,329.9	67,578.6	30,751.3	39,088.9	21.4

주: 1) 1997년도 자료는 예산기준
2) 지방재정은 세출에서 중앙재정 및 타지방재정에서의 의존수입을 제외한 규모임
자료: 통계청 「주요경제지표」, 각년도.

중앙정부 중앙정부의 예산은 크게 일반회계와 특별회계로 나누어 지는데 일반회계의 규모가 특별회계 규모의 약 2배에서 5배를 차지한다. 이는 일반회계가 중앙정부 재정의 중추를 이루고 있다는 것을 의미한다.

일반회계의 세입은 크게 보면 내국세와 관세 등을 통해 얻어지는 조세수입과, 차관수입과 판매수입 등으로 구성된 세외수입으로 구성된다. 일반회계 총세입에

서 조세수입이 거의 대부분을 차지하며, 이 중에서 가장 비중이 큰 것은 물론 내국세이다. <표 14-2>에서 보는 바와 같이 1997년에 일반회계 총세입 중에서 내국세 수입은 76.8%를 차지하고 있다.

〈표 14-2〉 중앙정부의 조세수입 추이

(단위: 10억원, %)

연 도	일반회계	국 세	내국세	관 세
1980	6,635.2	79.8	55.4	11.5
1985	13,008.9	84.9	57.6	12.0
1990	31,304.6	85.8	61.1	8.8
1995	52,928.0	95.3	80.0	8.8
1996	60,275.8	93.9	76.8	9.1
1997	67,578.6	94.8	76.8	8.8

주: 조세의 구성비(%)는 일반회계에 대한 비임.
자료: 통계청,「한국주요경제지표」, 1998.

국세는 과세물건이 국경을 통과하는가의 여부에 따라 내국세와 관세로 구분되며, 내국세는 다시 조세부담의 전가 여부에 따라 직접세와 간접세로 분류되고 그외에 특정 용도에만 사용되도록 만들어진 목적세가 있다. 현행 국세체계는 6가지의 직접세와 6가지의 간접세, 그리고 3가지의 목적세 및 관세 등 총 16가지의 조세로 구성되어 있다.

중앙정부 조세수입 중 직접세와 간접세의 상대적 비중은 <표 14-3>에서 보는 바와 같이 미국, 일본 등 선진국과는 달리 간접세의 비중이 약간 크며, 직접세 중에서는 소득세와 법인세가 거의 대부분을 차지한다. 직접세는 조세부담의 주체에게 직접 부과되기 때문에 납세자의 경제적 능력에 따라 세금의 크기를 조정할 수 있지만, 간접세는 상품이나 경제활동 등에 부과되기 때문에 누가 그 세금을 부담하게 될지 모르고 따라서 납세자의 조세부담능력에 맞추어 세금의 크기를 조정할 수 있는 여지가 없다. 그러므로 전체 조세수입 중에서 직접세의 비중이 작을수록 납세자의 경제적 능력에 상응하는 조세부담의 분배를 실현하기 힘들게 된다.

〈표 14-3〉 직접세와 간접세의 비율

(국세기준: %)

국 가	직접세	간접세
한 국	41.4	58.6
일 본	65.0	35.0
미 국	91.3	8.7
영 국	56.6	43.3
독 일	47.9	52.1
이태리	54.8	45.2
프랑스	39.6	60.4

주: 한국은 1997년, 일본은 1996년, 그 외는 1995년 기준임.
자료: 재경부, 「조세개요」, 1998.

한편 일반회계의 세출을 예산사업이 수행하는 기능(function)에 따라 분류하면 <표 14-4>와 같다. 이를 보면 세출 중 가장 큰 비중을 차지하고 있는 것은 방위비와 경제개발비임을 알 수 있다. 이 둘을 합하면 대략 47% 수준으로 정부예산의 절반가량은 언제나 따로 떼어놓은 상태에서 나머지를 가지고 여러 부문에서 나누어 사용해 왔다는 것을 알 수 있다. 그 다음으로 큰 비중을 차지하고 있는 것은 교육비이다. 교육비는 경제개발비 및 사회개발비와 함께 국민의 복지향상에 직접적으로 기여할 수 있는 지출이다. 세 번째로 중요한 범주는 일

〈표 14-4〉 기능별 세출예산

(단위: 10억원, %)

연도	일반회계	일반행정	방위비	사회 개발비	교육비	경제 개발비	지방재정 교부금	채무상환 및 기타
1980	6,486.1	9.7	35.6	6.4	17.7	21.5	6.3	2.7
1985	12,406.4	10.1	30.6	6.8	20.1	16.1	8.1	8.1
1990	27,436.7	10.2	25.0	8.9	20.4	14.1	10.1	11.3
1995	51,498.1	10.6	22.1	8.1	18.9	22.3	10.6	7.5
1996	58,480.8	10.7	22.1	8.6	18.9	22.4	10.9	6.3
1997	67,578.6	10.5	21.2	8.9	18.2	25.4	10.3	5.6

주: 일반회계에 대한 비임.
자료: 통계청, 「한국주요경제지표」, 1998.

반행정비와 지방재정교부금이다. 일반공공행정에 투입된 지출은 경직성 경비의 대표적인 사례로서 정부부문이 유지되기 위해 기본적으로 지출해야 하는 일종의 고정비용의 성격을 갖는다.

지방정부 우리나라에서는 오랫동안 중앙집권적인 체제를 유지해 왔기 때문에 아직도 지방재정의 역할은 그리 크지 않다. 중앙정부와 지방정부의 상대적 규모를 비교하면 1970년대에는 대략 7:1의 비율이었으나, 그 동안 점차 좁혀져와 1997년 현재 대략 5:4의 비율로 거의 비슷한 수준을 보이고 있다. 그러나 조세수입의 측면에서 나타나는 양자의 격차는 이보다 훨씬 큰 것으로 나타난다. 국세와 지방세의 비율을 보면 1970년대에는 약 9:1의 격차를 보이다가 점차 좁혀져 1997년 현재 대략 8:2의 비율을 유지하고 있다.

이처럼 재정규모의 격차가 조세수입의 격차에 비해 상대적으로 작게 나타나는 이유는 중앙정부가 지방정부에 지급하는 재정보조 때문이라고 볼 수 있다. 1997년 현재 지방정부의 총세입은 62조176억원이며 이중 지방세는 18조4977억원으로 약 30%에 지나지 않고, 세외수입 18조8589억원을 포함해도 지방정부의 자체재원으로부터 조달되는 세입은 총세입의 불과 60%밖에 되지 않는다. 나머지는 교부세, 보조금, 양여금 형태로 지급되는 중앙정부의 재정보조로 충당하는 실정이다.

현행 지방세체계는 징수의 주체에 따라 특별·광역, 도, 시·군 및 구세로 구분되며, 이는 다시 지방자치단체의 일반적인 재정수요를 충당하기 위한 보통세와 특별한 목적으로 징수되는 목적세로 나누어진다.

지방세수입 중에서 그 비중이 상대적으로 큰 것은 등록세, 취득세, 담배소비세, 자동차세 및 주민세이다. 등록세는 각종 재산권이나 권리를 공부상에 등록하거나 등기하는 행위에 부과되며, 법률에 의해 권리를 보호해 주는 행정서비스에 대한 대가로서 납부하는 조세로서 1997년 현재 24.6%를 차지하고 있다. 취득세는 재산권의 취득행위 그 자체에 대해 부과되는 조세로서 18.0%를 차지한다.

특별·광역시를 포함한 시·군세 중에서 가장 중요한 위치를 차지하고 있는 것은 담배소비세와 자동차세로서 총지방세 수입의 약 23.3%를 차지하고 있다. 약

12.2%를 차지하고 있는 주민세는 원래 대도시의 인구집중을 억제하고 공장의 지방이전을 촉진하기 위해 도입했으나, 지금은 단순히 지방세원을 확충한다는 의미가 더 크게 되었다. 한 가지 특이한 것은 외국과는 달리 재산세의 비중이 약 3% 수준으로 극히 미미하다는 점이다.

1.2.2 조세의 효율성과 공평성

조세체계를 설계함에 있어 정책결정자가 고려해야 하는 두 가지 목표는 효율성과 공평성이다. 효율성(efficiency)은 조세가 시장경제에 어떠한 영향을 미치는가를 판단하는 기준이며, 공평성(equity)은 과연 조세가 공정하게(fairly) 부과되고 있는가를 판단하는 기준이다. 먼저 효율성에 관해 살펴보자.

조세의 효율성

앞에서 살펴본 바와 같이 조세는 경제에 자중손실이라는 비효율성을 야기시킨다. 그러나 세금이 없는 세계란 생각할 수 없다. 정부가 기능하기 위해서는 수입을 필요로 한다. 따라서 효율적인 조세란 통상 비효율성을 극소화하는 조세를 의미한다. 즉, 조세체계의 효율성은 상대적 개념이다.

효율적인 조세의 개념을 설명하기 위해서는 **조세의 초과부담**(excess burden)이라는 개념을 먼저 이해해야 한다. 납세자가 부담하는 조세의 비용은 다음 세 가지를 들 수 있다: 첫째, **납세액** 그 자체이다. 납세자로부터 정부로의 돈의 이전은 어떠한 조세체계에서도 회피할 수 없는 명백한 비용이다. 둘째, 조세가 사람들의 의사결정을 왜곡시키기 때문에 초래되는 **자중손실**이다. 셋째, 납세자가 조세법에 순응함에 따라 납부과정에서 부담하는 행정비용으로 이를 **순응비용**(compliance cost) 또는 **납세비용**이라 한다. 이 비용은 주로 시간이나 노력의 형태로 나타난다. 납세자의 **총조세부담**(total burden of a tax)은 이 세가지 비용을 합한 것을 말한다.

만일 자중손실과 순응비용이 없다면 납세자들의 조세부담은 정부의 조세수입과 일치할 것이다. 그러나 조세는 통상 사람들로 하여금 세금지불액을 줄이거나 회피하는 방향으로 그들의 경제행위를 변화시킬 뿐만 아니라, 납부과정에서 시간과 노력의 형태로 추가적인 비용을 야기시킨다. 이 경우 납세자의 총조세부담은 조세수입을 초과한다. 총조세부담이 지불된 세금을 초과하는 금액을 조세의 초과부담이라 한다.

이와 같은 조세의 초과부담은 조세수입이 진정한 조세부담을 반영하지 못한다는 것을 의미하며, 곧 조세의 비효율성의 척도가 된다. 따라서 우리는 다음과 같이 말할 수 있다.

> 동일한 크기의 조세수입을 가져다 주는 여러 조세 중에서 **조세의 초과부담이 적은 조세일수록 보다 효율적인 조세**이다.

총조세부담은 조세수입(tax collection)과 초과부담(excess burden)의 합이기 때문에 오직 조세수입이 동일한 경우에만 조세의 효율성을 비교할 수 있다.

끝으로 조세의 효율성을 논할 때 다음과 같은 사항에 유의해야 한다 : 첫째, 경제적 효율성 달성이 사회의 유일한 목표는 아니라는 점이다. 어떤 조세가 사람들의 경제적 행위를 변화시켜 비효율성을 야기시킨다고 하자. 그러나 이러한 비효율성은 정부에 의해 의도적으로 야기될 수도 있다. 예를 들면 정부는 에너지절약을 위해 높은 고속도로 통행료를 징수할 경우도 있다. 이런 경우 에너지절약이라는 주된 목표를 달성하기 위해서는 통행료 징수로 발생하는 비효율성은 감내할 수밖에 없다. 물론 사회전체적인 관점에서 통행료 징수에 기인하는 비효율성 때문에 발생하게 될 손실이 에너지절약에서 오는 이득을 초과할지는 모른다. 그러나 일반적으로 어떤 조세가 그 사회의 보다 중요한 목표를 성취하기 위해 꼭 필요하다면, 비록 경제적 비효율성이 야기된다 해도 그 조세는 바람직할 것이다.

둘째, 보다 근본적인 점은 경제행위를 변화시키는 어떤 조세가 효율성의 손실을 초래하기보다는 오히려 효율성을 증대시킬 수도 있다는 것이다. 즉, 조세를 부과하기 이전에 그 경제에 비효율성이 존재하고 있었다면, 적절한 조세부과는 오히려 그러한 비효율성을 바로잡을 수도 있다는 것이다. 예를 들면 어떤 기업이 오염물질을 배출하여 환경을 악화시키고 있다고 하자. 이 경우 정부는 그 기업에 대해 조세를 부과함으로써 오염배출량을 감소시킬 수 있다. 이 문제는 다음 절에서 살펴볼 것이다.

조세의 공평성

조세의 공평성에 관해서 말할 때 다음과 같은 세 가지 상이한 개념들이 사용된다.

수평적 공평성　수평적 공평성(horizontal equity)이란 동등한 조건하에 있는 사람은 동등하게 취급해야 한다는 것이다. 따라서 이러한 원칙에 따른다면 본질적으로 동등한 사람들에게는 동일하게 조세를 부과해야 한다. 수평적 공평성의 원칙 자체에 이의를 제기할 사람은 없을 것이다. 그러나 이 원칙을 실제로 적용하기에는 많은 어려움이 따른다. 예를 들어 개인소득세에 대해 생각해 보자. 수평적 공평성의 원칙에 따르면 동일한 소득을 가진 두 가구는 동일한 세금을 부담해야 한다.

그러나 만약 한 가구는 식구가 많고 다른 가구는 식구가 적다면 이 두 가구를 동등하다고 말할 수 있겠는가? 수평적 공평성에 입각하면 오직 동일한 수의 식구로 구성된 가구들만이 동등하게 취급될 수 있다. 그러나 이 경우에도 만약 한 가구가 다른 가구에 비해 높은 의료비를 지출한다면 어떻게 될 것인가? 요컨대, 두 가구가 모든 면에서 동등한지의 여부를 결정한다는 것은 그리 쉬운 일이 아니다.

수직적 공평성　수직적 공평성(vertical equity)이란 동등하지 않은 조건하에 있는 사람은 다르게 취급해야 한다는 것이다. 이 원칙은 수평적 공평성의 원칙에 입각해서 볼 때 당연한 귀결이다. 즉, 동등한 사람들에게 똑같은 세금을 부과해야 한다면, 동등하지 않은 사람들에게는 당연히 다르게 세금을 부과해야 할 것이다.

수직적 공평성의 원칙은 흔히 **지불능력원칙**(ability-to-pay principle)으로 알려져 있다. 이 원칙에 따르면 얼마의 세금을 부과할 것인가는 그들의 소득이나 富 등 '지불능력'에 따라 결정되어야 한다는 것이다. 그러나 여기에서도 수평적 공평성의 원칙에서 제기되었던 문제와 유사한 어려움에 직면하게 된다. 즉, 어떻게 '지불능력'을 측정할 수 있는가의 문제이다. 물론 소득세의 경우 지불능력은 소득수준으로 측정될 것이고, 재산세의 경우라면 재산가치에 의해 측정될 것이다. 그러나 이 경우에도 소득수준이나 재산가치에 따라 **누진적**(progressive)

으로 과세해야 하느냐, **비례적**(proportional) 또는 **역진적**(regressive)으로 과세해야 하느냐의 문제는 여전히 남는다. 요컨대, 동등하지 않은 사람들을 얼마나 다르게 취급해야 할 것인가는 여전히 해결할 수 없는 문제로 남아 있다.

수익성 원리 수익성 원리(benefits principle)란 정부의 서비스로부터 얻게 되는 수익(benefits)에 비례해서 세금을 지불해야 한다는 것이다. 개인들이 사적재화를 많이 소비할수록 세금을 많이 지불해야 하는 것과 마찬가지로, 공공재로부터 많은 편익을 누리는 사람이 그렇지 않은 사람보다 많은 세금을 지불하는 것은 합리적일 것이다.

수익성원칙에 따르면 부자가 가난한 사람보다 많은 세금을 지불해야 한다고 주장할 수 있다. 그 이유는 부자가 통상 가난한 사람보다 공공서비스로부터 보다 많은 편익을 얻기 때문이다. 예를 들어 많은 재산을 소유하고 있는 사람은 아무것도 잃을 것이 없는 사람보다 자신의 재산을 보호하기 위해 더 많은 경찰서비스나 국방서비스를 필요로 하고 따라서 경찰력과 국방력을 유지하는 비용을 더 많이 부담해야 한다.

수평적 공평성과 수직적 공평성의 원칙이, 실제적인 문제를 제외하면, 적어도 서로 충돌되는 개념은 아닌 반면, 수익성원칙은 수직적 공평성의 원칙과 서로 충돌하는 경우가 많다. 예를 들어 A와 B가 동등하다면 정부의 서비스부터 얻는 수익도 같을 것이고, 따라서 동일한 세금을 지불해야 할 것이다. 그러나 A와 B가 서로 같다고 해서 동일한 세금을 지불해야 하는가?

요컨대, 부자가 가난한 사람보다 지불할 능력이 크다고 해서 더 많은 세금을 지불해야 한다는 것과, 그들이 정부 서비스로부터 많은 수익을 누린다고 말하는 것은 전혀 별개의 문제이다.

2. 외 부 성

앞 장에서 시장의 실패를 논의할 때 외부성에 대해서 간단히 언급한 바 있다. 이 절에서는 외부성이 시장에 어떠한 비효율성을 야기시키고 이 경우 정부가 무엇을 해야하는가를 구체적으로 살펴본다.

2.1 외부성이란?

> 외부성(externalities) 또는 외부효과(external effects)는 어떤 사람의 행위가 국외자(bystander)에게 의도하지 않은 이득이나 손해를 가져다 주면서도 이에 대한 대가를 받지도 지불하지도 않을 때 창출된다.

외부성은 어떤 사람의 행위가 국외자의 복지에 의도하지 않은 영향을 미칠 때 나타난다. 국외자에게 해로운 영향을 미칠 때 **외부비경제**(external diseconomies)가 존재한다고 하고, 이로운 영향을 미칠 때 **외부경제**(external economies)가 존재한다고 한다.

외부성은 생산과정에서 나타날 수도 있고, 소비과정에서도 나타날 수 있다. 예를 들면 어떤 공장이 공기나 물을 오염시킴으로써 그 지역 주민들의 건강을 해치면서도 의료비를 보상하지 않는 경우 외부비경제가 창출된다. 또한 교육으로부터의 이득은 교육을 받는 당사자에게만 국한되는 것은 아니다. 국민의 교육수준이 높을수록 보다 나은 정부가 나오게 되고, 이는 궁극적으로 사회전체의 이익을 증가시킴으로써 외부경제를 창출한다.

외부성이 존재하는 경우 시장성과에 대한 사회적 관심은 구매자와 판매자의 복지에 국한되지 않고 영향을 받는 국외자의 복지도 포함한다. 구매자와 판매자는 수요와 공급에 대한 의사결정을 할 때 자신들의 행위가 초래하는 외부효과를 무시하기 때문에 시장의 균형은 사회전체의 총잉여를 극대화 시키지 못한다. 다시 말해 비효성율을 초래한다.

지금까지 시장을 분석할 때 우리는 암묵적으로 **사적 비용**(private cost)은 **사회적 비용**(social cost)과 일치하며 **사적 편익**(benefit) 또한 **사회적 편익**(social benefit)과 같다고 가정하였다. 그러나 위의 예처럼 현실경제에서는 이 가정이 성립되지 않는 경우가 허다하다. 다시 말하면 개인의 입장에서 본 사적 비용이나 사적 편익이 사회전체적인 관점에서 본 사회적 비용이나 사회적 편익과 반드시 일치하는 것은 아니다. 이와 같이 사적 비용(편익)과 사회적 비용(편익)간에 괴리가 발생할 때 외부성이 창출된다. 따라서 외부비용과 외부편익은 다음과 같이 정의될 수 있다.

◆ 외부비용 = 사회적 비용 − 사적 비용.

◆ 외부편익 = 사회적 편익 − 사적 편익.

만일 **외부경제**(external economies)가 존재하면 사회적 편익이 사적 편익을 초과하게 되고, **외부비경제**(external diseconomies)가 존재하면 사회적 비용이 사적 비용을 초과하게 된다.

2.2 외부성과 시장의 실패

외부성이 왜 자원배분의 비효율성을 초래하는가를 알아보기 위해 먼저 생산과정에서 외부성이 창출되는 경우부터 살펴보자.

2.2.1 생산의 외부성

<그림 14-3> (a)에는 어떤 시장의 전형적인 수요와 공급곡선이 그려져 있다. 예를 들어 이 시장을 정유시장이라 하고, 정유공장에서 공해물질을 배출한다고 하자. 즉, 생산되는 정유 1단위당 일정량의 매연이 대기 중으로 방출된다. 이러한 매연은 주민들의 건강을 악화시킬 수 있기 때문에 외부비경제에 속한다.

그림 14-3 생산의 외부성

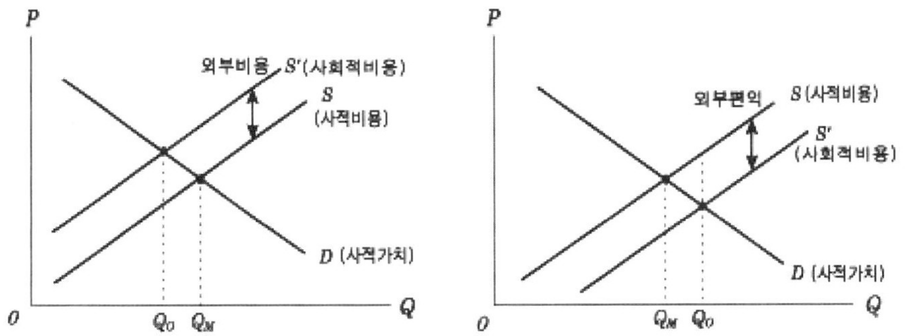

(a) 외부비경제 (b) 외부경제

외부비경제가 존재하면 정유생산의 사회적 비용은 생산자의 비용보다 매연 때문에 주민들이 추가로 부담하는 비용만큼 커진다. 생산되는 정유 1단위당 사회적 비용은 정유생산자의 사적비용에 외부비용을 더한 것이다. 그림에서 정유를 생산하는 사회적 비용곡선이 공급곡선보다 위에 그려져 있는 것을 볼 수 있다. 이 차이는 배출된 공해가 사회에 부가시키는 외부비용을 반영한다.

이 경우 정유는 얼마나 생산되어야 하는가? 만일 전지전능한 통치자의 목표가 시장으로부터의 총잉여를 극대화하는 것이라면, 그는 수요곡선이 사회적 비용곡선을 교차하는 점까지 생산해야 한다. 그 점은 사회전체의 관점에서 볼 때 최적산출량이다. 만일 이 산출량수준에 미치지 못하면 소비자들이 평가하는 가치(수요곡선의 높이)가 그 것을 생산하는 사회적 비용을 초과하게 된다. 반면에 그 수준을 넘어서게 되면 추가생산에 따른 사회적 비용이 소비자가 평가하는 가치를 초과하게 된다.

여기서 주목할 것은 균형산출량 (Q_M) 이 최적산출량 (Q_O) 보다 크다는 사실이다. 이러한 비효율성이 초래되는 이유는 시장균형은 오직 사적비용만을 반영하기 때문이다. 시장균형상태에서 한계소비자는 정유의 가치를 사회적 비용보다 낮게 평가한다. 따라서 정유 생산과 소비를 균형수준보다 줄이면 경제적 복지는 증가한다.

그렇다면 이 통치자는 어떻게 최적산출량을 달성할 수 있는가? 한 가지 방법은 정유판매량 매단위에 조세를 부과하는 것이다. 조세는 공급곡선을 위로 이동시키기 때문에 세금의 크기가 만일 대기 속으로 배출되는 매연의 사회적 비용을 정확히 반영한다면 새로운 공급곡선은 사회적 비용곡선과 일치할 것이다. 새로운 균형상태에서 정유생산자는 사회적으로 최적인 수준을 생산할 것이다.

그와 같은 조세는 시장에서 구매자들과 판매자들로 하여금 자신들의 행위의 외부효과를 고려하도록 만드는 인센티브를 주기 때문에, 이를 '**외부성을 내부화한다**'(internalizing the externality)고 한다.

한편 신기술 개발과 같이 외부경제가 존재하는 경우에 대해서도 이와 비슷한 방법으로 분석할 수 있다. 어떤 산업에서 새로운 기술을 개발하면 그 편익은 해당 산업에만 국한되지 않고 사회전체로 **누출**(spillover)되기 때문에 기술개발의 사회적 비용은 사적 비용보다 작게 되고 따라서 사회적으로 최적인 산출량 수준은 시장에서 결정되는 균형수준보다 커지게 된다.(그림 (b) 참조)

이 경우에 정부는 그 산업에 보조금(subsidy)을 지불함으로써 외부성을 내부화 할 수 있다. 정부가 보조금을 지불하면 공급곡선은 보조금의 크기만큼 아래로 이동하게 되어 균형량을 증가시킨다. 시장균형과 사회적 최적수준이 일치하기 위해서는 보조금의 크기가 기술개발이 누출시키는 외부편익과 같아야 함은 물론이다.

2.2.2 소비의 외부성

외부성은 생산과정에서만 창출되는 것은 아니다. 어떤 외부성은 소비과정에서도 창출된다. 예를 들어 음주운전은 다른 사람의 생명을 위태롭게 만들 수 있다는 점에서 외부비경제를 창출한다. 또한 보다 많은 사람들이 교육을 받을수록 좋은 사회가 된다는 점에서 교육은 외부경제를 창출한다.

소비의 외부성을 분석하는 것은 생산의 외부성을 분석하는 것과 비슷하다. <그림 14-6>에서 보는 바와 같이, 소비의 외부성이 존재하면 수요곡선은 더 이상 사회적 가치(편익)를 반영하지 못한다. 음주운전과 같은 외부비경제가 존재하면 사회적 가치는 사적 가치보다 작게 되고 사회적 최적산출량은 시장의 균형산출량에 미치지 못하게 된다(그림 a). 반면에 교육과 같은 외부경제가 존재하면 사회적 가치는 사적 가치보다 크게 되고 사회적 최적산출량은 시장의

그림 14-4 소비의 외부성

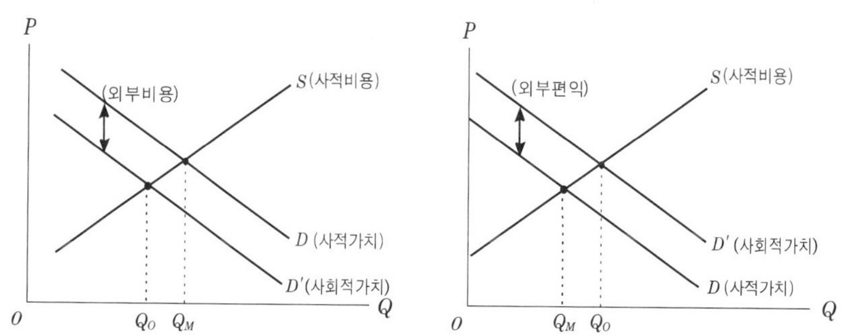

(a) 외부비경제 (b) 외부경제

균형산출량을 초과하게 된다(그림 b).

이러한 경우에도 역시 정부는 조세나 보조금을 사용하여 외부성을 내부화 할 수 있다. 시장균형을 사회적 최적상태로 접근시키기 위해서는, 외부비경제의 경우 조세를 부과하고 외부경제의 경우 보조금을 지불하면 된다. 실제로 정부는 그러한 정책을 사용한다. 음주운전에는 막대한 벌금이 부과되며, 교육은 공교육이나 정부장학금을 통해 보조된다.

2.3 외부성의 내부화

외부성은 시장의 자원배분을 비효율적으로 만들고 이러한 비효율성은 조세나 보조금을 통해 시정될 수 있음을 보았다. 그러나 외부성이 그러한 방법으로만 내부화 되는 것은 아니다. 외부성의 문제는 사적 수단에 의해 해결될 수도 있고 공적수단에 의해 해결될 수도 있다.

2.3.1 사적 문제해결

어떤 상황에서는 문제해결을 위해 사람들이 사적 해결책을 개발할 수도 있다. 몇가지 사례를 들어보자.

외부성의 문제는 때로는 사회의 도덕규범과 제재에 의해 해결된다. 예를 들어 사람들은 법에 의해 금지되어 있기 때문에 쓰레기를 함부로 버리지 않는 것이 아니라, 단순히 그러한 행위가 잘못이기 때문에 버리지 않는다.

자선행위도 하나의 해결책이 될 수 있다. 예를 들어 환경보호단체나, 사립대학은 개인들이나 법인에 의한 기부금에 의해 운영된다.

시장도 이해당사자들에 의해 문제를 해결할 수 있다. 예를 들어 사과과수원 옆에서 어떤 사람이 꿀벌을 치고 있다고 하자. 이 경우 꿀벌들의 활발한 활동으로 사과의 수확량이 늘어나 과수원 주인은 이득을 보게된다. 동시에 양봉업자도 사과나무로부터 꿀을 많이 채취할 수 있어 마찬가지로 이득을 본다. 그러나 과수원 주인이 얼마나 많은 사과나무를 재배할 것인가를 결정하거나, 양봉업자가 얼마나 많은 꿀벌들을 키울 것인가를 결정하는 경우 그들은 외부경제를 무시한다. 결과적으로 과수원 주인은 사과나무를 너무 적게 심게되고 양봉업자도 꿀벌들을 너무 적게 키우게 된다. 그러나 만일 양봉업자가 과수원을 매입하거나 과수원 주인이 벌통을 매입하면 외부성을 내부화 할 수 있다.

시장에 의한 이러한 문제해결이 얼마나 효과적인가? 외부성의 문제가 이해당사자들의 자발적인 협상에 의해 해결될 수 있고 또한 어떤 상황에서는 매우 효과적일 수 있음을 보이고 있는 것이 바로 **코우즈정리**(Coase theorem)이다. 코우즈(Ronald Coase)는 만일 이해당사자들이 거래비용(transaction cost)없이 자원배분에 대해 협상할 수 있다면 시장은 항시 외부성의 문제를 해결하여 자원을 효율적으로 배분할 것이라고 주장한다.

그러나 코우즈정리는 이해당사자들이 아무런 어려움 없이 협의에 도달할 수 있는 경우에만 적용될 수 있다. 현실적으로는 비록 상호이득이 되는 협의가 가능하다고 해도 협상에 실패할 수 있다. 협상과정에서의 거래비용 때문에 실패할 수도 있고, 단순히 서로 자기에게 유리한 결과만을 고집하기 때문에 실패할 수도 있다. 또한 이해당사자들의 수가 너무 많은 경우에도 효율적인 협상이 어렵게 된다.

이처럼 자발적인 협상이 어려운 경우 정부가 나서서 해결할 수도 있다. 이제 정부가 어떻게 외부성의 문제를 해결할 수 있는가를 살펴보기로 하자.

2.3.2 정부의 정책

정부는 두 가지 방법으로 외부성의 문제를 해결할 수 있다. 하나는 명령과 통제에 의해 직접적으로 행위를 규제하는 것이고, 다른 하나는 개별 의사결정자들로 하여금 자신들의 관점에서 문제를 해결하도록 인센티브를 제공하는 것이다.

규제 정부는 어떤 행위를 하도록 하거나 금지시킴으로써 외부성을 시정할 수 있다. 예를 들어 유독성 화학물질을 상수원에 배출하는 것은 법으로 금지된다. 그러나 대부분의 환경공해문제는 그렇게 단순하지 않다. 환경을 오염시키는 모든 행위를 금지시킨다는 것은 거의 불가능하다. 예를 들어 어떠한 형태의 교통수단이라도 약간씩은 오염물질을 배출한다. 그렇다고 모든 교통수단을 금지시킬 수는 없는 노릇이다. 따라서 정부는 허용가능한 공해의 종류와 방출량을 결정하기 위해 비용과 편익을 따져 보아야 한다.

공해세와 보조금 앞에서 언급한 바와 같이 정부는 세금을 부과하거나 보조금을 지급함으로써 사적 인센티브를 사회적 효율성에 맞추도록 시장기능을 활용할 수 있다. 외부비경제를 시정하기 위해 부과하는 세금을 공해세(effluent tax) 또는 제안자인 피구(Arthur Pigou, 1877-1959)의 이름을 따서 피구세(Pigouvian tax)라 한다.

규제는 오염방출량 수준을 정해 이를 준수하도록 지시하는 반면에, 공해세는 오염을 감소시키도록 경제적 인센티브를 제공하는 것이기 때문에 대부분의 경제학자들은 후자의 방식을 선호한다. 오염방출량 수준을 정해 규제하는 경우 기업은 일단 그 목표에 도달하면 더 이상 배출량을 줄이지 않을 것이다. 반면에 공해세를 부과하면 기업은 지불할 세금을 줄이기 위해 정화기술을 개발할 인센티브를 갖게 된다.

공해세는 대부분의 조세와는 다르다. 대부분의 조세는 인센티브를 왜곡시켜 비효율성을 초래하지만, 공해세는 자원배분을 사회적 최적수준에 근접시켜 경제적 효율성을 증대시킨다.

정부는 또한 **오염허가서**(pollution permits)를 발행하여 이를 획득한 사람이나 기업만이 오염물질을 방출할 수 있게 하는 방식으로 문제를 해결할 수도 있다. 정부는 사회적으로 적정한 오염방출량을 미리 정해 놓고 그만큼만 방출할 수 있는 허가서의 양만 통제하면 된다. 만일 이 허가서를 시장에서 자유로이 거래할 수 있도록 하면 시장의 힘을 빌려 문제를 해결할 수 있게 된다.

자유로이 거래될 수 있는 오염허가서제의 실시는 경제적 효율성의 관점에서 좋은 정책이다. 시장에서의 거래는 자발적으로 이루어지기 때문에 거래당사자들에게 모두 이득이 된다. 또한 총오염방출 수준은 그대로 유지되기 때문에 그러한 거래는 어떠한 외부효과도 초래하지 않는다.

오염허가서제가 피구세와 무척 다르게 보일지 모르지만 실제로는 상당한 공통점을 갖는다. 우선 두 경우에 모두 기업들은 오염에 대한 대가를 지불한다.

피구세는 세금을 지불해야 하고, 오염허가서제는 허가서를 구입하기 위해 지불해야 한다.

또한 두 정책 모두 동일한 결과로 인도할 수 있다. 피구세는 오염의 가격을 결정한다. 오염허가서제는 오염의 양을 결정한다. 따라서 만일 오염방출권에 대한 수요가 주어진다면 정부는 피구세를 통해 가격을 결정하거나, 오염허가서를 통한 양을 결정함으로써 수요곡선상에서 바람직한 한 점을 선택할 수 있다.

3. 공공재와 공유자원

사람들이 원하는 재화를 공급함에 있어 시장이 얼마나 효율적인가는 고려되는 재화의 성질에 의존한다. 대부분의 재화들은 시장에서 효율적으로 공급된다. 이러한 재화들의 경우 시장가격이 구매자와 판매자의 의사결정을 유도하는 신호역할을 한다. 그러나 그렇지 못하는 재화도 있다. 어떠한 이유로든지 시장가격이 존재하지 않는 경우 자원을 정상적으로 배분하는 시장의 힘은 상실된다.

이 절에서는 그러한 대표적인 두 재화들에 대해 알아 본다.

3.1 재화의 구분

경제에 있는 재화들은 다음 두 가지 특성에 의해 구분될 수 있다 :

- ◆ 배제성(excludability): 사람들이 그 재화를 소비하는 것을 막을 수 있는가?
- ◆ 경합성(rivalness): 한 사람이 그 재화를 소비할 때 다른 사람도 같이 소비할 수 있는가?

이러한 특성에 따라 재화를 분류하면 다음 네 가지 유형으로 나눌 수 있다:

1. 사적재(private goods); 배제가능하고 경합적인 재화이다. 사과와 같은 대부분의 재화는 사적재이다. 가격을 지불하지 않으면 아무도 사과를 구입할 수 없다. 또한 어떤 사람이 사과를 먹으면 어느 누구도 그 사과를 먹을 수 없다.

2. 공공재(public goods); 배제불가능하고(nonexcludable) 비경합적인(nonrival) 재화이다. 공공재는 일단 생산되면 그 재화의 소비를 특정 사람에게 국한시키는 것이 불가능하거나, 그렇게 하기 위해서는 너무 큰 대가를 치루어야 한다. 즉, 공공재의 소비자가 그 재화에 대하여 가격을 지불하든 그렇지 않든 간에 소비혜택에서 배제할 수 없다는 것이다. 또한 어떤 개인의 소비가 다른 사람의 소비량을 감소시키지 않는다. 국방의 예를 들어보자. 국방이 일단 제공되면 그 나라 국민은 누구나 똑같은 혜택을 입게 된다. 국방의 혜택을 입지 못하도록 하기 위해서는 그 사람을 국외로 추방하는 방법밖에는 없을 것이나 이는 일반적인 경우 불가능하다.

3. 공유자원(common resources); 경합적이나 배제불가능한 재화이다. 예를 들면 바다를 들 수 있다. 어떤 사람이 바다에서 고기를 잡으면 다른 사람들이 잡을 수 있는 양은 줄어든다. 그러나 그들이 고기를 잡지 못하도록 할 수는 거의 없다.

4. 클럽재(club goods); 배제가능하나 비경합적인 재화이다. 예를 들면 케이블 TV를 들 수 있다. 가입비와 시청료를 내지 않으면 어느 누구도 시청할 수 없다. 그러나 일단 가입하면 어느 한 사람이 시청한다고 해서 다른 사람이 시청하지 못하는 것은 아니다.

공공재라고 해도 배제불가능성과 비경합성을 모두 갖춘 소위 **순수공공재**(pure public goods)는 현실적으로 국방서비스를 제외하고는 거의 찾기 힘들며, 대부분의 공공재는 두 특성 중에서 어느 한 특성만을 갖거나 또한 모두 갖고 있더라도 불완전한 정도로만 갖추고 있기 때문에 **불완전공공재**(impure public goods) 또는 **혼합재**(mixed goods)라고도 한다. 그런 의미에서 공유자원이나 클럽제도 사실상 불완전공공재에 속한다. 특히 경합성이 불완전한 경우의 공공재를 **혼잡가능공공재**(congestible public goods)라고도 한다.

요컨데 한 재화가 어떤 재화로 분류될 수 있는가는 순전히 두 특성 중에서 어느 특성이 강하게 나타나는가에 의존한다. 예를 들어 같은 고속도로라 할지라도 통행료가 없는 혼잡한 고속도로는 공유자원이지만, 통행료를 받는 한가한 고속도로는 클럽재이다.

이 절에서는 배제불가능하여 누구나 무료로 이용가능한 두 재화—공공재와 공유자원—에 대해 살펴볼 것이다. 이 문제는 앞 절에서 살펴본 외부성에 관한 연구와 밀접히 관련된다. 두 재화의 경우에 모두 외부성이 야기된다. 어떤 사람이 공공재를 제공하기만 하면 그로부터 다른 사람은 아무런 대가를 지불하지 않고도 혜택을 본다. 마찬가지로 어느 한 사람이 공유자원을 사용하면 다른 사람은 피해를 보나 아무런 보상도 받지 못한다. 이러한 이유로 소비와 생산에 관한 개인적인 의사결정은 비효율적인 결과를 초래하고, 따라서 정부의 개입은 경제적 복지를 증대시킬 수 있다.

3.2 공공재

공공재가 다른 재화들에 비해 어떻게 다르며, 사회에 어떠한 문제를 야기시키는지 알아보기 위해 국방을 예로 들어보자. 과연 시장이 효율적인 산출량을 생산할 수 있을 것인가?

누군가가 '국방주식회사'를 설립하여 국민들로 하여금 자신들이 원하는 서비스 수준을 자발적으로 구입하도록 한다고 하자. 이 경우 이 회사가 제공하는 국방서비스를 가격을 지불하고 구입하고자 하는 사람은 거의 없을 것이고 따라서 회사는 조만간 문을 닫을 것이다. 왜 그렇게 될 수밖에 없는가를 살펴보는 것은 그리 어렵지 않다.

공공재는 일단 생산되면 그 재화에 대해 가격을 지불하지 않더라도 소비혜택에서 배제시킬 수 없기 때문에, 각 소비자는 공공재가 제공하는 서비스에 대한 대가를 지불하지 않고 편익만을 얻고자 한다. 소위 무임승차자(free-rider)가 되고자 하는 경향이 있다. 무임승차의 문제(free-rider problem)가 야기되는 것은 각 소비자는 자신이 대가를 지불하든지, 하지 않든지에 관계 없이 공공재는 생산될 것이라고 믿고, 또한 일단 누군가에 의해 생산만 되면 이에 편승해서 혜택을 똑같이 누릴 수 있기 때문이다. 문제는 많은 사람들이 무임승차자로 편승하고자 하면 공공재의 최적공급은 달성될 수 없다는 것이다. 일반적으로 소비자의 규모가 클수록 무임승차의 문제는 심각하게 된다.

공공재의 경우에는 이처럼 배제불가능성 때문에 각 소비자는 마치 그 서비스를 원하지 않는 것처럼 자신의 선호(또는 수요)를 왜곡해서 표출하게 되고 따라서 생산자가 양(+)의 가격을 매길 수가 없게 된다. 이 점이 사적재와는 근본적으로 다른 점이다. 사적재의 경우 어떤 소비자가 자신의 선호를 왜곡해서 표출한다고 해도 이득을 볼 여지가 없다. 사과를 먹고 싶어 하는 사람이 판매자에게 자기는 사과를 원하지 않는다고 말해 보았자 아무런 이득이 되지 않는다. 가격을 지불하지 않는 한 그 사과를 얻을 수 없기 때문이다.

또한 공공재의 경우 양(+)의 가격을 매기는 것이 가능하다고 해도 그렇게 하는 것이 바람직하지도 않기 때문에 문제를 더욱 복잡하게 만든다. 비경합성 때문에 일단 생산되면 아무런 추가적인 비용없이 누구나 소비할 수 있기 때문에, 가격을 지불하지 않는다고 해서 소비를 못하게 하는 것은, 비록 가능하다고 해도 비효율적이다.

이러한 이유 때문에 앞에서 예로 든 국방주식회사는 성공할 수 없는 것이다. 이런 문제는 일반적으로 정부가 필요한 공공재를 공급함으로써 극복될 수 있다. 만일 공공재로부터의 총편익이 비용을 초과한다고 판단하면, 정부는 조세수입으로 자금을 조달하여 공공재를 제공함으로써 모든 사람의 후생을 증진 시킬 수 있다. 실제로 국방을 비롯한 대부분의 공공재가 정부에 의해 공급되는 것은 바로 이 때문이다.

그러나 정부의 공급에도 문제가 전혀 없는 것은 아니다. 앞에서 지적한 것처럼 각 개인은 공공재에 대한 자신의 선호를 정확히 표출하려고 하지 않기 때문에, 정부가 생산하든 또는 민간부문으로 하여금 생산하도록 하든 사회적으로 바람직한 최적공급량을 정확히 측정한다는 것은 실제로 거의 불가능하다. 이 문제는 정부의 개입에 의해서도 만족스럽게 해결될 수 없기 때문에 공공재를 공급함에 있어서 시장의 실패뿐만 아니라 정부의 비효율성이라는 문제도 고려해야 한다.

3.3 공유자원

공공재와 마찬가지로 공유자원도 배제불가능하기 때문에, 원하는 사람은 누구나 무료로 소비할 수 있다. 그러나 공유자원은 경합적이다. 한 사람이 이용하면 다른 사람의 편익은 줄어든다. 따라서 공유자원은 새로운 문제를 야기한다. 일단 제공되면 정책결정자는 얼마나 이용되는가에 관심을 가져야 한다. 이 문제는 소위 "공유지의 비극"(Tragedy of the Commons)이라는 예를 통해서 가장 잘 이해할 수 있다.

공유지의 비극 넓은 목초지로 둘러 쌓인 한 조그마한 농촌마을이 있다고 하자. 이 마을 사람들은 대부분 소를 사육하여 판매함으로써 생계를 유지한다. 마을 주위의 목초지는 개인 소유지가 아닌 마을 주민의 공동소유지이기 때문에 그곳에서 누구나 자유롭게 소를 방사할 수 있다. 이 공동목초지는 충분히 넓어 마을 주민들이 모든 소를 방목하는데 현재로서는 아무런 문제를 초래하지 않는다.

이제 세월이 흘러 주민의 수가 증가하고 소의 수도 함께 증가했다고 하자. 공동목초지는 그대로이기 때문에 점차 황폐화 되기 시작한다. 모든 소를 먹이기에는 풀이 부족하게 되고 궁극적으로는 불가능하게 된다. 대다수 주민들은 생계수단을 상실하게 된다

왜 이런 비극이 초래되는가? 그 이유는 사회적 인센티브와 개인적 인센티브가 다르기 때문이다. 목초지가 황폐화 되는 것을 피하기 위해서는 소를 사육하는 주민들의 공동행위가 요구된다. 주민들이 공동으로 노력하면 공동목초지가 지원할 수 있는 규모로 소의 수를 줄일 수 있을 것이다. 그러나 각자는 자신이 사육하는 소떼의 규모는 마을 전체의 규모에 비해 극히 일부밖에 안된다고 생각하기 때문에 아무도 자신의 소떼의 규모를 줄일 인센티브를 갖지 못한다.

이러한 공유지의 비극은 본질적으로 외부성 때문에 초래된다. 공동 목초지에서 한 주민의 소떼가 풀을 뜯어 먹게 되면 다른 주민이 이용할 수 있는 목초지의 질이 저하된다. 주민들이 얼마나 많은 소를 사육할 것인가를 결정할 때 이러한 외부비경제를 무시하기 때문에, 방사되는 소떼의 규모는 적정수준을 초과하게 된다.

만일 그러한 비극을 미리 예측할 수 있었다면 그 마을은 여러 가지 방법으로 문제를 해결할 수 있었을 것이다. 각자가 방사할 수 있는 소의 수를 규제할 수도 있고, 소에 세금을 부과하여 외부성을 내부화 할 수도 있다. 또한 목초지를 개인들에게 분양하여 간단히 문제를 해결할 수도 있다. 물론 그렇게 하면 목초지는 더 이상 공유자원이 아니라 사적재가 되어 버린다.

이러한 공유자원의 예는 맑은 공기와 물, 바다, 혼잡한 도로 등 무수히 많다. 거의 모든 경우에 공유지의 비극과 동일한 문제가 발생한다. 개인들에게 맡겨두면 과도하게 이용된다. 따라서 정부의 개입이 요구 된다. 정부는 규제나 조세를 통해서, 또는 공유자원을 사적재로 전환시킴으로써 문제를 해결할 수 있다.

3.4 소유권의 중요성

지금까지 시장이 적절하게 공급하지 못하는 재화들에 대해 살펴 보았다. 이 재화들의 특성은 서로 다를지라도 공통점이 한 가지 있다. 이 경우 시장이 자원을 효율적으로 배분하는데 실패하는 이유는 바로 이 재화들에 대한 소유권(property right)이 적절하게 확립되어 있지 못하기 때문이다. 다시 말해 가치있는 어떤 재화에 대해 그 것을 통제할 수 있는 합법적인 소유자가 없다는 것이다. 예를 들어 맑은 공기나 국방서비스가 가치있다는 데 대해 의심하는 사람은 없을지라도, 아무도 그것에 가격을 매겨 판매하여 이윤을 획득할 권리를 갖지 못한다. 어떤 공장은 너무 많은 매연을 배출한다. 아무도 그 매연에 대해 요금을 청구하지 않기 때문이다. 또한 시장은 국방서비스를 공급하지 않는다. 아무도 국방에 의해 보호되는 사람들이 누리는 혜택에 대해 요금을 매길 수 없기 때문이다.

소유권이 없어 시장의 실패가 초래되는 경우 정부가 잠재적으로 문제를 해결할 수 있다. 오염허가서 판매와 같이 정부는 소유권을 정의하는 것을 도울 수 있다. 그린벨트처럼 정부는 개인의 행위를 규제할 수도 있다. 국방서비스처럼 정부가 직접 공급할 수도 있다. 이 모든 경우에 정책이 잘 계획되고 집행된다면, 정부는 자원을 보다 효율적으로 배분할 수 있으며, 따라서 국민들의 경제적 복지를 증진시킬 수 있다.

4. 산업규제정책

4.1 산업규제정책의 필요성

자원배분의 효율성 측면에서 자유시장경제체제가 계획경제체제보다 우월하게 되려면, 모든 경제주체가 이익을 추구하는 자유의사에 따라 자기가 소유하는 자원을 이동시킬 수 있어야 한다. 즉, 시장가격의 신호에 따라 자유경쟁적으로 행동해야 한다는 것이 필수적 요건이다.

이것을 가능하게 하려면 우선 무엇보다도 한 시장에 다수 기업이 존재해야 하며, 다수의 기업이 존재하려면 시장규모에 비하여 규모의 경제가 적어야 한다. 규모의 경제가 매우 크다면 결국 시장에 하나의 기업만이 존재하는 자연독점(natural monopoly)이 초래될 수도 있다. 독점은 조세의 경우와 마찬가지로 자중손실을 초래한다. 그렇다면 규모의 경제라는 이점을 얻으면서 동시에 경쟁체제적 성과를 기할 수는 없겠는가? 바로 이것이 정부가 시장경제에 개입하게 되는 근본 이유이다. 즉, 산업규제정책이란 시장기구가 본래적인 기능을 충분히 발휘하여 자원의 효율적 배분에 근접할 수 있도록 경쟁을 촉진하는 한편, 이를 위해 시장구조의 비효율적 독점화를 일정한 범위 내에서 방지하려는 것이다. 그러므로 산업규제정책은 각 개별경제주체의 의사결정이 사회적 관점과 일치하도록 자유시장경제질서의 행동규범을 설정하는 것으로서 가장 근원적인 정부의 시장개입의 한 형태이다.

정부의 시장개입은 직접적 통제나 인센티브제공 등의 형태로 나타난다. 아래에서는 이와 관련되어 제기되는 문제를 정책적 관점에서 살펴보기로 한다.

4.2 공정거래법과 경쟁촉진

우리나라는 1972년 제1차 원유파동으로 물가가 급등함에따라 물가를 안정시키고 공정거래 질서를 확립하기 위해 1973년 「물가안정법」을 처음으로 제정하였으며, 1975년에는 이를 보완하여 「물가안정 및 공정거래에 관한 법률」을 제정, 1976년 3월 15일부로 실시했다. 그러나 동법이 물가안정을 위주로 운용됨에따라 가격기구의 작동이 제한되는 등 부작용이 초래되어, 경제운용 기조를 정부주도에서 민간주도로 전환시키기 위해 공정거래를 중심으로 1980년 12월 31일 「독점규제 및 공정거래에 관한 법률」(1981년 4월 1일 시행, 현재까지 7차에 걸쳐 개정: 이하 **공정거래법**이라 칭함)을 신규 제정했다.

현행 공정거래법의 가장 기본적인 목표는 시장경제체제의 기본원리인 '**기업간의 자유로운 경쟁**'을 보장하기 위한 경제활동의 기본질서를 확립하기 위한 것이다. 이를 위해 동법은 '시장구조의 개선을 위한 관련 규정'과 '불공정한 거래행태의 개선을 위한 규정'의 두 부분으로 구성되어 있다.

4.2.1 시장구조 개선

먼저 시장구조에 대해 정부는 기존의 독점은 인정하되 이를 새로운 기업의 진입을 통해 완화시키고 기업결합을 제한함으로써 더 이상의 독점화는 방지하고자 한다. 물론 새로운 진입이 법의 힘으로만 될 수 있는 것은 아니지만 제도적인 진입장벽을 해제함으로써 그러한 효과를 기대할 수는 있을 것이다.

좀더 적극적인 시장구조정책인 기업결합의 제한에 있어서는 불공정한 방법에 의한 것은 물론, "일정한 거래분야에 있어서 경쟁을 실질적으로 제한"하는 경우에 금지하고 있다. 여기에서 경쟁의 실질적 제한이란 결합하는 기업간에 지배·종속·결합관계가 형성·유지·강화되고, 이에 따라 시장지배력이 형성·유지·강화됨을 의미한다. 특히 주목할 것은 시장지배력이란 시장을 현재 지배하고 있는 힘이 아니라, 앞으로 지배할 수 있는 힘을 의미한다는 점에서 기업결합의 제한은 원인규제의 입장을 취하고 있다는 것이다.

그러나 비록 경쟁제한의 우려가 있더라도, 산업합리화와 국제경쟁력 강화를 위하여 필요하다고 인정되는 경우에는 기업결합을 예외적으로 허용할 수가 있다. 이것은 독점규제법의 목적이 경쟁자체에 있는 것이 아니라 경쟁을 촉진함으로써 국민경제에 균형발전을 도모함을 목적으로 한다는 것을 의미한다.

4.2.2 거래행태의 개선

공정거래법이 규제하고 있는 거래행태에는 시장지배적 지위의 남용, 부당한 공동행위, 불공정거래행위, 재판매가격유지행위 등이 있지만 특히 관심 있는 것은 부당한 공동행위이다. 기업간에 부당한공동행위는 독점화와 같은 효과를 갖는다. 이 법에 의하면 ① 가격결정, ② 거래조건의 결정, ③ 상품의 생산·출고·수송, ④ 거래지역·거래상대방, ⑤ 시설투자, ⑥ 상품의 종류·규격 등에 관한 공동행위를 통하여 일정한 거래분야의 경쟁을 실질적으로 제한하는 것은 원칙적으로 금지되고 있다.

그러나 이러한 부당한 공동행위라도 산업구조의 조정, 불황극복, 산업합리화, 연구개발 등 부득이한 사유가 있다고 사전에 인정되는 경우에는 예외적으로 부당성을 소멸시킬 수 있다는 점에서 기업결합의 경우와 유사하다. 여기에서 산업합리화란 기술향상, 품질개선, 원가절하, 능률증진 등을 목적으로 하는 것으로 정의되어 있기 때문에 사실상 기업합리화에 해당하며, 기업결합제한의 적용 제외 근거인 산업합리화와는 그 성격이 다르다.

공동행위의 효과는 단기적일 수밖에 없으나 기업결합의 효과는 상당히 장기적이다. 따라서 공동행위는 순환적 불황에 대처하는 수단으로 될 수 있는 반면, 기업결합은 구조적 불황에 대처하는 수단으로 사용될 수 있다. 또한 공정거래법이 자원의 효율적 배분의 촉진을 목적으로 하는 한 구조적 불황산업에 대하여는 기존업자들의 질서 있는 탈퇴를 조장하는 것에 그쳐야 한다. 이는 공정거래법은 경쟁질서규범을 전제로 하여 그 범위에서 산업구조정책을 전개하되, 가급적 기업들 자신의 의사에 입각하여야 한다는 것을 의미한다.

4.3 독점의 규제

이미 지적한 바와 같이 독점을 규제하는 주요 이유의 하나는 자연독점현상 때문이다. 어떤 산업에서는 다수의 기업보다는 한 기업이 훨씬 저렴한 비용으로 생산할 수 있다. 여기에는 다음의 두 가지 이유가 있다.

첫째, 규모의 경제가 존재하는 경우이다. 규모의 경제란 단일공장규모의 확대에 따른 비용절감효과를 말한다. 이것은 대규모생산에 따른 전문화, 분업화, 자동화, 학습효과 등 여러 요인으로 설명될 수 있다.

둘째, 범위의 경제가 존재하는 경우이다. **범위의 경제**(economies of scope)란 다수의 상품을 각각 상이한 기업이 생산하는 경우보다 하나의 기업이 전부를 생산하는 경우에 비용이 낮아지는 현상을 말한다. 범위의 경제는 판매, 조업, 투자, 경영 등 기업의 제반 요소가 여러 상품에 공존하기 때문에 발생한다.

이와 같이 어떤 산업에 규모의 경제나 범위의 경제가 존재하는 경우, 만일 사회가 경쟁이 유지될 것을 주장한다면 상당한 낭비를 초래할 뿐만 아니라, 경쟁 자체를 유지할 수도 없다. 그러나 사회가 비록 독점을 감수할지라도 독점기업이 강력한 시장지배력(market power)을 가지고 원하는 것을 무엇이나 하도록 허용할 수는 없기 때문에 규제가 필요하게 된다.

그러나 문제는, 규제되는 기업에게 어떠한 가격수준을 허용할 것인가에 있다. 일반적으로 자연독점에 대한 가격정책으로 다음 세 가지 경우가 널리 사용된다. 각각의 경우를 <그림 14-5>를 통해 살펴보자.

그림 (a)는 규제되지 않는 독점기업의 경우를 나타낸다. 이 독점기업은 MR 곡선과 MC 곡선이 교차하는 점에서 이윤을 극대화하고 있다. 이 경우 독점가격 (P_M) 이 기업의 한계비용 (P_o) 을 초과하고 있다는 사실에 주목해야 할 것이다. 이러한 독점가격은 재화의 비용보다 가치를 더 높게 평가하는 소비자들로 하여금 원하는 양을 모두 구입하지는 못하게 만든다. 따라서 독점기업에 의해 생산되고 판매되는 양은 수요곡선과 한계비용곡선이 교차하는 수준 즉, 사회적으로 효율적인 수준 (Q_o) 에 미치지 못하게 된다. 이러한 독점가격에 기인하는 **자중손실**은 그림에서 보는 것처럼 수요곡선과 한계비용곡선 사이의 삼각형 면적에 의해 측정된다.

그림 (b)는 독점기업이 한계비용과 일치하는 가격을 설정하도록 규제된 경우이다. 이것을 **한계비용가격설정**(marginal-cost pricing)이라 한다. 이러한 가격설정방식의 근거는 독점가격과 산출량제한을 방지함으로써 독점기업으로 하여금 사회적으로 효율적인 자원배분을 달성하도록 하는 데 있다.

그림 14-5 자연독점에 대한 가격규제효과

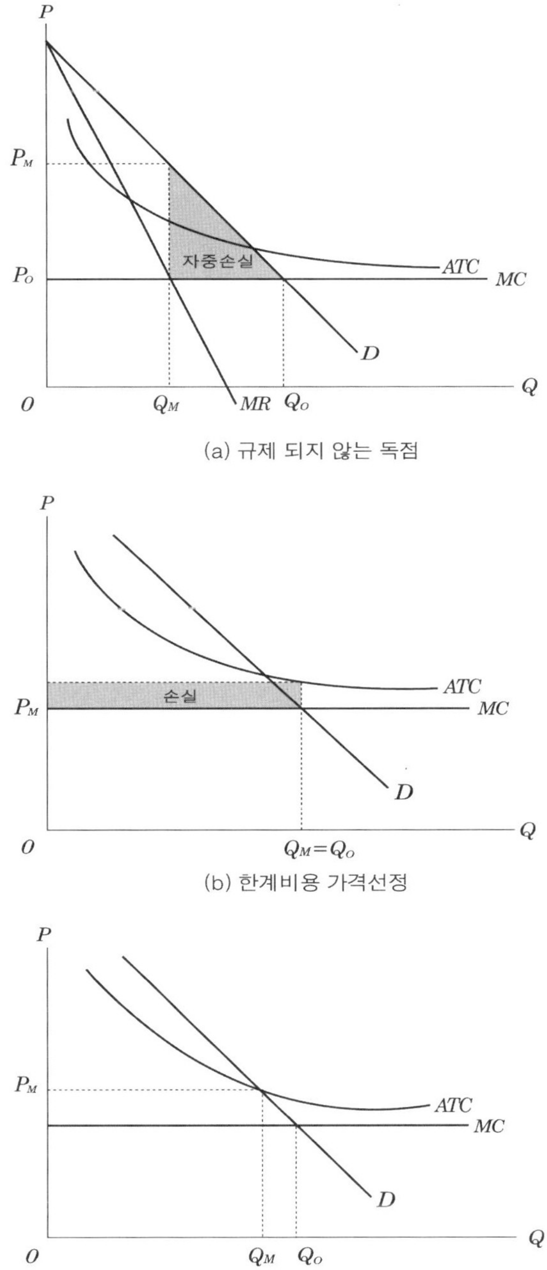

이 경우 기업은 한계비용곡선과 수요곡선이 교차하는 점에서 생산하게 된다. 이러한 가격설정방식의 문제는 기업이 그림에서와 같이 손실을 볼 수도 있다는 점이다. 따라서 정부가 만일 경제적 손실을 보상할 만큼의 보조금(subsidy)을 지불함으로써 기업이 정상이윤을 얻도록 하지 않는다면 그 기업은 장기적으로 시장에서 탈퇴할 것이다. 이러한 일이 일어난다면 소비자는 그 생산물을 소비할 수 없게 되고 결국 후생수준은 오히려 감소될 것이다.

그림 (c)는 독점기업이 평균비용과 일치하는 가격을 설정하도록 규제되는 경우이다. 이를 **평균비용가격설정**(average-cost pricing)이라 한다. 이러한 가격설정방식은 기업의 정상이윤을 보장함으로써 기업이 시장으로부터 탈퇴하는 것을 방지하기 위한 것이다. 이 경우 기업의 가격과 산출량은 최적상태에서 벗어나지만, 독점기업으로 하여금 독점적 지위의 이점을 누리지 못하도록 할 뿐 아니라, 정부가 보조금을 지불할 필요도 없다는 점에서 다른 두 경우에 비해 보다 의미 있는 방식이라고 할 수 있다.

독점의 규제에서 단순한 가격수준(level of price)의 설정문제도 중요하지만, 어떠한 가격구조(price structure)를 갖도록 하는가도 매우 중요하다. 여기에서 가격구조란 소비계층, 구매량, 운송시간 등에 따라 상이한 가격을 설정하는 것을 말한다. 이러한 변수들에 근거한 가격분화(price differentials)는 생산비용의 차이를 반영할 수도 있고 그렇지 않은 경우도 있다. 일반적으로 소비자들은 공익사업의 경우에서 보는 바와 같이, 비록 시장규모가 협소하여 비용이 높을 수밖에 없는 경우에도 합리적인 가격(reasonable prices)으로 보편적인 서비스(universal service)를 받고자 하는 욕구를 갖고 있다. 이러한 경우 공익사업은 고객계층이나 사용시간에 따라 상이한 가격체계를 갖도록 규제될 수 있다. 예를 들면 전력의 경우 가정용전력보다 산업용전력이 싸게 공급된다. 또한 성수기보다는 비수기에 보다 저렴한 비용으로 공급받을 수 있다.

그러나 대부분의 경우 가격분화는 권장되지만, 비용의 차이에 근거를 두지 않는 가격차별(price discrimination)은 가급적 피해야 한다. 즉, 가격은 보다 효율성을 증대시킬 수 있도록 생산비용을 반영하여야 한다.

4.4 잠재적 경쟁산업과 규제의 해제

산업의 규제는 독점기업들에 대해서만 적용되는 것은 아니다. 라디오, TV 방송, 항공업, 금융업 등 많은 잠재적 경쟁산업들도 규제되고 있다. 많은 경제학자들은 한 시장이 비록 자연독점이라 할지라도 진입·탈퇴가 비교적 용이한 소위 **경합시장**(contestable markets)의 경우 잠재적 경쟁이 독점기업으로 하여금 높은 가격을 설정하는 것을 방지하여 줄 것이기 때문에, 이러한 시장의 규제는 해제되어야 한다고 주장한다. 그들은 이러한 **규제의 해제**(deregulation)는 소비자들이 바라는 것을 얻을 수 있도록 할 뿐만 아니라, 비용의 차이를 반영하지 않는 가격설정의 비효율성과 관료제의 병폐를 제거해 줄 수 있다고 주장한다.

다수의 공익사업들은 가격을 높이기 위해 과도한 자본장비를 설치하는 경향이 있으며, 또한 산업의 규제는 새로운 경쟁자의 진입을 막거나 신기술의 개발을 억제하여, 소비자들로 하여금 보다 나은 서비스를 보다 저렴한 가격으로 제공받지 못하도록 할지 모른다.

그러나 다음과 같은 경우는 비록 잠재적 경쟁이 존재한다고 해도 규제의 해제가 바람직하지 못할 수도 있다.

첫째, 시장에 따라서는 규제가 해제되면 소비자들이 서비스를 받지 못할 수도 있다. 예를 들면 작은 촌락이 경우 규제가 해제된다면 수요의 부족으로 철도나 항공서비스를 받지 못할지도 모른다.

둘째, 규제의 해제 결과 지배적인 기업의 출현을 가져와 경쟁이 오히려 제거될 수도 있다. 예를 들어 금융업의 경우 규제가 해제된다면 소수의 거대한 금융기관이 전 시장을 지배할지도 모른다.

셋째, 산업의 규제는 서비스의 질에 대한 소비자들의 통제를 가능하게 한다. 예를 들어 TV방송의 경우 규제가 해제된다면 공익프로그램이 사라질지도 모른다.

■ 요 약 ■

1. 한 재화에 대한 조세부과는 그 재화의 구매자와 판매자의 후생수준을 감소시키며, 소비자와 생산자잉여의 감소분은 통상 정부의 조세수입을 초과한다. 이 초과분을 조세의 자중손실이라 한다.

2. 조세는 구매자들로 하여금 덜 소비하게 만들고, 판매자들로 하여금 덜 생산하게 만들므로써 자중손실을 초래하며, 이러한 행위변화는 시장규모를 최적규모 이하로 축소시킨다.

3. 구매자와 판매자간의 거래가 제3자에게 직접적인 영향을 미칠 때 외부성이 창출된다. 외부비경제는 사회적으로 최적인 수준보다 과잉생산되게 하며, 외부경제는 과소생산되게 한다.

4. 외부성은 사적수단에 의해 내부화될 수도 있고, 정부의 정책에 의해 내부화될 수도 있다.

5. 재화들은 배제성과 경합성에 따라 구분된다. 배제가능하고 경합적인 사적재에 대해서는 시장이 잘 작동하나 다른 재화들에 대해서는 그렇지 못하다.

6. 공공재는 배제불가능하고 비경합적이다. 공공재에 대해서는 요금이 부과되지 않기 때문에 사람들이 무임승차하려는 인센티브가 존재한다. 따라서 정부가 통상 공공재를 공급한다.

7. 공유자원은 경합적이나 배제불가능하다. 공유자원에 대해서는 요금이 부과되지 않기 때문에 사람들은 과도하게 소비하는 경향이 있다. 따라서 정부는 공유자원 사용을 억제시키려고 노력한다.

8. 독점가격은 한계비용을 초과하기 때문에, 독점은 자중손실을 초래한다. 따라서 정부는 경쟁을 촉진하거나, 독점을 규제하는 정책을 사용한다.

■ 주요개념 ■

자중손실, 초과부담, 수평적 공평성, 수직적 공평성, 수익성원리, 외부성, 외부경제, 외부비경제, 외부성의 내부화, 공해세, 코우즈정리, 거래비용, 배제성, 경합성, 사적재, 공공재, 공유자원, 무임승차자, 공유지의 비극, 산업규제정책, 자연독점, 규모의 경제, 범위의 경제, 한계비용가격설정, 평균비용가격설정, 규제의 해제, 경합시장

제15장

공공선택이론

<개 요>

제14장에서는 정부가 시장의 실패를 바로잡기 위해 “어떻게 행동해야 하는가?”를 주로 살펴보았다. 이 장에서는 정부가 실제로 “어떻게 행동하는가”를 살펴보고자 한다. 이러한 문제는 공공선택이론의 영역에 속한다.

공공선택이론(public choice theory)은 정부의 의사결정과정을 연구하는 경제학의 한 분야이다. 즉, 공공선택이론은 현실세계에서 정부에 의해 자원이 어떻게 배분될 것인가를 분석하기 위한 것이다.

우리의 분석은 민주적인 정치체제의 의사결정과정에 국한될 것이다. 공공선택이론을 이해하는 것은 현대경제를 이해하는 데 있어 필수적이다. 이를 이해하지 못하면 독점이나 공해와 같은 시장의 실패문제는 이해할 수 있을지 몰라도 이를 바로잡기 위한 과정에서 야기되는 정부의 실패(government failure) 문제는 이해하지 못할 것이다.

1. 공공선택

1.1 공공선택과 정치적 시장

공공부문—중앙정부와 지방정부—이 수행하는 주요한 경제적 역할 중 하나는 **정치적 기구**(political mechanism)를 통해 공공재를 비롯한 여러 가지 재화와 서비스를 제공하는 일이다. 지금까지 사용해온 경제적 모형은 민간부문—가계와 기업—의 행위를 분석하는 데는 유용하지만 공공부문의 행위를 설명하는 데는 적합하지 않다. 정부는 수 많은 개인들로 구성된다. 이 중에는 선출된 대표자도 있고 임명된 관료도 있다. 정부의 행위는 바로 이들의 의사결정의 산물이다. 이들의 의사결정은 또한 투표자, 정치가, 정당 및 특정이익집단에 의해서도 영향을 받는다. 따라서 정부가 어떻게 작동하는 가를 이해하기 위해서는 정부를 구성하는 개인들뿐만 아니라 정부의 행위에 영향을 미치는 모든 사람들이 직면하는 인센티브를 살펴 보아야 한다.

정부의 행위에 영향을 미치는 투표자, 정치가, 정당, 특정이익집단, 정부관료 등으로 구성된 시장을 **정치적 시장**(political markets)이라 할 수 있다. 우리가 살펴보고자 하는 것은 바로 이러한 정치적 시장에서 이루어지는 **집단적 의사결정**(collective decision making) 과정이다. 집단적 의사결정 과정에 대한 경제적 분석을 **공공선택이론**(public choice theory)이라 한다.

공공선택이론은 정부가 제공하는 재화—공공재와 사적재를 모두 포함—가 정치적 시장을 통해 결정되는 과정을 다룬다. 정치적 시장을 통한 재화의 공급은 공급량과 자금조달방법에 관해 사회로 하여금 어떤 합의를 이룩할 것을 요구한다. 정치적 시장에서 그러한 합의가 이루어지는 경우 '**정치적 균형**'(political equilibrium)이 달성되었다고 한다.

정치적 균형은 물론 그 재화에 대한 수요와 공급에 의존한다. 그러나 시장경제와는 달리 개인들의 수요를 사회전체적 수요로 집계하는 것은 그리 쉬운 일이 아니다. 시장경제의 경우 사람들은 그들이 원하는 재화에 대해 화폐지출을 통해 의사표시를 한다. 그러나 정치적 시장에서는 선거를 통해 투표권을 행사함으로써 공공선택에 영향을 미친다.

공공선택 과정은 기본헌법과 선거제도라는 주어진 규칙(rule)내에서 이루어진다. 이들 규칙 중에서 우리의 분석목적을 위해 특히 중요한 것은 의사결정이 '선출된 대표자'(elected representatives)에 의해 이루어진다는 점이다. 따라서 정치적 시장에서 중요한 의사결정 주체는 바로 투표자와 정치가이다.

정치적 시장에서의 소비자, 즉 투표자(voters)는 그 시장에서 공급되어질 재화나 서비스에 대한 선호를 가지고 있으며, 이를 투표를 통해 표시한다. 효용을 극대화 하는 소비자라면 자신의 효용을 증대시키는 제안에 투표할 것이다. 따라서 합리적인 투표자는 어떤 제안이 통과될 경우 얻을 수 있으리라고 기대되는 개인적 편익과 자신이 부담해야 할 비용을 비교할 것이다. 예를 들어 만일 그 제안이 공공재의 공급수준을 증가시키는 것이라면, 각 투표자는 공공재의 공급 증가로부터 기대되는 한계편익 (MB) 과 자신의 조세부담액 (T) 을 비교할 것이다 : 만일 한계편익이 조세부담액을 초과한다면, 그 투표자는 "가"표를 던질 것이다. 만일 한계편익이 조세부담액보다 적다면, 그는 "부"표를 던질 것이다. 따라서 각 투표자 (i) 에 대해 다음과 같은 가정이 만들어진다.

- ◆ $T_i > MB_i \rightarrow$ 부표
- ◆ $T_i = MB_i \rightarrow$ 무차별
- ◆ $Ti < MB_i \rightarrow$ 가표

공공선택에 관한 의사결정방법이 주어지는 경우 특정 선거의 결과는 부분적으로 개인들간에 분담해야 할 조세부담액이 어떻게 배분되는가에 의존할 것이다. 마찬가지로 정치적 균형은 개인들간에 이익이 어떻게 분배되는가에 따라 달라질 것이다.

선출된 대표자들, 또는 정치가들은 시장경제에서 기업이 담당하는 역할과 유사한 기능을 수행한다. 즉, 정치가들은 투표자들의 기호에 부합되는 사업계획(programs)을 수립하고 그것을 추진하기 위한 기술을 고안하는 일종의 기업가들이라고 할 수 있다. 그들은 공공재에 대한 수요를 분석해서 그것들을 공급할 수 있는 방안을 마련한다. 따라서 성공적인 정치가는 곧 정치적 기업가라고 할

수 있다. 공공선택은 투표를 통해 공식적으로 결정된다. 기업가가 소비자들이 원하는 것을 제공해야만 살아 남을 수 있듯이, 정치적 기업가도 선거에서 충분한 표를 얻을 수 있은 공약을 제시해야만 살아 남을 수 있다. 시장경제에서 "기업가는 이윤극대화 추구자"라고 가정하는 것과 마찬가지로, 공공선택이론에서 "정치가는 표극대화 추구자(vote maximizers)"라고 가정한다. 정치가는 선거에서 재선출되어야만 소득의 증가기회는 물론 인기, 권력, 명성 등을 얻을 수 있다. 정치가들은 공공이익을 위해 봉사하기보다는 투표에 더욱 관심을 갖는다고 볼 수 있다. 그들이 비록 이기적이 아닐지라도 선거에서 이기지 못하면 사회에 봉사할 수 없다. 따라서 공공선택이론에서 정치가는 "재선출기회를 극대화하도록" 행동한다고 가정한다.

요컨대, 정치적 시장과 시장경제의 근본적 차이점은 정치적 시장에서 기업가는 "이윤지향적"(profit-oriented)이라기보다는 "표지향적"(vote-oriented)이라는 사실에 있다.

1.2 공공선택의 세 가지 가능한 결과

정부의 선택이 어떻게 이루어지는지를 분석하기 전에 먼저 공공선택이 초래할 수 있는 문제점을 알아 보자. 분석을 단순화하기 위해 한 경제가 두 집단 (A, B) 으로 구성되어 있다고 가정한다. 한 집단에 속하는 사람들은 모두 똑같이 행동하고 똑같이 생각한다고 하자.

이제 시장의 실패를 바로잡기 위해 공공선택이 이루어진다고 하자. 문제는 과연 이러한 공공선택이 두 집단의 후생수준을 개선할 것인가에 있다. 공공선택의 결과는 다음 세 가지 중 어느 하나일 것이다.

첫째, 두 집단의 후생이 모두 감소하는 경우이다. 이는 곧 정부의 실패를 의미한다.

둘째, 단순히 소득이 재분배되는 경우이다. 예를 들면 B 집단의 소득에 세금을 부과하여 거두어 들인 수입을 A 집단에 보조금으로 지불하는 경우 이러한 결과가 나타날 것이다.

셋째, 두 집단의 후생수준이 모두 증대되는 경우이다. 이 경우 **파레토개선**(pareto improvement)이 이루어졌다고 한다. 예를 들면 정부가 새로운 기술개발을 지원할 때 이러한 결과가 나타날 수 있다.

공공선택의 결과를 이와 같이 구분하는 것은 대단히 중요하다. 왜냐 하면 집단적 의사결정이 항시 모든 사람의 후생수준을 증대시키도록 집단적 행동규범을 만들 수 있는 것은 결코 아니기 때문이다.

2. 투표와 집단적 의사결정

공공선택이론은 개별소비자들의 선호가 어떻게 '정치적 기구'를 통해 집단적 선택으로 전달되는가에 관심을 갖는다. 이 절에서는 민주주의 사회에서 사용되는 몇 가지 중요한 정치적 기구, 즉 투표 원칙(voting rules)들에 관해 살펴보기로 한다. 여기에서 투표원칙이란 개인들의 선호를 집계하여 집단적인 의사결정으로 유도하는 방법에 관한 것이다. 집단적 의사결정 방법에는 집단 구성원의 의사와는 무관하게 전통이나 외부압력에 의해 결정되는 제도로부터 전원합의제에 이르기까지 다양한 방법들이 있을 수 있으나 여기에서는 전원합의제와 과반수제를 중심으로 살펴볼 것이다.

2.1 전원합의제

전원합의제(unanimity rule)는 정부의 행동과 공공선택에 모든 사람의 동의를 필요로 하는 제도이다. 완전한 정부에 대한 기준은 완벽하게 작동하는 시장기구에 대한 기준과 유사하다. 시장기구는 누군가에게 해를 끼치지 않고서는 어떠한 사람도 잘 되게 만들 수 없을 때 완전한 것으로 간주된다. 이러한 자원배분이 달성되는 상태를 **파레토효율성**(Pareto efficiency)이라 한다.

효율적인 경제체제란 사회의 후생수준을 극대화하는 체제를 말한다. 사회의 후생수준이 증가될 여지가 있다면 그 경제체제는 비효율적이라고 말할 수 있다. 어떤 의미에서는 전원합의제야말로 시장기구의 효율성에 대한 기본적인 평가기준이 된다. 예를 들면 두 사람 사이에 교환이 성립했다는 것은 두 사람이 모두 교환을 통해 이득을 보았다는 것을 의미한다. 즉, 그 교환에 두 사람이 모두 만족했다는 것을 의미한다. 어떤 정책변화를 시행하기 위해 모든 사람의 동의를 필요로 한다는 것은 각 개인이 모두 거부권을 가지고 있음을 의미한다.

전원이 동의하는 의사결정이 이루어지기 위해서는 집단적 선택의 결과로 어떠한 사람도 후생수준이 감소되어서는 안 된다. 만약 누군가의 후생수준이 감소되어야 한다면 그는 거부권을 행사할 것이다. 이러한 의미에서 전원의 동의를 요구하는 집단적 의사결정은 '파레토효율적'이라고 할 수 있다. 즉, 모든 사람에 의해 받아들여질 수 있는 유일한 의사결정은 어느 누구의 후생수준도 감소시키지 않은 채 적어도 한 사람 이상의 후생수준을 증가시킬 수 있을 때만 가능하기 때문이다. 전원합의제는 바로 시장경제에서 이상적인 완전경쟁모형에 대응되는 개념이다.

그렇다면 이처럼 이상적인 제도가 왜 현대사회에서 거의 실시되지 않는가? 여기에는 다음과 같은 몇 가지 이유가 존재한다:

첫째, 공공부문에서 '자원배분의 측면'에서 볼 때는 어떤 사람의 후생수준도 감소되어서는 안된다는 가정이 합리적일지라도, '소득재분배의 측면'에서 보면 그렇지 않을 수도 있다. 소득재분배의 목적은 누군가의 희생의 대가로 어떤 사람을 잘 되게 하는 데 있다. 그러나 만일 손실을 보게 되는 사람이 이득을 얻게 되는 사람에 대해 아무런 관심을 갖지도 않고, 또 각 개인이 모두 거부권을 가지고 있다면 소득재분배는 불가능할 것이다.

둘째, 거부권의 행사능력은 사람들로 하여금 '전략적으로 행동'하도록 조장할 수도 있다. 즉, 어떤 제안으로부터 이득을 보게 되는 사람이 다음 번 제안으로부터 더 큰 이득을 보기 위해서 처음의 제안에 대해 거부권을 행사할 지도 모른다.

셋째, 비록 모든 사람들이 신뢰할 수 있게 행동한다고 할지라도 전원의 동의를 얻을 수 있는 어떤 제안을 마련하기란 거의 불가능할 것이다. 전원합의제하에서는 어떠한 제안도 모든 사람의 동의없이는 통과될 수 없다. 모든 사람의 동의를 얻기 위해 그 제안이 누구에게나 이득이 된다는 사실을 확신시키기 위해서는 엄청난 시간과 비용을 초래할 것이다.

이러한 결함들 때문에, 전원합의제하에서는 결국 아무 것도 이루어질 수 없을 가능성이 매우 크다. 따라서 전원일치제하에서 정부는 현재의 상태가 좋건 나쁘건 간에 현상(status quo)을 유지하려는 경향을 나타내게 될 것이다.

2.2 과반수제

전원합의제가 갖는 심각한 결함 때문에 정치적 의사결정 방법들 중 가장 널리 사용되는 것은 **과반수제**(majority rule)이다. 이 제도하에서 집단적 의사결정은 과반수 이상의 찬성으로 이루어진다.

어떤 경제에서 만약 집단 A가 다수를 차지한다면, 그들은 자기집단의 후생을 증가시키는 제안에 투표할 것이다. 이 선택의 결과는 두 집단 모두에게 이득을 주는 공정한 결과일 수도 있고, 극히 불공정하고 비효율적일 수도 있다.

사회의 개별 구성원들이 모두 다른 선호를 가지고 있는 일반적인 경우, 중간 선호를 갖는 투표자—**중위투표자**(median voter)—가 선택을 결정할 것이다. 중위투표자가 어떤 제안에 대한 의사결정권을 갖게 되는 이유는 사회구성원의 절반은 중위투표자보다 그 제안을 덜 선호하고 나머지 절반은 더 선호하기 때문이다.

중위투표자가 결정권을 갖는 과반수제는 다음과 같은 결과를 초래할 수 있다:

첫째, 공공선택이 꼭 개인들의 욕구에 따를 필요는 없다. 이 제도하에서는 소수파(minority)에 속하는 사람들(극단적인 경우 49%의 투표자)의 선호는 중요시 되지 않는다.

둘째, 과반수제는 개인 선호의 상대적인 강도(relative intensity)를 반영하지 않는다. 중위투표자가 선택결과를 결정하기 때문에 개인들의 선호의 강도가 아무런 영향을 미치지 못한다. 이는 각 개인의 선호의 강도가 재화에 대한 화폐지출에 의해 반영되는 시장경제와 대조되는 점이다.

셋째, 과반수제는 파레토효율성을 보장하지 않는다. 앞에서 살펴본 것처럼 과반수제에 의한 선택은 어느 한 집단(B집단)의 후생수준을 감소시킬 수가 있다.

즉, 과반수제는 전원합의제에서는 불가능한 "다수의 횡포"(tyranny by the majority)를 초래할 수 있다.

그러나 여기에서 강조할 것은 과반수제에 따른 의사결정이 소위 정부의 실패를 초래하지는 않는다는 점이다. 즉, 과반수제가 소수파의 후생수준을 감소시킬 수는 있지만 모든 사람의 후생수준을 감소시킬 리는 없다는 것이다.

이와 같은 단순과반수제의 결함들을 보완하기 위해 통상 2/3의 동의를 필요로 하는 **조건부다수결제**나, 개인 선호의 강도를 반영하는 **점수 투표제**(point voting)가 사용되기도 한다. 점수투표제란 투표자가 자신의 선호의 강도에 따라 일정한 점수를 각 선택대상에 배분함으로써 그 점수의 합계가 가장 높은 제안이 선택되도록 하는 투표제도이다.

3. 과반수제하에서의 정치적 균형

3.1 투표자결탁

과반수제의 한 특성은 개인의 선호의 강도가 무시된다는 점이었다. 어떤 제안에 대해 강한 반대의사를 가진 사람의 투표나 단지 약간의 선호를 가진 사람의 투표나 최종결과의 결정에 동등한 비중을 가질 뿐이다. 이러한 선호의 강도 차이는 선택 대상이 하나인 경우 결과에 아무런 영향을 미치지 않는다. 그러나 정치적 과정은 통상 복수의 의사결정을 요구한다. 둘 이상의 제안에 대해 의사결정을 해야 할 경우에 투표자간에 서로 거래가 이루어져 **인공적인 다수**(artificial majorities)가 형성될 수 있다. 즉, 실제로 다수파에 의해 반대되는 어떤 제안이 승인될 수도 있다. 이러한 현상을 투표자결탁이라 한다.

> **투표자결탁**(Logrolling)이란 각 투표자가 보다 강하게 선호하는 제안을 선택할 수 있도록 표의 거래(vote trading)가 이루어지는 현상이다.

예를 들어 한 경제에 세 사람의 투표자 $(A,\ B,\ C)$가 존재하며 공공재 X와 Y의 공급에 관해 각각 투표가 실시된다고 가정하자. 그런데 투표자 A는 X

재와 Y재를 모두 원하지 않는다. 투표자 B는 X재는 원하나 Y재는 원하지 않는다. 끝으로 투표자 C는 B와는 달리 Y재는 원하나 X재는 원하지 않는다. 한편 두 공공재 X와 Y의 사회적 한계비용이 각각 30원이라 하자.

이제 정부가 두 재화를 생산하기 위해서는 각 소비자가 똑같이 매 단위당 10원씩 세금을 지불해야 하며 이를 결정하기 위해 과반수제를 적용하기로 결정했다고 하자. 만일 두 재화에 대해 따로 투표를 하면 어떠한 재화도 생산될 수 없다. 그러나 만일 B와 C가 투표거래를 하는 경우 X재와 Y재가 모두 공급될 수 있게 된다. 주어진 예에서, 만일 C가 X재에 대해 투표를 하여 통과가 되면 그는 X재 1단위당 10원을 세금으로 지불해야 한다. B도 마찬가지이다. 또한 B가 Y재에 대해 투표를 하여 통과가 되면 Y재 1단위당 10원의 세금을 지불해야 하며 C도 마찬가지이다. 따라서 C의 경우 실제로 Y재 1단위당 가격은 20원이 되며, 마찬가지로 B의 경우 X재 1단위당 가격은 20원이 된다. 즉, B와 C는 각각 상대방에게 10원의 보조금을 지불하는 것과 같다.

이러한 투표거래의 결과가 소득분배에 미치는 영향은 명확하다. 즉, 소득이 A로부터 B와 C에게 재분배되었다. 그러나 투표거래의 결과가 경제적 효율성을 증가시킬 것인가 감소시킬 것인가는 주어진 상황에 따라 다르다.

이러한 투표자결탁은 비교적 소수의 투표자가 존재하는 경우 이루어질 수 있다. 소수의 투표자가 존재해야만 거래가 보다 효과적으로 이루어질 수 있기 때문이다. 이러한 이유로 투표자결탁은 직접민주주의 체제하에서 보다는 대의민주주의 체제하에서 발생할 가능성이 크다고 볼 수 있다. 선출된 대표자들은 이러한 투표거래를 통해 자신들의 이익을 추구할 수 있다.

3.2 투표의 역설

단순과반수제는 최종적인 결과를 가져다 주지 못하고 끝없는 투표의 순환(cyclical voting)을 되풀이할 수 있다. 이를 살펴보기 위해 세 투표자(A, B, C)가 세 정책(X, Y, Z)에 대해 투표를 해야 한다고 가정하자. <표 15-1>에 이들 투표자의 각 정책에 대한 선호의 순위가 주어져 있다.

〈표 15-1〉 투표의 역설

투표자	각 투표자의 선호순위		
	X	Y	Z
A	1	2	3
B	3	1	2
C	2	3	1

예를 들면 투표자 A는 정책 X를 가장 선호하고, Y를 그 다음으로, Z를 가장 덜 선호한다. 이제 이 세 사람이 과반수제에 의해 X와 Y를 선택한다고 하자. 투표자 A와 C는 Y보다 X를 더 선호하기 때문에 2:1로 X가 선택될 것이다. 마찬가지로 이들 세 투표자는 2:1로 Y와 Z중에서 Y를 선택할 것이다. 따라서 논리적으로 보면 X가 Y보다 선호되고, Y가 Z보다 선호되기 때문에 당연히 X가 Z보다 선호되어야 한다. 그러나 표에서 보면 이들은 X와 Z중에서 2:1로 Z를 선택하리라는 것을 알 수 있다. 개인들의 선호가 표와 같이 주어졌을 때 과반수제는 X와 Y중에서 X를 선택할 것이고, Y와 Z중에서는 Y를, Z와 X 중에서는 Z를 선택하게 될 것이다. 즉, 두 가지 중에서 어느 하나를 채택하는 과반수제는 명확한 결론을 얻지 못한 채 끝없는 투표의 순환이 되풀이된다.

이와 같이 과반수제하에서 일관성 있는 정책결정이 이루어질 수 없는 현상을 가리켜 투표의 역설이라 한다.

> **투표의 역설**(voting paradox)은 어떠한 단일계획도 다른 계획들에 대해 다수의 지지를 얻을 수 없을 때 일어난다.

투표의 역설은 공공선택에 있어서 의사진행과정(agenda)이 얼마나 중요한가를 잘 설명해 준다. 예를 들면 정부가 위의 예에서 정책 X가 채택되기를 원한다면 정부는 먼저 Y와 Z를 투표에 부친다. 이 경우 Y가 선택될 것이다. 이제 Y와 X를 투표에 부치게 되면 X가 선택될 것이고 따라서 정부는 승자가 될 것이다. 이는 의사진행과정을 장악할 수 있는 권한을 가지고 있다는 것은 곧 투표의 결과를 결정할 수 있는 권한을 가지고 있는 것과 마찬가지라는 것을 의미한다.

그렇다면 과연 투표의 순환을 제거하고 바람직한 의사결정을 할 수 있는 방법이 존재하는가? 불행히도 그러한 방법은 존재할 수 없다는 것이 판명되었다. 애로우(K. Arrow)에 의하면 "각 개인의 선호를 존중하고, 효율성을 보장하며, 투표의 순서에 의존하지 않는 다수결투표방법"은 존재하지 않는다. 이를 애로우의 불가능성정리(impossibility theorem)라고 한다.

4. 정부의 실패

지금까지는 시장이 효율적으로 기능하지 못하는 경우, 즉 시장의 실패가 존재하는 경우 정부에 의한 공공선택이 이루어져야 한다는 관점에서 이와 관련되는 여러 가지 문제들을 살펴보았다.

그러나 시장경제에 대한 정부의 개입은 그 자체가 사회적 비용을 수반한다. 정부의 개입에 기인하는 사회적 비용은 단순히 시장의 실패에 기인하는 사회적 비용을 초과할지도 모른다. 즉, 시장의 실패도 중요한 문제이지만 정부의 실패도 그에 못지않게 중요하다는 사실을 인식해야 한다.

> **정부의 실패**(government failure)는 정부정책 또는 공공선택이 경제적 효율성을 개선하지 못하거나, 불공정한 소득분배상태를 개선하지 못할 때 발생한다.

정부의 실패가 야기될 수 있는 두 가지 경우에 대해 살펴보자.

4.1 개별선호와 공공선택

개별 투표자는 공공부문의 수요측면에 있어서 기본적인 분석단위이다. 민간부문과 공공부문의 핵심적인 차이점은 민간부문의 경우, 모든 소비자들은 그들의 선호에 따라 소비하고자 하는 재화나 서비스의 수량을 조정할 수 있지만, 공공부문의 경우에는 그렇지 못 하다는 것이다. 즉, 집단적 의사결정의 핵심은 모든 소비자들이 공적으로 공급된 재화나 서비스의 일정량에 자신들을 적응시켜야 한다는 것이다. 왜 이런 현상이 발생하는가? 몇 가지 예를 들어보자.

첫째, 투표자들은 소비자들이 개별상품을 구입하는 것과 같이 개별정책에 대해 투표할 수는 없다. 정당은 통상 정강(platforms)의 형태로 정책들을 한네 묶는다. 따라서 투표자가 X라는 정책에 대해 투표하는 것은 그 정책을 제안한 정당에 대해 투표하는 것을 의미할 수도 있으며, 이 경우 그 정당의 정강에는 그 투표자가 선호하지 않는 Y라는 정책이 포함되어 있을 수도 있다.

둘째, 일반적으로 개별투표자는 공공부문의 자원 배분에 관해 잘 모를 가능성이 크다. 많은 투표자가 참여하는 경우에 어느 한 개인의 투표가 결정적일 가능성은 극히 미미하다. 따라서 한 투표자가 그가 투표할 정책으로부터 이득을 얻을 수 있다고 할지라도 투표로부터의 기대이익(expected benefit)은 매우 낮을 것이다. 반면에 정치적 제안들에 관한 정보를 수집하는 데는 많은 비용이 따른다. 그런데 사람들은 정보소유로부터 기대되는 한계편익이 정보수집에 소요되는 한계비용을 초과해야만 정보를 획득하려고 할 것이다. 이러한 이유로 개별투표자들은 공공선택에 관해 무지할 수밖에 없다. 이러한 경우를 가리켜 합리적 무지(rational ignorance)라고 한다.

> **합리적 무지**란 정보수집의 한계비용이 정보소유의 한계편익을 초과하기 때문에 정보를 획득하지 않으려는 결정을 의미한다.

셋째, 원칙적으로 민주주의는 1인 1표제이다. 그러나 현실적으로 돈이 선거를 좌우한다. 정치지망생들은 선거자금을 충당하기 위해 돈을 필요로 하기 때문에 소득이 높은 계층일수록 정치가들에게 보다 설득력이 강하다고 할 수 있다. 이러한 이유로 소수의 고소득층에게 큰 혜택을 주는 반면 다수의 저소득층으로부터 대부분의 비용을 징수하는 사업계획들도 볼 수 있다. 정치가들은 통상 두 가지 제약조건에 직면한다. 즉, 돈과 투표이다. 그들은 선거에 이기기 위해 충분한 자금을 마련해야 한다는 제약조건하에서 그들의 인기(popularity)를 극대화하고자 한다. 필요한 자금을 마련하기 위한 가장 쉬운 방법은 바로 고소득층을 위한 정책을 제시하는 것이다.

4.2 정부관료와 공공생산

정부관료(bureaucrats)는 공공생산을 관리한다. 정부관료의 행동은 정부가 공급하는 여러 가지 재화와 서비스의 평균생산비용뿐만 아니라, 선거를 통해 주문된 서비스를 제공하기 위한 정부의 역량에 결정적인 영향을 미친다. 정부관료는 흔히 특정 산출물의 공급에 대해 독점적 지위를 갖는다. 이러한 독점적 지위는 정부관료로 하여금 특정 서비스에 대한 비용과 편익분배를 실제로 조작할 수 있는 위치에 놓이게 할 수도 있다.

관료적 인센티브에 관한 최근의 분석은 정부관료들이 생산하고자 시도하는 산출량의 수준과, 주어진 산출량을 생산하기 위한 투입물의 결합에 있어서의 효율성에 집중되어 왔다. 정부관료에 의한 공공생산의 효율성을 측정하는 데 있어 야기되는 근본적인 문제점은, 정부에 의해 생산되는 대부분의 산출물은 계량화하기 어려울 뿐 아니라 이윤을 목적으로 시장에 판매되는 것이 아니기 때문에 효율성에 대한 직접적인 척도가 존재하지 않는다는 것이다. 유사한 상품을 생산하는 여러 기업들과 경쟁하는 민간기업의 경우에는 그러한 정보가 손익계산서를 통해 쉽게 획득되어진다. 생산비용이 다른 경쟁기업에 비해 높은 기업은 비용을 절감하지 않는 한 이윤을 얻는다는 것이 어려울 것이라는 사실을 재빨리 알아 낼 수 있을 것이다. 그러나 관료들은 그들이 얼마나 효율적으로 운영하고 있는가에 관해 직접적인 반응(feedback)을 얻지 못한다. 민간기업의 경우 이윤은 비용을 극소화하도록 하는 인센티브를 제공한다. 그러나 정부관료들은 이윤을 얻지도 않고, 생산에 투입하는 투입물들을 직접 소유하지도 않는다. 공공 생산에 필요한 자금은 의회와 같은 외부원천으로부터 조달되며, 효율적으로 생산하다고 해서 어떤 금전적인 이득이 관료들에게 돌아가는 경우는 극히 드물다. 따라서 정부관료는 비용를 극소화하려는 인센티브를 갖지 못한다.

관료적 행동에 관한 여러 분석 중에서 최근에 이루어진 가장 뛰어난 업적의 하나는 니스카넨(W. Niskanen)에 의해 제시된 모형이다. 그는 "정부관료는 공적 지위와 관련된 권한(power)을 극대화하고자 하며, 그러한 권한은 그가 좌우할 수 있는 자원의 양에 비례한다"고 주장한다. 정부관료가 좌우할 수 있는 자원의 양은 그가 속한 부처의 예산의 규모에 비례한다. 따라서 니스카넨모형에서는 "정부관료는 **예산의 규모를 극대화**하고자 한다"고 가정한다. 물론 이러한 가정은 단지 니스카넨의 주장일 뿐 실제로 정부관료가 그렇게 행동하는지는 명확하지 않다. 중요한 것은 만일 정부관료가 니스카넨이 주장한 것처럼 예산규모의 극대화를 추구한다면 공공부문의 생산은 일반적으로 과잉공급될 것이라는 점이다.

정부관료는 두 가지 방법으로 예산규모를 증가시킬 수 있다. 정부관료는 의회로 하여금 정부의 산출량이 증가되어야 할 필요성이 있다는 것을 믿도록 만들거나, 또는 비효율적인 생산기술을 사용함으로써 주어진 산출량을 생산하는 데 필요한 투입물의 양을 증가시킬 수 있다. 어느 경우이건 간에 관료들의 이러한 행동은 공공부문의 규모를 증대시킬 것이다. 첫번째 경우에는 산출량이 파레토 최적수준을 넘어서게 될 것이며, 두번째 경우에는 특정 산출량이 요구되는 최소 투입물수준보다 많은 투입물을 사용해서 생산될 것이다.

관료적 행동에 관한 또 다른 분석은, 정부관료의 행동을 결정하는 인센티브는 후원자(sponsors)—예를 들면 의회의 순이익극대화와는 일치하지 않는다고 주장한다. 정부관료도 자신의 효용을 극대화하도록 행동한다. 그러나 정부관료의 효용함수는 후원자의 순이익뿐만 아니라 예산의 증가, 명성, 지위, 승진기회, 봉급, 업무량의 감소 등을 포함한다. 이와 같은 효용함수의 극대화는 후원자의 순이익을 극대화하는 산출량 수준과 일치하는 수준에서 달성되지는 않는다.

이러한 관료적 행동을 개선하기 위해서는 정부관료로 하여금 주어진 산출량을 최소비용으로 생산하도록 인센티브를 제공하는 예산제도를 채택해야 할 것이다. 효과적인 예산편성은 유사한 산출물을 공급하는 정부 각 부처간의 경쟁을 유발시킬 수도 있다.

관료의 행동은 그들이 직면하는 제약조건들에 의존한다. 관료정치에 관한 대부분의 모형에서 정치가들은 관료들에게 관대하다고 가정한다. 즉, 관료들은 예산의 증가에 관심을 갖는 반면, 정치가들은 그들의 이해 관계 때문에 사업계획을—비록 불필요하다고 해도—완전히 취소하는 데는 별 관심을 보이지 않는다. 그러나 적절한 예산편성절차는 관료들이 지켜야 할 제약조건들을 규정함으로써 관료들의 비효율적인 생산이나 과잉 공급의 경향을 통제할 수 있게 한다.

■ 요 약 ■

1. 공공선택이론이란 정부의 의사결정과정을 연구하는 경제학의 한 분야이다. 즉, 공공선택이론은 현실세계에서 정부에 의해 자원이 어떻게 배분될 것인가를 분석하기 위한 것이다.

2. 집단적 의사결정의 대표적인 두가지 방식은 전원합의제와 과반수제이다. 전원합의제하에서는 모든 사람이 각자 거부권을 가지고 있기 때문에 현상을 유지하려는 경향이 나타난다. 과반수제는 다수의 횡포를 초래할 수 있다.

3. 시장의 실패 못지않게 정부의 실패도 중요하다. 정부의 실패는 투표자들의 합리적 무지 때문에 나타날 수도 있고, 관료들의 예산극대화 추구 때문에 나타날 수도 있다.

■ 주요개념 ■

공공선택, 집단적 의사결정, 정치적 시장, 정치적 균형, 표극대화 추구자, 파레토개선, 전원합의제, 파레토효율성, 과반수제, 중위투표자, 투표자결탁, 투표의 역설, 정부의 실패, 합리적 무지, 니스카넨 모형

제 6 편

재화시장과 국민경제

제16장

거시경제변수의 측정

<개 요>

거시경제학은 국민경제의 구조와 변동을 총체적으로 설명하고자 하는 연구분야로서, 그 주요과제는 국민소득 및 산출량수준과 경제성장률, 고용 및 실업, 물가수준과 인플레이션 등의 변동원인과 이들 제 변수간의 상호관계를 규명하는데 있다. 또한 거시경제학에서는 재정 및 금융정책을 비롯한 각종 경제정책이 국민경제의 성과에 지대한 영향을 미치기 때문에 거시경제정책의 목표와 수단에 대한 분석도 중요한 관심대상이다.

한편 거시경제학은 한 국민경제가 그 전체로서 움직이는 법칙에 대해 연구하는 분야이기 때문에 이 장에서는 이러한 총량적인 변수들의 측정방법인 국민소득계정, 즉 한 나라 국민경제의 총생산과 총소득의 측정방법에 대해 살펴본다. 이 국민소득계정은 한 경제에 있어서 총생산물의 가치가 총소득의 가치와 같다는 소득과 생산물의 순환원리에 그 기초를 두고 있다.

먼저 국내총생산과 그에 관련된 개념에 대해 설명한 다음, 그러한 변수들에 대한 측정방법, *GDP* 3면등가의 원칙, 물가와 관련지어 *GDP*를 표시하는 방법, 그리고 이러한 *GDP* 개념의 범위와 새로운 경제복지지표에 대해 알아보기로 하자.

1. 거시경제학의 정의와 범위

1.1 거시경제학이란?

거시경제학을 연구하는 목적은 국민경제의 산출량, 고용 및 일반물가 수준과 이들의 성장률 및 변동을 결정하는 요소들의 인과관계를 분석하면서 국민경제의 전체적 움직임을 파악하는 데 있다. 거시경제학(macroeconomics)은 경제변수들의 집계수준에 의하여 미시경제학(microeconomics)과 구별된다. 예컨대, 미시경제학에서는 어떤 특정산업의 개별공급곡선이 분석의 대상임에 비하여, 거시경제학에서는 국민경제의 총생산량을 내포하는 총공급곡선이 중요시된다. 마찬가지로 거시경제학에서는 특정재화에 대한 개별수요보다는 총수요를 강조하게 된다. 따라서 거시경제학에서는 가계부문 및 기업부문을 연구하기 위하여 개별가계 및 개별기업의 행동을 집계화하는 과정을 거친다. 거시경제학은 또한 정부부문 및 국민경제들 상호간의 관련성을 연구한다.

미시경제학에서는 일반물가수준이나 총산출량을 주어진 것으로 가정하면서 상대가격의 변화나 개별산업의 산출량변동을 분석하는 것이지만, 거시경제학에서는 상대가격의 변화문제는 일단 논외로 하면서 일반물가수준이나 총산출량의 변화를 연구대상으로 삼는다. 거시경제학과 미시경제학을 구분하는 주요한 기준은 어떠한 변수가 총산출량과 고용, 또는 물가수준의 변동에 영향을 미치느냐 하는 점이다. 상대가격의 변화는 일차적으로 미시적 접근의 주요 관심사이나, 만일 이러한 상대가격의 변화가 국민경제 전체의 변동에도 영향을 미친다면 그러한 효과는 거시적 접근의 분석대상으로 고려된다.

예를 들어 소비자수요가 보리쌀로부터 쌀로 변화되었을 때 나타나는 보리쌀과 쌀의 가격 및 생산량변화는 말할 것도 없이 미시경제학에서 취급되는 경제문제이다. 그러나 1970년대 석유파동의 예에서 보는 바와 같이 개별상품의 가격변화가 국민경제의 총산출량이나 일반물가에 영향을 미치게 되면 그것은 미시경제적 문제이자 동시에 거시경제적 차원의 문제로 되는 것이다. 즉, 석유가격의 상승은 석유와 다른 에너지자원과의 대체관계에 영향을 미치므로 그것은 미시경제적 문제라고 볼 수 있다. 한편 석유가격의 상승으로 에너지비용이 증가하게 되면 그것이 총산출량과 물가수준에 전반적으로 영향을 미치게 되므로 거시경제적 문제이기도 하다.

위의 예에서 알 수 있는 바와 같이, 어떠한 미시적 경제변수가 거시적으로 중대한 영향을 미치게 되면 그 현상은 거시경제적 분석의 대상이다. 만일 그 효과가 미미하다면 그것은 거시경제적 분석에서 제외될 것이다. 경제정책의 분야에서는 미시경제적 효과와 아울러 거시경제적 효과를 염두에 두지 않으면 안 된다. 예컨대, 임금 및 물가동결과 같은 조치는 인플레이션을 억제하기 위한 거시경제정책이라고 볼 수 있다. 그러나 그러한 조치가 상대가격의 미시경제적 재조정을 방해하는 왜곡현상을 가져올 때 그 결과는 효율적인 자원배분에 영향을 미치게 될 것이다.

1.2 거시경제의 주요과제

한 나라의 경제가 추구해 나가는 거시경제상의 목표로서는 보통 완전고용(full employment), 물가안정(price stability), 경제성장(economic growth) 및 국제수지의 균형(balance of payments) 등을 들 수 있다. 최근에는 이외에도 공평한 소득분배(equitable distribution of income), 지역간 균형(regional balance), 또는 쾌적한 환경유지(safe and clean environment) 등이 중요 목표로 제기되고 있다. 완전고용이 의미하는 바는 일자리를 구하고 있는 사람들에게 일자리가 보장되는 것이다. 물가안정은 자원의 효율적 배분에 기여하며, 경제행위의 불확실성을 감소시켜 줌으로써 장기계획을 세우는 데 용이성을 제공한다. 경제성장으로 국민경제의 생산능력이 증가하게 되면 생활수준이 향상될 수 있다. 국제수지의 균형이란 장기적으로 국제적 지불과 수취간에 균형이 이루어지는 것을 의미한다.

1.2.1 완전고용

완전고용을 달성하고자 하는 정책목표는 케인즈혁명 이래로 정부정책에 포함되어 왔다. 고용문제에 대한 케인즈의 견해는 비교적 간단하다. 비자발적 실업은 총수요를 증가시키는 거시경제적 정책에 의하여 그 크기를 감소시킬 수 있는 부분과 그렇지 못한 부분으로 나눌 수 있다. 이 때 후자에는 마찰적 실업, 구조적 실업, 또는 만성적 실업 등이 포함된다. 따라서 완전고용이라는 정책목표는 실업 중 전자를 대상으로 한다고 볼 수 있다. 만일 실업이 경제의 구조적 결과에 기인한다면 전통적인 거시경제적 수요관리정책의 효과는 감소될 수밖에 없다.

한편 통화주의학파는 거시경제정책의 목적이 자연실업률을 감소시키고자 할 때 별다른 효과를 나타낼 수 없다는 주장을 하고 있다. 자연실업률은 실업보상제도, 지역적 또는 직업적 노동이동성의 제약정도와 그 밖의 수많은 요인들에 의하여 결정되는 것인 만큼, 그것은 정부의 거시경제정책으로는 장기적으로 효과가 없고 미시정책에 의하여 좋은 결과를 얻을 수 있다는 것이다. 통화론자들도 단기적으로는 인플레이션과 실업률과의 상관관계에서 현실의 실업률이 자연실업률보다 증가 또는 감소할 수 있다는 점을 인정한다.

1.2.2 물가안정

인플레이션은 물가수준이 지속적으로 상승하는 현상을 의미한다. 인플레이션이 관심의 대상이 되는 이유는 그것이 사회에 미치게 되는 여러 가지 형태의 비용부담 때문이다. 뒤에 자세히 분석하게 되겠지만 인플레이션과 관련된 비용 중 많은 부분은 인플레이션을 정확하게 예상할 수 있다면 회피할 수 있다.

그러나 인플레이션을 완전히 예상할 수 있게 된다 하더라도 피할 수 없는 사회적 비용이 존재한다. 우선 가격변동에 적응하는 비용, 예컨대 소비자들에게 가격변동을 알리는 데 따르는 비용과 같은 자원비용이다. 또한 인플레이션은 화폐자산의 보유자들에게 일종의 조세로서 작용한다. 즉, 민간부문의 화폐보유자들로부터 채무자격인 정부부문으로 자산이전 효과를 가져온다. 나아가 인플레이션은 국제무역에 종사하는 부문에 장래의 환율변동이라는 불확실성을 야기함으로써 국제무역에 따르는 거래비용을 증대시키게 된다.

1.2.3 경제성장

경제성장으로 일인당 실질소득이 증가하게 되면 경제적 후생이 증대될 수 있다. 또한 경제성장은 인구증가와 자본의 집약도 상승에 따른 노동력의 증가분을 흡수하기 위하여 필수적이다. 근본적으로 경제성장은 빈곤을 근절시키기 위한 유일한 방법이다.

한편 경제성장에는 여러 가지로 긍정적인 측면이 많이 있지만, 부수적으로 나타나는 역기능적인 효과도 있다. 각종의 공해현상, 도시화에 따르는 혼잡성의 증대, 지역간 또는 산업간 구조조정에 수반되는 문제, 그리고 자연자원의 고갈 등이 그것이다.

1.2.4 국제수지의 균형

국제수지의 균형이 바람직한 이유는 국제적 지불과 수취간에 불균형이 발생할 때 나타나는 비용부담을 피하기 위한 것이다. 고정환율제도하에서 국제수지의 흑자는 국내 총통화의 증가를 의미하고, 적자는 총통화의 감소를 의미한다. 만일에 한 나라의 중앙은행이 자국화폐를 외국화폐로 교환해 주는데 아무런 제한을 가지고 있지 않다면 국제수지적자에 하등 우려할 필요가 없게 될 것이다. 그러나 일반적으로 각국의 보유외환은 한정되어 있으므로, 계속적인 국제수지적자로 보유외환이 고갈하게 되면 궁극적으로는 국민경제가 필요로 하는 재화나 원자재의 수입이 불가능하게 된다. 이러한 이유로 각국 경제는 장기적인 관점에서 국제수지의 균형을 도모하게 된다.

한편 위와 같은 거시경제정책목표를 달성함에 있어서는 여러 가지의 정책수단들이 동원되는데 그 중 주요한 정책수단으로서는 재정 및 금융정책을 들 수 있다. 재정정책(fiscal policy)은 정부지출의 규모나 조세구조의 변동을 통하여 이루어지는 반면, 금융정책(monetary policy)은 화폐공급과 이자율의 변동을 통하여 수행된다.

이 외에도 인력정책(manpower policy), 소득정책(incomes policy), 또는 국제경제정책의 수단들이 구사된다. 인력정책은 정부가 직업훈련계획의 제공, 직업소개제도의 개선이나 실업보상제도 등의 확충을 통하여 장기적으로 자연실업률의 수준을 감소시키고자 하는 정책이다. 소득정책은 인플레이션을 억제할 목적으로 임금 및 물가에 대하여 직접적으로 통제하는 방식이다. 국제경제와 관련된 정책수단으로서는 환율정책이나 관세와 보조금 등의 수단들을 포함하는 무역정책을 들 수 있다. <표 16-1>은 지금까지 설명한 거시경제학의 목표와 도구를 요약한 것이다.

〈표 16-1〉 기시경제학의 목표와 수단

수 단	목 표
재정정책	
정부지출	완전고용
조세	경제성장
금융정책	
화폐공급	물가안정
이자율	
인력정책	국제수지의 균형
소득정책	공평한 소득분배
국제경제정책	
환율정책	지역적 균형
무역정책	쾌적한 환경유지

2. 소득과 생산물의 순환

2.1. 부와 소득

우리가 살아가기 위해서는 재화와 용역을 소비하는 경제적 활동을 하게 되는데 이러한 소비활동을 위해서는 부(wealth)와 소득(income)과 같은 재원이 필요하다. 먼저 부는 일정시점에서 평가된 축적된 자산액을 의미하는데, 한 개인에 소유된 자산으로서 부동산, 증권, 채권, 은행예금, 귀금속, 예술품 등을 들 수 있다. 이러한 개인의 부와 마찬가지로 한 나라에는 그 나라 전체에 존재하는 국부가 있는데 여기에는 토지, 지하자원 등 천연적으로 주어진 것과 개인의 주택, 기업의 기계설비와 재고품, 도로, 항만, 상하수도 등의 사회간접자본 및 국영기업의 자산과 대외자산 등의 인위적인 것이 포함된다. 예를 들어 개인이 소유하고 있는 주식이나 채권, 은행예금은 개인의 부로 평가되나, 이들은 단지 공장, 기계, 건물 등 실무자산에 대한 청구권에 불과하고 이 청구권은 다른 사람들에

게는 부채이므로 서로 상쇄되어 사회전체로는 국부에 포함되지 않는다

이에 반하여 **소득**이라 함은 일정기간 동안에 벌어들이는 화폐액을 말하는데, '갑의 월소득이 5만원이다' 라고 말하듯이 특정기간을 밝혀야만 그 뜻이 확실해진다. 개인의 소득은 일정기간 동안에 한 개인이 만들어 낸 생산물의 시장가치라고 말할 수 있고, 이러한 개인의 소득을 국민경제 전체를 통해 합친 것이 그 국민경제의 총소득이다. 이 총소득은 바로 그 국민경제의 총생산물의 시장가치가 되며, 이것이 바로 거시경제학의 일차적인 관심사가 된다.

위에서 살펴보았듯이 부는 어떤 시점에서 측정되는 반면, 소득은 일정기간을 기준으로 측정된다. 이와 같이 어떤 시점에서 측정될 때 의미가 있는 것과 일정기간을 기준으로 측정될 때 의미가 있는 것이 있는데, 전자를 저량(stock)이라고 하며 후자를 유량(flow)이라 한다. 즉, 토지나 자본재 같은 국부는 저량에 속하며, 총생산물(총소득)은 이 국부가 노동과 상호작용 하여 만들어 내는 유량에 속하는데, 그 나라의 국부는 유량인 총생산물이 여태까지 축적되어 온 것을 나타낸다.

일반적으로 국부의 변화는 해가 변하더라도 그리 크게 변화하지 않는 반면 총생산물의 변화는 쉽게 나타나므로, 한 나라가 보유하고 있는 국부를 지표로 그 나라 경제의 규모를 파악할 수 있고 한 해 동안에 생산된 총생산물을 지표로 그 나라 경제의 움직임을 파악할 수 있다. 거시경제학에서는 국부보다는 일정기간 동안에 생산된 총생산물(총소득)을 일차적인 관심대상으로 삼는다. 이제 기본적인 소득과 생산물의 순환원리에 대해 알아보기로 하자.

2.2 소득과 생산물의 순환

한 나라의 국민경제가 새롭게 생산해 낸 총생산물의 가치는 그 국민경제 전체가 얻은 총소득과 서로 같다고 말할 수 있다. 과연 그것이 옳은가? 이를 위해 한 사람만이 존재하는 경제를 생각해 보자. 경제학자들은 이를 흔히 '로빈슨 크루소 경제'라 말한다.

망망대해에 표류한 로빈슨 크루소는 그가 구조될 때까지 현재 머물고 있는 무인도에서 살아 남아야 하는데 이를 위해 그는 생산활동을 해야 하며, 이 생산

물을 소비해서 생명을 보존해 나가야 한다. 그는 생산자인 동시에 또한 소비자로서 하루하루를 보내고 있는 것이다. 이 때 그가 생산해 낸 모든 생산물은 자신이 차지하게 되므로 그 생산물가치는 자신에게 돌아가는 소득과 같아지는 것을 발견할 것이다. 즉, 소비자 로빈슨 그루소는 노동과 지본 등 생산요소를 생산활동에 활용하여, 그 대가로 만들어진 생산물가치에 해당하는 소득을 받아 이 소득으로 생산자 로빈슨 크루소에게서 그 생산물을 구입해서, 소비했다고 볼 수 있다.

현대사회는 이런 자급자족의 경제가 아닌 타인과의 교환경제이지만 위와 마찬가지로 그 국민경제의 총생산물가치는 그 국민경제의 총소득과 같게 된다. 이제 <표 16-2>와 <그림 16-1>을 통해 그 내용을 자세히 설명해 보자.

〈표 16-2〉 가상경제의 산업별 생산물

(단위: 억 원)

중간생산물의 가치	최종생산물의 가치
광물 : 20 → 제철 : 100 → 목회재배 : 50 ,	자동차 : 200 섬 유 : 90
	총 계 : 290

그림 16-1 소득과 생산물의 순환구조

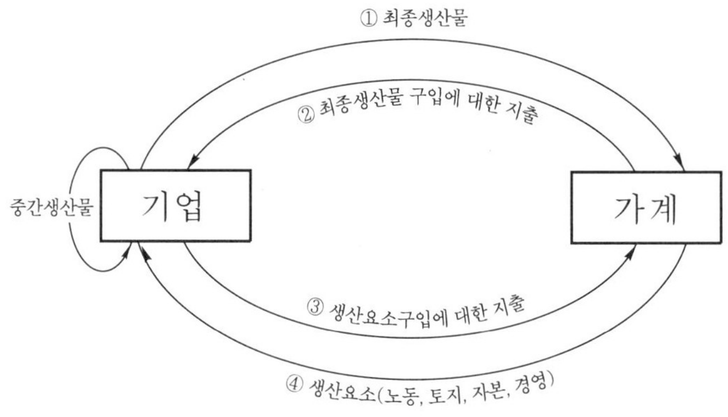

<표 16-2>는 가상적인 국민경제로서 광물, 제철, 자동차, 목화재배, 섬유 등 5가지 산업으로 구성되어 있다. 이 중 제철산업은 광물산업의 생산물을, 자동차

산업은 제철산업의 생산물을 이용한다. 또한 섬유산업은 목화재배산업의 생산물을 이용한다. 이 국민경제에는 자본재의 사용은 없으며, 각 산업의 연간 매출액이 표에 나타나 있다.

> **최종생산물**이란 그 기간에 있어서 다른 상품의 생산에 이용되지 않으면서 본래의 형태로 경제주체에 의해 최종 용도로 사용되는 생산물을 말한다. 여기서 생산물이란 유형의 재화뿐만 아니라 무형의 용역도 포함한다. 반면에 **중간생산물**이란 다른 상품생산에 있어서 완전히 본래의 형태를 잃어버리면서 사용되는 생산물을 말한다. 그러므로 중간생산물의 가치는 최종생산물의 가격에 반영된다.

<그림 16-1>의 위 부분은 최종생산물이 기업부문에서 가계부문으로 흘러가는 것과 그와 동일한 가치의 화폐지불이 가계부문에서 기업부문으로 흘러가는 것을 보여 준다. <표 16-2>와 연결지어 보면 기업부문의 최종생산물인 자동차와 섬유의 흐름과 가계부문의 소비에 따른 가격지불의 흐름이다. 최종생산물을 생산하기 위해서는 기업은 다른 기업으로부터 중간생산물(자동차회사는 제철, 섬유회사는 목화)을 구입해야 하는데, 이러한 중간생산물은 순환구조에서 기업부문과 가계부문간의 흐름으로 나타나지 않고 단지 기업부문 내에 존재하는 것으로 표시된다.

또한 기업부문은 중간생산물 외에도 가계부문이 소유한 생산요소(토지, 노동, 자본)를 고용해야 하는데 이런 것들이 <그림 16-1>의 아래 부분에 나타나 있다. 가계부문으로부터 기업부문으로 가는 생산요소의 흐름과 그에 대한 보수인 요소소득의 역흐름을 볼 수 있다. 이러한 순환구조는 최종생산물의 가치가 생산요소의 소득과 같다는 국민소득계정의 기본개념을 보여 준다.

3. 국내총생산

3.1 국내총생산의 개념

<그림 16-1>이 한 국민경제의 총생산물의 의미를 이해하는 데 도움이 되었으리라 본다. 그러나 순환도는 단지 최종생산물의 흐름만을 보여 주고 있다. 중

간생산물은 기업부문 내에 존재하는 것이므로 기업부문의 최종생산물로는 고려되지 않는다. 중간생산물은 단지 목적에 필요한 수단일 뿐이다. 경제적 복지는 그 국민경제가 생산하는 최종생산물에 의해 결정된다. 그 국민경제가 많은 양의 석탄, 광물, 제철 같은 중간생산물을 생산하더라도 그것을 이용해 생산한 최종생산물이 비효율적으로 생산되었을지도 모르기 때문에 한 국민경제의 총생산물은 그 경제가 생산해 내는 최종생산물로 표시된다. 가장 보편적으로 쓰이는 총생산물의 측정방법으로 국내총생산을 들 수 있다.

> **국내총생산**(Gross Domestic Product : *GDP*)이란 일정기간 동안 한 나라 국경 안에서 생산된, 모든 최종생산물의 시장가치이다.

앞의 예에서 일정기간 동안에 생산된 자동차와 섬유만이 *GDP*로 계산된다. 즉, 1년간의 자동차 생산가치가 200억원이며, 섬유생산가치가 90억원이므로 *GDP*는 290억원이 된다. 만약 *GDP*가 모든 생산물가치의 합으로 표시된다면 (20 + 100 + 50 + 200 + 90) 중간생산물인 광물, 제철, 목화의 가치는 최종생산물인 자동차, 섬유의 가치에 포함되었음에도 불구하고 이중으로 포함되어 계산되는 경우가 될 것이다.

3.2 *GDP*의 측정

<그림 16-1>의 기본적인 국민소득계정원리는 실제 경제현상에 적용할 수 있다. 한 국민경제의 최종생산물의 총가치는 그 경제의 총소득과 같아야 하기 때문에 *GDP*는 일정기간에 만들어진 모든 최종생산물의 화폐가치의 합으로 계산되거나 또는 그 기간 동안에 모든 생산요소가 벌어들인 소득의 합으로 계산되어진다. 물론 두 가지 방법은 같은 결과를 가져온다. 그런데 최종생산물의 가치를 측정하는 방법에는 생산과정에서 창출되는 부가가치에 의해 측정하는 방법과 최종생산물에 대한 지출에 의해 측정하는 방법이 있다.

그러므로 *GDP*측정방법은 ① 생산물의 가치에 의해 측정하는 방법(<그림 16-1>의 ①에서 측정), ② 최종생산물에 대한 지출로 측정하는 방법(<그림

16-1>의 ②에서 측정), ③ 최종생산물이 만들어지는 과정에서 기업이 고용한 생산요소에 대한 지출(생산요소 소유자가 받는 요소소득)로 측정하는 방법(<그림 16-1>의 ③에서 측정)이 있다.

3.2.1 생산물의 가치에 의한 방법

생산물시장에서 생산물의 가치를 포착하여 *GDP*를 측정하고자 할 때는 우선 *GDP*의 정의 그대로 일정기간 동안 한 나라 국경 안에서 생산한 최종생산물의 시장가치를 직접 합하는 방법이 있다. 생산물의 단위와 종류가 서로 다르기 때문에 최종생산물의 가치는 시장에서 평가되는 화폐액으로 표시된다. 생산물의 수량과 시장가격을 곱해서 개별생산물의 가치를 화폐액으로 환산하고, 이를 모든 최종생산물에 대해서 합계한다. 이렇게 생산측면에서 측정된 *GDP*를 생산국민소득이라고 한다. 생산국민소득은 매 생산단계에서 새롭게 창출되는 가치, 즉 부가가치를 이용해서 계산할 수 있다. 이를 <표 16-2>로 설명해 보자.

<표 16-2>에서 각 산업의 매출액이 개별산업에 의해서 생산된 *GDP*라고 말할 수 없다. 그 이유는 중복계산 때문인데, 예를 들어 자동차산업의 생산물가치는 자동차산업에 필요한 제철의 가치를 포함하고 있기 때문이다. 그래서 각 산업이 생산해 낸 *GDP*는 각 산업의 부가가치를 계산함으로써 측정될 수 있다.

> **부가가치**(value added)란 어떤 생산자가 생산과정에서 새로 부가한 가치를 말하는데, 한 기업의 부가가치는 그 기업의 생산물가치에서 다른 기업으로부터 구입해 온 중간생산물가치를 뺀 부분이다. 한 산업의 부가가치는 그 산업의 생산물가치에서 다른 산업으로부터의 중간생산물가치를 뺀 부분이다.

<표 16-2>의 예로 돌아가서, 자동차산업의 부가가치는 자동차의 생산물가치(200억원)에서 제철산업으로부터의 중간생산물가치(100억원)를 뺀 100억원이 된다. 마찬가지로 제철산업의 부가가치는 80억원이 된다(100억원—20억원). 광물산업의 부가가치는 20억원인데, 이 예에서 광물사업은 다른 산업으로부터 중간생산물을 구입하지 않았기 때문이다. <표 16-3>을 참조해 보자.

<표 16-3>은 부가가치의 합으로 계산된 *GDP* 290억원이 최종생산물의 시장가치로 평가된 *GDP* 290억원과 같음을 보여 주고 있다.

〈표 16-3〉 개별산업의 부가가치 합으로 구해진 *GDP*

(단위: 억 원)

산업	산업별 매출액	다른 산업으로부터의 구입	부가가치
광 물	20	0	20
제 철	100	20	80
자 동 차	200	100	100
목화재배	50	0	50
섬 유	90	50	40
GDP			290
최종생산물 가치			290

위의 예에서 자본재의 사용이 없다고 가정되었으므로 자본재의 마모에서 오는 감가상각이 제외되었다. 그러나 현실적으로 자본재의 사용은 있게 마련이므로 감가상각을 포함시켜서 구해지는 최종생산물의 가치는 다음과 같다.

GDP 계산법 1 : 생산국민소득 (생산GDP)

GDP = 한 국민경제의 모든 부가가치의 합 + 감가상각 (16-1)

3.2.2 최종생산물에 대한 지출에 의한 방법

<표 16-2>에서 *GDP*는 두 가지 최종생산물(자동차, 섬유)의 시장가치인 매출액의 합이었다. 이 예에서는 가계에 의해서 최종적으로 소비되는 한 종류의 최종생산물에 대한 지출이었다. 그러나 실제로는 가계에 의해서 이루어지는 지출뿐만 아니라 다른 형태의 지출이 있다. 지출의 형태별로 나누어 볼 때 *GDP*는 다음의 4가지로 지출된다 : ① 민간소비지출, ② 투자지출, ③ 정부지출, ④ 순수출. 국민경제에 있어서 최종생산물에 대한 총지출인 국내총지출(Gross Domestic Expenditure: *GDE*)은 <그림 16-1>의 순환도가 보여 주듯이 그 국민경제의 최종생산물가치와 같다.

민간소비지출 (*C*): 가계가 구입하고 소비하는 재화와 용역(식품, 오락, 의류, 책, 텔레비젼 등)은 모두 최종생산물이다. 이런 민간지출로 소비되는 생산물은

다른 재화의 생산에 사용되지 않고 가계에 의해서만 순간적으로 또는 장기간에 걸쳐 소비된다. 민간소비지출은 의류, 식품 등의 비내구성 소비재, 자동차, 냉장고 등의 내구소비재, 수송, 오락 등의 서비스에 대한 지출로 이루어진다.

투자지출 (I): 투자는 그 국민경제에 있는 자본량(공장, 기계설비, 재고 등)을 증가 또는 감소시키는 지출을 의미한다. 그러면 투자에 의해 형성된 자본재를 최종재화라고 할 수 있겠는가 하는 의문이 갈 것이다. 자본재도 중간재와 마찬가지로 다른 재화의 생산에 사용되지 않는가? 자본재와 중간재 사이에는 큰 차이가 있다. 다른 재화를 만드는 과정에서 완전히 소멸되는 중간재와는 달리, 자본재는 단지 다른 재화생산에 있어서 부분적으로 소멸되며 완전히 소멸된다 하더라도 본래의 모습을 유지하면서 소멸된다. 1년간 제철을 만드는 과정에 있어서 기계설비는 단지 부분적으로만 소비되는 반면 광석과 석탄은 완전히 소비되는 것이다.

자본재의 사용에는 감가상각이라는 것이 있는데, 이는 노동, 원재료와 마찬가지로 비용으로 간주된다. 투자(총투자)는 국민경제 내의 자본량을 증가시키거나 감소시키는 지출이므로 새로운 자본재를 구입하는 데 쓰이는 지출(신투자)뿐만 아니라 감가상각과 같이 마모되는 자본재를 보전하는 데 충당하는 지출도 포함된다.

> **감가상각**(depreciation)은 생산과정에 있어서 소비되었거나 완전히 소멸된 자본량의 가치를 말한다. 자본재의 실질적인 마모뿐만 아니라 자본의 노후에서 오는 가치의 손실도 포함된다.

투자는 재고투자와 고정투자로 구성된다. **재고투자**는 기업이 가지고 있는 재고량가치의 증가 또는 감소를 말한다. 만약에 기업의 재고가 당기 초에 200억원이었고 당기 말에 250억원이라면, 재고투자는 50억원이 된다. 재고증가를 투자에 분류하는 이유는 재고증가분이 미래의 소비에 사용되어 지기 때문에 투자의 개념으로 볼 수 있다. 재고투자는 양 또는 음의 값이 될 수 있으며, 당기 말의 재고는 당기 초의 재고보다 클 수도 있고 작을 수도 있다.

고정투자는 새로운 공장, 기계설비, 사업용 건물, 거주용 건물 등의 증가를 말한다. 고정투자는 비거주용 고정투자와 거주용 고정투자로 구성되는데, 비거주용 고정투자는 기업에 의한 기계설비, 공장, 사업용 건물의 증가를 말하며, 거주용 고정투자는 아파트, 콘도미니엄, 개인 주택 등의 거주용 구조물의 증가를 말한다. 개인 주택, 콘도미니엄이 개인 소비로 분류되지 않고 투자로 분류되는 데는 두 가지 이유가 있다. 첫째, 다른 종류의 자본과 마찬가지로 오랜 기간에 걸쳐 매우 천천히 소비되기 때문이다. 둘째, 주택을 사는 것에 대한 의사결정이 마치 기업의 투자결정과 흡사하기 때문이다. 가족은 오랜 기간에 걸쳐 그 집으로부터 얻으리라 예상되는 편리를 그 집에 들어가는 비용과 비교한다. 마치 기업이 투자로부터 얻는 급부를 투자에 따른 비용과 비교하는 것과 마찬가지로. 주택을 사느냐 마느냐 하는 가족의 의사결정은 새 기계설비를 들여놓느냐 마느냐 하는 기업의 투자에 대한 의사결정과 비슷한 것이다.

정부지출 (G): 정부는 최종생산물과 용역을 소비하면서 국방, 교육, 치안 등 공익사업을 수행한다. 정부가 최종생산물과 용역에 지출하지 않는다면, 비록 정부총지출에 포함되더라도, *GDP*에 대한 지출로 포함되지 않는다. 이전지출이 그 예라 하겠다.

> 이전지출이란 당기에 있어서 재화와 용역을 제공하지 않은 사람들에게 반대급부 없이 제공하는 보조금으로서 실업수당, 재해보상금, 수출보조금이 이에 속한다.

이전지출은 개인 또는 조직간의 소득이동을 의미할 뿐이다. 즉 이전지출은 재화나 서비스를 정부가 구입한 것이 아니라 단순하게 구매력을 이전한 것이므로 정부소비지출에 포함되지 않는다. 또한 국민소득계정원리상 총생산물과 총소득이 같아야 하며, 이전지출은 소득이나 생산물 어느 것도 생산하지 못하므로 *GDP*에서 제외된다. 이전지출은 일반적으로 가계와 기업에 주어지므로, GDP측정에 있어서 가계와 기업의 소비나 투자지출로 나타나게 된다.

순수출 $(X-M)$: 한 나라의 가계, 기업, 정부에 의한 지출을 전부 합쳐도 그 국민경제가 만들어 내는 총생산물과 같지 않을 수가 있다. 그 이유는 소비되는 재화나 용역의 일부는 다른 나라에서 생산된 후 수입되기도 하고, 또한 어떤 재화나 용역들은 다른 나라로 수출되는 것이 있기 때문이다. 이런 수입된 재화나 용역은 그에 대한 지출분만큼 총지출에서 제외되어야 하며, 수출된 재화나 용역은 그에 대한 지출분만큼 총지출에 포함시켜야 한다. 그 나라의 수출과 수입에 대한 고려, 즉 순수출에 대한 고려 없이는 정확한 GDP가 구해질 수 없다. 여기서 순수출 $(X-M)$은 재화와 용역에 대한 수출가치에서 수입가치를 제외해서 구해진다.

GDP 계산법 2 : 지출국민소득

$$GNP = C + I + G + (X - M) \tag{16-2}$$

3.2.3 생산요소소득에 의한 방법

<그림 16-1> 순환도가 보여 주듯이 한 국민경제가 생산해 내는 최종생산물의 가치는 생산요소의 소유자가 벌어들이는 소득의 합인 국내총소득(Gross Domestic Income: GDI)과 같게 된다. GDI는 생산요소가 벌어들이는 모든 요소소득의 합으로 계산되거나 혹은 기업이 사용한 요소에 대해 지불되는 보상의 합으로 계산된다. 양쪽 모두 같은 결과를 갖는다.

GDI는 노동, 토지, 자본, 경영에 지불되는 보수인 임금, 지대, 이자, 이윤의 합으로 표시되는데, 이는 GDP와 같기 때문에 GDP는 당기간의 노동, 토지, 자본, 경영 등의 생산요소로부터 얻어지는 소득의 합으로 측정되어진다. 그런데 현실적으로 자본재의 사용과 정부의 존재로 인해 이윤은 최종생산물의 시장가치에서 임금, 지대, 이자를 빼고 다시 감가상각과 순간접세를 공제한 소득으로 계산되므로 실제적인 GDP 계산은 다음과 같이 된다.

GDP 계산법 3 : 분배국민소득

$$GDP = \text{임금} + \text{지대} + \text{이자} + \text{이윤} + \text{간접세} - \text{보조금} + \text{감가상각} \tag{16-3}$$

3.3 삼면등가의 원칙

이상에서 우리는 GDP를 생산, 지출, 분배라는 세 가지 측면에서 측정할 수 있음을 알았다. <그림 16-1>의 순환도에서 알 수 있듯이 최종 생산물과 용역의 총가치는 총소득과 같으므로 부가가치에 의해 측정된 GDP(생산측면)는 요소소득에 의해 측정된 GDI(분배측면)와 같아짐을 알 수 있다. 또한 최종생산물에 대한 수요, 즉 요소소득으로부터 발생되는 생산물에 대한 수요를 통해 측정되는 GDE(지출측면) 또한 같아짐을 알 수 있다. 이와 같이 국내총생산이 생산측면에서 보나, 분배측면에서 보나, 또는 지출측면에서 보나 모두 같아지는 것을 **3면등가의 원칙**이라고 한다.

그런데 생산, 분배, 지출이 모두 동시에 이루어진다고 볼 수 없다. 예를 들어 1999년 12월말에 생산된 최종생산물에 대해 그 대가로 그 해 말까지 요소소득이 지불되지 못할 수도 있으며, 지불된 요소소득이 그 즉시 지출되리라는 보장 또한 없는 것이다. 게다가 통계를 작성하는데는 항상 오차가 따르기 마련이므로 세 가지 측면에서 본 국내총생산은 서로 다를 수도 있다. 그러나 이런 생산, 분배, 지출간의 시차와 통계상의 부정확성을 처리한다면, 3면등가의 원칙은 성립할 수밖에 없는 것이다.

3면등가의 원칙 : 국내총생산 ≡ 국내총지출 ≡ 국내총소득 (16-4)

3.4 저축과 투자의 균형

앞서 말했듯이 투자는 경제 내의 자본량의 증가를 의미하는데, 이러한 투자는 주로 기업부문에서 일어난다. 또한 저축은 바로 이 투자재원을 마련하는 것이라 하겠는데, 저축은 투자와는 달리 가계부문에서 일어난다. 양자의 주체가 다르다는 이유로, 이 둘간의 관계는 거시경제학에서 매우 중요한 문제로 다루어진다.

정부, 감가상각, 해외부문이 없는 가상적인 경제를 생각해 보자. 정부가 없으므로 정부의 지출(G)과 조세(T)도 역시 없다. 이러한 단순한 경제의 지출면에서 본 GDP는 민간소비지출과 투자로 이루어진다.

$$GDP = C + I$$

또한 조세가 없으므로 분배된 소득은 저축과 소비로 구성된다.

$$GDI = C + S$$

3면등가의 원칙에 따라서 GDP와 GDI가 같으므로

$$C + I = C + S$$

가 성립한다. 여기서 민간소비지출 (C)과 가계의 소비 (C)는 같은 것이므로 투자와 저축은 같아지게 된다.

$$I = S$$

이런 **투자와 저축의 항등관계**는 **사후적**인 현상을 의미한다. 이 항등식이 의미하는 바는 가계가 저축하려고 의도하는 것이 항상 기업이 투자하려고 의도하는 것과 같다는 것이 아니라, 실제로 투자된 양이 실제로 저축된 양과 필연적으로 같아진다는 것을 보여 준다.

그런데 과연 실제로 투자된 양이 실제로 저축된 양과 같아진다고 말할 수 있겠는가? 있다. 그 이유는 투자가 **고정투자**와 **재고투자**로 구성되어 있기 때문이다. 가계가 소비활동을 별로 하지 않고 소득의 대부분을 저축으로 처리했다면, 생산측면에서 볼 때 기업가에게는 소비의 감소로 인한 재고량의 증가로 나타나며, 이렇게 생산된 최종생산물 중 그것이 팔리지 않고 남아 돌아가는 부분은 통계상으로 재고품으로 처리되고 재고투자를 늘리게 된다. 그래서 실제로 저축된 양이 전부 자본재에 대한 고정투자로 직접 나타나지 않았다 하더라도, 소비하지 않은 소득으로 인해 기업가에게 생기는 재고품의 발생으로 나타나게 되어 결국 실제로 저축된 양은 실제로 투자된 양과 같아지게 되는 것이다. 이러한 재고투자의 증감은 한 경제에 있어서 경기변동의 움직임을 파악토록 해 주는 중요한 신호이다.

이상에서 정부가 존재하지 않는다는 가정하에서 투자와 저축의 항등관계를 설명하였는데, 양자의 항등관계는 정부가 존재하는 상황에서도 역시 성립하게 된다. 정부가 존재하는 경우 민간저축은 국민소득에서 소비와 조세를 제외한 부분이 되므로

$$S = GDI - C - T$$

이다. 여기서 T는 조세이다. 또한 GDP는 최종생산물에 대한 지출로 표시되므로

$$GDP = C + I + G$$

이다. 여기서 G는 정부의 최종생산물에 대한 지출이다. GDP는 GDI와 같으므로, $C+I+G$를 GDI에 대입하면,

$$S = C + I + G - C - T$$

가 되어, 이를 간단히 하여 I에 대해 풀면, 투자가 민간저축과 정부저축의 합이 됨을 알 수 있다.

$$I = S + (T - G)$$

여기서 $(T-G)$가 +이면, 즉 정부의 조세수입이 지출보다 크면, 정부는 저축을 하게 되며, $(T-G)$가 −이면, 정부는 부채를 지게 된다. 이와 같이 정부가 존재하더라도 투자는 역시 저축과 같아지게 되는데, 단지 차이가 있다면 저축이 민간저축뿐만 아니라 정부저축도 포함하고 있다는 점이다.

4. 국민소득계정의 주요항목

4.1 국민총생산 (*GNP*)

*GDP*는 그 나라 국경 안에서 생산된 모든 최종생산물의 시장가치로 정의되었다. 즉, 그 나라 국민의 범위가 아닌 국경의 범위 내에서 생산한 것이면 전부 *GDP*에 포함시킨다. 이런 생산활동의 장소에 따른 분류 외에 생산활동의 주체에 따른 최종생산물의 측정방법이 있는데 그것이 국민총생산 (*GNP*) 이다.

> **국민총생산**(Gross National Product: *GNP*)이란 일정 기간 동안 한 나라 국민이 생산한 모든 최종생산물의 시장가치를 말한다.

국내총생산은 한 나라의 '국경'안에서 생산한 최종생산물의 가치를 뜻하는데 비해, 국민총생산은 그 나라 '국민'이 생산한 최종재의 가치를 뜻한다는 차이를 가지고 있다. 즉 *GNP*는 한 나라 국민이 생산한 최종생산물이면 국내에서 생산한 생산물 뿐 아니라, 외국에서 생산한 생산물도 전부 포함하는 개념이다.. *GDP*와 *GNP*의 관계식은 다음과 같다.

$$\begin{aligned} GNP &= GDP + (\text{해외로부터 수취하는 요소소득} - \text{해외로 지불하는 요소소득}) \\ &= GDP + \text{해외순수취 요소소득} \qquad (16\text{-}5) \end{aligned}$$

개방경제의 경우, 해외기업이 많이 들어와서 경제활동을 하는 나라에서는 해외로부터 수취하는 요소소득이 해외로 지불하는 요소소득보다 작으므로 해외순수취 요소소득은 $-$가 되어, *GNP*보다 *GDP*가 커진다. 반면에 대외투자가 많은 나라에서는 *GNP*가 *GDP*보다 크다. 또한 대외거래가 없는 봉쇄경제에서는 해외순수취 요소소득이 0이 되어 *GNP*와 *GNP*는 같게 된다. 나라의 경제력을 비교할 때 흔히 *GNP*를 그 지표로 사용해 왔지만, 오늘날과 같이 대외거래가 커지고 복잡해진 국제화시대에서는 *GNP*보다는 *GDP*가 보다 적절한 지표가 되었다.

4.2 국민순생산 (*NNP*)

국민총생산은 한 국민경제의 넓은 의미에서의 총생산물을 말한다. 건설물과 내구재는 생산과정에서 중간생산물과는 달리 서서히 자신을 소모시키면서 다른 최종생산물의 가치를 만들어 간다. *GNP*라 말할 때는 바로 이런 자본재의 소모분을 제외시키지 않은 넓은 의미를 말한다. 반면에 국민순생산이란 자본재의 소모분을 *GNP*에서 제외시킨 것이다.

> **국민순생산**(Net National Product: *NNP*)이란 *GNP*에서 감가상각(자본재의 소모분에 대한 충당금)을 제외시킨 것이다.

$$NNP = GNP - \text{감가상각} \qquad (16\text{-}6)$$

*NNP*는 바로 부가가치의 합이 되며, 지출측면에서 볼 때, 총투자에서 감가상각을 제외해서 얻은 순투자만으로 구성된 지출국민소득과 같아진다.

4.3 국민소득 (*NI*)

*GNP*와 *NNP*는 모두 최종생산물의 시장가치이므로 이들에 대한 시장가격으로 측정된다. 만약 정부라는 경제주체가 없다면 한 경제의 *NNP*는 당기의 생산활동에 참여한 요소소유자의 소득으로 지불되어 국민순생산은 요소소득의 합으

로 표시된다. 그런데 정부가 존재하는 한, 시장가격에는 여러 가지 간접세가 포함되게 되므로 시장가격은 생산요소소유자에게 보수로서 지불되는 금액보다 간접세만큼 높아지게 된다. 또한 어떤 재화나 용역에 대해서는 정부가 보조금을 지불하는 경우가 있어 오히려 시장가격이 생산요소에게 지불되는 금액보다 보조금만큼 낮아진다.

이와 같이 정부의 간접세나 보조금이 포함된 시장가격은 실제적인 생산요소소득을 의미하지 못하므로 정부의 간접세나 보조금으로 표시되는 순간접세를 제외한 부분만이 순수하게 요소소득으로 분해되는 부분이다. 국민순생산에서 순간접세를 제외한 부분을 **국민소득**(National Income: NI)이라 한다.

$$\begin{aligned} NI &= GNP - \text{감가상각} - \text{간접세} + \text{정부보조금} \\ &= NNP - (\text{간접세} - \text{정부보조금}) \\ &= NNP - \text{순간접세} \qquad (16\text{-}7) \end{aligned}$$

4.4 개인소득 (PI)

개인소득(Personal Income: PI)이란 개인 또는 가계에 지불되는 소득을 말하는데 국민소득이 개인에게 전부 귀속되지는 않는다. 즉, 국민소득은 사회보장부담금, 법인세, 사내유보이윤의 형태로 공제되고난 후 개인소득으로 귀속된다. 여기서 사회보장부담금은 근로자가 정년퇴직 후 연금을 받을 수 있도록 고용주가 임금의 일부를 원천공제하여 정부에 납부한 것을 말한다. 법인세는 기업이윤의 일부를 기업소득세로 국가에 납부한 것을 말하며, 사내유보이윤이란 기업의 이윤에서 주식에 대한 배당으로 개인에게 분배되지 않고 기업이 재투자를 위해 사내에 보유하고 있는 부분을 말한다.

한편 이전지출은 당기의 생산활동에 반영되지 않았다는 이유로, 다시 말해 요소의 생산활동에 대한 보수가 아니라는 이유로, GNP, NNP, NI에서 제외되었지만, 이전지출도 개인으로 볼 때는 엄연한 소득이므로 개인소득에 포함시킨다.

$$PI = NI - \text{사회보장부담금} - \text{법인세} - \text{사내유보이윤} + \text{이전지출} \qquad (16\text{-}8)$$

4.5 가처분소득(DI)

가처분소득(Disposable Income: DI)이란 가계가 자유로이 처분할 수 있는 소득을 말하는데 이는 개인소득에서 개인소득세를 공제하여 얻어진다. 가처분소득은 가계의 소비와 저축으로 처분되는데, 여기서 가계소비는 지출국민소득에서 설명된 민간소비지출(C)과 같다.

$$\begin{aligned} DI &= PI - \text{개인소득세} \\ &= \text{소비} + \text{저축} \end{aligned} \qquad (16\text{-}9)$$

5. GDP 개념의 구분과 한계

5.1 명목 GDP 와 실질 GDP

GDP는 화폐가치로 평가되기 때문에 두 가지 이유로 인해 상승하게 된다. 즉, 최종생산물의 양이 증가해도 GDP는 상승하게 되며, 또한 최종생산물의 가격이 상승해도 GDP는 상승하게 된다. 물론 두 경우의 어떤 조합에 의해서 GDP는 상승하기도 한다.

GDP를 계산할 때 당기의 경상시장가격을 사용하면 명목 GDP 또는 경상가격 GDP를 얻는다. 예컨대, 1995년의 명목 GDP는 1995년도 시장 가격으로 표시하고, 2000년도의 명목 GDP는 2000년도의 시장가격으로 표시한다. 명목 GDP는 해당기간중의 경제활동 규모와 실적을 나타내는데 유용하지만, 상품가격이 GDP의 측정에서 배제되지 않았으므로 서로 다른 두 기간에서의 GDP는 비교되기가 곤란하다.

두 기간에 있어서의 실질적인 산출량의 변동을 알기 위해서는 명목가치보다는 가격변동의 효과를 배제한 GDP 측정치를 사용해야 되는데 이를 실질 GDP 또는 불변가격 GDP라고 한다. 사회가 풍요로워졌다고 말하기 위해서는 가격의 상승보다는 실질적인 최종생산물의 산출량이 증가하여야 하기 때문에, 특정 년도의 가격을 기준으로 *GDP*를 계산하여야 한다. 실질 *GDP*는 명목 *GDP*를 물가지수(price index)로 나누어서 구하기도 하는데, 이 때 사용되는 물가지수를 *GDP*디플레이터(GDP deflator)라 한다. Y를 명목 *GDP*라고 했을 때, *GNP*디플레이터는 P로 Y를 나눈 값, 즉 Y/P가 실실 *GDP*가 되는 것이다.

명목 *GDP*는 앞에서 말한 방법으로 구할 수 있다. 지금 명목 *GDP* 속에 포함되어 있는 최종생산물이 $1,\ 2, \cdots n$개 있고, 그 가격을 $P_1,\ P_2, \cdots P_n$, 그 수량을 $Q_1, Q_2, \cdots Q_n$으로 표시하면 명목 *GDP*인 총화폐가치는 다음과 같다.

$$P_1Q_1 + P_2Q_2 + \cdots + P_nQ_n = \sum_{i=1}^{n} P_iQ_i \tag{16-10}$$

다음 명목 *GDP*를 실질 *GDP*로 실질화 하는데는 기준년도가 필요하다.

기준년도(0)의 가격과 수량을 각각 $P_1^0,\ P_2^0, \cdots\ P_n^0$ 및 $Q_1^0,\ Q_2^0, \cdots\ Q_n^0$로 표시하고, 비교년도 ($t$) 의 가격과 수량을 $P_1^t,\ P_2^t, \cdots\ P_n^t$ 및 $Q_1^t,\ Q_2^t, \cdots\ Q_n^t$으로 표시하면, 기준년도의 명목 *GDP*는 $\sum_{i=1}^{n} P_i^0 Q_i^0$, 비교년도의 명목 *GDP*는 $\sum_{i=1}^{n} P_i^t Q_i^t$이다.

실질 *GDP*를 계산하는 방법도 마찬가지로 (가격×수량)의 합으로 표시되는데 단지 기준년도의 가격과 비교년도의 수량을 사용할 뿐이나. 기준년도(0)의 가격 P_i^0로 비교년도 (t) 의 수량 Q_i^t를 평가한 실질 *GDP*는 다음과 같다.

$$P_1^0Q_1^t + P_2^0Q_2^t + \cdots + P_n^0Q_n^t = \sum_{i=1}^{n} P_i^0Q_i^t \tag{16-11}$$

명목 *GDP*와 실질 *GDP*를 다음의 예를 통해서 살펴보기로 하자. 예를 들어 국내에서 1995년과 2005년 한 해 동안 모든 상품이 다음과 같다고 하자.

〈표 16-4〉 명목 *GDP*와 실질 *GDP*

품 목	1995년		2005년	
	생산량	가격	생산량	가격
빵	**2000개**	**300원**	**2000개**	**400원**
옷	**400벌**	**500원**	**500벌**	**600원**
자동차	**800대**	**2000원**	**900대**	**2200원**

우선 2005년의 가격을 기준으로 국내총생산을 구할 수 있는데, 이를 명목국내총생산(nominal *GDP*)라고 부른다. 이를 구해보면 다음과 같다.

$$\textbf{명목}\,GDP^{2005} = (2000 \times 400) + (500 \times 600) + (900 \times 2200)$$
$$= 3{,}080{,}000$$

그런데 명목 *GDP*은 생산량의 변화뿐 아니라 가격의 변화에 의해서도 영향을 받는다. 따라서 생산량에는 아무 변화가 없고 물가만 올라도 명목 *GDP*는 더 커지게 된다. 다시 말해 상품 생산량은 예전 그대로인데도 명목 *GDP*가 더 커져 전반적으로 생산활동이 더욱 활발해진 것으로 보일 수 있는 문제가 있다.

국내총생산이 생산활동의 추이를 정확하게 반영하도록 만들기 위해서는 물가변동 효과를 제거해야 한다. 어느 한 해를 기준으로 삼아 그 해의 가격을 곱하여 국내총생산을 구한다면 물가변동 효과를 제거할 수 있다. 이를 실질 *GDP*라 한다. 즉 2005년의 상품 생산량에 1995년도의 가격을 곱해 국내 총생산을 구함으로써 물가변동효과를 제거할 수 있는데, 1995년을 기준으로 한 2005년의 실질 *GDP*를 구해보면 다음과 같다.

$$\textbf{실질}\,GDP^{2005} = (2000 \times 300) + (500 \times 500) + (900 \times 2000)$$
$$= 2{,}650{,}000$$

이렇게 구한 실질 *GDP*는 앞서 본 명목 국내총생산에 비해 상당히 작은 것을 볼 수 있다. 이 둘의 차이가 바로 1995년과 2005년 사이에 일어난 물가상승효과를 반영하고 있다.

5.1.1 *GDP* 디플레이터

GDP 디플레이터는 명목 *GDP*를 실질 *GDP*로 나누어서 사후적으로 계산한다.

$$GDP\ \text{디플레이터} = \frac{\sum_{i=1}^{n} P_i^t Q_i^t}{\sum_{i=1}^{n} P_i^0 Q_i^t} \times 100 \qquad (16-12)$$

이는 비교년도의 생산량이 양년도의 시장에서 평가되는 것을 비교하는 일종의 물가지수이다. 이 식에서 비교년도의 생산량이 가중치로 들어가 있는데, 이와 같은 방법을 **비교시 가중산술평균법**(Paasche index method)이라 한다. 이는 비교년도 (t) 에 생산된 재화와 용역을 기준년도 (0) 가격으로 구입하는 경우 비교년도와 기준년도간의 총평가액을 비교한 것이다.

〈표 16-5〉 한국의 연도별 *GDP*와 *GDP* 디플레이터

(단위: 10억 원)

연도	명목 *GDP*	실질 *GDP*	*GDP* 디플레이터
2000	603,236	694,628	86.8
2001	651,415	722,228	90.2
2002	720,539	773,868	93.1
2003	767,114	795,558	96.4
2004	826,892	832,305	99.3
2005	865,241	865,241	100.0
2006	908,743	910,049	99.9
2007	975,013	956,514	101.9
2008	1,023,938	977,786	104.7

자료: 한국은행 경제통계국 국민소득팀

<표 16-5>는 우리 나라의 연도별 *GDP*와 *GDP* 디플레이터를 나타내는 표이다. 이 표를 살펴보면, 한국의 국민소득계정에서의 기준년도는 2005년으로 되어 있다. 2008년 *GDP* 디플레이터가 104.7 이었다면 이는 2005년에 비해 4.7%만큼 물가가 상승했다는 것을 의미한다.

5.1.2 소비자물가지수와 생산자물가지수

소비자물가지수(Consumer Price Index: *CPI*)는 도시가구가 소비생활을 영위하기 위하여 구입하는 각종 재화와 서비스(품목수 489개)의 가격변동을 종합적으로 파악하기 위한 지표로서 이는 통계청에서 소비자물가조사를 실시하여 지수를 작성하고 있다. 소비자물가지수는 기준시점에서 조사대상 품목의 가격이 그 후 매월 얼마나 변하고 있는가를 비교하는 것이므로 어떠한 재화와 서비스를 조사할 것인가를 정하는 것은 매우 중요하다. 그런데 시장에서 거래되는 상품은 수만 종류가 넘기 때문에 이것을 모두 조사할 수는 없으므로 도시가계지출에서 비중이 큰 상품을 대표적인 품목으로 선정하여 조사하는 데 이를 조사대상 품목이라고 한다.

조사대상 품목은 소비자가 실제로 작성한 가계부를 조사한 도시가계조사를 근거로 2005년 도시가계의 월평균 소비지출액 185만원 중에서 1/10,000 이상(월 185원) 지출되는 품목을 선정하고 있으며, 현재 2005년 기준으로는 총 489개 품목(상품 329개, 서비스 품목 160개)을 선정하여 산출하고 있는데 여기에는 세금, 사회보장비 등과 같은 비소비 지출이나 저축, 유가증권구입, 토지·주택구입비 등의 재산증식을 위한 지출은 제외하고 있다.

이렇게 선정된 품목에 대해 제각각 가중치를 부여하여 소비자물가지수를 작성한다. 가중치는 전체 도시가계의 총 소비지출액에서 품목별 소비지출액이 차지하는 비중을 1,000분비로 나타나게 되는 데 대상품목과 가중치는 한 번 결정한 후 몇 년이 지나면 새로운 상품의 출현과 기존상품의 소멸 등으로 시장에서 거래되는 상품의 종류와 비중이 달라지므로 기존 상품구조에 바탕을 둔 물가지수는 현실을 정확히 반영하는 데 한계가 있다. 따라서 이와 같은 조사대상품목과 가중치의 고정으로 인한 지수의 노후화를 방지하고 현실에 가까운 물가지수를 만들기 위해서 기준년도를 변경하여 조사대상품목을 새로이 선정하고 가중치도 바꾸는 것이 일반적이다. 우리나라에서는 현재 산업생산지수 등과 마찬가지로 매 5년마다 물가지수의 기준년도를 변경하고 있다

생산자물가지수(Producer Price Index: PPI)는 국내에서 생산된 상품과 기업서비스가 국내시장에 출하되어 1차 거래 단계에서 기업상호간에 이루어진 가격의 변동을 측정하는 물가지수이다. 1910년부터 편제되어 있은 우리나라에서 가장 오래된 통계중 하나로서 작성 초기부터 1991년까지 「도매물가지수」란 이름으로 발표되었으나 1990년 기준지수 이후(1992~현재)부터는 그 명칭을 가격조사단계(생산자출하단계)에 부합하도록 「생산자물가지수」로 변경되었다. 경제의 서비스화 진전에 부응하여 1995년 기준지수부터는 운수, 통신, 금융, 부동산 등 기업용 서비스 품목도 조사대상에 포함하고 있다. 생산자물가지수는 소비자 물가지수보다 포괄범위가 넓어 전반적인 상품의 수급동향을 반영하고 있다.

현행 2000년 기준지수에서는 거래액이 국내시장에서 거래되는 상품거래 총액의 1/10,000이상이 되는 품목(서비스의 경우 전체 거래액의 1/2,000이상인 품목)으로서 소속상품군의 가격변동을 대표할 수 있는 923개(상품 846, 서비스 77개 품목을 조사대상으로 하고 있다.

소비자물가지수와 생산자물가지수는 기준년도의 생산량을 가중치로 사용하는 **기준시 가중산술평균법**(Laspeyres index method)을 이용한다. 이는 기준년도에 구입한 상품 Q를 비교년도의 가격 P로 구입하면 몇 % 더 많이 지불해야 하는가를 보여 준다.

$$CPI(\text{또는} PPI) = \frac{\sum_{i=1}^{n} P_i^t Q_i^0}{\sum_{i=1}^{n} P_i^0 Q_i^0} \times 100 \tag{16-13}$$

2005년을 기준년도로 하여 2009년의 CPI가 119.9이었다면 소비자물가가 19.9% 상승하였다는 것을 뜻한다. 즉, 2006년에 100원이었던 상품이 1999년에는 평균적으로 119.9원이 되었다는 것이다.

물가의 변동을 측정할 때 보통 *GDP* 디플레이터, *PPI*, *CPI*를 사용하는데, 이 세 가지 지수가 보여 주는 물가변동의 방향은 대체로 같으나 크기는 정확히 일치하지 않는다. 이는 세 가지 지수가 선정하는 품목이 서로 다르며 거래단계가 격이 서로 다르기 때문이다.

5.2 실제 *GDP*와 잠재 *GDP*

여태까지 우리들은 일정기간 동안에 실제로 생산해 내는 최종생산물의 양에 대해서 알아보았다. 이러한 *GDP*를 실제 *GDP*(actual *GDP*)라고 한다. 이에 반해서 가용한 토지, 노동, 자본 등을 가지고 생산해 낼 수 있는 잠재적인 생산물이 있는데 이를 **잠재 *GDP***(potential *GDP*)라고 한다. 잠재 *GDP*가 얻어지는 생산요소의 고용상태를 완전고용상태라 하며, 이때 얻어지는 잠재 *GDP*는 완전고용국민소득(full employment *GDP*)이라고 불리기도 한다.

> 잠재 *GDP*란 한 국민경제의 노동력이 완전히 고용되어 있으며 기업의 생산시설도 완전히 가동되어 있는 상태에서 생산하게 될 모든 최종생산물의 시장가치를 말한다.

실제 *GDP*와 잠재 *GDP* 사이에는 보통 차이가 있는데 이를 *GDP*격차(*GDP* gap)라고 한다. 이 *GDP*격차는 모든 생산요소가 완전고용되지 못함으로써 발생하는 것으로 생산활동이 저조하고 경제가 침체될수록 *GDP*격차는 커지고 생산활동이 활발할수록 *GDP*격차는 작아진다. 경제가 매우 호황이면 실제 *GDP*가 잠재 *GDP*를 초과할 수도 있다. 주 5일 8시간 근무가 완전고용상태로 규정되었다면 이보다 많은 시간의 근무, 예컨대 주 7일 10시간 근무에 의한 실제 *GDP*는 잠재 *GDP*를 능가할 것이다. 일반적으로 *GDP*격차는 높은 실업에 의한 자원의 낭비를 평가하는데 쓰이며, 이는 정책당국이 추구하는 정책목표로 사용될 수 있다.

5.3 *GDP* 개념의 한계

*GDP*는 한 나라의 경제활동수준을 나타내는 지표로 널리 사용되고 있다.

*GDP*가 증가한다는 것은 생산과 고용 등이 증가함을 의미한다. 그러나 *GDP*는 측정상의 여러 가지 문제점과 과연 진정한 경제적 복지의 지표로서 사용될 수 있는가 하는 의문에 부딪히게 된다. 시장에서 거래되지 않는 재화, 여가의 가치, 지하경제 등은 *GDP*의 계산에서 제외된다. 또한 *GDP*는 경제적 복지를 저하시키는 행위도 도외시하고 있는 것이다.

5.3.1 비시장성재화

*GDP*는 시장에서 거래되는 재화나 용역의 가치로 정의되므로 시장 밖에서 거래되는 재화나 용역은 그 계산에서 제외된다. 그러나 많은 양의 최종생산물이 시장의 거래를 통하지 않고도 얻어질 수 있다. 식료품가게에 가는 대신 자기 집 앞마당에서 야채를 가꿔 소비하는 경우도 있으며, 부엌 배수구가 고장났을 때도 군이 수리공을 부르지 않고 자신이 직접 수리하는 경우도 있는 것이다. 또한 가정주부의 집안살림도 역시 시장거래를 통하지 않고 이루어지는 일들이다. 이와 같은 비시장성 재화들은 모두 *GDP* 계산에서 제외된다.

*GDP*가 비시장성 재화를 포함하지 못하므로 인해 개발수준이 다른 두 나라의 비교가 곤란해진다. 예를 들어 미국의 1인당 *GDP*는 자이레의 1인당 *GDP*에 비해 무려 52배나 된다. 그럼 과연 자이레에서는 이렇게 작은 *GDP*로 어떻게 살 수 있겠는가 하는 의문이 생길 수 있을 것이나. 그러나 낮은 경제개발단계에 있는 자이레에서는 많은 양의 재화나 용역이 시장 밖에서 거래되므로, *GDP*의 산정에 포함되지 못하는 거래량이 많은 것이다. 물론 *GDP*에 의한 측정이 양적·물질적 지표로서는 적합하나, 시장에 등장하지 않았다는 이유만으로 낮은 개발단계에 있어서의 경제적 복지가 전무하다고 결론 짓는 것은 바람직하지 못하다.

5.3.2 지하경제

지하경제란 일반적으로 탈세를 수반하는 경제활동을 말하며, 불법 또는 비공식의 의미를 포함한다. 이러한 행위에 대한 공식적 집계가 불가능하므로 *GDP*는 불법적으로 행해지는 재화나 용역의 거래를 포함하지 못한다. 부정외래품거래, 인신매매, 마약거래 등은 최종생산물이고 시장에서 거래됨에도 불구하고

*GDP*에 포함되지 않는다. 또한 세무당국에 보고되지 않는 과외수업, 사채, 유흥업소접대비 등의 비공식적 경제활동도 *GDP*에 포함되지 않는다. 이러한 지하경제는 불법경제활동에 대한 규제가 강화되었거나 지나친 조세부담으로 인한 불공평을 느꼈을 때 나타나게 된다.

*GDP*가 경제활동의 지표라면 불법 또는 비공식적인 경제활동도 포함되어야 한다고 주장하는 이도 있다. 경제활동이 지상에서 지하로 내려갔을 때, *GDP* 집계는 생산과 고용의 둔화를 나타내게 이도 있경제활동과 빈곤에 대한 그릇된 방향을 제공하게 된다. 그러나 *GDP*에 지하경제 활동을 포함시키지 말아야 한다는 견해도 있다. 우선 지하경제에 대한 믿을 만한 자료를 얻는 것이 불가능하고, 마약거래 등의 불법행위 등이 경제적 복지의 향상에 전혀 도움을 주지 못하기 때문이라는 것이다.

5.3.3 여가

여가(leisure)는 재화나 용역의 생산만큼이나 후생수준을 높여 준다. 만약 어느 경제학도가 각고의 노력 끝에 수요법칙을 이해하고 여가의 시간을 갖는다면, 이 때 여가의 가치는 매우 클 것이다. 그러나 *GDP*는 이러한 소비자들의 여가에 대한 가치를 충분히 고려하지 않는다. 미국의 경우 평균노동시간이 과거 80년간 급격히 감소해 오고 있다. 그러나 그들은 노동대신 자신의 효용수준을 높일 수 있는 여가에 시간을 쓰고 있다. 1900년 경 주 60시간의 평균노동시간이 1995년에는 주 40시간으로 떨어졌는데, 만약 1900년에 미국인이 일하던 대로 현재에도 일한다면 *GDP*는 현재보다 훨씬 클 것이다. 사람이 부유해질수록 더 적은 양의 일을 하려 하고 여가를 좀더 즐기려 하는데, 이 때 여가에 의해 후생수준이 높아짐에도 불구하고 *GDP*는 떨어질 것이다. 이와 같이 *GDP*는 유형의 재화와 용역의 측정에만 국한되지 무형적인 여가의 가치는 고려하지 않는다.

5.3.4 외부불경제

*GDP*는 한 경제가 생산해 내는 최종생산물에 대한 양적인 측정치이다. 1960, 70년대를 거치면서 우리는 경제의 고도성장을 이루었다. *GDP*의 급격한

상승을 보여 온 것이다. 그러나 이러한 성장과 더불어 자연파괴, 환경오염 등 경제생활의 질적 악화를 가져온 것도 부인할 수 없다. *GDP*의 급격한 상승에는 이러한 사회의 경제적 복지를 저해하는 재화와 용역의 부정적 효과가 대부분 무시되어 온 것이다. 생태계 파괴, 대기오염, 수질오염, 소음공해 등 경제생활의 질을 떨어뜨리는 외부불경제는 이런 것들을 만들어 내는 사람들이 그들 행위에 대한 완전한 비용을 전담하려 하지 않는데서 문제가 발생한다.

5.4 새로운 경제후생지표

이와 같이 *GDP*는 한 경제가 만들어 내는 생산물의 양적 측정에 그 주안점을 두고 있다. 그러나 사회가 발달해 감에 따라 생활의 질을 우선으로 여기게 되고 양적 성장보다는 질적 성장을 원하게 되었다. 따라서 *GDP*와 같은 양적 경제지표가 그 설득력을 잃어가기 시작한 것이다. 그리하여 *GDP*에 누락된 부분을 추가하고 불필요한 부분을 제거함으로써 좀더 믿을 만한 경제후생지표를 만들려는 시도가 나타나게 되었다.

미국의 경제학자 J. Tobin과 W. Nordhaus는 경제복지지표(Measure of Economic Welfare: *MEW*)라는 개념을 전개했는데, 이는 가정주부의 집안살림 등의 비시장성재화와 여가의 가치를 화폐단위로 계량화하여 *GDP*에 추가시키고, 공해 등 외부불경제효과도 역시 화폐단위로 계량화하여 *GDP*에서 제거하는 방식을 취하고 있다. 그런데 *MEW*는 측정방식이 아주 초보적이다. 즉, 얼마나 효과적으로 *MEW*를 측정할 수 있는가 하는 의문이 아직 남아 있는 것이다. 어떤 것을 추가하고 어떤 것을 제외하여야만 하며, 이와 같은 것들을 얼마나 정확하게 계량화할 수 있는가 하는 것이 문제이다.

*MEW*의 정확한 측정이 현실적으로 상당히 어려울 뿐만 아니라, *MEW*를 대신할 특별한 지표가 없기 때문에, 양적 지표인 *GDP*가 아직 사용되고 있는 것이다. 그러나 *MEW*의 개념은 *GDP*를 사용함에 있어서 상당한 주의가 필요함을 시사하고 있다.

■ 요 약 ■

1. 거시경제학을 연구하는 목적은 국민경제의 산출량, 고용 및 일반물가 수준과 이들의 성장률 및 변동을 결정하는 요소들의 인과관계를 분석하면서 국민경제의 전체적 움직임을 파악하는 데 있다.

2. 한 나라의 경제가 추구해 나가는 거시경제상의 목표로서는 보통 완전고용, 물가안정, 경제성장 및 국제수지의 균형 등을 들 수 있다.

3. 거시경제정책목표를 달성하기 위한 주요 정책수단으로서는 재정정책 및 금융정책을 들 수 있다. 재정정책(fiscal policy)은 정부지출의 규모나 조세구조의 변동을 통하여 이루어지는 반면, 금융정책(monetary policy)은 화폐공급과 이자율의 변동을 통하여 수행된다.

4. 국내총생산(Gross Domestic Product : *GDP*)이란 일정기간 동안 한 나라 국경안에서 생산해 낸 모든 최종생산물의 시장가치이다. *GDP* 측정방법은 생산물의 가치에 의해 측정하는 방법, 최종생산물에 대한 지출로 측정하는 방법, 최종생산물이 만들어지는 과정에서 기업이 고용한 생산요소에 대한 지출로 측정하는 방법이 있다. 3면등가의 원칙 : 국내총생산 ≡ 국내총지출 ≡ 국내총소득.

5. *GDP*를 계산할 때 당해년도의 시장가격을 사용하면 명목 *GDP* 또는 경상가격 *GDP*라고 하고, 기준년도의 시장가격을 사용하면 실질 *GDP* 또는 불변가격 *GDP*라고 한다.

6. 잠재 *GDP*란 완전고용상태에서 생산하는 모든 최종생산물의 시장가치를 말한다. 실제 *GDP*와 잠재 *GDP*의 차이를 *GDP*격차(*GDP* gap)라고 한다. *GDP*격차는 모든 생산요소가 완전고용되지 못함으로써 발생하는 것으로 생산활동이 저조하고 경제가 침체될수록 *GDP*격차는 커지고 생산활동이 활발할수록 *GDP*격차는 작아진다.

■ 주요개념 ■

완전고용, 물가안정, 경제성장, 국제수지의 균형, 재정정책, 인력정책, 소득정책, 최종생산물, 중간생산물, 국내총생산, 생산국민소득, 부가가치, 국민순생산, 국민총지출, 지출국민소득, 국민총소득, 분배국민소득, 3면 등가의 원칙, 국내총생산, 국민소득, 개인소득, 가처분소득, 명목 *GDP*, 경상가격 *GDP*, 실질 *GDP*, 불변가격 *GDP*, 물가지수, *GDP* 디플레이터, 소비자 물가지수, 생산자물가지수, 실제 *GDP*, 잠재 *GDP*, *GDP* 격차, 경제복지지표

제17장

국민소득결정이론

<개 요>

현대거시경제학은 J.M. Keynes 가 1936년에 펴낸 「고용, 이자, 화폐에 대한 일반이론」(The General Theory of Employment, Interest and Money, 1936)으로부터 유래한다. Keynes 는 그의 「일반이론」에서 국민경제의 총수요측면에 중점을 두었고, 실업은 가계의 소비재에 대한 지출과 기업의 자본재에 대한 지출의 부족에서 오는 현상이라고 주장했다. 총수요의 구성요소인 소비지출의 수준과 투자지출의 수준이 완전고용을 보장할 정도로 크지 못한 때문이라는 것이었다. 국민경제에서 생산되는 재화나 용역의 공급이 총수요보다 컸고, 임금과 시장가격이 가계나 기업으로 하여금 초과공급된 재화나 용역에 대한 소비를 증가시킬 수 있을 정도로 신축적이지는 못했기 때문에 국민경제는 완전고용 이하의 수준에서 균형에 도달했던 것이라고 강조했다.

「일반이론」을 통해서, Keynes 는 1930년대의 대공황을 처방할 수 있는 재정정책에 대한 이론적 근거를 제공하였다. 그를 추종하는 1930년대, 1940년대의 거시경제학자들은 주로 실업에 주안점을 두고 경제모형을 구축했다. 물론 인플레이션이 경제학자들에게는 중요한 문제임이 틀림없으나, 이 장에서는 균형국민소득수준과 실업에 대한 해결책인 재정정책에 대한 요지를 설명하기 위해서 Keynes 의 단순모형을 사용하기로 한다. 그러므로 물가수준은 고정적인 것으로 간주하고, 국민소득과 고용의 변화에 그 초점을 맞추기로 하겠다.

1. 2부문경제하의 국민소득결정

거시경제학의 모형을 만드는 데 있어서 우선 필요한 것이 실제 현상을 단순화시키는 것이며, 이런 단순화를 위해서는 여러 가지 가성들이 필요하다. 이 장에서는 가장 단순한 Keynes의 모형으로부터 시작하여, 가정을 완화해 가면서 좀더 복잡한 모형으로 발전해 보기로 하겠다. 단순모형의 가정은 다음과 같다. ① 명목임금은 하방경직적이고, 물가수준은 신축적이지 못하다. ② 화폐시장은 배제되며, 이자율은 고정되어 있다. ③ 정부부문은 없다. 즉, 조세, 정부지출이 배제되므로, 국민소득, 개인소득, 가처분소득은 모두 같다. ④ 해외부문이 배제된 봉쇄경제이다. ⑤ 가계부문과 기업부문만을 고려하며, 기업은 저축을 하지 않고 모든 수입을 가계로 분배한다. 이런 가정들과 함께, 다음과 같이 변수들을 정의해 보기로 하자.

Y : 실질국민소득
C : 가계의 실질소비지출
S : 가계의 실질저축
I : 기업의 실질투자지출

1.1 균형식

위에서 정의된 변수들을 가지고, 재화나 용역의 총생산물 또는 국민소득이 재화나 용역에 대한 총지출 또는 총수요와 같아지는 식을 알아보기로 하자.

$$Y = C + I \tag{17-1}$$

(17-1)식의 좌변 Y는 실질국민소득 또는 재화나 용역의 실질생산물로서 국민경제의 총공급측면을 나타낸다. 또한 이 식은 실질생산물의 총공급이 실질생산물에 대한 총수요인 $C+I$에 따라 조절됨을 보여 준다. 즉, 총생산물은 국민경제에서 수동적 역할을 한다.

이러한 총공급은 종축에 물가수준 P와 횡축에 국민소득(또는 총생산물) Y를 놓고 그려지는 좌표계에서 <그림 17-1>과 같이 그려진다. 총공급곡선 AS는 완전고용국민소득수준 Y_F까지는 수평으로 그려지는데, 이는 국민소득 Y_F 이하에서는 국민경제가 일정한 물가수준에서 총생산물을 계속 증가시킬 수 있다는 것을 의미하며, 또한 국민소득 Y_F 이상에서는 수직으로 그려지는데, 이는 Y_F 이상에서는 물가수준이 신축적으로 변동하여 국민경제는 오직 Y_F만큼의 총생산물을 공급하는 것을 의미한다.

그림 17-1 총공급곡선

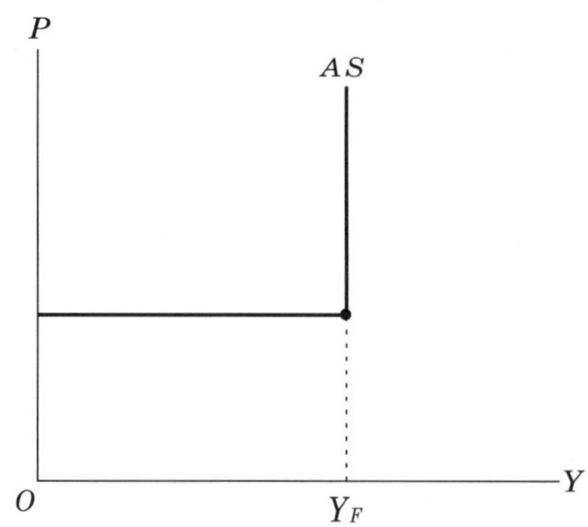

(17-1)식의 우변은 국민경제의 지출측면인 총수요를 의미한다. 총수요 또는 총지출은 가계의 소비지출 C와 기업의 투자지출 I로 이루어지며, 이 식에서 알 수 있듯이 총수요가 국민경제에서 능동적 역할을 하고 있다. 국민경제의 총생산물이 증가하고 감소하는 것은, 다시 말해서 국민 경제의 총고용결정은 그 경제의 생산물에 대한 총수요가 좌우함을 보여 준다.

이제 Keynes의 단순모형에 있어서 결정적 역할을 하는 가계의 소비지출 C와 기업의 투자지출 I에 대해서 알아보기로 하겠다.

1.2 소비지출

Keynes는 그의 「일반이론」에서 가계의 소비지출수준은 그들의 가처분소득에 의해 직접적으로 좌우된다고 주장하였다. 소비지출에 영향을 미치는 요인들과 소비지출수준 사이에 존재하는 수학적 관계를 소비함수(consumption function)라 부르는데, Keynes가 상정한 소비함수는,

$$C = C(Y)$$

로 표시된다. 여기서 C는 소비지출, Y는 가처분소득을 말하며, $C(Y)$는 소비지출이 가처분소득의 함수임을 의미한다.

> **소비함수**는 가계들의 계획된 소비지출과 그들의 현재소득과의 관계이다.

가정에 의해 가처분소득과 국민소득이 같음을 상기하자. 여기서 소비함수를 직선으로 가정하면, 선형의 소비함수는 다음과 같이 된다.

$$C = a + cY \qquad (17-2)$$

여기서 a는 절편, c는 기울기로서 a, c 모두 양의 값을 갖는다. 소비함수식의 절대소비 또는 기초소비라고 부른다. 절대소비란 생계를 위해 필요한 최소한의 소비수준으로 소득이 없어도 그 만큼은 소비를 해야 하는 수쥬이다.

(17-2)식의 기울기인 c는 한계소비성향이라고 부르며, 한계소비성향은 소득증가분으로 소비지출증가분을 나누면 구해진다.

$$MPC = \frac{\Delta C}{\Delta Y}$$

> **한계소비성향**(marginal propensity to consume: MPC)은 소득증가분에 대한 소비지출증가분의 비율이다.

여기서 ΔC는 소비지출의 증가분, ΔY는 소득의 증가분이다. (17-2)식의 선형소비함수에서 한계소비성향은 위의 공식에 따라 c가 되며, 0과 1사이의 값을 갖는다.

$$0 < MPC = c < 1$$

〈표 17-1〉 소득과 소비

(단위: 만 원)

Y	C
100	115
160	160
200	190
300	265

이해를 돕기 위해 <표 17-1>에 나타난 국민경제를 가지고 설명해 보기로 하자. 표에 나타난 바와 같이 이 국민경제에서는 국민소득이 증가할 때 소비지출수준 또한 증가함을 알 수 있을 것이다. 우선 한계소비성향은 소비의 증가분인 ΔC를 소득의 증가분인 ΔY로 나누어서 구해지는데 이는 <표 17-2>에 나타나 있다.

〈표 17-2〉 한계소비성향

(단위: 만 원)

ΔY	ΔC	$\Delta C/\Delta Y$	=	MPC
160−100	160−115	45/60	=	0.75
200−160	190−160	30/40	=	0.75
300−200	265−190	75/100	=	0.75

표의 마지막 열이 한계소비성향으로서 그 값은 0.75이다. <표 17-2>에 나타난 소비함수는 한계소비성향의 값이 변하지 않는 직선의 형태를 가진다. 즉, 이 경우 소비함수는

$$C = a + 0.75Y \tag{17-3}$$

로 표시되며, 절편인 절대소비를 구하기 위해서는 (17-3)식에 소비지출 C와 국민소득 Y를 대입시켜야 한다. $C=15$와 $Y=100$을 대입시켜 보면, $a=40$을 얻을 수 있다. 물론 다른 소비와 소득의 값을 가지고도 같은 결과를 얻게 된다. 결국 <표 17-1>에 나타난 국민경제의 선형소비함수는 다음과 같이 된다.

$$C = 40 + 0.75Y \tag{17-4}$$

종축에 소비지출 C, 횡축에 국민소득 Y를 표시함으로써 소비함수를 그릴 수 있다. <표 17-1>의 자료를 이용해서 그린 소비함수가 <그림 17-2>이다. 이 그림에서 원점으로부터 그려진 45도선은 참고선으로서 횡축의 값과 종축의 값이 같은 점을 연결한 선이다. 여기서는 국민소득과 소비지출이 같아지는 점들의 연결이다. 예를 들어 B점에서는 소득이 160만원일 때, 소비가 160만원인 것이다. 이 그림에서 직선 C가 소비함수를 나타내는 선이다. 소비함수가 지나가는 점들을 그림에서 볼 수 있듯이 B점을 제외하고는 소득과 소비가 같아지지 않는다. G점에서는 소득이 200만원일 때 소비가 190만원인 상태를 나타내며, A점에서는 소득이 100만원일 때 소비가 115만원인 상태가 되는 것이다.

그림 17-2 소비함수

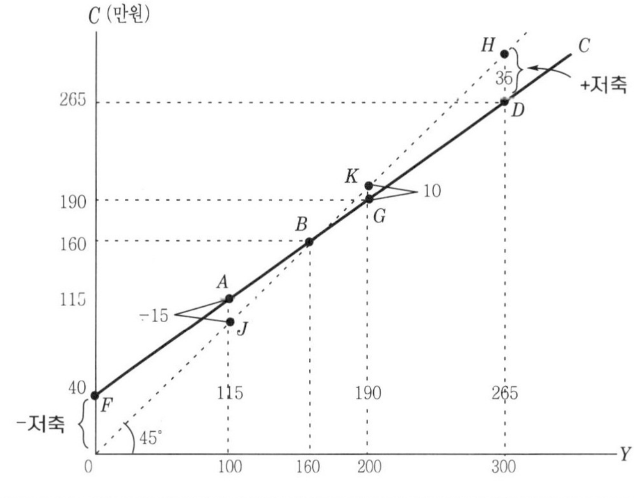

소득이 160만원 이하일 때는 소비가 소득보다 크고, 160만원 이상일 때는 소비가 소득보다 작음을 알 수 있다. 소득이 160만원일 때는 가계는 소득과 소비가 똑같아지는 분기점(break-even point)을 경험하게 된다. 그림에서 소비함수의 절편인 40은 절대소비수준 a를 의미한다. 즉, 소득이 전혀 없어도 생존을 위해 필요한 최소한의 소비수준이 40만원인 것이다. 또한 직선 C의 기울기가 한계소비성향을 나타낸다. 원점을 지나는 점선의 기울기가 1이므로, 그보다 작은 기울기로 그려진 직선 C의 기울기가 0과 1사이의 값이 됨을 알 수 있다. 이는 소득이 증가함에 따라 소비도 증가하는데, 증가된 소득이 모두 소비되지 않는다는 것을 설명하고 있다.

G점에서는 소득 200만원에 대해 소비가 190만원임을 확인하였다. 즉, 10만원의 차이가 있는 것이다. 이 차이가 의미하는 것이 저축이다. <그림 17-2>에서 저축수준은 각각의 소득수준에 대응하는 45°선과 소비함수선 사이의 차이로 표시된다. 소득이 200만원에서 300만원으로 증가할 때, 소비지출뿐만 아니라 저축의 크기도 증가한다. 분기점 B이상에서는 국민소득이 증가할수록 소비지출과 저축이 다함께 증가함을 기억하기 바란다. 분기점 B이하에서는 소비선이 45도선보다 위에 위치하고 있는 것을 발견할 것이다. A점에서는 소득 100만원에 대해 소비가 115만원이므로 −15만원의 저축이 이루어지고 있는 것이다. 물론 이것은 금융기관으로부터 대출이나 자신의 저축인출을 통해서 가능해진다. 소득과 소비가 같아지는 분기점 B는 저축이 0인 점으로도 표시된다.

1.3 저축

소비함수와 마찬가지로 저축함수(saving function)를 생각해 볼 수 있다. 앞에서 소비함수를 고찰하면서 $Y = C + S$라는 것을 알았다. 즉, 국민소득은 소비지출과 저축의 합인 것이다. 이 식을 정리해 보면, $S = Y - C$로 표시 가능하다. 즉, 저축은 국민소득에서 소비지출을 뺀 나머지이다. <표 17-1>의 자료를 이용해서 저축량을 표시한 것이 <표 17-3>이다.

〈표 17-3〉 소득, 소비, 저축

(단위: 만 원)

Y	C	$S = Y - C$
100	115	-15
160	160	0
200	190	10
300	265	35

선형의 저축함수를 얻기 위해서 선형의 소비함수 $C = a + cY$를 $S = Y - C$에 대입하면

$$S = Y - (a + cY)$$

가 된다. 이를 다시 쓰면,

$$S = -a + (1 - c)Y \tag{17-5}$$

이며, 이는

$$S = S(Y)$$

로 표시된다. 즉, 저축은 국민소득 또는 가처분소득의 함수인 것이다.

(17-5)식에 나타난 선형저축함수를 보면 $-a$가 절편이고, $(1-c)$가 기울기이다. 여기서 절편 $-a$는 부의 저축을 의미한다. 과거의 저축을 인출하거나 금융기관으로부터의 차입을 말한다. 기울기 $(1-c)$는 한계저축성향이라 부른다.

> **한계저축성향**(marginal propensity to save: *MPS*)은 소득증가분에 대한 저축증가분의 비율이다.

한계저축성향은 소득증가분으로 저축증가분을 나누어서 구한다.

$$MPS = \frac{\Delta S}{\Delta Y}$$

여기서 ΔS는 저축의 증가분, ΔY는 소득의 증가분이다.

〈표 17-4〉 한계저축성향

(단위: 만 원)

ΔY	ΔS	$\Delta S / \Delta Y$	=	*MPS*
160−100	0−(−15)	15/60	=	0.25
200−160	10−0	10/40	=	0.25
300−200	35−10	25/100	=	0.25

<표 17-3>을 바탕으로 구해진 한계저축성향이 <표 17-4>이다. 표에 의하면 한계저축성향은 0.25이다. 한계저축성향이 모든 국민소득수준에서 같게 나오는데, 이는 저축함수가 선형임을 의미한다. 측정된 저축함수는 다음과 같다.

$$S = -40 + 0.25Y \tag{17-6}$$

선형저축함수를 도표로 그려보면 <그림 17-3>과 같다. 종축에 저축, 횡축에 소득을 놓고 그려진 저축함수는 횡축을 통과하는 형태로 나타난다. <그림 17-3>에서 소득 160만원은 저축과 부의 저축이 없는 상태인 분기점임을 알 수 있다. 이 분기점은 소비함수를 나타낸 <그림 18-2>에서 소득 160만원에 해당하는 소비점 B와 같은 점을 의미한다. 소득과 소비가 같아짐으로써, 소득에서 소비를 뺀 나머지인 저축이 0이 되는 점이다. 소득이 0인 경우 저축은 −40만원이 되며, 소득이 100만원인 경우에는 −15만원의 저축이 있다.

그림 17-3 저축함수

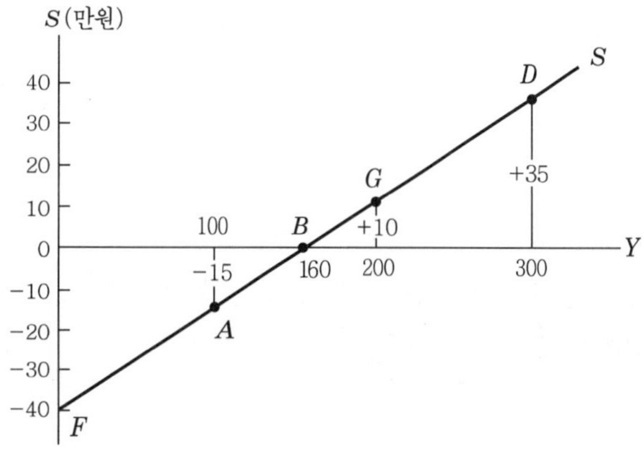

소득이 증가함에 따라 저축의 양도 증가하여, 소득이 200만원으로 증가한다. (17-6)식과 <그림 17-3>에 나타나듯이 Keynes는 저축을 소득의 증가함수로 보고 있다. 이는 소득이 증가하면 소비가 증가하는데, 소비증가가 소득증가만큼 일어나지 않고, 그 나머지는 저축이 증가하는 것으로 나타난다는 사실을 설명하고 있다.

<표 17-1>에 나타난 국민경제의 소비함수 (17-2)식과 저축함수 (17-5)식을 살펴보면 소비와 저축간의 관계를 알 수 있다. 한계소비성향은 c 이며, 한계저축성향은 $(1-c)$ 이므로, 이 둘의 합은 1이 된다.

$$MPC + MPS = 1$$

그러므로 한계소비성향이나 한계저축성향 중 하나가 주어지면 나머지 값은 자동적으로 결정된다. (18-4)식에 나타난 결과를 살펴보면, 한계소비 성향이 0.75이므로 한계저축성향은 $1-0.75=0.25$로 계산된다. 이는 바로 (17-6)식에 나타난 한계저축성향의 측정치와 같은 값이다.

1.4 투자지출

소비함수, 저축함수와 함께 Keynes의 단순모형에서 중요한 위치를 차지하는 것이 기업의 투자지출이다. 새 건물, 새 장비, 재고변동에 대한 기업의 의사결정은 국민소득, 이자율, 미래에 대한 기대 등에 의존하지만, 여기서는 단순화시켜 투자지출이 일정기간 동안 동일한 양만큼만 발생한다고 생각하자. 이런 종류의 투자를 독립투자라 한다. 생산능력을 향상시키기 위해서 장기적으로 계획된 투자, 신기술 도입을 위한 투자, 도로, 항만, 철도 등 사회간접자본의 증가를 위한 투자는 모두 국민소득수준이나 이자율에 관계없이 결정되는 투자로 독립투자에 속한다. 독립투자는 단순모형 밖에서 결정되어진다.

> **독립투자**(autonomous investment)란 기업이 국민소득수준이나 이자율에 관계없이 투자지출 하려고 계획한 투자이다.

독립투자는

$$I = \bar{I} \tag{17-7}$$

로 표시되며, 이는 <그림 17-4>로 그려진다.

그림 17-4 독립투자

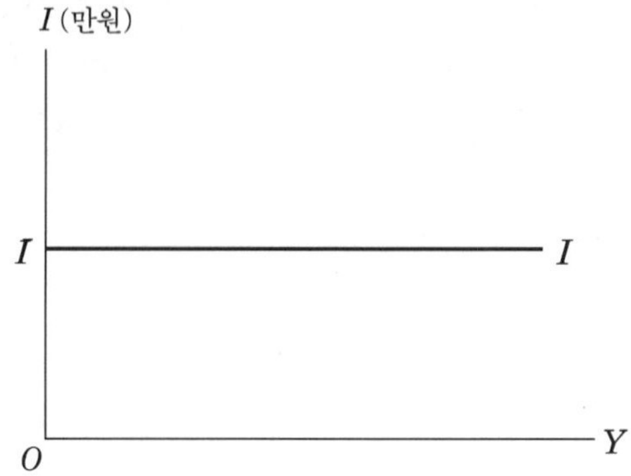

소득을 횡축에, 투자를 종축에 놓고 그려보면, 투자함수는 $\bar{I}$ 에서 수평선으로 나타난다. $\bar{I}$ 는 국민경제에서 일정량의 독립투자를 의미하며, 수평선이 의미하듯이 국민소득과 무관한 투자이다. 예를 들어 독립투자가 20만원이면 투자함수는 종축의 20에서 시작하여, 횡축에 대해서 평행인 수평선을 이룬다.

1.5 균형국민소득의 결정

1.5.1 총지출에 의한 접근방법

앞에서 우리는 총지출의 구성요소인 소비지출과 투자지출에 대해서 살펴보았다. 이제는 총지출을 이용해서 균형국민소득수준이 결정되는 과정에 대해서 알아보자. 여기서 말하는 균형국민소득수준이란 국민경제가 일단 이 균형국민소득위치에 들어서면 경제조건의 변화가 없는 이상 그 상태에서 움직이려는 경향이 전혀 없게 되는 국민소득수준을 말한다. 물론 이 균형점은 완전고용상태보다 낮은 수준이 될 수도 있다.

균형국민소득수준을 찾기 위해서는 앞에서 살펴본 균형식, 소비함수, 투자함수를 이용해야 한다.

$$Y = C + I \quad \text{(균형식)} \qquad (17\text{-}8)$$

$$C = a + cY \quad \text{(소비함수)} \qquad (17\text{-}9)$$

$$I = \bar{I} \qquad \text{(투자함수)} \qquad (17-10)$$

(17-8)식의 우변에 소비함수 (17-9)와 투자함수 (17-10)을 대입하면,

$$Y = a + cY + \bar{I}$$

가 되며, 이를 Y에 대해서 정리하면, 균형국민소득은

$$Y_E = \frac{A + \bar{I}}{1 - c} = \frac{a}{1 - c} + \frac{\bar{I}}{1 - c} \qquad (17-11)$$

가 된다. 여기서 균형국민소득 Y_E는 독립투자 $\bar{I}$와 소비함수의 절대소비와 한계소비성향에 의해서 결정된다는 것을 알 수 있다. 이는 균형국민소득이 결국 총지출 $C + I$의 크기에 의해서 결정된다는 것을 의미한다.

주어진 조건하에서 균형국민소득을 찾기 위해서 앞에서 나온 절대소비 a=40과 한계소비성향 $c = 0.75$를 사용하기로 하겠다. 더불어 독립투자지출이 10만원이라고 가정하자. 이들을 (17-11)식에 대입하면

$$Y_E = \frac{40 + 10}{1 - 0.75} = 200 \qquad (17-12)$$

이 되므로, 이 국민경제의 균형국민소득은 200만원이 된다. 소비함수의 변화 없이, 독립투자지출이 20만원으로 증가하였을 경우 새로운 균형국민 소득이 240만원에서 결정됨을 계산할 수 있다.

균형국민소득은 주어진 상황하에서 위와 같이 계산되어지는데, 과연 어떤 과정을 거쳐 균형에 도달하게 되는지 알아보자. 이를 위해 <표 17-1>과 독립투자 $\bar{I} = 10$을 이용하면, <표 17-5>를 얻게 된다.

<표 17-5>의 (1)번 열에는 국민소득 Y가 나타나 있는데, 이는 총생산물을 의미하며, (2)번 열과 (3)번 열에는 소비와 투자가 나타나 있다. 소비와 투자의 합이 (4)번 열에 위치하는데, 이는 총지출(aggregate expenditure: AE)을 의미한다. (5)번 열은 이 총지출과 국민소득의 비교 상태를 보여 준다. (6)번 열에는 계획되지 않은 재고량이 표시되어 있다.

〈표 17-5〉 균형국민소득수준의 결정

(단위: 만 원)

(1) Y	(2) C	(3) I	(4) $C+I=AE$	(5) 비교	(6) UI
100	115	10	125	$AE > Y$	−25
160	160	10	170	$AE > Y$	−10
200	190	10	200	$AE = Y$	0
300	265	10	275	$AE < Y$	25

AE: 총지출, UI:계획되지 않은 재고량

이 표에서 총지출이 국민소득과 같은 경우(AE=200만원, Y=200만원) 계획되지 않은 재고량이 0이 됨을 확인할 수 있다. 또한 총지출이 국민소득보다 클 경우($AE=170$만원, Y=160만원) 계획되지 않은 재고량이 총지출과 국민소득이 같은 경우보다 10만원 줄어들고, 총지출이 국민소득보다 작은 경우(AE=275만원, Y=300만원) 계획되지 않은 재고량이 25만원 늘어나게 된다. 총지출이 국민소득보다 커지면, 기업들은 그들이 예상했던 속도보다는 더 빠른 속도로 재고량이 줄어드는 것을 경험하게 된다. 즉, 이와 같이 가계들이 예상밖의 빠른 속도로 생산물에 대해 소비지출하므로 기업들은 그들의 고용을 증대시키면서 생산의 증가를 꾀하려 할 것이다.

고용과 생산의 증대로 인해 국민경제는 확대되고, 이는 결과적으로 국민소득의 증가로 나타나게 된다. 총지출이 국민소득보다 클 경우 국민경제는 또 다른 상태로 움직이게 되므로, 이러한 경우는 균형상태가 아님을 알 수 있다. 반대로 총지출이 국민소득보다 작아지면, 생산물은 기업들이 예상했던 속도보다도 느린 속도로 팔리게 되어 기업들의 창고에는 재고품이 쌓이게 된다. 즉, 25만원 상당의 계획되지 않은 재고량의 증가가 있게 된다. 저조한 매출상태에 있는 기업들은 가계의 소비지출만큼 생산하기 위해서 그들이 고용하고 있던 인력을 줄여나갈 것이며, 결과적으로 생산물의 공급은 감소하게 된다. 이런 식으로 국민경제는 축소되어 가고 이는 국민소득의 감소로 나타나게 된다. 이 경우 역시 다른 경제상태로 움직이려는 힘이 존재하므로 균형이 아닌 것이다.

그러면 총지출이 국민소득과 같은 경우는 어떠한가? 이 때는 기업들의 생산물이 가계들에 의해서 완전히 소비지출되는 상태가 되어 기업들에게는 계획되지 않은 재고의 증가나 감소는 없어지게 된다. 그러므로 기업들은 그들이 고용하던 인력을 계속 유지할 것이고, 생산량의 변화 또한 없게 된다. 국민경제 역시 확대 또는 축소되지 않고 처음의 상태로 계속 유지된다. 이와 같이 국민경제가 다른 상태로 움직이려는 힘이 없으므로, 이 경우가 바로 균형상태인 것이다. 이 균형상태의 총생산물인 국민소득 200만원이 균형 국민소득이 되며, 이는 (17-12)식의 수리적 방법에 의해서 결정된 균형국민소득과 일치한다.

한 국민경제에서 계획되지 않은 재고량의 변화는 균형국민소득의 결정과 밀접한 관계가 있는데, 이는 총지출과 국민소득의 차이가 균형국민소득의 결정과 관련됨을 의미한다. 더 나아가서는, 생산물의 공급자인 기업들은 항상 가계들의 생산물에 대한 수요를 우선 고려하므로 균형국민소득은 총수요에 의해서 결정된다는 사실을 알 수 있다. 이를 <그림 17-5>를 가지고 설명해 보자. 횡축은 국민소득 Y를, 종축은 총지출 $AE=C+I$를 표시하고 있다. 이 그림에서 C는 (17-9)식의 소비함수이며, $\bar{I}$는 독립투자로 앞에서처럼 10만원이다. 이 소비함수와 투자함수를 합친 총지출이 식선 AE로 나타나 있는데, 이는 소비함수 C가 10만원만큼 수직으로 평행이동한 것이다. 45°선은 참고선으로서 생산물의 공급을 의미하는 선이다.

그림 17-5 균형국민소득의 결정(총지출에 의한 방법)

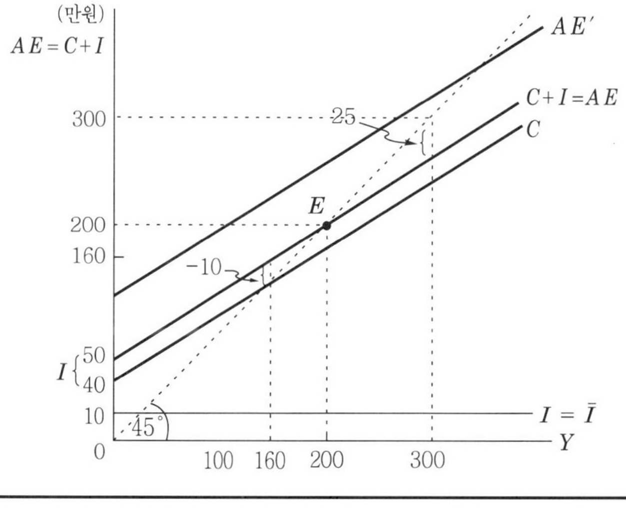

만약 총지출이 총생산물보다 크다면, 예를 들어 $Y=160$만원이라면, 총지출 초과분인 10만원만큼 계획되지 않은 재고량의 원이가 있게 되고, 이를 막기 위해 기업들은 은 과 생산을 늘리게 되므로 국민소득은 160만원에서부터 상승하과 생산을들은 총지출이 총생산물보다 작다면, 즉 $Y=300$만원이라면, 총생산물의 초과분인 25만원만큼 계획되지 않은 재고가 발생하여 기업들은 은 과 생산을 줄이지출초과분인 리하여 국민소득은 300만원에서부터 하락하게 된다.

이런 국민소득의 변화는 계획되지 않은 재고량이 0인 E점, 즉 총지출이 총생산물과 같아지는 점에서 멈추게 되어 균형국민소득 200만원이 결정된다. 이와 같이 총수요, 즉 총지출 $AE=C+I$의 크기가 균형국민소득수준을 결정하는 데 중대한 역할을 한다. 만약 국민경제에 현재의 총지출인 AE보다 더 큰 총지출 AE'가 주어진다면, 이 때의 균형국민소득은 현재의 균형국민소득수준인 200만원보다 더 큰 수준에서 결정될 것이다.

1.5.2 투자와 저축에 의한 접근방법

이상에서 설명된 균형국민소득의 결정은 투자와 저축의 관계를 가지고도 설명될 수 있다. 가계부문의 저축은 가계부문이 받은 국민소득에서 소비된 부분을 제외한 나머지이다. 또한 가계부문이 받는 국민소득 Y는 기업부문이 생산하는 총생산물(aggregate output: AO)과 같으므로 저축은 총생산물에서 소비지출되고 남은 부분이 된다.

$$S=AO-C$$

이를 다시 쓰면,

$$AO=C+S$$

가 되어, 총생산물은 가계부문의 소비와 저축으로 구성됨을 알 수 있다.

균형국민소득은 총지출과 총생산물(또는 총소득)이 같아지는 점에서 결정되므로 $AE=C+I$와 $AO=C+S$를 같게 놓으면,

$$C+I=C+S$$

또는

$$I = S$$

가 된다. 즉, $I = S$가 충족되면, 균형국민소득이 결정되는 것이다. 여기서의 I와 S는 모두 사전적 투자계획과 사전적 저축계획을 의미한다. 투자와 저축이 각각 다른 주체에 의해 행해지므로 사전적 투자계획과 사전적 저축계획이 일치할 보장은 없으며, 단지 균형국민소득에서만 사전적 투자계획과 사전적 저축계획이 일치할 뿐이다.

균형국민소득의 결정은 <그림 17-6>에 나타나 있다. 횡축에는 국민소득 종축에는 사전적 투자계획과 저축이 표시된다. 만약 국민소득이 160만원이라면 가계의 저축은 0이고 기업이 계획하는 투자는 10만원이므로 총지출이 총생산물보다 크다. 즉, $C + I = AE > AO = C + S$이므로 10만원 상당의 예상치 못한 재고의 감소가 발생하고, 이는 곧 기업의 고용 및 생산증대로 연결되어 국민소득의 증가로 나타난다. 국민소득이 300만원일 경우, 가계의 저축은 35만원이고 기업의 계획된 투자는 10만원이므로 총 생산물이 총지출보다 크다. $AO > AE$이므로, 25만원 상당의 예상치 못한 재고의 증가가 있어 국민경제는 축소되고 국민소득은 감소한다.

그림 17-6 균형국민소득의 결정(투자와 저축에 의한 방법)

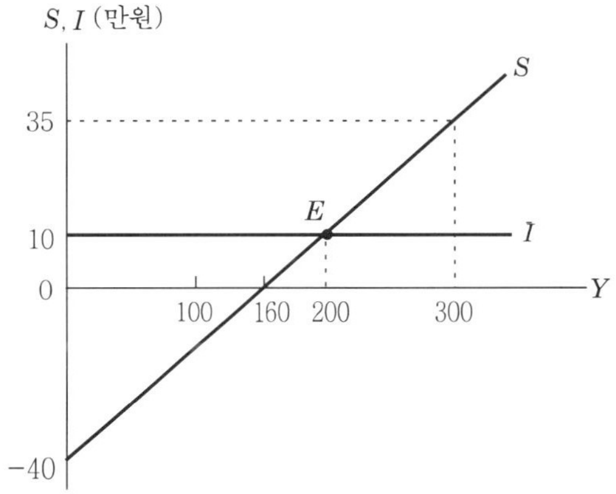

결국 균형국민소득은 $AE = AO$인 E점에서 200만원으로 결정되고, 이 경우에는 예상치 못한 재고의 변동은 없게 된다. 이와 같이 국민경제가 200만원에서 균형상태를 이루고 있을 때는, 사후적 투자와 사후적 저축이 같을 뿐만 아니라, 사전적 투자계획과 사전적 저축계획도 10만원으로 같아진다. 반면에 불균형 국민소득수준에서는 사후적 투자와 사후적 저축은 일치하지만 사전적 투자계획과 사전적 저축계획은 일치하지 않는다.

1.6 총지출의 변동

이제 투자지출의 증가를 통해 총지출의 변동이 균형국민소득수준에 미치는 영향에 대해 알아보겠다. 앞에서 사용하였던 소비함수에 대한 조건 $a = 40$, $c = 0.75$를 그대로 사용하면서, 다만 투자지출이 10만원에서 35만원으로 증가했다고 가정하자. 이 경우 투자지출의 증가분이 25만원인데 이를 $\Delta I = 25$로 표시하기로 한다.

이제 투자지출이 증가하였으므로 새로운 균형국민소득이 결정된다. 새로운 균형국민소득을 찾기 위해서 앞에서 결정된 균형국민소득식

$$Y_E = \frac{a + \bar{I}}{1 - c} \tag{17-13}$$

에 $a = 40$, $c = 0.75$, $\bar{I} = 35$를 대입해 보면

$$Y_E = \frac{40 + 35}{1 - 0.75} = 300$$

이 되어, 균형국민소득이 투자지출이 10만원이었을 때보다 100만원 증가한 300만원으로 새롭게 결정되어진 것을 알 수 있다.

총지출의 변동에 의해 균형국민소득이 새롭게 결정되는 과정이 <그림 17-7>에 나타나 있다. <그림 17-7>에서 총지출은 $AE = C + I$로 표시되어 있고, 45도선은 역시 총생산물을 나타내는 선이다. 최초의 균형국민소득 200만원은 총수요선 $AE_0 = C + I_0$와 45°선이 만나는 E_0점에서 결정되었다.

그림 17-7 총지출의 변동

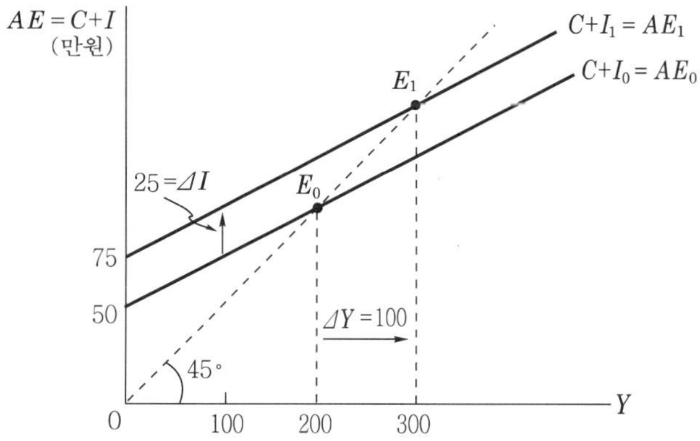

이제 25만원의 투자지출증가가 있으므로 총지출선은 AE_0 에서 $AE_1 = C + I_1$ 으로 이동하게 되는데, 이 때 기울기를 나타내는 한계소비성향이 변하지 않았으므로 AE_0 와 AE_1 의 기울기는 같다. AE_0 와 AE_1 의 거리차이가 투자지출의 증가인 $\Delta I = 25$이다. 새로운 총지출선 AE_1 과 45°선이 교차하는 E_1 에서 새로운 균형국민소득이 결정되며, 이 때의 균형국민소득은 300만원이 된다. 여기서 한 가지 중요한 현상은 25만원의 투자지출증가가 균형국민소득수준을 100만원이나 증가시켰다는 점이다.

1.7 승수효과

앞에서 보았듯이 투자지출의 변동은 균형국민소득의 변동을 가져왔다. 그런데 크기에 있어서 투자지출의 증가분보다도 균형국민소득의 증가분이 몇 배 더 크게 나타났다. 그럼 그 이유는 과연 무엇인가? 이에 대한 답이 바로 승수효과이다.

> Keynes의 모형에서는 독립투자지출이 증가하면 균형국민소득수준은 독립투자지출의 증가분보다 몇 배 더 크게 증가하는데 이런 효과를 승수효과(multiplier effect)라 한다.

기본적인 투자승수는 다음과 같다.

$$\Delta Y = k\Delta I$$

또는

$$k = \frac{\Delta Y}{\Delta I} \tag{17-14}$$

여기서 투자승수 k는 $k = \frac{1}{1-c} = \frac{1}{1-MPC} = \frac{1}{MPS}$이다. 즉, 투자승수는 한계저축성향의 역수로 나타난다. 만약 $MPC = 0.75$이면, 투자승수는 4가 된다. 한계소비성향 또는 한계저축성향이 0과 1 사이의 값이므로 투자승수의 값은 항상 1보다 크게 된다. 투자지출이 증가하면, 투자지출증가분 이상으로 국민소득이 증가한다는 것이다. (17-14)식은 한계소비성향이 크면 클수록, 또는 한계저축성향이 작으면 작을수록 투자승수는 크게 된다는 사실도 설명해 주고 있다.

이제 투자승수가 구해지는 과정에 대해 알아보자. 여기서는 국민경제의 모든 주체가 $MPC = 0.75$, $MPS = 0.25$로 행동한다고 하자. 우선 A라는 사람이 자기 집을 짓기 위해 25만원을 들여 B를 고용했다고 하면, B에게는 25만원이 소득이 될 것이며, B는 그 중에서 17.75만원(25만원×0.75)을 소비하고, 나머지

〈표 17-6〉 승수효과

(단위: 만 원)

	투자증가분 (ΔI)	경제주체	소득증가분 (ΔY)	소비증가분 (ΔC)	저축증가분 (ΔS)
	25.00	A	0	0	0
		B	25.00	18.75	6.25
		C	18.75	14.06	4.69
		D	14.06	10.54	3.52
		E	10.54	7.90	2.64
		F	7.90	5.92	1.98
			Σ 76.25	Σ 57.17	Σ 19.08
		기타	Σ 23.75	Σ 17.83	Σ 5.92
총 증가분	Σ25.00		Σ 100.00	Σ 75.00	Σ 25.00

6.25만원(25만원×0.25)을 저축할 것이다. B가 소비한 18.75만원은 다른 사람 C에게는 소득이 될 것이며, 이 소득으로 C도 소비와 저축을 할 것이다. 즉, 14.06만원(18.75만원×0.75)을 소비하고, 나머지 4.69만원(18.75만원×0.25)을 저축할 것이다. 또한 C가 소비한 14.06만원도 또 다른 사람 D에게는 소득이 될 것이며, D역시 자신의 한계소비성향과 한계저축성향에 따라 소비하고 저축할 것이다. 이런 과정은 소비지출이 완전히 없어질 때까지 계속될 것이며, 그 가운데서 A가 투자한 25만원은 사회전체적으로 볼 때 100만원의 소득을 창조하는 것이다. 이 과정이 <표 17-6>에 나타나 있다.

이 과정을 무한급수의 형태로 표시해 보면

$$\Delta Y = \Delta I + c\Delta I + c^2\Delta I + c^3\Delta I + \cdots$$

가 되며, 이는 다시

$$\Delta Y = (1 + c + c^2 + c^3 + \cdots)\Delta I$$

$$\Delta Y = \frac{1}{1-c}\Delta I$$

로 정리된다. 이것이 바로 (17-14)식을 구한 것이다. c가 한계소비성향이므로 일정한 크기의 투자지출 증가분에 대해 한계소비성향이 크면 클수록 국민소득의 증가분은 커지게 된다. 앞의 예에서 한계소비성향이 0.9였다면, B의 소비는 22.5만원이 되고, 이를 벌어들인 c는 다시 20.25만원을 소비할 것이다. 이와 같이 진행될 때 사회전체의 소득증가분은 250만원이 될 것이다.

앞에서 살펴보았듯이, 투자는 국민소득수준을 증가시키는 역할을 하므로 투자는 소득과 지출의 흐름에 대한 주입이다. 주입이라 함은 소득과 지출의 흐름에서 지출능력을 증가시켜주는 요인을 말한다. 반면에 저축은 소득과 지출의 흐름에서의 누출이다. 누출이란 소득과 지출의 흐름에서 지출능력을 감소시키는 요인을 말하는데, 저축의 이러한 성질은 절약의 역설이라는 현상과 연관된다.

> **절약의 역설**(paradox of thrift)이란 Keynes의 모형에 나오는 것으로서 개인이 절약하여 저축을 늘리고자 하면 소비지출의 감소로 인해 총지출, 즉 총수요가 감소하여 국민소득이 감소하게 되고 국민경제 전체로 본 총저축 역시 감소하는 현상을 말한다.

일정한 투자지출에 대해서 한계소비성향이 클수록, 즉 한계저축성향이 작을수록 균형국민소득수준은 더 많이 증가함을 보았는데, 이는 주어진 국민소득수준에서 국민경제가 소비를 더 많이 하고 저축을 더 적게 할수록 좋다는 것을 의미한다. Keynes의 모형은 총수요에 의해 균형국민소득수준이 결정된다는 이론이기 때문에, 소비는 늘어날수록 총지출이 증가하여 국민소득이 증가하는 미덕이고 저축은 늘어난다 하더라도 투자와 연결되지 않으면 국민소득을 감소시키는 악덕이 된다. 즉, 저축은 소득과 지출의 흐름에서 누출된 것이다.

균형국민소득수준은 총지출과 총생산물이 같아지는 상태에서 결정됨을 알았다. 다시 말해서 투자와 저축이 같아지는 상태를 말하는 것이었고, 이는 소득과 지출의 흐름에 대한 주입과 누출이 같아지는 상태를 의미하는 것이기도 하다.

2. 3부문경제하의 국민소득결정

Keynes는 그의 「일반이론」에서 국민경제가 완전고용수준 이하에서도 균형에 도달할 수 있다고 하였다. 그는 완전고용은 특수한 현상이며, 국민경제에 실업이 만연하는 것이 일반적인 현상이라 하였고, 그의 「일반이론」을 통하여 실업을 해결할 수 있는 방법을 제시하는데, 그것이 바로 재정정책이다.

> **재량적 재정정책**(discretionary fiscal policy)이란 정부가 의도적으로 정부지출이나 조세수입을 조절하여 국민경제의 총수요에 영향을 미치고 이를 통해 국민소득수준에도 영향을 미치고자 하는 정책이다.

Keynes는 높은 실업과 불황이 총수요의 부족에서 유발되는 현상이라 생각하여 이를 해결하기 위해서는 총수요를 자극해야 한다고 주장하였으며, 구체적인 방법으로 정부지출의 증가나 조세수입의 감소를 제시하였다. 재정정책이 총수요와 국민소득에 미치는 영향을 분석하기 위해서는 앞에 나온 모형에 정부부문이 추가되어야 한다. 앞 절에서 세워졌던 여러 가지 가정들 중에서 정부부문에 대한 가정이 좀더 현실적인 형태로 바뀌게 된다.

이 절에서도 계속해서 유지되는 가정들이 있는데 이를 보면, ① 명목임금과 물가수준은 신축적이지 못하다. ② 이자율은 고징되어 있다. ③ 해외부문이 없는 봉쇄경제이다. ④ 기업은 저축을 하지 않고 수입을 전부 가계로 분배한다. 이와 함께 새롭게 바뀐 가정들을 살펴보면, ① 정부부문은 국민경제에서 최종생산물을 구매한다. ② 가처분소득은 국민 소득에서 조세를 뺀 것이다. ③ 정부부문의 이전지출은 없다. ④ 정부는 균형, 적자, 또는 흑자재정을 운영한다. 정부가 균형재정을 운영한다는 것은 조세수입이 정부지출과 같게 되는 것을 의미한다. 적자재정이란 조세수입이 정부지출보다 작을 때이다.

다음은 앞으로 사용하게 될 변수들에 대한 정의로서 모두 실질항목들이다.

Y : 국민소득

Y_d : 가처분소득

C : 가계의 소비지출

I : 기업의 투자지출

G : 정부지출

T : 조세수입

2.1 균형국민소득의 결정

가계, 기업, 정부로 구성된 3부문 모형은 다음의 6가지 식으로 구성된다.

$$Y = C + I + G \quad \text{(균형식)} \qquad (17\text{-}15)$$

$$C = a + cY_d \quad \text{(소비함수)} \qquad (17\text{-}16)$$

$$I = \overline{I} \quad \text{(투자함수)} \qquad (17\text{-}17)$$

$$G = \overline{G} \quad \text{(정부지출함수)} \qquad (17\text{-}18)$$

$$Y_d = Y - T \quad \text{(가처분소득함수)} \qquad (17\text{-}19)$$

$$T = \overline{T} \quad \text{(조세함수)} \qquad (17\text{-}20)$$

(17-15)식의 좌변은 국민소득으로 총생산물을 의미한다. 이는 우변에 나타난 총지출 또는 총수요의 크기에 좌우된다. (17-8)식과 비교해 볼 때, (17-15)식에는 정부지출 G가 추가되어 있다. (17-16)식은 소비함수로서 (17-9)식과 달리 소비지출수준이 가처분소득 Y_d의 크기에 의존함을 보여 준다. (17-9)식에서는 국민소득과 가처분소득이 같은 것으로 간주되었으나, 이제는 정부부문의 추가로 국민소득과 가처분소득은 더 이상 일치하지 않는다. 투자함수 (17-17)은 (17-10)식과 같아서, 독립투자만으로 구성된다. (17-18)식이 정부지출을 나타내는 식으로 독립투자와 같이 이 모형 밖에서 결정되며 국민소득과는 무관한 형태를 취한다. (17-19)식은 가처분소득을 나타내는 식으로 국민소득에서 정부의 조세수입을 뺀 것이다. (17-20)식은 조세함수를 나타내는 식인데 국민소득과 무관한 형태로 소득이 변해도 조세율이 변하지 않는 형태를 취한다. 이와 같은 조세를 정액세(lump-sum tax)라 한다.

위의 여서 가지 식을 연립해서 풀기 위해서 (17-19)식을 (17-16)식에 대입하여 소비함수를 가처분소득으로 표시하면

$$C = a + cY - cT \tag{17-21}$$

가 된다. 다시 (17-21)식에 (17-20)식을 대입하면

$$C = a - c\overline{T} + cY \tag{17-22}$$

가 된다. 이제 균형국민소득 Y_E를 구하기 위해서 (17-17), (17-18), (17-23)식을 (17-15)식에 대입한다.

$$Y = a - c\overline{T} + cY + \overline{I} + \overline{G}$$

가 되며, 균형국민소득 Y_E는 다음과 같이 결정된다.

$$Y_E = \frac{a - c\overline{T} + \overline{I} + \overline{G}}{1 - c} \tag{17-23}$$

균형국민소득은 (17-11)식에서 볼 수 있었듯이 투자지출과 소비지출에 의해서 결정되며, 이와 더불어 정부지출과 조세에 의해서 결정됨을 알 수 있다. 앞

절에서 사용한 자료를 가지고 균형국민소득이 어디서 이루어지는지 알아보자. 정부는 20만원을 정액세로 거둬들이고 15만원의 정부지출을 한다고 가정하며 투자지출은 10만원으로 전과 동일하다. 정액세로 인해 소비함수는 $C = 25 + 0.75Y$가 된다. $C = a - c\overline{T} + cY$에 $a = 0$, $c = 0.75$, $\overline{T} = 20$을 대입하면 소비함수를 구할 수 있다. 모든 자료를 종합한 것이 <표 17-7>이다. 균형국민소득은 앞에서와 마찬가지로 총지출과 국민소득이 같아지는 곳에서 결정된다. 그 결과 균형국민소득은 $Y = 200$만원에서 결정되며 국민경제에는 생산물의 잉여나 부족현상이 없는 상태가 된다.

〈표 17-7〉 균형국민소득수준의 결정

(단위: 만 원)

Y	T	Y_d	C	I	G	$C+I+G = AE$	비교	차이
100	20	80	100	10	15	125	$AE > Y$	−25
160	20	140	145	10	15	170	$AE > Y$	−10
200	20	180	175	10	15	200	$AE = Y$	0
300	20	280	250	10	15	275	$AE < Y$	+25
400	20	380	325	10	15	350	$AE < Y$	+50

위의 균형국민소득수준의 결정을 그림을 통해 알아보자. <표 17-7>의 자료를 이용하여 <그림 17-8>을 그릴 수 있다. 국민소득 Y가 횡축에 위치하고 총지출을 나타내는 $AE = C + I + G$선이 종축에 위치한다. 앞 절의 2부문 모형에서와 마찬가지로 45°선은 총생산물을 나타내는 선이다. 총지출선 AE와 45°선이 교차하는 E점에서 균형국민소득 200만원이 결정된다.

<그림 17-8>에서 국민소득이 300만원일 때 총지출선 AE가 45°선보다 아래에 위치하므로 25만원 상당의 생산물 초과공급이 있게 된다. 이것이 그림에서는 CD로 표시되어 있다. 이러한 생산물의 초과공급으로 인해 기업들은 고용을 감축할 것이며 이는 국민소득을 감소시킨다. 또한 국민소득이 160만원일 때는 총지출 AE가 45°선보다 위에 있으므로 생산물에 대한 초과수요가 있음을 알 수 있다. 그 크기는 10만원으로 그림에서 AB로 표시되어 있다. 이 초과수요로

기업들은 고용을 늘려 생산을 증대시킬 것이며, 이는 국민소득의 증가를 의미하게 된다. 결국 균형국민소득은 총지출선과 총생산물을 의미하는 45°선이 교차하는 E점에서 결정되며 국민경제에는 생산물에 대한 초과수요나 초과공급이 없는 상태가 된다. 그러나 이렇게 결정된 균형국민소득수준은 완전고용국민소득수준과 다를 수 있다.

그림 17-8 균형국민소득의 결정

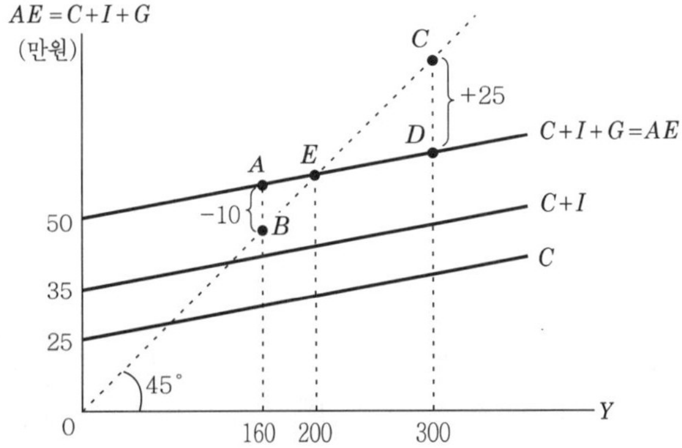

2.2 총지출의 변동

앞에서 언급했듯이 Keynes는 한 나라의 국민경제에 있어서 균형국민 소득수준은 완전고용국민소득수준과 다를 수 있으며, 균형국민소득수준이 완전고용국민소득수준보다 낮은 수준에서 결정되면 실업이 만연하는 불황의 국면에 국민경제가 머무르게 된다고 주장하였다. 그는 이러한 높은 실업과 불황이 총수요의 부족에서 유발되는 현상이라 하였고 총수요를 변동시킴으로써 낮은 수준의 균형국민소득을 완전고용국민소득수준으로 끌어올릴 수 있다고 주장하였다. 바로 재정정책의 유효성을 주장하였던 것이다.

경제가 불황기일 때는 총수요의 증가를 위해 정부지출을 늘리거나 조세수입을 감소시키고, 과열기일 때는 총수요의 감소를 위해 정부지출을 줄이거나 조세수입은 증가시켜서 경제를 안정화시키려는 Keynes적 경제정책을 총수요관리정책이라 한다. 이러한 총수요관리정책의 견지에서 보면, 정부지출과 조세수입이 일치하는 균형예산은 아무런 의미가 없다. 불황기일 때는 적자재정으로 총수요를 증가시키고, 과열기일 때는 흑자재정으로 총수요를 감소시켜야 한다.

이제 3부문 모형을 이용하여 총수요의 변동과 균형국민소득의 변동에 대해 알아보기로 하겠다. 주안점은 정부지출의 승수효과, 조세의 승수효과, 균형예산의 승수효과이다.

2.2.1 정부지출의 승수효과

경기가 불황기에 접어들어서 이를 해결하기 위한 방법으로 정부지출의 증가를 사용했을 때, 그것이 국민소득에 미치는 영향에 대해 알아보기로 하겠다. 정부지출의 증가도 독립투자의 증가와 마찬가지로 그 증가분의 몇 배에 해당하는 수준으로 국민소득을 상승시킨다. 정부지출의 승수효과는 (17-23)식에서 구할 수 있다. 승수의 크기를 구하기 위해서는 기타 변수들인, a, $\overline{T}$, $\overline{I}$ 는 고정시켜 놓고 정부지출 G를 변화시켜야 한다. 이 때 변하는 국민소득의 크기에 따라 승수가 결정된다.

$$\Delta Y = \frac{\Delta \overline{G}}{1-c}$$

정부지출승수는

$$k_g = \frac{1}{1-c} = \frac{\Delta Y}{\Delta \overline{G}} \tag{17-24}$$

가 된다.

k_g의 수치가 정부지출의 변화분만큼 곱해질 때 결과는 국민소득의 변화분이 된다. 즉,

$$\Delta Y = k_g \times \Delta \overline{G} \tag{17-25}$$

이다. 정부지출의 승수효과를 확인하기 위해서 앞에서 사용했던 자료를 이용하기로 한다. 정부지출이 15만원에서 25만원($\Delta G = 10$만원)으로 증가했다고 하자.

한계소비성향이 $c=0.75$ 로 주어졌을 때, 정부지출승수는 4이다. 여기에 정부지출증가분 10만원을 곱하면, 국민소득의 증가분은 40만원이 된다. 이러한 국민소득의 증가는 균형국민소득이 200만원에서 240만원으로 증가한 것을 의미한다.

정부지출의 승수효과를 <그림 17-9>를 통해 알아보자. 최초의 균형국민소득 200만원은 총지출 AE_0 가 45°도선과 교차하는 E_0 에서 이루어졌다. 최초의 정부지출은 AE_0 의 G_0 로 표시되어 있다. 정부지출증가로 인해 총지출선은 모든 국민소득수준에 대해 상방으로 이동한다. 새로운 총지출선은 최초의 총지출선과 한계소비성향이 같으므로 평행이동하게 되며, 증가된 정부지출은 G_1 으로 표시된다. 새로운 총지출선 AE_1 과 45°선과 교차하는 점에서 새로운 균형이 이루어지는데, 이 때의 새로운 균형국민소득수준은 240만원이 된다.

그림 17-9 정부지출증가에 의한 균형국민소득의 변동

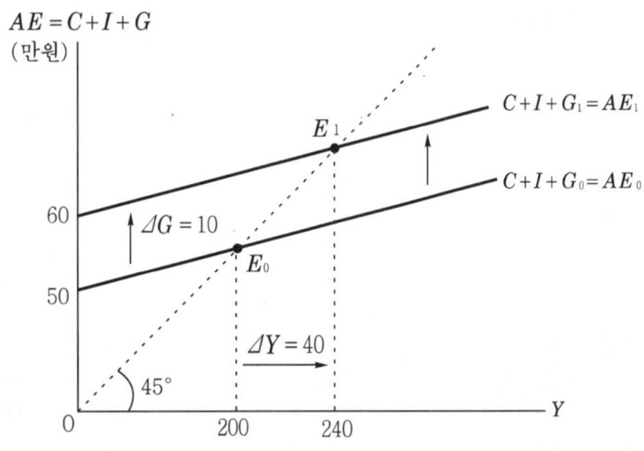

정부지출의 감소는 어떻게 되는가? 이 때는 균형국민소득수준의 감소가 일어난다. 승수 4에 정부지출의 감소분율, 예를 들어 10만원이면, 곱하면 균형국민소득수준은 40만원 감소하게 된다. 그림상으로도 총지출선의 하방평행이동으로 인한 균형국민소득수준의 감소를 알 수 있다.

정부지출의 변화는 투자지출의 변화와 마찬가지로 그 지출이 가계의 소비지출로 연결되고 이것이 다시 소득을 재창조하는 과정으로 이어진다. 이러한 연쇄

작용이 무한히 계속됨에 따라 정부지출증가분의 몇 배에 해당하는 국민소득의 증가가 있게 된다. 여기서 유의해야 할 점은 이런 승수과정에서 소비지출을 감소시킬 수 있는 힘이 작용해서는 안 된다는 것이다. 예를 들어 정부지출증가분에 대한 조세징수는 소비지출의 감소를 유발하여 정부지출의 승수효과를 감소시키게 된다.

2.2.2 조세의 승수효과

총수요를 자극하는 재정정책의 수단으로서 정부지출과 더불어 조세수입의 증감을 들 수 있다. 정부지출이 총수요의 구성요소로서 균형국민소득수준의 결정에 직접적으로 작용할 수 있는 반면에 조세수입의 증감은 단지 소비지출에 영향을 미침으로써 간접적으로 균형국민소득수준의 결정에 작용한다. (17−16)식의 소비함수 구성에서 알 수 있듯이 소비지출은 가처분소득의 함수이다. 이 가처분소득은 조세의 부과에 영향을 받으므로, 조세수입은 총수요에 간접적 영향을 미치고 있는 것이다. 조세의 부과는 가계의 가처분소득을 감소시켜 소비지출을 감소시키고 소비지출의 감소는 다시 총수요의 감소를 가져온다. 여기서는 소득의 크기와 관계없이 일정하게 정해진 액수로 징수되는 정액세를 통해 조세수입의 승수효과를 알아보겠다. 물론 소득수준에 따라 조세수입이 변하는 비례세나 누진세의 경우에도 유사한 결과를 얻게 된다.

조세의 승수효과 역시 (17−23)식에서 얻어진다. (17−23)식에서 a, $\bar{I}$, $\bar{G}$를 일정하게 유지하고 $\bar{T}$를 변화시켰을 때, 국민소득의 변화는

$$\Delta Y = \frac{-c\Delta\bar{T}}{1-c}$$

가 된다. 조세승수는

$$k_t = \frac{-c}{1-c} = \frac{\Delta Y}{\Delta\bar{T}} \qquad (17-26)$$

이다. 조세변화에 의한 국민소득의 변화는

$$\Delta Y = k_t \times \Delta\bar{T} \qquad (17-27)$$

이다. 앞에서 사용한 자료를 이용해서 조세감면의 효과를 알아보기로 하겠다. 정부의 정액세 수입은 20만원에서 10만원으로 감소했다고 하자. 한계소비성향 c가 0.75로 주어졌으므로 조세승수는 −3이 되어, 정액세감소분인 10만원과 곱해지면 국민소득의 증가분은 30만원이 된다. 즉, 조세감면은 균형국민소득수준을 200만원에서 230만원으로 증가시켰다.

이에 대한 것이 <그림 17-10>에 나타나 있다. 앞에서 사용한 자료에 따르면 $a=40, c=0.75, I=10, G=15$이므로, 최초의 균형국민소득은 $AE_0=C_0+I+G$가 45°선과 만나는 E_0 점에서 200만원이었다. 이 때의 소비함수가 C_0로 표시된다. C_0의 절편인 $a-c\bar{T}_0$는 최초의 정액세가 부과된 것이며, 그 값은 25만원이다. 10만원의 조세감면으로 새로운 소비함수가 C_1으로 이동하며, 절편은 $a-c\bar{T}_1=32.5$가 된다. 총지출선은 모든 국민소득수준에 대해 상방으로 7.5만큼 이동하게 되어 $AE_1=C_1+I+G$가 된다. 새로운 균형국민소득은 AE_1이 45°과 만나는 E_1에서 230만원으로 결정된다. 10만원의 조세감면으로 인해 균형국민소득수준은 200만원에서 230만원으로 증가한다. 반대로 조세수입을 증가시키면, 균형국민 소득수준은 감소하게 된다.

그림 17-10 조세감면에 의한 균형국민소득의 변동

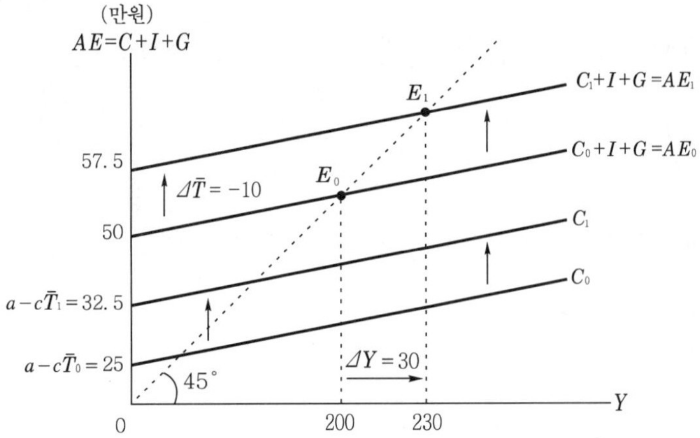

정부지출승수 $k_g = \frac{1}{1-c}$는 조세승수 $k_t = \frac{-c}{1-c}$보다 절대치로는 더 큰 값을 갖는다. 즉, 정부지출이 국민소득수준에 더 큰 충격을 가하는 것이다. 정부가 10만원의 생산물을 추가로 매입했을 때, 즉 정부가 10만원의 지출을 증가시켰을 때, 10만원이 소득의 형태로 주입되며, $c=0.75$일 때 승수 k_g는 4가 되어 국민소득은 40만원이 증가한다. 반면에 10만원의 정액세감면이 가계에 주어졌을 때, 가계는 조세감면으로 인한 가처분소득의 증가로 소비지출증가와 저축증가를 동시에 이룰 수 있게 된다.

그러면 과연 가처분소득증가에 대해 얼마를 소비하고 얼마를 저축할 것인가? 그것은 한계소비성향에 달려 있다. 한계소비성향이 0.75로 주어진 상황에서 10만원의 정액세감면에 대해 가계는 7.5만원(0.75×10만원)을 생산물에 대한 소비지출로 사용할 수 있고, 2.5만원(0.25×10만원)을 저축할 수 있다. 정부지출증가가 10만원을 국민경제에 주입한 것에 비해 조세감면은 단지 7.5만원을 주입할 뿐이다. 이것이 조세 승수 k_t의 분자에 한계소비성향 c가 있는 이유가 되겠다. 조세감면은 소비함수를 통한 간접경로로 국민소득의 상승을 가져오는데 그 결과 국민소득의 증가는 정부지출의 증가에 의한 것보다 작은 30만원에 그치고 만다.

(4) 균형예산의 승수효과

앞에서 보았듯이 정부지출의 증가는 국민소득을 증가시킨다. 또한 조세수입의 증가는 국민소득을 감소시킨다. 그러면 정부지출증가분과 똑같은 크기로 조세수입의 증가가 이루어지면 과연 어떠한 효과가 국민경제에 일어나겠는가? 다시 말해서 균형예산승수는 국민경제에 중립적이겠는가? 간단히 생각하면, 정부지출에 의한 총지출의 증가가 조세수입으로 상쇄되어 버려 국민소득의 변화가 없을 것처럼 보일 것이다. 정부지출승수와 조세승수를 결합시켜서 정부의 균형예산이 갖는 효과를 알아보자.

(17-23)식에 정부지출과 조세수입의 증가를 표시해 보면

$$\Delta Y = \left[\frac{1}{1-c}\right]\Delta \overline{G} + \left[\frac{-c}{1-c}\right]\Delta \overline{T}$$

가 된다. 균형예산은 $\Delta\overline{G}=\Delta\overline{T}$를 의미하므로 $\Delta\overline{T}$에 $\Delta\overline{G}$를 대입하면, 위 식은

$$\begin{aligned}\Delta Y&=\left[\frac{1}{1-c}\right]\Delta\overline{G}-\left[\frac{-c}{1-c}\right]\Delta\overline{G}\\&=\left[\frac{1-c}{1-c}\right]\Delta\overline{G}\\&=\Delta\overline{G}\end{aligned}\tag{17-28}$$

로 줄어든다. 그러므로 균형예산승수는

$$k_b=\left[\frac{1-c}{1-c}\right]=1=\frac{\Delta Y}{\Delta\overline{G}}\tag{17-29}$$

이다.

(17-28)식이 보여 주듯이, 균형예산의 경우에도 국민소득의 증가는 존재하며 그 크기는 정부지출의 증가분과 같아진다. 정부가 정부지출로 10만원을 사용하고 그와 함께 조세수입을 10만원 증가시켰을 때 균형국민 소득은 1×10만원=10만원 증가하게 된다.

정부지출이 증가하면 일차적으로 이와 동액의 소득이 형성되고, 그 다음에 이 소득에 한계소비성향이 작용하여 소득이 증가한다. 또 그 다음 단계에서도 한계소비성향이 작용한 만큼 소득이 증가하며 이 과정이 무한히 계속된다. 정부가 1단위 정부지출을 증가시키면 국민소득의 증가는

$$1+c+c^2+c^3+\cdots\cdots$$

이 된다. 조세수입의 증가도 한계소비성향에 의존해서 국민소득의 감소를 파급적으로 유발시킨다. 그런데 일차적으로, 증가된 조세에 의해 결정된 가처분소득이 바로 한계소비성향에 곱해져서 국민소득이 감소하기 시작한다. 조세수입 1단위에 대해서 파급적으로 일어나는 국민소득의 감소는

$$-c-c^2-c^3-\cdots\cdots$$

이 된다. 그러므로 정부지출증가와 조세수입증가에 의한 국민소득변화는 위의 과정이 상호작용하여 결과적으로 정부지출 증가분만큼 국민소득을 증가시킨다.

즉, 정부지출의 증가와 동액의 조세수입증가는 각각의 승수효과의 차이로 인해 정부지출의 증가분만큼 국민소득을 증가시키는 것으로 나타나게 되는데 이것을 균형예산 승수효과라 한다.

지금까지 분석한 정부지출과 조세수입의 조절로 경제를 안정화시키려는 Keynes적 입장을 요약해 보면, 총수요의 증가와 실업해소를 위해서는 정부의 재정적자가 우려되지만 정부지출을 늘리고 조세수입을 줄이는 확장적 재정정책이 바람직하며, 총수요를 억제하고 인플레이션을 진정시키기 위해서는 정부재정이 흑자가 되도록 정부지출을 줄이고 조세수입을 증가시키는 긴축적 재정정책이 바람직하다는 것이다.

■ 요 약 ■

1. Keynes의 단순모형에서 소비함수는 가계의 계획된 소비지출과 현재소득과의 관계를 말하며, 한계소비성향(MPC)은 소득증가분에 대한 소비지출 증가분의 비율이다. 한편 한계저축성향(MPS)은 소 증가분에 대한 저축증가분의 비율로서, 한계소비성향과 한계저축성향의 합은 1이 된다.

2. Keynes의 단순모형에서 균형국민소득수준을 결정하는 균형식, 소비함수, 투자함수는 다음과 같다.

   $Y=C+I$ (균형식)

   $C=a+cY$ (소비함수)

   $I=\bar{I}$ (투자함수)

   따라서 균형국민소득(Y_E)은 아래와 같이 결정된다.

   $$Y_E=\frac{a+\bar{I}}{1-c}=\frac{a}{1-c}+\frac{\bar{I}}{1-c}$$

3. Keynes의 모형에서는 독립투자지출이 증가하면 균형국민소득수준은 독립투자지출의 증가분보다 몇 배 더 크게 증가하는데 이런 효과를 승수효과(multiplier effect)라 한다.

4. Keynes의 모형에서 절약의 역설(paradox of thrift)이란 개인이 절약하여 저축을 늘리고자 하면 소비지출의 감소로 인해 총지출, 즉 총수요가 감소하여 국민소득이 감소하게 되고 국민경제 전체로 본 총저축 역시 감소하는 현상을 말한다.

5. 재량적 재정정책(discretionary fiscal policy)이란 정부가 의도적으로 정부지출이나 조세수입을 조절하여 국민경제의 총수요에 영향을 미치고 이를 통해 국민소득수준에도 영향을 미치고자 하는 정책이다.

6. 가계, 기업, 정부로 구성된 Keynes의 3부문 모형에서 균형국민소득수준을 결정하는 균형식, 소비함수, 투자함수, 정부지출함수, 가처분소득함수, 조세함수는 다음과 같다.

$Y=C+I+G$ (균형식)

$C=a+cY_d$ (소비함수)

$I=\overline{I}$ (투자함수)

$G=\overline{G}$ (정부지출함수)

$Y_d=Y-T$ (가처분소득함수)

$T=\overline{T}$ (조세함수)

따라서 균형국민소득(Y_E)은 아래와 같이 결정된다.

$$Y_E=\frac{a-c\overline{T}+\overline{I}+\overline{G}}{1-c}$$

7. 경제가 불황기일 때는 총수요의 증가를 위해 정부지출을 늘리거나 조세수입을 감소시키고, 과열기일 때는 총수요의 감소를 위해 정부지출을 줄이거나 조세수입을 증가시켜서 경제를 안정화시키려는 Keynes적 경제정책을 총수요관리정책이라 한다.

8. 정부지출의 증가와 동액의 조세수입증가는 각각의 승수효과의 차이로 인해 정부지출의 증가분만큼 국민소득을 증가시키는 것으로 나타나게 되는데 이것을 균형예산 승수효과라 한다.

9. 정부지출과 조세수입의 조절로 경제를 안정화시키려는 Keynes 적 입장은, 총수요의 증가와 실업해소를 위해서는 정부지출을 늘리고 조세수입을 줄이는 확장적 재정정책이 바람직하며, 총수요를 억제하고 인플레이션을 진정시키기 위해서는 정부지출을 줄이고 조세수입을 증가시키는 긴축적 재정정책이 바람직하다는 것이다.

■ 주요개념 ■

국민소득결정, 소비함수, 한계소비성향, 저축함수, 한계저축성향, 독립투자, 균형국민소득, 소비함수, 투자함수, 총지출, 승수효과, 투자승수, 절약의 역설, 재량적 재정정책, 3부문 모형, 정액세, 총수요관리정책, 정부지출승수, 조세승수, 균형예산, 균형예산 승수

제 7 편

통화와 국민경제

제18장

통화와 금융

<개 요>

화폐가 현대생활에서 매우 중요한 역할을 한다는 것은 누구나 알고 있는 사실이며, 만일 화폐가 존재하지 않았더라면 오늘날과 같은 경제적 번영을 이룬다는 것이 불가능하였을지도 모른다. 화폐부문의 변동은 국민생산과 소득, 고용, 물가, 투자 및 저축, 대외거래 등에 심대한 영향을 미친다. 따라서 실물부문과 표리의 관계에 있는 화폐부문의 상호작용에 대한 연구는 현대경제학에서 중요한 부분을 차지하고 있다. 지금부터 이러한 화폐에 대하여 살펴보도록 한다.

본 장의 제1절에서는 화폐의 기능, 화폐의 정의, 통화량 등 통화의 본질적 개념과 화폐의 발달에 대하여 살펴보고, 제2절에서는 금융기관과 금융시장의 종류 및 기능에 대하여 우리나라의 경우를 중심으로 고찰해 보고자 한다.

1. 화 폐

1.1 화폐의 본질

1.1.1 화폐의 기능

화폐는 경제체제 내에서 하나의 기본적인 목적을 갖는데 그것은 재화와 용역의 교환을 편리하게 해 줌으로써 교역에 요구되는 시간과 노력을 줄여 준다는 것이다. 사회로부터 분리되어 홀로 사는 사람에게 화폐는 아무런 필요가 없다. 그리고 몇몇 사람만 모여 사는 경우라 해도 화폐가 부분적으로는 도움이 될지 모르나 그들의 교환과정은 대부분 물물교환만으로도 큰 불편함이 없을 것이다. 그러나 사회 집단이 커지고 생산의 전문화가 이루어지면서 교역의 범위가 넓어짐에 따라 재화와 용역의 직접적인 물물교환이 점점 불편하고 시간과 노력의 낭비라는 것을 알게 될 것이다. 따라서 비효율적이고 시간 소모적인 물물교환으로부터 벗어나게 할 어떤 방도를 찾게 되었고, 그 소산이 바로 화폐의 발명이다.

경제체제 내에서 화폐의 사용목적은 교역이 편리하고 저렴하게 수행되도록 함으로써 고도의 특화생산으로 생산성을 향상시킬 수 있도록 해 주는 것이다. 우리는 모두 현대경제를 특징짓는 고도의 특화생산에 익숙해 있고, 이러한 고도의 특화가 없었다면 그 생산능력과 생활수준이 현재의 수준보다는 매우 낮았을 것임을 알고 있다. 이러한 특화는 고도로 발전된 교환제도가 없이는 불가능하였을 것이다. 따라서 화폐는 특화생산을 통해 생산한 다양한 재화와 용역의 교환을 편리하게 해 준다는 의미에서 생산적이라고 볼 수 있다.

화폐는 네 가지의 구체적 기능을 수행함으로써 교환의 수단으로서 기본목적을 만족시켜 준다. 그것은 교환의 매개, 회계의 단위, 가치의 저장, 이연지급의 기준으로서의 기능을 말하며, 여기서 앞의 두 가지는 화폐의 본원적 기능이라 하고, 뒤의 두 가지는 주기능으로부터 파생된 것이기 때문에 파생적 기능이라고 한다.

교환의 매개(medium of exchange) 화폐의 첫 번째 기능은 교환을 편리하게 해 주는 것이다. 화폐가 없다면 노동의 전문화나 분업에 기반을 두는 현대경제제도는 불가능할 것이며 생산과 교환은 원시적 형태로 되돌아갈 것이다. 따라서 화폐는 인류의 발전에 기여한 위대한 발명품 중의 하나로 일컬어지는 것이 당연하다.

만일 화폐가 존재하지 않는다면, 재화는 물물교환방식에 의해 교환될 것이고 한 재화는 다른 재화와 직접 교환될 것이다. 물물교환의 가장 큰 어려움은 각 교환이 교환을 원하는 쌍방이 바라는 바가 정확히 서로 일치해야 이루어진다는 것이다. A와 B간에 교환이 성립되기 위해서는 A는 B가 원하는 것을 갖고 B는 A가 원하는 것을 갖지 않으면 안 된다. 만일 모든 교환이 물물교환의 형태로 한정된다면, 한 상품만을 전문적으로 생산하는 사람은 그가 원하는 다양한 다른 상품과 교환하기 위해서 많은 시간을 소비해야 될 것이다.

일반적으로 수용될 수 있는 교환의 매개물로서 화폐의 사용은 이러한 문제점들을 제거해 준다. 사람들은 그들이 생산한 물건을 화폐와 교환한 다음, 그 화폐를 가지고 그가 원하는 것을 가지고 있는 다른 사람으로부터 그 물건을 구입하면 된다. 화폐가 교환의 매개물로 사용되면 재화의 소유자간에 원하는 바가 동시에 일치할 필요가 없다. 효율적인 생산을 위해서는 전문생산이 요구되고, 이렇게 생산된 상품을 여러 사람들이 소비할 수 있을 때 다양한 욕망을 충족시켜 줄 수 있다. 어떤 형태의 복잡한 경제체제 하에서도 이와 같은 교환은 화폐를 사용할 때 가능한 것이다.

한마디로 물물교환의 한계는 사람들을 점점 자급자족경제의 굴레로 이끈다는 점이다. 반면에 교환의 매개물로서 화폐를 사용하게 되면 사람들은 자유로이 전문생산에 종사할 수 있으며, 전문생산은 모든 재화의 생산을 증대시킬 수 있다.

화폐가 효율적인 교환의 매개물로서 역할을 수행하기 위해서는 몇 가지 특징을 갖추어야 한다. ① 언제나 받아들여져야 하고, ② 무게에 비하여 높은 가치를 지녀야 하며, ③ 소량의 재화를 구입할 때 사용 가능하도록 소액으로 나눌 수 있어야 하고, ④ 쉽게 모조할 수 없어야 한다. 화폐가 쉽게 모조될 수 있으면 그 가치를 쉽게 잃게 되기 때문이다.

회계의 단위(unit of account) 화폐의 두 번째 기능은 회계의 단위, 가치의 단위, 가치의 척도 등 여러 가지로 표현된다. 이러한 여러 명칭들은 모두 상품의 가치를 화폐의 단위로 측정하고 또 표시한다는 공통된 생각에서 나온 것이다. 한 사회집단이 원화나 달러화 또는 엔화와 같은 화폐단위를 사용하기 시작하면서부터 각 상품의 가치를 가격으로 표시하게 되었으며, 여기서 가격이란 상품과 교환될 수 있는 화폐단위 수를 의미하는 것이다. 예를 들어 사과 한 개는 100원, 쇠고기 한 근은 4,000원 등으로 나타낸다. 이렇게 우리 사회가 상품의 모든 가치를 화폐단위로 측정하고 표시한다는 면에서 볼 때 금전적 사회라 말할 수 있다.

상품의 가치를 화폐단위로 표시하게 되면 시장에서 교환가치를 간편하게 계산할 수 있게 된다. 예를 들어 쌀 한 말에 만원이고 보리 한 말에 5천원이라면, 쌀 한 말은 보리 두 말의 가치가 있다. 모든 자산, 부채, 소득, 지출들도 공통된 화폐단위로 표시될 수 있어서 더하거나 뺄 수도 있다. 이러한 화폐가 회계의 단위로서 제 역할을 수행하기 위해서는 화폐단위 자체가 상대적으로 안정적 가치나 구매력을 유지해야 한다.

가치의 저장(store of value) 물물교환경제에서 미래의 구매력을 저장하려면 특정한 상품을 미래의 어느 시점까지 가지고 있어야 한다. 이때 상품을 저장하는 것은 가치의 저하, 저장비용, 미래에 어떤 다른 물건을 사려 할 때 쉽게 처분되지 않는 등의 문제점이 발생한다. 그러나 화폐를 사용하게 되면 현재 시점에서 상품을 팔아서 화폐를 받고 그 화폐를 필요할 때까지 저장하면 된다. 따라서 화폐를 가진 사람은 어느 시점에서든 원하는 상품을 사는 데 적합한 구매력의 소유자가 된다. 그는 어느 시점에서나 가치의 하락 없이 가지고 있는 화폐로 재화나 용역을 살 수 있다.

그러나 화폐가 미래에도 안정적으로 구매력을 유지하기 위해서는 화폐 자체가 상대적으로 안정적인 가치를 유지해야 한다. 화폐단위로 표시한 상품의 가치가 안정적이어야만 가지고 있는 일정량의 화폐로 얼마만큼의 실제 재화나 용역을 구매할 수 있는가를 정확히 알 수 있다. 반면에 물가가 급변하게 되면 저장해둔 화폐로 얼마나 많은 상품을 구매할 수 있는지 알 길이 없다. 이렇게 되면 가치의 저장으로서 화폐의 유용성은 크게 감소하게 될 것이다.

물론 화폐만이 유일한 가치의 저장수단은 아니다. 이 기능은 가치 있는 어떤 자산에 의해서도 가능할 수 있다. 주식, 건물, 토지 등과 같은 자산으로써 미래에 대비해 가치를 저장할 수 있다. 화폐를 보유하는 것과는 달리 이러한 자산을 보유하게 되면 소유자는 수익을 얻을 수도 있다. 반면에 자산은 가치의 저장수단으로서 몇 가지 불리한 점을 갖는데, 즉 유지관리비, 화폐가치의 저하, 비유동성 때문에 일반적인 가치의 저장수단으로는 한계가 있으며, 필요할 때 가치의 손실 없이 화폐로 신속히 전환될 수 없는 점 또한 단점으로 들 수 있다.

이연지급의 기준(standard of deferred payments) 화폐를 교환의 매개물이나 회계의 단위로 일반적으로 사용할 때, 화폐가 연불 또는 미래지불을 나타내는 단위가 되는 것은 너무도 당연하다. 현대 경제체제에서는 이와 같은 경우가 아주 많다. 이 가운데 대부분은 원리금 지불계약에 대한 것으로 이 때 미래지불은 화폐단위로 표시된다. 이러한 계약 중 어떤 것은 며칠 또는 몇 달이지만 경우에 따라서는 10년 이상, 어떤 것은 백년 이상이 되는 것도 있을 수 있다.

특정 상품으로 미래지불에 대한 계약을 체결하는 것은 여러 가지 불리한 점이 존재한다. 그러나 화폐 역시 시간이 경과하더라도 상당히 일정한 구매력을 유지할 수 있어야만 연불의 표준이 될 수 있다. 만일 시간의 흐름에 따라 화폐가치가 상승한다면 화폐로 일정 금액을 지불하기로 약속한 집단은 손해를 보고, 그 금액을 받기로 된 사람들은 이득을 보게 된다. 반면 화폐가치가 떨어진다면 일정 금액을 받기로 된 사람은 손해를 보고 지불하는 사람의 부담은 경감된다. 이러한 화폐의 가치변화에 의한 영향은 인플레이션이론에서 자세히 설명할 것이다.

1.1.2 화폐의 정의

지금까지 화폐의 여러 기능에 대하여 살펴보았는데, 그러면 화폐란 무엇인가? 이에 대한 답은 명백하고 쉬운 것 같으나 사실은 매우 어려우며, 화폐이론의 핵심부분에 대한 주장과 직결되어 있는 문제이다. 화폐의 정의에 대해서는 오늘날까지도 학자들 사이에 일치된 견해가 없으며 앞으로도 일치된 견해를 찾기 힘들 것이다. 여기에서는 일반적으로 통용되고 있는 법적 정의(legal definition)와 기능적 정의(functional definition)에 대하여 살펴보고자 한다.

화폐의 법적 정의 화폐를 순수한 법적 용어로 정의하려는 사람들은 "화폐란 법이 화폐라고 하는 것(Money is what the law says it is.)"이라고 한다. 이 견해에 따르면 법으로 금지된 어떠한 것도 지불수단으로서 수용될 수 없다. 법은 어떤 특정한 것을 화폐라고 정의하여 일반 대중이 수용하도록 강제할 수 있다. 법으로 어떤 것을 화폐로 선언하게 되면 이렇게 선언된 화폐는 채무자가 채무를 상환할 때 사용할 수 있으며, 채권자는 이 같은 화폐를 수용해야 한다고 또한 법으로 규정할 수도 있다.

그러나 화폐의 법적인 정의는 경제 분석 목적을 위해서는 만족할 만한 것이 못 된다. 그 이유는 대부분의 사람들이 법으로 정한 화폐를 지불수단으로 수용하기를 거부할 수 있으며, 법으로 정한 화폐로 지불하는 사람에게 재화나 용역을 팔기를 거부할 수도 있기 때문이다. 경우에 따라서는 법에 의하여 화폐로 정해지지도 않은 어떤 가치 있는 것이 지불수단으로 일반적으로 수용되기도 한다. 수표(checking account)가 대표적인 예로써 이것은 화폐로써 아무런 법적 지위를 갖고 있지 않다. 따라서 법적 규정은 중요하지만 그것이 어떤 것이 화폐로 사용되거나 또는 사용되지 않느냐에 대한 유일한 결정요소는 아니다.

화폐의 기능적 정의 경제적 분석에 사용하기 위한 화폐는 기능적 측면에서 정의되는 것이 옳다. 즉, 화폐의 기능을 수행하는 것이라면 모두를 포함시켜야 한다. 그러나 여기에서 말하는 화폐의 기능이란 과연 무엇인가 하는 의문이 남는다. 가치의 저장과 연불의 수단으로서의 기능은 화폐에 무엇을 포함시키고 무엇을 제외시켜야 하는가를 결정하는 기준으로서 명확하지 않다. 예를 들어 가치의 저장기능은 화폐 이외에도 그 요구조건에 부합하는 것들이 많이 존재한다. 그리고 미래에 지불할 것을 약속하는 경우에도 화폐 대신 다른 것으로도 할 수 있다. 이런 이유로 대부분의 경제학들이 화폐는 채무의 상환이나 재화와 용역을 구매하고 지불하는데 일반적으로 수용될 수 있는 모든 것을 포함해야 한다는데 의견을 같이 하고 있다. 따라서 화폐는 다음과 같이 정의될 수 있다.

> 화폐란 재화와 용역을 구매하거나 채무를 상환함에 있어 일반적으로 수용될 수 있는 지불수단(generally acceptable means of payments)이다.

만일 어떤 것을 지불할 때에 일반적으로 상대방에게 수용되고, 또한 그것이 일반적으로 교환수단으로 사용된다면 그것의 법적 위치가 어떻든 상관없이 화폐라고 볼 수 있다는 의미다.

1.1.3 통화량

앞에서 화폐의 기능을 중심으로 화폐란 무엇인가에 대하여 살펴보았다. 화폐의 여러 기능 중에서도 교환의 매개물로서 기능을 가장 중요하게 설명하였는데, 그러나 이러한 기능을 수행하는 것은 화폐이외에도 많이 존재한다. 그렇다면 화폐를 포함하여 화폐의 주요 기능을 수행하는 어떤 것까지를 통화라고 할 때 과연 무엇까지를 통화라고 할 것인가. 이에 대해서는 통화론자들 사이에도 견해를 달리 하고 있어 명백한 답을 찾기 힘들다.

시중에 유통되고 있는 통화의 양을 **통화량**이라 하며, 통화량의 크기와 변화를 측정하는 지표를 **통화지표**라 한다. 통화지표는 그 포함되는 항목의 범위에 따라 일반적으로 **통화** ($M1$), **총통화** ($M2$), **총유동성** ($M3$)으로 구분된다.

통화 ($M1$)　통화는 가장 일반적인 교환의 지불수단으로 사용되고 있는 민간보유 현금통화와 예금통화로 구성된다. 현금통화란 정부와 통화금융기관을 제외한 민간이 보유하고 있는 현금을 말하며 예금통화란 요구불예금을 말한다. 현금은 금융자산 중 가장 유동성이 큰 지불수단이며, 요구불예금은 화폐가 필요할 때는 언제나 인출하여 사용할 수 있기 때문에 현금과 거의 마찬가지로 취급될 수 있는 것이다. 여기서 **유동성**(liquidity)이란 어떤 실물이나 금융자산이 가치의 하락 없이 신속히 현금으로 전환될 수 있는 정도를 말하며, 예를 들어 화폐는 완전 유동성을 갖는 반면 부동산은 유동성이 아주 낮다. 우리나라의 경우 $M1$ (협의통화)에는 현금통화, 요구불예금, 수시입출식 저축성예금을 포함한다.

총통화 ($M2$) 총통화는 통화가 포함하는 금융자산의 범위를 좀 더 넓혀서 현금통화와 예금통화 이외에 저축성예금을 포함시킨 것을 말하며 이 견해는 시카고학파의 프리드만 교수 등이 일찍이 사용하기 시작한 개념이다. 저축성예금은 예치기간을 정하고 은행에 예금하여 이자수익을 얻을 수 있는 예금제도이다. 그러나 교환을 위해서 현금이 필요할 때는 얼마만큼의 이자만 포기한다면 언제든지 현금으로 인출할 수가 있어, 요구불예금과 별 차이가 없다고 보는 것이다. 또 통화와 실물경제를 포함하는 국민경제를 분석함에 있어 화폐와 저축성예금을 포함시킨 총통화의 개념이 가장 적합하다는 것이다. 여기서 저축성예금과 같이 가치저장 기능을 적합하게 충족시키고 쉽게 교환수단으로 전환될 수 있으나 그 자체는 교환수단이 아닌 자산을 준통화(near money 또는 quasi money)라 부른다. 우리나라에서 $M2$(광의통화)는 $M1$에 만기 2년 미만의 정기예금, 정기적금 등 약간의 이자만 포기하면 현금화할 수 있는 금융상품을 포함한다.

총유동성 ($M3$) 통화를 가장 포괄적으로 정의하는 견해는 유동성으로 정의하는 견해이다. 통화의 특징으로서 유동성을 강조한 학자는 걸리와 쇼우이며 이들의 견해는 영국의 금융제도를 진단한 래드클리프 보고서에서 더 한층 강조되었다. 그들의 견해에 의하면 현대경제에는 통화와 대체관계에 있는 금융자산이 많이 있으므로 그 대체 가능성의 정도에 따라서 현금이나 예금통화 이외에 유동성이 비교적 높은 금융자산도 통화에 포함시켜야 한다는 것이다. 또 재화와 용역에 대한 총수요에 영향을 미치는 회폐적 변수로서 통상의 통화공급이라는 개념 대신에 유동적 자산이라는 보다 광범위한 개념으로 대체되어야 한다고 주장하고 있다. 따라서 총유동성은 비통화금융기관의 예수금, 금융채권 발행액, 상업어음매출액, 양도성 예금증서 발행액 등 비통화금융기관의 금융자산을 포함한다. 우리나라에서는 $M3$에 해당하는 Lf(금융기관유동성)외에 Lf에 국채, 회사채, 기업어음 등까지 더한 L(광의유동성)을 사용한다.

시중에 유통되는 통화량을 효과적으로 조절하기 위해서 모든 나라는 통화당국에 의하여 조정 및 통제가 가능하고 국민경제와 안정적 관계를 갖는 통화지표를 정책지표로 선정하여 이를 중심으로 통화량을 관리하고 있다. 우리나라에서도 $M1$, $M2$, MCT 그리고 $M3$ 등 여러 종류의 통화지표를 작성하고 있으며, 이 중에서 실물경제 변수와의 관계, 중앙은행의 통제 가능성 등을 고려하여 통화중심지표를 선정하고 그 밖의 지표는 보조지표로 활용하고 있다. 1978년까지는 $M1$을 중심통화지표로 사용하여 왔으나 1979년부터 $M2$를 중심통화지표로 삼아 매년 그 증가목표를 설정하고 이를 관리해 오다가 1997년부터는 $M2$와 함께 MCT($M2$ + 양도성예금증서(CD) + 금전신탁($Trust$))를 중심통화지표로 활용하였다. 외환위기 이후 국제통화기금(IMF)과 협의를 통하여 $M3$가 1998년부터 중심지표로 사용되었다가, 2004년 현재는 다시 $M2$로 변경되었다.

1.2 화폐의 발달

1.2.1 물품화폐(commodity money)

비록 현대적인 의미에서 보면 화폐라고 하기 어렵지만 물물교환의 불편함을 극복하려는 인간의 지혜에서 시작된 화폐의 근원이다. 이러한 물품화폐는 곡물, 모피, 가축 등 교환에 참여하는 사람들에게 쉽게 받아들여질 수 있는 것들로서 원시적 물물교환보다는 교환을 쉽게 해 주었다. 그러나 운반, 저장, 분할 등 화폐로서 사용되기에는 많은 불편한 점이 있었다.

1.2.2 금속화폐(metal money)

상품화폐로부터 금이나 은과 같은 금속화폐로 전환된 것은 커다란 이점을 갖는다. 이러한 귀금속은 공급이 상대적으로 한정되어 있고 부자들에 의해 장식용으로 계속적인 수요가 있으므로 높은 가치를 지니게 된다. 이들은 사람들에게 쉽게 인지되고 수용될 수 있는 것들이며, 아주 작은 단위로 분할이 가능하다.

주조화폐, 즉 동전이 나오기 전까지는 귀금속을 큰 덩어리로 운반하고 상품과 교환할 때는 필요한 양만큼 정확히 무게를 달아야 했다. 따라서 거래를 위해서는 귀금속뿐만 아니라 저울을 가지고 다녀야 했다. 이렇게 교환할 때마다 무게를 단다는 것이 매우 불편하였기 때문에 이로부터 한 단계 발달된 형태의 화폐, 즉 주조화폐가 만들어지기 시작했다. 동전은 매 교환마다 금속을 달아야 하는 번거로움을 제거해 주었다. 통치자는 귀금속의 무게를 재어서 그 양을 보증하는 값을 인각해서 동전을 만들었다. 동전에 표시된 액면가격은 그것이 포함한 금속의 양에 대한 보증이다.

이러한 동전 주조는 통치자의 권한이었지만 시간이 지나면서 다음과 같은 문제점이 나타났다. 어떤 통치자는 이미 주조된 동전을 깎아 내어 원래의 액면가치보다 함량을 적게 하고 깎아 낸 귀금속만큼 이득을 취하기도 했다. 또는 이미 주조된 금화를 모아서 녹인 다음 다른 값이 싼 금속과 혼합하여 액면가치는 같으나 실질가치가 떨어지는 동전을 주조하여 남발함으로써 인플레이션을 야기하기도 했다. 이와 같은 화폐의 변조를 통한 동전가치의 하락으로부터 유명한 **그레샴의 법칙**(Gresham's law)이 나왔다.

그레샴의 법칙은 '악화가 양화를 구축한다.'는 것으로서 영국의 엘리자베스 여왕 1세에게 이 법칙을 설명한 토마스 그레샴 경(Sir Thomas Gresham)으로부터 비롯되었다. 이 법칙은 만일 시중에 액면가치 만큼의 금을 포함하는 동전과 변조된 동전이 동시에 존재한다고 가정하면 사람들은 물건을 살 때 변조된 동전으로 지불하고 액면가치 만큼의 금을 포함하는 동전은 보관하려 할 것이다. 통치자가 계속해서 금화를 변조할 때 사람들은 변조된 동전으로 교환해서 우선 지불하고 가능한 원래의 금화는 보관하게 되어 시중에는 변조된 화폐가 점점 늘어가고 원래의 금화는 줄어들게 되어 마침내 자취를 감추게 된다는 것이다.

1.2.3 지폐(paper money)

주조된 금속화폐는 통용되는 과정에서 마모되거나 거래액이 클 때는 많은 양을 운반해야 하는 등 문제점이 많았다. 최초의 지폐는 금을 가지고 다니는 대신 저장해 두고 요구가 있을 때 얼마만큼의 금을 지불하겠다는 약속증서였다. 이러한 약속은 처음엔 금의 보관을 맡은 금세공인(goldsmiths)에 의해서 만들어졌으나 뒤에는 은행이 맡아서 하게 되었다. 이러한 일을 맡아서 하는 기관들을 신뢰할 수 있는 한, 금과 약속증서는 동일한 것으로 취급되었다. 한 나라의 화폐가 금으로 전환될 수 있을 때 그 나라는 금본위제도를 택하고 있다고 말한다.

점차 시간이 경과하면서 개인은행에 의하여 발행된 약속증서, 즉 지폐는 줄어들고 중앙은행이 화폐의 통제를 맡게 되었다. 중앙은행은 정부기관이 되었으며 중앙은행만이 지폐를 발행할 수 있게 되었다. 초기에 중앙은행은 지폐의 소유자에게 금으로 전환해 주는 화폐, 즉 태환지폐를 발행하였다. 그러나 시간이 경과하면서 금의 공급은 한정된 반면 화폐의 발행이 증가함에 따라 양차 세계대전 사이에 세계의 거의 모든 나라들은 금본위제도를 포기하였으며 화폐는 더 이상 금으로 전환될 수 없게 되었다. 상품과의 교환성이 정부에 의해 보장된 법화(legal tender)를 불환지폐(fiat money)라 하며, 오늘날 거의 모든 화폐는 불환지폐이다.

1.2.4 예금화폐(deposit money)

개인은행은 화폐발행에 대한 권한을 잃었으나, 예금화폐의 형태로 화폐창조력을 가지고 있다. 예금화폐는 고객의 예금을 기초로 예금은행에 의하여 창조된 화폐를 말한다. 예금주는 예금은행에서 현금을 찾아 사용하는 대신 예금액의 범위 내에서 수표를 발행할 수 있다. 수표는 현금 대신 일반적인 지불수단으로 사용될 수 있는데, 이것은 금을 맡겨 놓고 약속증서인 지폐를 사용하던 것과 같은 이치이다. 따라서 예금은행이 예금을 받고 예금주가 수표를 발행하는 것은 화폐를 발행하는 것과 같은 것이며, 이러한 화폐를 예금화폐라 한다. 오늘날은 주조화폐, 지폐, 예금화폐가 혼용되고 있으며, 예금화폐는 거래규모가 커지고 복잡해짐에 따라 사용이 편리하여 그 비중이 점점 늘어가고 있다.

이상에서 화폐의 발달과정을 살펴보았는데, 이 밖에도 현재 사용되고 있는 신용카드나, 전자결제제도 등은 그 발전속도나 비중이 급속도로 증가하고 있어 향후 화폐제도 발달의 방향을 예고해 주고 있으며, 현금 없는 신용거래 시대가 멀지 않은 미래에 도래할 것으로 예측된다.

2. 금융제도

금융이란 타인에게서 자금을 빌리거나 타인에게 자금을 빌려주는 행위 등 경제주체 사이에 이루어지는 자금의 융통을 말하며, 자금의 수요자와 공급자간에 중개기관 존재의 유무에 따라 **직접금융**(direct finance)과 **간접금융**(indirect finance)으로 대별할 수 있다. 직접금융은 자금의 수요자와 공급자가 그들 사이에 중개기관을 두지 않고 직접 자금을 거래하는 것을 말하고, 간접금융은 중개기관이 자금의 수요자와 공급자간에 매개적 역할을 해 줌으로써 자금의 유통이 이루어지는 것을 말한다. 기업이 주식이나 채권을 발행하여 시장에서 자금을 조달하는 것은 직접금융이며, 예금된 자금을 은행으로부터 대출 받아 자금을 조달하는 것은 자금의 공급자(예금자)와 수요자(기업) 사이에 은행이라는 중개기관이 존재하므로 간접금융이 된다.

금융제도란 이러한 금융거래에 관한 일체의 규범과 체계를 말하는 것으로서 구체적으로 금융거래가 이루어지는 금융시장, 금융거래를 중개하는 금융기관, 금융거래를 지원하고 감시하는 금융하부구조 등 세 가지로 구분할 수 있다. 금융제도는 각국의 국민경제적 요청에 부응하여 생성, 발전되는 것으로서 다른 모든 제도가 그러하듯 그 나라의 역사적인 배경과 정치, 경제, 문화 및 사회적 풍토에 따라 각각 상이한 모습을 갖게 된다. 따라서 본 절에서는 우리나라의 금융제도를 중심으로 각 기관 및 시장별로 상황을 살펴보기로 한다.

2.1 금융기관

금융기관은 금융시장에서 저축자와 차입자 사이에서 저축과 투자를 연결해주는 기능을 수행하며 국제통화기금(IMF)의 기준에 따라 통화창출기능의 유무에 따라 **통화금융기관**과 **비통화금융기관**으로 구분한다. 통화금융기관은 다시 화폐발행 등을 통해 통화의 원천적 공급 및 조질기능을 담당하는 중앙은행인 한국은행과 요구불예금을 수납함으로써 예금통화의 창출기능을 가지고 있는 예금은행으로 구분된다. 예금은행은 다시 은행법에 의해 설립된 일반은행과 각각의 특별법에 의해 설립된 특수은행으로 구분된다. 다만 한국산업은행, 한국장기신용은행 및 한국수출입은행은 각각의 특별법에 의하여 설립된 특수은행이기는 하나 그 성격상 통화창조능력이 없으므로 비통화금융기관으로 분류된다.

한편 요구불예금을 수취할 수 없거나 또는 수취하더라도 그 실적이 미미하여 예금통화의 창출능력이 미약한 비통화금융기관은 다시 자금의 조달형태에 따라 개발기관, 투자기관, 저축기관, 보험기관으로 구분할 수 있다. 이 밖에 통화금융기관이나 비통화 금융기관에 포함되지는 않지만 넓은 의미에서 금융중개 기능을 수행하거나 금융기관과 관련성이 높은 업무를 담당하고 있는 기타기관이 있다. 우리나라 2009년 6월말 현재 금융기관 현황은 <그림 18-1>과 같다.

그림 18-1 우리 나라의 금융기관

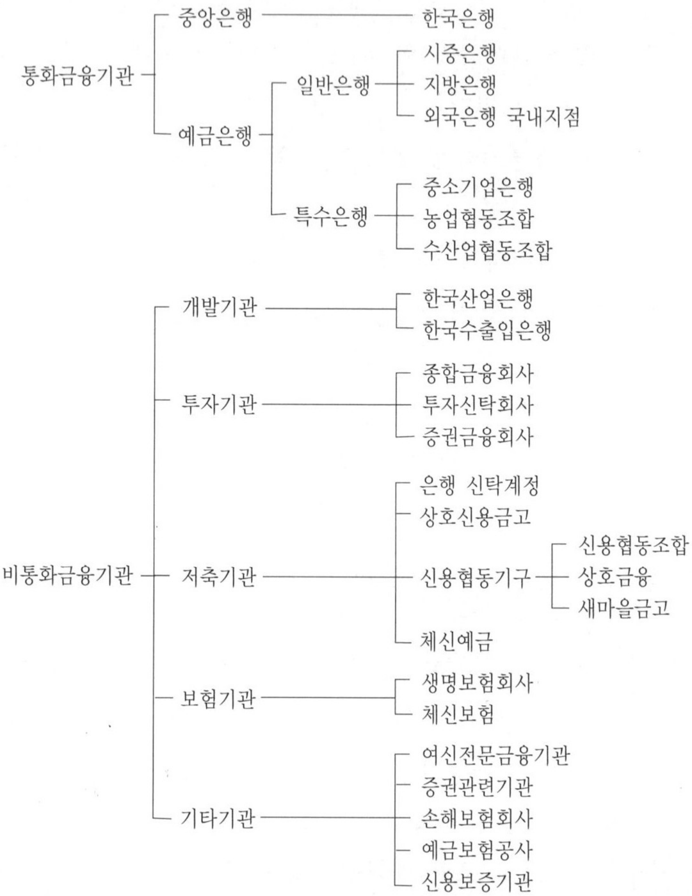

2.1.1 통화금융기관

중앙은행 우리나라 중앙은행인 한국은행은 통화의 원천적 공급과 조절을 담당하는 기관으로서 1950년 6월 12일 한국은행법에 의해서 설립되었으며 발권은행, 정부의 은행, 은행의 은행을 주요기능으로 하여 일반상업은행으로부터 분화, 발전되어 오면서 그 기능면에서도 커다란 변화를 가져왔다. 중앙은행의 기능은 ① 통화조절 및 자금의 효율적 배분, ② 건전한 신용질서의 유지, ③ 은행권의 발행, ④ 금융기관과의 여수신, ⑤ 정부와의 여수신 및 정부위임 업무의 취급, ⑥ 외국환의 관리 및 외국환 업무, ⑦ 기타 경제전반에 걸친 포괄적인 조사통계 업무 등을 들 수 있다.

예금은행 우리나라 예금은행은 **일반은행**과 **특수은행**으로 나눌 수 있는데, 일반은행은 은행법에 의해 설립되고, 특수은행은 각 특수은행법에 의해 설립, 규제되는 금융기관이다. 일반은행은 상업금융업무를 고유업무로 하고 있다는 점에서 상업은행(commercial bank)이라고 불리는데 2009년 6월말 현재 7개 시중은행, 6개 지방은행 및 38개 외국은행 국내지점으로 구성되어 있다. 일반은행은 방대한 점포망과 조직을 가지고 일반대중으로부터 예금 등의 형태로 획득한 자금을 주재원으로 하여 자금수요자에게 장·단기 대출형식으로 자금을 대출하는 외에 내국환업무, 외국환업무, 자금보증업무, 유가증권투자업무 등 광범한 업무를 취급하고 있다. 지방은행은 금융업무의 지역적 분산과 지역경제의 균형적 발전을 도모하고자 1967년에서 1971년 사이에 은행법에 의하여 설립되었는데, 시중은행과는 달리 영업구역이 전국이 아닌 특정지역으로 제한된다.

외국은행 국내지점도 은행법에 근거하여 설립되었으나 외국환은행으로서 뿐만 아니라 영업기금을 외국에서 조달하는 등의 여러 가지 특수성으로 인해 외국환관리법의 적용도 아울러 받고 있다. 경제개발에 소요되는 외자의 원활한 조달과 선진금융기법의 습득을 목적으로 1967년부터 설립되었으며 일반은행과는 달리 단일점포제로 운영되고 있다. 영업범위는 기본적으로 여타 일반은행과 동일하나 자금조달 및 운영에 있어 여타 일반은행과 상이한 양상을 보이고 있으며 중앙은행의 유동성규제 대상 및 각종 금융정책의 취급기관에서 제외되는 등 은행경영상 상대적으로 폭넓은 자율성이 보장되어 있다.

특수은행 특수은행은 국민경제의 특수부문에 대하여 자금공급을 원활히 함으로써 일반 상업금융의 취약점을 보완하고 이를 통하여 국민경제의 균형적 발전을 도모하기 위하여 설립되었다. 따라서 특수은행은 전문금융기관으로서의 역할을 담당하도록 되어 있으며 재원조달은 자기 자본, 정부 및 해외로부터의 차입금과 채권발행 등에 많은 부분을 의존하도록 되어 있다. 그러나 이들 특수은행들은 예금에 의한 자금조달이 일반은행과 거의 동일하게 적용된다는 점에서 은행이면서도 비통화금융기관으로 분류되는 개발금융기관과 구별된다. 여수신업무 및 자산운용에 있어서 특수은행에 대한 한국은행법과 은행법의 적용을 대부분 또는 부분적으로 배제하고 직접 정부의 감독을 받도록 규정함으로써 일반적인 중앙은행의 금융통제에 대한 예외를 허용하고 있다. 한편 특수은행이었던 국민은행(서민금융전담) 및 주택은행(주택금융전담)은 각각 1995년과 1997년에 일반은행으로 전환되었다.

2.1.2 비통화금융기관

비통화금융기관은 자금조달 면에 있어서 요구불예금을 수취하지 않거나 또는 수취하더라도 무시할 수 있을 정도로 그 비중이 미미하며 따라서 예금은행과는 달리 신용창조기능이 크게 제약된다는 점, 그리고 특수한 경우 이외에는 중앙은행의 금융정책적 규제대상이 되지 않는 점 등의 특징을 지니고 있다. 이러한 비통화금융기관은 크게 **개발기관**, **투자기관**, **저축기관**, **보험기관** 및 기타 기관으로 분류된다.

개발기관 개발기관은 소요자금의 대부분을 정부 또는 해외로부터의 차입금과 채권발행으로 조달하여 주로 장기거액예금이 소요되는 특정부문을 집중지원하고 있는 금융기관으로서 한국산업은행, 한국수출입은행이 있다.

투자기관 투자기관은 주로 단기금융시장과 주식 및 채권시장 등 직접금융시장을 통하여 자금의 중개기능을 담당하고 있는 금융기관으로서 증권금융회사, 종합금융회사, 투자신탁회사로 구성되어 있다. 종합금융회사는 장단기 금융을 모두 취급하는 기관으로서 어음관련 업무, 외자도입과 주선, 설비운전자금의 투융자업무, 유가증권 인수·모집·매출 주선, 시설대여, 팩토링 등의 업무를 수행한다. 투자신탁회사는 고객에 대하여 수익증권을 발행·매출하는 계약형식으로 수탁한 재산을 주식, 채권 등 유가증권에 투자·운용하고 그 수익을 고객에게 배분하는 증권투자 신탁업무를 수행한다. 증권금융회사는 유가증권의 발행촉진 및 원활한 유통을 위하여 증권회사와 일반투자가를 대상으로 증권의 취득·보유·유통과

관련한 자금을 공급하거나 증권을 대여해주는 업무를 영위한다. 한편 투자금융회사는 1996년 모두 종합금융회사로 전환되었다.

저축기관 저축기관은 자금의 대부분을 민간으로부터 특유의 저축성예금형태로 조달하여 특정목적과 관련된 대출업무를 취급하는 금융기관으로서 예금의 대부분이 금리 또는 배당수익을 목적으로 한 장기성예금이거나 조합금융 등 대출을 위한 목적부 저축성예금이라는 데 그 특징이 있다. 현재 저축기관으로는 은행 신탁계정, 상호신용금고, 신용협동기구 및 체신예금이 있다.

보험기관 보험에는 생명보험과 손해보험이 있으나 금융기관의 범주에 속하는 보험기관에는 생명보험회사만을 포함하고 있는데 이는 생명보험이 손해보험과는 달리 보험사고 발생으로 인한 손해의 유무에 관계없이 일정기간의 만료 또는 경과 후 보험금이 반드시 가입자에게 지급되는 정기보험주의를 원칙으로 하고 있어 저축의 성격을 띠고 있는 한편, 장기보험계약준비금을 주로 금융자산 형태로 보유하는 자산운용면의 특성에 기인한다.

2.2 금융시장

금융시장이란 자금의 수요자와 공급자가 금융거래를 하는 조직화된 장소를 말한다. 거래되는 금융자산의 만기에 따라 단기금융시장과 장기금융시장으로 구분할 수 있는데 기간은 통상 1년을 기준으로 한다. 여기에 금융상품의 특성을 고려하여 외환시장과 파생금융상품시장을 별도 구분하기도 한다.

2.2.1 단기금융시장

단기금융시장은 만기가 1년 미만인 단기금융자산이 거래되는 시장으로서 ① 금융기관과 기업을 비롯한 개별경제단위들의 단기적인 자금과부족을 신속하게 조절하여 줌으로써 금융효율을 높이고, ② 이자율의 기민한 변동을 통하여 금융시장의 자금수급사정을 정책당국에 신속하게 반영함으로써 적시적절한 금융정책의 수행을 가능하게 하는 한편, ③ 공개시장조작 등 정책수단의 다양화를 뒷받침하여 금융정책효과를 제고할 수 있게 할 뿐만 아니라 금융기관에 대해서는 제2선 지급준비의 수단을 제공하는 등의 역할을 수행한다.

이러한 단기금융시장에는 콜시장, 기업어음시장, 양도성예금증서시장, 환매조건부채권매매시장, 통화안정증권시장, 표지어음시장 등이 있다. 콜시장은 금융기관 상호간에 단기여유자금을 운용하거나 일시적 부족자금을 조달하는 금융기관간 단기자금수급시장으로서 콜시장에서 거래되는 자금을 공급자측에서는 **콜론**(call loan)이라 하고, 수요자측에서는 **콜머니**(call money)라 하며 이 때 이자율을 **콜레이트**(call rate)라 한다.

상업어음 할인시장은 국내 상거래에 수반하여 발행되는 진성상업어음을 할인하는 시장이며, 기업어음할인시장은 상업어음할인과는 달리 상거래와 관계없이 기업이 단기자금을 조달할 목적으로 발행한 융통어음이 할인거래되는 시장이다. 여기서 할인이란 어음을 소지한 사람이 만기일 이전에 자금을 필요로 할 경우 그 어음을 제3자에게 양도하여 자금을 회수할 수 있는데, 이 때 어음 만기일까지의 이자를 공제하는 것을 말한다. 이 밖에도 재정적자 보전 또는 국고의 일시적인 부족자금을 충당하기 위해 정부가 유동성을 부여한 양도성예금증서시장 등이 있다.

2.2.2 장기금융시장

장기금융시장은 기업의 설비자금, 정부 및 지방자치단체의 사업자금 등 장기자금의 조달과 공급이 이루어지는 시장을 말하며 자본시장이라고도 한다. 자본시장은 장기자금의 조달수단인 주식, 채권이 발행되고 유통되는 시장으로서 주식시장과 채권시장으로 구분된다. 주식시장 중 유통시장은 상장주식이 거래되는 유가증권시장 및 코스닥시장과 비상장주식이 거래되는 제3시장으로 구분된다. 채권시장은 만기 1년 이상 장기채권이 발행되고 유통되는 시장이다. 채권시장 중 유통시장은 상장채권이 거래되는 장내시장(유가증권시장)과 비상장채권을 포함하는 모든 채권이 거래되는 장외시장으로 구분된다. 자본시장에는 최근 기업 및 금융기관의 자금조달수단으로 새롭게 부각되고 있는 자산유동화증권시장(ABS: Asset-Backed Securities)도 포함된다. 여기에서는 부동산, 매출채권,

주택저당채권 등과 같이 유동성이 낮은 자산을 기초로 발행되는 자산유동화증권이 거래되는 시장이다.

특히 주식 시장은 발행시장과 유통시장으로 구분되는데, 발행시장은 기업, 정부기관 등 자금의 수요자가 증권발행을 통해 필요한 자금을 조달하려 할 때, 증권업자가 개재해서 신규로 발행되는 주식이 최초의 투자자에게 매출되는 간헐적 시장으로서 주식의 본원적 공급기능을 한다. 주식의 유통시장은 이미 발행된 주식이 매매 유통되는 시장을 말하는데 증권거래의 대부분은 증권거래소를 통하여 이루어지고 있다. 발행시장이 자본의 증권화를 담당하는 제1차적 시장인데 반하여, 유통시장은 주식증권의 자금화를 촉진하는 제2차적 시장이다.

■ 요 약 ■

1. 화폐의 기본적인 네 가지 기능은 교환의 매개, 회계의 단위, 가치의 저장, 이연지급의 기준을 들 수 있다.

2. 시중에 유통되고 있는 통화의 양을 통화량이라 하며, 통화량의 크기와 변화를 측정하는 지표를 통화지표라 한다. 통화지표는 그 포함되는 항목의 범위에 따라 일반적으로 통화 ($M1$), 총통화 ($M2$), 총유동성 ($M3$) 으로 구분된다.

3. 시중에 유통되는 통화량을 효과적으로 조절하기 위해서 통화당국은 국민경제와 안정적 관계를 갖는 통화지표를 정책지표로 선정하여 이를 중심으로 통화량을 관리하고 있다. 우리나라 경우 1978년까지는 $M1$을 중심통화지표로 사용하여 왔으나 1979년부터 $M2$를 중심통화지표로 삼아 매년 그 증가목표를 설정하고 이를 관리해 오다가 1997년부터는 $M2$와 함께 MCT($M2$ + 양도성예금증서 (CD) + 금전신탁 ($Trust$))를 중심통화지표로 활용하였다. 외환위기 이후 국제통화기금(IMF)과 협의를 통하여 $M3$가 1998년부터 중심지표로 사용되었다가, 2004년 현재는 다시 $M2$로 변경되었다.

4. 금융이란 경제주체 사이에 이루어지는 자금의 융통을 말하며, 자금의 수요자와 공급자간에 중개기관 존재의 유무에 따라 직접금융(direct finance)과 간접금융(indirect finance)으로 대별할 수 있다. 금융시장이란 자금의 수요자와 공급자가 금융거래를 하는 조직화된 장소를 말한다. 거래되는 금융자산의 만기에 따라 단기금융시장과 장기금융시장으로 구분할 수 있는데 기간은 통상 1년을 기준으로 한다. 여기에 금융상품의 특성을 고려하여 외환시장과 파생금융상품시장을 별도 구분하기도 한다.

■ 주요개념 ■

화폐의 기능, 연불의 표준, 통화지표, 통화량, 통화, 총통화, 총유동성, 유동성, 중심통화지표, 그레샴의 법칙, 금융제도, 직접금융, 간접금융, 금융기관, 통화금융기관, 비통화 금융기관, 예금은행, 일반은행, 특수은행, 비통화금융기관, 개발기관, 투자기관, 저축기관, 보험기관, 금융시장, 단기금융시장, 콜시장, 장기금융시장

제19장

통화의 공급과 수요

<개 요>

앞에서 우리는 통화의 본질과 통화량의 개념에 대하여 살펴보았다. 이제 이러한 통화의 공급과 수요가 어떻게 이루어지는지 살펴보고, 중앙은행에 의한 금융정책에 대하여 고찰해 보기로 한다. 제1절에서는 중앙은행의 본원통화 공급과 예금은행의 예금통화창조를 통한 통화의 공급경로를 분석하고, 본원통화 공급으로부터 통화량이 어떻게 결정되는가에 대하여 살펴본다. 제2절에서는 고전학파의 화폐수량설, 케인즈의 유동성선호설, 통화주의학파의 신화폐수량설 등 통화수요에 대한 대표적인 이론들을 소개한다. 제3절에서는 금융정책의 목표와 수단, 그리고 그 수단이 목표변수에 직접적으로 영향을 미칠 수 없으므로 수단과 목표를 연결해 주기 위하여 이 두 변수 사이에 두는 연계변수, 즉 중간표적과 유사표적에 대하여 살펴보기로 한다.

1. 통화공급

통화공급은 일정시점에서 시중에 유통되고 있는 통화의 양, 즉 통화량을 말하는 것이며 우리나라에서는 $M2$의 개념으로 사용하고 있음은 이미 설명하였다. $M1$과 $M2$는 저축성예금만큼의 차이가 있으나 통화공급에 대한 설명을 간편하게 하기 위하여 요구불예금만이 존재한다고 가정하면 통화공급은 민간보유현금과 예금통화의 합($M1$)이 된다. 이때 통화공급은 중앙은행의 본원통화공급과 민간인의 현금보유 대 예금의 비율 및 예금은행의 예금통화창조에 의하여 결정된다. 그러면 이러한 통화의 공급과정이 각각 어떻게 이루어지는가를 살펴보기로 한다.

1.1 본원통화

발권은행으로서 중앙은행이 공급하는 동전이나 지폐와 같은 화폐를 **본원통화**라 하는데, 이러한 본원통화는 민간이 현금으로 보유하거나 예금은행에 예치된다. 민간이 보유한 현금은 직접 통화의 구성항목이 되며, 예금은행에 예치된 본원통화는 예금은행이 시재금으로 보유하거나 중앙은행에 예치하기도 한다. 예금은행은 자체의 시재금과 중앙은행 예치금을 기초로 그의 몇 배에 달하는 예금통화를 창출하게 되는데, 이러한 의미에서 본원통화를 **고성능통화**(high powered money)라고도 부른다. 이러한 본원통화 공급은 중앙은행이 다음과 같은 기능을 수행하는 과정에서 발생하게 된다.

공개시장조작(open market operation)　　중앙은행이 금융기관이나 개인으로부터 정부가 발행한 공채를 매입할 때 본원적 통화량의 공급은 증가한다.

중앙은행의 대출　　중앙은행이 금융기관에 대하여 대출을 해줄 때 본원통화의 공급은 증가한다. 중앙은행의 대 금융기관 대출은 재할인과 대부의 형태를 취하는데, **재할인**이란 은행이 고객으로부터 할인하여 받은 상업어음을 일정한 이자액을 공제한 뒤 나머지 금액을 주고 인수하는 것을 말하며, 이 때의 이자율을 재할인율이라 한다. 대부(advances)란 은행의 약속어음을 받고 대출하여 주는 형태를 말한다.

대정부신용의 증가 정부의 재정지출이 재정수입을 초과할 때 중앙은행은 정부에 대하여 당좌대월, 대출, 국채의 직접적인 인수 등으로 신용을 증가시키게 되며, 이 때 본원통화는 증가하게 된다.

금 및 외환의 매입 중앙은행이 시중에서 금을 매입하거나 수출로부터 벌어들인 외환을 매입할 때 중앙은행의 금이나 외환자산보유는 증가하게 되고 본원통화의 공급은 증가하게 된다.

1.2 예금통화

예금은행은 중앙은행이 발행한 본원통화를 토대로 하여 예금통화를 창조하는데, 예금통화의 창조란 공급된 본원통화를 기초로 하여 새로운 요구불예금이 발생하는 것을 말하고, 이 요구불예금을 예금통화라 한다. 공급된 현금통화가 최초로 은행에 예금되는 것을 **본원적 예금**(primary deposits)이라 하며 이것은 중앙은행이 공급한 민간보유현금이 은행에 들어가는 것이므로 새로운 통화를 창조했다고 볼 수 없다. 본원적 예금 중 대출된 자금이 다시 은행에 예금될 때 이것은 본원적 예금으로부터 파생되어 발생하는 것이므로 **파생적 예금**(derived deposits)이라 하며 이때 통화량은 증가된다.

1.2.1 지불준비금

은행이 민간으로부터 예금을 받아 그 자금을 수익성이 높은 곳에 투자함으로써 보다 많은 이익을 얻으려는 데에는 이윤을 추구하는 일반적인 기업과 다를 바가 없다. 따라서 은행으로서는 예수금을 가능한 많이 대출하거나 다른 곳에 투자하려 할 것이다. 최대의 수익을 올리기 위해서는 현금인출에 대비하여 유보해 놓은 지불준비금은 최소화하고 대출은 최대로 이루어져야 한다. 이렇게 은행이 예수금을 어떠한 제한 없이 자율적으로 활용하도록 해 준다면 예금주가 현금을 인출하려 할 경우 지불준비금의 부족으로 문제가 발생하기 쉽다. 이러한 경우에 대비하여 중앙은행은 예금은행으로 하여금 예금액의 일부를 예금인출에 대한 준비금으로 보유하도록 하는데 이 준비금을 **법정지불준비금**이라 한다. 그리고 법정지불준비금을 총예금액으로 나눈 것을 **법정지불준비율**이라 한다.

따라서 은행은 예금액 중 법정지불준비율에 해당하는 금액만큼은 최소한의 지불준비금으로 보유해야 하고 그 나머지 예금액을 자유로이 활용할 수 있게 된다. 예금은행의 지불준비금은 예금은행이 보유하거나 중앙은행에 예치할 수 있는데 이 두 가지의 합계가 법정지불준비율에 해당하는 금액만큼만 되면 된다.

현실적으로 예금은행들이 예금인출에 대비하여 실제로 보유하는 지불준비금은 법정지불준비금보다 많은 금액을 보유하는데, 이렇게 지불준비금 중 법정지불준비금을 초과하는 준비금을 **초과지불준비금**이라 한다. 이 초과지불준비금을 예금총액으로 나눈 것을 **초과지불준비율**이라 하고, 법정지불준비율과 초과지불준비율의 합은 **지불준비율**이 된다.

다음은 은행이 어떻게 통화를 창조하는가에 대하여 은행의 통화창출에 대한 주요 측면을 중점적으로 살펴보기로 한다. 이를 설명하기 위하여 다음과 같은 몇 가지 가정을 하기로 한다.

① 은행은 요구불예금 및 대출업무만 한다.
② 법정지불준비율은 고정되어 있으며 20%이다.
③ 초과지불준비금이 없으며 초과지불준비금이 있으면 언제나 투자할 곳이 생긴다.

이상의 가정들은 통화공급에 대한 설명이 계속되면서 하나씩 완화될 것이다.

1.2.2 현금유출이 없는 경우의 예금창조

예금통화의 창조는 현금유출이 없는 경우와 있는 경우 각각 그 크기가 다른데 여기서는 먼저 현금유출이 없는 경우를 설명하고 현금유출이 있는 경우는 뒤에 설명하기로 한다. 현금유출이 없다는 것은 은행조직으로부터 현금이 인출되어 은행조직 밖으로 빠져나가지 않는 것을 말하며, 시중에 유통되고 있는 현금의 양은 본원통화의 공급이 변하지 않는 한 통화공급량의 변화에 관계없이 일정하고 통화량의 변화는 예금통화의 변화에 의존한다는 것을 의미한다.

<표 19-1>은 현금유출이 없는 경우의 예금창조과정을 설명하기 위해서 단순화시킨 가상의 은행 대차대조표와 각 은행별 예금창조액을 나타낸 것이다. 이 표에 나타난 바와 같이 어떤 고객이 현금 10,000원을 B_1 은행에 예금했다고 가정하자. 이것은 최초로 은행조직에 들어온 예금이므로 본원적 예금이 된다. 예금을 받은 B_1 은행은 10,000원의 여유자금이 생겼으므로 법정지불준비율 20%에 해당하는 2,000원을 지불준비금으로 보유하고 나머지 8,000원을 다른 고객에게 대출해 준다고 가정하자.

〈표 19-1〉 예금은행의 예금창조과정(현금유출이 없는 경우)

<table>
<tr><th colspan="2">예금은행의 대차대조표</th><th>각 은행의 예금창조액</th></tr>
<tr><td colspan="2">B_1 은행</td><td rowspan="4">+10,000(본원적 예금)</td></tr>
<tr><td>자 산</td><td>부 채</td></tr>
<tr><td>지불준비금 + 2,000
대 출 + 8,000</td><td>요구불예금 + 10,000</td></tr>
<tr><td>합 계 + 10,000</td><td>합 계 + 10,000</td></tr>
<tr><td colspan="2">B_2 은행</td><td rowspan="4">+10,000(1−0.2)
= +8,000</td></tr>
<tr><td>자 산</td><td>부 채</td></tr>
<tr><td>지불준비금 + 1,600
대 출 + 6,400</td><td>요구불예금 + 8,000</td></tr>
<tr><td>합 계 + 8,000</td><td>합 계 + 8,000</td></tr>
<tr><td colspan="2">B_3 은행</td><td rowspan="4">+10,000(1−0.2)2
= +6,400</td></tr>
<tr><td>자 산</td><td>부 채</td></tr>
<tr><td>지불준비금 + 1,280
대 출 + 5,120</td><td>요구불예금 + 6,400</td></tr>
<tr><td>합 계 + 6,400</td><td>합 계 + 6,400</td></tr>
<tr><td colspan="2">⋮</td><td>⋮</td></tr>
</table>

대출을 받은 고객은 8,000원을 B_1 은행에 요구불예금으로 남겨두든지 아니면 8,000원을 모두 현금으로 인출하여 B_2 은행에 예금할 수 있는데 여기서는 B_2

은행에 예금하는 것으로 가정하자. 이 때 B_1 은행은 최초의 고객에 대한 부채인 요구불예금 10,000원은 그대로 갖고 있으면서, 8,000원을 대출해 주었고 이 8,000원은 B_2 은행에 요구불예금으로 예금되었으므로 은행조직 전체로 볼 때 총예금액은 18,000원이 되고 통화량은 은행이 받아들인 요구불예금액인 8,000원만큼 증가한 셈이 된다.

다음은 B_2 은행이 고객으로부터 받은 예금 8,000원 중 법정지불준비율 20%에 해당되는 1,600원을 지불준비금으로 보유하고 나머지 6,400원을 다른 고객에게 대출해 주고, 그 고객은 다시 6,400원 모두를 B_3 은행에 예금하였다고 가정하자. 이때에도 B_1, B_2 은행의 부채인 요구불예금액 18,000원은 그대로 있고 B_3 은행의 부채인 요구불예금액 6,400원이 증가하였으므로 총요구불예금액은 24,400원이 되고 통화는 다시 6,400원만큼 증가한 것이 된다. 고객으로부터 6,400원의 예금을 받은 B_3 은행도 마찬가지로 법정지불준비율 20%에 해당하는 1,280원을 보유하고 나머지 5,120원을 대출해 줄 수 있다. 이와 같은 예금대출의 과정은 초과지불준비금이 0이 될 때까지 계속될 것이며 총예금창조액은 각 은행의 예금창조액의 합계이므로,

$$
\begin{aligned}
\text{총예금창조액} &= 10,000 + 8,000 + 6,400 + 5,120 + \cdots \\
&= 10,000 + 10,000(1-0.2) + 10,000(1-0.2)^2 + 10,000(1-0.2)^3 + \cdots \\
&= \frac{10,000}{1-(1-0.2)} = \frac{10,000}{0.2} = 50,000\text{ 원}
\end{aligned}
$$

이 된다.

그림 19-1 현금유출이 없는 경우 예금창조과정

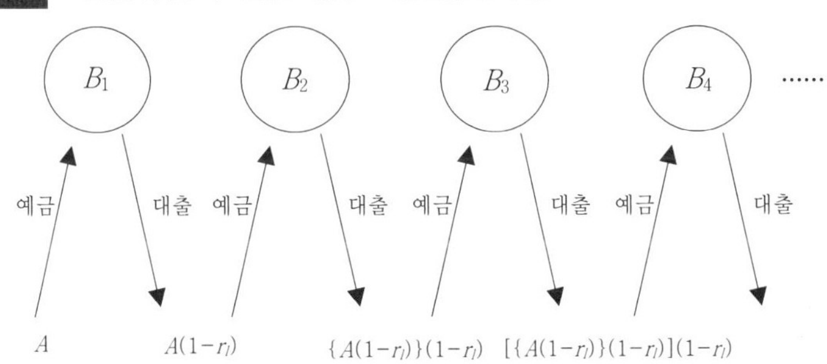

일반적으로 본원적 예금을 A원, 법정지불준비율이 r_l이라 할 때 예금창조과정을 그림으로 나타내면 <그림 19-1>과 같다. B_1 은행은 요구불예금 A원을 받고 그 중 $A(1-r_l)$ 만큼을 대출해 주면, 대출 받은 사람은 그 금액 모두를 B_2 은행에 예금한다. B_2 은행은 예수금 중 $\{A(1-r_l)\}(1-r_l)$ 만큼을 대출해 주고 대출 받은 사람은 다시 B_3 은행에 그 금액 전부를 예금한다. B_3 은행도 마찬가지로 예수금 중 $\{[A(1-r_l)](1-r_l)\}(1-r_l)$ 만큼을 대출해 주고, 대출을 받은 사람은 또다시 그 금액 전부를 B_4 은행에 예금한다. 이 과정은 B_5, B_6, … 은행으로 계속된다. 이 때 총예금창조액은 각 은행으로 예금된 금액의 합계가 되며, 총예금창조액을 D_g라 할 때,

$$\begin{aligned} D_g &= A + A(1-r_l) + [A(1-r_l)](1-r_l) + [A(1-r_l)](1-r_l)(1-r_l) + \cdots \\ &= A + A(1-r_l) + A(1-r_l)^2 + A(1-r_l)^3 + \cdots \\ &= \frac{A}{1-(1-r_l)} = \frac{1}{r_l}A \qquad (19-1) \end{aligned}$$

이 되며, 이 때 법정지불준비율의 역수 $\frac{1}{r_l}$ 을 **신용승수**(credit multiplier)라 한다.

파생적 예금을 파생적 통화라고도 하는데, 이것은 총예금창조액에서 본원적 예금을 감한 순예금창조액을 말한다. 파생적 예금을 D_d라 하면

$$D_d = D_g - A = \frac{A}{r_l} - A = \frac{1-r_l}{r_l}A \qquad (19-2)$$

이 된다. 이 때 $\frac{1-r_l}{r_l}$ 을 **순신용승수**(net credit multiplier)라 한다.

앞의 예에서와 같이 본원적 예금이 10,000원, 법정지불준비율이 20%라면 파생적 예금 D_d는

$$D_d = \frac{10,000}{0.2} - 10,000 = 40,000\text{원}$$

이다.

법정지불준비율이 높을수록 신용승수가 작아지고 총예금창조액도 작아지며 법정지불준비율이 낮을수록 그 반대 현상이 나타난다. 이와 같이 법정지불준비율과 총예금창조액과는 밀접한 관계가 있으며, 곧 이어 설명하겠지만 법정지불준비율은 통화당국의 중요한 통화조질정책의 수단이 된다.

1.2.3 현금유출이 있는 경우의 예금창조

앞에서는 본원적 예금으로 예입된 현금이 은행조직 밖으로 유출되지 않는다는 가정 하에서 예금창조과정을 살펴보았다. 이제 현실을 반영하기 위하여 현금유출이 있는 경우를 고찰하기로 하는데, 앞에서 설명을 위하여 제시된 가정들 중에서 현금유출이 있는 것으로 바꾸는 이외에는 다른 가정들은 그대로 유지하기로 한다. 또 현금유출률은 z로 일정하다고 가정하고 대출을 받은 차입자가 대출금 중 z에 해당하는 만큼을 현금으로 인출하고 나머지를 다른 은행에 요구불예금으로 예금하는 것으로 가정한다. <그림 19-2>는 현금유출이 있는 경우 예금창조과정을 도시한 것이다.

그림 19-2 현금유출이 있는 경우 예금창조과정

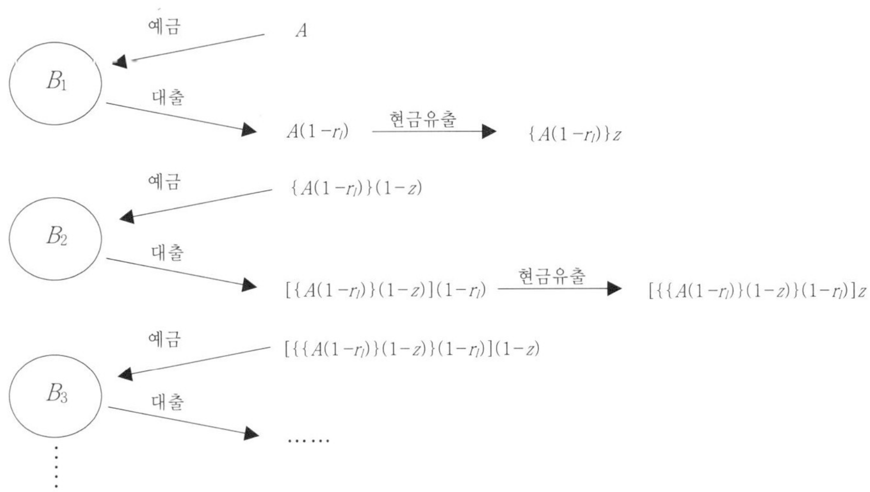

이제 어떤 고객이 현금 A원을 B_1 은행에 예금하였다고 가정하자. B_1 은행은

법정지불준비율 r_l에 해당하는 금액 Ar_l원을 보유하고 나머지 $A(1-r_l)$ 원을 다른 고객에 대출해 줄 수 있다. 대출을 받은 고객은 현금 유출에 해당하는 $\{A(1-r_l)\}z$ 원을 현금으로 가지고 있고 나머지 $\{A(1-r_l)\}(1-z)$ 원을 B_2 은행에 예금할 것이다. B_2 은행은 예금으로 받은 금액 중 법정지불준비율 r_l에 해당하는 금액 $[\{A(1-r_l)\}(1-z)]r_l$ 만큼을 준비금으로 보유하고 나머지 금액 $[\{A(1-r_l)\}(1-z)](1-r_l)$ 을 대출해 줄 수 있다.

만일 B_2 은행이 다른 고객에게 $[\{A(1-r_l)\}(1-z)](1-r_l)$ 원을 대출해 주었다면 그 고객은 마찬가지로 대출 받은 금액 중 현금유출률 z에 해당하는 $[\{A(1-r_l)\}(1-z)](1-r_l)z$ 원을 현금으로 보유하고 나머지 $\{\{[A(1-r_l)](1-z)\}(1-r_l)\}(1-z)$ 원을 B_3 은행에 요구불예금으로 예금한다고 가정하자. B_3 은행도 마찬가지로 대출해 준다고 가정하자. 이러한 과정은 법정지불준비금이 0이 될 때까지 무한히 계속될 것이다.

이상에서 본 바와 같이 본원적 예금이 A 원, 법정지불준비율이 r_l, 현금유출율이 z일 때 총예금창조액은 각 은행의 예금액의 합계가 된다. 따라서 총예금창조액을 D_z라 하면,

$$
\begin{aligned}
D_z &= A + A(1-r_l)](1-z) + \{\{[A(1-r_l)](1-z)\}(1-r_l)\}(1-z) + \cdots \\
&= A + A(1-r_l)(1-z) + A(1-r_l)^2(1-z)^2 + \cdots \\
&= \frac{A}{1-(1-r_l)(1-z)} = \frac{1}{r_l + z - r_l z} A \qquad (19\text{-}3)
\end{aligned}
$$

이 되며, **신용승수**는 $\frac{1}{r_l + z - r_l z}$ 이 되고, 현금유출이 없을 때의 신용승수보다 작다. 파생적 예금창조액을 D_c라 하면

$$
D_c = \frac{A}{r_l + z - r_l z} - A = \frac{(1 - r_l - z + r_l z)}{r_l + z - r_l z} A \qquad (19\text{-}4)
$$

예를 들어 본원적 예금 (A)이 10,000원, 법정지불준비률 (r_l)이 20%, 현금유출률 (z)이 25%라면,

$$\text{총예금창조액}\ (D_z) = \frac{1}{0.20 + 0.25 - 0.20 \times 0.25} 10,000$$

$$= \frac{1}{0.4} 10,000 = 25,000\text{원}$$

파생적 예금창조액 $(D_c) = 25{,}000 - 10{,}000 = 15{,}000$원이 된다. 여기서 현금유출률은 민간인의 현금을 보유하려는 성향을 나타내는 것으로 현금유출률이 클수록 예금창조액이 줄고, 현금유출률이 작을수록 예금창조액이 커진다는 것을 알 수 있다.

1.3 본원통화와 통화공급

앞에서 우리는 중앙은행의 본원통화공급과 은행조직에 의한 예금창조과정에 대하여 각각 살펴보았다. 여기에서 우리는 현금통화에 대해서는 고찰하지 않았고 실제로 은행들이 초과지불준비금을 보유하는 데도 법정지불준비율을 기준으로 예금창조과정을 설명하였다. 이제 초과지불준비금과 현금통화까지를 포함하여 통화공급의 기초가 되는 본원통화와 통화량과의 관계를 살펴보기로 한다.

이에 대한 설명의 한 가지는 본원통화의 공급과 수요로부터 출발할 수 있다. 어느 시점에서 중앙은행에 의한 본원통화의 공급이 B원이라고 하자. 본원통화의 공급을 B^s, 본원통화량을 B라 하면

$$B^s = B \tag{19-5}$$

본원통화의 수요는 민간에 의하여 보유되는 현금통화수요(C)와 예금은행 조직의 지불준비금(R) 수요로 구성된다.

$$B^d = C + R \tag{19-6}$$

사람들은 그들이 보유하는 통화 중 일부를 현금통화로 보유하고 그 나머지를 예금통화로 보유하려는 성향이 있다. 보유통화 중 현금통화로 보유하는 비율을 a%로 일정하다고 하면 예금통화는 $(1-a)$%를 보유하게 되는데 a를 현금통화비율이라고 한다. 통화량을 M이라고 하면,

$$C = aM \tag{19-7}$$

$$D = (1-a)M \tag{19-8}$$

이 된다. 은행들이 실제로 초과지불준비금을 보유하므로 은행은 법정지불준비율 (r_l) 과 초과지불준비율 (r_e) 의 합계인 지불준비율 (r) 에 해당하는 금액을 준비금으로 보유하므로

$$R = rD \tag{19-9}$$

가 된다. (19-9)식에 (19-8)식을 대입하면

$$R = r(1-a)M \tag{19-10}$$

(19-10)식을 (19-6)식에 대입하면

$$B^d = C + R = aM + r(1-a)M = [a + r(1-a)]M \tag{19-11}$$

균형에서 수요와 공급은 일치하므로

$$B^s = B^d \tag{19-12}$$

$$B = [a + r(1-a)]M \tag{19-13}$$

(19-13)식을 다시 정리하면

$$M = \frac{1}{a + r(1-a)} B \tag{19-14}$$

여기서 $\dfrac{1}{a + r(1+a)}$ 을 **통화승수**(money multiplier)라고 하며, 본원통화 B 원이 공급되었을 때 현금통화와 예금통화의 합계인 통화량이 통화승수배로 증가한다는 것을 나타내 준다. 또한 (19-14)식은 어떤 시점에서의 통화공급량을 나타내므로 **통화공급방정식** 또는 **통화공급함수**라고 부른다.

이상에서 살펴본 바와 같이 통화공급은 중앙은행의 본원통화공급과 함께 통화승수를 결정하는 민간인의 현금통화비율 및 예금은행이 결정하는 지불준비율에 의존한다는 것을 알 수 있다. 여기서 주목할 것은 현금 통화비율은 민간의 현금사용관습에 의하여 결정되는 것이므로 일정기간에 걸쳐 변화가 없다고 볼 수 있다. 따라서 통화량의 크기는 중앙은행의 결정에 따라 증감되는 본원통화의

공급과 지불준비율을 결정해주는 법정지불준비율에 따라 변화한다. 한편 현금통화비율과 같이 법정지불준비율 및 지불준비율이 단기에 걸쳐 비교적 안정적이므로 통화공급에 가장 크게 영향을 미치는 것은 본원통화라고 볼 수 있으며 이는 통화당국으로 하여금 통화공급을 결정적으로 규제할 수 있게 해준다.

2. 통화수요

2.1 고전학파의 통화수량설

2.1.1 교환방정식

미국의 경제학자 피셔(I. Fisher)는 다음과 같은 유명한 교환방정식을 제시하였다.

$$MV = PT \tag{19-15}$$

여기서 M은 통화량, V는 통화의 유통속도 또는 각 화폐단위가 일정 회계기간 동안 사용된 평균횟수, P는 일반물가수준, T는 총거래량이다.

이 방정식은 총통화지출은 거래된 재화가치의 총액과 같다는 것을 나타낸 것에 지나지 않는다. 그러나 몇 가지 가정만 내세운다면 이 항등식이 수요이론으로 전환될 수 있다. 만일 유통속도가 관습, 제도, 은행관례에 의해서 결정된다면 유통속도는 단기에는 일정하다고 가정할 수 있고, 완전 고용상태를 가정하면 T도 일정하다고 볼 수 있으므로, 이 때 다음과 같은 식을 얻을 수 있다.

$$M\overline{V} = P\overline{T} \quad \text{또는} \quad P = \frac{M\overline{V}}{\overline{T}} \tag{19-16}$$

위 식이 나타내는 것은 통화량의 증가는 물가상승을 유도하는 원인이 되고 통화의 교환전 수요는 이 물가상승에 피동적으로 반응한다. 이 때 다른 조건들이 변하지 않는다면 통화의 수요는 물가상승에 단위탄력적이다.

2.1.2 현금잔고방정식

전통적 통화수량설의 다른 형태가 케임브리지학파에서 마샬(Marshall), 피구

(Pigou), 로버트슨(Robertson) 등 경제학자들에 의하여 제시되었다. 케임브리지 현금잔고방정식의 일반적 접근방법은 통화의 수요를 그 사회의 실질소득의 백분비로서 표현하려는 것이다. 따라서 Y를 실질소득, 그리고 kY를 민간부문 전체가 통화보유의 형태로 유지하고자 하는 실질소득의 백분비라면, 통화의 수요는 kY로서 표현된다. 만일 통화량이 외생적으로 결정된 M이라면, 공급과 수요의 균형은 가격기구에 의해서 결정된다.

$$M = PkY \tag{19-17}$$

여기서 P는 물가지수이고, 이 식을 다시 P에 대해 정리하면,

$$P = \frac{M}{kY} \tag{19-18}$$

이것은 다시 Fisher의 교환방정식과 비교될 수 있는데,

$$\frac{M}{kY} = \frac{MV}{T} \tag{19-19}$$

가 되고 이것은 다시

$$\frac{1}{V} = \frac{kY}{T} \tag{19-20}$$

로 표시될 수 있다. 교환가치총액과 소득의 비율, $\frac{Y}{T}$를 일정하다고 한다면 케임브리지 k는 단순히 V의 역수에 비례함을 알 수 있다. 따라서 엄격한 의미의 통화수량설은 k와 V가 모두 일정해야 된다.

2.2 케인즈의 유동성선호설

통화수량설에 반하여 케인즈의 주장과 그의 저서 「일반이론」은 이자율과 통화량의 관계를 중요시함으로써 통화수요이론에 일대 전환을 가져왔다. 일반이론에서 케인즈는 통화를 보유하려는 동기로 거래적 동기, 예비적 동기, 투기적 동기의 세 가지를 들고 있다.

2.2.1 거래적 동기(the transactions motive)

현금잔고를 유지하려는 거래적 동기는 고전학파의 명제와 실제적으로 같다.

소득과 지출의 시차는 일상생활의 정상적인 거래를 위해서 얼마만큼의 통화를 보유해야 하고 이 거래의 실질가치는 그 사회의 실질소득과 밀접한 관계가 있다. 여기서의 가정은 실질거래량이 실질소득과 밀접한 관계가 있고 따라서 거래를 위한 정상적인 통화수요는 국민소득의 화폐가치와 밀접한 관계를 갖는다는 것이다. 그러므로 현금의 거래적 수요는 다음과 같이 나타낼 수 있다.

$$L_1 = kPY \tag{19-21}$$

여기서 L_1은 현금의 거래적 수요량, k는 상수, P는 물가, Y는 실질소득이다. 이 식은 국민소득이 증가하면 L_1도 증가하고 소득이 감소하면 L_1이 감소하므로, L_1은 소득의 증가함수이다.

2.2.2 예비적 동기(the precautionary motive)

예비적 동기에 의한 통화수요는 불확실성의 존재로 인하여 어느 개인이 기대되는 거래에 필요한 양을 초과해서 보유하는 현금의 양으로 생각할 수 있기 때문에 예비적 동기는 거래적 동기와 아주 밀접한 관계가 있다. 예상하지 못했던 의료비 등과 같이 어떤 지출은 그 거래의 성격상 예측할 수 없는 것이 있으므로 합리적인 개인이라면 이와 같은 상황에 대비해서 그의 기대되는 거래에 필요한 양 이상으로 일정량의 통화를 보유할 것이다.

이 금액의 크기는 개인의 주관적 기대치나 예상할 수 없는 상황에 처하게 될 확률에 의해서 결정될 것이다. 또 금액은 개인에 따라서는 다르겠으나 총체적으로는 그 금액은 실질소득수준과 명목상의 물가수준과 관계가 있다고 보는 것은 합리적이다. 이 때문에 거래적 동기와 예비적 동기를 구별하는 근거가 미약하다. 따라서 일반화된 거래적 수요 L_1은 예비적 요소까지를 포함할 수 있으며

$$\frac{dL_1}{dPY} > 0 \tag{19-22}$$

으로 놓을 수 있다.

2.2.3 투기적 동기(the speculative motive)

투기적 동기에 의한 통화의 수요는 조건이 호전되면 투기적 금융거래를 위해

개인이 보유하고자 하는 통화를 말한다. 케인즈는 분석을 간편하도록 이자소득이 없는 현금과 이자소득이 있는 비상환정부증권의 두 가지 금융자산만이 존재한다고 가정하였다. 이러한 증권은 정부에 의하여 상환되지는 않지만 금융시장에서는 거래되고 그 시장가치는 시장이자율의 변화에 따라 변동한다. 예를 들어 정부가 액면가치 100만원을 연배당 10만원의 비상환증권(non-redeemable bond)을 발행했다고 가정하자. 유효이자율은 연 10%가 된다. 정부가 이러한 증권을 100만원에 팔 수 있다는 것은 시장이자율이 10%에 있다는 것을 의미한다.

만일 얼마 뒤에 시장이자율이 20%로 상승했다면 이 증권소유자가 그것을 팔면 50만원밖에 받을 수 없을 것이다. 왜냐 하면 그 때는 이자율이 20%로 상승하였으므로 10만원의 이자소득을 받기 위해서는 50만원만 있으면 되기 때문이다. 마찬가지로 시장이자율이 5%로 하락했다면 증권보유자는 그 증권의 시장가격이 대략 200만원이 될 것으로 기대하는 것도 타당하다. 그러므로 어느 개인의 재산을 화폐나 증권에 어떤 비율로 보유할 것인가를 결정하는 데 합리적인 투자자는 두 자산간의 단순한 이자수익 차이뿐만 아니라 정부증권의 시장가치에 있어 가능한 변화에 대한 그의 기대를 고려할 것이다. 요약하면 증권을 구입하려는 결정은 이자소득흐름에 대한 전망뿐만 아니라 자본이득(capital gain) 또는 손실을 포함한다.

통화에 대한 투기적 수요 L_2 가 이자율과 역의 관계에 있다는 것이 케인즈의 논점이었다. 다음의 세 가지의 논점이 이러한 입장을 지지해 준다. 첫째, 투기적 잔고의 형태로 유휴통화를 보유하는 비용은 물론 이자손실이다. 그 비용은 이자율이 높을 때 크게 되는데, 단 하나의 이러한 근거만으로도 누구든 이자율이 높을 때는 투기적 현금보유를 줄이도록 유도될 것이다.

둘째, 자본이득과 손실에 대한 예상에 의한 것으로 가장 중요한 논점이 된다. 합리적인 사람은 이자율의 미래 향방에 대하여 어떤 예상을 하고 현재의 시장이자율이 궁극적으로는 일치하게 될 정상이자율을 예상한다. 만일 이 예상되는 정상이자율이 시장이자율보다 높(낮)으면, 시장이자율이 상승(하락)하고, 따라서 증권가격은 하락(상승)할 것으로 예상할 것이다. 이러한 경우에는 자본손실을 피하기(자본이득을 얻기) 위하여 증권(현금)을 제거하고 현금(증권)을 보유하게 된다. 높은 이자율에서 점점 많은 사람들이 앞으로 이자율이 떨어질 것이란 확신을 갖게 되고 따라서 투기적 현금잔고의 총수요는 줄어들어 이자율이 점점 더 높아지면 궁극에는 통화의 투기적 수요는 0이 될 것이다. 반대로 이자율이 낮아질수록 보다 많은 사람들은 이자율이 틀림없이 상승할 것이라고 확신하고, 그리고 더 많은 사람들이 미래 증권가격이 하락할 것으로 확신할수록 더 많은 사람들이 현금 쪽으로 옮겨갈 것이다. 궁극적으로는 모든 사람이 앞으로 상승할 것이라고 생각하는 최저이자율에 도달할 것이며 이때는 증권에 대한 수요는 전무하고 유휴잔고는 무한대가 될 것이다. 결론적으로 투기적 현금수요는 경제전체로 볼 때 이자율과 역의 관계가 성립한다.

셋째, 이와 관련된 논점은 다른 이자율에서 이자수익에 대한 자본손실의 크기를 비교함으로써 위의 결론을 보강시켜 준다. 예상할 수 있듯이 현존 시장이자율에서 일정크기의 이자율 상승이 있을 때 이자수익으로 상쇄한 후의 자본손실 크기는 낮은 이자율에서 더 크다. 이와 같이 통화의 거래적 수요와 예비적 수요가 소득수준과 직접적으로 관계가 있는 반면 통화의 투기적 수요는 이자율과 역의 관계에 있다.

지금까지 살펴본 바와 같이 투기적 수요는 이자율과 역의 관계가 있으며 이것을 식으로 나타내면,

$$L_2 = L_2(r), \quad \frac{dL_2}{d_2} < 0 \qquad (19-23)$$

또한 (19-23)식을 도시하면 <그림 19-3>과 같다.

그림 19-3 통화의 투기적 수요

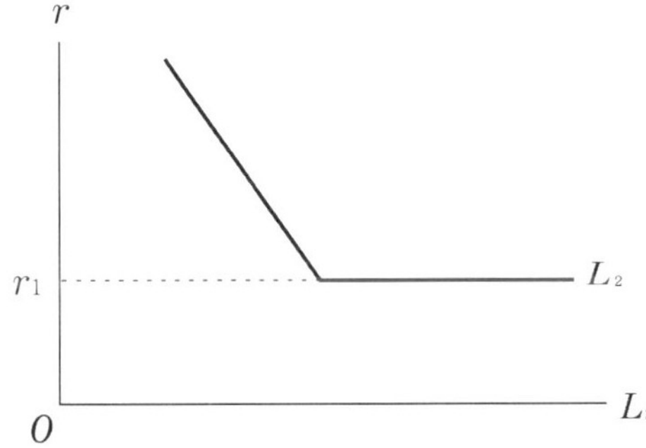

유동성함정(liquidity trap)　실제이자율 r_l이 사람들이 예상하는 정상이자율보다 낮게 하락할 때, 모든 사람들은 유가증권 대신 유휴투기적 통화(idle speculative money)를 보유하고자 한다. 이것은 사람들이 유가증권이 하락하여 자본손실(capital losses)을 초래하게 될 것으로 기대하기 때문이다. 「일반이론」에서 케인즈는 이러한 경우가 실제 시장이자율이 아주 낮을 때 일어날 수 있다고 지적하였다. 만일 유가증권시장에서 투기하는 모든 가계가 유휴통화잔고(idle money balances)를 보유한다면, 그 때 실제로 절대유동성(absolute liquidity)이 존재한다. 이 절대유동성의 경우를 케인즈와 그 추종자들은 **유동성함정**(liquidity trap)이라 명명하였다. <그림 19-3>에서 유동성함정이 통화에 대한 투기적 수요곡선의 수평부분으로 설명된다. 이 유동성함정에서 통화에 대한 투기적 수요는 완전탄력적이다.

유동성함정에 관하여 두 가지 중요한 타당성검토가 이루어져야 한다. 첫째로, 케인즈는 1930년대의 대공황 기간에 이러한 형태의 발생가능성에 대하여 서술하였다는 점이다. 따라서 유동성함정은 경기가 침체되고 고도의 실업이 존재할 때 발생하는 현상이다 둘째로, 1930년대 유동성함정 존재에 대한 실증적 지지는 결코 명확하게 확립되지 못하였다. 따라서 유동성함정은 현대경제학에서 하나의 이론적 호기심으로 남게 되었다.

이상에서 통화에 대한 두 가지 요소를 합하면 통화에 대한 수요는

$$\frac{M^D}{P} = L_1 + L_2 \tag{19-24}$$

로 표시된다. 일반적으로 투기적 수요와 거래적 수요가 분리될 수 없다는 것을 인식해야 된다. 예를 들어 증권의 이자율이 상승할 경우 거래적 수요가 감소할 것이라는 것을 예상할 수 있다. 왜냐 하면 사람들은 유휴현금잔고를 보유하는 기회비용이 점차 커질 것이라는 것을 인식하고 그것을 축소시키려 할 것이기 때문이다. 사람들이 거래적 목적으로 보유하는 잔고의 양은 이자율에 민감할 것임에 틀림없다. 따라서 통화에 대한 수요함수는 일반적으로 다음과 같이 된다.

$$\frac{M^D}{P} = L(Y, r)$$
$$\frac{\partial L}{\partial Y} > 0,\ \frac{\partial L}{\partial r} < 0 \tag{19-25}$$

2.3 케인지언 통화수요이론의 발전

케인즈의 원래의 논리를 유지하고 통화수량설의 주장에 대하여 의심을 가진 경제학자들은 케인즈의 통화수요이론에 이익를 제기하고 대안을 제시하는 몇 가지 기여를 하였다. 이 중 가장 중요한 두 가지 이론을 아래에 간단히 설명하고자 한다. 그들은 통화를 보유하려는 총수요에 있어 통화의 거래적 수요와 투기적 수요를 분리된 요소로 구별하는 것이 유용한가에 대하여 의문을 가졌다.

2.3.1 보몰(Baumol)모형

보몰(1952)의 논리는 통화의 거래적 수요는 이자율변화에 역으로 반응하고, 다른 조건이 일정하다면 통화를 보유하려는 총수요의 이자율탄력성을 강화시킨다는 확신에 도달하였다. 합리적인 개인은 그의 소득수입을 이자수익발생자산으로 이전시키고 그의 거래적 필요를 충족시키기 위해 그 자산의 얼마 만큼씩을 계속해서 현금으로 전환할 것이라고 가정한다. 거래를 위해서 유휴현금을 보유하는데 대한 비용은 이자수익을 얻지 못한 것이다. 이것은 자산을 현금으로 전환하는 횟수를 증가시킴으로써 현금보유를 최소화하려는 동기를 설명해 준다.

한편 자산을 현금화 하는데는 최소한 불편하다는 비용이 따르게 된다. 따라서 합리적인 개인은 현금보유비용과 증권의 현금화 비용이 존재할 때 그의 자산 중 얼마 만큼씩을 현금과 이자발생 자산으로 배분해야 하는가 하는 딜레마에 당면하게 된다. 이를 좀더 공식적으로 표현하면, 만일 소득을 Y, 이자율을 r, 증권의 현금전환비용을 b, 계속되는 거래적 필요를 충족시키기 위하여 현금으로 전환되어야 하는 증권가치를 K 라고 하면, 효용을 극대화하려는 사람이 당면하는 문제는 거래기간마다 보유하는 현금의 크기, 즉 K 의 크기를 어떻게 결정해야 하는 가이다. 평균 현금보유량은 $K/2$ 가 될 것이므로, 현금을 보유함으로써 얻지 못하는 이자수익은 $K/2r$ 이 될 것이다. 증권을 현금으로 전환하는 비용은 그 현금화 횟수에 의해 결정될 것이며, 현금화하는 비용은 $b(Y/K)$ 가 된다. 따라서 총비용 (TC) 은

$$TC = b\frac{Y}{K} + \frac{K}{2}r \qquad (19-26)$$

총비용의 최소값을 구하기 위하여 K에 대하여 미분하고 0으로 놓으면,

$$\frac{d(TC)}{dK} = -b\frac{Y}{K^2} + \frac{r}{2} = 0 \qquad (19-27)$$

이것을 K에 대하여 풀면,

$$K = \sqrt{\frac{2bY}{r}} \qquad (19-28)$$

따라서 통화의 거래적 수요, 또는 평균현금보유는

$$\frac{K}{2} = \frac{1}{2}\sqrt{\frac{2bY}{r}} \qquad (19-29)$$

가 된다. 합리적인 개인은 그의 거래적 수요를 충족시키는 데 따르는 총 비용을 최소화하도록 행동하고 이자율이 오르면 거래적 통화수요를 줄이고 이자율이 내리면 늘린다. 만일 자산의 현금전환에 아무런 비용이 없다면, 즉 $b = 0$이면, 거래적 잔고수요도 없을 것이다.

2.3.2 토빈(Tobin)모형

케인즈의 현금에 대한 투기적 수요는 개인이 정상 또는 기대이자율의 개념을 갖는다는데 기초를 둔다. 만일 현존하는 시장이자율이 정상이자율을 초과한다면 시장이자율이 하락하고 증권가격은 상승할 것으로 기대한다. 이러한 경우에 자본이득을 얻겠다는 예상 속에 모든 투기적 현금은 증권매입으로 전환되고 따라서 개인의 투기적 현금수요는 0이 될 것이다. 이와 반대도 마찬가지로 성립된다. 따라서 케인즈의 입장은 개인이 현금이나 증권 중 한 가지로만 보유하고 두 가지를 동시에 보유하지 않는 다는 것이다.

케인즈의 통화보유에 대한 총수요곡선은 다른 개인은 정상이자율에 대해서 다른 기대치를 갖는다는 가정으로부터 도출되었다. 이와 같은 서술의 문제점은 개인들은 투기적 현금과 증권을 동시에 보유하려 한다는 관찰과 일치하지 않는 다는 데 있다. 이와 반대되는 사실을 설명하기 위해서 토빈(1958)은 잠재적 증권보유자는 미래이자율에 대해서 불확실하다고 주장하고 케인즈의 투기적 통화

수요에 대해서 개선안을 제시했다. 불확실성이 존재하면 장기증권에 투자하는 것은 자본이득 또는 손실의 위험이 있다. 따라서 잠재적 투자자는 그의 투자로부터 얻을 수 있는 기대수익에 대하여 위험요소를 비교해야 한다. 최적의사결정은 전통적 무차별곡선기법이 이용되는데 보통 개인은 증권과 투기적 잔고 두 가지를 보유한다는 것을 제안했다. 이러한 논의는 <그림 19-4>를 이용하면 요약된다.

그림 19-4 위험도와 현금 및 증권 동시보유

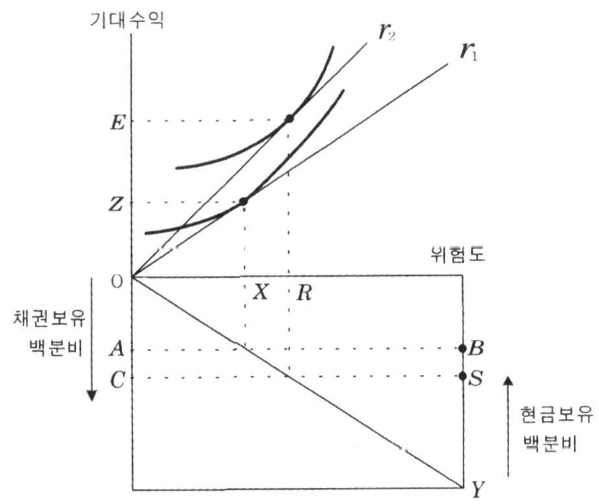

그림의 위 부분이 수평축에 따라 측정되는 위험과 수직축에 따라 측정되는 기대수익(expected return) 사이의 상충관계를 설명하는 한편, 아래 부분은 유휴현금보유와 증권간의 총자산배분이 그려져 있다. 최초의 이자율을 r_l 으로 가정하자. 그러면 무차별곡선에 의해 나타난 바와 같이 최적조합은 OZ 만큼의 기대이익과 OX 만큼의 위험이며, 이것은 증권에 OA 만큼 투자하고 YB 만큼 현금으로 보유하는 것을 의미한다. 이제 이자율증가의 효과를 생각해 보자. 이자율선은 모든 위험 정도에 대해 기대수익을 증가시키면서 시계반대방향으로 회전한다. 개별투자자는 어떤 반응을 보일까?

사전적으로는 이 질문에 대해 결정적 답을 내리는 것은 불가능하다. 이자율상승은 투자자로 하여금 적은 위험을 택하게 하는 한편, 유휴자금을 보유하는 비용이 증가하였으므로 보다 위험을 선호하려는 대체효과를 촉진하게 하는 소득효과로 나타나게 될 것이다. 그러나 만일 그림에 나타난 바와 같이 대체효과가 크면 투자자는 그의 위험선호(risk-taking)를 증가시키고 현금자산보유를 줄일 것이다. 그림에서 위험 정도는 OR로 상승하고, 기대수익은 OE가 되며, 증권에 대한 투자는 OC로서 표시되고, 투기적 통화잔고는 YS로 하락한다. 현금과 증권 두 가지를 동시에 보유하는 분석에서 투기적 통화수요와 이자율간에 역의 관계로 표시되는 케인즈의 결과를 얻기 위해서 필요한 것은 대체효과가 소득효과로 넘어선다는 가정이다.

토빈의 분석은 케인즈의 분석에서 암묵적으로 거부되었던 점, 즉 어떤 개인들은 증권과 투기적 현금 두 가지를 보유한다는 경험적으로 관찰된 사실과 일치하기 때문에 전통적 케인즈 분석보다 진전된 것으로 생각된다. 토빈의 분석은 개인위험선호에 대한 기호의 차이를 완전히 허용하고, 둘 이상의 자산을 포함하는 선택에까지 일반화될 수 있다. 소득에 비례하지 않는, 즉 이자에 민감한 거래적 수요(interest-sensitive transactions demand)에 대한 보몰의 제안과 함께 토빈의 이론은 통화의 수요에 대한 전반적인 케인즈의 접근논리를 강화시켜 준다.

2.4 신통화수량설

신통화수량설은 프리드만(M. Friedman)과 그 추종학자들에 의해 고전학파의 통화수량설을 수정하여 재현시킨 통화수요이론이다. 수정된 통화수량설의 핵심은 고전학파의 통화수량설에서 일정하다고 가정한 통화의 유통속도(V)가 현실적이지 못함을 인정하면서도 실질통화보유에 대한 안정된 수요함수가 존재한다고 보고 있다. 이것은 물론 실질통화보유량이 일정하다는 것은 아니고 다만 그것이 몇 가지 주요 변수의 변화에 따라 합리적으로 예측할 수 있는 방향으로 변한다는 것이다.

프리드만의 신통화수량설은 통화를 하나의 상품으로 보고 전통적인 미시경제학의 효용극대화의 논리에 따라 통화를 수요하게 된다고 본다. 소비자는 교환의 수단으로서 통화를 보유함으로 채권을 보유하는 것보다 편익과 위험이 없는 등 효용을 얻게 된다. 또 소비자수요가 실질소비재이어야 하는 것과 마찬가지로 어느 개인의 통화에 대한 수요는 실질잔고에 대한 수요(demand for real balances)이어야 한다. 실질잔고에 대한 수요는 여러 가지 요소에 의하여 영향을 받는데, 프리드만은 통화의 수요에 영향을 미치는 중요한 요소로써 통화와 금융자산의 수익률, 실질소득, 예상물가상승률 등을 들고 있다. 실질통화수요와 그에 영향을 미치는 요소들과의 관계는 다음과 같이 표현될 수 있다.

$$\frac{M^D}{P} = f(r_m,\ r_b,\ P^e,\ Y,\ \cdots) \tag{19-30}$$

여기서 r_m, r_b는 각각 통화, 채권의 기대수익률, P^e는 예상물가변화율, Y는 실질소득을 나타낸다.

만일 실질잔고에 대한 수요와 실질소득의 비율이 시간의 경과에 따라 대체로 추세적 변화가 없고 또한 어떤 시점에서 다른 자산들에 대한 수익률에 의존한다면, 프리드만의 현대적 통화수량설은 다음과 같은 식으로 표시된다.

$$\frac{M^D}{P} = k(r_m,\ r_b,\ P^e,\ Y,\ \cdots) \tag{19-31}$$

위 식에서 볼 수 있는 바와 같이 k는 더 이상 일정한 상수가 아니고 여러 가지 변수의 영향을 받아 변한다. 예를 들어 인플레이션에 대한 기대가 높아지면 통상 통화보유에 대한 수요는 감소하고 통화의 유통속도는 상승한다. 이 때 통화의 유통속도는 변화하는 것이나 그것은 위의 변수들의 상당한 변화에 대하여 예측할 수 있고 합리적인 방식으로 반응을 보일 것이다. 또한 신통화수량설에서 중요한 점은 통화의 수요가 이자율의 변화에 대해 일반적으로 둔감하다는 견해이다. 통화수요가 이자율에 둔감하다는 것은 위 식에서 k가 비교적 안정적인 값을 가지며 실질잔고수요와 실질소득과는 안정적인 관계를 갖게 된다. 이것은 프리드만의 통화수요이론이 이자율의 영향을 중시하는 케인즈의 통화수요이론과 다른 점이며, 신통화수량설에서 통화에 대한 총수요는 투기적 동기에 의한 영향은 미미하고 주로 거래적 동기에 의하여 이루어진다는 것을 말해 준다.

3. 금융정책

3.1 금융정책의 의의와 목표

금융정책이란 통화량, 이자율 및 이와 관련된 여러 가지 변수의 조정을 통하여 국민경제가 지향하려는 목표를 달성하려는 금융당국(정부와 중앙은행)이 수행하는 정책을 말한다. 이러한 금융정책의 체계는 목표(goals), 표적(targets) 또는 중간표적(intermediate targets), 그리고 수단(tools)의 3가지로 구성된다. 중앙은행은 자체의 수단으로 목표에 영향을 미칠 수 없으므로 목표와 수단 사이에 연계변수로서 표적을 둔다. 그리고 중앙은행은 수단을 직접 조정하여 표적에 영향을 미치고 표적을 변동시킴으로써 최종목표를 달성한다. 그러면 먼저 금융정책의 목표와 수단에 대하여 살펴보고, 이 수단과 목표를 연결하여 주는 중간연계변수에 대하여 맨 마지막에 살펴보기로 한다. 목표, 수단, 중간연계변수의 순서로 설명하는 것은 단순히 설명에 대한 이해를 돕기 위한 것이다.

금융정책의 목표는 경제의 발전에 따라 진보, 확대되어 왔다. 제1차 세계대전 이전까지 선진국들은 금본위제도의 원활한 작용을 통한 환율의 안정 등 대외적 안정(international stability)을 목적으로 하였고, 1920년대에 들면서 물가수준의 안정이 금융정책의 목적으로 등장하기 시작하였다. 그리고 1930년대 대공황을 겪으면서 물가안정뿐만 아니라 불황을 타개하고 높은 수준의 고용을 유지하는 것이 목적으로 등장하였으며, 제2차 세계대전 이후에는 경제성장 또는 경제발전이 새로운 목표로 대두되었다.

이와 같이 시대의 흐름에 따라 변화되어온 금융정책은 거시경제적 안정화정책의 일반목표와 그 목표를 같이 한다. 오늘날에는 완전고용달성, 물가수준의 안정, 경제성장, 국제수지균형 등이 금융정책의 목표가 되고 있다.

3.2 금융정책의 수단

금융정책수단은 그 효과가 미치는 범위에 따라 일반적인 정책수단과 선별적인 정책수단으로 구분할 수 있다. 일반적인 정책수단은 국민경제 전반에 영향을 미치는 정책수단으로서 공개시장조작, 지불준비율정책, 재할인율정책, 대출한도제 등이 있다. 선별적 정책수단은 국민경제의 어떤 특정부문에 대하여 선별적으로 영향을 미칠 것을 목적으로 취해지는 금융정책으로 특정부문에 대한 지원이나 억제를 목적으로 하는 것들이 포함된다.

3.2.1 일반적 정책수단

공개시장조작(open market operation)　　공개시장조작이란 중앙은행이 공개시장에서 국채와 같은 유가증권을 매입하거나 매각하여 통화량을 조절하는 것을 말한다. 중앙은행이 공개시장에서 채권을 매입하는 것은 중앙은행의 본원통화공급이 되며, 통화량은 증가하게 되고 통화량증가는 이자율을 하락시킨다. 반면에 채권을 매각하는 것은 중앙은행이 본원통화를 흡수하는 것이 되어 통화량은 감소하고 따라서 이자율은 상승한다.

중앙은행이 국채를 매입하여 통화공급을 증가시키는 경우를 보자. 중앙은행은 국채를 민간으로부터 매입하거나 시중은행으로부터 매입하게 되는데 모두 다 중앙은행으로부터 현금이 시중으로 유출되는 것을 의미한다. 중앙은행이 민간인으로부터 100만원의 국채를 사들일 경우 중앙은행은 국채매입대금으로 중앙은행을 지급인으로 하는 수표를 발행하게 되고, 그 수표를 받은 민간인은 자신의 거래은행인 A 은행으로 가서 그 수표를 요구불예금으로 예치한다. 이 결과로 그 은행은 요구불예금이 100만원만큼 증가할 것이다. 또 수표를 받은 A 은행은 그 수표를 중앙은행에 제시하고 지급을 요구하면 중앙은행은 A 은행의 중앙은행예치금을 증가시키는 형식으로 결재해 준다. 중앙은행의 국채매입으로 인한 거래가 끝났을 때에는 중앙은행 및 A 은행의 대차대조표는 <표 19-2>와 같은 결과가 나타난다.

지불준비금은 은행시재금과 중앙은행예치금의 합계이므로 A 은행이 중앙은행예치금 100만원을 증가시킨 것은 초과지불준비금이 100만원 늘어난 것이 된다. 시중은행은 이 초과지불준비금을 근거로 대출해줄 수 있으므로 통화의 승수효과에 따라 통화의 팽창을 가져올 것이다. 이러한 과정은 중앙은행이 A 은행으로부터 국채를 매입하였을 때도 마찬가지로 나타난다.

〈표 19-2〉 중앙은행과 시중은행의 대차대조표

중 앙 은 행

자 산	부 채
국채 1,000,000	A은행 예치금 1,000,000

A 은 행

자 산	부 채
중앙은행예치금 1,000,000	요구불예금 1,000,000

중앙은행이 A 은행으로부터 100만원의 국채를 매입하였다면 중앙은행은 그 국채 매입대금을 A 은행의 중앙은행예치금을 증가시켜주는 형태로 결재하므로, A 은행의 초과지불준비금이 100만원 증가할 것이다. 이때 민간인과의 거래과정이 없을 뿐 결과는 앞에서와 마찬가지이며 A 은행의 초과지불준비금 100만원을 기초로 통화승수배로 통화가 팽창될 것이다.

중앙은행이 국채를 매각할 때는 위에서 설명된 것과 정반대의 결과를 가져온다. 국채를 매각하면 은행의 초과지불준비금을 감소시키고 통화승수효과에 따라 통화량을 감소시킨다.

공개시장조작은 이자율을 변화시키는데, 이것은 국채의 가격과 이자율과는 반대방향으로 움직이는 데 기인한다. 즉, 중앙은행이 국채를 매입하면 국채수요증가로 국채가격은 상승하게 되고 이자율은 하락하게 되며, 반대로 국채를 매각하면 이자율은 상승한다.

법정지불준비율 조정 법정지불준비율(legal reserve ratio)은 중앙은행이 가지고 있는 통화량조절정책의 하나이다. 중앙은행은 예금은행의 법정지불준비율을 변동시킴으로써 통화량을 조절할 수 있다. 중앙은행이 법정지불준비율을 인하하면 예금은행의 초과지불준비금이 증가하므로 예금은행으로 하여금 대출을 증가할 수 있게 해 준다. 이것은 곧 예금은행 조직에서 예금창조를 통하여 통화량을 증가시킨다.

예를 들어 A은행에 예치된 요구불예금액이 100만원이라 하고 법정지불준비율이 25%에서 20%로 인하되었다고 하자. 법정지불준비율이 25%일 때는 A은행의 초과 지불준비금은 75만원이고 법정지불준비율이 20%로 하락하였을 때는 초과 지불준비금이 80만원으로 증가하여 다른 조건이 같다면 예금창조를 통한 통화량은 법정지불준비율이 낮을 때 더 크게 된다. 반대로 법정지불준비율이 인상되면 예금은행의 초과지불준비금은 감소하고 대출이 감소하여 통화량도 감소하게 될 것이다.

이상의 설명을 정리하면 법정지불준비율의 변동은 실제지불준비율을 변화시키므로 통화승수 $\frac{1}{a+r(1-a)}$ 에서 a가 일정하다면 법정지불준비율의 인하는 r의 크기를 감소시키므로 통화승수는 커지게 되므로 통화량은 증가하고 법정지불준비율의 인상은 r의 크기를 증가시키므로 통화승수는 작아지고 통화량도 감소한다. 이와 같이 중앙은행은 통화량을 늘리고자 하면 법정지불준비율을 인하하고 통화량을 줄이고자 하면 법정지불준비율을 인상시킨다.

재할인율조정 재할인율조정이란 중앙은행이 통화량을 조절할 목적으로 예금은행을 상대로 재할인율을 변동시키는 하나의 정책수단이다. 예금은행은 고객의 약속어음을 할인하여 현금을 공급해 주고 그 어음을 중앙은행으로부터 다시 할인 받아 자금을 차입하게 된다. 이 때 시중은행이 할인한 어음을 중앙은행이 다시 할인해 주는 것을 **재할인**(rediscount)이라 하고, 중앙은행이 예금은행이 제시한 어음을 재할인할 때 적용하는 이자율을 **재할인율**(rediscount rate)이라 한다.

이 재할인율은 시중은행이 중앙은행으로부터 자금을 차입할 때의 비용에 영향을 미치게 되는 것으로 재할인율이 높으면 높을수록 중앙은행으로부터의 차입비용이 커지게 되므로 차입금이 감소하게 될 것이다. 차입금이 감소하는 것은 예금은행의 초과지불준비금을 감소시켜 통화량이 감소된다. 한편 재할인율의 인하는 중앙은행으로부터의 차입금을 증가시키고 예금은행의 초과지불준비금을 증가시킴으로써 통화량을 증가시킨다.

오늘날 재할인율 조정정책은 거의 공개시장조작으로 대치된 상태이다. 재할인율은 주로 앞으로 오게 될 중앙은행의 정책에 대한 신호(signal)로서의 역할을 수행하고, 중앙은행의 은행에 대한 지출은 개별은행이 예기치 않은 문제점을 조정하는 데 돕도록 사용되고 있다.

대출한도제 이상에서 살펴본 세 가지 수단은 간접적인 정책수단만으로는 충분한 통화량규제효과를 기대할 수 없다고 판단되는 특수한 경우에는 보다 직접적인 수단이 채택된다. 직접적인 수단에는 중앙은행의 자산규제, 민간은행의 자산규제, 금융기관의 국내여신한도제 등이 있다.

중앙은행자산규제: 중앙은행의 자산획득은 본원통화의 공급을 가져온다. 따라서 중앙은행의 자산변동을 규제하면 자연히 본원통화를 규제하는 것이 되고 나아가 통화량을 규제하는 효과를 가져온다. 본원통화를 공급하게 되는 경로는 중앙은행의 대민간은행여신, 재할인, 대정부여신 등으로 이러한 항목들을 규제함으로써 통화량을 조절하고자 하는 수단이다.

민간은행자산규제: 민간은행의 자산증가는 민간은행의 부채를 증가시키는 것이며, 이 부채는 통화량이다. 따라서 통화량의 억제방법으로 민간은행의 자산규제방식이 채택될 수 있는데 시중은행의 총자산을 규제하거나 특정부문에 대한 대민간여신의 한도를 정해 규제할 수 있다.

국내여신한도제: 중앙은행과 민간은행에 의한 총국내여신은 통화량과 밀접한 관계를 갖는다. 따라서 금융당국이 통제할 수 있는 대정부여신과 대민간여신에 대하여 최고 여신한도를 정함으로써 통화량을 규제하려는 방식이다.

이상의 직접적인 통화규제방식은 어느 시점에서 특수한 경우에 강력한 효과를 가질지 모르나 너무 경직적이기 때문에 금융기관의 자산운영에 효율성을 저하시킬 문제점이 존재한다. 따라서 특수한 경우를 제외하고는 직접적인 규제방식을 피하고 간접적인 방식을 택하는 것이 바람직할 것이다.

3.2.2 선별적 정책수단

일반적 금융정책수단이 국민경제 전반에 대하여 일반적으로 팽창이나 긴축의 효과를 미칠 것을 목적으로 사용되는 데 반하여, 선별적 금융정책은 국민경제의 특정부문에 대하여 영향을 미칠 것을 목적으로 취해지는 정책수단이다. 선별적 금융정책은 전시나 불경기 등의 특수한 상황하에서나 개발도상국 등에서와 같이 급속한 성장을 이루고자 할 때 많이 채택된다. 따라서 이러한 선별적 금융정책은 일반적 금융정책만으로 충분한 효과를 거둘 수 없는 경우에 사용되는데, 소극적인 방법으로서는 국민경제의 불균형을 시정하거나 자금의 비효율적 사용이나 바람직하지 못한 사용을 억제하는 수단이 된다.

또한 선별적 정책수단은 보다 적극적으로 경제의 특정부문의 육성, 개발을 목적으로 사용된다. 경제의 고도성장 추진을 위해서 수출지원자금을 방출한다든지 또는 산업의 고도발전을 추진하기 위해서 중화학공업이나 기계공업의 육성을 위한 특별대출이 행해진다. 우리 나라는 그 동안 수출주도적 경제성장정책을 추진하면서 이러한 선별적 정책수단을 많이 사용하였다. 거의 모든 은행기관이 수출촉진과 그에 따르는 산업발전을 위해서 선별적 금융정책을 사용하게 되었고, 특히 수출입은행, 산업은행, 중소기업은행 등과 같은 특수은행이나 개발기관은 이러한 선별적 금융을 주로 행해 왔다.

3.3 유사표적과 중간표적

앞에서 우리는 중앙은행의 궁극적 정책목표와 그 수단들에 대하여 살펴보았다. 그러나 이 수단들은 목표변수들에 대하여 직접적으로 작용하지 못한다. 이 수단들은 주로 은행의 지불준비금이나 단기이자율을 변화시킬 뿐이며 그 단계로부터 높은 고용이나 물가안정까지는 거리가 멀다. 이러한 문제는 은행준비금이나 단기이자율의 변화가 명목국민소득, 그리고 고용이나 물가에 영향을 미치려면 오랜 시간이 소요된다는 사실에 의하여 더 확대된다.

이와 같이 만일 중앙은행이 은행준비금을 틀린 방향으로 틀린 액만큼 변화시킬 경우 소득이 바람직하지 못한 방향으로 움직여서 정책을 반대로 되게 한 것을 발견하게 되었을 때는 이미 나타난 피해를 수습하기에는 너무 늦게 된다. 그러므로 중앙은행은 수단과 최종목표 사이에 두 가지의 중간연계변수를 둔다. 그 하나는 **중간표적**(intermediate targets)과 같이 소득, 그리고 고용 및 물가에 영향을 미치는 변수들로 구성된다. 그러나 중앙은행은 그 수단으로 이 표적들에 직접 영향을 미치는 것은 통화량이 아니라 은행준비금일 뿐이다. 따라서 **유사표적**(instruments or proximate targets)이라 불리는 더 낮은 수준의 또 하나의 표적을 수단과 표적 사이에 둔다. 이들은 은행준비금과 같은 변수들이다. <그림 19-5>은 중앙은행의 정책목표, 표적, 유사표적, 수단 사이의 관계를 나타낸다.

그림 19-5 중앙은행의 정책목표와 수단 사이의 관계

정책수단		유사표적		표 적		정책목표
공개시장조작		은행준비금		통화량		국민소득
재할인율정책	⇨	단기이자율	⇨	단기이자율	⇨	물가안정
지불준비율정책				장기이자율		고용확대

<그림 19-5>는 금융정책이 파급되는 과정을 나타낸다. 이에 대한 설명을 위해 예를 들면, 중앙은행이 9%의 명목소득의 성장을 원한다고 가정하자. 어떤 공개시장조작이 취해져야 하느냐는 계량경제적 수단을 사용해서 답을 얻을 수 있다. 계량경제모형은 공개시장조작을 통해서 통화량을 7%변화시킬 것을 지시해 주었다고 하자. 이제 중앙은행이 공개시장조작정책을 취하고 관찰한 결과 통화량이 7%가 아니라 10%가 증가하였다고 가정하자. 분명히 무엇인가 잘못되어 소득은 아마도 너무 많이 상승할 것이고 중앙은행의 통화량증가가 바라던 9%의 명목소득성장률을 달성하는 데 필요한 7%로 되돌아올 때까지 공개시장조작을 반대로 행해야 한다. 결국 국민소득에 영향을 미치는 것은 공개시장조작 그

자체가 아니라 그로부터 초래된 통화량이나 이자율의 변화이다. 그렇게 하는데 중앙은행은 중간표적으로써 통화량을 사용했고, 직접 최종목표에 초점을 맞춘 것이 아니라 이 중간표적에 관심을 두고 수단을 사용한 것이다.

그러나 통화량은 중앙은행이 명목소득보다 더 직접적으로 영향을 미칠 수 있는 것이긴 하나, 그것은 정책수단으로부터 아직도 얼마간의 거리가 떨어져 있다. 그러므로 통화량표적을 조정변수로 함에 있어 은행준비금이나 중앙은행자금 이자율과 같은 중간변수, 즉 유사표적을 사용한다. 따라서 중앙은행은 명목국민소득 9%를 목표를 할 때 이를 위하여 통화량은 7%의 성장이 요구되고, 또 이 7%의 통화증가율은 몇 %, 예를 들면 8%의 은행준비금 증가율이 요구된다는 것을 알게 된다. 이 때 중앙은행은 은행준비금이나 중앙은행자금 이자율을 직접적으로 변화시키는 데 필요한 만큼의 공개시장조작을 착수할 수 있다.

이와 같은 유사표적이나 중간표적을 사용함으로써 중앙은행은 경제가 원래 예정된 경로로부터 이탈한다는 정보가 입수될 때 중간과정 교정을 할 수 있다. 반대로 만일 중앙은행이 직접 명목소득표적을 지향한다면 이러한 중간과정 교정은 가능할 수 없다. 이것은 정책이 소득에 미치는 영향이 나타나는 데는 오랜 시간이 걸리므로 정책이 소득에 영향을 미치는 과정에서의 자료는 통화량자료보다 아주 뒤늦게만 가용하기 때문이다.

3.3.1 중간표적

표적 또는 중간표적의 선택은 금융정책수립에 결정적 단계가 되는데, 서로 다른 표적변수는 종종 중앙은행으로 하여금 아주 다른 정책을 수립하도록 요구한다. 예를 들면 통화량표적은 긴축정책을 취하도록 말해 주는 반면, 이 자율표적은 팽창정책을 취하도록 말해 줄 수 있다. 적합한 표적의 선정은 금융정책에 있어 가장 민감하게 논쟁되는 이슈 중의 하나이다.

금융정책의 훌륭한 표적이 되기 위해서 이자율이나 통화량과 같은 변수는 **측정가능성**(measurability), **달성가능성**(attainability), 그리고 목표 변수에 대한 **관련성**(relatedness)의 3가지 기준을 충족시켜야 한다. 측정성기준은 두 가지를 내포한다. 하나는 정확한 자료가 신속히 사용 가능하여야 하고, 다른 하나는 그 자료는 분석목적에 사용될 수 있도록 즉시 해석이 가능한, 즉 그것이 무엇을 의미하는지 알 수 있어야 한다는 것이다. 달성가능성은 표적을 달성하거나 또는 최소한으로 근접할 수 있는 기회가 있어야 한다. 그렇지 않으면 표적을 갖는 것이 별 소용이 없게 된다. 표적을 갖는 목적이 특정 소득수준을 달성하는 것이므로 달성할 수 없는 표적을 갖는 것은 중앙은행이 바라는 소득수준에 대하여 별로 영향을 미치지 못한다는 것을 말한다.

관계성은 표적변수를 사용하는 것에 관한 모두이다. 중앙은행이 표적변수를 사용하는 유일한 이유는 정확하게 이 표적변수의 적합한 값을 달성하는 것이 최종목표의 달성이나, 최소한 가깝게 접근할 수 있는 결과를 가져올 수 있다고 믿기 때문이다. 표적의 역할을 할 수 있는 주요 변수로는 통화량, 이자율, 은행의 신용 등이 경쟁적으로 사용되고 있다. 통상 이 세 가지 표적들을 절충하여 사용될 수는 있으나, 세 가지 표적 모두나 또는 두 가지 표적에 정확하게 지향될 수는 없다. 중앙은행은 이 변수들 중의 하나를 표적으로 사용하면 다른 두 변수에 대한 조정을 포기하는 것이 보통이다.

3.3.2 유사표적

이제까지 논의된 표적들, 즉 통화량이나 장기이자율은 아직도 중앙은행의 정책수단과는 얼마간의 거리가 있다. 중앙은행은 통화공급을 직접적으로 결정하지 못 한다. 이것은 예금을 창조할 때 은행에 의해서나 은행으로부터 통화를 인출할 때 일반대중에 의해서 이루어진다. 그리고 중앙은행은 많은 경우에 장기유가증권으로 공개시장조작을 취하지 않으므로 공개 시장조작은 장기이자율에 큰 직접적 영향을 미치지 못한다. 다만 단기 이자율만이 중앙은행의 공개시장조작에 의하여 직접적이고 즉각적으로 결정된다.

그러므로 중앙은행이 명목소득을 조정할 때 당면된 문제들이 어느 정도 중앙은행의 표적변수조정에도 역시 적용된다. 따라서 유사표적을 사용하게 되며 표적이 목표에 대하여 있는 것과 같이 유사표적은 중간표적에 대하여 같은 관계에 있다. 이러한 유사표적의 선정기준은 중간표적의 선정기준과 유사하며 측정가능성, 달성가능성 및 중간표적과의 관련성이다. 중앙은행은 유사표적변수로서 은행준비금이나 그와 관련된 개념들의 몇 가지 수단 중 어떤 것이 사용된다. 유사표적이 될 수 있는 다른 변수들로는 비차입준비금, 본원통화, 이자율 등이 있다.

3.3.3 지표

중간표적 및 유사표적에 관련된 한 가지 문제는 금융정책의 지표선정이다. 중앙은행은 지향해야 할 표적이 무엇인가 이상으로 더 알아야 한다. 또한 현재의 정책이 무엇인가를 알고 만일 문제가 있으면 어떤 방법으로 변화시킬 수 있어야 한다. 이와 유사하게 중앙은행 밖에 있는 경제학자들도 현재의 정책에 대하여 알고자 한다. 이것은 하찮은 문제같이 보인다. 그러나 그렇지 않다. 왜냐 하면 문제의 초점은 중앙은행의 의도가 아니라 정책에 의한 충격에 있기 때문이다. 중앙은행은 어떤 재할인율정책이나 공개시장조작이 취해지고 있는지 알고 있는 게 사실이다. 그러나 이것으로는 충분하지 않다.

예를 들어 만일 재할인율이 6%라면, 이것은 팽창정책인가 또는 긴축정책인가? 이에 대한 답은 부분적으로 은행들이 차입하기가 얼마나 자유롭다고 느끼느냐에 달려 있다. 유사하게 중앙은행이 100억원의 유가증권을 매입했다고 가정해 보자. 이것은 팽창정책인가? 이에 대한 답은 명백하게 내려질 수 없다. 은행이 이자율이 하락하고 있기 때문에 150억원을 초과준비금으로 보유하고자 한다고 가정하자. 만일 중앙은행이 단지 100억원의 추가준비금을 공급한다 하더라도 통화량은 하락할 것이다. 그러므로 중앙은행이 하고 있는 것을 볼 때 팽창금융정책으로 보일 수 있는 것이 표적변수가 변하는 방향을 볼 때는 실제로 긴축정책이 될 수 있다.

이와 같이 우리는 중앙은행의 정책수단이 조작되는 것을 단순히 관찰하고 금융정책이 긴축정책인지 팽창정책인지 판단할 수 없다. 대신 우리는 이러한 정책수단의 사용이 경제에 미치는 영향을 측정할 수 있는 어떤 변수를 찾지 않으면 안된다. 이러한 변수를 **지표**(indicator)라고 부른다.

지표의 선정기준은 대체로 유사표적이나 중간표적의 선정기준과 유사하다. 첫째, 지표에 대한 신뢰성 있고 신속한 자료가 가용해야 한다. 둘째, 지표는 중앙은행이 무엇을 하고 있다는 것을 말해 줄 것을 기대하게 되므로 중앙은행의 통제하에 들어갈 수 있는 어떤 변수이어야 한다. 실제로 훌륭한 지표가 되기 위해서 그 변수는 중앙은행의 통제하에 들어 있어야 할뿐만 아니라, 그것은 중앙은행이 하는 것만을 나타내야 하기 때문에 중앙은행의 조치에 의해서만 영향을 받아야 한다. 셋째, 지표는 중간표적 변수와 예측할 수 있는 관계를 가져야 한다. 그렇지 않다면 어떤 것이 지표가 되나 상관할 필요가 없는 것이다.

준비금이나 본원통화는 중간표적과 관련되어 있고, 신뢰성 있는 자료가 신속하게 가능하고, 중앙은행만이 통제할 수 있기 때문에 좋은 지표가 된다. 그러나 단기이자율은 그것의 등락이 중앙은행의 활동에 의한 것이라기보다 민간부분의 신용에 대한 수요의 변화로부터 초래될 수 있기 때문에 문제가 많은 지표이다. 예를 들어 경기가 침체되어 있는 동안 이자율이 하락할 때 이것은 중앙은행이 팽창정책을 채택한 것을 반드시 의미하지는 않는다. 신용에 대한 수요가 침체기에는 하락하므로 중앙은행이 아무 것도 하지 않았거나 또는 긴축정책을 취하더라도 이자율은 하락한다. 이와 똑같이 많은 비경제학자들이나 어떤 일부의 경제학자들까지도 이자율을 그들의 금융정책의 지표로 사용한다. 그리고 나서 명목이자율이 12%라 할 때, 그들은 납세 후 실질이자율이 −3%이고 통화성장이 아주 높은 데도 금융정책이 긴축적이라고 불평한다.

■ 요 약 ■

1. 발권은행으로서 중앙은행이 공급하는 동전이나 지폐와 같은 화폐를 본원통화라 하는데, 본원통화의 공급은 중앙은행에 의한 공개시장조작, 중앙은행의 대출, 대정부신용의 증가, 금 및 외환의 매입과 같은 경로를 통해 이루어진다.

2. 예금은행은 중앙은행이 발행한 본원통화를 토대로 하여 예금통화를 창조하는데, 예금통화의 창조란 공급된 본원통화를 기초로 하여 새로운 요구불예금이 발생하는 것을 말하고, 이 요구불예금을 예금통화라 한다. 공급된 현금통화가 최초로 은행에 예금되는 것을 본원적 예금(primary deposits)이라 하고, 본원적 예금 중 대출된 자금이 다시 은행에 예금될 때 이것을 파생적 예금(derived deposits)이라 하며 이 과정에서 통화량은 증가한다.

3. 중앙은행은 예금은행으로 하여금 예금액의 일부를 예금인출에 대한 준비금으로 보유하도록 하는데, 이 준비금을 법정지불준비금이라 한다. 그리고 법정지불준비금을 총예금액으로 나눈 것을 법정지불준비율이라 한다.

4. 현금유출이 없는 경우 총예금창조액은 본원적예금에 법정지불준비율의 역수배만큼 이루어진다. 이 때 법정지불준비율(r_l)의 역수 $\frac{1}{r_l}$ 을 신용승수(credit multiplier) 라 한다. 따라서 법정지불준비율이 높을수록 신용승수가 작아지고 총예금창조액도 작아지며, 법정지불준비율이 낮을수록 그 반대 현상이 나타난다. 한편 현금유출이 있는 경우 (현금유출율: z) 신용승수는 $\frac{1}{r_l + z - r_l z}$ 이다.

5. 통화공급함수는 $M = \frac{1}{a + r(1+a)} B$ 이다. 여기서 $\frac{1}{a + r(1+a)}$ 을 통화승수(money multiplier)라고 한다. 따라서 본원통화량(B)이 주어졌을 때 현금통화비율(a)과 지불준비율(r)이 작을수록 통화량(M)은 커짐을 알 수 있다.

6. 고전학파의 통화수량설에서 교환방정식은 통화의 유통속도가 일정하다면 물가수준과 통화량의 비례관계를 설명한다. 현금잔고방정식은 케임브리지 k가 일정하다면 통화량은 소득의 일정비율로 결정됨을 보여준다.

7. Keynes의 유동성선호설에 의하면 통화를 보유하려는 동기로 거래적 동기, 예비적 동기, 투기적 동기를 들고 있다. 여기서 거래적 수요, 예비적 수요는 소득의 증가함수인 반면, 투기적 수요는 이자율의 역함수이다.

8. 금융정책이란 통화량, 이자율 및 이와 관련된 여러 가지 변수의 조정을 통하여 국민경제가 지향하려는 목표를 달성하려는 금융당국(정부와 중앙은행)이 수행하는 정책을 말한다.

9. 금융정책수단은 그 효과가 미치는 범위에 따라 일반적인 정책수단과 선별적인 정책수단으로 구분할 수 있다. 일반적인 정책수단은 국민경제 전반에 영향을 미치는 정책수단으로서 공개시장조작, 지불준비율정책, 재할인율정책, 대출한도제 등이 있다. 선별적 정책수단은 국민경제의 어떤 특정부문에 대하여 선별적으로 영향을 미칠 것을 목적으로 취해지는 금융 정책으로 특수부문에 대한 지원이나 억제를 목적으로 하는 것들이 포함된다.

■ 주요개념 ■

본원통화, 고성능통화, 공개시장조작, 재할인, 재할인율, 본원적 예금, 파생적 예금, 지불준비금, 법정지불준비금, 법정지불준비율, 초과지불준비금, 초과지불준비율, 지불준비율, 예금창조, 현금유출, 총예금창조액, 신용승수, 순신용승수, 파생적 통화, 통화공급, 통화승수, 통화공급방정식, 통화공급함수, 통화수량설, 교환방정식, 현금잔고 방정식, 유동성선호설, 거래적동기, 예비적동기, 투기적동기, 유동성함정, 신통화수량설, 금융정책, 공개시장조작, 일반적 정책수단, 대출한도제, 선별적 정책수단,

제 8 편

국민경제의 거시균형과 안정화정책

제20장

총수요·총공급 및 물가수준

<개 요>

이제까지의 분석에서 우리는 물가수준을 고정된 것으로 가정하였다. 통화량이나 조세의 변화, 또는 정부지출변동의 효과를 분석함에 있어서 총수요의 수준이 어떠하든 현존 물가수준에서 총수요가 충족됨을 가정하였다. 다시 말해서 우리는 물가수준의 변동, 즉 인플레이션을 분석의 틀에 포함시키지 않았다. 그러나 인플레이션은 거시경제연구에 있어서 중요한 관심대상 중의 하나이므로 이번 장에서는 총산출량수준과 물가수준의 동시적 결정을 취급하게 된다.

균형산출량과 균형물가수준은 총수요와 총공급의 교차점에서 결정되는데, 이것은 마치 미시경제학에서 수요와 공급의 상호작용에 의하여 한 재화의 균형수급량과 균형가격이 결정되는 원리와 형식적으로 유사하다. 그러나 총수요 및 총공급곡선의 개념은 개별재화시장의 수요와 공급곡선과 같이 그렇게 단순하지 않다. 따라서 본 장에서는 총수요와 총공급곡선의 기울기와 모양을 결정짓는 원인들과 총수요와 총공급선을 이동시키는 각각의 원인들에 대하여 살펴보고자 한다.

1. 총수요

1.1 총수요의 개념과 총수요곡선의 도출

총수요(aggregate demand: AD)곡선은 여러 가지 상이한 물가수준과 이러한 각각의 물가수준에서의 총지출수준과의 조합점들을 연결한 궤적이다. 다시 말해서 총수요곡선은 각각의 물가수준에서 구입하고자 하는 재화 및 용역의 총산출량수준을 표시한다. 한 상품에 대한 수요곡선과 마찬가지로 총수요곡선은 우하향의 기울기를 갖는데, 그것은 물가수준이 높을 때는 낮을 때에 비하여 소비 및 투자지출을 비롯한 총지출의 수준이 감소함을 뜻하는 것이다. 총수요곡선이 우하향을 함을 설명하는 데에는 ① **실질잔고효과**(real balance effect)와 ② **이자율효과**(interest rate effect), 그리고 ③ **수입대체효과**(substitution effect of foreign-produced goods)의 분석으로 가능하다.

1.1.1 실질잔고효과

소비자들은 그들의 자산 중 일부는 현금이나 증권 등과 같은 금융자산의 형태로 보유하고 있는데, 이러한 자산은 언제나 재화 및 용역에 대한 구매력으로 쉽게 전환될 수 있다. 그런데 금융자산의 구매력의 크기는 물가수준과 역의 관계를 갖고 있다. 따라서 물가가 하락하면 이들 금융자산의 구매력이 증가하기 때문에 금융자산의 보유자들은 소비를 증가시키게 될 것이다. 반대로 물가가 상승하면 금융자산 보유자들은 그만큼 가난하게 되고 따라서 소비를 감소시키게 될 것이다.

결국 실질잔고효과란 물가수준의 변화로 화폐잔고를 비롯한 금융자산의 구매력이 변동될 때 각 소득수준에서의 의도된 소비지출이 변동하게 되는 것을 의미한다. 물가상승은 금융자산 구매력의 감소를 가져오고 따라서 각 소득수준에서의 의도된 소비지출을 감소시키며, 물가하락은 금융자산 구매력의 상승으로 인해 각 소득수준에서의 소비지출증가를 가져온다.

이제까지 우리는 매우 단순한 소비함수, 즉 소비수준의 크기는 소득만에 의하여 결정된다는 소비함수를 가정하였다. 이제 **실질잔고**를 포함시켜 고려할 때 소비함수는 다음과 같이 표시된다.

$$C = C\left(Y, \frac{M}{P}\right) \tag{20-1}$$

여기에서 C는 소비수준, Y는 실질가처분소득, M은 명목통화량, 그리고 P는 물가수준을 나타낸다. 따라서 M/P은 실질통화량 또는 실질잔고라고 말할 수 있다.

그림 20-1 실질잔고 효과와 총수요곡선

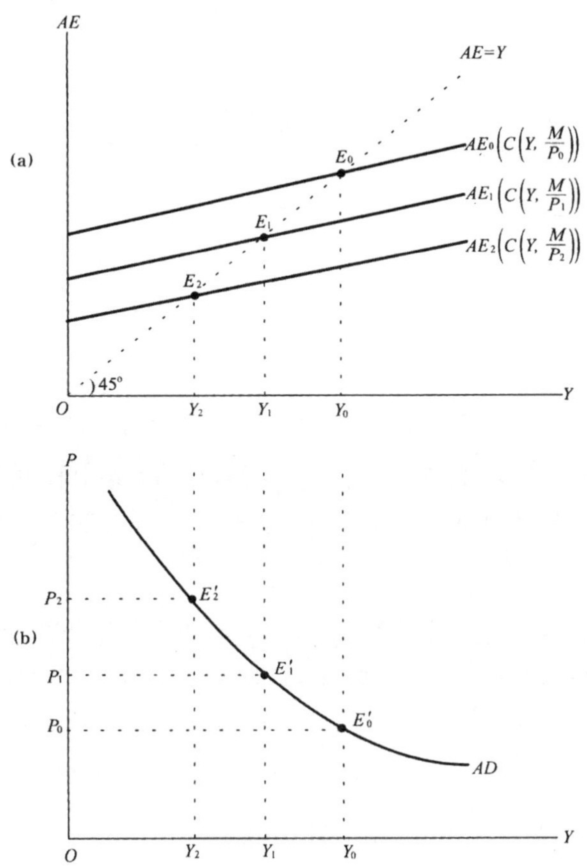

여타 조건들이 일정하다고 할 때, 물가가 하락함에 따라서 소비자들은 실질잔고가 증가함을 느끼게 된다. 왜냐하면 명목통화량(M)의 수준이 일정하고 물가수준(P)이 감소한다면 실질잔고(M/P)의 비율은 증대할 것이기 때문이다. 이러한 실질잔고의 증가는 현재의 실질소득수준에서 거래목적을 위해 요구되는 실질통화량의 수준초과를 의미한다. 따라서 소비자들은 현재의 소득 중 더 많은 부분을 소비하려고 함으로써 의도하였던 수준의 실질잔고량을 유지하고자 할 것이다. 이러한 결과를 실질잔고효과라고 하는데, 최초로 이러한 현상을 주장하였던 경제학자의 이름을 인용하여 **피구효과**(Pigou effect)라고도 부른다.

<그림 20-1>의 (a)에서 보듯이, 만일 물가수준이 최초에 P_1이었다고 하자. 그에 따른 총지출수준은 AE_1이며 총산출량(균형국민소득)수준은 Y_1이 된다. 이제 물가가 하락하여 P_0가 된다면 실질잔고효과로 인해 총지출수준은 AE_0로 증가할 것이며, 그에 따라 총산출량수준은 Y_0로 증가할 것이다. 반면에 물가가 상승하여 P_2가 된다면 이제는 실질잔고효과로 인해 총지출수준은 AE_2로 감소할 것이며, 따라서 총산출량수준 역시 Y_2로 감소할 것이다. 이와 같은 물가수준과 총산출량과의 역의 관계를 좌표상에 나타낸 것이 그림 (b)이다. 결국 실질잔고효과를 통하여 물가수준과 총산출량(총지출)수준 사이에는 역의 관계가 존재한다는 것을 보여주는 총수요곡선을 도출하였다.

1.1.2 이자율효과

이자율효과란 물가변동이 이자율 변동에 영향을 미쳐 총수요의 변화를 가져오는 과정을 말한다. 그 내용을 간략히 살펴보면, 모든 사람들은 미래에 발생할 지출을 대비해 얼마간의 현금잔고(cash balances)를 보유하고 있다. 그런데 만일물가가 상승하게 되면 화폐의 실질구매력이 하락(모든 상품의 가격이 상승하는 것과 동일한 효과)하기 때문에 거래로 인한 화폐수요는 증가할 것이다. 이때 화폐의 공급량이 일정하다면 개인들이 필요한 돈을 빌리기 위한 값은 상승하게 된다. 여기서 돈을 빌리는 값이 바로 이자율이다.

따라서 물가상승으로 인해 이자율이 상승하게 되면 돈을 빌려 자동차나 주택을 구입하려고 했던 소비자들은 그 소비지출 수준을 줄이려고 할 것이며, 새로운 기계나 플랜트를 구입하려고 계획했던 기업 역시 그 투자지출 수준을 줄이게 될 것이다. 결국 물가의 상승은 소비지출과 투자지출의 감소를 포함하는 총지출(총산출량)의 감소를 초래한다. 물론 그 역도 성립한다.

1.1.3 수입대체효과

자국의 물가상승이란 자국의 상품가격이 해외에서 생산되는 상품에 대해 상대적으로 비싸진다는 의미이다. 즉, 자국의 물가상승은 자국에서 생산되는 상품의 수요량을 하락시키고 해외에서 생산되어 수입되는 상품의 수요량을 증가시키게 될 것이다. 뿐만 아니라 해외의 자국상품 수입국들은 상대적으로 값이 비싸진 자국상품을 이전만큼 구입하려 들지 않게 될 것이다.

그런데 개방경제하의 총수요곡선이란 국내뿐 아니라 외국에 의한 자국상품의 총수요량을 포함하여 나타낸다. 따라서 자국의 물가상승은 자국상품의 총수요량을 하락시키게 되며, 물가수준과 총수요량은 역의 관계를 갖게 된다.

1.2 총수요곡선의 이동

다른 조건이 일정할 때 물가수준과 국민소득간의 상관관계를 나타내는 것이 총수요곡선이다. 따라서 일정하나 수준에 묶여 있던 조건들이 변하게 되면 총수요곡선 자체의 이동이 야기될 것이다. 이것은 마치 개별재화에 대한 시장수요곡

〈표 20-1〉 함수변화에 따른 총수요의 이동

함수변화	AD 이동
독립소비의 증가(감소)	우측(좌측)
독립투자의 증가(감소)	우측(좌측)
정부지출의 증가(감소)	우측(좌측)
조세의 증가(감소)	좌측(우측)
순수출(X−M)의 증가(감소)	우측(좌측)
통화량공급의 증가(감소)	우측(좌측)
거래적 화폐수요의 증가(감소)	좌측(우측)
투기적 화폐수요의 증가(감소)	좌측(우측)

선이 가격과 수요량과의 상관관계를 의미하나, 소득이나 소비자기호 또는 다른 재화들의 가격 등이 변동할 때 수요곡선 자체가 이동하는 것과 같다.

<표 20-1>에는 여러 가지 가능한 매개변수의 변동이 총수요 (AD) 곡선의 이동에 미치는 효과들이 요약되어 있다.

그림 20-2 총수요의 증가와 감소

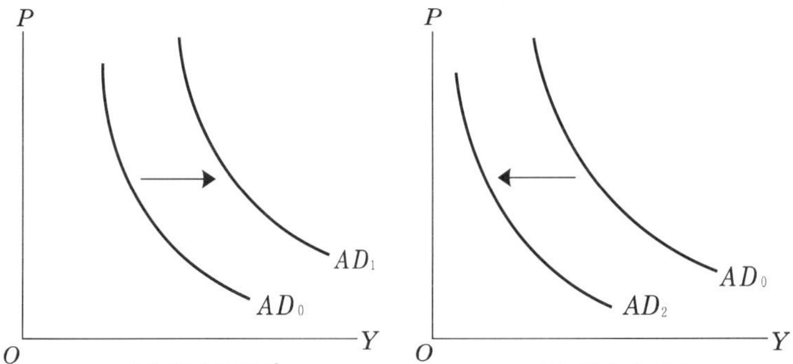

(a) 총수요증가 (b) 총수요감소

<그림 20-2>에서와 같이 총수요가 증가 ($AD_0 \rightarrow AD_1$) 하는 경우는 소비자들이나 기업들의 장래에 대한 낙관적 전망에 따른 소비지출이나 투자지출의 증대, 해외수요의 증가, 또는 확장적 재정정책이나 금융정책들의 결과로 이루어진다. 한편 총수요감소 ($AD_0 \rightarrow AD_2$) 는 위와 반대의 경우에 나타난다.

1.3 총수요곡선의 중요성

총수요의 개념은 왜 중요한가? 총수요곡선을 우상향의 기울기를 가진 단기총공급곡선(short-run aggregate supply curve: $SRAS$)과 같이 고려할 때 총수요변동의 중요성과 아울러 총수요관리정책의 중요성을 이해할 수 있다.

<그림 20-3>에서 국민경제의 총수요가 소비나 투자의 감소 또는 화폐수요의 증가 등과 같은 원인에 의하여 AD_0 로부터 AD_1 으로 감소하였다고 하자.

그러면 총산출량 또는 실질국민소득은 완전고용국민소득인 Y_F 보다 낮은 수준인 Y_1 에서 결정될 것이다. 그리고 단기총공급선이 우상향의 기울기를 갖는다면 물가수준은 P_1 으로 하락할 것이다. 이 때 중요한 관심사항은 감소된 총산출량 및 고용수준이 경제의 자율적 조정기구에 의하여 완전고용의 수준으로 다시 복귀될 수 있는가의 여부이다.

그림 20-3 총수요의 감소와 재량적 정책의 필요성

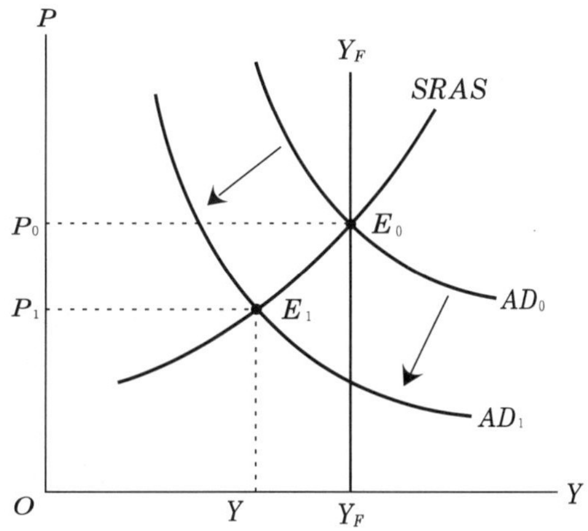

만일 이에 대한 답이 부정적일 때 정부부문의 **재량적 정책**(discretionary policy)이 긴요하게 된다. 이러한 정책의 목적은 그것이 재정정책이든 또는 금융정책이든 간에 총수요를 증가시켜(즉, 총수요곡선을 우측으로 이동시켜) AD_0 의 수준으로 환원시키는 것이다. 그리고 이러한 정책이 '재량'이라고 호칭되는 까닭은 정부가 실업상태를 인식하고 이를 해소시키기 위하여 정부지출의 증가 또는 화폐공급증가와 같은 적극적 개입을 구사하기 때문이다.

그런데 이제까지 논의한 총수요의 측면은 거시경제의 전체적 분석에 있어서 일면만을 차지한다는 점을 유의해야 할 것이다. 따라서 총공급에 대한 개념이 확실해져야만 거시경제의 분석과 정부정책의 효과가 보다 분명하게 밝혀질 것이다. 정부정책이 국민경제를 안정화시키고자 하는 당초의 의도에도 불구하고 총수요나 총공급을 효과적으로 통제하지 못할 수도 있다. 다음절에서는 총공급의 배후에 있는 제 요소들에 대하여 분석하기로 한다.

2. 총공급

총공급은 여러 가지 상이한 물가수준과 이러한 각각의 물가수준에서 공급되는 재화 및 용역의 **총산출량**과의 관계를 나타내는 개념이다. 그런데 총공급의 모양과 기울기는 경제활동에 참여하는 경제주체들의 행동양상을 어떻게 가정하느냐에 따라서 다르게 나타난다. 산출량은 투입요소들의 함수이므로, 총공급의 기초는 결국 요소시장과 밀접한 관련성을 지닌다고 볼 수 있다. 따라서 총공급은 모든 요소시장에서의 구매자들과 판매자들의 경제행위에 달려 있다고 가정할 수 있다. 그러나 분석을 간단히 하기 위하여 노동이외의 생산요소들을 '다른 요인들은 일정하다면'이라는 조건 속에 가두어 놓는다면, 우리는 국민경제의 가장 중요한 투입요소인 노동에 분석의 초점을 맞출 수 있다.

한편 총공급의 개념은 모든 경제적 변화에 따른 조정이 이루어질 수 있는 충분한 시간을 허용하느냐의 여부에 따라서 **단기총공급**(short-run aggregate supply curve: *SRAS*)과 장기총공급(long-run aggregate supply curve: *LRAS*)의 두 가지로 구분할 수 있다.

2.1 단기총공급

2.1.1 단기총공급곡선의 개념과 유도

일반적으로 단기총공급곡선은 우상향의 기울기를 가지는 것으로 가정한다. 즉, 물가수준이 상승할수록 총산출량의 공급이 증가한다는 것이다. 이러한 현상이 가능한 경우는 생산요소의 소유자들, 특히 노동의 공급자들이 물가수준이 상승할 때(즉, 재화의 가격들이나 임금수준이 동시에 상승할 때) 그들의 형편이 좋아지고 있다고 생각하면서 더 많은 생산요소를 공급하게 될 때 이루어진다. 이것은 노동자들이 그들의 명목임금의 상승만을 고려하고, 동시적으로 상승하는 재화 및 용역의 물가상승을 도외시한다는 것을 의미한다. 이러한 비대칭적인 인식태도를 경제학자들은 **화폐의 환상**(money illusion)이라 부른다.

> **화폐의 환상**이란 노동자든 기업이든 간에 경제행위의 주체들이 모든 물가와 화폐임금의 동시적이고 비례적인 상승에도 불구하고 실질임금 또는 상대가격의 변화가 있다고 착각하는 경우를 의미한다.

경제주체들이 화폐의 환상을 가지고 있지 않고 또한 물가변동으로 상대가격의 변동이 없을 때, 물가변동은 총산출량이나 고용결정에 영향을 미치지 못할 것이다. 예를 들어 화폐임금과 소비자물가가 각각 10% 상승하고 노동자들이 화폐환상을 갖고 있지 않다면, 실질임금에도 변동이 없기 때문에 노동자들의 노동공급행위에는 아무런 변동이 없을 것이다. 그러나 만일 노동자들이 10%의 화폐임금상승만 인식하고 10%의 물가상승을 염두에 두지 않는다면, 노동자들은 그만큼 형편이 나아졌다고 생각하고 노동공급량을 증대시키게 될 것이다. 결국 단기적으로 총공급을 결정짓는 요소는 화폐의 환상 여부에 달려있다.

그림 20-4 화폐임금의 함수인 노동공급과 단기총공급곡선의 유도

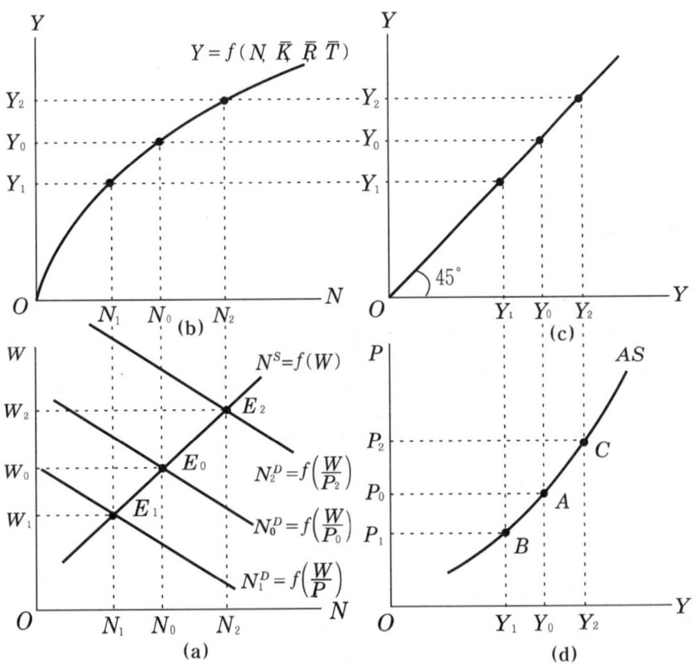

<그림 20-4>은 화폐의 환상이 존재할 경우 단기적으로 우상향하는 총공급곡선을 유도할 수 있음을 나타내고 있다. 이 경우에 노동자들은 실질임금이 아니라 화폐임금에 기초하여 노동공급을 결정하고 있다. 이러한 현상은 노동자들이 최근에 이루어진 물가상승의 변동을 알고 있지 못하거나 또는 화폐임금의 상승이 물가수준의 변동과 관계없이 실질임금의 상승을 가져온다고 잘못 인식하는 경우에 발생할 수 있을 것이다.

그림의 (a)부분에서 최초 물가수준은 P_0 이다. 노동공급곡선은 실질임금이 아니라 화폐임금의 함수이다. 즉 $N^S = f(W)$ 이다. 한편 노동수요는 실질임금에 의존하므로 $N_O^D = f(\frac{W}{P_0})$이다. 이 때 노동시장의 균형점 (E_0) 에서 고용량은 N_0, 화폐임금수준은 W_0이다. 그럼 (b)부분의 총생산함수 ($Y = f(N, \overline{K}, \overline{R}, \overline{T})$는 국민경제의 총생산함수를 나타내며, 이 때 K는 자본량, R은 자연자원량, 그리고 T는 기술수준의 정도로서 일정한 상태에 있음을 표시하고 있다) 를 통하여 N_0 의 고용량은 Y_0 의 총산출량은 가져오며, 이는 (c)부분에서 45°선에 의하여 횡축의 크기로 전환된다. (d)부분에서는 물가수준 (P_0) 과 이에 상응한 총산출량 (Y_0) 이 총공급선의 한 점(A)으로 표시된다.

이제 물가가 P_0 보다 낮은 P_1 수준으로 하락하였다고 가정하자. 노동공급선은 화폐임금함수로 가정하였으므로 전과 동일하다. 한편 노동수요곡선은 실질임금에 의존하는데 그림에서는 화폐임금에 대하여 그려졌으므로 전과 동일한 실질임금수준을 나타내기 위해서는 각각의 고용수준에서 물가하락의 비율만큼 노동수요곡선이 아래쪽으로 이동하여야만 한다.

이렇게 그려진 새로운 노동수요곡선인 $N_0^D = f(\frac{W}{P_0})$ 와 노동공급곡선의 교차점인 E_1에서 새로운 균형이 성립되며 이 때 물가수준은 P_1, 화폐임금 W_1, 그리고 고용량은 N_1이다. 위에서와 동일한 방법으로 N_1 에 상응하는 총산출량 Y_1 이 유도되고, P_1 과 Y_1 은 총공급선상의 또 다른 점인 B 점으로 표시된다.

물가가 P_0 보다 높은 수준인 P_2 로 상승하였을 때는 노동수요곡선은 실질임금과 상응한 노동수요가 유지될 수 있도록 물가상승의 비율만큼 상방으로 이동한다. 즉, 물가상승은 각각의 명목임금에 대하여 실질임금 수준의 하락을 의미하므로 노동수요곡선은 우측 또는 상방으로 이동하게 된다. 한편 노동자의 입장에서는 물가상승을 인식하지 못한 채 명목임금의 상승이 곧 실질임금의 상승으로 잘못 이해함으로써 노동공급량을 증가시키게 될 것이다. 그 결과 그림의 (d) 부분에서 A 점으로부터 C 점으로의 이동을 나타난다. 이렇게 하여 노동공급이 실질임금이 아니라 명목임금의 함수일 때 우리는 BAC 를 잇는 바와 같은 우상향의 기울기를 가진 총공급곡선을 얻게 된다.

2.1.2 총공급곡선의 극단적 두 형태

이상에서는 보통 우상향의 기울기를 가지는 총공급곡선을 살펴보았지만 재화시장이나 노동시장에서 물가나 임금 등과 같은 변수들의 조정속도에 대한 가정에 따라서 수평선 또는 수직선으로 나타나는 총공급곡선을 유도할 수 가 있다.

그림 20-5 극단적 형태의 총공급곡선

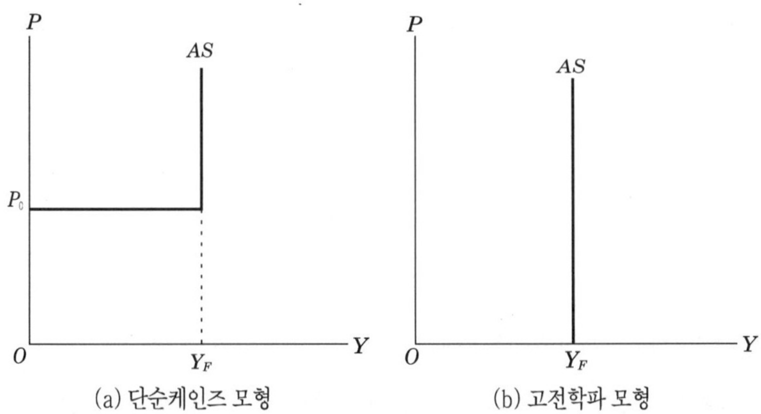

첫째의 경우는 <그림 20-5> (a)에서와 같이 단순케인즈모형에서 유도되는 완전고용산출량수준 (Y_F) 에 이르기까지의 수평적인 직선형태이다. 수평선인 총공급곡선이 의미하는 바는 주어진 물가수준 (P_0) 에서 기업들은 얼마든지 재화 및 용역을 공급할 의향이 있음을 말한다. 실업이 존재하면 기업들은 현재의 임금수준에서 필요한 만큼의 노동력을 얼마든지 고용할 수 있으므로 평균생산비의 상승을 유발하지 않고 총공급량을 증대시킬 수 있다는 가정이 수평적인 총공급곡선의 배경이다. 위에서 사용하였던 분석모형을 이용한다면 물가 (P) 및 화폐임금 (W) 의 두 가지 경직성을 가정할 때 수평적인 총공급곡선을 유도할 수 있다.

둘째의 경우는 <그림 20-5> (b)처럼 어떠한 물가수준하에서도 동일한 산출량수준을 나타내는 이른바 수직선형태의 총공급곡선이다. 이는 고전학파의 이론체계에서 유도될 수 있는데, 그것은 노동시장이 항상 완전고용의 수준에서 균형상태에 있을 수 있다는 가정에 기초하고 있다.

이제 노동자들은 화폐의 환상을 가지지 않으며, 노동공급은 실질임금에 의존한다고 가정한다. <그림 20-6>에서 노동시장은 최초의 E_0 점에서 임금수준 W_0, 고용량 N_F 로 균형을 이루고 있다. 이 때 물가가 P_0 에서 P_1 의 수준으로 상승하면 기업들의 노동수요곡선은 N_0^D 에서 N_1^D 로 증가한다. 한편 노동자들은 실질임금을 유지하기 위하여 노동공급을 N_0^S로부터 N_1^S로 감소시킨다. 결과적으로 새로운 균형점 E_1 에서 물가수준과 화폐임금수준은 $P_0 \rightarrow P_1$ 및 $W_0 \rightarrow W_1$ 으로 각각 절대적으로 상승하였으나, 물가의 상승률 $(\Delta P/P)$ 과 임금의 상승률 $(\Delta W/W)$ 은 동일하고 고용량 또한 전과 동일한 수준이므로 총공급곡선은 물가가 어떠한 수준에 있든지 총산출량이 N_F 에 대응하는 Y_F 의 수준에서 일정하며 따라서 수직선으로 나타나게 된다.

그림 20-6 고전학파의 노동시장

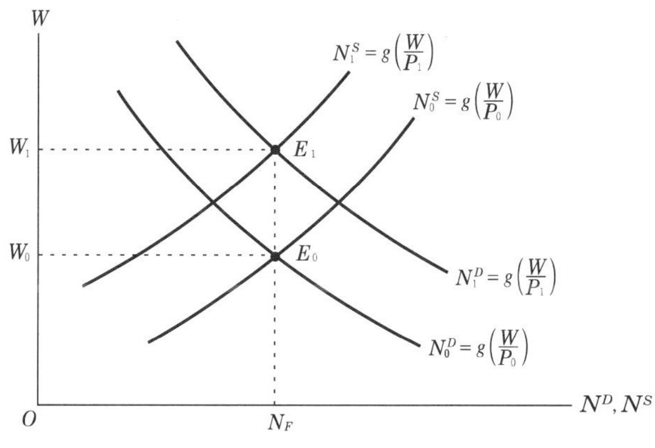

이상에서 우리는 **단순케인즈모형**에서 나타나는 **수평적인 총공급곡선**과 **고전학파의 수직적인 총공급곡선**을 살펴보았는데, 오늘날 대부분의 경제학자들은 극단적 형태의 단기총공급곡선을 배제하고 보다 일반적인 중간적인 형태를 가정한다. 즉, 국민경제의 현실적 총산출량이 완전고용산출량(Y_F) 보다 훨씬 적을 때(불황상태가 심할 때)는 적어도 단기에 있어서 총공급곡선은 수평선이 될 것이고, 경제가 어느 정도 완전고용산출량수준으로 접근해감에 따라 총공급곡선은 우상향의 기울기를 나타내다가 완전고용수준에 이르러서는 거의 수직선이 될 것이라고 본다. <그림 20-7>은 이러한 입장을 나타낸 것이다.

그림 20-7 전형적 총공급곡선의 형태

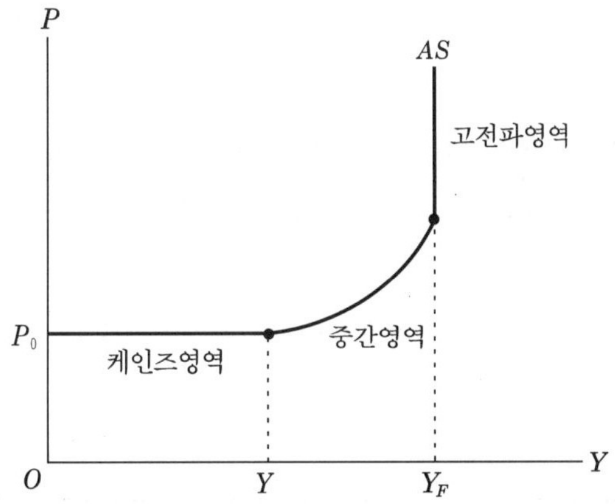

2.1.3 단기총공급곡선의 이동

단기총공급곡선은 물가상승이 경제주체들의 예상과 다르게 나타날 때 총산출량에 어떠한 효과를 가져오는가를 보여 주는 곡선이다. 총공급곡선은 총수요곡선과 마찬가지로 물가변수를 제외한 다른 모든 요인들의 변동이 총공급곡선 자체의 이동에 영향을 미칠 것이다. 이러한 요인들 중에는 공급의 충격(supply shocks), 물가상승에 대한 **예상**(expectation), 또는 노동시장조건의 변화 등을 들 수 있을 것이다.

공급측면의 충격 예로써는 1970년대의 두 번에 걸친 석유파동을 대표적으로 들 수 있으며, 1970년대 초의 전세계적인 흉작도 좋은 예이다. 이 외에도 홍수나 지진 등으로 인한 자연재해나 전쟁 등과 같은 경우도 총공급의 감소를 초래한다. 공급충격으로 석유가격이나 원자재가격이 급상승한다면 총공급의 감소가 발생한다. 반면에 대규모 유전 등의 발견은 총공급의 증가를 가져올 것이다. 한편, 경제주체들의 물가상승에 대한 예상이 더욱 높아진다면 총공급은 감소하게 된다.

노동시장의 조건이 변동되었을 때, 예컨대 노동자들의 근로의욕이 갑자기 높아졌다거나 또는 외국이민의 급증 등과 같은 현상이 발생할 경우에도 총공급곡선 자체의 이동이 있을 것이다. 또한, 기술혁신이나 경영기술의 개선 등에 의한 생산성증가로 재화생산의 단위당 비용감소가 있게 되면, 기업들은 동일한 가격수준에서 전보다 더욱 많이 공급하고자 할 것이다.

이와 같은 여러 가지 요인들 중에서 생산성변화나 노동시장조건의 변화 등은 장기에 걸쳐 비교적 서서히 일어나는 것임에 비하여, 단기적으로는 공급의 충격이나 물가예상의 변화 등이 물가수준과 산출량변동에 중요한 역할을 한다. <그림 20-8>은 총공급이 증가 ($AS_0 \to AS_1$) 하는 경우와 감소 ($AS_0 \to AS_2$) 하는 경우를 각각 그림으로 설명하고 있다.

그림 20-8 총공급의 이동

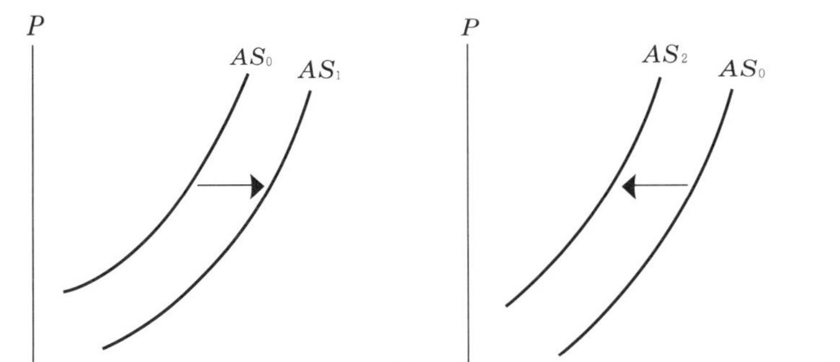

(a) 총공급의 증가 (b) 총공급의 감소

한편 <표 20-2>에는 총공급의 증가와 총공급의 감소에 영향을 미치는 제요소들을 노동시장과 생산능력에 관련된 요소들로 구분하여 요약하였다.

〈표 20-2〉 총공급의 이동에 영향을 미치는 요소

	총공급의 증가	총공급의 감소
노동시장	노동력의 증가 노동의욕의 증진 노동조합 교섭력의 감소 인플레이션 기대의 감소 사회보장제도의 감소 누진세율의 감소	노동력의 감소 노동의욕의 감소 노동조합 교섭력의 증가 인플레이션 기대의 증가 사회보장제도의 증가 누진세율의 증가
생산능력	불필요한 정부규제감소 유리한 공급충격 자본형성에 유리한 조세구조 독과점적 요소의 감소 자연자원의 발견 생산성증가	효율성을 저하시키는 정부규제증가 불리한 공급충격 자본형성에 불리한 조세구조 독과점적 요소의 증가 자연자원의 감소 생산성감소

2.2 장기총공급

2.2.1 장기총공급곡선의 개념과 유도

앞에서 우상향의 단기총공급곡선을 유도함에 있어서 기본적 가정은 화폐환상의 존재였다. 즉, 사람들은 물가와 화폐임금의 동시적 상승에 직면하였을 때 그들이 구매하는 재화 및 용역들의 물가상승을 감안하지 않고 화폐임금상승만 고려함으로써 실질임금이 상승한다는 착각 속에서 경제행위를 결정한다는 것이다.

이에 비하여 **장기총공급**은 **화폐환상이 없을 경우**에 물가수준과 총산출량간의 관계로 정의된다. 다시 말해서 장기총공급은 임금을 비롯한 모든 생산소요가격들이 경제적 변화에 대응하여 충분하게 조정됨으로써 생산요소시장에서의 수요와 공급간에 과부족이 발생하지 않은 상태에서 물가수준과 총산출량간의 관계를 의미한다. 노동시장에서 완전고용상태가 유지되므로 총산출량의 수준은 완전고용산출량수준 (Y_F) 에서 결정된다.

총공급곡선에 따라서 모든 재화와 생산요소들의 가격들은 수요 또는 공급의 과부족을 해소할 수 있도록 완전히 신축적으로 조정되어 있다. 화폐임금 및 모든 물가의 동시적 변동은 실질임금의 변화를 가져오지 않으므로 고용수준이나 총산출량수준의 변화를 가져오지 않는다. 예컨대, 모든 가격이 두 배 증가되었을 때 실질변수의 변화는 없으므로, 노동자들이나 기업들은 어떠한 이익과 손실도 느끼지 못할 것이며 따라서 그들의 경제행위의 양식을 바꿀 필요가 없는 것이다. 결과적으로 총산출량은 노동을 포함하여 모든 생산요소들이 정상적으로 고용되었을 때의 수준에서 생산할 수 있는 크기일 것이다.

여기에서 단기총공급으로부터 장기총공급으로 이전해 가는 데 필요한 시간에 대하여 언급할 필요가 있다. 케인즈학파에서는 사람들이 임금 및 물가의 변동상황에 대하여 잘 인식하고 있지 못하기 때문에 그것은 상당히 오랜 기간이 소요될 것이라는 견해를 가지고 있다. 이에 대하여 통화론자들이나 특히 합리적 기대학파에서는 그 기간은 매우 짧을 것이라고 생각한다.

한편 총공급곡선이 수직선일 때 그 의미는 국민경제의 총수요를 자극하여 총산출량의 증가를 가져오고자 하는 정부정책은 결국 무위로 돌아갈 것이라는 시사점이다. 이 견해는 바로 합리적 기대가설(rational expectations hypothesis)의 주요 내용을 구성한다. <그림 20-9>에서 보면, 예를 들어 총수요수준이 어떠한 총수요관리정책에 의하여 AD_0에서 AD_1으로 증가되었을 때, 결과적으로 총산출량의 변동은 없고 단지 물가만 P_0에서 P_1으로 상승하게 될 것이다.

그림 20-9 장기총공급곡선

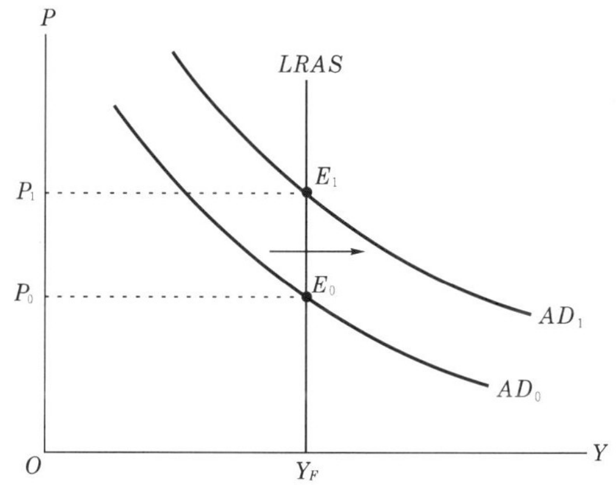

2.2.2 장기총공급곡선의 이동

장기총공급선은 용어 그대로 장기적인 개념을 내포한다. 따라서 인구증가나 자본량의 증가와 같은 장기적 변동이 있을 때 장기총공급곡선은 <그림 20-10>에서와 같이 우측으로 이동하게 될 것이다. 이 때 장기적으로 물가가 반드시 하락할 것인가는 별개의 문제이다. 인구 및 1인당 소득이 증가함에 따라서 총수요 역시 증가하므로 물가수준의 변동은 총수요와 총공급의 상대적 이동 정도에 따라 결정될 것이다.

한편 장기총공급곡선의 이동이 시간이 지남에 따라서 자연적으로 이루어질 수 있다고 생각하는 것은 속단이다. **공급중시 경제학**(supply-side economics)에서는 정부의 조세정책이나 정부규제 등이 총공급의 성장에 중대한 영향을 미친다고 생각한다. 조세부담률이 너무 높거나 정부규제가 너무 지나치면 장기총공급의 증가는 부진할 것이다. 케인지언들이 단기적인 측면에서 총수요관리를 강조하는 것과는 달리 그들은 장기총공급곡선의 이동에 중점을 두고 있다.

그림 20-10 장기총공급곡선의 이동

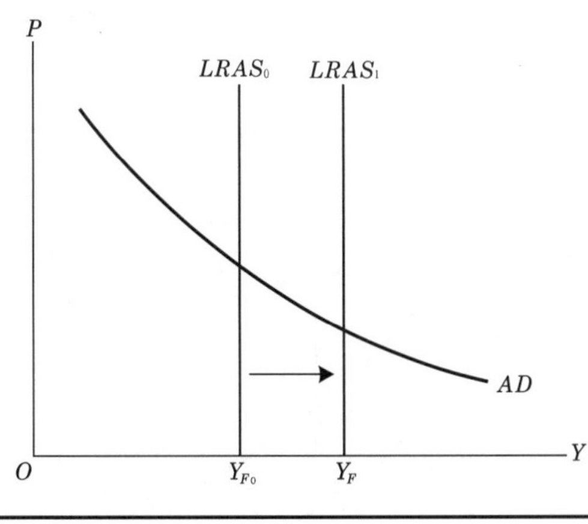

2.2.3 단기총공급과 장기총공급의 관계

위에서 우리는 단기총공급과 장기총공급을 구분하는 가장 중요한 개념으로 화폐환상을 이용하였다. 화폐환상은 결국 물가에 대한 예상에 관련되므로 이를 중심으로 단기총공급과 장기총공급간의 관계를 정리해 보기로 하자.

장기총공급곡선은 소비자들과 기업들이 화폐환상을 가지지 않고 물가에 관한 모든 예상들이 충족되고 있기 때문에 완전고용수준에서 수직선으로 나타난다. 모든 물가가 두 배 상승하였을 때 물가 및 비용이 동시적으로 같은 비율로 상승하였기 때문에 어느 누구도 더욱 많이 생산할 유인을 갖지 못한다.

> **장기총공급** (*LRAS*) 은 모든 임금 및 물가가 신축적이고, 모든 예상들이 충족되며 또한 생산자원의 양과 생산성이 일정하다고 가정할 때 상이한 물가수준에서 기업들이 공급하려고 하는 계획된 총산출량이다.

LRAS 의 가장 중요한 특징은 물가가 어떠한 수준에 있더라도 총산출량은 일정하며 그 크기는 완전고용산출량에 해당한다는 사실이다. 이 때 경제는 완전고용상태에 있기 때문에 **자연실업율**(natural rate of unemployment)만이 존재하게 될 것이다.

한편 **단기총공급** (*LRAS*) 은 예상물가수준과 생산자원의 양, 그리고 생산성(또는 기술수준)이 일정할 때 기업들이 상이한 물가수준에서 공급하고자 하는 총산출량을 나타낸다.

> 단기총공급 (*SRAS*) 은 여타 조건(특히 예상물가)이 일정할 때 상이한 물가수준에서 기업들이 공급하려고 하는 계획된 총산출량이다.

단기에서 가장 중요한 가정은 경제주체들의 예상물가수준이 일정하다는 것이다. 따라서 현실물가와 예상물가간의 차이가 발생하라 때 단기균형과 장기균형에 차이가 발생할 수 있다는 것이다. 이점은 사실상 **자연실업율가설**의 중심 명제로서 간단히 살펴보면 다음과 같다.

> **자연실업률가설**은 현실물가수준이 예상물가수준보다 높게 되면 총산출량은 완전고용수준을 상회하고, 현실물가수준이 예상물가수준보다 낮으면 총산출량은 완전고용수준이하에서 결정된다는 것을 의미한다.

이에 대한 설명이 <그림 20-11>에 나타나 있다. 그림에서 단기총공급곡선, $SRAS_{100}$ 은 경제주체들의 예상물가수준이 100의 수준에서 일정하다는 것을 전제하고 그려진 것이다. 자연실업율가설에 따를 때 $SRAS_{100}$ 은 반드시 $LRAS$ 곡선과 물가수준이 100인 곳에서 교차해야 된다. 그 까닭은 이 점에서 현실물가수준과 예상물가수준이 일치하기 때문이다.

그림 20-11 단기 및 장기총공급

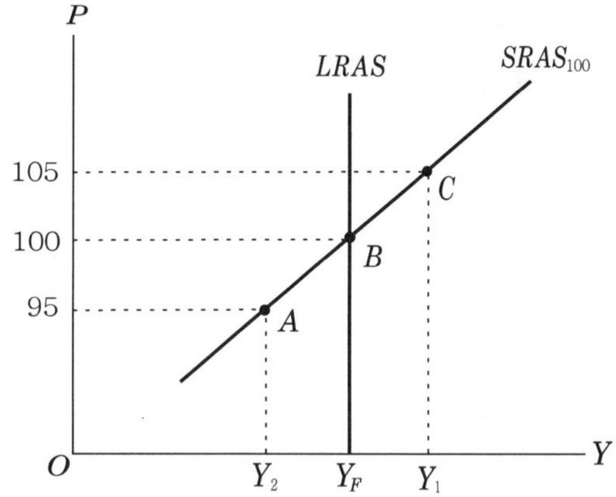

예상하지 않은 물가상승이 있을 경우(예컨대, 물가수준이 105로 상승할 때) 총산출량은 Y_1 의 수준으로 증가될 수 있다. 그 이유는 장기계약 등과 같은 요인에 의하여 요소비용의 고정성이 존재할 경우에 예상치 못한 인플레이션하에서 물가는 비용보다 더 빠르게 상승하기 때문에 기업 입장에서는 이윤증가에 따른 생산증대의 유인을 가질 수 있기 때문이다.

한편 물가수준이 예상과는 달리 100에서 95의 수준으로 하락한다면 위의 예와는 반대로 물가의 하락속도가 비용의 하락속도보다도 더욱 빠르게 됨으로써 기업의 입장에서는 이윤감소에 따라 생산감소의 유인을 가지게 되기 때문에 결국 총생산량은 완전고용보다는 작은 Y_2 의 수준에서 이루어질 것이다.

3. 국민소득과 물가수준의 결정

3.1 단기균형

총수요곡선과 단기총공급곡선을 결합하게 되면 물가 및 총산출량의 단기균형(short-run equilibrium)수준을 결정할 수 있다. <그림 20-12>에서 최초의 균형물가수준과 총산출량은 각각 P_0와 Y_0이다. P_0보다 낮은 물가수준에서는 총수요량이 총공급량을 초과하므로 점차 물가가 상승하게 될 것이며, 반대로 P_0보다 높은 물가수준에서는 총공급량이 총수요량을 초과할 것이므로 점차 물가가 하락하게 될 것이다. 결과적으로 P_0 수준에서 총공급량과 총수요량은 균형을 이루게 된다.

그림 20-12 단기균형

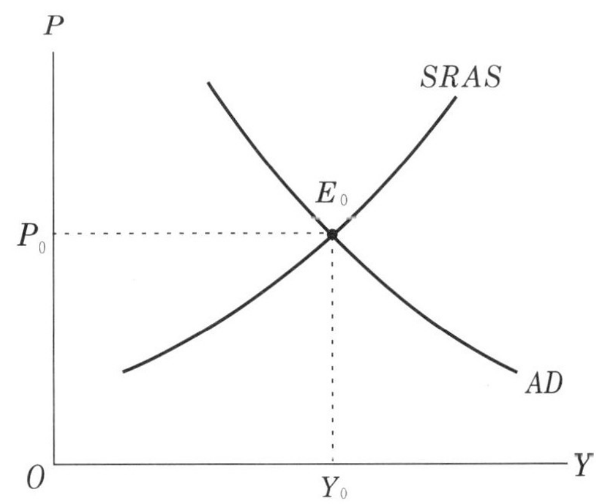

3.1.1 단기총공급의 이동

총수요가 일정한 수준을 유지하고 있을 때 단기총공급이 어떠한 이유에 의해서, 예컨대 유가의 급격한 상승과 같은 공급충격에 의해서 변동되었다면 균형물가수준과 총산출량의 변화가 야기될 것이다.

<그림 20-13>는 공급충격(supply shock)의 거시경제적 효과를 나나낸 것이다. 그림 (a)부분에서는 유가상승과 같은 불리한 공급충격(adverse supply shock)이 있게 될 때 단기총공급곡선이 좌측으로 이동함으로써 결과적으로 물가상승과 총산출량의 감소를 초래하는 효과를 나타내고 있다. 한편 그림의 (b)부분에서는 전세계적인 농작물의 풍작 또는 수입가격의 전반적 하락과 같은 유

리한 공급충격(beneficial supply shock)이 있을 경우 단기총공급곡선이 우측으로 이동하는 결과로 물가하락과 총산출량증가의 효과를 보여 주고 있다.

그림 20-13 공급충격의 효과

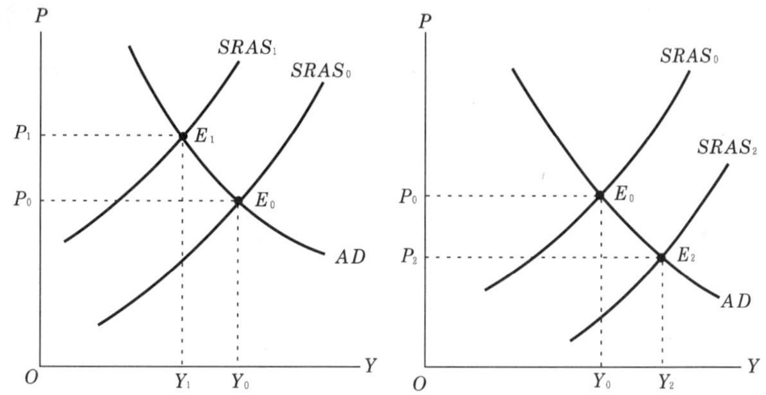

3.1.2 총수요의 이동

<그림 20-14>은 총수요증가가 물가 및 총산출량의 변화에 미치는 효과를 나타낸다. 국민경제는 최초의 완전고용 이하의 수준에서 생산하고 있다. 따라서 *SRAS* 곡선은 *LRAS* 의 좌측에서 AD_0 곡선과 교차하고 있다. 정부지출의 증대가 있게 되면 총수요는 AD_0 에서 AD_1 의 수준으로 상승하게 된다. 이 때 최초의 물가수준 P_0 에서 총수요량은 총공급량을 초과하게 되므로 점차 물가가 상승하게 될 것이다. 물가가 상승함에 따라서 총공급량은 *SRAS* 곡선에 따라 증가하게 될 것이고 궁극적으로 새로운 경제의 균형은 E_1 에서 달성된다. 즉, 단기적으로 완전고용 이하의 수준에서 경제균형이 이루어지고 있을 때 총수요증가의 효과는 실질산출량을 완전고용수준으로 증대시키며 물가를 상승시키는 효과를 가진다.

그림 20-14 총수요증가의 단기균형에 미치는 효과

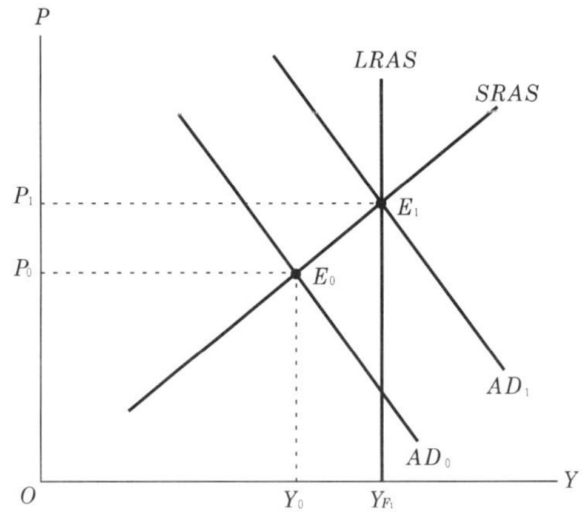

3.1.3 인플레이션 갭과 디플레이션 갭

거시경제적 균형은 *SRAS* 와 *AD* 곡선의 교차점에서 이루어진다. 그런데 단기에서 두 곡선들은 서로 독립적이기 때문에 균형산출량은 완전고용수준보다 클 수도 있고 작을 수도 있다. <그림 20-15>의 (a)부분에서 균형산출량은 Y_F 보다도 작고, (b)부분에서 균형산출량은 Y_F 보다 크다. 현실총산출량과 완전고용산출량과의 차이를 디플레이션 갭(deflationary gap) 또는 인플레이션 갭(inflationary gap)이라 한다.

그림의 (a)부분에서와 같이 디플레이션 갭이 존재하면 실제실업률은 자연실업률을 초과한다. *SRAS* 곡선은 예상물가수준에서 *LRAS* 곡선과 만나기 때문에 균형물가수준은 예상물가수준에 미치지 못한다. 예컨대, 그림(a)부분에서 예상물가수준은 100임에 비하여 실제물가수준은 90이다. 한편 그림(b)부분에서와 같이 인플레이션 갭이 존재하면 실업률은 자연실업률을 하회하게 되고, 단기균형의 물가수준은 예상물가수준을 능가한다. 그림의 (b)부분에서 실제물가수준은 110이고, 예상물가수준은 100이다.

디플레이션 갭이 있을 경우 *AD* 곡선이 우측으로 이동하면 그 갭이 해소될 수 있으며, 인플레이션 갭의 경우에는 *AD* 곡선이 좌측으로 이동하면 그 갭이 해소될 수 있다. 정부의 적극적 개입정책에 의하여 *AD* 곡선이 이동한 결과로 디플레이션이나 인플레이션 갭이 해소될 수 있지만, 만일 정부의 개입이 없을 경우 장기적으로 총산출량, 고용 및 물가수준은 어떻게 변화할 것인가? 이제 정부의 개입 없이 경제의 자동조절기능이 어떻게 작용하는지를 살펴보자.

그림 20-15 디플레이션 갭과 인플레이션 갭

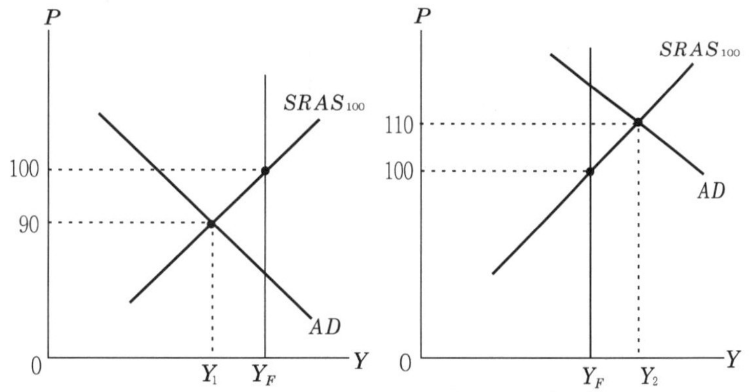

(a) 디플레이션 갭 (b) 인플레이션 갭

3.2 장기균형: 자동조절기구의 역할

거시적경제적 장기균형(long-run macroeconomic equilibrium)의 개념은 총수요곡선과 수직적인 장기총공급곡선이 일치할 때 물가수준과 총산출량의 균형을 의미한다. 장기에 총산출량의 수준은 전적으로 공급조건에 의하여 결정되고, 총수요의 역할은 단순히 물가수준만을 결정할 따름이다. <그림 20-16>의(a)에서 장기균형점은 E_1 으로서 균형물가수준은 P_1, 균형산출량은 Y_F 이다.

그런데 만일 단기균형의 물가수준이 장기균형수준과 다를 때 경제는 장기적으로 어떤 조정과정을 거치게 되는지를 살펴보기로 하자. 경제는 AD 와 $SRAS$ 가 교차하는 E_0 에서 단기균형 상태에 있다. 즉, 물가수준은 P_0 이고, 총산출량은 Y_0 이다. 그러나 E_0 은 $LRAS$ 와 AD 의 교차점이 아니기 때문에 장기균형 상태를 나타내고 있지 않다.

그림 20-16 경제의 자동조절기능

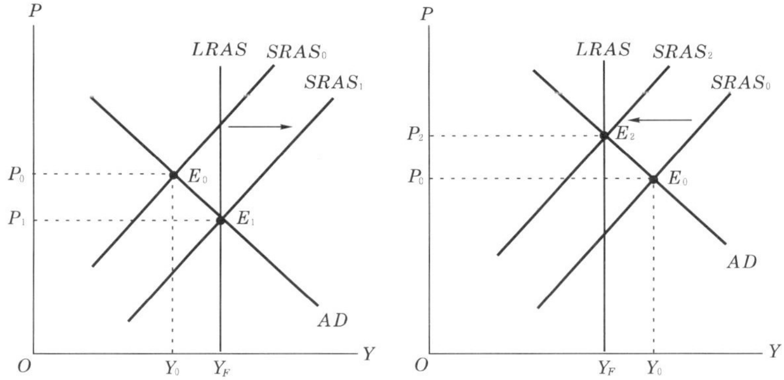

(a) 디플레이션 갭의 해소 (b) 인플레이션 갭의 해소

그렇다면 경제는 재정정책이나 금융정책의 도움 없이, 다시 말해서 총수요의 변동 없이 어떻게 단기균형점에서 장기균형점으로 도달할 수 있겠는가? 그림 (a)에서와 같이 디플레이션 갭이 존재하면 현실물가수준은 예상물가수준에 미치지 못한다. 그런데 실업상태에 있는 자원이 많으므로 임금 및 비용이 하락하게 될 것이며, 물가 또한 하락하게 될 것이다. 이에 따라 예상물가수준도 하락하게 됨으로써 단기총공급곡선은 E_1점을 통과하는 $SRAS_1$으로 이동하게 되어 장기적 균형상태에 도달하게 될 것이다.

한편 그림(b)에서와 같이 인플레이션 갭이 있을 때 현실물가는 예상물가수준보다 높다. 노동자들은 임금계약이 만료됨에 따라 보다 높은 수준의 임금을 요구하게 될 것이므로 임금과 비용은 점차 상향조정된다. 생산비용이 상승함에 따라 기업들도 그들은 제품가격들을 올려 받음으로써 단기총공급곡선은 점차 좌측으로 이동하게 될 것이다. 장기 균형은 결국 $SRAS$가 좌측으로 이동하여 현실물가와 예상물가가 일치하는 수준인 $SRAS_1$에 이르러 달성될 것이다. 이러한 경제 스스로의 균형회복과정을 경제의 **자동조절기구**(self-correcting mechanism)라고 부른다. 디플레이션 갭의 해소는 임금 및 물가의 하락으로 가능하고, 인플레이션 갭의 해소는 임금 및 물가의 상승으로 가능하다.

자동조절기구의 의미는 간단하다. 즉, 경제는 공급충격이나 투자지출의 변동 또는 정부지출의 가속화 등과 같은 각종 교란요인들에 의하여 균형으로부터 이탈될 수 있지만 결국 임금과 물가의 신축적인 움직임에 의하여 장기적으로 완전고용수준으로 복귀할 것이라는 사실이다. 그런데 여기에서 한 가지 분명히 하여야 할 점은 교란으로부터의 회복에는 과연 얼마만큼의 시간이 소요되느냐 하는 것이다.

1930년대 대공황시 경제의 자동조절기구 작동의 속도는 받아들일 만한 정도가 되지 못하였다. 그러나 19세기말로부터 20세기 초반에 걸쳐서 서구에서는 각종의 수요 및 공급충격들이 있었던 반면 비교적 자유방임적 거시경제정책이 사용되었지만, 실업이 계속 확대되거나 또는 인플레이션이 악화되지 않았던 사실에서 장기적인 자동조절기구의 작동을 어느 정도 인식할 수가 있다.

오늘날 다수의 경제학자들은 장기적으로 실질산출량과 자연실업률수준은 재정 및 금융정책 등에 의해서 영향을 받지 않는다는 자연실업률가설에 대체적으로 동조하고 있다. 경제학자들간의 이견은 자동조절기구가 얼마나 빨리 작용하는가, 그리고 작동과정에서 지불해야 할 사회적 비용은 어떠한 것인가 하는 점이다. 만일 물가예상의 적응이 더디고, 임금 및 물가의 변동이 덜 신축적이며, 소비 및 투자에 대한 실질잔고효과가 약하다면 균형으로부터 이탈된 상태에서 균형으로의 회복과정은 매우 더디고 사회적 비용부담이 크게 될 것이다. 때문에 어떤 경제학자들은 경제의 자동조절능력에 크나 큰 신뢰를 두는 반면, 다른 그룹은 정부의 적극적 역할에 보다 큰 기대를 갖는다.

■ 요 약 ■

1. 총수요(aggregate demand: AD)곡선은 화폐시장과 재화시장의 동시적 균형을 가져오는 물가수준과 총산출량의 조합점들을 연결한 궤적이다. 다시 말해서 총수요는 각각의 물가수준에서 소비, 투자, 정부지출 및 순수출의 합계로서 표현되는 총지출수준을 나타낸다. 총수요곡선이 우하향을 함을 설명하는 데에는 실질잔고효과(real balance effect)와 이자율효과(interest rate effect)의 두 가지 분석으로 가능하다.

2. 실질잔고효과란 물가수준의 변화로 화폐잔고를 비롯한 금융자산의 구매력이 변동될 때 각 소득수준에서의 의도된 소비지출이 변동함을 의미한다. 물가상승은 실질구매력의 감소를 가져오고 따라서 각 소득수준에서의 의도된 소비지출을 감소시키며, 물가하락은 구매력의 상승과 각 소득수준에서의 소비지출증가를 가져온다.

3. 이자율효과란 물가변동이 화폐시장의 실질통화량과 이자율의 수준에 영향을 미치고 이를 통하여 투자지출의 변화를 가져오는 효과를 의미한다. 물가하락은 실질통화량의 증가와 이자율의 하락을 가져오고, 이것은 다시 투자의 증대를 통하여 국민소득의 증가로 연결되며, 물가상승은 이와는 반대로 국민소득의 감소효과를 초래한다.

4. 총공급(aggregate supply: *AS*)은 여러 가지 상이한 물가수준과 이러한 각각의 물가수준에서 공급되는 재화 및 용역의 총산출량과의 관계를 나타내는 개념이다. 총공급은 모든 경제적 변화에 따른 조정이 이루어질 수 있는 충분한 시간을 허용하느냐의 여부에 따라서 단기총공급(short- run aggregate supply curve: *SRAS*)과 장기총공급(long-run aggregate supply curve: *LRAS*)으로 구분할 수 있다.

5. 화폐의 환상(money illusion)이란 노동자든 기업이든 간에 경제행위의 주체들이 모든 물가와 화폐임금의 동시적이고 비례적인 상승에도 불구하고 실질임금 또는 상대가격의 변화가 있다고 착각하는 경우를 의미한다.화폐의 환상이 존재할 경우 노동자들은 실질임금이 아니라 화폐임금에 기초하여 노동공급을 결정하기 때문에 단기적으로 우상향하는 총공급곡선을 유도할 수 있다.

6. 장기총공급은 화폐의 환상이 없을 경우에 물가수준과 총산출량간의 관계로 정의된다. 다시 말해서 장기총공급은 임금을 비롯한 모든 생산소요가격들이 경제적 변화에 대응하여 충분하게 조정됨으로써 생산요소시장에서의 수요와 공급간에 과부족이 발생하지 않은 상태에서 물가수준과 총산출량간의 관계를 의미한다. 노동시장에서 완전고용상태가 유지되므로 총산출량 수준은 완전고용산출량수준 (Y_F) 에서 결정되며, 장기총공급곡선은 이 수준에서 수직선으로 나타난다.

7. 자연실업률가설은 현실물가수준이 예상물가수준보다 높게 되면 총산출량은 완전고용수준을 상회하고, 현실물가수준이 예상물가수준보다 낮으면 총산출량은 완전고용수준이하에서 결정된다는 것을 의미한다.

8. 거시경제적 균형은 $SRAS$와 AD곡선의 교차점에서 이루어진다. 그런데 단기에 두 곡선들은 서로 독립적이기 때문에 균형산출량은 완전고용수준 (YF) 보다 클 수도 있고 작을 수도 있다. 균형산출량이 Y_F보다 큰 경우에 그 차이를 인플레이션 갭(inflationary gap)이라 하고, 균형산출량이 Y_F 보다 작은 경우에 그 차이를 디플레이션 갭(deflationary gap)이라 한다.

9. 거시적경제적 장기균형의 개념은 총수요곡선과 수직적인 장기총공급곡선이 일치할 때 물가수준과 총산출량의 균형을 의미한다. 단기균형의 물가수준이 장기균형수준과 다를 때 경제 스스로의 균형회복과정을 경제의 자동조절기구라고 한다. 디플레이션 갭의 해소는 임금 및 물가의 하락으로 가능하고, 인플레이션 갭의 해소는 임금 및 물가의 상승으로 가능하다.

■ 주요개념 ■

재량적정책, 총공급, 단기총공급, 장기총공급, 화폐의 환상, 합리적 기대가설, 장기총공급, 자연실업률, 단기총공급, 공급중시경제학. 자연실업률가설, 인플레이션 갭, 디플레이션 갭, 자동조절기구

제21장

실업과 인플레이션

<개 요>

거시경제학에 있어서 가장 중요한 쟁점들은 실업과 인플레이션의 문제라고 말할 수 있다. 실업은 당사자들뿐만 아니라 사회적으로도 큰 손실을 초래한다. 인플레이션 역시 소득과 부의 재분배 등과 같은 효과를 통하여 시장경제의 효율적 기능을 저하시키는 악영향을 미친다. 따라서 실업의 감소, 즉 완전고용과 물가안정의 동시적 달성은 항시 거시경제정책의 중요목표로서 추구되어 왔다.

그런데 영국의 경제학자 A.W Phillips의 연구 이래로 실업과 물가간에는 상충관계(trade-off)가 있는 것처럼 인식되어 왔다. 즉, 고수준의 실업과 저율의 인플레이션, 또는 저수준의 실업과 고율의 인플레이션이 하나의 조합으로서 존재한다는 것이다. 이러한 양자의 상충관계는 완전고용과 물가안정을 동시에 추구하는 정부정책에 딜레마를 안겨주지만, 다른 한편으로 생각할 때 한 목표를 어느 정도 희생하여 다른 목표를 적절하게 달성할 수도 있다는 가능성과 선택의 여지를 남겨 주는 측면도 있었다. 사실상 현실경제에 있어서 양자의 관계는 1960년대에 이르기까지 매우 안정적이고 예측 가능한 것처럼 보였다.

그러나 1970년대 이후 사태는 더욱 악화되었다. 고수준의 실업과 고율의 인플레이션이 동시에 나타나는 이른바 스태그플레이션(stagflation)현상이 발생하였던 것이다. 이 현상은 정책선택에 있어서 매우 심각한 고통을 안겨 주었다. 인플레이션에 대한 전통적 처방은 긴축적 재정 및 금융정책이었고, 실업해소에는 확장적 정책이 필요하였다. 그렇다면 실업과 인플레이션이 동시에 발생하는 경우에는 어떠한 묘책이 있을 것인가? 이러한 문제점을 이해하기 위해서 본 장에서는 실업과 인플레이션의 원인과 형태, 그리고 사회적 비용 등을 고찰할 연후에 양자의 관계를 단기 및 장기필립스곡선을 중심으로 분석하기로 한다.

1. 실 업

1.1 실업의 개념과 측정

실업이란 일할 의사와 능력을 가진 사람에게 그의 기능이나 숙련에 맞는 일자리가 주어지지 않는 상태를 말한다. **경제활동**인구는 일반적으로 노동에 적합하나 일정한 연령 이상의 인구로서 일할 의사와 능력을 가진 사람의 수이다. 우리나라에서는 만 15세이상의 인구를 **생산가능인구**로 파악하는데, 생산가능인구 중 비경제활동인구를 제외한 것이 경제활동인구이다. 이 때 비경제활동인구는 일할 의사와 능력이 없는 학생이나, 가정주부 또는 노약자나 불구자 등으로 이루어진다. 생산가능인구 중에서 **경제활동인구**가 차지하는 비율은 경제활동참가율이라고 부른다.

한편 경제활동인구는 **취업자**와 **실업자**로 구성된다. 통계청에서 규정하고 있는 취업자는 다음의 한 조건을 충족시키는 경우이다. 즉 ① 조사기간 중 소득, 이익, 봉급, 임금 등 수입을 목적으로 1시간이상 일한 자, ② 자신에게 직접적으로 이득이나 수입이 오지 않더라도 가구단위에서 경영하는 농장이나 사업체의 수입을 높이는 데 도움을 제공한 가족종사자로서 주당 18시간 일한 자, ③ 조사기간중 일시직인 병, 일기불순, 휴가 또는 연가, 노동쟁의 등의 이유로 일하지 못한 일시휴직자, 실업자는 경제활동인구에서 취업자를 제외하여 얻는데, **경제활동인구** 중에서 **실업자**가 차지하는 비율은 **실업률**이라 한다.

이상과 같은 취업자와 실업자의 분류기준은 국제노동기구(ILO)의 방식을 따른 것인데, 미국과 일본 등에서도 이 방식을 사용하고 있다. 그런데 이 같은 분류기준은 실업률을 일반적으로 낮게 평가하는 경향이 있다. 주당 1시간 이상 취업했는가의 여부를 기준으로 실업자를 분류하기보다, 예컨대 주당 18시간 이상으로 그 기준을 높여서 실업자를 조사한다면 분명 실업률은 높아질 것이다. 그러나 실제 통계상으로 나타나는 결과를 보면 그 차이는 매우 적어 무시해도 좋을 수준에 불과하다.

또한 집계된 실업자수는 실망노동자(discouraged worker)를 포함하지 않으므로 실제 이하로 과소평가 되는 경향이 있다. 실망노동자란 일자리가 없어서 아예 취직할 생각을 하지 못 하는 사람들이나 어떻게 해야 일자리를 구할지를 몰라서 놀고 있는 사람들로서, 취업의 기회를 얻지 못하고 실망한 결과 더 이상 구직활동을 포기하고 비경제활동상태로 탈락해 버린 사람들을 말한다.

〈표 21-1〉 경제활동인구 총괄

(단위: 천명)

연 도	15세 이상 인구*					경제활동 참가율	실업률(%)
		경제 활동 인구			비경제 활동인구		
			취업자	실업자			
	①	②	③	④		②/①	④/②
2002	36,963	22,877	22,169	708	14,086	61.9	3.1
2003	37,339	22,916	22,139	777	14,424	61.4	3.4
2004	37,717	23,370	22,557	813	14,347	62.0	3.5
2005	38,300	23,743	22,856	887	14,557	62.0	3.7
2006	38,762	23,978	23,151	827	14,784	61.9	3.5
2007	39,170	24,216	23,433	783	14,954	61.8	3.2
2008	39,598	24,347	23,577	769	15,251	61.5	3.2

자료 : 통계청, 「경제활동인구연보」, 각년도.
* 생산가능연령인구로서 군인, 전투경찰, 방위병, 형이 확정인 교도소 수감자 등은 제외

<표 21-1>에 나타난 바와 같이 2008년에 우리 나라 15세 이상의 생산가능인구는 39,598천명으로서 이중 경제활동인구는 24,347천명이고 실업자는 769천명이며 실업률은 3.2%의 비율을 보이고 있다.

1.2 실업의 유형

실업은 실업상태에 있는 노동자들의 자발성 여하에 따라서 자발적 실업과 비자발적 실업으로 분류할 수도 있고, 발생원인에 따라서 마찰적 실업, 구조적 실업, 계절적 실업 및 경기적 실업으로 분류할 수가 있다.

1.2.1 자발적 실업과 비자발적 실업

케인즈에 의할 때 자발적 실업이란 일자리가 있음에도 불구하고 실업상태에

있는 사람이 현재의 임금수준에서 일하기를 원하지 않는 경우를 말하며, 비자발적 실업이란 현재의 임금수준에서 일하기를 원하지만 일자리를 구할 수 없는 경우를 의미한다.

이러한 개념 정의에 따를 때 경제의 자동적 회복능력과 경제주체의 합리적 행동을 신뢰하는 고전학파 경제학자들이나 이들의 주장을 받아들이는 통화론자들(monetarists)과 같은 학자들에게 있어서 모든 실업은 사실상 자발적인 실업이다. 그러나 케인즈주의자들에 있어서는 노동조합이나 장기계약과 같은 노동시장의 제도적 장치에 의해서 나타날 수 있는 화폐임금의 하방경직성 때문에 비자발적 실업의 가능성이 존재한다.

1.2.2 실업의 발생원인별 분류

1) **마찰적 실업**(frictional unemployment)이란 노동자가 한 직장에서 보수나 직업전망 등이 좋은 다른 직장으로 옮기게 될 때 일시적으로 발생하는 실업이다. 물론 한 직장에서 다른 직장으로의 이동이 시간적 차질 없이 잘 이루어질 수 있다면 마찰적 실업은 0의 수준으로 감소시킬 수 있다. 그러나 현실적으로 노동시장에서 정보가 불완전하기 때문에 노동자와 고용자는 각각 구직과 구인을 위한 탐색활동에 비용과 시간을 투입을 하게된다. 따라서 취업정보의 원활한 유통 등과 같은 노동시장기능의 활성화에 따라서 마찰적 실업은 그 크기가 감소될 수 있다.

2) **구조적 실업**(structural unemployment)은 노동수요의 총체적 구성이 변동될 때 나타나는 실업이다. 기술혁신, 기존산업의 쇠퇴와 새로운 산업의 대두, 또는 지역간 경제력의 변동 등이 있게 되면 새로운 지식과 기술을 요구하는 일자리가 생기는 한편 쇠퇴하는 산업의 일자리는 감소한다. 이 때 새로운 일자리들이 제공되지만 이에 상응하는 지식과 기술을 갖춘 노동자들이 없거나 또는 해당지역 내에 없게 되면 구조적 실업이 발생한다. 결국 구조적 실업의 원천은 적절한 교육과 훈련의 결핍이라고 할 수 있다. 또한 현행의 교육체계가 장기적 산업구조의 변화에 따른 노동수요에 신축적으로 대응할 수 없게 되면 구조적 실업문제가 발생한다.

3) **계절적 실업**(seasonal unemployment)은 어떠한 재화나 용역에 대한 수요

가 계절적으로 변동되기 때문에 발생하는 실업이다. 상당히 많은 경제활동들이 본질적으로 계절적인 특성을 지니고 있다. 예컨대, 기후나 날씨는 농업이나 건축업, 또는 관광업 분야의 활동에 지대한 영향을 미친다. 해변에서는 여름철이 성수기인 반면, 스키장에서는 겨울철이 중요한 기간이다. 이렇게 경제활동이 계절적으로 편중된 산업분야에서는 비수기인 계절에 실업이 발생하게 된다. 물론 계절적 실업은 노동자들이 비수기의 산업분야로부터 성수기의 산업분야로 계절적 변화에따라 이동함으로써 실업의 변동폭이 어느 정도 감소될 수 있다. 그러나 특정산업분야에서 요구되는 노동숙련도의 차이나 노동의 지역적 이동의 제한성 등과 같은 이유로 어느 정도의 계절적 실업은 피할 수 없다.

4) 경기적 실업(cyclical unemployment)은 경기순환의 침체기에 총수요가 부족함으로써 발생하는 실업으로서, 국민경제가 잠재적으로 생산할 수 있는 수준인 완전고용보다 떨어진 수준에서 생산할 때 발생한다.

이상에서 발생원인별 실업의 형태를 네 가지로 구분하였지만 실제의 통계로부터 네 가지 형태의 실업을 각각 파악하는 것은 매우 곤란한 일이다. 그렇지만 이를 굳이 개념적으로 구분하는 이유는 그것이 정책적인 관점에서 매우 유용하기 때문이다. 예를 들어 마찰적 실업의 경우에는 직업소개소 등과 활성화를 통하여 구인 또는 구직의 탐색활동을 용이하게 하여 노동시장의 효율성을 높임으로써 실업의 크기를 감소시킬 수가 있다. 이 때 탐색활동에 드는 비용의 일부분을 정부는 보조금으로 지급할 수도 있을 것이다.

계절적 실업이 문제가 되는 지역에는 보완적 경제활동이 이루어질 수 있는 경제정책을 구사하면 부분적으로 실업의 정도를 완화시킬 수 있을 것이다. 경기침체시 총수요가 부족하여 발생하는 경기적 실업에 대해서는 총수요의 부양책이 적용될 수 있다. 한편 구조적 실업의 경우는 산업구조와 노동수요의 변화에 맞추어서 노동자의 재교육과 훈련 또는 재배치에 역점을 두는 방향으로 정책이 수행되어야만 한다.

1.3 자연실업율과 완전고용

실업의 감소, 즉 완전고용의 달성은 국민경제가 추구해 나가는 중요한 목표

중의 하나임은 이미 살펴본 바가 있다. 그런데 현실적으로 실업을 문자 그대로 완전히 감소시킬 수 있는가, 또 그렇게 하는 것이 바람직한가 하는 의문점이 있게 된다. 사실상 0수준의 실업상태는 가능하지도 않고 또한 바람직한 상태도 아닌 것이다.

우선 마찰적 실업은 동태적으로 변화해 나가는 경제체제의 속성상 피할 수 없는 현상이며, 또한 경제의 동태적 변동과정을 통하여 경제성장과 생활수준의 향상이 이루어질 수 있기 때문에 0수준의 마찰적 실업이 바람직한 것도 아니다. 노동을 비롯한 생산자원의 배치가 적재적소로 이루어지는 과정에서 발생하는 실업을 마찰적 실업이라 본다면, 활력 있게 발전하는 경제에서 어느 정도의 마찰적 실업은 피할 수 없다. 더욱이 마찰적 실업은 일시적 현상이기 때문에 사회적으로 큰 문제를 야기하지도 않는다. 한편 구조적 실업은 산업구조변동에 따라서 쇠퇴산업으로부터 성장산업으로의 노동력의 재배치에 따른 실업이기 때문에 이러한 과정에서 노동자들의 직업전환과 재교육 또는 재훈련을 위한 시간이 많이 소요된다.

이상에서 설명한 것처럼 끊임없이 변화해 나가는 경제의 동태적 특성을 고려할 때 어떠한 경제든지 일정한 수준의 마찰적 실업과 구조적 실업은 피할 수가 없는 현상인데, 이러한 최소한의 실업률을 경제학자들은 정상수준의 실업률 또는 **자연실업률**(natural rate of unemployment)이라고 부른다. 그리고 이러한 자연실업률을 감안한 고용상태를 **완전고용**(full employment)이라고 정의한다. 그런데 자연실업률의 수준은 고정된 것이 아니고 여러 가지 원인에 의해서 시대적으로 그 크기가 변화한다. 미국에서는 1960년대에 대략 4%의 실업률이 달성될 때 이를 완전고용수준으로 보았으나, 1970년대에는 약 5~5.5%의 실업률과 완전고용이 양립하는 것으로 보았다. 1980년대에는 많은 논란이 있으나 대략 6~7% 정도의 수준을 자연실업률로 보고 있다.

이와 같이 장기적으로 자연실업률의 수준이 변동하는 이유로서는 인구구조나 노동력구성의 변화, 또는 실업보상제도나 최저임금제 등과 같은 제도적 요인의 변동 등이 제시된다. 예컨대, 총인구의 증가율보다 노동력 증가율이 더 빠르게 상승하면 자연실업률은 증가하게 될 것이며, 제도적 요인의 개선에 의하여 개인적으로 평가하는 실업의 비용이 감소하게 되면 이 또한 자연실업률을 증가시키게 될 것이다.

1.4 실업의 사회적 비용과 이익

1.4.1 사회적 비용

실업의 사회적 비용은 *GNP* 갭에 의하여 측정될 수 있다. *GNP* 갭은 잠재적 *GNP* 와 실제적 *GNP* 의 차이로서 실업 때문에 생산될 수 없는 최종재화 및 용액의 가치이기 때문이다. 경제학자 오쿤(A. Okun)은 실업의 사회적 비용을 1%의 실업률증가에 따른 총산출량의 감소로 측정하였다.

> 오쿤의 법칙(Okun's law)은 실업률이 1% 증가하게 되면 실질 *GNP* 가 2.5% 감소한다는 것을 의미한다.

오쿤의 법칙은 어디까지나 자연실업률 이상으로 경기순환적 실업이 증가할 때의 단기적 산출량의 감소를 측정한 것이다. 오쿤은 단기에 경기순환적 고용증가가 있게 되면 고용증가와 더불어 1인당 노동시간의 증가와 생산성의 증가가 이루어지기 때문에 보다 많은 산출량의 증가가 있다고 가정하였다. 그런데 실업으로 인한 비용부담은 사회 전반적으로 일률적으로 이루어지지 않는다. 왜냐 하면 지역이나 계층, 또는 직업에 따라서 실업률의 차이가 다르게 나타나고 있기 때문이다.

실업의 비용은 또한 양적으로 측정할 수 없는 사회병리학적 현상으로도 나타난다. 오랫동안의 실업상태로 인한 개인적 자신감의 결여는 건강상태의 훼손과 아울러 가정생활의 불화로 연결될 수도 있다. 또한 역사적으로 많은 경우에 실업의 만연으로부터 정치, 사회적 불안정이 야기되었음을 우리는 알고 있다.

1.4.2 사회적 이익

흔히 실업에는 사회적인 비용만이 있는 것으로 생각되기 쉬우나, 실업의 사회적 이익은 다음의 두 가지 관점에서 파악될 수 있다. 우선 실업은 자원배분의 효율성을 증가시키는 효과를 가지고 있다. 직장이동으로 노동자들은 보다 적성에 맞는 일자리를 구할 수 있다. 노동자들이 보다 생산적인 직장으로 이동함에 따라서 실질국민소득은 증가할 것이다. 기업의 입장에서도 실업상태에 있는 노동자들 중에서 보다 적절한 인력을 획득할 가능성이 있게 된다.

실업의 또 다른 이익은 노동규율의 확립이라는 측면에서 찾을 수 있다. 일부 경제학자들은 대량의 실업가능성이야말로 과도한 임금인상 및 혜택요구를 어느 정도 제어할 수 있는 수단이라고 믿고 있다. 물론 이러한 시각은 느슨한 노동시장에서의 규율을 전제한 기업측의 입장이지만, 노동자들의 입장에서는 보다 열심히 일하도록 하는 압력수단 이외에 별로 이로울 것이 없다고 생각할 것이다.

2. 인플레이션

2.1 인플레이션의 개념과 측정

실업의 부담은 대부분 실업상태에 있는 개인들에게 돌아가지만, 인플레이션은 사실상 모든 사람들에게 영향을 미친다. 그 이유는 인플레이션(inflation)이란 모든 재화 및 용역의 '**일반적 물가수준**이 지속적으로 상승하는 현상'(a sustained upward rise in the general price level)을 의미하기 때문이다. 즉, 인플레이션은 **화폐의 실질구매력을 감소**시킨다.

여기에서 지속적 상승이 의미하는 바는 물가수준이 어떠한 특정사건에 관련되어 한 번만의 상승으로 끝날 때는 인플레이션이라고 부르지 않는다는 것이다. 그리고 일반 물가수준이 상승한다 함은 전체 경제의 가격들이 평균적으로 오름을 의미한다. 인플레이션의 시기에 어떤 재화의 가격들은 평균이상으로 상승할 수 도 있는 반면 평균 이하로 상승할 수도 있으며, 어떠한 재화가격들은 오히려 하락할 수도 있다. 다만 인플레이션은 모든 재화가격들의 평균수준이 상승하는 경우를 뜻한다.

모든 가격들이 일년에 일률적으로, 예컨대 7% 상승하였다면 일반물가 상승의 측정에는 아무런 문제가 없다. 그러나 모든 재화가격들이 동일한 비율로 변동하는 것은 아니기 때문에 전반적 물가수준의 변동을 측정할 수 있는 물가지수(price index)의 개념이 필요하다.

물가지수란 일정량의 재화와 용역의 조합을 구입하는데 소요되는 비용을 두 개의 시점간에 비교한 것이다. 다시 말해서 물가지수는 비교년도에 일정한 시장바구니(market basket)를 구입하는 데 드는 비용을 기준년도의 구입내용에 대한 백분율로 표시한 것이다.

$$\text{물가지수} = \frac{\text{비교년도 시장바구니 구입비용}}{\text{기준년도 시장바구니 구입비용}} \times 100$$

예를 들어, 기준년도인 2005년에 표준적인 시장바구니 구입에 200만원이 소요되고 비교년도인 2007년에 260만원이 소요된다면, 2005년의 물가지수는 100이고 2007년의 물가지수는 105이 된다. 이 때 물가상승률은 다음 식에 의하여 구한다.

$$\text{물가상승률} = \frac{\text{비교년도 물가지수} - \text{기준년도 물가지수}}{\text{기준년도 물가지수}} \times 100$$

예를 들어, 어떤 시점에서 물가지수가 125이고 비교 시점의 물가지수가 150이라면 물가상승률은 $20\% = \left(\frac{150-125}{125} \times 100\right)$이다. 물가지수는 그 통계작성의 목적에 따라 소비자 물가지수(*CPI*), 생산자물가지수(*PPI*) 또는 *GNP*환가지수(*GNP* deflator) 등의 여러 가지로 구분할 수 있음은 이미 16장에서 살펴본 바가 있다. <표 21-2>는 2005년도를 기준년도로 하여 2000년도 이후의 생산자물가지수 및 소비자물가지수의 변동을 나타낸 것이다.

〈표 21-2〉 물가지수의 변동

연도	생산자물가지수(*PPI*)	소비자물가지수(*CPI*)
2000	84.9	91.0
2001	88.3	90.6
2002	90.8	90.3
2003	93.9	92.3
2004	97.3	97.9
2005	100.0	100.0
2006	102.2	100.9
2007	104.8	102.3
2008	109.7	111.1

자료 : 통계청 「물가연보」, 한국은행 「조사통계월보」 각 년도.

우리 나라의 물가변동추이를 살펴보면 해방 이후 1961년까지는 우리 나라 경제의 생산기반이 취약한데다 해방 이후의 혼란, 6·25동란, 4·19 및 5·16혁명 등 정치·사회적 불안요인마저 가세하여 도매물가가 16년간 약 1,513배나 등귀하는 격심한 인플레이션을 경험하였다.

그러나 1962년 이후부터는 여러 차례에 걸친 경제개발계획의 성공적인 추진으로 1, 2차 석유파동 등에 따른 스태그플레이션을 겪으면서도 도매물가는 1962년부터 1981년까지 20년 동안 약 19배 상승에 그쳐 물가상승세는 현저히 둔화되는 과정을 밟아 왔다. 특히 1980년대에 들어와서는 원유가격과 금리의 하락 등 소위 3저 효과라는 국제적 환경요인과 더불어 물가안정이라는 정부정책의 상호작용에 의하여 두 자리 숫자의 물가상승률이 한 자리 숫자로 감소되었다. 1990년대 역시 한 자리 물가상승률이 안정적으로 지속되었으나 1997년 말 경제위기를 겪게 되면서 1998년에는 다시 큰 폭의 오름세를 기록하였다.

2.2 인플레이션의 원인과 종류

미시경제학에서 어떠한 재화가격의 변동이 수요곡선이나 공급곡선의 이동 또는 양자의 이동에 의하여 초래되는 것과 같이, 거시경제학에서도 물가수준의 변동현상은 총수요 (AD)와 총공급 (AS), 또는 양자의 이동결과로 이루어진다.

즉, 인플레이션은 총수요의 증가, 수요의 부문간 이동, 또는 총공급의 감소에 의하여 야기될 수 있다. 총수요의 최초 증가는 화폐공급의 증가, 화폐수요의 감소, 정부지출의 증가, 투자나 소비의 증가 또는 순수출의 증가 등에 의하여 이루어진다. 수요의 부문간 이동이란 어떠한 산업분야의 수요증가가 있는 반면에 다른 산업부문에서 수요감소가 이루어지는 경우를 말한다. 총공급의 감소는 농작물의 흉작, 정부규제의 강화, 석유가격의 상승, 또는 공급을 제한하는 요소들에 의하여 야기된다.

2.2.1 수요견인 인플레이션(demand-pull inflation)

<그림 21-1>은 수요견인 인플레이션의 진행과정을 간명하게 나타내고 있다. 경제는 최초의 a점에서 균형을 이루고 있으며, 이 때 물가수준은 PI이며 인

플레이션의 예상은 없다. 총수요(AD_1)는 단기총공급($SRAS_1$) 및 장기총공급($LRAS$)과 균형을 이루고 있으므로 이 때의 화폐임금은 완전고용수준의 실질임금과 일치한다.

그림 21-1 수요견인 인플레이션

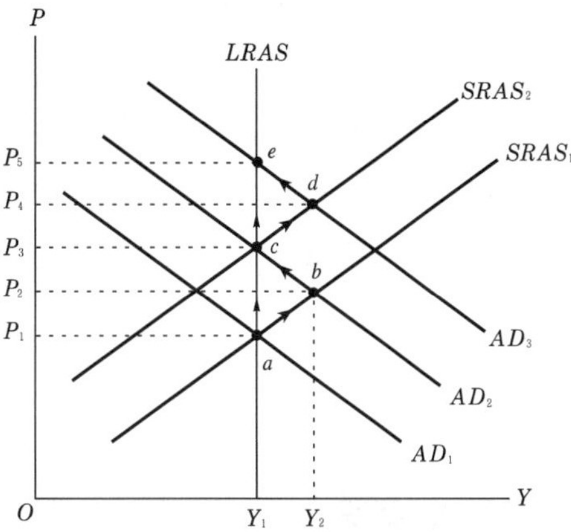

이제 자연실업률수준 자체를 감소시킬 목적으로 채택된 확장적 금융정책의 결과로 화폐공급이 이루어졌다고 가정하자. 이에 의하여 총수요가 AD_1에서 AD_2로 증가하였다면 단기균형은 a에서 b로 변화하고 물가수준은 P_2로 상승할 것이다. 이 때 화폐임금수준은 불변인 채 물가만이 상승하였으므로 실질임금이 하락할 것이고, 단기적으로 총생산량은 단기총공급 AS_1을 따라서 Y_2로 증가하게 된다. 그런데 노동자들은 곧 그들의 실질임금이 하락한 사실을 깨닫고 전과 동일한 실질임금수준을 유지할 수 있도록 화폐임금의 상승을 요구하게 되며, 이것은 단기총공급곡선을 $SRAS_1 \rightarrow SRAS_2$로 이동시킴으로써 결국 AD_2와 c점에서 균형을 이루게 될 것이다.

여기에서 만일 인플레이션의 경험으로 인플레이션의 기대 또는 예상이 촉발된다면, 총수요는 AD_2에 머무를 수가 없다. 왜냐 하면 시장이자율이 인플레이션을 감안하면서 최초의 실질이자율을 보장하려면 투자가 충분히 이루어져야 가능하기 때문이다. 또 다른 가능성은 인플레이션의 결과로 실질화폐수요가 감소됨으로써 총수요가 증가하게 될 것이라는 점이다.

경제는 화폐임금이 다시 오를 때까지는 d점으로 이동한다. 단기총공급곡선이 좌측으로 이동함에 따라서 경제는 e점에서 원래의 실질임금수준을 회복하게 될 것이다. 다시 말해서 총수요가 AD_3로 증가함에 따라서 경제는 d점의 단기균형점을 통과하여 e점으로 접근한다. 이러한 과정에서 한 가지 주목할 점은 최초에 예상하지 않는 인플레이션의 개시로 인플레이션의 기대가 촉발됨으로써 인플레이션의 지속적 현상이 초래되었다는 점이다.

2.2.2 비용인상 인플레이션(cost-push inflation)

수요견인 인플레이션이 AD곡선의 이동으로 발생함에 비하여, 비용인상 인플레이션은 AS곡선이 이동함으로써 발생한다. <그림 21-2>에서 총수요가 AD_1으로 일정할 때 총공급이 어떠한 원인에 의하여 AS_1에서 AS_2로 감소하면 경제의 균형은 a점에서 b점으로 이동하므로 총산출량은 Y_2로 감소하는 반면 물가수준은 P_2로 상승할 것이다. 이 때 총공급을 감소시키는 요인으로서 원자재 가격의 상승이나 이윤인상 또는 임금인상을 들 수 있다.

그림 21 2 수요인상 인플레이션

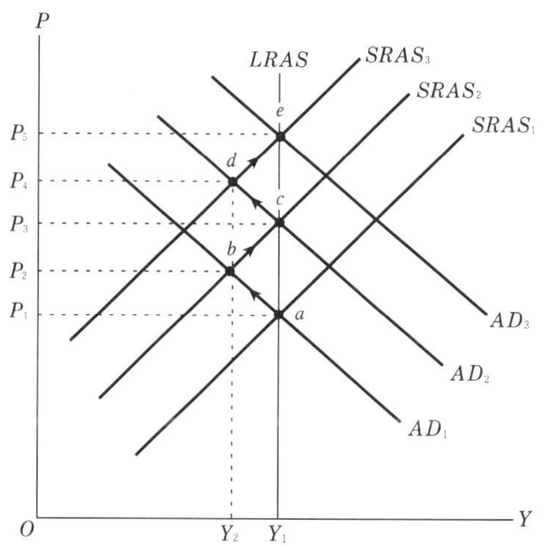

원자재가격 상승에 의한 인플레이션 원자재가격이 독점적 공급자에 의하여 관리되는 경우 갑자기 상승할 수가 있다. 1973년 말의 1차 석유파동시에 OPEC는 석유가격을 배럴당 4배나 인상시켰다. 단기적으로 석유의 대체에너지는 가능하지 못하므로 수요는 비탄력적이고, 따라서 석유가격의 상승은 즉시 투입요소가격의 상승과 아울러 최종재화가격의 상승으로 이어졌다.

이윤인상 인플레이션 이것은 독점적 위치에 있는 생산자들이 이윤폭을 넓히기 위하여 최종재화가격을 인상하는 경우에 발생한다. 이러한 인플레이션은 시장지배력의 행사에 의하여 발생한다고 말할 수 있는데, 이 경우는 한 번만의 물가상승을 가져온다고 볼 수 있다. 왜냐 하면 이윤을 증가시키기 위한 가격상승에는 그 스스로의 한계가 있기 때문이다. 따라서 이 주장은 인플레이션의 동태적 과정을 설명하는데는 미흡하다고 볼 수 있다.

임금인상설 이 이론은 비용인상 인플레이션을 논의하는데 가장 많이 거론되는 주장으로서, 소득분배를 변화시키기 위한 노동조합의 역할, 즉 요소시장에서의 지배력 행사에 그 초점을 맞추고 있다. 여기에서의 주요 논점은 노동조합이 노동생산성의 증가 이상으로 임금인상을 요구하게 될 때 인플레이션이 발생한다는 것이다. 기업은 노동쟁의에 따른 비용을 회피하기 위하여 제품가격을 인상시킴으로써 노동조합의 요구를 수용한다는 것이다.

이윤인상설과 마찬가지로 임금인상설은 기본적으로 시장지배력에 기초한 분석이기 때문에 특정 시기의 일회적 물가상승현상을 설명하는 데는 유용하지만 지속적인 인플레이션을 설명하는 데는 미흡하다고 볼 수 있다. 우하향하는 노동수요곡선을 전제할 때 실질임금의상승은 고용수준의 감소를 가져올 것이고, 실업이 증가함에 따라 노조원의 숫자는 감소하게 되므로 노조의 시장지배력도 감소하게 될 것이기 때문이다. 이러한 이유로 임금인상만으로 인플레이션의 전반적 현상을 설명하는 데는 무리가 있다. 그러나 임금상승에 따른 경기침체를 방지하고자 하는 경제정책의 대응에 따라서 인플레이션현상은 계속될 가능성도 있다.

<그림 21-2>에서 임금상승으로 총공급이 $SRAS_1$에서 $SRAS_2$로 감소하면 물가는 P_1에서 P_2로 상승하는 한편 총산출량은 Y_1에서 Y_2로 감소한다. 정책당국은 이에 대하여 실업을 방지하고 총산출량수준의 회복을 위하여 화폐공급의 증가와 같은 방법으로 대응할 수 있을 것이다. 결과적으로 총수요는 AD_2로 증가하고 물가는 P_2에서 P_3로 상승한다. 이것은 다시 임금인상의 원인을 제공하는 한편 물가상승의 결과로 나타나기 때문에 정책당국은 다시 한번 총수요의 증가로 대체하게 될 것이다. 결과적으로 경제는 $(a \rightarrow b \rightarrow c \rightarrow d \rightarrow e)$의 조정과정을 거치게 된다.

이상의 설명은 소득분배를 노동자들에게 유리하게 변동시키고자 하는 노동조합과 그 결과로 발생하는 실업증가 등에 대응하는 정부정책간의 상호작용의 과정에서 인플레이션이 발생한다고 보는 것이 특징이다. 따라서 이 같은 견해는 비용인상 인플레이션의 발생원인이 단순히 노동조합의 시장지배력 행사의 남용 결과로 해석하고 그의 통제를 위해서는 어떠한 형태의 임금통제가 필요하다는 설명방식과는 큰 차이점을 보이고 있다. 이의 주요 논점은 비록 인플레이션의 발단의 원인을 비용측면에서 구하고 있지만 '인플레이션은 언제나 어느 곳에서나 화폐적 현상이다'(inflation is always and everywhere a monetary phenomenon)라고 주장하는 프리드만(M. Friedman)의 견해와 일치하는 것이다.

앞에서 우리는 인플레이션을 야기하는 여러가지의 요인들을 살펴보았지만, 지속적 인플레이션은 사실상 화폐적인 현상이다. 통화량을 제외한 다른 모든 요소들은 장기적인 관점에서 경제의 성장잠재력이나 또는 실질잔고의 화폐수요에 의하여 그 스스로의 한계를 지니고 있다. 예컨대, 투자가 산출량과 균형을 맞추지 않으면서 계속적으로 증가될 수 없으며, 정부지출의 증가도 화폐공급의 뒷받침 없이 무한정 조세증가에 의하여 달성될 수 없다는 사실에서 한계가 있음을 알 수 있는 것이다.

정부지출, 투자, 소비, 또는 순수출의 증가는 *GNP*의 증가로 나타나는데, 교환방정식에 따를 때 화폐공급이 일정하다면 *GNP*증가는 화폐의 유통속도 증가를 의미한다. 그런데 유통속도 증가의 전제 조건은 실질잔고에 대한 화폐수요가 감소되는 것을 의미하는데, 이는 인플레이션의 예상이 지속적으로 나타나거나 또는 화폐의 대체재가 공급되지 않고서는 불가능한 것이다.

특히 공급중시 경제학에서는 투자증가나 또는 조세감소를 인플레이션의 원천으로 고려하지 않는다. 그 이유는 투자증가나 조세감소가 한편으로 총수요의 증가를 가져옴으로써 인플레이션의 가능성을 높여 주나 이것은 다른 한편으로 총공급의 증가에 의하여 상쇄되기 때문이다. 조세감소는 완전고용의 근처에서 소비지출을 증가시키기 때문에 인플레적이라고 보는 케인지언들과, 반면에 그것은 오히려 총공급을 증가시키기 때문에 인플레이션과는 관련이 없다고 보는 공급중시 경제학자들간에는 커다란 견해의 차이가 있다. 공급측 경제학자들은 조세감소가 노동유인을 증가시키는 한편 기업의 투자여력을 높여 줌으로써 총공급을 증가시킨다고 본다.

이렇게 분석해 볼 때 화폐만이 다른 요인들과는 달리 그것을 발행하는데 있어서 거의 아무런 자원의 제약성을 받지 않는다고 말할 수 있다. 화폐는 실질산출량이 증가되는 속도보다 더 빠르게 발행될 수 있으므로, 화폐의 유통속도가 계속적으로 감소되지 않는 한 그 결과는 인플레이션으로 나타날 것이다.

사실상 1960년대 이후 가속화된 인플레이션의 원인에 대하여 그것이 수요측면에 기인하는가 또는 공급측면에 기인하는가에 대하여 많은 연구가 여러 나라를 대상으로 이루어졌다. 이러한 연구에서 한 가지 분명한 사실은 장기적으로 통화량의 증가와 물가의 공급간에는 밀접한 관련성이 존재한다는 사실이다. 물론 이 같은 연구의 결과가 화폐와 물가 사이에 기계적 관계가 존재한다거나, 단기적으로 인플레이션을 통제하기 위하여 통화량을 통제하여야 한다는 의미로 해석되어서는 곤란하다. 다만 인플레이션이 진행되면 수요견인이냐, 비용인상이냐 하는 구별은 그다지 중요하지 않고, 화폐의 공급이 매우 중요한 의미를 갖는다는 것이다.

2.3 인플레이션의 경제적 효과

인플레이션 경제적 효과는 크게 소득 및 부의 재분배효과, 경제적 효율성에 미치는 효과, 그리고 산출량 및 고용에 미치는 효과로 구분할 수 있다. 그런데 이 같은 효과들은 인플레이션이 진행되는 속도와 경제주체들이 인플레이션을 어느 정도로 정확하게 예상하느냐에 따라서 다르게 나타날 수 있다.

2.3.1 소득 및 부의 재분배효과

인플레이션은 사회구성원들의 소득 및 부의 재분배과정에 작용함으로써 후생수준에 영향을 미친다. 우선 인플레이션으로 인하여 **채권자는 손해를 보고 채무자는 이득을** 보게 된다. 왜냐 하면 채권 또는 채무의 실질가치가 인플레이션으로 인하여 감소되기 때문이다. 물론 인플레이션이 정확하게 예상되는 경우에는 경제주체들은 이러한 재분배효과를 방지하기 위하여 실질이자율에 예상인플레이션의 비율을 가산하여 적용할 수 있다.

또한 연금과 같이 명목소득이 고정된 계층은 인플레이션으로 손실을 입게 된다. 따라서 임금계약 등에 있어서 COLA(cost-of-living adjustment)조항을 계약조건에 포함시킴으로써 이러한 손실을 회피하려고 노력한다. 결국 화폐나 채권 또는 자금대부와 같은 명목자산을 보유한 사람들은 손해를 입게 되고 실질자산을 보유한 사람은 이득을 보게 된다.

2.3.2 경제적 비효율성의 증가

인플레이션은 경제정보의 전달과정을 왜곡시키는 한편 경제주체들이 인플레이션에 대처하는 데 따르는 실질비용을 증대시킴에 의하여 비생산적인 부문으로의 자원투입을 강요함으로써 결과적으로 경제전체의 생산능력을 저하시키는 효과를 가진다. 인플레이션은 경제정보의 전달경로에 있어서 왜곡을 초래한다. 가격기구의 중요성은 자원의 희소성을 반영하는 데 있는 것인데, 인플레이션이 진행될 때 산업구조나 노동계약조건의 차이에 따라서 상대가격구조는 일반적으로 왜곡될 뿐만 아니라 상대가격의 조정과정이 장래의 실상을 반영할 수 없게 된다.

더욱이 잦은 가격변동에 기업과 소비자가 적절하게 대응하기 위해서는 실질적 자원비용이 많이 소요된다. 기업들은 가격이 변동됨에 따라서 새로운 카탈로그 발간이나 재화가격표시의 변경에 실질적 비용이 들어가며, 소비자 또한 가격변동에 관한 정보를 획득하는 데 많은 시간적 소모가 있게 된다.

인플레이션이 경제적인 효율성에 미치는 가장 부정적인 효과는 하이퍼 인플레이션(hyper-inflation)이 있을 경우이다. 노동자들은 이러한 경우에 임금을 화폐로 수령하기를 거부할 것이며, 화폐로 수령한다 해도 그 즉시 소비하려는 태도를 보이게 될 것이다. 한편 기업들은 물물교환의 방식으로 거래를 하려고 노력할 것이다. 다시 말해서 인플레이션은 화폐교환의 이점을 감소시키게 되는 것이다. 모든 경제활동이 생산적 방향으로 지향하기보다는 인플레이션 조세(inflation tax)를 회피하는 방향으로 집중하게 된다.

2.3.3 산출량 및 고용에 미치는 효과

인플레이션은 불확실성을 증가시켜 저축 및 투자의 감소를 가져온다. 저축 및 투자행위는 장래에 대한 확신에서 비롯된다고 말할 수 있다. 인플레이션에 의하여 장래에 대한 불확실성이 증대하고 저축이 감소하면 자본형성이 저해됨으로써 생산능력의 확대가 이루어질 수 없게 된다.

한편 인플레이션은 수입과 수출에 대한 효과를 통해서도 산출 및 고용에 영향을 미친다. 국내 인플레이션의 비율이 외국에 비하여 높으면, 국내 재화의 가격이 외국재화의 가격보다 상대적으로 비싸지는 것을 의미하기 때문에 수출은 감소하고 수입은 증대하게 된다. 따라서 인플레이션은 국제수지를 악화시키는 효과를 갖는 한편 국내의 고용 및 산출에 대하여 부정적인 효과를 갖게 될 것이다.

3. 필립스곡선과 스태그플레이션

3.1 필립스곡선의 개념

오랫동안 경제학자들은 인플레이션의 상승률과 실업률간에는 체계적 상충관계(trade-off)가 존재한다고 생각하여왔다. 이러한 견해는 사실상 명목임금의 변화율과 실업률관계를 연구하는 과정에서 얻어질 산물이다.

1958년 영국의 경제학자 필립스(A. W. Phillips)는 1861~1957년간의 영국에 있어서 임금의 형태를 연구한 논문을 발표하였다. 그에 의하면 노동시장에서 실업률이 낮을 때는 고용자들간의 경쟁이 심하여 화폐임금이 상승함을 발견하였다. 그런데 명목임금의 변화율은 물가수준의 변화와 같다고 볼 수 있기 때문에, 필립스곡선은 당초 임금상승률과 실업률의 상관관계를 의미하는 것으로부터 인플레이션의 상승률과 실업률의 상관관계로 재구성되었다.

<그림 21-3>은 고수준의 물가상승률과 저수준의 실업률이라고 하는 상충관계를 가상적으로 표시한 필립스곡선이다. 예컨대, 3%의 실업률은 14%의 물가상승률과 하나의 조합을 이루며, 5%의 실업률은 8%의 물가상승률과 연관되어 있다. 물가상승률과 실업률의 상충관계는 물가안정과 완전고용의 목표를 동시적으로 추구하는 정부에게 한편으로 정책선택의 고민을 안겨 주는 것이나, 다른 한편으로 하나의 목표를 어느 정도 희생하면 다른 목표를 적절하게 달성할 수 있는 선택의 여지를 남겨 주고 있다는 점에서 과연 양자간에 안정적인 관계가 존재하는가에 대하여 많은 연구가 이루어지게 되었다.

그림 21-3 필립스곡선

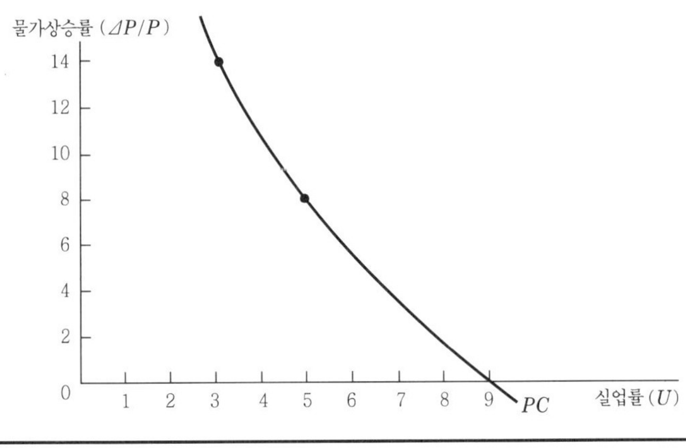

<그림 21-4>에는 1960년대 이후 미국경제에 있어서 물가상승률의 변화와 실업률간의 관계가 표시되어 있다. 1960년대에 있어서 양자의 관계는 매우 안정적이고 예측이 가능한 것처럼 나타나 경제학자들이나 정치가들을 비롯한 대부분의 사람들은 필립스곡선이 실제 존재하는 것으로 믿게 되었다. 그러나 1970년대 이후 전개된 일련의 현상에 의하여 이러한 신뢰는 점차 무너지게 될

수밖에 없었다. 그것은 고수준의 실업률(stagnation)과 고수준의 물가상승(inflation)이 더불어 진행되는 이른바 **스태그플레이션**(stagflation)현상이 나타났기 때문이며, 과연 양자간에 안정적인 상충관계가 존재하는가에 대한 의문이 제기되었다.

그림 21-4 실업률과 인플레이션(1963~1985)

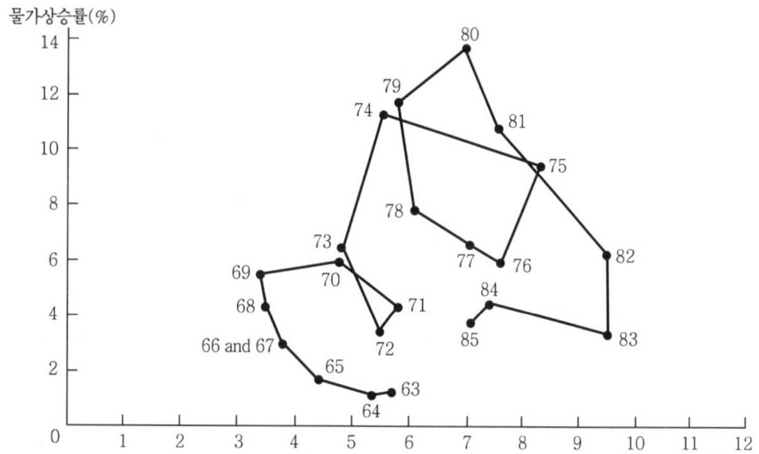

자료 : Economic Report of the President, 1986

그림에서 알 수 있는 바 같이 1970년대(1969년과 70년, 1971년과 72년, 1973년과 74년, 1975년과 76년 그리고 1979년과 80년의 양조의 조합)에는 물가상승률과 실업률간에 오히려 정의 관계가 존재하는 것처럼 보인다. 그 결과 총수요관리정책이나 또는 실업률을 감소시킬 목적으로 어느 정도 물가 상승률을 허용하고자 하는 경제정책들에 대한 신뢰가 무너지게 되었다.

이러한 현실에 직면하여 경제학자들은 장기적으로 안정적인 필립스곡선이 존재하는 것이 아니라, 오히려 경제구조의 변동에 따라서 필립스곡선의 모양이 변하거나 또는 필립스곡선 자체가 이동함으로써 그러한 결과가 나타나는 것이 아닌가 하는 방향으로 분석을 하게 되었다. 이러한 시도 중 가장 합리적 설명으로서는 경제주체들의 인플레이션에 대한 예상(expectation)을 도입하고 필립스곡선의 개념을 단기와 장기로 구분함으로써 이루어지게 된다.

3.2 예상인플레이션과 단기필립스곡선

1968년에 프리드만(M. Friedman)과 펠프스(E. S. Phelps)는 각각 독자적인 연구를 통하여 '예상을 **도입한 필립스곡선**'(expectations augmented phillips cure)의 개념을 제시하였다. 이들의 견해에 따르면 처음에 제시되었던 필립스곡선은 예상물가상승률이 불변임을 전제하였기 때문에, 만일 예상물가상승률이 변하게 될 경우 필립스곡선 자체가 이동하게 된다는 것이다. 예상물가상승률은 인플레이션이 크게 변동되지 않을 때는 변하지 않는다. 그러나 실제의 물가상승률이 몇 년 동안 걸쳐서 급격하게 변동하면 예상물가상승률도 따라서 급격하게 변한다. 이에 따라 필립스곡선 자체가 이동하게 되는 것이다.

<그림 21-5>는 필립스곡선의 이동가능성에 대한 프리드만·펠프스의 견해를 나타낸 것이다. PC_0는 예상물가상승률($\dot{P}_e$)이 0일 때의 필립스곡선이며, PC_1은 예상물가상승률이 10%일 때의 필립스곡선을 각각 나타낸다. 즉, 예상물가상승률이 변동됨에 따라서 전체의 필립스곡선이 이동하는 것을 나타내고 있다.

그림 21-5 예상물가상승율의 변동과 필립스곡선의 이동

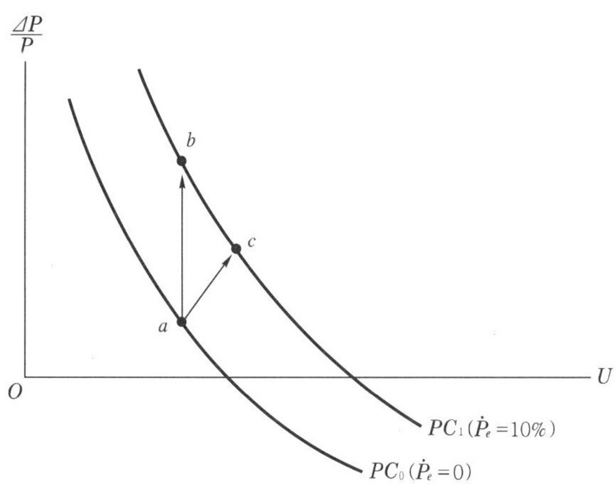

위의 분석에 의하면 스태그플레이션은 경제이론과 전혀 모순되는 현상이 아니다. 예상물가상승률이 상승하면 물가상승과 실업률이 동시에 증가 할 수 있

다. 즉, 경제상태는 PC_0의 a점으로부터 PC_1의 b또는 c점으로 변할 수 있는 것이다. 필립스 곡선에 있어서 물가와 실업률간의 안정적 상충관계는 오직 예상물가상승률이 변하지 않을 경우에만 타당한 사실이다.

3.3 자연실업율가설과 장기필립스곡선

프리드만·펠프스의 분석은 단기필립스곡선과 장기필립스곡선의 개념을 구분하고 있다. **단기필립스곡선**은 예상물가상승률이 일정할 때의 실업률과 물가상승률과의 상충관계를 표시하며, **장기필립스곡선**은 예상물가상승률이 현실물가상승률과 동일하면서 그 크기가 변동할 때 실업률과 물가상승과의 관계를 나타낸다. 이때 양자의 개념을 구분하는 가장 핵심적 요소는 **자연실업률**의 개념이다. 전술한 바와 같이 자연실업률은 완전고용에서도 존재하는 실업률로서 이는 생산요소의 자유로운 이동에 대한 제한성의 정도, 최저임금제나 사회보장제도 등과 같은 제도적 요인들에 의하여 그 크기가 결정되기 때문에 노동시장정책에 의하여 장기적으로 변화될 수 있다.

자연실업률가설을 전개함에 있어서 첫째의 가정은 물가와 화폐임금의 상승률은 동일하다고 하는 것이다.

$$\dot{P}_t = \dot{W}_t \qquad (21-1)$$

다음 의문은 화폐임금의 변화에 미치는 요소들이 무엇인가 하는 점이다. 프리드만과 펠프스의 견해는 노동자들이 실질임금수준에 기초하여 계약하기 때문에 계약기간 중 일어날 수 있는 물가상승률 ($\dot{P}^e_t$) 에 의존한다는 것이다.

$$\dot{W}_t = f(U_t, \dot{P}^e_t) \qquad (21-2)$$

이를 좀더 구체적인 함수관계로 표시하고 $\dot{W}_t$를 $\dot{P}_t$로 대치하면

$$\dot{P}_t = \alpha\dot{P}^e_t + \beta(U_t - U_{Nt}) \qquad (21-3)$$

이 때 $\dot{P}_t$는 현실물가승상률, $\dot{P}^e_t$는 예상물가승률, U_t는 실제실업률, 그리고 U_{Nt}는 자연실업률이다. 예상물가상승률이 그대로 현실물가상승률에 반영된다면, 즉 $a=1$을 가정하면 위의 식은 다음과 같이 표시된다.

$$\dot{P}_t - \dot{P}^e_t = \beta(U_t - U_{Nt}) \tag{21-4}$$

또는

$$U_t - U_{Nt} = -\frac{1}{\beta}(\dot{P}_t - \dot{P}^e_t) \tag{21-5}$$

위의 식이 의미하는 바는 실제실업률이 자연실업률수준과 차이를 보일 경우는 오직 현실물가상승률과 예상물가상승률이 다를 때만 나타난다는 점이다. 다시 말해서 현실물가상승률이 예상물가상승률과 일치하게 되면 실업상태는 자연실업률수준에서 일정하게 유지된다. 그러나 예상치 못한 인플레이션이 진행되면, 실업수준은 자연실업률의 수준 이하로 될 수도 있고 또한 그 이상으로 나타날 수도 있다.

자연실업률의 가설은 <그림 21-6>을 이용하여 보다 직관적으로 설명 될 수 있다. 현실물가상승률이 0이고 또 그것이 완전히 예상되고 있다면, 실업률은 정의에 의하여 자연실업률수준인 U_N이 될 것이다. 이제 정책당국이 총수요곡선을 우측으로 이동시키는 정책을 결정하였고 이 과정에서 결과적으로 화폐공급이 5% 증가하였다고 가정하자. 더욱이 화폐의 유통속도가 일정하다고 가정하면 현실물가 상승률은 화폐의 공급증가에 비례하게 될 것이다. 이 때 실질산출량 및 고용에는 어떠한 변화가 일어난 것인가? 단기필립스곡선의 개념에 따를 때 실질산출량은 증가하고 실업은 감소하게 되는데, 이 때 이러한 변화는 PC_0의 필립스곡선에 따라 a에서 b점으로 이동하며 이루어 질 것이다. 그런데 이러한 균형이 안정적이기 위해서는 화폐의 환상이 존재해야만 한다. 즉, 노동자들은 실질임금이 변하지 않았음에도 불구하고 화폐임금의 증가에 반응하여 움직인다는 것이다.

그림 21-6 장기필립스곡선의 유도

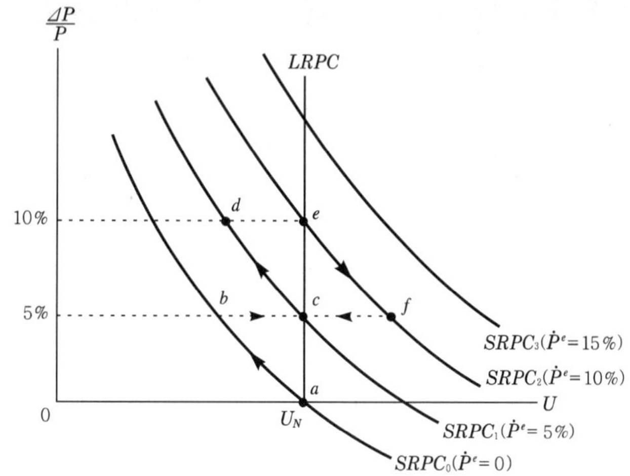

그러나 프리드만과 펠프스의 모형에서 노동자들은 실질임금수준에 의하여 행동하므로 화폐임금의 인상요구는 예상물가상승률에 따라서 이루어진다.

$$\dot{P}^e_t = \alpha\ \dot{P}_{t-1} \qquad (21-6)$$

이 식에서 $a=1$ 을 가정한다는 것은 인플레이션이 있게 될 때 그 다음 기에 곧 완전한 조정이 이루어짐을 의미한다. 앞의 그림에서 임금교섭은 (t−1)기에 0의 예상물가상승률을 전제로 하여 이루어진다. 따라서 화폐임금이 상승함에 따라 이는 최초에 실질임금의 상승으로 인식됨에 따라서 노동공급은 증가하게 된다. 그러나 일단 물가가 임금상승률과 동일한 비율로 상승하고 따라서 실질임금이 변하지 않는다는 것을 노동자들이 인식하게 되면 노동의 초과공급은 철회될 것이며, 다시 U_N 으로 복귀하게 될 것이다. 이후에 아무런 변동이 없게 되면 인플레이션은 5%의 수준에서 안정될 것이고 만일 정책당국이 실질산출량을 높일 목적으로 화폐공급을 다시 5% 증가시키면 위와 같은 과정이 반복될 것이다. 즉, 최초 이동은 단기필립스곡선인 $SRPC_1$ 에 따라서 $c \rightarrow d$ 로 이루어지지만, 결국 최후의 균형점은 e점으로 수렴될 것이다.

이 같은 분석에 기초하여 자연실업률가설은 다음과 같은 몇 가지 결론에 도달하고 있다.

1) 인플레이션과 실업간에 장기적 상충관계는 없다.
2) 양자간에 상충관계가 있다면 그것은 일시적인 현상일 뿐이다.
3) 따라서 총수요관리정책은 장기적으로 산출량과 고용 등과 같은 실질변수에는 영향을 미치지 못하고, 오직 물가, 화폐임금이나 명목이자율 등과 같은 명목변수에만 영향을 미친다.
4) 자연실업률은 장기적으로 노동시장의 신축성과 효율성의 개선을 가져오는 공급정책에 의해서만 변화시킬 수 있다.
5) 실제실업률은 자연실업률수준 이하이며, 유지하고자 하는 총수요관리정책의 어떠한 시도도 인플레이션의 상승만을 가져올 뿐이다.

이러한 자연실업률가설은 물가상승과 실업의 공존현상을 필립스곡선의 이동 자체로 설명할 수 있기 때문에 대부분의 사람들이 이러한 분석의 기본골격을 받아들이고 있다. 그런데 이 분석의 핵심은 예상 또는 기대의 역할이다. 장기적 상충관계가 존재하지 않는다는 것은 어디까지나 실제물가상승률과 예상물자상승률의 차이가 있을 때 완전조정이 이루어진다는 가정에 기초를 두고 있는 것이고, 불균형의 지속상태는 예상이 현실상황에 어느 정도로 빨리 적응하느냐에 달려 있다.

■ 요 약 ■

1. 실업이란 일할 의사와 능력을 가진 사람에게 그의 기능이나 숙련에 맞는 일자리가 주어지지 않는 상태를 말하며, 경제활동인구 중에서 실업자가 차지하는 비율은 실업률이라 한다. 경제활동인구는 일반적으로 노동에 적합한 일정한 연령 이상의 인구로서 일할 의사와 능력을 가진 사람의 수이다. 우리 나라에서는 만 15세이상의 인구를 생산가능인구로 파악하는데, 생산가능인구 중 일할 의사와 능력이 없는 학생이나, 가정주부 또는 노약자나 불구자 등과 같은 비경제활동인구를 제외한 것이 경제활동인구이다.

2. 실업은 실업상태에 있는 노동자들의 자발성 여하에 따라서 자발적 실업과 비자발적 실업으로 분류할 수도 있고, 발생원인에 따라서 마찰적 실업, 구조적 실업, 계절적 실업 및 경기적 실업으로 분류할 수가 있다.

3. 자발적 실업이란 일자리가 있음에도 불구하고 실업상태에 있는 사람이 현재의 임금수준에서 일하기를 원하지 않는 경우를 말하며, 비자발적 실업이란 현재의 임금수준에서 일하기를 원하지만 일자리를 구할 수 없는 경우를 의미한다.

4. 경제의 동태적 특성을 고려할 때 어떠한 경제든지 일정한 수준의 마찰적 실업과 구조적 실업은 피할 수가 없는 현상인데, 이러한 최소한의 실업률을 정상수준의 실업률 또는 자연실업률이라 한다. 그리고 이러한 자연실업률을 감안한 고용상태를 완전고용이라 한다.

5. 인플레이션이란 모든 재화 및 용역의 일반적 물가수준이 지속적으로 상승하는 현상을 의미한다. 즉, 인플레이션은 화폐의 실질구매력을 감소시킨다.

6. 인플레이션은 총수요의 증가로 인한 수요견인 인플레이션과 원자재가격의 상승, 이윤인상, 임금인상과 같은 생산요소비용의 상승으로 총공급의 감소 때문에 발생하는 비용인상 인플레이션이 있다.

■ 주요개념 ■

실업, 경제활동인구, 생산가능인구, 실업률, 자발적 실업, 비자발적 실업, 마찰적 실업, 구조적 실업, 계절적 실업, 경기적 실업, 자연실업률, 완전고용, 오쿤의 법칙, 인플레이션, 물가지수, 물가상승률, 수요견인 인플레이션, 비용인상 인플레이션, 이윤인상 인플레이션, 임금인상설, 필립스 곡선, 스태그인플레이션, 장기필립스곡선, 자연실업률가설

제22장

거시경제정책의 유효성

<개 요>

오늘날 거시경제학에서 가장 논쟁이 활발한 분야는 경기변동을 거시경제정책에 의하여 안정화시킬 수 있는가의 문제일 것이다. 경제학자들은 여러 가지의 경제현상들을 설명함에 있어서 의견의 접근을 보이고 있지만, 아직도 인플레이션의 제어나 실업률의 감소 등의 문제해결에 있어서 학파에 따라서 커다란 차이점을 보이고 있다.

개입주의자들(activists)은 재정 및 금융정책의 구사를 통하여 경기변동을 완화시킬 수 있다고 주장한다. 이에 비하여 비개입주의자(nonactivists)는 재정 및 금융정책이 경기대응적 방식보다는 준칙(rules)에 의한 안정적 틀 안에서 수행되어야 한다고 믿는다. 이 때 개입주의자들은 일반적으로 케인즈의 전통을 따르는 경제학자들이며, 비개입주의자들은 통화론자들이나 합리적 기대이론을 따르는 경제학자들을 말한다.

케인즈주의자들과 통화론자들의 최초 논쟁은 재정정책과 금융정책 중 어느 것이 중요하고 강력한 수단인가의 관점으로부터 출발하였으나, 후에는 개입주의와 비개입주의라는 보다 광범위한 주제로 그 논쟁범위가 확대되었다. 따라서 이 장에서는 개입주의와 비개입주의간의 이념적 배경과 이론적 골격을 중심으로 고찰하면서 안정화정책(stabilization policy)의 유효성에 관한 학파별 주장을 정리해 보기로 한다.

1. 경기변동과 거시경제정책

1.1 경기변동의 개념과 국면

1.1.1 경기변동의 개념

물가나 실업수준의 변동과 마찬가지로 전체의 경제활동은 아무런 기복 없이 평탄하게 이루어지는 것이 아니라 시간이 지남에 따라 변동하기 마련이다. 어떤 시기에는 총산출량 및 고용량이 격감하는가 하면, 또 다른 시기에 총산출량 및 고용량이 급속하게 증가하는 현상을 각국 경제들은 경험하여 왔다. 그리고 이러한 경제활동의 등락이 엇갈리는 가운데서도 장기적으로 국민경제는 일정한 추세선을 따라 총산출 및 고용량 등의 경제활동규모가 증가하는 경향을 나타내고 있다.

그런데 경제활동의 변동은 무분별하게 이루어지는 것이 아니라 호황과 불황이 반복되는 가운데서도 어느 정도의 규칙적인 양상을 보이게 되는데, 이러한 현상을 일컬어 **경기변동**(business fluctuation) 또는 **경기순환**(business cycle)이라 한다. 경제학자들은 그 동안 여러 가지 주기의 경기순환들이 있음을 발견하였다. 짧게는 1~2년의 단기순환으로부터 50~60년의 장기순환에 이르기까지 여러 가지 주기의 경기순환형태가 제시되고 있다. 어떠한 종류의 경기순환은 특정 산업이나 기업활동(농산물파동, 건축순환 등)만에 영향을 미치기도 하지만, 다른 종류의 경기순환(예컨대, 8~10년 주기의 쥬글라 순환이나 50~60년 주기의 콘트라티에프 순환 등)은 모두 산업의 전체활동에 대하여 영향을 미친다.

1.1.2 경기변동의 4국면

경기변동 또는 경기순환은 일반적으로 4개의 국면으로 구분할 수 있다. <그림 22-1>이 보이는 바와 같이 경기순환의 4국면은 ① 확장국면(expansion phase), ② 정점(peak), ③ 수축국면(contraction point), ④ 저점(trough)이다. 경기의 확장국면에서는 경제활동의 각종 지표들(건축허가 면적, 총생산량, 고용, 기업생성, 신규주문 등)이 총산출량의 확대현상을 나타낸다. 경기확장의 최종단계는 생산 및 고용의 확대가 더 이상 진행되지 않는 정점에 이루어진다.

그림 22-1 경기변동의 4국면

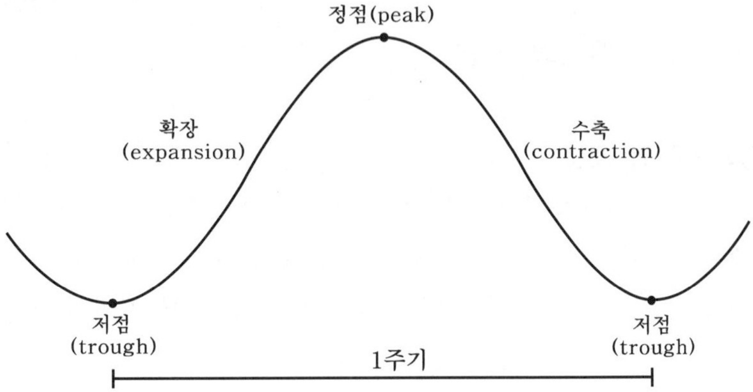

경기수축기에 경제활동은 전반적으로 감소하는 경향을 나타내며 생산량의 감소와 실업률의 증가 등이 따른다. 경기수축은 경제활동의 각종지표들이 더 이상 하락하기를 멈추는 시점인 저점에서 끝나게 된다. 이렇게 하여 경기변동의 한 주기(cycle)가 끝나게 되면, 경제는 다시 회복되고 확대되는 단계로 나아가게 되는 것이다.

1.2 거시경제정책의 수단과 목표

거시경제정책상 단일한 목표는 존재하지 않는다. 모든 사람들은 완전고용이나 물가안정 또는 경제성장을 바람직한 목표라고 고려한다. 또한 경기변동시에 호황과 불황의 급격한 차이를 피하는 것도 바람직한 목표로서 제기된다. 국제경제의 측면에서는 급격한 환율변동의 회피와 안정적인 국제무역의 성장을 목표로 하게 된다. 이러한 다수의 목표들이 존재하기 때문에 거시경제정책은 단일목표가 아니라 다수 목표들의 동시적 달성을 추구하게 된다.

한편 거시정책목표들을 달성하기 위해서는 이에 필요한 수단들의 동원이 필요하다. 경제정책의 목표를 달성함에 있어서 전통적으로 가장 중요시되어 왔던 정책수단들은 재정 및 금융정책수단들이다. 재정정책은 정부지출과 조세구조의 변화를 통하여, 금융정책은 화폐공급과 이자율의 변화를 통하여 각각 이루어진다.

인력정책(manpower policy)은 정부가 직업훈련프로그램의 제공이나 직업소개제도의 개선, 또는 실업보상제도 등의 확충을 통하여 장기적으로 자연실업률수준을 감소시키고자 하는 정책이다. 소득정책(income policy)은 물가상승을 억제하기 위하여 임금 및 물가에 대하여 직접적으로 통제하는 방식이다. <그림 22-2>에는 경제적 후생에 영향을 미치는 경제의 목표변수와 정책수단간의 상호관계가 표시되어 있다.

그림 22-2 경제정책의 수단과 목표

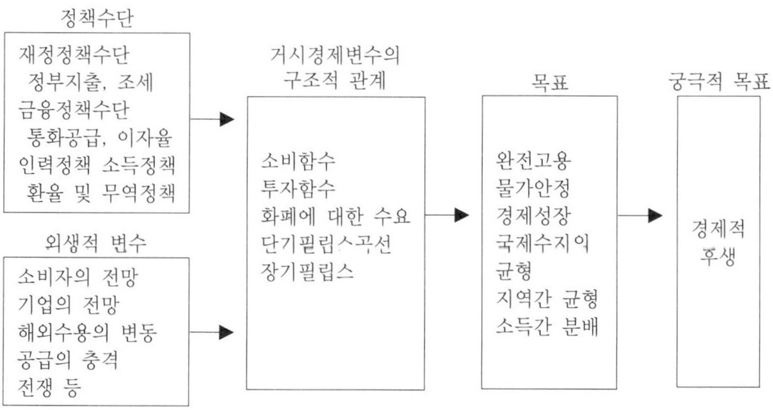

궁극적으로 국민의 경제적 후생이 증대되기 위해서는 중간목표로서의 완전고용이나 물가안정, 또는 경제성장 등이 잘 이루어지지 않으면 안 될 것이다. 그림의 좌측 상단에는 이러한 목표들을 달성하는 데 동원될 수 있는 정책수단들이 열거되어 있다. 정책수단 변동의 효과는 경제변수들간의 관계를 나타내는 구조적 관계를 통하여 경제목표로 연결된다. 이제까지 분석하여 왔던 *SRAS*와 *LRAS*곡선은 화폐공급, 조세 및 정부지출 등을 실업 및 인플레이션과 연결짓는 중요한 구조적관계로서 중앙에 나타나 있다.

그런데 이 같은 함수들의 변동은 정부의 직접적 통제 밖의 외생적 요인들, 예컨대 소비자들과 기업들의 장래에 대한 낙관과 비관, 해외수요의 변동, 또는 공급측면의 충격 등과 같은 요인들에 의하여 영향을 받는다. 결국 정책수단들과 외생적 변수들은 중앙에 있는 경제구조적 관계들에 영향을 미침으로써 목표변수들에 있어서 특정한 값을 산출한다.

1.3 재정정책과 금융정책의 상대적 효능성과 신축성

1960년대의 선진국의 경제학자들은 재정정책과 금융정책의 상대적 효능성과 신축성에 대하여 활발한 논쟁을 전개하였다. 케인즈주의자들은 재정정책을 총수요에 보다 직접적인 효과를 미칠 수 있는 강력한 정책수단으로 인식하였다. 그리고 금융정책에 대해서는 이자율의 변동과 그에 따른 투자수요의 변동을 통하여 총수요에 간접적인 효과를 미치기 때문에 신뢰성이 낮고 미약한 정책으로 인식하였다. 이에 대하여 통화론자들은 정부지출의 증가가 구축효과(crowding out effect)를 통하여 민간소비나 투자를 직접적 또는 간접적으로 감소시키며, 세율변동도 항상소득(permanent income)에 영향을 줄 수 없다고 생각하여 재정정책의 효능성을 인정하지 않았다.

이러한 논쟁을 통하여 양측은 자기의 주장을 옹호하거나 상대방의 주장을 반박할 수 있는 많은 자료들을 축적하였다. 케인즈주의자들은 대형의 계량경제모형을 통하여 재정 및 금융정책변수가 모든 물가와 산출량수준에 영향을 미친다는 것을 발견하였다. 프리드만은 슈워츠와 공동연구를 통하여 재정정책의 변화가 화폐, *GNP* 및 물가수준의 장기적 관계에 별 다른 영향을 미치지 못함을 발견하였다. 미국의 세인트 루이스 중앙은행의 연구결과는 재정정책수단과 실질 *GNP* 수준간의 관계에 있어서는 유의성이 없는 반면, 금융정책수단과 실질 *GNP* 간의 관계에는 유의성이 있다는 것이었다.

최근에 이르러 개입주의자들과 비개입주의자들간의 논쟁은 더 이상 재정정책과 금융정책의 상대적 효능성의 차이점에 중심을 두고 있지 않다. 개입주의를 옹호하는 케인즈주의자들은 금융정책의 효능성을 인정하는 한편 프리드만도 재정정책이 산출량 및 물가수준에 영향을 미칠 수 있음을 인정하고 있다. 이제 논쟁의 중심은 상이한 정책수단간의 효능성의 차이가 아니라 정책에 있어서 개입주의와 비개입주의의 차원으로 옮겨지고 있다.

2. 개입주의와 비개입주의

2.1 양자의 차이와 이념적 배경

개입주의(activism)란 경기순환에 따른 변동을 완화시키기 위하여 경제상태의 인식에 따라서 그에 적절한 재정 및 금융정책수단을 선택하여 적극적으로 구사해 나가는 방식을 의미한다. 다시 말해서 바람직한 경제상태를 만들기 위하여 **재량적 정책**(discretionary policy)을 적극적으로 사용해야 한다는 주장이 개입주의이다. 이때 경제상태의 변화에 따라 얼마나 자주 이에 대응하여야 될 것인가의 문제가 제기된다. 경기변동시 주요교란에 대하여만 대처할 것인가, 또는 모든 사소한 변동까지도 대응할 것인가의 문제이다. 1960년대 개입주의의 절정기에 경제학자들은 **미조정**(fine-tuning)에 대하여 자주 언급하였다. 미조정이란 경제활동의 조그만 변동에 대하여도 재량적 재정 및 금융정책을 자주 사용하여 경기변동에 대응하는 방식이다. 오늘날에는 미조정에 대하여는 더 이상 중요성을 두지 않고, 다만 *GNP* 나 인플레이션에 큰 변동이 있을 경우에 한해서 재량적 정책이 사용되어야 한다는 견해가 지배적이다.

비개입주의(nonactivism)는 자유재량적 정책이 비효과적일 뿐만 아니라 오히려 경제안정에 해를 끼칠 수도 있기 때문에, 경제상태가 변동되더라도 그것에 관계없이 일정한 규칙 또는 준칙(rules)에 따라서 경제정책이 수행되어야 한다는 입장을 취한다. 비개입주의의 대표자격인 프리드만은 두 가지의 준칙사항을 제시하고 있다. 첫째는 화폐공급은 실질 *GNP* 의 장기적 평균증가율과 동일한 비율로 매년 일정하게 공급해야 된다는 것이다.

둘째는 경기순환의 일주기를 기준으로 정부예산은 균형을 유지해야 된다는 것으로서, 경기확장시의 흑자는 경기수축기의 적자와 균형을 이루어야만 한다. 정부지출은 어디까지나 공공지출의 필요성에 의해서 결정되어야지, 재량적 재정정책의 필요성에 의해서 결정되어서는 안 된다는 것이다. 비개입주의자들은 이 같은 안정적 재정 및 금융정책의 구조하에서는 장기적 경제안정이 달성될 수 있다고 보았다. 다시 말해서 경제의 **자동조절기구**(self-correcting mechanism)

는 일정비율의 화폐공급이라는 준칙과 경기순환주기에 기초한 예산균형의 방식에 의하여 최대한의 효율성을 달성할 수 있다는 것이다.

개입주의와 비개입주의의 이론적 차이점은 총수요와 단기 및 장기총공급의 분석도구로서 보다 분명하게 설명할 수 있다. <그림 22-3>은 디플레이션 갭이 존재하는 경제로서 최초에 경제는 a점에서 균형을 이루며 완전고용수준 이하에서 생산하고 있다. 이 때 바람직한 목표는 경제가 완전고용수준을 유지하는 것이다.

그림 22-3 정책의 기조

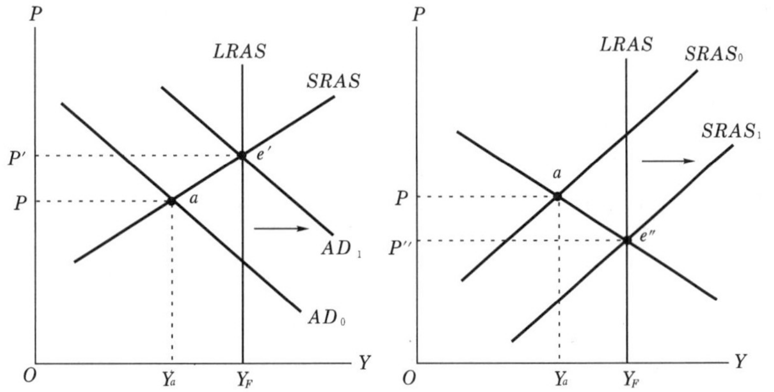

(a) 개입주의 (b) 비개입주의

그림의 (a)부분은 개입주의의 입장을 나타내고 있다. 디플레이션 갭 ($Y_a < Y_F$)이 존재하므로 확장적 재정 및 금융정책이 집행되고 총수요는 AD_0에서 AD_1으로 증가한다. 경제는 단기총공급곡선을 따라서 a로부터 e'로 이동하게 되며 완전고용수준의 산출량 (Y_F)을 생산하게 된다. 이 때 총수요증가로 물가수준은 P에서 P'로 상승한다.

그림 (b)부분은 자동조절기구의 작용을 통하여 균형이 회복되는 과정을 나타낸 것으로서 비개입주의의 입장을 나타낸다. 경제는 최초에 a점에서 균형을 이루고 있으며 이 때 디플레이션 갭이 존재하고 있다. 완전고용 이하의 수준에서 경제가 작동되고 있기 때문에 물가가 하락하고 그에 따라 실질임금도 하락하기 때문에 기업들은 각각의 물가수준에서 더 많은 재화를 공급하려고 한다. 물가수준이 계속 하락함에 따라서 완전고용산출량수준이 회복되며, 단기총공급곡선은 $SRAS_0$ 로부디 Y_F 를 신출하는 수준인 e'' 점을 통과하는 $SRAS_1$ 으로 이동한다.

이상에서 개입주의와 비개입주의의 기본적 차이점을 살펴보았지만, 이러한 차이는 결국 경제를 보는 근본적 인식의 차이와 아울러 정부의 적정 역할과 규모에 대한 견해의 차이로부터 비롯된다고 말할 수 있다. 다음과 같은 문제제기에 대한 답변방향에 따라서 개입주의와 비개입주의는 구분된다. 첫째, 자본주의 경제제도는 본질적으로 안정적인가 또는 불안정한가? 둘째, 재정정책이나 금융정책은 시장경제의 안정화에 기여하는가, 아니면 변덕스러운 정부정책의 결과로 경기변동과 불안정이 야기되는 것인가?

통화주의자들을 비롯한 비개입주의자들의 입장은 자유시장경제에 큰 신뢰성을 부여하면서 정부의 개입은 주로 독점과 경쟁제한적인 요소들의 억제에 국한해야 한다는 것이다. 그들은 시장기구가 경제의 근본문제를 해결하고 자원을 효율적으로 배분하는데 훌륭한 역할을 수행하고 있다고 생각한다. 케인즈주의자들은 시장기구의 작동결과에 대하여 만족스러운 느낌을 갖고 있지 않다. 그들은 시장기구의 단점들을 치유하는 데 있어서 효과적이고 적극적인 역할을 할 수 있다고 믿고 있다. 이에 대하여 비개입주의자들은 정부가 일반적으로 비효율적이며, 관료기구의 복잡성 때문에 여러 문제를 취급하는 과정에서 잘못을 저지를 수 있다고 생각한다. 더욱이 그들은 경제의 의사결정과정에 정부의 통제가 증가하는 결과로서 나타나는 정치적 의미에 대하여 우려한다. 즉, 정부통제의 증가는 개인적 자유에 대한 위협이 될 수 있으며, 개인적 주도권을 제한할 수 있다는 우려를 가지고 있다.

2.2 개입주의의 근거

앞에서 살펴본 바와 같이 개입주의와 비개입주의의 주요 차이점은 경제를 안정화시키기 위하여 재량적 재정·금융정책을 구사할 것인가의 여부에 달려 있다.

현대의 케인즈주의자들은 자동조절기구가 안정적인 재정 및 금융정책의 구조하에서 훌륭하게 작동할 수 있다고 믿는다. 다시 말해서 민간경제부문은 재정 및 금융정책의 도움 없이도 그 스스로의 복원력에 의하여 완전고용수준으로 접근할 수 있다는 것이다. 초기의 케인즈주의자들은 경제의 장기적 복원력 자체에 대하여도 큰 회의를 품었었다.

2.2.1 경제의 불안정성

그런데 현대 케인즈주의자들은 자동조정기구의 작동과 안정적 재정·금융정책의 시행에도 불구하고 실질 *GNP* 및 고용의 급격한 변동이 있을 수 있다고 주장한다. 경제는 온갖 종류의 충격에 직면하고 있으므로 근본적으로 불안정하다는 것이다. 투자는 가속도 현상 및 기업들의 기대변동 때문에 기본적으로 변덕스럽다. 공급측 충격요인들은 경제를 일시에 혼란으로 빠뜨릴 수 있다. 예상할 수 없는 소비자수요의 변동이 이루어질 수 있으며, 독립지출의 변동은 승수효과를 통하여 경제전체에 보다 큰 변동을 초래한다는 것이다.

2.2.2 완만한 자동조정작용에 따른 비용부담

현대 케인즈주의자들이 안정화정책을 적극적으로 사용하여야 한다는 주장의 근저에는 경제가 균형을 이탈하였을 때 물가와 임금의 조정작용을 통한 자생적 복원력, 즉 자동조절기구에 의해서 균형으로의 회복을 기대하기는 너무 많은 비용이 들어간다는 사실이 깔려 있다. 경제가 불리한 수요 또는 공급충격에 직면하게 되면 완전고용수준의 이하에서 운용될 것이다. 이 때의 비용부담은 개인적으로 실업상태에 있는 사람들의 정신적·물질적 고통 이외에도 사회적으로 *GNP* 갭에 해당하는 산출량손실로 나타날 것이다. 케인지언의 입장에서 *GNP* 갭은 자동조절기구가 완전히 그 작동을 마칠 때까지 지불하지 않으면 안 될 사회적 비용인 것이다. 따라서 케인지언들은 완전고용으로의 이동을 보다 신속하게 조정하기 위하여 개입정책을 적극적으로 구사해야 된다는 입장을 취하게 된다.

어떠한 경제적 교란에 직면하였을 때 자동조절기구가 얼마나 빨리 작동할 것인가에 대하여 케인즈주의자들은 깊은 불신감을 표시한다. 구체적인 예로써 대공황시 1932년 이후로 대량의 실업이 존재하였음에도 불구하고 실질임금은 실제로 상승하였다는 것이다. 당시 영국에서는 대량실업이 있었지만 화폐임금수준이 하락하지 않아서 실질임금이 증가하였다. 현대에 이르러서는 장기계약 등이 중첩되고 있어서 임금의 하방경직성이 두드러진다고 한다. 그래서 케인즈주의자들은 임금 및 물가가 하방경직적이거나 또는 매우 디디게 조정되기 때문에 경제를 완전고용으로 회복시키는 자동조절기구의 작용은 매우 부진할 것이라고 본다.

물론 개입주의자들은 재량적인 정책의 시행에 상당한 곤란성이 개재되어 있다는 사실을 인정한다. 그들은 정책수행과정에서 과거에 잘못이 있었으며 앞으로도 잘못을 저지를 수 있다고 생각한다. 더욱이 그들은 완전한 재량적 정책을 전제하지도 않는다. 그들의 주요 논점은 재량적 정책은 불완전하지만 아무 행동도 취하지 않는 정책보다는 낫다는 사실이다.

1960년대 이래로 적극 시행되어 왔던 재량적 정책에도 불구하고 상당한 수준의 실업과 인플레이션, 그리고 심지어 스태그플레이션현상이 존재하여 왔다는 사실을 볼 때 재량적 정책은 안전하게 작동하지 못하였음을 알 수 있다. 그런데 개입주의를 옹호하는 측은 재량적 정책을 시행하지 않았더라면 현실은 더욱 어려워졌을 것이라고 주장한다. 적어도 두 가지의 경험적 사례들이 이들의 주장을 뒷받침한다.

첫째는 개입주의 정책이 본격적으로 시행된 2차대전 이후로 선진제국에서 경기순환이 완전히 제거되지 않았지만 심각한 불황은 회피할 수 있었다는 것이다. 케인지언들에 의할 때 30여년 동안 재량적 정책의 사용으로 경기변동의 크기는 상당히 감소되었다는 것이다. 둘째는 1970년대 중 미국에서는 대체적으로 안정적인 금융정책을 시행했음에도 불구하고 고실업이 발생하였다는 것이다. 1973~75년 사이에 화폐공급의 증가율은 각각 5.5%, 4.3% 및 4.5%로서 비교적 일정한 비율을 유지하였으나 미국경제는 심각한 불황 속에 빠졌다. 즉, 실업은 1974년 5.6%, 1975년 8.5% 그리고 1976년에는 7.7%로 증가하였다. 물론 1974~76년의 경기침체는 석유가격의 급격한 상승 때문이었다. 이렇게 불리한 공급충격이 발생할 때 경제가 자동조절기구에 의하여 완전고용수준으로 회복되기를 기다리는 것은 크나 큰 낭비라고 개입주의의 옹호자들은 보고 있다.

2.2.3 정책대응능력의 증대와 경제지식의 개선

개입주의자들은 알려진 사실이 알려지지 않는 것보다 낫다고 생각한다. 30여 년간의 정책개입을 통하여 미국은 대공황이나 하이퍼인플레이션 등과 같은 심각한 경제불균형을 맞지 않았다. 개입주의에 따른 정책의 연마가 없다면 앞으로 어떠한 경제적 비상사태가 발생했을 때 이에 적절한 정책대응능력을 보유할 수 없게 될 것이다. 다시 말해서 정책실행가들이 준칙에 의거해서만 행동한다면 경제의 작동과정을 정확하게 이해할 수 없으리라는 것이다.

여기에 덧붙여 개입주의자들은 효과적인 정책수행을 위한 경제주체들의 능력이 시간이 지남에 따라 더욱 개선되어 간다는 점을 강조한다. 민간 및 정부의 기초자료 수집 및 정보처리 능력이 향상되고 있으며, 정책가들은 과거의 잘못으로부터 교훈을 얻고 있다는 것이다.

2.3 비개입주의의 근거

재량적 정책을 옹호하는 배경은 아무 정책도 취하지 않을 경우에 너무 비용부담이 크다는 사실에 있다. 그래서 현대 케인지언들은 재정 및 금융정책의 적극적 구사를 통하여 경기순환을 완화시켜야 한다고 주장하였다. 이에 대하여 통화론자들이나 합리적 기대론자들은 케인지언들과는 상반되는 정책처방을 제시하고 있다. 통화론자 및 합리적 기대론자들의 견해는 수요 또는 공급충격에 당면했을 때 최상의 방법은 '아무 것도 하지 않는 것'(do nothing)이며, 궁극적으로 자동조절기구가 작동할 수 있도록 경제에 인위적 간섭을 하지 말아야 된다는 것이다.

프리드만(M. Friedman), 브루너(K. Brunner) 및 멜처(A. Meltzer) 등으로 대표되는 통화론자들을 개입주의 정책이 경기변동을 개선시키는 데 아무 소용이 없거나, 때에 따라서는 오히려 사정을 더욱 악화시키기도 한다고 보았다. 한편 루카스(R. Lucas), 사전트(T. Sargent) 및 배로(R. Barro) 등으로 대표되는 합리적 기대학파의 학자들은 적극적 재량정책이 실업의 감소에는 아무 효과가 없으면서 인플레이션만 가속화시킨다고 주장한다.

비개입주의는 다음의 네 가지 주장에 근거하고 있다. 첫째, 경제는 개입주의자들이 주장하는 것보다 훨씬 안정적이다. 둘째, 적절한 개입정책을 선택하는 것이 극히 곤란하다. 셋째, 개입정책은 사태를 개선시키기보다는 오히려 악화시킬 가능성이 있다. 넷째, 합리적 기대는 적극적 개입정책을 무력화시킬 수 있다.

2.3.1 경제의 안정성

비개입주의자들은 민간경제가 갖가지의 경제적 교란에 직면하고 있다는 사실을 인정한다. 개입주의자들의 사고방식은 전술한 대로 자동조절기능이 경제를 완전고용으로 회복시키는 데 매우 더디었던 1930년대의 경험에 의하여 큰 영향을 받았다. 그러나 대공황을 해석하는 비개입주의자들의 입장은 다르다. 첫째, 대공황은 자동조절기구가 원활하게 작동하는 것을 방해한 정책에 그 책임이 있다는 것이다. 둘째, 1930년대의 상황은 극히 비정상적인 경우였으며 앞으로 거의 반복될 수 없다는 것이다. 명목임금과 물가는 경기변동에 대하여 반응한다는 것이며, 그 예로써 1982년 고실업의 결과로 노조임금의 급작스러운 하락을 들고 있다. 그러므로 현대경제에서는 자동조절기구가 적절한 속도로 작동할 수 있도록 임금 및 물가의 충분한 신축성이 존재한다고 비개입주의자들은 믿는다.

2.3.2 적절한 정책선택의 곤란성

개입주의자들은 정책의 실수가 경제의 작동과정에 대한 이해부족으로부터 비롯된다고 생각하는 데 비하여, 비개입주의자들은 정책시행과정에는 여러 가지의 시차(time lag)가 따르기 때문에 적절한 정책대응이 곤란하다고 생각한다.

즉, <그림 22-4>에서 보는 것처럼 어떤 시점의 경제현실이 경기조정정책의 실시를 필요로 한다 하더라도 정책당국이 경제현상을 정확히 파악하고 정책이 필요성을 인식하기까지에는 상당한 시간이 소요된다. 이러한 시차를 인식시차(recognition lag)라 한다. 이어서 정책당국이 필요한 정책수단을 강구하고 입법절차를 걸치는 시간 때문에 필요성의 인식으로부터 실제 정책의 채택 및 실시까지에도 시차가 있게 마련인데, 이를 실행시차(implementation lag)라 부른다. 이 때 인식시차와 실행시차를 합하여 내부시차(inside lag)라 하는데, 그것은 정책결정과정의 내부에서 지연되는 시간이기 때문이다.

그림 22-4 경기조정정책의 실시과정

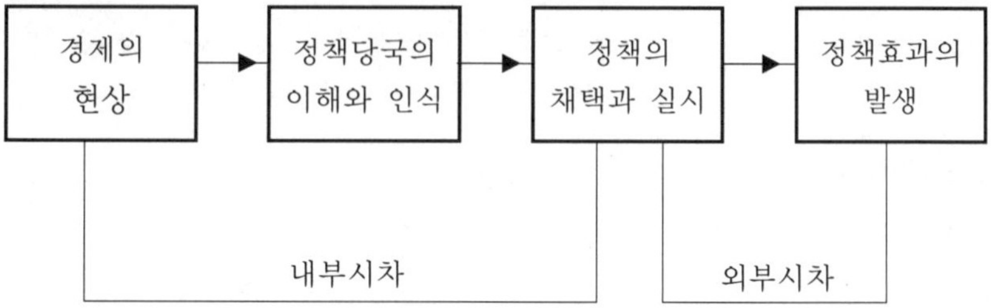

또한 경기조정정책을 실시하더라도 그 효과는 상당한 시간이 경과 후에 나타나게 되는데, 이를 **효과발생시차**(effectiveness lag) 또는 정책결정 과정의 이후에 발생한 시차라 하여 외부시차(outside lag)라 한다. 금융정책에 있어서 정책수단의 신축성 때문에 인식 및 실행시차는 큰 저해요인이 될 수 없지만, 그 효과가 장기적이며 불규칙적인 시차를 가지고 나타내기 때문에 효과발생시차는 상당한 불확실한 요소이다. 프리드만의 연구에 따르면 화폐공급의 변화가 *GNP*에 영향을 미치는데는 적어도 6개월 내지 2년의 시차가 존재한다는 것이다. 따라서 통화당국은 화폐 공급의 변화가 언제 실질산출량과 고용에 영향을 미칠지를 알 수 없게 된다. 재정정책의 경우에는 항상소득과 구축효과 때문에 재정정책의 효과를 미리 추정하는 것이 불확실할 뿐만 아니라, 실행시차가 길기 때문에 정책의 적시적 실행이 제한을 받고 있다.

2.3.3 개입주의의 역기능적 효과

통화론자들은 경기조정정책들이 역사적으로 경제를 불안정하게 하였다고 비판한다. 비개입주의자들의 견해는 경제가 경기침체로 접근하는 시기를 정확히 인식하기가 곤란하다는 것이다. 따라서 경기조정정책의 시기가 잘못 선정되면, 그것은 경기의 안정화에 기여하는 것이 아니라 오히려 불안정을 높일 우려가 있다. 예컨대, 경기조정정책이 집행과정에서 전문가들의 경기판단에 대한 불일치 등으로 인해 정책의 실시가 지연되어 정책효과가 불필요한 시기에 나타남으로써 경기진폭을 확대시킬 수도 있게 된다.

2.3.4 합리적 기대에 의한 정책효과의 무력성

경제주체들이 경기조정정책의 효과를 합리적으로 예측할 수 있다면 그들의 행동도 정책에 대응하여 이루어질 것이므로 정책은 실질변수의 변화에 아무런 효과도 미치지 못할 것이다. 확장적 재정 및 금융정책에 의한 총수요의 증가가 경제주체들에 의하여 정확히 예상되었다면 물가와 임금도 이에 따라 변동될 것이기 때문에 명목변수의 변화만 있게 되고 실질 변수의 변동은 없게 될 것이다. 이 점에 대하여는 다음절에서 보다 자세하게 살펴보기로 하자.

3. 합리적 기대이론

3.1 이론적 배경

합리적 기대이론(rational-expectations theory) 또는 신고전학파 경제학(new classical economics)은 1970년대에 체계화되었고 케인즈 모형과는 다른 이론적 골격을 지니고 있다. 케인즈는 고전학파의 이론체계가 비현실적이라고 비판하였고, 이러한 케인즈의 비판은 현실에 있어서 경기변동의 존재에 의하여 뒷받침되었다. 그러나 1930년대의 대공황이 케인즈 혁명을 가져온 것처럼 1980년대 초의 스태그플레이션 현상은 새로운 이론의 제시를 요구하게 되었다.

신고전학파경제학은 프리드만—펠프스의 필립스곡선분석과 무스(J. F.Muth)의 합리적 기대가설을 결합한 루카스(R. Lucas)에 의하여 처음 주장되었다. 무스는 합리적 기대가설을 미시적 차원에서 재화시장에만 적용하였으나, 루카스는 이 개념을 전체 경제에 적용하였다. 사전트(T. Sargent)와 배로(R. Barro)는 경험적 연구와 이론의 발전에 중요한 공헌을 하였다.

여기에서 합리적 기대이론을 깊이 살펴보기에 앞서서, 이 이론은 그 바탕을 고전학파경제학에 두고 있기 때문에 고전학파경제학과의 유사점과 차이점을 살펴보는 것이 순서일 것이다. 고전학파경제학자들은 거시경제의 장기적 균형이 완전고용수준에서 이루어진다고 예측하였다. 이 예측의 기초에는 장기적으로 「공급은 그 스스로의 수요를 창조한다」는 세이의 법칙(Say's law)이 있다. 경제에 있어서 시장의 효율성을 전제로 할 때 총생산은 소비 및 투자 등의 총지출과 정확히 일치하게 된다는 것이다. 물가, 임금, 이자율 등이 재화시장이나 노동을 비롯한 요소시장, 또는 금융시장에 있어서 수요와 공급조건의 변동에 따라서 완전히 신축적으로 변화한다면 경제는 장기적으로 완전고용수준에서 작동하게 될 것이다.

고전학파 체계의 또 다른 부분은 소위 말하는 **고전적 이분성**(classical dichotomy)이다. 이것의 의미는 장기적으로 가치이론(상대가격구조의 이론)은 화폐이론(물가수준의 결정이론)과 무관하다는 것이다. 고전적 이분성은 ① 화폐공급이 명목소득과 물가수준의 결정에 증대한 역할을 하며 ② 화폐공급과 물가수준 사이에는 비례관계가 있다는 것을 뜻한다. 따라서 실질변수의 크기는 장기적으로 화폐정책에 의하여 교란되지 않는다.

위에서 언급한 고전학파경제학의 두 가지 골격내용을 신고전학파경제학은 받아들이고 있다. 즉, 신고전학파경제학은 거시경제가 정부간섭 없이도 자동조절기구에 의하여 완전고용수준을 유지할 수 있다는 고전파경제학의 이론체계를 따르고 있는 것이다. 그러나 고전학파경제학이 시장참여자들의 완전한 지식과 선견을 가정하고 있음과는 달리, 신고전학파경제학에서는 시장참여자들이 정책변화의 효과를 합리적으로 예측한다는 가정만을 하고 있을 따름이다.

3.2 적응적 기대와 합리적 기대

합리적 기대(rational expectation)의 개념을 분명하게 하기 위해서는 적응적 기대(adaptive expectation)의 개념과 비교할 필요가 있다. 적응적 기대란 사람들이 장래에 대한 예측을 형성함에 있어서 과거의 경험에 기초하여 경험이 축적되어 감에 따라 장례 예측을 점차 수정해 나가는 방식을 의미한다.

예컨대, 인플레이션이 과거 10년 동안에 10%의 비율로 진행되어 왔다면 사람들은 앞으로도 인플레이션의 비율이 연 10%일 것이라고 예측한다는 것이다. 이 때 인플레이션이 갑자기 15%로 상승하였다면 사람들의 인플레이션 예측이 즉시 15%로 결정되지는 않을 것이라는 주장이 적응적 기대가설이다. 첫해에 예상인플레이션은 11% 또는 12%로 상향조정될 것이며, 시간이 지남에 따라 궁극적으로 사람들의 예상인플레이션은 15%로 조정될 것이다.

적응적 기대가설의 주요 골자는 사람들이 새로운 인플레이션의 진행에 적응하는데는 시간이 걸릴 것이라는 점이다. 이러한 과정에서 실제인플레이션의 비율과 예상인플레이션의 비율간에는 차이가 날 수밖에 없다. 인플레이션의 비율이 상승할 때, 예상인플레이션의 비율은 실제인플레이션의 비율보다 작을 것이다.

이에 대하여 합리적 기대란 장래 예측을 형성함에 있어서 모든 가용한 정보를 사용하며, 과거의 경험뿐만 아니라 현재와 미래의 정책효과에 대한 예측까지도 고려하는 방식을 의미한다. 적응적 기대와 합리적 기대의 중요한 차이점은 기대조정의 속도의 차이이다. 사람들은 정책당국의 정책변화 예고에 기초하여 그들의 예상인플레이션의 비율을 수정할 수 있다. 그들의 어떠한 정책변화가 인플레이션의 비율을 10%로부터 15%로 변화시킨다고 믿는다면 그들은 즉시 예상 인플레이션의 비율을 15%로 상향조정한다는 것이다.

다수의 사람들과 기업들은 사실상 가장 최근의 경제예측, 통화공급의 통계 또는 재정정책의 변화에 대하여 연구한다. 은행이나 투자회사, 노조, 그리고 다수의 투자자들은 장래를 예측하기 위하여 정보를 수집하고 있다. 결국 적응적 기대와 합리적 기대의 차이는 사람들이 장래 예측을 형성함에 있어서 과거의 경험에 기초하여 천천히 반응하는가 또는 모든 가용한 정보를 이용하여 신속히 반응하는가의 여부인 것이다.

3.3 정책에 대한 시사

합리적 기대이론이 묘사하고 있는 현실은 개입주의를 주장하는 케인즈의 모형과는 큰 차이를 보이고 있다. 정책개입을 주장하는 케인지언들은 총수요 또는 총공급의 변화가 생산 및 고용에 상당히 예측 가능한 효과를 가져온다고 보는 반면, 신고전학파경제학자들은 오직 예상되지 않은 변화만이 생산 및 고용에 영향을 미칠 것이라고 주장한다. 케인지언들은 사람들이 정책변화를 예측하는가의 여부에 별다른 관심을 보이고 있지 않는 데 비하여, 합리적 기대모형에서는 사람들이 최선을 다하여 정책을 예측한다고 가정한다. 정책예상에 대한 성공과 실패가 바로 생산 및 고용에 대한 정책의 효과와 직결된다.

케인즈의 모형에서는 인플레이션과 실업간의 상충관계를 강조한다. 인플레이션의 현상을 불식시키기 위해서는 인플레이션의 기대심리가 점차 하향 조정되는 과정에 고실업이라는 비용을 지불하지 않으면 안 된다는 것이다. 그러나 신고전학파경제학의 모형에서는 양자간의 상충관계는 기본적으로 없으며, 있다고 해도 그것은 일시적인 현상으로서 사람들이 정책 예측에 실패했기 때문에 발생한다는 것이다. 따라서 사람들이 인플레이션의 예상을 즉시 조정하게 되면 상충관계는 사라지게 된다.

합리적 기대학파는 두 가지 이유로 개입주의를 반대한다. 첫째로, 개입주의 정책은 기껏해야 생산 및 고용에 일시적인 효과만을 미친다. 따라서 생산에 대한 효과는 정책이 사람들을 기만할 때만 이루어질 수 있는데, 영원히 사람들을 기만시킬 수는 없다. 둘째로, 합리적 기대학파에 의하면 인플레이션과 실업간의 상충관계는 일시적인 현상이다. 사람들이 정책변화의 예측에 보다 익숙해짐에 따라 확장적 재정·금융정책으로 인한 생산 및 고용효과는 더욱 일시적인 현상으로 전환된다. 때문에 확장적 정책의 결과는 인플레이션으로 나타날 것이다.

4. 공급중시경제학

4.1 이론적 배경

1970년대에는 고수준의 인플레이션과 실업이 공존하면서 경제성장 또한 부진을 면치 못하였다. 이에 자극을 받은 상당수의 경제학자들은 경제 성장에 기여하는 방향으로 정부정책이 지향되어야 한다는 주장을 하게 되었는데, 그들의 이론적 골격이 공급증가, 투자 및 저축 등에 대한 경제적 유인을 중요시하는 고전파경제학과 유사하므로 공급중시 경제학(supply-side economics)이라 불린다.

고전학파와 마찬가지로 공급중시 경제학자들은 경제성장이 노동의 한계생산성, 노동공급, 기술, 자본형성 및 자연자원 등의 제 요소증가에 기인함을 강조하고 있다. 그들은 또한 저축이 이자율의 증가함수이며, 사람들이 보다 높은 실질임금을 받게 되면 더욱 열심히 일할 것이라고 생각한다. 그리고 공급중시 경제학자들은 정책처방으로서 저축 및 투자증대를 위한 장기적 조세유인, 민간활동의 장려를 위한 정부지출 및 규제의 감소, 그리고 경기의 불안정을 야기하는 정부의 지출 및 조세정책변화의 회피 등을 제시한다. 실업은 고전학파모형에서와 마찬가지로 실질임금수준이 너무 높고 하락하지 않으면 발생한다고 보기 때문에, 공급중시 경제학자들은 최저임금제가 실업을 야기한다는 비판을 가하고 있다.

언론인들이나 정치가들에 있어서 공급중시 경제학은 1981년 레이건 행정부가 조세감소를 통하여 생산증가와 조세수입의 증가를 목표로 하였던 바와 같은 다소 좁은 의미로 해석되기도 한다. 그러나 오늘날 많은 경제학자들이 경제활동에 대한 유인, 경제성장, 노동, 투자, 저축의욕에 대한 재정정책의 효과 등에 대하여 관심을 집중하고 있기 때문에 보다 포괄적인 의미로 공급중시 경제학을 사용하기로 한다.

공급중시 경제학은 고전학파의 이론에 그 기초를 두면서 크게 다음의 네 가지 구성요소를 가진다고 요약할 수 있다.

1) 중장기적으로 경제성장은 생산요소의 공급이나 기술수준의 변화와 같은 공급측 요인들에 의하여 결정된다.
2) 노동투입의 증가율은 장기적으로 인구적 요인에 의하여 결정되지만 그것은 또한 세금 납부후 실질임금의 변화에 의하여 영향을 받는다.
3) 자본투입의 증가율은 주로 저축 및 투자에 대한 세후 수익률에 의하여 결정된다.
4) 기업활동에 대한 정부의 과도한 규제는 자본형성을 약하시키며 노동생산성의 감소를 가져옴으로써 경제성장을 하락시키게 된다.

이 중에서 특히 공급중시 경제학자들은 누진세제도하에서 한계세율의 변화가 노동의욕이나 저축 및 투자유인에 미치는 효과를 중요하게 취급하기 때문에 이하에서는 이 문제를 주로 살펴보기로 한다.

4.2 경제활동유인에 미치는 세율변화의 효과

케인즈모형에서 조세는 수요측면만에 영향을 미친다. 조세감소(증가)로 인한 정부예산의 적자(흑자)는 총수요를 증가(감소)시키고 따라서 총소득, 총생산 및 고용을 증가시키게 된다. 이러한 케인지언들의 견해, 즉 조세감소는 오직 총수요에만 영향을 미친다는 주장에 대하여 공급중시 경제학자들은 세율의 감소가 세후 보상을 높이기 때문에 노동의욕과 저축 및 투자유인을 크게 할 것이라고 주장한다.

4.2.1 노동의욕에 대한 효과

어떠한 개인이 더 열심히 또 보다 많은 시간을 일할 것인가의 여부는 세금을 공제한 이후의 소득이 얼마인가에 달려 있다. 한계세율(marginal tax rate)이 높으면 높을수록 세후 소득은 적어질 것이므로 그만큼 열심히 일하려는 의욕은 감퇴될 것이다. 그 현상은 여러 가지 형태로 나타날 수 있다. 잔업시간의 감소, 조기퇴근, 잦은 결근, 노동생산성의 감소, 상위 직책 또는 책임이 많은 직책의 회피 등이 그것이다. 그러므로 공급중시주의자들은 한계세율을 감소시킴에 의하여 노동의욕을 높일 수 있으며 따라서 경제의 총공급도 증가시킬 수 있다고 생각한다.

4.2.2 저축 및 투자에 대한 효과

한계세율이 높으면 높을수록 저축에 대한 세후 수익률이 낮아지기 때문에 저축하고자 하는 유인이 감소된다. 그런데 저축이 바람직한 것은 저축이 현재소비로부터 자원을 풀어 줌으로써 더욱 많은 자본형성을 할 수 있도록 하기 때문이다. 그러나 염두에 두어야 될 사실은 저축증가가 곧 자본형성으로 연결되지는 않는다는 것이다. 더욱 많은 투자가 이루어지기 위해서는 기업가들이 또한 투자유인을 가져야만 된다. 기업가들의 투자결정에 있어서는 장래 매출액의 전망과 아울러 자본비용이 중요한 요인들이다. 그런데 조세정책의 사용으로 자본비용부담이 변화될 수 있으며, 투자에 대한 수익률도 영향을 받는다.

저축증가가 반드시 자본형성으로 연결된다는 보장이 없기 때문에 공급중시주의자들은 저축에 대한 조세유인과 함께 투자에 대한 조세유인을 강조한다. 한편 저축에 대한 조세유인을 마련하지 않고 투자유인을 위한 조세감면이 이루어질 때 이것은 총수요의 증가로 나타남으로써 단기적으로 물가상승을 야기하는 한편 이자율의 상승을 가져오게 된다. 결국 공급 중시주의자들은 저축 및 투자수익에 대한 한계세율감소가 저축 및 투자증가의 유인을 가져옴으로써 자본형성을 통하여 궁극적으로 총공급이 증대한다고 주장한다.

4.3 세율변화와 조세수입의 관계: 래퍼곡선

한계세율의 감소는 한편에 있어서 경제의 생산능력의 증대라는 효과를 가져오지만 또 나른 편에 있어서 소세삼소로 인한 재성석자의 가능성을 가져온다. 이러한 우려에 대하여 래퍼(A. Laffer) 교수는 한계세율이 감소되어 총소득 및 생산량이 증가하게 되면 경제의 세금부담의 능력과 저변이 확대되므로 세율감소로 인한 조세수입의 감소를 오히려 능가하는 조세수입의 증가가 있게 된다고 설명한다. 이러한 주장은 한계세율과 정부조세수입간의 관계를 나타내는 래퍼곡선(Laffer curve)에 의하여 설명될 수 있다.

<그림 22-5>에는 횡축에 한계세율이, 그리고 종축에 조세수입이 표시되고 있는데 래퍼곡선은 횡축과 두 번 만나고 있다. 한계세율이 0%이면 정부의 조세수입 0이며(a)점, 한계세율이 극단적으로 100%라고 가정하면 모든 소득이 정부세금으로 흡수된다는 것을 의미하므로 어떠한 사람도 일하려는 의사를 가지지 않게 되고 따라서 정부의 조세수입도 없세 될 것이나(d섬). 반일 한계세율이 t_1 이라면 정부조세수입의 크기는 b 점에 상응한 R_n 이며, 한계세율이 점차 증가하여 t_m 에 이르게 되면 조세수입은 m 점에 상응한 R_m 의 극대치가 될 것이다.

그림 22-5 래퍼곡선

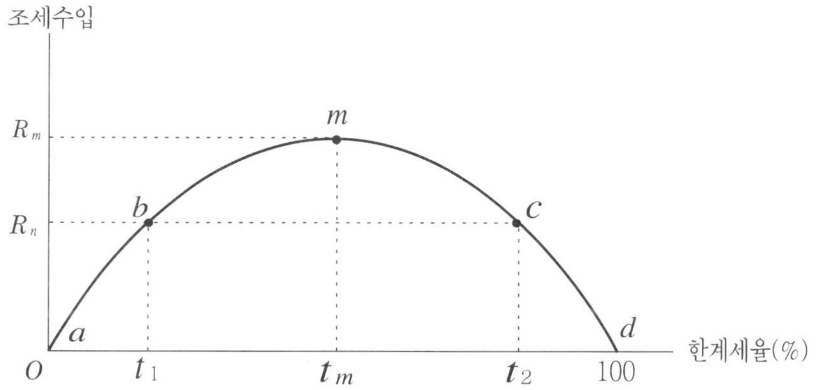

그런데 한계세율이 t_m 이상으로 증가하게 되면 이제 조세수입은 감소하게 될 것이다. 그 이유는 일정한 한계세율(예컨대, t_m)을 초과하게 되면 사람들의 노동과 자본형성에 대한 보상의 유인이 너무 낮기 때문에 경제활동이 감소하기 때문이다. 한계세율이 증가함에도 불구하고 경제활동유인의 감소로 총소득이 감소하게 되면 조세수입도 감소될 수밖에 없다는 논리이다.

■ 요 약 ■

1. 경제활동의 변동은 호황과 불황이 반복되는 가운데서도 어느 정도의 규칙적인 양상을 보이게 되는데, 이러한 현상을 일컬어 경기변동(business fluctuation) 또는 경기순환(business cycle)이라 한다. 경기순환의 4국면은 확장국면, 정점, 수축국면, 저점으로 이루어진다.

2. 경제정책의 목표를 달성하기 위한 중요한 정책수단으로는 재정 및 금융정책수단을 들 수 있다. 재정정책은 정부지출과 조세구조의 변화를 통하여, 금융정책은 화폐공급과 이자율의 변화를 통하여 각각 이루어진다.

3. 케인즈주의자들은 재정정책을 총수요에 보다 직접적인 효과를 미칠 수 있는 강력한 정책수단으로 인식하였다. 그리고 금융정책에 대해서는 이자율의 변동과 그에 따른 투자수요의 변동을 통하여 총수요에 간접적인 효과를 미치기 때문에 신뢰성이 낮고 미약한 정책으로 인식하였다. 이에 대하여 통화론자들은 정부지출의 증가가 구축효과(crowding out effect)를 통하여 민간소비나 투자를 직접적 또는 간접적으로 감소시키며, 세율변동도 항상소득에 영향을 줄 수 없다고 생각하여 재정정책의 효능성을 인정하지 않았다.

4. 개입주의란 경기순환에 따른 변동을 완화시키기 위하여 경제상태의 인식에 따라서 그에 적절한 재정 및 금융정책수단을 선택하여 적극적으로 구사해 나가는 방식을 의미한다. 즉, 바람직한 경제상태를 만들기 위하여 재량적 정책을 적극적으로 사용해야 한다는 주장이 개입주의이다.

5. 비개입주의는 재량적 정책이 비효과적일 뿐만 아니라 오히려 경제안정에 해를 끼칠 수도 있기 때문에, 경제상태가 변동되더라도 그것에 관계없이 일정한 규칙 또는 준칙에 따라서 경제정책이 수행되어야 한다는 입장을 취한다.

6. 적응적 기대란 사람들이 장래에 대한 예측을 형성함에 있어서 과거의 경험에 기초하여 경험이 축적되어 감에 따라 장례 예측을 점차 수정해 나가는 방식을 의미한다. 이에 대하여 합리적 기대란 장래 예측을 형성함에 있어서 모든 가용한 정보를 사용하며, 과거의 경험뿐만 아니라 현재와 미래의 정책효과에 대한 예측까지도 고려하는 방식을 의미한다. 적응적 기대와 합리적 기대의 중요한 차이점은 기대조정의 속도의 차이다.

■ 주요개념 ■

경기변동, 경기순환, 인력정책, 소득정책, 재정정책, 금융정책, 구축효과, 개입주의, 비개입주의, 자동조절기구, 디플레이션 갭, 합리적 기대이론, 신고전학파 경제학, 세이의 법칙, 고전적 이분성, 합리적 기대, 적응적 기대, 공급중시 경제학, 래퍼곡선

제 9 편

세계경제

제23장

국제무역과 무역정책

<개 요>

오늘날 이 지구상에 존재하는 모든 국가의 경제는 각종 경제행위를 통하여 국제경제라는 커다란 경제공동체를 형성하고 서로 밀접한 관계를 맺고 있으며 그 관계는 점점 더 상호의존적이 되어 가고 있는 실정이다. 무엇이 이러한 관계를 형성하게하며, 그 관계를 더 복잡하고 깊어가게 하고 있을까? 이에 대한 답은 지금까지의 국민경제만을 다룬 이론의 범위를 넘어서 국제경제이론에서 찾을 수 있다. 국제경제학은 이러한 각종 국제간의 경제행위와 그로부터 발생하는 여러가지 문제들에 관하여 다루는 학문분야이다. 국제경제이론은 주로 국가간의 실물경제의 흐름을 다루는 국제무역에 관한 이론과 실물경제의 흐름을 뒷받침하는 환율이나 국제수지의 문제를 다루는 국제수지론으로 대별할 수 있다.

이 장에서는 국제무역론을 다루고 국제수지론은 다음 장에서 다루기로 한다. 이 장에서는 먼저 국제무역이 성립하게 되는 원인에 대한 절대우위설, 비교우위설, 헥셔올린정리 등의 이론과 교역조건에 대하여 살펴보고, 다음으로 자유무역과 보호무역을 주장하는 각각의 견해와 관세 및 비관세장벽 등의 보호무역정책, 그리고 국제무역의 확대와 국제무역을 통한 경제발전을 증진하기 위하여 설립된 몇 가지 국제기구들에 대하여 살펴보기로 한다.

1. 국제무역 이론

1.1 국제무역의 이익

무역으로부터 이익의 요인은 특화생산과 규모의 생산 두 가지로 대별될 수 있다. 특화생산은 한 국가가 가장 효율적으로 생산할 수 있는 상품만을 생산하면 총산출량이 더 커지게 된다는 것이고, 규모의 생산은 소규모의 생산보다 대규모의 생산이 보다 생산적인데 생산에 있어서의 특화는 대규모 생산을 가능케 하여 이익을 가져다준다는 것이다. 규모가 작은 경제일수록 규모의 생산에 의한 이익이 크다.

1.1.1 특화생산의 이익

절대우위설 절대위위설은 스미스(A. Smith)가 무역이 발생하는 이유를 설명하기 위하여 세시한 최초의 무역성립에 관한 이론이다. 절대우위는 두 국가에서 하나의 상품을 생산하는 데 요구되는 생산요소의 양과 관계된다.

> A국이 어떤 상품 X한 단위를 생산하는데 B국보다 적은 양의 생산요소가 사용될 때, A국은 B국에 대하여 상품 X의 생산에 **절대우위**를 갖는다고 말한다.

A국이 B국에 대하여 상품 X에 절대우위가 있고 B국은 A국에 대하여 상품 Y에 절대우위를 갖는다고 가정하자. 이것은 각국이 각각 어떤 상품에 절대우위를 가지는 상호절대우위(reciprocal absolute advantage)의 경우이다. 이러한 경우에 각국은 그들이 절대우위를 갖는 상품만을 생산하여 서로 교환한다면 두 국가의 총생산은 증가될 수 있으므로 각국은 무역으로부터 이득을 얻게 되며 이 때문에 무역이 성립된다고 보는 것이 스미스의 절대우위론이다. 예를 들어 한국과 미국 두 나라가 직물과 쌀 두 상품을 생산하며 생산요소는 노동 한 가지만 사용한다고 가정하자. 그리고 각국의 두 상품생산에 대한 생산비가 <표 23-1>과 같이 주어졌다고 가정하자.

〈표 23-1〉 양국의 생산비 비교

	상품 단위당 노동 사용량	
	직물	쌀
한 국	100	150
미 국	150	50

<표 23-1>에 나타난 바와 같이 직물 1단위를 생산하는 데 한국은 노동 100단위 미국은 노동 150단위가 사용되고, 쌀 1단위를 생산하는 데 한국은 노동 150단위 미국은 노동 50단위가 사용되므로, 한국은 직물을 생산하는 데 미국보다 적은 양의 노동을 사용하므로 직물생산에 절대우위가 있고 미국은 쌀을 생산하는 데 한국보다 적은 양의 노동을 사용하므로 쌀 생산에 절대우위가 있다고 말 할 수 있다.

그러면 이러한 경우에 무역이 존재하기 전과 후를 비교해 보자. 무역이 존재하기 전에 한국은 직물 1단위와 쌀 1단위를 생산하는 데 250 단위의 노동을 사용하였고 미국은 직물 1단위와 쌀 1단위를 생산하는 데 노동 200단위가 사용되었다. 무역이 시작되면서 한국은 자신이 절대우위가 있는 직물 2단위를 생산하고 미국은 역시 절대우위가 있는 쌀 2단위를 생산하여 한국의 직물 1단위와 미국의 쌀 1단위가 1:1로 교환되었다고 하자.

이 때 한국은 직물 1단위와 쌀 1단위를 갖게 되는데는 무역전과 같으나, 직물과 쌀 두 가지를 생산하는 대신 직물만을 생산함으로써 무역전보다 노동 50단위가 절약된 것이다. 미국도 마찬가지로 무역전과 같이 직물 1단위와 쌀 1단위를 얻을 수 있는데 무역 전 두 가지 상품을 모두 생산할 때보다 쌀만을 생산함으로써 노동 100단위가 절약되었다. 이와 같이 두 나라는 절대우위가 있는 상품만을 생산하여 교환하면 양국 모두에게 이익이 있으므로 무역을 하게 된다는 것이다.

비교우위설 리카르도(D. Ricardo)는 무역의 성립 이유가 절대우위설만으로 설명될 수 없음을 발견하고 비교우위설을 내놓았다. 한 국가가 다른 국가에 비하여 어떤 한 상품의 생산에 절대우위를 가질 때, 무역으로부터의 이득은 명백하다. 각국이 상대국보다 더 효율적으로 생산할 수 있는 상품을 생산한다면, 자급자족보다 세계생산은 높게 될 것이다. 그러나 미국이 한국보다 직물과 쌀 두 가지 모두를 더 효율적으로 생산할 수 있다면 어떻게 될까? 이것은 160여년 전에 Ricardo가 던졌던 질문의 요지였다. 그의 답은 **비교우위설**(theory of comparative advantage)의 기초가 되었으며, 비교우위설은 아직까지 많은 경제학들에 의해 무역으로부터의 이득을 설명하는 타당한 서술로서 수용되고 있다.

> A국이 B국보다 어떤 상품 X를 다른 상품 Y에 비하여 상대적으로 적은 양의 생산요소를 들여 생산할 수 있을 때, A국은 B국에 대하여 상품 X의 생산에 비교우위를 갖는다고 말한다.

한국과 미국이 직물과 쌀을 생산하고 노동은 유일한 생산요소이며, 각국의 두 상품생산비가 <표 23-2>와 같이 주어졌다고 가정하자. 미국이 한국보다 두 상품 모두를 효율적으로 생산할 수 있으므로 미국은 한국과의 교역에서 어떤 이득도 없을 것으로 보인다. 그러나 이때에도 양국은 무역으로부터의 이득이 존재한다.

〈표 23-2〉 양국의 생산비 비교

	상품 단위당 노동 사용량	
	직물	쌀
한 국	100	150
미 국	50	50

미국은 한국에 대하여 직물과 쌀 생산에 모두 절대우위가 있으나 그 절대우위의 폭은 두 상품간에 다르다. 직물을 생산하는데 미국은 한국에 비하여 50%(50/100 = 0.5)의 노동을 사용하고 쌀을 생산하는 데는 한국에 비하여 33%(50/150 = 0.33)의 노동을 사용하게 되므로 미국은 상대적으로 직물보다 쌀을 더 효율적으로 생산한다. 반대로 한국은 미국에 비해 직물을 생산하는 데 200%(100/50 = 2)의 노동을 사용하고 쌀을 생산하는 데는 300%(150/50 = 3)의 노동을 사용하므로 절대적으로는 두 상품생산에서 미국보다 비효율적이지만 상대적으로는 직물을 생산하는데 더 효율적이라고 볼 수 있다.

미국이 한국보다 직물생산에 비해 쌀 생산에 상대적으로 적은 양의 노동을 사용할 때 미국은 쌀 생산에 비교우위가 있고, 한국은 미국보다 쌀 생산에 비하여 직물생산에 상대적으로 적은 양의 노동을 사용하므로 한국은 직물생산에 비교우위가 있다고 말한다. 리카르도는 특화생산과 무역으로부터의 이득은 절대우위가 아니라 비교우위에 의존하며, 따라서 각국은 비교우위가 있는 상품을 각각 특화하여 서로 교역하면 각국 모두에게 이익이 된다고 주장한다. 비교우위는 국제무역 이득의 필요충분조건이 된다.

이제 무역으로부터의 이득에 대하여 설명하기로 하자. 리카르도의 주장에 의하면 만일 양국 사이에 무역이 없다고 할 때 두 재화의 가격은 국내에서 두 재화를 생산하는 데 투입된 노동의 양에 의하여 결정된다. 한국에서는 직물 한 단위를 생산하는 데 노동 100단위가 소요되고 쌀 한 단위를 생산하는 데 노동 150단위가 소요되므로 직물 1단위의 가격은 쌀 2/3(=100/150)단위가 되고 쌀 1단위의 가격은 직물 1.5단위가 된다. 미국에서는 직물과 쌀을 생산하는 데 각각 노동 50단위씩 소요되었으므로 직물과 쌀의 교환비율은 1:1이 된다.

이제 무역이 존재한다고 하자. 한국은 직물생산에 비교우위가 있으므로 직물만을 생산하고 미국에 수출하여 직물 1단위당 쌀 2/3단위 이상을 수입할 수 있다면, 한국 내에서의 직물 1단위의 교환비율은 쌀 2/3단위였으므로 한국에 이득이 있다. 한국이 직물 1단위를 미국의 쌀 2/3단위 이상과 교환 가능한 것은 미국 내에서의 직물 1단위의 가격은 쌀 1단위이므로 직물 1단위의 수입가격이 쌀 2/3단위 이상이더라도 쌀 1단위보다 작다면 미국 내 직물과 쌀의 교환가격보다 싸기 때문이다.

한편 미국은 쌀 생산에 비교우위가 있으므로 쌀만을 생산하고 한국에 수출하여 쌀 1단위당 직물 1단위 이상을 수입할 수 있다면, 미국에 이득이 된다. 이것도 마찬가지로 한국 내에서 쌀 1단위의 가격이 직물 1.5단위이므로 가능하게 될 것이다. 따라서 직물 1단위의 국제가격이 쌀 2/3단위와 1단위 사이에서, 쌀 1단위의 국제가격이 직물 1단위와 1.5단위 사이에서 형성된다면, 한국과 미국은 각각 비교우위가 있는 직물과 쌀을 특화생산하여 무역함으로써 양국에 이득이 있게 된다.

헥셔-올린 정리 리카도의 비교우위설은 노동이 유일한 생산요소이며 비교우위의 원인이 생산에 투입된 노동의 양의 차이, 즉 비교생산비의 차이에 있다고 보았다. 비교생산비 차이의 원인은 두 국가간의 기술, 기호, 노동력 규모의 차이 등이 될 수 있다. 이러한 이론은 헥셔(E. Heckscher)와 올린(B. Ohlin)에 의하여 도전을 받게 된다.

헥셔—올린이론의 기본적 특징은 두 개의 생산요소를 가정하고 무역의 이익을 다르게 설명하려는 데 있다. 헥셔와 올린은 두 국가 간의 기술이나 수요패턴이 같더라도 부존자원의 차이 때문에 비교생산비의 차이가 발생하며, 각국에 비교우위가 존재한다고 보았다. 헥셔—올린정리는 다음과 같은 몇 가지 가정을 전제한다. ① 양 국가 간에 기술은 동일하다. ② 재화의 생산함수는 1차 동차함수를 가정하여 수확불변이다. ③ 생산요소의 부존량은 일정하고 양국 간의 생산요소이동은 없다. ④ 두 국가의 상품에 대한 선호, 즉 수요패턴은 동일하다 등이다. 이러한 가정하에 헥셔-올린은 비교우위와 무역으로부터의 이득을 설명하였다.

헥셔-올린 정리에 의하면 두 국가 간의 비교우위는 생산요소의 부존량이 상대적으로 다르기 때문에 나타나며, 이때 무역으로부터 이익이 존재한다는 것이다. 예를 들어 한국은 노동이 상대적으로 풍부하고 미국은 자본이 상대적으로 풍부한 나라라고 가정하자. 한국은 상대적으로 노동이 풍부한 나라이므로 노동임금이 상대적으로 낮을 것이므로, 노동집약적 상품을 낮은 가격으로 생산할 수 있을 것이다. 또한 미국은 자본이 상대적으로 풍부한 나라이므로 자본재 가격이 낮을 것이며, 자본집약적 상품을 낮은 가격으로 생산할 수 있을 것이다. 이 때 한국은 노동집약적 상품에 비교우위가 있고 미국은 자본집약적 상품에 비교우위가 있다는 것이다. 이 때 한국은 노동집약적 상품을 특화생산하고 미국은 자본집약적 상품을 특화생산하여 서로 교역하면 양국 모두에게 이익을 가져온다는 것이다. 따라서 헥셔-올린 정리는 부존자원의 차이가 비교생산비의 차이, 즉 비교우위의 존재원인이 되고 무역의 패턴을 결정해 준다는 보는 이론이다.

생산요소가격 균등화의 정리 무역이 존재하면 생산요소의 국가간 이동이 없더라도 생산요소의 가격이 변화한다. 앞의 예에서 한국은 노동이 상대적으로 풍부하므로 노동집약적 상품을 특화생산하여 수출함으로써 노동에 대한 수요가 증가하여 임금이 오르게 되고, 미국은 자본집약적 상품을 특화생산하여 수출하게 되므로 자본의 가격이 오를 것이다. 두 국가 간에 무역이 계속되면서 한국의 임금이 상승하여 미국의 임금수준에 접근해 가고 미국의 자본재 가격은 상승하여 한국의 자본재 가격에 접근해 갈 것이고, 궁극적으로는 각국의 생산요소가격이 같게 될 것이다. 이와 같이 두 국가 간에 생산요소의 이동이 없어도 양국의 생산요소가격이 같게 되는 것을 **생산요소가격 균등화의 정리**(factor price equalization theorem)라 한다.

레온티에프의 역설 헥셔—올린정리에 대한 실증적 연구로 레온티에프(Leontief)는 미국의 무역자료에 대하여 헥셔—올린정리가 성립되는가를 시험해 보았는데, 자본이 풍부한 미국이 오히려 상대적으로 노동집약적인 상품을 수출한다는 사실을 발견하였다. 이것은 헥셔—올린정리의 비교우위와는 정반대의 사실로서 **레온티에프의 역설**(Leontief's paradox)이라고 한다. 레온티에프는 이 원인을 미국 노동자의 높은 생산성과 미국이 자본집약적 상품의 대량 소비국일 가능성에서 찾고 있다. 미국의 노동력은 생산성이 높기 때문에 생산성을 기준으로 하면 미국은 노동빈국이 아니라 노동이 풍부한 나라로 볼 수 있다는 것이다. 또 미국이 자본이 풍부하여 자본집약적 상품을 많이 생산하지만 미국 내 소비량이 크기 때문에 자본집약적 상품의 수출이 적을 가능성이 있다는 것이다. 하지만, 레온티에프는 미국 자본집약적 상품의 상당부분을 차지하는 교육을 생략한 우를 범하였다. 교육이 포함되었을 때 헥셔-올린정리가 성립됨이 밝혀졌고, 스턴(R. M. Stern)과 마스커스(K. E. Maskus)의 연구에 의해 인적자본 개념의 수정이 없이도 레온티에프의 역설이 옳지 않음이 드러났다.

1.1.2 규모의 생산으로부터의 이익

이제까지 우리는 생산량에 관계없이 단위생산비가 같다고 가정하였다. 그러나 생산비가 생산수준에 따라 변한다면 추가적인 이익이 존재한다.

규모의 경제 일반적으로 사용된 생산요소로 측정된 실질생산비용은 생산규모가 증가할수록 하락한다. 생산의 규모가 클수록 대규모 기계들이 더 효율적으로 사용될 수 있고 노동자간의 업무의 분담이 더 세분화될 수 있다. 작은 나라들은 국내 시장이 규모의 경제를 이용할 만큼 충분히 크지 못하여 자급자족할 수 있게 되기에는 비용이 너무 크다는 것을 알 수 있다. 그들은 모든 것을 조금씩 아주 높은 비용으로 생산하지 않으면 안 된다.

무역은 작은 나라들로 하여금 적은 수의 상품을 높은 생산수준에서 득화생산하도록 하여 가용한 규모의 경제의 이득을 얻도록 해준다. 미국과 같이 큰 나라들은 국내에서 규모의 경제를 이룰 수 있는 생산규모로 모든 상품을 생산할 수 있을 만큼 충분히 큰 시장을 가지고 있다. 이 국가들의 경우 무역의 이득은 주로 그들이 비교우위를 갖는 상품에 특화함으로써 발생한다.

경험적 습득 이제까지 논의는 비용이 생산수준에 따라서만 변한다고 가정하였는데, 비용은 한 가지 제품을 생산해 온 시간의 길이에 따라서도 변할 것이다. 일찍이 경제학자들은 우리가 경험적 습득(learning by doing)이라고 부르는 요소에 큰 중요성을 부여했다. 그들은 한 국가가 특별한 일에 전문화하면, 노동자나 관리자는 그 일을 수행하는 데 더 효율적이 될 것으로 믿었다. 사람들이 전문성이나 기술을 획득하면 비용은 떨어지는 경향이 있다. 현대의 많은 경험적 연구는 이 효과가 실제로 나타나고 있다고 제시하고 있다. 만일 앞의 예에서 이것이 일어난다면, 한국이 직물생산에 더 전문화하면서 노동자당 직물생산량이 증가할 것이고 미국은 노동자당 쌀 생산량이 증가할 것이다. 이것은 물론 비용이 일정하다고 가정하였을 때 이상의 이득을 가져다준다고 볼 수 있다.

1.2 교역조건

지금까지 우리는 각국이 그들의 비교우위가 있는 상품생산에 특화하여 무역을 할 때 세계생산은 증가할 수 있음을 볼 수 있었다. 그러면 특화생산과 무역으로부터의 이득은 무역에 참여한 국가간에 어떻게 분배되어 지는가? 무역으로부터의 이득은 무역이 이루어지는 조건, 즉 교역조건에 의하여 분배된다. 교역조건은 한 단위의 수입재화를 얻기 위해 수출되어야만 하는 국내재화의 양으로 정의된다. 교역조건은 수출로 측정되는 수입의 기회비용을 반영한다. 즉,

$$교역조건(terms\ of\ trade)=\frac{수입상품수량}{수출상품수량}=\frac{수출상품가격}{수입상품가격}$$

앞의 예에서 한국의 쌀 1단위의 국내 기회비용은 직물 1.5단위이다. 만일 한국이 국제무역을 통해 직물 1.5단위보다 더 좋은 교역조건에서 쌀을 얻을 수 있다면, 한국은 그렇게 함으로써 이득을 얻을 것이다. 국제가격이 쌀 1단위와 직물 1.2단위가 교환된다고 가정해 보자. 이 가격에서 한국은 국내에서 생산하는 것보다 무역을 통하여 더 낮은 기회비용에서 쌀을 얻을 수 있다. 따라서 교역조건은 국제시장에서 직물을 팔고 쌀을 사는 것을 지지한다.

이와 비슷하게 미국은 1단위의 쌀에 대하여 미국의 국내 기회비용인 직물 1단위보다 더 좋은 교역조건에서 해외로부터 직물을 얻을 때 이득이 있다. 만일 교역조건이 1.2단위의 직물에 대하여 1단위의 쌀이 교환된다면, 교역조건은 미국으로 하여금 국제시장에서 쌀을 팔고 직물을 사는 것을 지지한다. 한국과 미국은 모두 무역으로부터 이득을 얻었다. 각국은 국내생산보다 무역을 통하여 낮은 기회비용에서 비교우위가 없는 상품을 얻을 수 있다. 실제 국제무역은 많은 국가와 많은 상품을 포함하기 때문에 실제 교역조건은 지수로서 계산된다.

$$교역지수(index\ of\ trade)=\frac{수출가격지수}{수입가격지수}\times 100$$

이 교역지수가 상승하면 한 국가의 교역조건이 개선되었다고 말한다. 교역조건의 개선은 한 단위를 수입하기 위하여 전보다 적게 수출되어도 된다는 것을 의미한다. 예를 들어 한국의 수입가격지수가 100에서 120으로 상승하고 수출가격지수가 100에서 150으로 상승하였다면, 교역지수는 100에서 125로 상승한다. 따라서 새로운 교역조건에서는 이전에 100단위를 수출해야 살 수 있었던 양을 80단위만의 수출로 살 수 있게 된 것이다.

반대로 교역지수의 하락은 교역조건이 악화되었다고 말하고, 한 국가는 현재 상대적으로 더 비싸진 수입의 대가를 지불하기 위해서 더 많이 수출하지 않으면 안 된다는 것을 의미한다. 예로써 1970년대 유가의 급격한 상승은 한국을 포함한 석유수입국가들의 교역조건을 크게 악화시켰음을 회상해 볼 수 있다.

2. 무역정책

2.1 보호무역주의 논쟁

자유무역이 허용되어야 하느냐 아니면 해외경쟁으로부터 자국산업을 어느 정도 보호해야 하느냐에 대한 논쟁은 오래 전부터 계속되어왔다. 보호무역주의가 관세나 비관세장벽을 통해 국내 산업을 해외경쟁으로부터 보호하려는 것을 말하는 반면, 자유무역은 아무런 보호장치가 없는 상태를 말한다. 최근 각국의 무역에 대한 입장은 점차 자유무역을 강화하는 추세로 흘러가고 있는데, 자유무역과 보호무역을 주장하는 각각의 견해를 간단히 살펴보고자 한다.

2.1.1 자유무역주의

앞에서 우리는 국가 간에 기회비용이 다를 때 정도에 따른 특화생산이 이루어지고 무역은 각국 생활수준을 향상시킨다는 것을 보았다. 자유무역은 모든 나라로 하여금 그들이 비교우위를 갖는 상품생산에 특화할 수 있게 한다. 따라서 자원의 효율적인 배분과 국제분업이 이루어지게 되고, 각국은 특화생산이 이루어지지 않을 때보다 더 많은 상품을 생산할 수 있는 효과를 얻게 된다. 결국 자유무역은 세계생산을 극대화시키고, 각국 국민을 자유무역 이전보다 더 많은 재화를 소비할 수 있게 하여 후생도 증가시킨다.

이와 같은 자유무역주의는 스미스(A. Smith)가 정부의 무역규제를 공격하고 자유무역을 주창하면서 시작되었고, 그 후 리카르도(D. Ricardo)와 밀(J.S. Mill)에 의하여 그 이론이 체계화되었다. 그러나 스미스나 리카르도 이후에도 자유무역에 대한 관세 및 비관세장벽은 계속 존재해 왔다.

2.1.2 보호무역주의

보호무역주의는 여러 가지 목적으로 주장되고 있는데, 그 중요한 것으로서는 산출량 이외의 국가목적, 산출량극대화목적 및 외국의 약탈적 행동에 대한 보호목적 등을 들 수 있다.

산출량 이외의 목적 자유무역으로 생산액이 더 커질 수 있으나 실질국민소득을 극대화하는 것 이외 정책목적과의 관련성 때문에 자유무역을 반대하는 주장을 받아들이는 것이 충분히 가능하다. 예를 들어 비교우위는 한 국가로 하여금 좁은 범위의 상품생산에 특화하도록 한다. 그런데 정부는 보다 다양한 산업체제를 독려하는 것이 사회적으로 명확하게 우월하다고 판단할 수도 있다. 국민들에게 보다 넓은 범위의 직업이 주어지고, 다양화의 사회적·심리적 우위는 비교우위에 따른 생산의 완전특화 때보다 생활수준이 얼마간 하락하는 것을 충분히 보상할 수도 있다.

또한 비교우위에 따라 한 두 상품의 생산에 특화하는 것은 그 국가에게 위험을 가져다 줄 수도 있다. 첫 번째의 위험은 기술의 진보가 그 국가의 기본적 생산물을 진부화시킬 수 있다. 그 예로, 스위스의 시계산업은 수정을 이용하는 기술의 발전으로 인해 큰 손상을 받았다. 1974년에서 1979년 사이에 세계 시계시장에서 스위스의 시장점유율은 40%에서 30%로 하락하였고 약 3만여 명이 직장을 잃었다.

다른 위험은 기본 상품가격의 주기적인 변동이다. 이러한 상품의 생산에 특화하는 나라의 국민소득은 큰 진폭을 갖게 된다. 특화생산을 한다면 장기평균소득은 높을지 모르나, 국민소득의 큰 변동으로 초래되는 심각한 사회문제는 정부로 하여금 얼마간의 소득을 희생하고서라도 변동폭을 감소시키는 쪽으로 결정하게 할 것이다. 정부는 몇몇 주기적 변동에 덜 민감한 산업의 확대를 위해서 보호무역정책을 사용할 것이다.

보호무역정책에 대해 가장 잘 인용되는 비경제적 이유는 국방과 관련된 것이다. 예컨대, 방위산업은 해외경쟁자보다 비효율적일지라도 보호정책에 의해 육성되어야 한다는 것이다. 다른 예로 에너지의 자급자족을 위한 석유산업은 보호를 들 수가 있다.

산출량 극대화 목적

유치산업보호 : 신흥개발도상국들은 그들의 산업이 초기 발전단계에 있으므로 외국의 성숙한 경쟁기업과 경쟁할 수 없다는 것을 알 수 있다. 보호무역정책을 통해 이러한 산업들이 성장하는 동안 해외경쟁자로부터 보호할 수 있다. 이러한

산업들이 충분히 성장하였을 때 그들은 해외 경쟁자와 같이 싼 가격에서 생산할 수 있게 되고 보호 없이도 경쟁할 수 있게 될 것이다. 이러한 이유로 리스트(F. List)는 국내산업을 보호하기 위해서 유치산업을 보호하여 성숙한 후에 자유무역이 행해지도록 하는 것이 타당하다고 보았다.

경험적 습득 : 경험적 습득은 현존 비교우위 패턴이 불변일 수 없다는 것을 제시한다. 만일 한 나라가 현재 비교우위가 없는 상품의 개발기술을 충분히 배울 수 있다면, 기술습득과정이 생산비를 절감시켜 줌에 따라 비교우위를 개발함으로써 그 나라는 장기적으로 이러한 상품에 특화생산하고 이득을 얻을 수 있을 것이다. 해외경쟁으로부터 국내 산업을 보호하는 것은 그 산업이 효율적이 되도록 필요한 기술을 획득할 수 있는 시간적 여유를 주는 것이다.

교역조건 : OPEC 국가들은 세계 석유공급의 상당한 부분을 차지한다. 그들은 생산량을 제한함으로써 다른 무역재화에 비해서 그들의 석유가격을 상승시킬 수가 있다. 이것은 교역조건을 그들에게 유리하게 변화시킨다. 왜냐 하면 수출되는 석유의 배럴당 그들은 더 많은 양의 수입품을 얻을 수가 있기 때문이다. 이때 석유수입국에게는 교역조건을 악화시킨다.

만일 한 나라가 그가 수입하는 어떤 상품이 총수요에서 큰 부분을 차지한다고 생각해 보자. 그 나라는 그 상품에 관세를 부과하여 수요를 제한함으로써 그 상품가격을 하락하게 할 수 있다. 이것은 교역조건을 그 나라에 유리하게 변화시키고 그 나라는 수출상품 단위당 보다 많은 수입품을 얻을 수 있다. 이와 같이 무역규제는 어떤 재화의 세계공급 중 큰 부분을 생산하는 국가에게 교역조건을 유리하게 변화시키는 데 사용할 수 있다.

이상의 두 가지 방법은 단순히 세계 총생산량을 재분배하는 것이다. 아무튼 그 방법은 다른 나라의 희생으로 자국의 생활수준을 향상시킬 수 있는 효과적인 수단이 될 수 있다.

외국의 약탈적 행동에 대한 보호 관세는 외국기업이 국내 기업을 손상시키면서 약탈적인 방법을 사용하여 국내 기업에 대하여 불공정한 이득을 취하면서 장기적으로는 국내 소비자들에게 아무런 이익을 주지 않는 것을 방지하기 위해서 사용된다. 대표적인 외국기업의 약탈적인 행동 형태에 덤핑(dumping)이 있다.

2.2 보호무역정책의 수단

앞에서 우리는 보호무역을 주장하는 이유에 대하여 살펴보았는데, 이제 무역을 규제하기 위한 구체적인 수단에는 어떤 것들이 있는가를 알아보기로 하자. 보호무역정책의 수단에는 관세를 중심으로 한 **관세장벽**(tariff barriers)과 관세 이외의 정책수단을 총칭하는 **비관세장벽**(nontariff barriers)으로 구분한다.

2.2.1 관세장벽

관세란 세관을 통과하는 물품에 대하여 부과하는 세금을 말하며, **관세율**이란 이 때의 세율을 말한다. 이러한 관세는 수입을 억제하는 대표적인 수단으로 사용되고 있으며, **관세장벽**이란 수입을 억제하기 위하여 부과하는 고율의 관세를 의미한다.

관세의 경제적 효과 수입품에 관세를 부과하면 외국으로부터 수입되는 상품의 국내 가격이 상승하게 되므로 외국상품에 대한 국내 수요는 감소하게 되어 수입이 감소하게 된다. 관세는 수입을 감소시키는 이외에 국내경제에 여러 가지 변화를 초래케 하는데, 이러한 관세의 경제적 효과에 대하여 <그림 23-1>을 이용하여 설명해 보기로 하자.

그림 23-1 관세의 경제적 효과

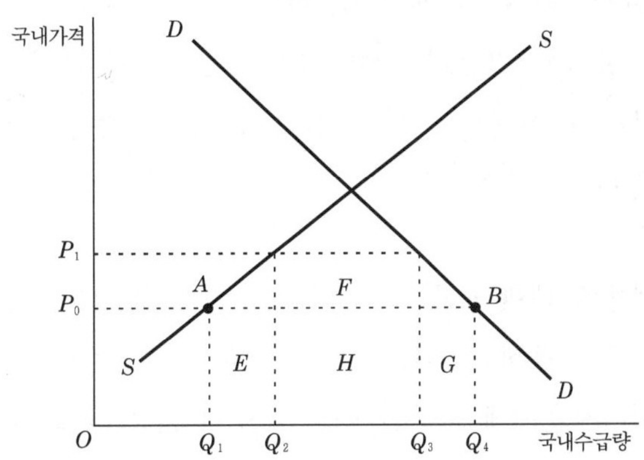

그림에서 DD 곡선과 SS 곡선을 각각 한국 내의 수요곡선과 공급곡선이라 하고, 관세를 부과하기 이전의 한국 내 쌀의 가격이 P_0 라 하자. 이 가격에서 한국은 OQ_4 만큼의 쌀을 소비하는데, 국내 생산에 의한 쌀의 공급량은 OQ_1 이므로 초과수요량 Q_1Q_4 는 외국으로부터의 수입으로 충당하고 있는 것이 된다. 이제 한국정부가 수입되는 쌀에 대하여 일정액의 관세를 부과하여 가격이 P_0 에서 P_1 으로 상승하였다고 가정하자. 쌀의 국내 가격상승으로 쌀의 수요량은 OQ_3 로 감소한 반면, 국내 공급량은 OQ_2 로 증가하고 수입량은 $Q_2Q_3(=OQ_3-OQ_2)$ 로 감소한다. 이 때 관세는 다음과 같은 경제적 효과를 갖는다.

국내생산증대효과 : 쌀의 국내 가격상승으로 국내 쌀 생산자들의 이윤이 증가하게 되어 국내 쌀 생산량, 즉 쌀의 국내 공급이 증가하는 것을 말한다. 이것은 그림에서 Q_1Q_2 로 표시되며, 생산의 증대는 고용의 증대를 가져오므로 고용증대효과라고도 부른다.

국내소비감소효과 : 관세의 부과로 국내 가격이 상승하여 국내 수요, 즉 국내 소비는 감소하게 되는 효과를 말하며 그 크기는 Q_3Q_4 이다.

국제수지개선효과 : 관세부과 전의 수입량은 Q_1Q_4 이었는데, 관세부과로 국내 가격이 상승하여 국내 공급이 Q_1Q_2 만큼 늘고 국내 수요가 Q_3Q_4 만큼 감소하였으므로 수입량은 Q_2Q_3 로 감소한다. 따라서 수입액도 사각형 Q_1ABQ_4 보다 사각형 E 와 G 만큼 감소한 사각형 H 로 감소하게 되어 국제수지가 개선된다.

재정수입증대효과 : 관세를 부과하게 되면 수입량 Q_2Q_3 로부터 관세율에 해당하는 관세수입을 얻을 수 있으므로 재정수입은 증대되며, 그 크기는 사각형 F 이다.

교역조건 개선효과 : 관세를 부과하였을 때 한국의 쌀 수입량감소로 상대국 내에서는 종전의 가격수준에서 쌀의 초과공급이 발생하여 상대국내 쌀의 가격이 하락하게 될 것이다. 이것은 한국이 수입하는 상품의 가격이 하락하였음을 의미하므로 교역조건이 개선된 것인데, 앞에서 말했듯이 교역조건개선의 크기는 미국의 쌀 수출 중에서 한국의 수입이 차지하는 비중에 따라 다르다.

위에서 설명한 효과들은 공급곡선과 수요곡선의 기울기, 즉 공급과 수요의 가격탄력성에 따라 다르다.

탄력관세 관세율을 일정하게 정하기로 하지만 관세의 효율을 높이기 위하여 경제상황의 변화에따라 필요할 경우 일정 범위 내에서 수시로 관세율을 변경할 수 있는 제도를 탄력관세제도라고 한다. 탄력관세제도에는 다음과 같은 것들이 있다.

상계관세(countervailing duties) : 상계관세란 수출국에서 그 나라의 수출산업에 주어지는 수출지원금 등의 특혜로 인하여 국내 산업이 불리해지는 것을 막기 위하여 수입상품에 부과되는 관세이다.

보복관세(retaliatory duties) : 상대국이 자국 상품의 수출에 불리한 관세를 부과할 때 이에 보복하기 위하여 부과하는 관세이다.

반덤핑관세(antidumping duties) : 수출국이 상품을 생산원가 이하로 수출하여 자국 산업에 손상을 끼친다고 판단될 때 부과하는 관세이다.

이 외에도 어떤 상품의 수입이 급격히 증가하여 자국 산업에 심각한 피해를 끼칠 긴급한 상황에서 입법절차를 거치지 않고 행정부가 세율을 조절할 수 있는 긴급관세, 수입가격과 국내 가격의 현격한 격차를 조정하기 위한 물가평형관세, 물자수급을 원할하게 해 주기 위해 사용되는 할당관세 등이 있다.

2.2.2 비관세장벽

양적 규제 양적 규제에는 쿼터(quota)제도와 이와 유사한 자발적 수출규제(voluntary export restriction)가 있다. **쿼터제도**는 일정기간 동안 외국으로부터 자국으로 수입될 수 있는 어떤 상품의 최대량을 정하고 그 이상 수입할 수 없게 하는 무역정책수단이다. 쿼터는 관세와 몇 가지 차이가 있는데, 첫째 관세는 가격을 상승시켜 수입량을 감소시키는 반면, 쿼터제도는 수입량을 제한하여 가격을 상승시킨다. 둘째, 가격상승으로 인한 이윤이 관세의 경우는 정부에 귀속되나, 쿼터의 경우는 그 상품의 수출업자나 국내 판매자에게 돌아간다. 셋째, 관세는 수출업자에게 동등한 핸디캡을 주고 가장 효율적으로 생산하여 저가에 공급할 수 있는 사람이 수출할 수 있게 하는 반면, 쿼터는 효율성기준이라기보다 선착순에 의하거나 과거의 거래비중 또는 어떤 정치적 기준에 의해서 수입할 수 있는 권한이 주어지기 쉽다.

자발적 수출규제는 수입국이 관세나 쿼터를 가지고 위협하여 무역량을 규제하도록 수출국에 협조를 요구한다. 일견 사람들은 수입국이 관세나 쿼터를 부과하는 것보다 수출업자들의 자발적인 규제가 좋아 보일지 모르나, 수출의 제한은 수출업자에게 주어진 쿼터이므로 실질적으로 양적 규제와 같아서 수입국가에게 손해이다.

수입국내 소비자로부터 이전된 실질소득은 정부나 국내 수입업자에게 가는 것이 아니라 해외 수출업자에게 가게 된다. 더욱이 수출업자들은 수입국의 시장에서 독점체제를 형성할 수 있어 수출업자들의 자율적 규제는 동일한 수입감소효과에 비하여 다른 어떤 수단보다 수입국에 손해를 끼친다.

외환규제(exchange control) 외환규제는 개발도상국에서 많이 사용된다. 이 경우 수입량을 규제하는 대신에 외환을 규제함으로써 정부는 수입에 가용한 외환을 조정한다. 일반적으로 수입쿼터제도와 같이 외환규제는 정부가 각종 수입상품의 양을 상세히 관리해야만 한다. 쿼터제도가 수입을 상품의 양으로 규제하는 반면, 외환규제는 지출되는 외환의 금액으로 수입을 규제하는 차이가 있다.

구매에 있어서의 정부의 선호 공공구매에서 자국 공급자에 대한 선호는 정부가 공공구매의 상당한 부분을 자국 공급자로부터 구매함을 말한다. 1933년 미국재화구매조례(Buy American Act)에 의거하여 미정부는 미국내 가격이 해외공급자가 제시하는 것보다 6%가 높은 것에 대해 불합리하게 높은 가격으로 생각하지 않았으며, 오히려 미국방성의 경우에는 50%나 더 높은 가격으로 자국상품을 구매하였다.

행정적·기술적 장벽 행정적인 규제는 수출과 수입에 있어 행정적 절차를 까다롭게 하거나 기존제도를 확대 적용함으로써 무역을 규제하는 것이다. 어떤 경우에는 관세 대신에 다른 규제방법으로 대치하는 것이 아니라 단순히 법정관세율효과를 크게 함으로써 무역을 방해한다. 이러한 수단들의 대부분은 수출업자에게 교환비용과 불확실성을 크게 함으로써 수출을 어렵게 만든다.

기술적 장벽은 예컨대 공업제품의 전압이나 안전규격 등과 같이 각국이 사용하는 기술적 표준의 차이에서 발생한다. 이러한 표준들은 무역을 방해하기 위하여 설계된 것이 아닐지 모르나, 만일 해외의 수출업자에게 자국의 설계명세에 맞게 그들의 상품을 재설계하도록 강요하는 수단이 된다면 분명히 무역을 방해하는 수단이 된다. 예를 들어 우리 나라가 미국에 자동차를 수출할 수 있으려면, 사전에 미국의 엄격한 안전도 시험이나 공해 표준치에 합격해야 되는 것과 같다.

2.3 국제무역과 관세협정

자유무역이 스미스에 의해 주장되기 시작한 이래 자유무역과 보호무역에 대한 논란이 계속되어 왔으나, 실제적으로는 보호주의적 장벽이 심화되어 가고 1920년대와 같은 무역전쟁이 초래되기까지 하였다. 이에 세계 각국은 국제무역에 대한 장애요인을 최소한으로 줄이고 무역증대를 통한 이익을 증대시켜 보려는 데서 자유무역의 확대를 추진해 오고 있다. 이러한 각국의 노력은 지역 내의 자유무역지대의 형성이나 보다 많은 국가들을 포함하는 국제적 협정형태로 나타나고 있다.

2.3.1 관세 및 무역에 관한 일반협정

1920년대의 높은 관세를 그 이전의 수준으로 내리고자 한 최초의 노력은 1934년 미국의 무역협정법(Trade Agreements Acts)으로부터 시작하였다. 이 법은 대통령에게 다른 나라와 50% 범위 내에서 관세율을 상호 인하할 수 있는 쌍방협정을 체결할 수 있는 권한을 부여한 것이다. 그러나 무역은 여러 나라와 하게 되므로, 한 나라와 협정을 체결하게 되면 다른 국가에게도 같이 적용되어야 하는 문제점이 있었다. 이러한 문제점에 대한 해결책은 다국적 협상이었고 2차대전 후 **관세 및 무역에 관한 일반협정**(General Agreement on Tariffs and Trade: GATT)이 설립되었다.

1948년 1월 정식으로 발효된 GATT 는 세계 각국이 관세의 점진적 인하를 통하여 자유무역을 확대하려는데 그 목적이 있다. 이를 위하여 GATT 는 최혜국대우조항(most favored nations clause)을 두고 있는데, 최혜국대우조항이란 회원국들이 관세인하협정을 맺을 때 협정 당사국들만의 특혜조치를 금지하는 조항이다. 즉, 회원국 두 나라 사이에 관세인하협정이 맺어졌을 때, 그 두 나라 사이만의 특혜조치를 인정하지 않으며, 그 협정은 협정 당사국뿐만 아니라 다른 회원국 모두에게 적용되는 다국간의 협정을 기본 원칙으로 하는 것을 말한다.

GATT는 관세인하 교섭의 방법으로 호혜주의 원칙을 채택하고 있는데 이것은 한 나라가 관세를 인하하면 다른 나라도 관세를 인하해야 한다는 것이다. 또한 GATT는 자유무역을 제한하는 보호무역 정책수단인 비관세장벽 철폐를 주장하고 있는데, 여기에는 예외조항을 두고 있다. 비관세장벽 철폐에 대한 예외로서 수량할당의 사용을 국제수지 방어목적, 식량의 자급자족 목적, 저개발국의 경제발전 목적, 덤핑방지 목적의 네 가지 경우에 한하여 인정하고 있다.

GATT는 1962년까지 5차에 걸쳐 관세인하 교섭을 해왔다. 그러나 1차에서 5차까지의 관세인하는 품목별로 쌍방간에 이루어 졌으며 관세인하도 괄목할 만한 것이 못 되었다. 이에 반해 1964-67년에 걸쳐 이루어진 제 6차 관세인하 조치인 케네디라운드(Kennedy round)는 모든 국가가 동시에 모든 품목에 대해 관세를 인하하는 다각적 일괄 관세인하 조치였다. 케네디라운드는 1967년부터 1972년까지 5년간에 걸쳐서 단계적으로 관세율 인하를 합의한 것으로, 이 조치에 의하여 이 기간 동안에 평균 36%의 관세율 인하가 이루어졌으며 특히 공산품의 경우 50%의 관세율 인하가 이루어져 획기적인 관세인하 결과를 가져왔다.

제 7차 GATT 회의인 동경라운드(Tokyo round)는 1973년부터 1979년간에 걸쳐 이루어진 관세율 인하협상으로, 1981년부터 이후 8년간에 걸쳐서 단계적으로 원료는 52%, 반제품은 30%, 완제품은 33%씩 관세율을 인하할 것을 합의하였다. 그러나 대부분의 나라가 비관세장벽의 수단을 증가시키고 있기 때문에 GATT의 결과로 나타난 큰 폭의 관세인하로 말미암아 무역의 자유가 증대하였다고 평가하는 것은 다소의 문제가 있다. 이러한 의미에서 아마도 동경라운드의 가장 중요한 특징은 최초로 비관세장벽을 제한하려는 조치에 대한 협정이라는데 있을 것이다.

1986년 9월 우루과이의 푼타 델 에스테에서 열린 GATT 각료회의에서 뉴라운드 개시 의제에 합의함에 따라 1987년 초에 출범한 **우루과이 라운드**(Uruguay Round: UR)는 관세인하와 함께 금융, 정보통신, 건설 등 서비스 무역을 주요대상으로 7년간의 협상 끝에 1993년 12월 15일 완전히 타결되었다. 이에 따라 GATT 체제는 1994년 12월 6일 막을 내리고 UR 협상결과의 준수여부를 감시할 보다 강력한 새로운 무역기구 WTO가 1995년 1월 1일 출범했다.

2.3.2 국제무역개발회의

국제무역개발회의(United Nations Conference on Trade and Development; UNCTAD)는 GATT의 협상내용이 선진국의 주요 관심대상이 되고 있는 공산품을 중심으로 관세인하협정이 이루어지고 있는 데 대하여 후진국의 심각한 무역불균형 해소와 경제개발을 촉진시키기 위해서는 선진국의 지원을 요구할 수 있는 기구의 필요성으로 인해 1964년에 설립된 무역과 개발에 관한 기구이다. UNCTAD는 GATT와는 달리 무역뿐만 아니라 후진국의 경제개발이라는 보다 폭 넓은 영역을 포괄하는 기구이지만, 그 영역의 핵심은 후진국 무역의 지원을 통한 경제개발로 집약될 수 있다. UNCTAD는 선진국에 대하여 후진국의 경제발전을 위한 특혜관세조치를 요구하였고 그 결과로 개도국이 수출하는 공산품에 대해 선진국이 관세를 완전 철폐한다는 **일반특혜관세제도**(Generalized System of Preference; GSP)가 출현되었다.

또 후진국들은 그들의 수출품이 1차 생산품이 큰 비중을 차지하므로, 1차 생산품 수출가격의 급격한 변동이 후진국 국제수지 및 경제전반에 불안정을 가져다준다고 보고 있다. 이의 해결을 위하여 1차 생산품의 교역조건 안정이 필요하며, 이것은 후진국과 선진국간의 무역협상을 통해서 이루어져야 한다고 주장하고 있다.

현재 후진국들은 UNCTAD를 통해서 선진국들에 대하여 **신국제경제질서**(New International Economic Order ; NIEO)를 요구하고 있다. 이러한 주장의 내용은 무역특혜문제, 1차 생산품 교역조건의 안정화문제뿐만 아니라 경제개발 원조증대, 제조업 및 기술이전 등을 요구하고 있으나, 이에 대한 선진국들의 반응은 여전히 소극적이다.

2.3.3 경제통합

세계적 무역 자유화가 추진되는 가운데 주로 유럽에서는 지역적으로 인접한 나라들간에 그들 사이에 존재하는 관세 등의 무역장벽을 제거하고 상호 경제협력을 강화하는 등 여러 형태의 경제통합을 결성하였다. 경제통합은 그 통합의 정도와 발전단계에 따라 다음과 같은 다섯 가지 형태로 나누어진다.

자유무역지역(free trade area)　　가맹국들 상호간에는 관세 등의 모든 무역제한조치를 제거하여 자유무역지역을 형성하는 반면, 비가맹국들에 대해서는 역내국가가 독자적인 관세정책을 택하는 형태이다. 1960년 유럽 7개국이 결성한 유럽자유무역연합(European Free Trade Association: EFTA)과 중남미자유무역연합(Latin American Free Trade Association: LAFTA), 1984년 미국과 이스라엘, 그리고 1989년에 미국과 캐나다간에 자유무역지역이 결성되었다. 특히 미국과 캐나다간의 자유무역지역은 이후 1992년 10월 멕시코가 포함되어 북미자유무역협정(North American Free Trade Agreement: NAFTA)으로 발전하였다. 2000년 이후로 지역무역협정이 더 활발히 체결되고 있으며, 우리나라도 EU, 미국, 중국, 그리고 일본 등과 현재 FTA를 추진 중에 있다. 이런 FTA 추진은 수출 증가, 상품 특화로 인한 생산성 증대, 해외투자자본 유치 등의 긍정적인 점들을 예상하고 있지만, 반대로 상대국가에 비해 취약한 산업에 대한 우려로 인한 반발도 만만치 않다.

관세동맹(customs union)　　자유무역지역에서 한 단계 더 발전한 형태로서 가맹국들은 비가맹국들에 대해 공통적인 대외관세와 무역정책을 취한다. 일반적으로 경제통합이라 하면 관세동맹의 형태를 의미하는데, 제2차 세계대전 후 벨기에, 네델란드, 룩셈부르크 등 3개국에 의한 베네룩스(Benerux)와 1958년의 프랑스, 서독, 이탈리아, 네덜란드, 벨기에 및 룩셈부르크 등 6개국으로 구성된 유럽경제공동체(European Economic Community: EEC)가 여기에 속한다.

공동시장(common market)　　관세동맹에서 한 단계 더 발전한 형태로서 가맹국간에는 상품뿐만 아니라 생산요소까지도 관세 없이 자유로이 이동할 수 있는 형태이다. 이러한 경제통합의 대표적인 예는 1993년 5월 유럽공동체(Euro- pean

Community: EC, 유럽 12개국)와 EFTA가 통합 유럽경제지역(European Economic Area: EEA)을 결성하여 유럽 단일시장을 발족시킨 경우를 들 수 있다.

경제동맹(economic union) 공동시장이 더욱 발전된 형태로서 가맹국간 자유무역, 상품 및 생산요소의 자유로운 이동뿐만 아니라 상호 재정·금융정책의 조정과 협력을 이룬 형태이다. 1993년 5월 결성된 EEA가 1993년 11월 1일 마스트리히트 조약이 발효됨에 따라 1994년 1월 1일 출현한 유럽연합(European Union: EU)이 그 예가 되겠다.

경제통일(economic unification) 경제통합의 마지막 단계인 경제통일은 공동체 내에 초국가적인 기구를 설치하여 모든 가맹국의 경제 및 정치·사회정책까지 관리하는 형태이다. EU는 1999년 1월 유럽단일통화 '유로'(EURO)를 공통의 화폐로 채택함으로써 경제통일에 한 걸음 더 다가섰으나 여전히 정치적 통합면에서는 어려움을 겪고 있다.

2.2.4 세계무역기구

2차 세계대전이후 미국은 **국제통화기금**(International Monetary Fund: IMF), **세계은행**(International Bank for Reconstruction and Development: IBRD) 및 **국제무역기구**(International Trade Organization: ITO) 3개 국제기구 설립을 통해 환율안정, 부흥개발기금 제공 및 자유무역체제(소위 Bretton Woods 체제) 확립을 추진하였다. 그러나 하바나 헌장(Havana Charter)에 대한 미국의회의 강력한 반대로 동 헌장이 발효되지 못함에 따라 ITO 설립은 무산되었다. 이에 따라 하바나헌장의 내용을 대폭 축소하여 각국의 합의가 이루어진 부분만을 발췌하여 이를 잠정적으로 수용한 것이 소위 GATT 체제였다. 그러나 GATT는 처음부터 잠정적으로 채택되었으며 많은 예외규정을 두고 있어 국제협정으로서의 법적 구속력이 제한적이었기 때문에 경제 강대국의 불공정 행위 및 자의적 행위를 효율적으로 규제하는데는 부적절한 문제점을 안고 왔다.

1986년 개시된 우루과이 라운드(Uruguay Round: UR) 협상은 이러한 GATT 체제의 제반 문제점을 해결하고자 GATT 체제를 다자간 무역기구로 발전시키는 작업을 UR 협상의 교섭과제 중의 하나로 채택하였으며, 수년간에 걸친 UR 협상 참가국간의 토의를 거친 후 1991년 12월 「던켈 초안」에 다자간 무역기구 설립 협정안이 포함되어 제시되었다. 미국은 자국의 통상분야에서의 주권 침해 가능성을 우려 다자간 무역기구 설립을 계속 반대하였으나, 1993년 12월초 EC 와의 최종 협상과정에서 그 설립에 합의하였으며, 기구의 명칭을 **세계무역기구**(World Trade Organization: WTO)로 변경할 것을 수정 제안하여 채택되었다.

이렇게 하여 WTO는 1994년 4월 15일 모로코의 마라케시에서 세계 125개국 통상대표가 7년 반 동안이나 진행해온 UR 협상을 마감하고 '마라케시 선언'을 공동으로 발표함으로써 1995년 1월 1일 정식으로 출범하였다. WTO는 1947년 이래 국제무역질서를 규율해오던 GATT 체제를 대신하여 지금까지 GATT에 주어지지 않았던 세계무역 분쟁조정, 관세인하요구, 반덤핑규제 등 막강한 법적권한과 구속력을 행사하게 된다.

한편, 역사상 가장 중요하고 포괄적인 다자간 무역협상이었던 UR 협상의 타결은 자유무역을 향한 획기적인 진전을 의미한다. UR 협상은 무역 장벽을 대폭 완화하였을 뿐 아니라 자유무역환경을 보장하는 다자간 규범을 크게 강화함으로써 무역확대를 통한 세계경제 도약의 계기를 마련한 것으로 평가할 수 있다. 그 주된 내용을 살펴보면, 상품의 관세인하 및 무관세화를 통해 기존의 관세장벽을 대폭 낮추었을 뿐만 아니라 회색조치 등 비관세장벽도 대폭 완화하였으며, 각종 수량제한 조치로 보호되어 왔던 농산물에 대해서도 일단 관세화를 통해 WTO 체제 내로 끌어들임으로써 농산물 무역에 대한 비관세장벽을 단계적으로 완화하도록 합의하였다.

또한 각국의 보호무역 수단으로 활용된 사례가 많았던 기존의 반덤핑, 상계관세, 긴급수입제한조치의 남용을 억제하도록 규범화하였고, 보다 효율적이고 신속한 분쟁해결절차를 도입함으로써 자의적인 무역규제의 여지를 축소시켰을 뿐만 아니라 최근 국제무역에서 비중이 커지고 있는 서비스무역 분야에 대해 별도의 무역규범을 새로이 제정하고 이 분야의 시장개방 계획을 작성토록 함으로써 서비스무역이 확대되는 발판을 마련하였으며, 무역관련 지적재산권에 관한 협정을 수립함으로써 무역관련 지적 재산권에 대한 보호를 강화하고 있다.

■ 요 약 ■

1. 각국이 절대우위를 갖는 상품만을 생산하여 서로 교환한다면 교역당사국 모두에게 이익이 되기 때문에 무역이 성립한다고 보는 것이 A. Smith의 절대우위론이다. A국이 어떤 상품 X 한 단위를 생산하는데 B국보다 적은 양의 생산요소가 사용될 때, A국은 B국에 대하여 상품 X의 생산에 절대우위를 갖는다고 말한다.

2. 각국이 비교우위를 갖는 상품만을 생산하여 서로 교환한다면 교역당사국 모두에게 이익이 되기 때문에 무역이 성립한다고 보는 것이 D. Ricardo의 비교우위론이다. A국이 B국보다 어떤 상품 X를 다른 상품 Y에 비하여 상대적으로 적은 양의 생산요소를 들여 생산할 수 있을 때, A국은 B국에 대하여 상품 X의 생산에 비교우위를 갖는다고 말한다.

3. 헥셔-올린 정리에 의하면 두 국가 간의 기술이나 수요패턴이 같더라도 부존자원의 차이 때문에 비교생산비의 차이가 발생하며, 각국에 비교우위가 존재한다고 보았다.

4. 무역이 존재하면 두 국가 간에 생산요소의 이동이 없어도 양국의 생산요소가격이 같게 되는 것을 생산요소가격 균등화의 정리라 한다.

5. 헥셔-올린 정리에 대한 실증적 연구로 미국의 무역자료를 분석한 결과, 자본이 풍부한 미국이 오히려 자본집약적인 상품을 수입하고 노동집약적인 상품을 수출한다는 사실을 발견하였다. 이것은 헥셔-올린정리의 비교우위와는 정반대의 사실로서 레온티에프의 역설(Leontief's Paradox)이라고 한다. 그러나 이 역설의 근거는 교육을 자본에 포함시키지 않았다는 오류와 스턴과 마스커스의 연구에 의해서 무너지게 되었고, 헥셔-올린 정리는 재조명을 받게 되었다.

6. 교역조건은 한 단위의 수입재화를 얻기 위해 수출되어야만 하는 국내 재화의 양으로 정의되며, 수출로 측정되는 수입의 기회비용을 반영한다.

$$\text{교역조건(terms of trade)} = \frac{\text{수입상품수량}}{\text{수출상품수량}} = \frac{\text{수출상품가격}}{\text{수입상품가격}}$$

$$\text{교역지수(index of trade)} = \frac{\text{수출가격지수}}{\text{수입가격지수}} \times 100$$

교역지수가 상승하면 한 국가의 교역조건이 개선되었다고 말하며, 교역지수가 하락하면 교역조건이 악화되었다고 말한다.

7. 보호무역주의는 여러 가지 목적으로 주장되고 있는데, 그 중요한 것으로서는 산출량 이외의 국가목적, 산출량극대화목적 및 외국의 약탈적 행동에 대한 보호목적 등을 들 수 있다. 보호무역정책의 수단에는 관세를 중심으로 한 관세장벽과 관세 이외의 정책수단을 총칭하는 비관세장벽으로 구분한다.

8. 관세의 경제적 효과로는 국내생산증대효과, 국내소비감소효과, 국제수지개선효과, 재정수입증대효과, 교역조건 개선효과를 들 수 있다.

■ 주요개념 ■

절대우위설, 특화생산, 비교우위설, 헥셔-올린 정리, 생산요소가격 균등화, 레온티에프의 역설, 교역조건, 교역지수, 자유무역주의, 보호무역주의, 관세장벽, 비관세장벽, 관세의 경제적 효과, 일반특혜관세제도, 경제통합, 자유무역지역, 관세동맹, 유럽경제공동체, 신국제경제실시, 공동시장, 경제동맹, 경제통일, 유럽연합, 유로, 국제통화기금, 세계은행, 국제무역기구, 우루과이라운드

제24장

환율과 국제수지

<개 요>

앞장에서 우리는 국가 간의 무역이 발생하는 원인과 각국이 국제무역을 규제하게 되는 이유 및 그 수단들에 대하여 고찰하였다. 한편 재화는 화폐와 교환되고 각국은 각각의 화폐를 갖고 있기 때문에 국제무역은 금융적 측면이 존재한다. 모든 재화와 용역의 국가 간 이동에는 금융거래가 요구되며, 재화와 용역의 한 방향으로의 흐름은 화폐의 반대급부적 흐름을 요구하게 된다.

본 장에서는 이러한 실물경제흐름의 이면에 존재하는 국가간 거래의 금융적 측면에 대하여 살펴보고자 한다. 먼저 환율의 개념, 균형 환율의 결정과 환율제도 등에 대하여 살펴보고, 다음으로 국가 간의 거래내용을 기록한 국제수지의 개념, 국제수지표의 내용 및 작성방법, 국제수지의 균형 및 불균형의 개념과 그 조정이 어떻게 다루어지는가를 살펴보기로 한다. 그리고 끝으로 국제통화제도의 출현, 변천 및 그 때마다 나타나는 문제점들에 대하여 살펴보기로 한다.

1. 환 율

1.1 환율의 개념

앞에서 우리는 교환의 수단으로서의 화폐가 복잡한 경제의 분업과 교환을 가능케 하는 데 결정적 요소가 되는 것을 보았다. 그러나 우리가 알고 있는 화폐는 한 국가의 정부에 의해서 폐쇄적으로 규제되고 있는 국가적인 것이다. 즉, 한국의 화폐는 원화이고, 미국의 화폐는 달러화, 일본의 화폐는 엔화, 영국의 화폐는 파운드 스털링(pound sterling), 독일의 화폐는 마르크(mark)가 있듯이 각국은 각각의 화폐를 갖고 있으며, 모든 정부는 화폐의 공급규모를 규제한다. 그러므로 국가 간에 상품을 교역하고 그 대금을 지불해야 할 때는 문제가 발생한다. 한국사람이 다른 나라로부터 재화와 용역을 수입할 때는 수입대금을 그 나라의 화폐로 지급해야 한다. 반대로 외국에 수출한 한국사람은 그 대금을 원화로 받기를 원하며, 따라서 외국수입상은 수입을 위해서 원화를 사셔야 한다. 기본 요점은 한 나라가 다른 나라로부터 재화와 용역을 수입하려면 그 나라는 수입대금지불에 필요한 외화를 어떤 방법으로든 구해야 된다.

한국기업이 미국으로부터 기계를 구입한다고 하자. 미국생산자는 궁극적으로 그 기계를 판 대금을 미 달러화로 받기를 원할 것이다. 한국기업은 그 나라의 은행으로 가서 그 기계대금을 지급하는 데 필요한 만큼의 달러화를 사서 미국생산자에게 보낸다. 또는 한국기업은 미국생산자에게 원화로 지불할는지도 모른다. 이 때 미국생산자는 그 원화를 자신의 은행으로 가져가서 달러화와 교환할 것이다. 어떤 방법이든 원화와 달러화는 교환되었는데, 이것을 **환전**(currency exchange)이라 한다. 일반적으로 국가 간의 무역은 한 국가의 화폐가 다른 국가의 화폐로 교환이 가능할 때만 이루어질 수 있다.

외환(foreign exchange)이란 실제 외화나 그에 대한 각종 청구권을 말한다. 또 각국의 화폐가 교환되는 시장을 **외환시장**(foreign exchange market)이라 한다. **환율**(exchange rate)은 외환의 거래가 이루어지는 가격을 말하는데, 외화 한 단위를 얻기 위하여 지불해야하는 자국화폐의 양이다. 예로써 어떤 사람이 1 달러를 얻기 위해서 1,000원을 지불했다면 환율은 1,000 : 1이 된다.

환율인상, 즉 외환가격의 상승은 자국화폐의 **평가절하**이다. 이 때 외화는 더 비싸지고, 자국화폐의 상대적 가치는 하락한다. **환율인하**, 즉 외환가격의 하락은 자국화폐의 **평가절상**이다. 이 때는 외화는 더 싸지고 자국화폐의 상대가격은 상승한다. 예를 들어 달러의 원화가격이 1,000원에서 1,100원으로 상승하였다면, 즉 환율이 1,000 : 1에서 1,100 : 1로 인상되었다면 원화는 평가절하 되고 달러는 평가절상되었다고 한다.

1.2 환율결정이론

우리는 앞에서 자유경쟁시장에서 수요와 공급의 상호작용이 어떻게 재화의 가격을 결정하는가를 보았다. 환율은 바로 어떤 화폐로 표시된 다른 한 화폐의 가격이다. 따라서 자유변동환율의 균형수준결정은 사과나 배의 가격과 같이 외환의 수요와 공급에 의해서 결정된다. 예로써 무역이 한국과 미국 두 국가 간에 이루어지고 있다고 할 때 이 두 국가 간의 화폐인 원화와 달러간의 환율결정에 대하여 살펴보자. 두 국가만을 예로 든 것은 설명을 단순하게 하기 위한 것이지만 여기에서 도출되는 원칙은 모든 외환거래에 적용될 수 있다. 따라서 달러는 일반적인 외환을 대표하는 것이 되고 달러의 원화가격은 일반적인 환율을 표시하는 것으로 생각할 수 있다.

외환시장에서 외환의 수요와 공급을 분석하기 위해서 외환의 수요자와 공급자를 정하는 것이 필요하다. 달러시장에서는 달러를 사려는 한국기업은 달러의 수요자가 되고 원화를 사기 위해서 달러화를 파는 미국기업은 달러의 공급자가 된다. 같은 외환의 교환을 원화시장에서 보면 한국기업은 외환의 공급자가 되고 미국기업은 원화의 수요자가 된다. 이와 같이 외환시장에서 한 화폐가 다른 화폐로 교환되기 때문에 달러의 수요는 원화공급이 되고, 원화의 수요는 달러의 공급을 내포한다. 이러한 이유로 원화와 달러간의 환율이론은 원화의 수요와 공급이나 달러의 수요와 공급 중 어느 쪽으로도 다룰 수 있다. 여기서는 달러의 수요와 공급을 중심으로 달러가격의 결정에 관하여 설명하고자 한다. 달러에 대한 수요는 한국사람들이 미국의 재화나 용역을 구매하거나 미국으로부터의 차관이나 한국에 투자한 것에 대한 이자와 배당을 지불하기 위하여 원화를 달러로 교환하는데서 발생한다.

<그림 24-1>은 수직축을 환율, 즉 원화로 표시된 달러의 가격을 표시하고, 수평축은 달러의 양을 나타내는데 위와 같은 이유로 미국에 지불히기 위히여 필요한 달러의 수요를 그림으로 나타내면 *DD*곡선과 같다. 수요곡선 *DD*는 가능한 각 환율수준에서 한국인에 의하여 수요되는 달러의 양을 나타낸다.

그림 24-1 환율의 결정

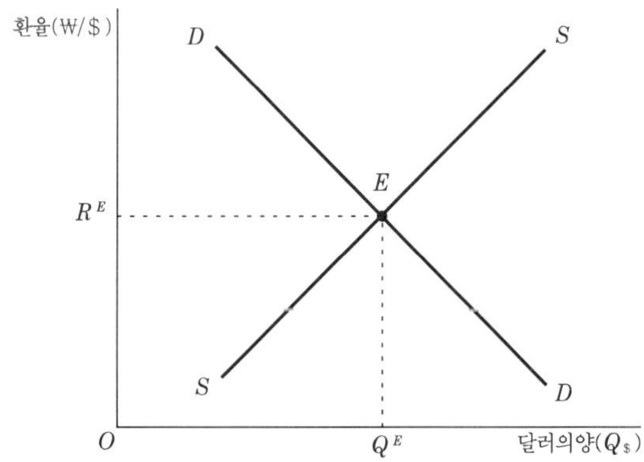

달러에 대한 수요곡선의 경사는 우하향한다. 이것은 한국의 수입과 수출로부터 설명될 수 있다. 만일 달러의 가격이 하락하였다고 하면, 즉 환율이 인하되었다고 하면 한국의 미국으로부터의 수입품에 대한 가격은 하락하게 된다. 이때 한국은 값이 싼 미국재화를 더 사게 될 것이고 이것은 달러의 수요량을 증가시킬 것이다. 반대로 달러의 가격이 상승하였다고 하면, 즉 환율이 인상되었다고 하면 미국수출품의 한국화폐로 표시된 가격은 상승하게 된다. 따라서 한국은 미국상품을 더 적게 사게 될 것이고 미달러에 대한 수요도 감소할 것이다. 이것은 다른 이유로 달러에 대한 수요가 존재할 때도 마찬가지가 된다.

달러의 공급은 미국인들이 한국의 재화나 용역을 수입하거나 미국인이 한국의 자산을 획득하려 할 때 대금지불에 필요한 원화를 달러와 바꾸고자 하는 미국인의 욕구로부터 발생한다. 이것을 그림으로 나타내면 <그림 24-1>의 *SS*

곡선과 같으며, 공급곡선 SS는 가능한 각 환율수준에서 미국인에 의하여 공급되는 달러의 양을 나타낸다.

달러의 공급곡선은 우상향하는 기울기를 갖는다. 이것은 수요곡선이 우하향하는 경우와 반대로 설명될 수 있다. 만일 달러가 평가절하되었다면, 즉 환율이 인하되었다면 한국수출품의 가격은 상승하게 된다. 이 때 미국은 한국상품을 더 적게 사게 되고, 따라서 원화가 적게 필요하게 되므로 원화와 달러화의 교환량도 적게 되므로 달러의 공급은 감소하게 된다. 반대로 달러화의 가격이 상승하였다면, 즉 환율이 인상되었다면 한국상품의 가격은 하락한다. 따라서 미국인들은 더 많은 한국상품을 사게 될 것이고, 이 때 더 많은 원화가 필요하게 되므로 더 많은 달러를 제공하고 원화와 교환하게 되므로 달러의 공급은 증가하게 될 것이다.

이것은 앞에서와 마찬가지로 자산의 매매에도 같이 적용된다. 환율의 균형수준은 <그림 24-1>에 보여진 바와 같이 수요곡선 DD와 공급곡선 SS가 교차하는 점 E에 해당하는 R^E에서 결정된다. 이때 균형환율은 R^E이며, 외환의 균형수급량은 Q^E이다. 만일 환율이 이 균형수준보다 낮다면, 달러의 수요는 달러의 공급을 초과하고 환율, 즉 달러의 가격은 상승할 것이다. 만일 환율이 균형수준보다 높다면 달러의 공급은 달러의 수요를 초과하게 되고 환율은 하락할 것이다. 수요곡선과 공급곡선이 교차하는 점 E에서 달러의 수요와 달러의 공급은 일치하고 환율은 아무 쪽으로도 움직이지 않고 균형이 된다.

1.3 환율의 변화

외환시장에서 외환의 수요와 공급이 변하면 환율도 변한다. 어떤 요인이든 달러에 대한 수요곡선을 우측으로 이동시키거나 공급곡선을 좌측으로 이동시키면 균형환율은 상승하고, 달러는 평가절상된다. 반대로 어떤 것이든 달러의 수요곡선을 좌측으로 이동시키거나 공급곡선을 우측으로 이동시키면 균형환율은 하락하고 달러는 평가절하된다. 이와 같이 수요와 공급곡선을 이동시키는 요인에는 여러 가지가 있는데 여기서는 그중 중요한 몇 가지에 대하여 생각해 보기로 한다.

1.3.1 인플레이션율이 다를 경우

달러화와 원화간의 환율이 <그림 24-2>에 나타난 바와 같이 외화의 수요와 공급의 교차점 e에서 결정되었고 환율이 1,000 : 1이라고 가정하자. 이제 한국의 일반물가수준이 미국의 일반물가수준에 비하여 더 빨리 상승하는 경우를 예를 들어 설명해 보기로 한다. 한국의 물가가 미국에 비하여 더 빨리 상승한다면, 주어진 환율 1,000 : 1에서 미국의 재화는 한국의 재화에 비하여 저렴하게 된다. 그러므로 미국으로부터 수입품에 대한 한국의 수요는 증가하고, 따라서 달러화에 대한 수요는 증가하며 달러의 수요곡선이 DD로부터 $D'D'$로 우측으로 이동하게 된다. 동시에 한국의 물가수준상승은 미국인들로 하여금 한국재화에 대한 수요를 감소하게 한다. 이것은 달러의 공급이 감소하는 결과를 가져오고 달러의 공급곡선은 SS로부터 $S'S'$로 좌측으로 이동하게 된다.

그림 24-2 인플레이션율이 다를 때의 환율변화

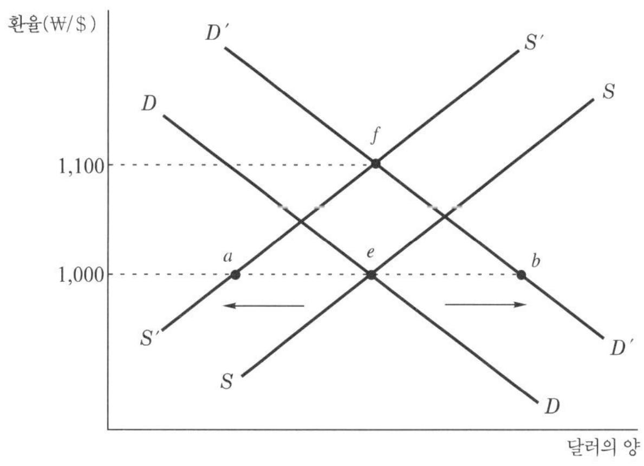

최초 환율 1,000 : 1에서 이제 점 a와 b의 간격 크기만큼 달러의 초과수요가 존재한다. 이 초과수요는 환율을 1,000 : 1에서 <그림 24-2>의 $S'S'$와 $D'D'$의 교차점 f에 해당하는 1,100 : 1로 상승하게 할 것이다. 이와 같이 미국의 재화에 비하여 한국재화의 일반물가수준의 상대적 상승은 외환시장에서 달러화에 대한 원화의 평가절하를 유발한다.

위의 예는 현실세계에서 환율의 움직임에 대해 일반적으로 관찰될 수 있는 현상을 설명해 준다. 시간이 충분히 주어졌을 때 각국 화폐간의 환율은 다른 모든 조건들이 일정하게 유지된다면 물가수준의 변화를 반영하면서 조정될 것이다. 물론 현실에서는 다른 조건이 특별히 일정하게 유지되지는 않는다. 그러므로 현실세계의 환율조정이 앞에서의 가상적 예와 같이 명백하게 이루어지는 것을 관찰하기는 통상 힘들다.

1.3.2 이자율이 다를 경우

국내에서 자본이 수익성이 보다 높은 곳으로 움직이는 것과 같이 국제간에도 화폐는 국경을 넘어 대부되거나 차입될 수 있다. 이러한 자금의 일부는 높은 이자를 지급하는 유동성자산을 찾아서 이 지구상을 거의 계속적으로 움직인다. 한 국가에 존재하는 이자율이 다른 나라의 이자율에 비하여 상대적으로 변할 때 자금은, 다른 모든 조건이 일정하게 유지된다면 이자율이 높은 나라로 흘러 들어가게 된다.

예로써 최초에 미국국채에 대한 이자율이 10%이고 한국의 국채에 대한 이자율도 이와 같다고 하자. 이때 만일 한국의 국채에 대한 이자율이 중앙은행의 공개시장조작에 의해 갑자기 9%로 하락하였다면, 한국의 투자자들은 10%의 이자를 지급하는 미국의 국채에 상대적으로 매력을 느낄 것이다. 따라서 그들은 미국국채를 더 사려 할 것이고 달러화에 대한 수요는 증가될 것이다. 달러화에 대한 수요곡선은 <그림 24-2>에 보인 바와 같이 우측으로 이동할 것이다. 이와 유사하게 한국국채는 미국인들에게 덜 매력적으로 달러화의 공급은 줄어들게 될 것이다. 그러므로 달러화에 대한 공급곡선은 <그림 24-2>에 좌측으로 이동할 것이다. 이상의 결과로 환율의 상승, 즉 달러화에 대한 원화의 평가절하가 이루어질 것이다. 자금은 신속히 이전될 수 있으므로 국가간 이자율의 상대적 변화는 변동환율제도에서 시시각각 움직이는 환율변화의 주요인이라고 볼 수 있다.

1.4 환율제도

환율제도는 **고정환율제도**(fixed exchange rate system)와 **자유변동환율제도**(freely flexible exchange rate system)로 대별할 수 있다. 고정환율제도는 정

부나 중앙은행이 개입하여 환율을 일정수준으로 고정, 유지하는 제도를 말하며, 자유변동환율제도는 환율이 외환시장에서 외화의 수요와 공급에 의하여 자유롭게 결정되는 제도를 말한다. 그러나 오늘날 현실적으로는 이 두 가지 제도를 절충한 환율제도가 많이 사용되고 있다. 예긴대 기본적으로는 고정환율을 유지하되, 경제에 구조적 문제가 발생하여 심각한 국제수지문제에 당면하였을 때 일정범위 내에서 환율의 변동을 인정하는 **조정가능 고정환율제도**(adjustable pegged exchange rate system)는 브레튼우즈체제(Bretton Woods System)하에서 기본적인 환율제도로 사용되었으며, 환율이 외환시장에서 자유로이 결정되도록 하되 필요에 따라서 정부가 개입하는 **관리변동환율제도**(managed floating exchange rate system)는 브레튼우즈체제가 붕괴된 1970년대 이후 주요 선진국가들에 의해서 채택된 대표적인 환율제도이다.

우리나라의 환율제도는 정부수립 이후 정부가 환율을 일정 범위내로 고정시키는 고정환율제도를 채택하여 오다 1964년 5월에 단일변동환율제도로 바꾸었으나 1970년대 말까지는 사실상 환율이 고정되어 있었다. 그 결과 두 차례에 걸친 석유파동으로 국내물가가 크게 상승하여 원화의 대내가치가 하락하였음에도 불구하고 대외가치를 나타내는 환율은 상당기간 고정되는 현상이 나타났다. 이는 원화의 대외가치를 실질적으로 고평가시키는 결과를 초래하여 환율이 국제수지적자를 축소시키는 기능을 다하지 못하였을 뿐만 아니라 환율의 실세화를 위해 한번에 대폭 환율을 인상함으로써 국내물가 상승과 차관상환 부담가중이라는 악순환을 초래하였다.

이와 같은 제반 문제점을 개선하기 위하여 1980년 1월 12일 대미달러화환율을 484원에서 580원으로 인상, 현실화함과 동시에 같은 해 2월 27일부터는 SDR 바스켓과 주요 교역상대국통화 바스켓(독자바스켓)을 결합한 복수통화바스켓방식에 의해 환율의 유동화를 실시하였다. 즉, SDR 바스켓에 의해 산출된 원화의 미 달러화에 대한 환율과 우리나라와 교역량이 많은 몇 개 국가의 통화로 구성되어 있는 독자바스켓을 이용하여 산출된 원화의 대미 달러환율을 결합한 후, 이 환율을 기준으로 한국은행총재가 국제수지상황, 내외금리차, 내외물가상승차, 외환시장전망 등의 정책조정변수를 감안하여 매일매일 한국은행집중기준율을 결정 고시하였다.

그러나 이러한 복수통화바스켓방식에 의한 환율의 결정은 시장실세의 반영장치라는 정책조정변수 때문에 환율이 정책당국에 의해 의도적으로 조작되고 있다는 의혹을 받아서 미국 등으로부터 원화절상 압력을 받기도 하였다. 또한 이 방식 하에서는 미국과 일본의 비중이 절대적으로 높기 때문에 달러화나 엔화의 비중이 상대적으로 높게 반영되어 양국통화에 지나치게 영향을 받는 불합리성을 지니고 있었다.

따라서 이와 같은 문제점을 다소나마 해결하기 위하여 1990년 3월 2일 시장평균환율제도를 도입하였다. 이로써 과거 환율결정에 정부가 개입하던 복수통화바스켓제도에서 탈피하여 제한적이기는 하지만 환율이 국내외환시장에서 외환수급에 의하여 결정되게 되었다. 복수통화바스켓방식 하에서는 은행간 거래나 외국환은행의 대고객거래에 중심이 되는 기준환율이 한국은행 집중기준율이었으나 시장평균환율제도 아래에서는 시장평균환율이 기준환율이 되는데 이 시장평균환율은 금융결제원의 자금중개실을 통해 당일에 거래된 은행간 환율(익일결제물 기준)을 거래량으로 가중평균하여 산출한 것으로써 다음날 외환거래의 기준환율이 된다.

시장평균환율 도입초기에는 환율의 급격한 변동을 경험하지 못한 은행과 기업을 환율급변에 따른 환위험으로부터 보호하기 위하여 은행간 거래환율의 일일변동폭을 기준환율을 중심으로 상하 0.4% 범위내로 제한하였으나 그 범위는 점차 확대되었다. 그러나 1997년 하반기 수개월간 원화가치를 지지하기 위해 상당한 규모의 외환을 소진한 것이 금융위기를 초래하게 된 후, 우리나라는 1997년 12월에는 자유변동환율제도를 채택하고 환율의 일일변동폭 제한을 철폐하였다. 이후로 외환시장에 대한 정부개입은 환율의 급격한 변동을 완화하는 수준으로 제한되었다.

빅맥지수 1986년 9월 영국의 이코노미스트지에서 각 나라의 구매력(purchasing power)를 비교하기 위해 제안한 지수이다. 빅맥은 맥도널드의 주요상품으로서 전 세계 어느 매장에서도 구입할 수 있고 거의 동일하기에 강점을 가진다. 2009년 빅맥가격이 미국에서는 $3.54, 한국에서는 3,300원이므로 빅맥지수는 932이다. 12월 기준에서 실제환율 1150과 비교하면, 달러가 과대평가되고 있다고 말할 수 있다.

2. 국제수지와 조정

2.1 국제수지

2.1.1 국제수지표의 개념

국제수지란 일정기간 동안에 한 나라의 주민과 다른 나라 주민 사이에 이루어진 모든 경제적 거래를 말하며, 이러한 모든 거래를 체계적으로 분류하여 복식부기원리에 의해 작성한 통계표를 **국제수지표**(balance of payments)라고 한다.

> 국제수지표란 일정기간 동안 한 나라의 주민과 다른 나라 주민 사이에 이루어진 모든 경제적거래를 체계적으로 기록한 통계표이다.

여기서 일정기간이란 말은 국제수지가 어떤 시점의 수지상황을 기록한 저량(stock)의 개념이 아니고 일정 기간 중에 발생한 거래를 집계한 유량(flow)의 통계임을 의미한다. 국제수지표 작성 대상기간은 통상 1년을 기준으로 하고 있으나 나라에 따라서는 분기별 또는 월별로 집계되기도 한다. (현재 우리나라에서는 한국은행이 국제수지표를 월별로 작성하고 있다.)

또한 한 나라의 주민과 다른 나라의 주민 사이의 거래라 함은 경제활동을 영위하는 주소재지가 국민경제 영역 내에 있는 경제주체와 영역 밖에 있는 여타 경제주체간의 거래를 의미하는데, 거주자와 비거주자와의 구분은 경제주체가 단순히 어디에 살고 있으며 국적이 어디냐 하는 점보다 경제활동에서의 이익의 중심(center of interest)이 어디에 있느냐는 점을 기준으로 구분하고 있다. 예를 들면 개인의 경우는 외국인일지라도 1년 이상 우리나라에 거주하면서 생산활동 등에 참여할 때는 이익의 중심이 우리나라에 있는 것으로 보아 거주자로 인정하지만 우리나라 국적을 가진 교포는 일시 귀국했더라도 비거주자가 된다. 기업은 영업이 어느 나라 영토 내에서 이루어지고 있는가에 따라 거주성을 구분하므로 우리나라에서 영업을 하고 있는 외국인투자기업은 거주자에 포함된다.

모든 경제적 거래라는 말은 말 그대로 국가 간의 모든 거래를 포함한다는 것으로 재화와 용역의 거래, 이전거래, 자본거래, 외환거래 등 일체의 거래를 망라한다는 것을 의미한다. 다음으로 대외경제 거래를 체계적으로 정리하였다는 것은 국제수지는 복식부기의 원리에 의해 국제적으로 통일된 기준에 의해 작성된다는 뜻이다. 즉 국제수지 작성의 기본원칙은 개별 교환거래를 대차 양변에 동시에 동일금액으로 기록하여 결과적으로 대차 양변의 합계가 항상 일치하여야 한다는 것이다. 따라서 상품을 구입하고 대금을 지급하는 교환거래가 아니라 대가를 지급하지 않는 이전거래 등 일방적인 거래의 경우에는 대차를 균형시키기 위하여 별도의 항목을 설정하여야 한다.

2.1.2 국제수지표의 구성

IMF의 형식에 따라 작성되는 국제수지표는 <표 24-1>과 같이 **경상계정, 자본계정** 및 **준비자산증감**으로 구성된다(한국은행은 우리나라 국제수지 통계를 IMF 신기준에 맞추어 개편하고 1998년 1월 국제수지통계부터 공표하고 있다). 앞에서 국제수지표는 외국과의 거래를 체계적으로 정리한 것이라고 하였는데 실제로 국제수지표에서는 외국과의 거래가 그 특성에 따라 경상계정과 자본계정으로 나누어 기록되며 경상계정에는 재화나 서비스를 외국에 사고 파는 거래와 대외이자지급 등 소득거래 즉 경상거래가 계상되며, 자본계정에는 해외로부터 빚을 얻어 오거나 돈을 빌려주는 거래가 기록된다. 그리고 경상거래의 결과 수입된 돈과 지급한 돈과의 차이를 경상수지라고 하며 자본거래의 결과로 나타난 수지차이를 자본수지라고 한다.

〈표 24-1〉 국제수지표의 구성

Ⅰ. 경 상 수 지
1. 상 품 수 지
상품수출
상품수입
2. 서 비 스 수 지
서비스수입
서비스지급
3. 소득수지
4. 경상이전수지
Ⅱ. 자 본 수 지
1. 투 자 수 지
직접투자수지

포트폴리오수지 기타투자수지 2. 기 타 자 본 수 지 Ⅲ. 준비자산 증(-)감 Ⅳ. 오차 및 누락

국제수지에서는 경상수지가 가장 중요시되는데 **경상수지**는 **상품수지, 서비스수지, 소득수지** 및 **경상이전수지**의 4부문으로 나누어진다. 상품수지는 상품의 수출과 수입의 차이를 나타낸다. 서비스수지는 외국과의 서비스거래 결과 벌어들인 돈과 지급한 돈의 수지차를 말한다. 즉 외국으로부터 받은 운임, 외국관광객이 쓰고 간 외화, 무역대리점의 수출입알선수수료 수입 등이 서비스 수입이 된다. 반대로 외국에 지급한 선박과 항공기의 운항경비, 여행경비, 기술용역대가 등은 모두 서비스지급으로 나타난다. 소득수지는 외국인 노동자에게 지급하거나 내국인 해외 근로자가 수취하는 급료 및 임금과 대외금융자산으로부터 발생하는 배당, 이자수입과 대외금융부채에 대하여 지급하게 되는 배당, 이자지급 등 투자소득의 수지차를 말한다. 경상이전수지라 함은 아무런 대가없이 제공되며 수혜자의 소득 및 소비에 직접적으로 영향을 주는 거래의 수지차를 말한다. 해외에 거주하는 교포가 보내오는 송금, 해외 종교기관이나 자선단체로부터 오는 기부금과 구호물자, 정부 간의 무상원조 등이 여기에 기록된다.

경상수지가 재화, 서비스 및 소득거래를 대상으로 하는데 비해 자본수지는 정부와 금융기관 및 민간이 해외로부터 차입 등의 방식으로 외화를 도입하거나 이와는 반대로 해외에 신용공여 등의 방식으로 외화를 유출함으로써 발생하는 외화의 유출입차를 나타낸다. 외화의 유입은 차관을 들여온다든지 해외에서 증권을 발행하거나 비거주자가 국내에 주식투자를 하여 자본이 들어오는 경우 또는 외국으로부터 상품을 외상으로 수입하는 경우 등에 일어난다. 반대로 외화의 유출은 자국기업이 해외에 직접투자를 하거나 이미 들여왔던 차관의 원금을 상환하는 경우 또는 외국에 상품을 외상으로 판매하여 무역신용을 공여하는 경우 등에 일어난다. 자본수지가 플러스라는 것은 외화의 유입이 유출보다 많았다는 것을 의미한다. 따라서 차관 등 외국빚으로 들여온 금액이 갚은 금액보다 많거나 보유하고 있던 대외채권의 회수금액이 공여금액을 상회하는 등 외국자본이 국내로 순유입되었다면 자본수지는 플러스가 되고 반대의 경우는(–)가 된다.

자본수지는 **투자수지**와 **기타자본수지**로 구분되는데 투자수지에는 한 경제권의 거주자인 직접투자가가 다른 경제권의 거주자기업(직접투자기업)에 대한 영속적인 이익을 취득하기 위하여 행하는 직접투자와 기업에 대한 영속적인 이해관계보다는 투자자본의 가치증가 또는 이윤획득을 목적으로 행하는 증권투자, 그리고 직접투자와 증권투자에 속하지 않는 대출 및 차입, 무역신용, 현금 및 예금 등의 금융거래를 기록하는 기타투자가 포함된다. 한편 기타자본수지에는 도서관 건축비용으로 외국의 대학에 증여한 자금(투자보조금 증여), 해외이주비지급 등을 기록하는 자본이전거래와 특허권, 상표권 등을 사고 파는 거래를 기록하는 특허권 등 기타자산이 포함된다. 과거 자본수지는 1년을 기준으로 거래발생일로부터 상환일까지의 기간이 1년을 초과한 거래의 경우를 장기자본수지, 1년 이하의 거래인 경우를 단기자본수지로 구분하였으나 IMF에 의한 신기준에서는 자본수지 중 기타투자수지를 제외하고는 장단기의 구분을 폐지하였다.

준비자산증감이란 통화당국이 국제수지의 불균형을 직접 보전하거나 또는 외환시장 개입을 통해 국제수지 불균형을 간접적으로 조정하기 위하여 사용할 수 있는 대외자산의 증감을 계상한다. 앞에서 설명한 경상수지와 자본수지에다가 통계작성 과정에서 발생하는 오차 및 누락까지를 합칠 경우 준비자산증감과 금액이 일치(부호는 반대)하게 된다.

2.2 국제수지조정

2.2.1 국제수지균형의 개념

국제수지가 균형을 이룬다는 것은 대외거래에서 외화의 수입과 지급이 일치하는 것을 말한다. 국제수지불균형, 즉 외화의 수입이 지급을 초과할 경우는 국내의 물가불안정을 초래하는 등 문제가 발생하게 되며, 외화의 지급이 수입을 초과하는 경우 역시 국내 경제의 침체와 경제발전의 어려움 등 문제점에 당면하게 된다. 오늘날 많은 국가들이 국제수지의 불균형으로 심각한 어려움에 당면해 있으며, 각국은 완전고용, 물가안정과 함께 국제수지의 균형달성을 주요 정책과제로 내세우고 있다. 국제거래에서 외화지급이 수입을 초과하는 것은 비단 후진국만의 문제가 아니고 미국과 같은 선진국들도 심각한 문제에 당면해 있으며, 이로 인하여 수입할당제 등 보호무역장벽을 강화해 가는 추세를 보이고 있다.

그러면 국제수지의 균형과 불균형은 구체적으로 무엇을 의미하는가에 대하여 살펴보기로 하자. 국제수지표는 복식부기의 원리에 의하여 기재되므로 지급의 총계와 수입의 총계는 항상 일치한다. 그러나 이것이 국제수지표상의 몇몇 항목만을 고려할 때는 양변의 합계가 항상 일치하는 것을 의미하는 것은 아니다. 다시 말해서 수입이 수출을 초과하여 지급이 수입보다 클 경우에도 보유외화나 외국으로부터 외화를 차입하여 그 차액을 지급하여 줌으로써 양변은 항상 일치하는 것이다. 따라서 국제수지의 균형, 불균형은 어느 항목을 대상으로 보느냐에 따라 다르게 된다. 포함되는 항목의 수입과 지출의 합계가 일치할 때 국제수지는 균형이라 하고, 수입이 지급을 초과할 때는 국제수지의 흑자, 지급이 수입을 초과할 때는 국제수지의 적자라고 하며, 국제수지의 적자와 흑자일 때를 합하여 국제수지의 불균형이라고 한다.

이제 2008년 한 해 동안 우리나라에서 일어난 대외거래를 한국은행이 작성하여 발표한 국제수지표 <표 24-2>을 이용하여 국제수지의 균형과 불균형에 대

〈표 24-2〉 국제수지표

(단위 : 억달러)

	2005	2006	2007	2008
Ⅰ. 경 상 수 지	15	5	6	−6
1. 상 품 수 지	33	28	28	6
상품수출	289	332	379	433
상품수입	256	304	351	427
2. 서 비 스 수 지	−14	−19	−20	−17
서비스수입	45	50	63	76
서비스지급	59	69	83	93
3. 소 득 수 지	−2	1	1	5
4. 경상이전 수지	−2	−4	−4	−1
Ⅱ. 자 본 수 지	5	18	7	−51
1. 투 자 수 지	7	21	10	−51
직접투자수지	2	−5	−14	−11
포트폴리오투자수지	−4	−23	−26	−15
기타투자수지	7	48	44	−11
2. 기타자본 수지	−2	−3	−2	0
Ⅲ. 준비자산 증(−)감	−20	−22	−15	56
Ⅳ. 오 차 및 누 락	0	−1	2	1

자료 : 한국은행

해 살펴보기로 하자. 2008년 중 우리나라는 433억달러를 수출하고 427억달러를 수입함으로써 6억달러의 상품수지 흑자를 보였다. 운수, 여행, 대리점수수료 등에 의하여 벌어들인 외화 즉 서비스수입이 76억달러, 우리나라 사람이 해외여행, 기술도입대가 등으로 외국에 지급한 돈, 즉 서비스지급이 93억달러로서 서비스수지 적자가 17억달러였으며, 외채에 대한 이자지급 등으로 소득수지는 5억달러의 흑자를, 경상이전수지는 1억달러의 적자를 나타내었다.

그리하여 결국 네 가지 수지를 합산한 경상수지는 6억달러의 적자를 기록하였다. 다시 말해서 우리나라가 소비나 국내투자를 위하여 외국으로부터 재화나 서비스를 구입하는 데 사용한 외화보다 재화나 서비스를 팔아서 벌어들인 외화가 약 6억달러 적었던 것이다. 자본수지는 정부와 민간 및 금융기관이 해외로부터 도입한 외화보다 유출된 외화가 더 많은 50억달러의 유출초과를 보였다. 한편 한국은행의 준비자산은 경상수지가 대규모 흑자를 나타냄에 따라 56억달러 증가하였다.

2.2.2 국제수지조정

국제수지개념에 대해서는 앞에서 살펴보았는데, 어떠한 개념을 기준으로 하든 국제수지의 불균형은 국제경제에 많은 문제점을 가져다주므로 시정되어야 하는 것은 당연한 일이다. 국제수지의 불균형을 균형에 이르게 조정하는 데 있어서 가장 중요하게 취급되는 것은 경상수지이다. 이미 앞에서 언급된 바와 같이 경상수지가 적자에 있을 때는 자본수지에 의하여 보정되나, 한 경제가 가지고 있는 구조적 문제로 인한 경상수지의 적자는 자본수지의 흑자를 통하여 무한정 보정될 수는 없는 것이며 경상수지 자체의 균형이 달성되지 않으면 안 되기 때문이다. 따라서 국제수지의 조정은 재화나 용역의 수출과 수입에 보다 중점을 두게 하는 것이다.

자유변동환율제도하에서의 국제수지조정은 외환시장에서 수요와 공급의 상호작용에 의하여 자동적으로 달성된다. 즉, 수입이 지출을 초과하면 외환의 초과수요가 발생하고 이는 다시 환율이 인상되어 새로운 환율에서 국제수지가 균형에 이르게 되고 수출이 수입을 초과할 때에는 환율이 하락하여 원래의 환율보다 낮은 수준에서 국제수지는 균형에 도달하게 된다. 따라서 자유무역에 장애가 없는 순수한 의미에서의 자유변동환율제도하에서는 국제수지의 불균형을 시정하기 위하여 특별한 어떤 정책을 써야할 필요가 없고 외환시장기구에 맡겨 두면 된다.

자유변동환율제도하에시와는 달리 환율이 외환시장의 수요공급에 따리 자유로이 상하로 움직일 수 없는 고정환율제도하에서는 정책의 사용이 필요하게 된다. 고정환율제도는 금본위제도와 브레튼우즈체제 하의 고정환율제도로 대별할 수가 있다. 금본위제도하에서는 **가격-정화유동기구**(price-specie-flow mechanism)의 작용을 통하여 국제수지의 불균형이 어느 정도 자동적으로 해소된다. 그러나 브레튼우즈체제 하의 고정환율제도하에서는 국제수지의 불균형은 자동적으로 해소될 수 없으며, 국제수지균형을 달성하기 위해서는 여러 가지 정책을 사용해야 한다. 그러면 먼저 금본위제도하에서의 국제수지조정과정부터 살펴보기로 하자.

금본위제도하에서의 국제수지조정

금본위제도는 19세기에서 20세기 초에 세계 주요국에 의하여 채택된 화폐제도인데 화폐단위를 순금의 일정한 중량으로 정해 놓고, 금화의 무제한 주조를 허용하여 지폐나 예금통화 등은 아무런 제한 없이 항상 금화와 교환될 수 있게 한 제도를 말한다. 이 제도 하에서는 각국 통화는 금의 중량으로 그 가치가 정하여져 있으므로 각국 화폐간의 교환비율은 금을 통하여 고정되어 있는 것이다. 예를 들면 1931년에 미국의 1달러는 23.22그레인(grain)의 금의 가치로 정하였고 영국의 파운드는 113그레인의 금의 가치로 정하여져 있었으므로 금을 통하여 1파운드 =4.87달러로 교환율이 서로 고정되어 있었던 것이다. 금본위제도는 이와 같이 전형적인 고정환율제도이지만 국제수지는 자동적으로 이루어진다. 이러한 국제수지의 자동균형화기구는 18세기 중엽 영국의 흄(D. Hume)에 의하여 정립된 가격—정화유동기구로 설명된다.

금본위제도하에서는 국가 간 무역거래의 결제는 정화에 의하여 이루어지므로 무역에 따라 국가 간에 금이 이동된다. 이제 A국과 B국이 무역을 한다고 하자. 이때 A국이 B국에 수출을 하면 재화는 A국에서 B국으로 이동하고 정화(금)는 B국에서 A국으로 이동한다. 만일 A국이 B국에 수출을 많이 하고 B국은 수출보다 수입을 많이 하여 B국이 무역수지적자를 경험하고 있다고 하자.

이 경우 금은 B국에서 A국으로 더 많이 이동하였으므로 금본위제도하에서는 B국은 통화량이 감소하고 물가는 하락하며, A국은 통화량이 증가하고 물가수준은 상승한다. B국의 물가는 하락하고 A국의 물가는 상승하였으므로 B국내의 재화가격이 A국의 재화가격보다 저렴해지므로 B국은 수출이 증가하고 수입은 감소한다. A국의 경우는 그 반대가 된다. 이 때 B국은 수출이 증가하므로 금의 유입이 증가하고 수입이 감소하여 금의 유출이 감소하므로 B국의 국제수지적자는 자동적으로 해결된다. 즉, B국과 같이 수입초과로 무역수지적자를 경험하고 있는 나라는 아래와 같은 조정기구를 통하여 자동적으로 국제수지균형이 달성된다.

수입초과 → 금유출 → 통화량감소 → 물가하락 → ↗ 수출증가 ↘ 수입감소 >

→ 금유입증가 → 국제수지개선

A국과 같이 수출이 수입보다 많은 경우는 위와 정반대의 현상이 일어난다.

브레튼우즈체제하에서의 국제수지조정

보호무역장벽 : 보호무역론에서 살펴보았듯이 자유무역에 대한 각종관세 및 비관세장벽은 국제수지불균형의 해소를 위한 정책이기도 하다. 정부는 수입이 수출을 초과할 때 각종 보호장벽을 쌓아 수입을 억제함으로써 자국의 산업보호뿐만 아니라 국제수지의 균형을 달성할 수 있다. 보호장벽에는 관세장벽과 비관세장벽이 있음은 이미 아는 바인데, WTO의 등장에 따라 관세인하 및 무관세화를 통해 기존의 관세장벽을 대폭 낮추었을 뿐만 아니라 회색조치 등 비관세장벽도 대폭 완화하였기 때문에 앞으로는 보호무역장벽을 통한 수입억제는 점차 어려워질 전망이다. 그러나 불과 얼마 전까지만 해도 우리나라와 미국과의 무역에서 미국은 우리나라로부터의 수입을 억제하기 위해 섬유류, 신발류 등에 대한 할당제는 물론 각종 규제를 가하여 왔다. 하지만 이러한 자의적 정책은 가격구조를 왜곡시켜 자원의 배분에 비효율성을 초래할 우려가 있다.

환율에 의한 국제수지조정 : 국제수지적자를 해결하기 위하여 흔히 사용되는 정책수단은 적자국의 화폐를 평가절하, 즉 환율을 인상하는 것이다. 이는 가격경쟁력을 통하여 수출의 증대와 수입의 감소를 가져옴으로써 국제수지적자를 해소하려는 수단으로, 환율인상은 자국화폐표시 수입품의 가격을 인상시켜 수입을 감소시키고 외화표시의 수출품의 가격을 하락시켜 수출을 증가시킨다. 예를 들면 한국의 라디오 1대의 국내 가격은 10만원이고 수출가격은 100달러, 환율은 1,000:1이라고 하자.

이때 한국의 라디오 제조업자는 국내 시장에 판매하거나 수출을 하거나 대당 이윤은 마찬가지이며 총이윤은 판매량에 의존한다(운송료는 없는 것으로 가정하자). 만일 라디오 1대의 국내 가격은 여전히 10만원인데, 환율이 1,000:1에서 1,100:1로 인상되었다고 하자. 이때 라디오 제조업자가 라디오 1대당 10만원에서 11만원 사이의 가격만 받기로 한다면 미국 내에서 한국산 라디오의 가격은 100달러 이하로 저렴해지고 따라서 미국의 수요증가는 한국의 수출증가를 가져온다.

수입품에 대해서는 이와 반대의 경우가 되므로 한국의 수입은 감소하게 되는 것이다. 그러나 환율조정이 국제수지에 미치는 효과는 수출과 수입의 가격탄력성에 의존하는데, 수출과 수입의 가격탄력성이 클수록 국제수지조정의 효과는 크게 나타난다. 환율조정에 의한 국제수지조정은 상대국이 관세 및 비관세장벽으로 수입을 제한하거나 상대국의 수입감소가 경기침체에 기인한다면 그 효과는 크지 못할 것이다. 또 환율인상이 무역상대국에 비해 자국이 상대적으로 높은 인플레이션을 상쇄하는 이상으로 충분히 크지 않으면 마찬가지로 그 효과를 작게 나타날 것이다.

국민소득변화를 통한 조정 : 국민소득변화를 통한 국제수지의 조정은 이제까지의 폐쇄경제하에서의 단순국민소득결정모형에 수출과 수입항목을 추가한 개방경제하에서의 국민소득결정모형에서 국민소득의 변화와 수입의 관계를 중심으로 경상수지의 불균형이 시정되는 과정을 설명하는 이론이다.

개방경제하에서의 균형국민소득은 다음과 같이 결정된다.

$$Y = Y^D = C + I_0 + G_0 + (X - M) \qquad (24-2)$$

$$C = a + bY \qquad (24-3)$$

$$X = X_0 \tag{24-4}$$

$$M = mY, \quad 0 < m < 1 \tag{24-5}$$

여기서 X는 수출이며 X_0로 고정되어 있고 M은 수입이며 소득의 함수로 가정하고, m은 소득의 변화에 따른 수입의 변화를 보여 주는 **한계수입성향**(marginal propensity to import)으로 그 크기는 0과 1사이에 있다고 가정한다.

위의 (24-2)식과 (24-5)식을 정리하여 Y에 대하여 풀면,

$$Y = a + bY + I_0 + G_0 + X_0 - mY \tag{24-6}$$

$$Y^E = \frac{1}{1-b+m}(a + I_0 + G_0 + X_0) \tag{24-7}$$

(24-7)식은 개방경제하에서 투자, 정부지출, 수출이 국민소득에 미치는 영향을 나타내며, $\frac{1}{1-b+m}$은 개방경제하에서의 승수가 된다. 국제수지를 B로 표시하면 균형국민소득수준에서의 국제수지는

$$\begin{aligned} B &= X - M \\ &= X_0 - mY^E \\ &= X_0 - \frac{m}{1-b+m}(a + I_0 + G_0 + X_0) \end{aligned} \tag{24-8}$$

(24-8)식은 국제수지가 불균형에 있을 때 국내 투자나 정부지출을 변동시켜 그 불균형 폭을 줄일 수 있음을 보여 준다. 예를 들면 국제수지가 적자에 있을 때 정부지출을 ΔG만큼 줄이면 국민소득은 (24-7)식에서 $\frac{1}{1-b+m}$만큼 감소하며, 소득의 감소는 수입을 $\frac{m\Delta G}{1-b+m}$만큼 감소시켜 적자폭은 줄어든다. 마찬가지로 긴축정책을 사용하여 이자율을 높이고 투자를 감소시키면 소득이 감소하므로 수입이 감소하게 되어 국제수지적자 폭은 줄어든다. 그러나 국제수지불균형의 폭이 아주 클 때는 강력한 긴축정책을 사용해야 되는데, 이러한 강력한 긴축정책을 사용하여 국제수지의 개선을 달성하고자 하는 정책은 국내 경제의 침체로 국민소득의 감소나 실업을 증가시켜 경제를 불안하게 만드는 문제

가 발생한다.

물가에 의한 국제수지조정 : 이 이론은 금본위제도하에서 국가간 금의 자유로운 이동에 의하여 국제수지가 자동적으로 조절된다는 것과 같이, 근대적 통화제도하에서도 통화량의 국제간 이동에 따른 각국의 상대적 물가변동에 의하여 국제수지가 자동적으로 조정된다는 통화주의학파의 견해이다. 금본위제도하에서 금의 이동으로 통화량을 변동시키는 것과 마찬가지로 화폐가 국제수지의 적자국에서 흑자국으로 이동함에 따라 흑자국의 통화량은 늘어나고 적자국의 통화량은 감소한다.

국제수지 흑자국에서는 통화량이 증가하여 재화에 대한 수요가 증가하므로 물가는 상승하고 반면 적자국에서는 통화량이 감소하여 재화에 대한 수요는 하락하고, 따라서 물가는 하락한다. 국제수지 적자국의 물가하락은 적자국의 흑자국에 대한 수출을 증가시키는 한편, 적자국은 물가수준이 높은 흑자국으로부터 수입을 적게 하게 될 것이다. 따라서 적자국의 수출증가와 수입감소로 통화량은 흑자국에서 적자국으로 이동하게 되고, 이러한 이동은 양국의 물가가 같아질 때까지 계속될 것이며 국제수지는 균형을 회복하게 될 것이다.

물가의 변동에 의하여 국제수지의 균형이 이루어지기 위해서는 양국간의 화폐의 이동이 완전히 자유로우며, 중앙은행이 국제수지변화에 따른 통화량변동을 상쇄시키기 위하여 불태화정책(sterilization policy)을 취하지 않는다는 가정이 전제된다. 그러나 현실적으로 많은 국가들은 국제수지변화에 따른 통화량의 과다한 변동을 막기 위하여 불태화정책을 사용하고 있다. 또한 불태화정책을 사용하지 않는다고 하더라도 국제간의 물가변동을 통한 국제수지균형이 이루어지기 위해서는 오랜 시일이 걸리게 되는 문제점이 존재한다. 따라서 현실적으로 물가변동에 따른 국제수지불균형의 자동적 조정은 기대하기 힘들뿐만 아니라 자동적 조정은 시간이 너무 오래 걸리기 때문에 환율조정과 같은 다른 정책이 필요하게 되는 것이다.

3. 국제통화제도

국제통화제도는 각국이 그 제도 하에서 국제무역의 금융적 활동을 수행하게 되는 약정들을 골격으로 하여 이루어진다. 이 약정들은 환율이 고정환율, 변동환율, 또는 종종 관리변동 환율제도라 불리는 고정환율과 변동환율의 어떤 혼합형태가 될 것인가에 영향을 미친다. 이 약정들은 또한 국제수지조정방법과 각국이 국제수지불균형을 재정적으로 지원하는 방법에도 영향을 미친다. 이제 20세기의 국제금융제도를 구성하고 있는 주요내용들을 고찰해 보기로 한다. 우선 19세기 후반과 20세기초에 존재했던 금본위제도에 대해 간단히 고찰한 뒤, 1944년부터 1971년에 걸쳐 국제거래를 지배해온 브레튼우즈체제(Bretton Woods System)를 고찰해 보고 끝으로 오늘날 존재하는 혼합체제에 대하여 살펴보기로 한다.

3.1 금본위제도(The Gold Standard System)

3.1.1 금과 고정환율

제2차 세계대전 전 국제통화제도는 금본위제도가 지배적이었다. 금본위제도하에서는 물론 금이 각국의 화폐가치의 기준이었으며, 각국은 금의 일정 중량으로 표시된 화폐단위를 사용하였다. 이와 같은 가치의 공통단위의 사용은 다른 화폐간의 환율을 자동적으로 고정시키게 된다. 대부분의 국가에서 지폐는 금의 고정비율로 자유로이 교환될 수 있었다. 1914년의 경우를 예로 들면 미국의 달러화는 1달러당 금 0.053온스와 교환될 수 있었고, 영국의 파운드화는 1파운드당 금 0.257온스와 교환될 수 있도록 정해 놓았다.

이것은 미국정부가 누구든지 금을 팔고자 하는 사람에게 금 0.053온스당 1달러를 지불하고 금을 사고자 하는 사람에게는 화폐 1달러당 금 0.053온스를 교환해 주겠다는 것이며, 마찬가지로 영국정부는 금을 사거나 팔고자 하는 사람에게 1파운드당 금 0.257온스의 비율로 금과 파운드를 교환해 주겠다는 것을 의미한다. 또한 금을 단위로 하여 볼 때 1파운드는 4.86달러의 가치가 있다는 것을 의미한다. 따라서 영국으로부터 재화를 구매하고자 하는 미국인은 파운드당 4.86달러를 주고 교환하면 되는 것이다. 이것은 단순히 미국인은 언제든지 4.86달러를 주고 금 0.257온스를 받아서 영국으로 보내면 그 곳에서 그 금과 1파운드를 교환할 수 있기 때문이다.

3.1.2 금본위제도의 실제경험

제1차 세계대전 전 약 50년 간은 금본위제도의 전성기로서 이 기간 동안은 국제통화제도에 별 문제점이 없었고 자동조정기구도 잘 작동되었다. 금본위제도가 이 기간 동인 성공적일 수 있었던 이유는 국제긴 거래에 있이서 통화제도의 역할이 그렇게 중요하지 않았기 때문으로 여겨진다. 각국은 무역의 규모가 지금처럼 크지 않았을 뿐만 아니라 당시의 환율이나 물가수준도 균형수준에서 큰 차이를 보이지 않았다. 당시의 어떤 주요 무역국도 심각한 지속적 국제수지적자에 처하지 않았으며, 따라서 어떤 주요 국가도 국내 물가수준의 큰 변화에 의한 국제수지변화를 통하여 국제수지균형을 회복하려 할 필요가 없었다. 불가피하게 단기적 변동은 있었으나 그러한 변동들은 이자율변화에 따른 단기자본의 이동이나 국민소득과 고용의 변화를 통하여 쉽게 조정될 수 있었다.

3.1.3 금본위제도의 문제점

제1차 세계대전 동안 교전국들은 화폐의 태환성을 중지시켰고 대부분의 국가들은 심각한 인플레이션을 겪었는데 인플레이션의 정도는 국가마다 달랐다. 앞에서 본 바와 같이 이러한 경우는 균형환율의 변화를 유발시킨다. 전쟁이 끝난 뒤 각국은 서로 다른 인플레이션을 안고 금본위제도로 되돌아갔다. 그러나 위신 때문에 많은 나라들은 인플레이션의 국가 간 차이에도 불구하고 전쟁 전의 환율로 돌아갈 것을 고집하였다. 이것은 어느 국가의 재화는 비싸게 되고 다른 국가의 재화는 저렴하게 되는 것을 의미한다.

이로 인하여 국제수지의 대규모 적자와 흑자는 불가피하게 나타날 수밖에 없었고, 국제수지균형을 회복하기 위해서 각국의 물가는 변화되어야 했다. 환율은 조정되지 않은 채, 물가는 아주 천천히 변하였다. 대공황이 내습하였을 때까지도 물가수준은 균형에 도달하지 못했다. 대공황이 가져다준 금융적 혼란은 기존 국제통화체계를 파괴하였다. 지나치게 1차대전 전의 환율수준에 집착하려는데 따른 통화팽창정책이 금본위제도의 몰락을 유발했다면, 보다 현실적 환율에 기초한 변경된 금본위제도는 성공적일 수 없었을까 하는 질문이 제기될 수 있다. 먼델(R. Mundell)과 같은 일부의 현대 경제학자들은 그럴 수 있을 것으로 생각하는 반면, 대부분의 경제학자들은 금본위제도는 중요한 몇 가지 약점을 갖고 있다고 본다.

다른 고정환율제도와 같이 금본위제도하에서도 한 국가의 화폐에 대한 수요와 공급의 변화에 대하여 조정기능을 수행할 수 있는 기구가 요구된다. 가격조정과정은 대규모의 지속적인 불균형을 해소하기에는 너무 느리고 불확실하다. 더욱이 국제통화공급의 기초로서의 금은 세계무역량의 증가가 요구하는 만큼 빠르게 증가될 수 없는 한정된 공급, 세계의 국가간에 기존의 보유량이나 또는 새로운 공급 가능성의 불균형된 분포, 그리고 위기에 처하였을 경우 빈번한 대규모의 투기적 수요 등의 한계를 갖고 있다. 이러한 요인들은 국제통화목적에 가용될 금 공급의 불안정한 변동을 야기한다.

3.1.4 금본위제도의 붕괴

1930년대의 대공황으로 금본위제도는 마침내 붕괴된다. 높은 실업에 시달리던 많은 국가들은 국제간 거래에 관세, 할당제, 외환규제 등의 보호무역주의방법을 다시 사용하게 되었다. 이러한 방법을 통해서 각국은 수출을 유지한 채 수입을 감소시킴으로써 자국 내 낮은 산출과 고용에 자극을 주게 될 것을 기대했었다. 그러나 모든 국가가 이와 같은 정책을 취하게 됨에 따라 어느 국가도 그 목표를 달성할 수 없었고 국제무역량만 감소하게 되어, 증가율 기준으로 볼 때 세계무역은 세계산출보다 오히려 더 감소하는 결과를 초래하였다. 세계적 경기침체가 심화되면서 각 국가는 만일 무역상대국 경제가 침체되어 있는 동안 자국경제가 회복한다면, 자국의 수출은 저조한 상태에서 수입만 증가하게 될 것을 우려하기 시작했다. 금본위제도하에서 이러한 국가는 금을 유출하게 되어 화폐공급을 축소시키는 결과를 가져올 것이며, 마침내는 그 경제를 다시 침체로 빠지게 할 것이다. 이러한 우려는 수출을 촉진시키고자 하는 의도로 나타나게 되어 각국으로 하여금 1930년대를 통하여 금에 대한 자국화폐를 평가절하하게 되었다. 따라서 각국의 화폐단위와 금의 중량 간에 교환비율을 영구히 고정시키려던 제도는 붕괴되었으며, 이러한 상태는 제2차 세계대전이 끝날 때까지 지속되었다.

3.2 브레튼우즈체제

1930년대의 경험으로부터 배운 것은 자유변동환율제도와 마찬가지로 평가절하가 쉽게 가능한 고정환율제도는 큰 문제를 발생시킬 가능성이 있다는 것이었다. 제2차 세계대전 이후 무역의 자유로운 흐름을 용이하게 해 줄 수 있는 적합한 환율제도를 성취하기 위하여 독일, 이탈리아 및 일본 등에 반대하는 동맹에 참여했던 대부분 국가의 대표들이 1944년 미국 뉴햄프셔주의 브레튼우즈(Bretton Woods)에서 회합을 가졌다. 그들이 합의한 국제통화제도는 각국 정부의 협력을 통해서 완성된 최초의 그리고 지금까지도 유일한 국제지불제도(international payments system)이다.

또한 브레튼우즈회의에서 **국제통화기금**(International Monetary Fund : IMF)을 설립할 것을 합의하였다. 고정환율제도를 논의하면서 본 바와 같이 만일 한 국가의 화폐가 시장균형보다 높게 평가되었다면 그 나라는 보유외환을 잃게 될 것이다. 외환이 유출될 때 그 국가는 그의 화폐를 평가절하함으로써 외환의 유출을 막을 수 있고, 이것은 각국이 경쟁적으로 평가절하를 실시함으로써 국제통화질서의 혼란을 가져왔음은 이미 살펴보았다. 따라서 국제통화기금은 새로운 통화제도 전반을 감시하고 관리하는 것뿐만 아니라 이러한 문제점을 다루기 위하여 설립되었다.

브레튼우즈체제는 세 가지 목적을 갖는데, ① 환율이 단기변동에 직면하였을 때 고정환율을 유지하기 위한 규정의 제정, ② 국제수지의 장기 및 지속적인 적자나 흑자에 당면하였을 때만 환율을 변하시킬 수 있음을 보증하고, ③ 이러한 변화가 일어날 때 각국은 일련의 경쟁적 평가절하를 실시하지 않도록 보장하는 것이다. 브레튼우즈체제 하에서의 환율은 달러화를 기축통화로 하는 고정환율제도이다. 즉, 미국의 달러화만이 금 1온스당 35달러의 교환비율을 유지하면서 이 교환비율로 미 달러화를 금과 자유롭게 교환할 수 있으며, 다른 나라의 화폐는 미달러화와 일정교환비율을 유지함으로써 환율을 고정시키고자 하는 제도였다.

그러므로 달러화를 제외한 모든 화폐는 간접적으로 금과 연결되었다. 이 제도는 **금환본위제도**(gold exchange standard system)로서 금은 궁극적 준비금이 되는데, 다른 화폐들도 직접, 간접적으로 금과 교환될 수 있기 때문에 준비금으로 보유되었다. 각국의 화폐가 달러화로 교환될 수 있는 비율은 고정되었고, 그 고정된 환율(pegged rate)은 국제수지의 기본적 불균형(fundamental disequilibrium)에 직면하였을 때는 수시로 변화될 수 있다. 환율이 단기변동에는 고정되어 있으나 수시로 조정될 수 있는 제도를 **조정가능고정환율제도**(adjustable pegged exchange rate system)이라고 한다.

각국의 화폐를 고정환율에서 태환성을 유지하기 위해서는 각국의 통화당국은 고정환율에서 수요와 공급을 상쇄하기 위하여 외환시장에서 그들의 화폐를 사고 팔 수 있도록 준비금을 보유하고 있어야 한다. 자국화폐의 매입을 통해 외환시장을 지지하기 위하여 통화당국은 대신 지불할 수 있는 수용가능 외환준비금을 보유하지 않으면 안 된다. 브레튼우즈체제에서 당국은 금을 보유하거나 기축통화에 대한 청구권, 주로 달러화나 파운드화를 보유해야 한다.

한 나라의 화폐가 초과공급상태에 있을 때, 그 당국은 달러화, 파운드화 또는 금을 매각한다. 한 나라의 화폐가 초과수요상태에 있을 경우, 그 당국은 달러화나 파운드화를 매입한다. 만일 그들이 금보유를 증가시키고자 한다면, 그들은 금을 사기 위해서 달러화를 사용할 것이다. 미국의 문제점은 외국통화당국에 의한 수요가 있을 때 달러와 금의 고정가격태환성(fixed-price convertibility)을 유지하기 위하여 충분한 금을 보유하는 것이며, 다른 국가들의 문제는 그들의 화폐와 달러화간의 고정환율에서 태환성을 유지하는 것이다.

3.2.1 조정가능고정환율제도의 문제점

고정환율제도에서는 대표적인 세 가지 문제점이 발생하는데, 그 문제점들은 충분한 외환준비금 공급의 필요성, 장기불균형에 대한 조정, 그리고 투기로 인하여 발생되는 위기의 관리이다.

단기변동조정을 위한 준비금 외환준비금은 경상 및 자본계정으로부터 발생하는 단기국제수지변동을 조정하는 데 필요하게 된다. 고정환율의 변동을 막기 위하여 금융당국은 필요에 따라 외환을 매각 또는 매입한다. 각국의 금융당국은 이러한 조작을 수행하기 위하여 외환준비금을 보유해야 한다. 만일 준비금이 고갈되면 환율은 고정된 상태로 유지될 수 없다. 각국의 중앙은행이 그들의 환율을 고정시켰을 때 외환시장에서 수요와 공급간 차이의 평균크기나 빈도는 국제지불규모가 증가함에 따라 확대된다. 전반적 국제지불규모의 강한 상승추세가 있었으므로, 외환준비금에 대한 수요 역시 강한 상승추세를 보였다.

브레튼우즈체제는 충분한 준비금을 공급하는 데 어려움이 있었다. 최종적 준비금은 금이고, 그 금이 충분하지 않았기 때문에 준비금으로서 금의 사용은 1960년대와 1970년대 초반에 두 가지의 심각한 문제를 야기했다. 첫째는 세계의 화폐로 사용될 금의 공급은 확대되는 무역량에 맞추어 적절한 준비금을 제공할 만큼 충분한 속도로 증가하지 못하였다. 금의 부족으로 세계의 중앙은행들은 그들의 준비금 중 큰 부분을 미달러화나 파운드로화로 보유하게 되었다. 이러한 목적으로 보유하고 있는 화폐를 **준비통화**(reserve currency)라 하는데, 이 제도는 이들 준비통화가 안정된 가치를 갖는 한 그 기능이 잘 수행된다.

둘째로, 한 국가의 화폐가 금과 태환성이 있는 것이라면 그 국가는 자국화폐의 태환성을 보장하기 위하여 충분한 준비금을 유지해야 한다. 1960년대에 미국은 상당량의 금을 잃었던 반면, 다른 국가들은 미국과의 교역에서 국제수지흑자를 나타냈고 또 많은 달러화를 보유하게 되었다. 1960년대 중반 영국의 스털링에 대한 임박한 평가절하의 우려가 나타났고, 1970년대 초에는 비슷한 우려가 미국의 달러화에 대해서도 일어났다. 두 경우 이러한 우려는 현실화되어 스털링은 1967년 후반에 평가절하되었고, 달러화는 1971년과 1973년 2차에 걸쳐 평가절하되었다. 준비통화의 평가절하는 세계의 각 중앙은행이 보유하고 있는 준비금의 가치를 감소시켰다. 따라서 보유하고 있는 준비금에 대해 평가절하가 일어날 것이라는 우려는 준비금으로서 보유하는 해당 외환의 수용성을 저하시켰다.

장기불균형에 대한 조정 조정환율제도에서는 외환의 수요와 공급의 지속적 변화 때문에 장기불균형의 발생이 예상될 수 있다. 이러한 변화에 대한 중요한 이유로서 첫째, 앞에서 본 바와 같이 무역상대국 간에 인플레이션율이 다르기 때문에, 둘째는 수출과 수입의 수요와 공급변화는 장기경제성장과 관계가 있기 때문이고, 끝으로 새로운 주요 혁신이나 유가의 변화와 같은 구조적 변화가 수입과 수출에 있어 주요 변화를 유발하기 때문이다. 외환시장의 수요와 공급의 변화는 주어진 환율수준에서 경상계정이 균형으로부터 출발했다 하더라도 그 균형이 같은 환율에서 오랫동안 지속될 하등의 이유가 없다는 것을 의미한다. 국제수지균형을 이루게 하는 환율은 시간이 경과함에 따라 변하고, 오랜 시간에 걸쳐서는 상당한 크기로 변화한다.

각국 정부는 장기불균형에 대하여 다음과 같은 세 가지 방법으로 대응할 것이다. 첫째는 국제수지불균형이 외환시장에서 수요와 공급의 장기변화에 의하여 초래되었다고 판단될 때는 환율을 변화시킬 수 있다. 둘째는 현재의 고정환율이 균형수준이 되도록 하기 위하여 국내 물가수준을 변화시킬 수 있다. 셋째는 무역과 해외자본에 제약을 가할 수 있다. 수입이나 관광지출 등을 제한하고 자본의 수출도 줄이거나 중지시킬 수 있다.

투기적 위기의 관리 많은 사람들이 각국 정부의 현재 환율을 유지할 능력을 의심하기 시작할 때 투기적 위기가 나타난다. 이러한 위기에 대한 가장 중요한 이유는 시간이 흐름에 따라 균형환율이 현재의 고정환율로부터 점점 멀어지는 것이다. 불균형이 모든 사람에게 명백하게 인식될 때 무역업자와 투기자들은 환율의 변동이 당연히 있을 것으로 믿게 된다.

이러한 때에 평가절상될 것으로 기대되는 화폐의 대량매입과 평가절하될 것으로 예상되는 화폐의 대량 매도현상이 나타난다. 통화당국이 국제수지적자를 제거하기 위한 급격한 방책을 취할지라도 이러한 정책이 외환보유가 고갈되기 전에 달성될 것으로 믿지 않는다. 자금의 투기적 움직임은 아주 큰 금액에 달할 수 있고, 이러한 압력하에서 해당 정부는 환율을 변화시키지 않을 수 없게 된다. 조정가능 고정환율제도하에서 투기자들은 환율이 변한다면 어느 방향으로 변할 것인가를 알기 때문에 대량의 이익을 얻을 수 있는 아주 쉬운 기회를 갖는다.

3.2.2 브레튼우즈체제의 붕괴

브레튼우즈체제는 거의 20년간 비교적 잘 운영되어 왔으나, 이후 중요한 약점을 나타내며 증가하는 일련의 위기 속에 처하게 되었다. 1950년대와 1960년대를 통하여 영국경제는 미국경제보다 더 심한 인플레이션을 겪고 있었고, 영국의 국제수지는 전반적으로 만족할 만한 상태에 있지 못하였다. 스털링의 보유자들은 영국정부가 스털링의 고정환율에서 달러화로 교환될 수 있는 보장을 할 수 없을 것에 걱정하게 되었다. 이러한 우려가 강해지면서 평가절하되기 전에 스털링을 팔려는 투기적 쇄도가 나타났다. 1960년대의 위기는 이러한 종류였다. 1960년대 중반까지 파운드가 매우 높이 평가되어 있다는 것은 모두 사람에게 명백하였다. 드디어 1967년 파운드는 극심한 투기적 위기로 평가절하되었다. 국제수지가 적자인 많은 다른 국가들도 뒤따르게 되었고, 1949년 이래로 고정되었던 환율에 최초로 중요한 한 차례의 조정을 가져왔다.

미국 달러화는 1967년에 평가절하되지 않았다. 그러나 1967년에 평가절하된 화폐들의 낮은 가격과 증가하는 베트남전쟁 비용지출이 합세하여 미국의 국제수지 적자는 증가하였다. 이 적자는 달러화가 매우 높이 평가되고 있다는 확신을 갖게 하였다. 달러화의 평가절하가 금 가격을 상승시킬 것이라고 믿었기 때문에 사람들은 금을 대량으로 매입하게 되었다. 주요 무역국들에 의해 금의 시장가격을 고정시키는 것을 중지시키자는 압력이 가해지고, 1968년 금의 시장가격이 자유로이 변동될 수 있었을 때 브레튼우즈체제는 최초의 분열 조짐을 보였다.

그 때부터 두 가지의 금가격이 존재하였다. 하나는 통화당국들이 서로 금의 이전에 의하여 채무를 청산할 수 있는 공적 가격(official price)이고 다른 하나는 중앙은행의 개입 없이 민간의 수요와 공급에 의하여 결정되는 자유시장가격이다. 자유시장가격은 온스당 35달러인 미국의 공적 가격보다 훨씬 높게 신속히 상승하였다. 금의 자유시장가격이 공적 가격과 독립적으로 결정될 수 있게 되자마자 달러화를 불리하게 하는 투기는 달러화에 비하여 상대적으로 저평가된 화폐, 특히 독일 마르크화나 일본의 엔화로 옮겨갔다.

이러한 환경에서 중앙은행들이 고정환율을 유지한다는 것은 의문시되었다. 1971년에 들어서면서 미국은 달러화가 평가절하되어야 한다는 결론에 도달하였다. 달러화에 불리하게 일어나는 계속되는 투기에 자극되어 닉슨행정부는 1971년 8월 달러화의 금태환성 중지를 선언하였다. 또한 국제수지가 흑자인 국가들에 대하여 달러화에 대한 그들의 환율을 상향조정하도록 설득하여 달러화의 사실상의 평가절하를 달성하려는 미국의 의도를 알렸다. 달러화의 금태환중지로 브레튼우즈체제의 금본위측면은 끝나게 되었으나 그 체제의 고정환율측면은 좀더 계속되었다.

미국의 선언이 있은 뒤에도 달러화에 대한 투기는 계속되었고, 위기는 심화되어 갔다. 1971년 12월 스미소니언협정을 통하여 모든 국가는 그들의 화폐에 대하여 달러화를 7.9% 평가절하 할 것에 합의하였다. 스미소니언협정 이후의 세계는 사실상 달러본위제도(dollar standard system)였다. 이것은 달러가 안전하고 안정된 화폐로 간주되는 한 고정환율적 성격을 지녔다. 외국금융당국은 달러로 준비금을 보유하고 국제채무도 달러로 정산되었다. 그러나 달러는 금이나 다른 것으로 전환될 수 없었다. 달러제도의 한 가지 중요한 문제는 브레튼우즈체제를 전복시킨 미국의 인플레이션이 세계 달러준비금의 구매력을 손상시키면서 달러제도에도 마찬가지의 영향을 미치고 있다는 것이다. 스미소니언협정은 국제지불안정의 새 시대를 열어 주지 못했다. 이것은 '사실상 달러본위'(de facto dollar standard)가 중대한 위기나 평가절하가 없는 국제지불체계에 대한 기초를 제공할 수 있는 희망을 어둡게 하였다.

미국의 인플레이션은 계속되었고 국제수지는 1960년대를 통하여 유지되어 왔던 비교적 만족할 만한 수준으로 결코 회복되지 못했다. 협정이 이루어지던 해에도 투기자들은 환율이 좀 더 재조정될 필요성이 있다고 믿었다. 결국 1973년 1월 자본의 대량 투기적 이동이 일어났고, 2월에는 금 온스당 가격을 42.22달러로 상승시키면서 달러화를 11% 더 평가절하하였다. 그러나 여전히 달러화나 다른 화폐간에는 과거의 환율로 고정되어 있었기 때문에 집중적 투기활동은 그 이후에도 계속되었다.

1973년 10월 달러화의 평가절하가 공식적으로 이루어졌다. 모든 선진공업국들은 금과 **특별인출권**(SDR)을 단위로 그들 화폐의 명목가치를 유지하게 되었고, 그에 따라 그들의 화폐는 달러화에 대하여 11% 평가절상되었다. 평가절하는 즉시 의미가 없게 되었는데 이것은 고정환율을 유지하려는 노력에도 불구하고 1973년 말에는 변동환율제도로 흘러가는 것을 막을 수가 없었기 때문이다. 이로써 브레튼우즈협정의 양대 지주인 달러화와 금과의 태환성과 고정환율제도가 무너지게 되었고, 그 체제는 마침내 종말을 고하였다.

3.3 변동환율과 관리변동환율제도

1970년대는 세계경제에 있어 혼돈의 시기였다. 유가는 1973년부터 1974년 사이에 4배로 상승하였고, 1979년에는 이란혁명으로 다시 한 번 급격히 상승하였다. 1974년과 1975년간 선진공업국들은 1930년대의 대공황 이래 혹심한 경기침체를 경험하였다. 인플레이션은 미국과 같은 여러 국가에서 주요한 문제로 대두되었다. 그리고 주요 선진국간의 국내 인플레이션율의 차이는 1970년대에 걸쳐 계속 변하였다. 이러한 모든 요소들은 지속적인 환율재조정을 요구하게 되었다. 많은 경제학자들은 브레튼우즈체제의 경직된 환율구조는 이러한 환경 속에서 결코 존속할 수 없고 관리변동과 변동환율의 혼합체가 아마도 세계경제에 디 적합할 깃으로 보았다.

1976년 1월 자메이카의 킹스턴(Kingston)에서 새로운 국제통화질서가 수립되어 브레튼우즈체제는 킹스턴체제로 넘어가게 되었다. 킹스턴체제는 브레튼우즈체제 이후 현존하는 통화체제를 인정한 것이며, 이로써 1971년 후반 선진국들의 고정환율제도를 회복하려는 노력에도 불구하고 국제통화제도는 변동환율과 관리변동환율 제도의 혼합형태로 변하게 되었다. 어떤 국가들은 환율의 자유로운 변동을 허용하였으며, 다른 많은 국가들은 환율이 전반적으로는 자유로이 변동하는 것을 허용하되 필요시 정부의 개입을 전재로 하는 **관리변동환율제도**(managed floating exchange rate system)를 운영하게 되었다.

환율을 관리하기 위해서 중앙은행은 외환준비금을 보유해야 한다. 준비금으로 보유하는 중요한 형태는 미달러화이고, 다른 하나는 특별인출권으로서 그 규모가 증가하고 있다. 금과 달러화의 관계가 파괴되기 전인 1968년에 IMF는 금을 대체할 수 있는 특별인출권(Special Drawing Right: SDR)을 창조했다. SDR은 금과 외환보유 외에 추가적인 공적 준비금(official reserve)으로 사용된다. SDR은 회원국들 간에 현금과 서로 교환될 수 있는 IMF의 특별회계이다. 이것은 각국이 금을 사용하던 것과 꼭 같으므로 SDR은 종이금(paper gold)으로 널리 불린다. 그러나 금과는 달리 확대되는 국제무역의 금융적 요구를 충족시키기 위하여 더 많은 공적 준비금이 필요하다고 느낄 때 IMF는 언제든지 SDR을 창조할 수 있다. 이런 의미에서 세계경제에 대한 공적 준비금을 확대하기 위한 SDR의 창조는 국가경제에서 중앙은행의 시중은행준비금 창조와 아주 비슷하다.

3.4 관리변동환율제도 변화 이후 문제점과 동향

3.4.1 문제점

국제통화제도는 1970년대 고정환율제도가 관리변동환율제도로 대체되었으나 여전히 국제통화제도의 불안정문제는 해결되지 못하였다. 가장 큰 문제로는 준비통화로서 달러화 이외의 대안이 없다는 점이다. 관리변동환율제도를 운영하는 정부는 조정가능고정환율제도를 운영하는 정부와 마찬가지로 준비금을 필요로 하기 때문에 준비금의 적절한 공급을 위한 요구는 브레튼우즈체제 이후에도 계속되었다. 1976년 각국의 IMF 쿼터를 30%씩 증가시켰으나 여전히 충분하지 못하였고, SDR 의 중요성도 증가하였지만 달러화의 거대한 역할에 대체될 수는 없었다. 어떤 다른 국가의 화폐를 달러대신 준비통화로 택하거나, 또는 금본위대신 SDR 본위로의 방안이 논의되었으나 여기에도 문제점이 존재하여 받아들여지지 못하였다. 우선 당장은 국제준비통화 선정에 국제적 의견이 일치되지 않고 있다. 그것이 이루어질 때까지 달러화, 금, SDR, 마르크, 프랑, 엔 등 준비금으로서의 여러 대상 중, 하나에서 다른 것으로 옮기려 할 때는 언제나 투기적 위기와 같은 문제가 발생하게 될 것이다.

한편, 국제지불제도에 심각한 악영향을 미쳤던 최근의 사건은 1970년대의 석유수출국기구에 의한 10배나 되는 유가의 높은 상승을 가져온 석유파동이었다. 이러한 가격상승은 석유생산국의 거대한 국제수지흑자와 이에 대응하는 석유수입국의 적자의 형태로 국제경제체제의 전례 없는 불균형을 초래하였다. 석유생산자의 수중에 있는 초과구매력을 석유달러(petrodollar)라고 하는데, 이 엄청난 금액의 석유달러는 여러 가지의 장, 단기문제를 유발시킨다. 만일 석유달러가 이자율이나 예상되는 환율변화에 따라 투자되거나 화폐 간에 이동한다면 심각한 문제가 일어난다. 또한 석유달러가 투기적으로 사용될 때는 1979-1980년간에 있었던 것과 같은 금값의 급격한 변동을 초래할 수도 있다.

3.4.2 동향

위에서 살펴본 바와 같이 80년대에 들어서며 나타난 관리변동환율제도의 문제점들은 쉽게 해결되지 못했다. 이에 어느 나라 화폐와도 고정되지 않은 적합한 준비금단위의 개발과 관리변동환율제도에 대한 지침을 고안할 필요성을 느끼게 되었다.

국제준비통화 많은 경제학자들은 SDR 에 기초를 두고 국제무역량과 보조를 맞추어 계속 증가하는 통제된 국제통화의 공급이 준비금으로 인한 문제에 대한 최선의 해결책이라고 믿었다. 그러나 국내 지폐와 같이 국제지폐도 그 화폐에 대한 확신이 있기 전에는 기능을 할 수 없다. 그긴의 혼린은 국제교환수단으로써 달러화의 역할 감소 및 완전한 화폐로서의 금의 사용폐지를 위한 합의를 별로 조성하지 못했다. 금과 달러화가 비록 준비통화로서 문제는 있으나 이들이 세계의 많은 은행가들에게 SDR 이나 그와 비슷한 종이화폐보다 더 나은 것으로 보였던 것이다.

환율의 관리 관리변동율제도의 관리적 측면은 국제통화제도에 대하여 몇 가지 잠재적 문제점들을 제기한다. 이러한 문제점들은 국가 쌍방 간에 상충되는 환율안정화정책과 경쟁적 환율인상의 가능성 및 투기적 압력에 직면 시 환율의 불안정과 같은 점이다. 이러한 문제를 피하도록 하기 위하여 IMF 는 환율관리를 위한 지침을 만들었다. 이 지침에 의하면 개별국가의 환율정책은 국제상담과 IMF 에 의한 감시사항이며 개별 중앙은행에 의한 외환시장 개입은 다음과 같은 세 가지 원칙에 기초를 두어야 한다는 점을 강조하였다. 그 세 가지 원칙은 ① 외환당국은 환율의 급격하고 불균형된 단기변동을 방지하고 장기압력에 대하여는 환율이 질서 있는 조정을 보장해야 하며, ② IMF 와 상담하여 각국은 자국 환율에 대해 중기에 걸쳐 유지될 수준의 목표대를 수립하고 실제 환율을 그 목표대 내에 유지해야 하며, ③ 각국의 환율관리는 당사국 모두의 공동책임이며 문제가 되는 개별국가의 책임만이 아니라는 것을 인정해야 한다는 것이다.

1970년대의 경험은 관리변동환율제도의 가장 중요한 문제점 중의 하나를 강조하였는데, 그것은 국가 간에 매우 신속히 이동될 수 있는 대량의 단기자금에 대한 대처이다. 단기자본의 이동은 1971년에 협정된 환율제도를 무력하게 하였고, 그 이후 변동환율의 급격한 변동을 초래해 왔다. 이에 따라 심각한 국제수지의 불균형이 지속됨으로써 과대평가된 화폐를 갖는 나라의 수출과 수입경쟁부문의 경쟁력을 국제시장에서 저하시키는 한편, 과소평가된 화폐를 가진 나라에게는 거대한 이윤기회가 발생하였다. 그러나 국가 간의 대규모 단기자본이동은 구매력 회복을 위한 환율의 균형수준 회복을 방해하였다.

투기적 단기자본이동을 관리하는데 주된 문제점은 이러한 자본이동을 엄격히 통제하는 것이다. 경험에 의하면 환율관리는 일시적 환율변동은 진정시킬 수가 있으나, 상대적 인플레이션율, 구조적 변화 및 지속적인 투기적 자본의 이동에 의하여 유발되는 환율의 변동추세는 해결할 수 없다. 매일 매일의 환율관리에서 이러한 것들을 구별하는 것이 언제나 쉬운 것은 아니다.

협동의 필요성 지난 반세기에 걸친 국제통화제도 역사에서 가장 인상적인 면 가운데 하나는 효과적인 국제협동노력의 점진적인 상승이었다. 금본위제도가 붕괴되고 대공황이 세계의 나라들을 휩쓸었을 때만 해도 각국 자체가 개별적으로 문제해결을 위한 정책을 결정하는 것이 곧 그 당시의 규칙이었다. 관세인상, 경쟁적 환율인상 등 근린궁핍화정책(begger-my neighbor policy) 형태의 정책들이 많이 나타나게 되었다.

제2차 세계대전 뒤 세계의 여러 나라가 협동하여 브레튼우즈체제를 탄생시키고 IMF를 설립하였다. 브레튼우즈체제 자체는 완전하다고 볼 수 없었고 오래지 않아 내부적 모순으로 붕괴되었다. 그러나 그 제도를 설립하기에 필요했던 국제적 공동노력은 그 체제의 붕괴 뒤에도 존재하였다. 각국 중앙은행들의 공동적 노력은 그들이 1950년대였다면 자국의 화폐를 평가절하했었을 투기적 위기를 헤어나게 하였다.

이와 같이 브레튼우즈체제의 붕괴는 금본위제도의 붕괴 뒤에 나타난 것과 같은 혼돈으로 빠지게 하지는 않았다. 세계는 또한 1970년대의 급격한 유가상승에 의하여 유발된 엄청난 위기상황에서도 보다 합리적으로 대처할 수 있었다. 물론 석유파동과 같은 문제들이 발생할 여지는 아직도 남아 있지만 이것은 어디까지나 계속적인 국가 간 대화와 합의로 해결할 문제이다. 미래의 문제가 무엇이든 각국이 다른 나라의 입장에 관계치 않고 자신의 이기적 해결책만을 찾는 것보다 IMF와 같은 국제협의체를 통하여 공동노력할 때 세계는 이러한 문제들을 더 쉽게 해결할 수 있을 것이다.

■ 요 약 ■

1. 외환(foreign exchange)이란 실제 외화나 그에 대한 각종 청구권을 말한다. 또 각국의 화폐가 교환되는 시장을 외환시장(foreign exchange market)이라 한다. 환율(exchange rate)은 외환의 거래가 이루어지는 가격을 말하는데, 외화 한 단위를 얻기 위하여 지불하지 않으면 안 되는 자국화폐의 양이다.

2. 환율인상, 즉 외환가격의 상승은 자국화폐의 평가절하이다. 이 때 외화는 더 비싸지고, 자국화폐의 상대적 가치는 하락한다. 환율인하, 즉 외환가격의 하락은 자국화폐의 평가절상이다. 이 때는 외화는 더 싸지고 자국화폐의 상대가격은 상승한다.

3. 환율제도는 고정환율제도(fixed exchange rate system)와 자유변동환율제도(freely flexible exchange rate system)로 대별할 수 있다.

4. 국제수지표란 일정기간동안 한 나라의 주민과 다른 나라 주민 사이에 이루어진 모든 경제적거래를 체계적으로 기록한 통계표이다. IMF의 형식에 따라 작성되는 국제수지표는 경상계정, 자본계정 및 준비자산증감으로 구성된다.

5. 경상수지는 상품수지, 서비스수지, 소득수지 및 경상이전수지로 나누어지며, 자본수지는 투자수지와 기타자본수지로 구분된다.

■ 주요개념 ■

외환시장, 환율, 환율인상, 평가절하, 환율인하, 평가절상, 고정환율제도, 자유변동환율제도, 관리변동환율제도, 복수통화 바스켓, 시장평균환율제도, 국제수지표, 경상계정, 자본계정, 준비자산증감, 상품수지, 서비스수지, 소득수지, 경상이전수지, 투자수지, 기타자본수지, 국제수지 균형, 국제수지 조정, 금본위제도, 보호무역, 금본위제도, 브레튼우즈체제

제25장

경제성장과 발전

<개 요>

고전학파 이래로 경제학자들의 중심과제 중의 하나는 경제의 장기적 성장의 원인과 과정을 밝히는 데 있어 왔다. 왜냐 하면 경제성장이야말로 한 나라 경제의 물질적 후생수준을 높일 수 있는 필요조건이기 때문이다. 오늘날 경제성장 또는 발전에 대한 기대나 추구는 전세계적으로 보편적인 현상이지만, 역사의 긴 안목에서 보자면 급속한 경제성장의 경험은 그리 오래 된 것이 아니다. 현재의 선진공업국가들은 18세기와 19세기 중 처음으로 과거와 구별되는 근대적 경제성장을 이룩하였고, 한 세기 이상의 꾸준한 성장을 통하여 오늘날과 같은 복지수준에 도달하였다. 그러나 풍요로움은 21세기에 들어선 현재에도 보편적인 현상으로 존재하지는 않았다. 따라서 왜 대부분의 나라들은 빈곤하며, 그리고 어떻게 빈곤으로부터 탈피하여 풍요로운 생활로 진입할 수 있는가를 연구하는 것이 이 장의 목적이다.

1. 경제성장

1.1 경제성장의 개념과 측정

경제성장(economic growth)은 가용자원의 양과 기술수준 그리고 인구의 규모가 장기적으로 변화하기 때문에 나타난다. 즉, 경제성장은 한 나라 경제의 재화 및 용역에 대한 생산능력이 장기적으로 확대되어 가는 것을 의미하며, 생산가능곡선이 원점에서 바깥쪽으로 이동해 가는 것이라고 말할 수 있다. 구체적으로 경제성장을 측정하는 것은 국민소득계정에 의하여 개발된 한 나라 경제의 총생산량을 이용한다.

> **경제성장**은 일정기간 중 나타난 실질 *GDP*의 증가로 측정하거나, 또는 1인당 실질 *GDP*의 증가로 측정한다. 이 때 1인당 실질 *GDP*는 실질 *GDP*를 그 나라의 인구수로 나누어서 구한다.

위에서 제시한 두 가지 경제성장의 측정방식은 한 나라 경제의 실질 생산량의 변화에 대하여 서로 다른 정보를 제공한다. 실질 *GDP*의 증가율은 총생산량이 얼마나 증가하였으며 한 나라 경제력이 어떻게 변화했는가를 알려 준다. 미국이나 일본, 또는 프랑스나 독일 등과 같이 대규모의 생산국가들은 보다 큰 군사력과 정치력, 그리고 세계경제에 대한 영향력을 가진다.

이에 비하여 1인당 *GDP*의 증가율은 한 경제에 속한 각 개인에게 평균적으로 가용한 재화 및 용역의 생산량이 얼마나 빠르게 증가하느냐를 가리킨다. 1인당 국민소득은 평균적 생활수준의 척도이다. 즉, 1인당 국민 소득이 큰 국가에서 사람들은 평균적으로 1인당 국민소득이 낮은 국가의 사람들보다 잘 살 가능성이 크다. 물론 이것은 양 국가에 있어서 소득분배상태가 비슷하다는 전제 위에서 가능한 사실이다.

앞의 두 가지 성장률은 한 나라 내에서도 다른 의미를 지닌다. 어떠한 나라들에서는 *GDP*성장률도 높고 인구성장률도 높은데, 이러한 경우에는 *GDP*성장률이 높은 대신에 인구성장률이 낮은 국가에 비하여 개인생활수준의 향상이 뒤떨어진다고 볼 수 있다.

개인의 생활수준의 정도가 경제후생의 척도로서 보다 적합하다고 믿기 때문에 대부분의 경제학자들은 일반적으로 *GDP* 의 장기적 성장보다는 1인당 *GDP* 의 장기적 성장에 보다 많은 관심을 기울이고 있다. 그러나 어떠한 목표가 보다 중요한 것인가는 나라마다 다르다. 러시아나 중국, 또는 많은 개발도상국가들은 경제의 절대적 규모의 성장에 보다 큰 관심을 표시하는 반면, 선진공업국가들의 경우에는 1인당 소득의 증대에 보다 큰 관심을 표명한다.

1.2 경제성장의 모형

경제학자들은 18세기 후반과 19세기 초에 이르러 처음으로 경제성장의 문제에 관심을 갖게 되었다. 리카르도(D.Ricardo)와 맬더스(T.R.Malthus)와 같은 경제학자들은 경제성장을 가져오는 요인들의 설명에 많은 관심을 기울였다. 특히 이들은 전통적 농업경제가 **정상상태**(stationary state)라고 불리는 경제성장의 상한선에 도달하는 과정을 설명하고자 하였다. 이에 비하여 근대 경제학자들은 경제가 장기간에 걸쳐 지속적으로 성장해 나가는 과정을 설명하고자 한다.

산업혁명의 초기에 저술하였던 고전파 경제학자들의 시각에서 보았을 때 성장이 0인 정상상태는 문자 그대로 정상적인 상태였다. 그 이유는 영국에서 근대적인 성장이 시작되었던 1750년경까지는 생산량이나 인구의 성장은 미미하였던 까닭이다.

1.2.1 고전학파성장모형

리카르도와 맬더스는 전통적 농업경제의 성장에 관심을 가졌다. 그러한 경제에서 과학과 기술의 적용은 이루어지지 않고, 자본투입은 크게 중요한 생산요소가 아니다. 따라서 생산물은 토지와 노동의 결합에 의하여 이루어지며, 이때 토지는 기본적으로 공급이 제한되어 있다.

여기에서 **수확체감의 법칙**(law of diminishing returns)이 작용한다. 인구와 노동력의 규모가 토지에 비하여 상대적으로 작을 때 노동의 투입증가가 이루어지면 처음에는 1인당 생산량이 점차 증가하나, 점차 많은 노동이 일정한 양의 토지에 투입됨에 따라서 일정 단계 이후에는 1인당 생산량이 감소하게 된다. 따라서 수확체감의 법칙이 시사하는 바는 토지가 일정하고 저수준의 기술과 자본사용이 존재하는 농업경제에서는 노동투입이 많게 되면 1인당 생산량이 감소하므로 너무 많은 노동투입을 피하여야 된다는 점이다.

그러나 맬더스에 의하면 인구성장과 식량생산 간에는 장기적 불균형이 존재한다는 것이다. 인구는 매 25년마다 기하급수적으로(1, 2, 4, 8, 16, …) 증가하는 경향이 있는 반면 식량생산은 산술급수적으로(1, 2, 3, 4 …) 증가하는 경향이 있으므로, 인구와 식량 간에는 필연적인 불균형이 존재한다는 것이다.

한정된 토지의 공급에 작용하는 수확체감의 법칙과 인구증가의 문제를 결합함으로써 고전학파 경제학자들은 경제성장에 일정한 한계가 존재한다는 비관적인 결론에 도달하게 되었다. 이 상태는 장기적으로 정상상태로 묘사되는데, 그 특징은 ① 총생산, 인구 및 1인당 생산량의 0증가율, ② **생존임금**(subsistence wages)의 지속으로 나타난다.

그림 25-1 고전적 정상상태

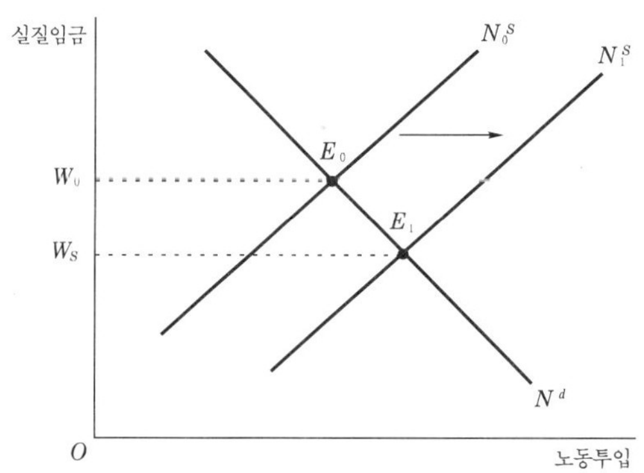

<그림 25-1>에는 횡축에 노동투입량이 표시되고 종축에는 실질임금수준이 표시되어 있다. 생존임금은 W_s로 그려져 있는데, 그 의미는 인구가 더 이상 감소되지 않도록 유지하는 데 필요한 최소한의 임금수준을 말한다. 그런데 단기적으로 실제임금수준은 생존임금수준의 이상이 될 수 있다. 만일 임금수준이 생존임금 이상이 되면 더 많은 영양공급과 건강향상 때문에 출생률은 증가하는 반

면 사망률은 감소하므로 인구가 증가하게 된다. 인구증가로 노동공급이 증가하게 되면 균형임금수준은 점차 하락하게 됨으로써 궁극적으로는 W_s에 이르게 된다. 이 상태에서 경제는 인구의 증가도 없고, 총생산량의 증가도 없으며 임금은 생존임금수준에 있게 된다.

만일 심각한 기근이나 전쟁 등으로 노동자들의 숫자가 크게 감소하면 임금은 생존수준 이상으로 상승할 수 있으나, 이에 따라서 곧 인구가 증가하게 되면 임금은 다시 생존수준으로 하락하게 된다. 역사적으로 중세시대에 흑사병의 유행으로 유럽인구의 삼분의 일이 감소되었던 결과 실질 임금이 크게 상승하였으나 이후에 급속한 인구증가로 임금은 다시 하락하였다.

1.2.2 근대적 성장모형

고전학파의 성장모형에서 제시되는 비관적 예측은 적어도 18세기 후반 이후에 산업혁명을 통하여 공업화를 달성하였던 국가들에게는 들어맞지 않는다. 유럽과 북미지역 그리고 일본의 경우에 있어서 산업혁명으로 실질 *GDP*와 인구의 성장이 가속화되었다. 그러나 생산량증가가 인구증가를 앞섰기 때문에 1인당 국민소득은 지속적으로 상승하여 왔다. 과거에 이집트나 그리스 또는 로마제국에서도 경제성장의 경험은 있었다. 그러나 이들 지역에서는 경제성장이 지속되지 못하고 일시적인 현상에 그치고 말았다.

근대 경제성장의 주요 특징은 지속성에 있다. 공업화된 나라들이 어떻게 하여 인류역사상 처음으로 지속적인 경제성장을 달성할 수 있었는지에 대한 설명은 그리 쉽지 않다. 그러나 고전학파성장모형에서 간과된 세 가지 추진력을 고려한다면 그 의문은 풀리게 된다. 세 가지 추진력은 ① 지속적인 기술진보, ② 1인당 자본사용량의 증가, ③ 인구증가율의 감소이다. 기술진보는 동일한 규모의 토지와 자본을 보유한 노동자들의 생산성을 높이며, 1인당 자본사용량의 증가도 마찬가지로 노동의 생산성을 향상시킨다. 여기에 인구증가의 속도가 감소되면 수확체감의 작용을 회피할 수 있게 된다.

경제성장과정은 사실상 한편으로 수확체감의 작용과 다른 한편으로 기술진보나 자본사용의 심화와 같은 추진력간의 경쟁이다. <그림 25-2>에서 기술진보나 자본사용의 증가가 없게 되면 노동생산성이 증가되지 않으므로 노동수요곡선도 이동하지 않을 것이다. 그러나 기술진보나 자본사용량의 증가로 노동생산성이 증가하게 되면 노동수요가 증가하므로 실질임금은 생존수준 이상에서 유지될 수 있을 것이다. 여기에 인구증가가 낮게 유지될 수 있을 때 실질임금의 증가속도는 더욱 빠르게 나타난다.

그림 25-2 기술진보와 자본사용심화의 효과

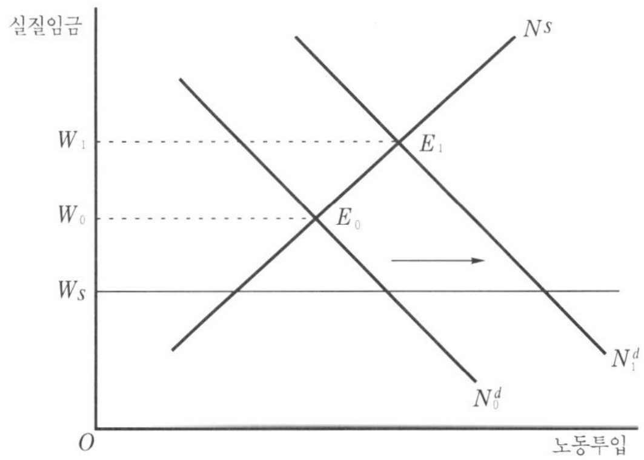

1.3 경제성장의 원천

경제성장은 결국 ① 토지나 노동 또는 자본투입의 증대나 ② 가용투입요소의 보다 효율적 사용이 이루어질 때 발생한다. 이 때 생산요소의 투입증대로 이루어진 경제성장을 **외연적 성장**(extensive growth)이라 하고, 생산요소의 효율적 사용에 의하여 생산요소당 산출량증가로 이루어진 경제성장을 **내포적 성장**(intensive growth)이라 한다.

생산요소의 투입증대는 양적인 면과 질적인 면을 생각할 수 있다. 보다 많은 노동시간이 투입되거나 보다 많은 기계와 공장들이 사용되는 것은 생산요소투입의 양적 증대를 의미한다. 그러나 노동자들이 보다 많은 훈련과 교육을 받는다든가 또는 육체적으로 건강상태가 증진되는 바와 같은 경우는 생산요소투입의 질적 수준향상을 의미한다.

역사적으로는 경제성장과정에서 주로 **물적 자본**(기계 및 공구, 건설, 물, 도로,

댐 등) 사용의 심화에 큰 중요성을 두어 왔으나, 근대에 이르러서 물적 자본(physical capital)의 투입 못지않게 인적 자본(human capital)의 형성에 중요한 비중을 두고 있다. 생산능력의 증대가 자본재에 대한 투자로 이루어지는 것과 마찬가지로, 인적 자본의 형성은 교육이나 훈련, 실무경험의 축적, 위생의 향상과 질병의 감소, 건강증진, 정보소통의 효율성증가 등에 대한 인적 투자로 가능한 것이다.

경제성장에 있어서 또 하나의 주요한 원천은 **생산성의 증대**이다. 생산성증대는 동일한 요소투입으로 보다 많은 산출량을 얻게 됨을 의미한다. 그런데 이러한 생산성증가는 주로 **기술진보**로부터 비롯된다. 신소재와 신상품의 개발이나 신기술의 개발은 과학 및 기술발전으로 가능한 것이다. 노동의 전문화, 경영기술의 개선, 또는 금융제도의 개선 등도 또한 생산성증가의 주요 원천이다. 이 외에도 경제전체의 생산성증가를 위해서는 유리한 문화적, 사회적 및 정치적 환경의 유지가 필요하다. 확고한 법적 제도와 기관들은 법과 질서를 유지하며 경제적 거래에 있어서 당사자 간의 계약을 지키도록 하는 데 필수 불가결하다. 노동 및 물질적 성취에 대한 문화적 태도는 경제성장의 주요 결정인자이다. 성과와 실적에 기초하여 상하로 신축적으로 이동되는 사회구조는 출생에 따른 프리미엄이 적용되는 경직적인 사회보다는 경제성장에 보다 유리하다 말할 수 있다. 더욱이 정치적 불안정이 존재하고 있는 사회에서 경제성장이 이루어지기란 대단히 가능성이 낮은 것이다.

2. 경제발전

2.1 경제발전의 개념과 분류

2.1.1 경제발전의 개념

성장은 양적 변화를 뜻한다. 따라서 **경제성장**이란 소비 및 투자를 위한 가용재화가 많아질 때 이루어진다. 이에 비하여 **경제발전**(economic development)은 시간이 지남에 따라 삶의 질이 향상되고 재화 및 용역의 품질이 좋아지며, 생산방법이나 분배체계의 개선이 이루어지는 것을 의미한다. 따라서 경제성장은 경제변화의 양적인 측면을 강조하는 개념인 반면 경제발전은 양적 변화와 아울러 질적 구조변화를 포괄하는 개념이라고 말할 수 있다.

경제발전은 이렇게 다차원적인 개념이기 때문에 경제발전을 측정할 수 있는 유일한 측정수단은 없다. 다만, 자주 이용되는 수단이 1인당 국민소득인데, 1인당 소득이 높을수록 일단 그 나라의 경제발전의 단계가 높다고 말할 수 있다. 1인당 소득과 병행하여 공업화 또는 근대화의 정도를 경제발전의 수준을 가늠하는 데 이용한다. 산유부국들의 경우에 1인당 소득은 매우 높지만 국내 공업의 수준이 낮기 때문에 경제발전이 충분히 이루어졌다고 보기 어렵다. 이들 나라에서는 1인당 소득은 높지만 전체 국민소득이 매우 불균등하게 분배되고 있으며, 또한 근대 선진국에서 나타나는 특징들인 도시화, 사무실 및 공장노동, 사회적 이동성, 또는 보편적 교육 등이 광범위하게 나타나고 있지 않다.

경제발전은 또한 국민들의 교육 정도와 건강수준에 의하여 비교될 수도 있다. 경제발전이 잘 된 국가에서는 국민들에게 훌륭한 교육과 문화시설을 제공하며 공중보건의 확대가 이루어진다. 공중보건의 확대로 기대수명이 높아지는 한편 영아사망률이 낮아지게 되면 각 가족단위에서는 그만큼 가족 크기에 대한 선택의 여유가 생기기 때문에 과도한 인구증가가 억제될 수 있다.

2.1.2 저개발국의 의미

저개발국(less developed countries: LDC)은 일반적으로 **개발국**에 대응하여 사용하는 개념이다. 시기적으로는 개발국들이 금세기 이전 또는 늦어도 2차대전까지는 공업화를 달성하였던 국가들을 지칭한다면 저개발국가들은 대부분 2차대전 이후의 신생독립국가들을 말한다.

저개발국가를 간단히 정의한다면 그것은 아직도 상당히 높은 수준의 경제발전을 이룩하지 못한 국가들이라고 말할 수 있다. 그러나 개발국과 저개발국을 분류하는 기준을 명확하게 세우기는 힘들다. 절대적인 기준에서 말한다면 저개발국이란 1인당 소득이 의식주 및 교육 등을 비롯한 기본적 수요를 충족시킬 만한 수준에 도달하지 못한 국가일 것이다. 그러나 비록 어떠한 나라가 기본적 수요를 충족시킨 상태에 있지만 다른 나라에 비하여 1인당 소득이 상대적으로 현저하게 낮을 때 그 나라는 상대적 빈곤감을 느끼게 될 것이다. 더욱이 2차대전 이후에 각 나라가 경제발전을 추진하는 과정에서 격차가 발생하였기 때문에 전통적 저개발국의 범주에는 다양한 국가군이 존재한다.

이러한 현실을 고려하여 경제학자들이나 또는 UN 및 세계은행과 같은 국제기구들은 개발국과 저개발국의 분류기준으로 보통 상대적 빈곤의 개념을 이용하며, 저개발국이라는 용어 대신에 **개발도상국**(developing countries)이라는 용어를 사용함으로써 다양한 발전격차를 반영하고 있다. 개발도상국은 1인당 소득의 크기가 생존수준 근처에 머물러 있는 **저소득저개발국**(low-income LDC)과 생존수준을 어느 정도 상회하고 있는 **중소득저개발국**(middle income LDC)으로 구분된다. 저소득국가들은 그들의 발전격차를 극복할 수 있는 아무런 발전의 징후도 발견할 수 없기 때문에 제4세계의 국가라고도 불린다. 여기에서 제1세계국가는 고소득 비공산국가를, 제2세계는 공산주의국가들을, 그리고 제3세계는 대부분의 발전도상국가들을 각각 지칭한다.

2.2 저개발의 원인과 탈피

2.2.1 빈곤의 악순환

경제발전은 1인당 소득이 상승하는 이상의 것을 내포하고 있는 개념이지만 경제발전을 위한 필수적인 조건의 하나는 1인당 소득이 상승하는 것이다. 그리고 1인당 소득이 상승하기 위해서는 실질 *GDP*가 인구보다 빠르게 증가하지 않으면 안 된다. 제1절에서 설명한 리카르도와 맬더스의 고전파 정상상태는 저개발국의 빈곤원인을 규명할 수 있는 한 단서가 된다. 저개발국들은 일반적으로 그들의 소득을 대부분 농업에 의존하고 있는데, 이 때 토지는 한정되어 있으며 인구는 빠르게 증가하는 한편 기술진보는 거의 이루어지지 않고 있다. 이러한 경제에서 기술진보로 노동생산성의 증가가 이루어지지 못하기 때문에 인구증가는 수확체감의 법칙이 작용될 수 있는 여건을 제공한다.

이러한 저개발국의 현상을 넉시(R. Nurkse)는 **빈곤의 악순환**(vicious circle of poverty)으로 표현하고 있다. <그림 25-3>은 공급과 수용의 양 측면에서 악순환이 계속되는 과정을 나타내고 있다. 일반적으로 저개발국가들은 인구성장률이 높으므로 1인당 소득수준이 낮다. 소득수준이 낮으므로 저축할 여력이 없고, 저저축으로 노동자 1인당 자본장비율이 낮아지며, 이것은 결과적으로 노동생산성을 낮게 함으로써 공급측면에서 저소득을 가져온다. 한편 수요측면에 있어서는 소득이 낮기 때문에 국내 수요가 부족하고, 이는 투자유인의 부족을 통하여 자본축적의 부족을 초래함으로써 저생산성과 저소득을 가져오는 것이다.

그림 25-3 빈곤의 악순환

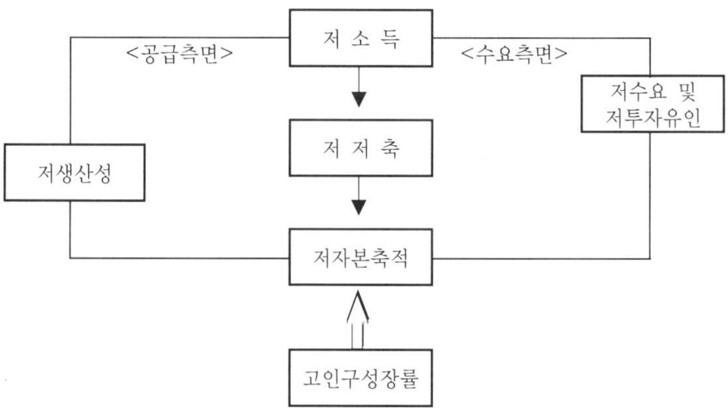

2.2.2 악순환 단절의 조건

앞에서 언급한 빈곤의 악순환과정은 저개발의 원인을 극명하게 보여주고 있다. 그런데 이 순환과정은 빈곤으로부터 탈피할 수 있는 조건도 제시하고 있는 것이다. 첫째, 자본축적이 가속화될 수 있다면 노동생산성은 향상될 수 있다. 둘째, 기술진보가 달성될 수 있다면 수확체감의 법칙은 회피할 수 있다. 셋째, 인구증가율이 감소될 수 있다면 수확체감의 작용 또한 감소될 수 있다. 그 결과로 1인당 소득이 상승할 수 있다면 빈곤의 악순환은 경제발전의 선순환으로 변화될 수 있다.

이에 대하여 로스토우(W.W. Rostow)교수는 그의 저서 「경제성장의 제단계」에서 성장을 위한 선행조건들을 구체적으로 취급하고 있다. 로스토우에 따르면 경제는 ① 전통사회(traditional society), ② 성장을 위한 선행준비단계(preconditions for economic growth), ③ 도약(take-off), ④ 성숙단계(drive to maturity), ⑤ 대량소비단계(high mass consumption)의 다섯 단계를 밟아서 발전한다. 이때 공업화를 이루기 위해서는 도약단계를 거쳐야 되는데 이의 선행조건으로서 로스토우는 기업가적 자질을 갖춘 중산층의 육성, 사회간접자본의 축적과 경제발전을 위한 법적 제도의 완비 등을 들고 있다. 그러나 대부분의 저개발국에서 이러한 조건의 충족은 대단히 많은 시간이 소요될 뿐만 아니라 실제로 달성하기에도 곤란한 것이 현실이므로 이는 상당히 비관적이다.

이러한 비관적 관점에 대하여 거쉔크론(A. Gerschenkron) 교수는 어떠한 나라가 보유하지 못한 선행조건들을 다른 방법으로 대체함으로써 경제발전을 이룩할 수 있다는 견해를 피력한다. 주로 일본과 제정러시아의 역사적 경험을 사례로 거쉔크론은 이들 나라들이 준비하고 있지 못하였던 조건들을 대처할 수 있다는 사실을 제시하였다. 외국의 자본과 기술 그리고 경영능력은 부족한 국내저축과 기업조직능력을 대체할 수 있다는 것이고, 정부관료조직은 형성되지 않았던 중산층의 역할을 대신하였다는 것이다. 이 점은 사실상 발전에 있어서 후발국가들의 유리한 조건을 나타낸다고 볼 수 있다.

로스토우와 거쉔크론의 견해는 그 동안 많은 논쟁이 있어 왔으나, 어느 쪽의 견해가 보다 현실에 근사한지 결정하기란 쉽지 않다. 따라서 이하에서는 저개발국들이 취할 수 있는 스스로의 역할과 국제적 협력에 의하여 대체 가능한 조건들에 대하여 살펴보기로 한다.

2.3 경제발전의 전략

2.3.1 자력동원과 성장의 모색

낙관적인 견해를 가진 경제학자들은 저개발국가들이 적절한 정책구사를 통하여 외부의 도움 없이 스스로의 힘으로 경제발전을 이룩할 수 있다고 주장한다.

노동잉여경제(labor-surplus economy) 노벨 경제학 수상자인 루이스(W. A. Lewis)는 농촌지역의 잠재실업을 이용하여 경제발전을 달성할 수 있는 방법을 제시하고 있다. 대부분의 저개발국들에서는 농촌지역에 잠재실업자가 많은데, 이들의 한계생산성이 0에 가깝기 때문에 이들을 농촌지역에서 도시의 공업부문으로 이동시키더라도 농업부문에서의 생산량감소를 초래하지 않으면서 전체의 생산량을 증가시킬 수 있다는 것이다. 이 때 노동자들을 농업부문에서 공업부문으로 자발적으로 이동시키기 위해서는 농업에서의 임금수준보다 조금만 더 주면 된다. 더욱이 농촌지역에 잉여노동력이 있는 한 농업부문의 임금은 상승하지 않을 것이다.

이렇게 하여 증가된 생산물의 일부가 공업에 투자된다면 더욱 많은 잉여노동력을 공업부문에서 흡수할 수 있게 되며, 이에 의하여 총생산량은 더욱 증가된다. 이러한 재투자과정은 모든 잉여노동이 농촌으로부터 공업지역으로 이동할 때까지 계속되며, 결과적으로 경제발전이 지속적으로 이루어질 수 있는 기반이 마련된다.

불균형성장(unbalanced growth) **균형성장**(balanced growth)의 개념은 경제의 모든 부문을 동시적으로 발전시켜 나가야 된다는 것이다. 넉시(R. Nurkse)나 로당(Paul Rosenstein-Rodan)같은 학자들은 저개발국의 국내시장이 너무 협소하기 때문에 근대적 공업부문들의 육성이 제한되므로 모든 부문의 상호 동시적 성장을 도모하여야 한다는 것이다. 그러나 이 전략의 난점은 저개발국의 발전이 더딘 사실은 이에 필요한 자원부족 때문에 발생한 것이므로 외부의 막대한 지원이 소요된다는 점이다.

이러한 균형성장론에 대하여 허쉬만(A.O. Hirshman)은 저개발국이 불균형 성장전략으로 그 스스로의 힘에 의하여 경제발전을 추진할 수 있다고 주장한다. 이 접근방법은 한정된 자원을 특정부문에 집중적으로 투입함으로써 일시적으로 부문 간의 불균형을 야기하고 이러한 불균형을 해소하는 과정에서 경제발전의 파급효과가 나타난다고 보는 것이다. 여기에서 특정부문의 선정기준은 **전방연관효과**(forward linkage effect) 또는 **후방연관효과**(backward linkage effect)의 크기에 달려 있다.

전방연관효과는 어떤 산업이 발전할 때 그 산업으로부터의 생산물을 투입요소로 이용하는 산업이 발전하는 효과를 말하며, 후방연관효과는 그 산업부문으로 투입요소를 공급하는 산업이 발전하는 효과를 일컫는다. 예컨대, 철강산업이 발전할 때 철강을 이용한 자동차공업이나 기계공업 또는 조선산업이 발전하게 되면 이를 전방연관효과라 하고, 철강산업의 발전으로 이 부문에 원료를 공급하는 석탄산업이나 철광산업이 발전하는 것을 후방연관효과라고 하는 것이다.

불균형성장이 이루어지기 위해서는 일련의 경제부문간 발전경로가 면밀하게 계획되어야 하며 정부는 이를 추진할 수 있는 강력한 힘을 가져야 된다. 경제의 자발적 동인에 의하여 불균형성장이 이루어진다고 볼 수 없기 때문에 불균형성장과 경제계획 간에는 밀접한 관계가 존재한다.

무역정책(trade policies) 189세기의 영국이나 오늘날의 홍콩 또는 싱가포르의 예에서 알 수 있는 바와 같이 국제무역은 한 나라의 경제발전에 중대한 이익을 가져다 줄 수 있다. 무역으로 각국 간 분업의 이점이 달성되므로 자급자족의 경우보다 국민소득이 향상될 수 있다. 그러나 상당수의 국가들은 국가 간 분업의 이점을 무시하고 선진공업국가들의 산업구조를 그대로 모방하려는 정책을 택한다. 예컨대, 그들은 그들 자신의 철강산업과 자동차산업 등을 보유하고자 한다. 아르헨티나와 인도 같은 국가들은 **수입대체**의 **내부지향적 정책**을 추구하여 왔다. 수입대체정책이란 어떠한 나라가 수입품을 국내 생산으로 대체할 목적으로 관세, 쿼터 또는 기타의 수단을 통하여 국내 생산을 보조하는 정책이다. 그런데 관세를 비롯한 보호수단에 의하여 생산된 재화는 경쟁력이 약하므로 수입대체정책은 그 스스로의 약점을 가지고 있다.

한편 이러한 수입대체에 대응하는 정책으로 **수출촉진**의 **외부지향적 정책**을 들 수 있는데 한국과 대만을 비롯하여 홍콩, 싱가포르 등에 의하여 성공적으로 수행되어 왔다. 수출촉진정책은 어떠한 나라가 각종의 유인정책과 지원수단을 통하여 수출을 적극적으로 도모하는 정책이다. 1960년대 이후의 경제발전과정을 살펴볼 때 대체적으로 수출촉진을 택한 국가들의 성과가 수입대체를 추진한 국가들보다 낫다고 말할 수 있다.

2.3.2 국제협력과 지원

선진공업국가들이 저개발국가들을 지원해야 한다는 논리는 대부분의 제3세계 국가들에 있어서 상당한 설득력을 가지고 있다. 왜냐 하면 대부분의 저개발국들은 그들의 빈곤의 원인과 책임이 선진공업국가들에게 있다고 믿고 있기 때문이다. 인도적 견지에서 또는 정치적인 이유로 많은 선진국들은 저개발국의 지원의 필요성을 느끼고 이를 실행하여 온 것이 사실이다.

외국원조 외국의 경제지원은 저개발국에 있어 또 하나의 저축 원천이다. 총저축은 국내 저축과 해외 저축으로 구성되는데, 외국원조는 해외 저축에 해당되기 때문이다. 체너리(H. Chenery)에 의할 때 저개발국들이 외국의 원조를 유용하게 쓸 수만 있다면 저개발국들은 궁극적으로 스스로의 힘으로 경제발전을 추진할 수도 있다는 것이다.

신국제경제질서(New International Economic Order: NIEO) 선진국들에 의한 직접적 외국원조는 저개발국들에게 하나의 중요한 경제발전의 원천이 되지만, 이것이 충분하지 못하다고 생각하기 때문에 저개발국들은 현재보다 두 배 이상의 원조를 요청하고 있다. 저개발국들은 선진국들이 그들 *GDP* 의 1% 정도를 경제원조에 사용하기를 원하고 있지만 노르웨이를 비롯한 소수의 국가를 제외하고는 대부분 1%를 크게 하회하고 있다.

여기에서 저개발국들은 선진국들이 직접 원조가 아닌 형태의 경제협력도 추가적으로 가능하다고 제시한다. 대부분의 개도국들은 원료 등의 농업제품을 수출하는 대신에 기계나 장비 등과 같은 공업제품을 수입한다. 그런데 각종 원료들(커피, 고무, 아마, 설탕, 석유 또는 원광 등)의 가격은 제품의 특성상 공업제품의 가격보다 그 변동폭이 훨씬 크기 때문에 수출에 의한 수입도 변동폭이 크다. 더욱이 원료가격은 장기적으로 공업 제품가격에 비하여 상대적으로 하락하기 때문에 원료를 수출하여 얻게 되는 저개발국의 소득은 더욱 불리하게 된다는 것이다.

UN 에서는 많은 저개발국들이 선진국들의 적극적 참여하에 **상품안정화기금**(commodity-stabilization funds)을 창설할 것을 주장한다. 이 자금은 원료가격이 어느 수준 이하로 하락할 때 가격하락을 방지하기 위하여 사용될 수 있는 것이다. 사실상 이 제안은 선진공업국들과 저개발국들의 남북간 대화의 주요 내용으로서 NIEO 의 중심적 문제인 것이다. 이상과 같은 개도국 원조의 증대와 상품가격의 안정화방안 이외에도 개도국들은 선진공업국들의 시장개방과 기술공여 그리고 국제통화제도의 개편을 요구하고 있다.

■ 요 약 ■

1. 경제성장은 일정기간 중 나타난 실질 *GDP*의 증가로 측정하거나, 또는 1인당 실질 *GDP*의 증가로 측정한다. 이 때 1인당 실질 *GDP*는 실질 *GDP*를 그 나라의 인구수로 나누어서 구한다.

2. 경제성장(economic growth)이란 소비 및 투자를 위한 가용재화가 많아질 때 이루어진다. 이에 비하여 경제발전(economic development)은 시간이 지남에 따라 삶의 질이 향상되고 재화 및 용역의 품질이 좋아지며, 생산방법이나 분배체계의 개선이 이루어지는 것을 의미한다. 따라서 경제성장은 경제변화의 양적인 측면을 강조하는 개념인 반면 경제발전은 양적 변화와 아울러 질적 구조변화를 포괄하는 개념이라고 말할 수 있다.

3. 로스토우에 따르면 경제는 ① 전통사회(traditional society), ② 성장을 위한 선행준비단계(preconditions for economic growth), ③ 도약(take-off), ④ 성숙단계(drive to maturity), ⑤ 대량소비단계(high mass consumption)의 다섯 단계를 밟아서 발전한다.

4. 균형성장(balanced growth)의 개념은 경제의 모든 부문을 동시적으로 발전시켜 나가야 된다는 것이다. 저개발국은 국내시장이 너무 협소하기 때문에 근대적 공업부문들의 육성이 제한되므로 모든 부문의 상호 동시적 성장을 도모하여야 한다는 것이다. 그러나 이 전략의 난점은 저개발국의 발전이 더딘 사실은 이에 필요한 자원부족 때문에 발생한 것이므로 외부의 막대한 지원이 소요된다는 점이다.

5. 불균형성장(unbalanced growth)은 한정된 자원을 특정부문에 집중적으로 투입함으로써 일시적으로 부문 간의 불균형을 야기하고 이러한 불균형을 해소하는 과정에서 경제발전의 파급효과가 나타난다고 보는 것이다.

■ 주요개념 ■

경제성장, 경제발전, 개발도상국, 빈곤의 악순환, 노동잉여 경제, 불균형 성장, 균형성장, 전방연관효과, 후방연관효과, 무역정책, 신국제경제질서

제 10 편

경제학의 새로운 분야 : 정보경제학

제26장

정보경제학

(Information Economics)

<개 요>

앞에서 학습한 완전경쟁 시장 이론은 시장참여자들 모두가 완전한 정보를 갖음을 가정하여 전개되었다. 그러나 현실에서 이러한 조건은 모든 상황에서 충족될 수 없다. 현실에 존재하는 시장형태인 독점이나 독점적 경쟁, 과점 등에 있어서는 시장참여자 모두가 동일한 수준의 정보를 갖지 못하며, 그로 인하여 완전경쟁 시장에 비하여 비효율성이 발생한다.

지금까지 배웠듯이 경제학은 경제주체들의 선택에 관하여 연구하는 학문이다. 이러한 선택에 있어서 각각의 경제주체들은 자신들이 갖고 있는 정보를 기초로 의사결정을 하게 된다. 경제주체들이 모두 동등한 수준의 정보를 갖는다면 경제주체들의 선택이나 상호작용 과정에서 그로 인한 문제는 발생하지 않는다. 그러나 현실은 경제주체들이 갖고 있는 정보의 양이 다르다는 것이다. 즉, 경제적 거래행위의 상호 당사자 사이에 보유하고 있는 정보의 양이 다를 때 각 경제주체들의 의사결정과 행동은 지금까지 우리가 알고 있던 경제적인 원리에 의해서 설명되지 않는 부분이 발생한다.

이 장에서 우리는 정보가 경제재로서 갖는 의미와 역할, 정보가 거래 당사자 사이에 균등하지 않게 분포된 상황에서 나타나는 각종 현상들을 분석하고 그러한 상황에서 최적의 선택과 비효율성을 제거할 수 있는 대안을 모색해본다.

1. 정보경제학이란?

지금까지 우리가 배웠던 경제이론들은 시장에 참여하는 소비자나 생산자가 거래되는 상품의 특성이나 시장상황 등에 대하여 완전한 정보(perfect information)를 얻을 수 있다고 전제한 상태에서 논의를 전개한다. 그러나 현실세계에서 이러한 가정은 완벽하게 충족되기 어렵다. 이것은 시장참여자들의 완전정보를 가정하는 완전경쟁 시장형태가 현실에서는 존재하지 않는 이상적인 시장형태라는 점에서 확인이 가능하다.

정보경제학(information economics)이란 경제적 거래의 당사자 사이에서 정보가 비대칭적으로 분포함에 따라 발생하는 다양한 현상을 분석하고 그에 따른 합리적인 경제적 선택에 관하여 연구하는 경제학의 한 분야이다. 정보경제학은 경제학의 여러 분야 중에서 최근에 매우 활발하게 이론적인 발전이 이루어진 분야로서 인간의 행동과 사회현상에 대한 독자들의 이해의 폭을 넓히는데 많은 도움을 줄 것이다.

2. 비대칭정보

아담스미스(A. Smith)의 '보이지 않는 손'은 시장에서 거래에 참여하는 경제주체들이 상품의 특성, 거래 상대방 등에 대하여 완전한 정보를 갖고 있다는 전제하에서 주장된 것이다. 그러나 현실에서는 이러한 전제조건이 충족되기 어렵고 그로 인하여 여러 가지 문제가 발생하게 된다. 그 중 가장 대표적인 문제라 할 수 있는 것이 바로 비대칭정보(asymmetric information)이다.

비대칭정보란 거래행위에 있어서 구매자와 판매자가 거래대상인 상품이나 용역에 관하여 동일한 정보를 갖고 있지 못하는 상태를 말하는데 정보의 비대칭성이라고도 표현한다. 예를 들어 중고차 거래에 있어서 중고차의 소유주는 그 중고차의 상태와 특성 등에 대하여 가장 많이 알고 있으나, 중고차를 구매하려는 구매자는 차를 확인하고 테스트해보더라도 소유주에 비해서는 차의 상태를 알지 못한다.

즉, 구매자와 판매자가 갖게 되는 중고차에 대한 정보의 양이 서로 다른 상태를 말한다. 비대칭정보 또는 정보의 비대칭성이 존재하는 경우 거래당사자 모두에게 이익이 될 수 있는 거래가 이루어지지 못하는 경우가 발생할 수 있다.

> **비대칭정보**(asymmetric information) 또는 정보의 비대칭성은 거래행위에 있어서 구매자와 판매자가 거래대상인 상품이나 용역에 관하여 동일한 정보를 갖고 있지 못하는 상태를 말한다.

비대칭정보는 비대칭적인 정보가 무엇에 관한 것인가에 따라 불완비정보(incomplete information)와 불완전정보(imperfect information)으로 구분할 수 있다. 먼저 불완비정보는 거래당사자 중 한 쪽만이 상품의 유형이나 특성, 거래상대방의 유형, 시장의 상황 등을 알고 있는 경우이다. 이러한 상황에서는 완비된 정보를 갖고 있는 당사자가 불완비정보를 갖고 있는 거래상대방을 착취하는 현상 또는 불완비정보를 갖고 있는 거래 당사자가 자신에게 손해를 입힐 수 있는 바람직하지 않은 거래상대방과 거래할 가능성이 높은 현상을 역선택(adverse selection)이라 한다. 에컬로프(G. Akerlof)가 제시하였던 중고차시장이론이 역선택 현상을 설명하는 대표적인 모형이다.

불완전정보는 거래상대방의 행동에 관한 정보가 부족한 경우이다. 즉, 두 거래당사자들에게 영향을 미치는 한 거래당사자의 행동을 오직 한 쪽만이 알 수 있고 상대방은 모르는 경우이다. 이러한 불완전정보가 존재할 때 발생할 수 있는 대표적인 현상이 도덕적 해이(moral hazard)인데 주인-대리인 모형(principal-agent model)이 이것을 가장 잘 설명하는 모형중 하나이다.

3. 역선택(adverse selection)

3.1 불완비정보와 역선택

역선택이란 거래 당사자 중 거래에 관련된 정보를 한 쪽만 갖고 있는 경우,

즉 감춰진 유형(hidden type)이 존재해서 거래 당사자 한 쪽이 불완비정보를 갖는 경우에 발생하게 되는 현상인데 중고차 시장을 예로 들어 살펴보자.

중고차 시장에서 일반적으로 판매자는 해당 차량의 상태를 정확히 알고 있으나 구매자는 그 자의 품실상태에 관한 정보를 갖고 있지 못하다. 따라서 중고차 시장에서 특정 차종의 가격은 평균적인 품질을 가진 차량을 기준으로 연식과 주행거리, 옵션장치 등에 따라 정해진다. 이렇게 정해진 가격은 양질의 중고차를 팔려는 판매자에게 만족스런 수준이 될 수 없다. 그에 따라 평균보다 높은 품질을 가진 차량의 소유자는 중고차 시장에서 차를 팔려고 하지 않을 것이고, 반면에 평균적인 수준보다 낮은 품질의 차량 소유자는 중고차 시장에 차를 팔려고 할 것이다. 그렇게 되면 중고차 시장에는 양질의 차량은 없고 평균 이하의 품질을 가진 차량만이 공급될 것이다. 이러한 현상이 심화되면 중고차의 가격수준은 더 하락할 수밖에 없고, 그에 따라 평균 수준의 품질을 가진 차량들도 시장에 나오지 않게 된다. 이와 같은 과정이 반복되다보면 결국 중고차 시장에서는 가장 품질이 떨어지는 고물차(일명 레몬, Lemon)들만이 거래되게 된다.[1] 즉, 거래 당사자 사이에 비대칭정보가 존재해서 당사자 중 한 쪽이 불완비정보를 갖는 경우에는 이러한 역선택 현상이 발생하게 되고 그로 인하여 중고차 시장에서는 저질의 차들이 양질의 차들을 밀어내는 결과를 초래하게 된다.

> **역선택**(adverse selection)이란 거래대상물에 관한 정보를 거래 당사자 중 한 쪽만이 갖고 있어서 상대적으로 정보가 미비한 당사자가 바람직하지 못한 선택을 하게 되는 현상을 말한다.

즉, 비대칭정보(여기서는 불완비정보)가 거래 당사자들의 경제적 유인에 미치는 영향은 중고차 시장에 나온 대부분의 중고차들의 품질이 평균 이하일 것이라는 것을 시사해준다. 불완비정보가 존재하는 경우 거래 상대방은 거래로부터 자신의 효용을 낮추는 또는 자신에게 불리한 선택을 하게 되리라는 것을 고려할 필요가 있다. 불완비정보로 인한 역선택이 중고차 시장에서 레몬이 피치를 구축하는 그레샴의 법칙(Gresham's law)이 유효하게 해준다.

---

1) 에컬로프(G. Akerlof)의 모형에서 Lemon과 달리 품질이 양호한 중고차를 복숭아인 "Peach"라 부른다.

역선택이 나타나는 또 다른 대표적인 시장이 보험시장이다. 보험상품을 거래하는데 있어서 판매자인 보험회사는 가급적 사고의 위험이 낮거나 건강한 사람들이 보험을 구입하기를 원한다. 반면에 보험가입자들의 경우 사고위험이 높거나 평소 건강상태가 좋지 않아서 걱정이 많은 사람들의 보다 더 적극적으로 보험상품을 구입하려고 할 것이다. 이러한 상황에서 보험회사가 보험상품을 구입하려는 사람이 어떤 유형의 사람인지 정확하게 확인할 수 있다면 구입희망자의 사고위험 수준에 따라서 보험상품의 가격을 설정하면 되기 때문에 역선택의 현상은 발생하지 않는다. 그러나 문제는 보험회사가 보험가입 희망자들의 사고위험 수준이나 건강상태를 정확하게 확인할 수 없다는 데에서 발생한다.

보험회사는 보험가입 희망자들의 유형을 모르기 때문에 평균적인 사고위험 확률에 근거하여 산출된 보험료를 보험상품의 가격으로 설정하여 모든 가입 희망자들에게 부과하게 된다. 이 경우 사고위험이 작은 사람은 보험료 수준이 높다고 생각해서 가입을 하지 않게 되고, 반면에 사고위험이 큰 사람은 적극적으로 보험에 가입하려고 할 것이다. 그에 따라 사고위험이 큰 사람들만 주로 보험에 가입하는 현상이 나타나게 된다.

3.2 역선택의 해결방안 : 신호발송과 선별

앞에서의 설명에 따르면 중고차 시장에는 저질의 형편없는 중고차들만이 거래되고, 보험시장에서는 사고위험이 높거나 건강상태가 좋지 않은 사람들만이 보험상품에 가입하는 등 시장이 그 자원배분 기능을 거의 하지 못하여야 한다. 그러나 실제로 현실에서는 꼭 그렇지만은 않은데, 그것은 불완비 정보로 인한 역선택 현상을 방지하거나 최소화할 수 있는 여러 가지 방안들이 강구되어 시행되고 있기 때문이다. 이러한 역선택 현상의 방지 및 최소화를 위한 수단들은 크게 신호발송(signalling)과 선별(screening)로 구분할 수 있다.

3.2.1 신호발송(signalling)

신호발송이란 판매자가 상품의 유형이나 품질, 거래자 자신에 대한 특성 등에 관한 정보를 거래 상대방에게 전달하려는 행위를 말한다. 예를 들어 좋은 품질의 중고차를 팔려고 하는 사람은 자신의 차의 품질이 좋다는 것을 구매자들에게 적극적으로 알리려고 노력할 것이다. 이러한 신호발송의 예로는 품질보증(warranty), 광고(advertisement), 좋은 평판의 구축 등을 들 수 있다.

먼저 품질보증은 생산물 시장에서 가장 널리 사용되는 신호발송 방법으로서 요즘 중고차 시장에서 판매자가 1년 동안의 무상수리보증을 판매조건으로 제시하는 것이 바로 그것이다. 구매자 입장에서 이러한 무상수리보증은 판매자가 그만큼 해당 차량의 품질에 자신을 갖고 있는 것으로 인식할 수 있으며 그에 따라 무상수리보증이 없을 때보다 더 높은 가격을 지불하고서 그 차를 구입할 유인이 생길 수 있다.

광고(advertisement)도 역선택 현상을 해소하는 기능을 갖는다. 어느 기업이 거액을 들여서 자사 상품을 광고하는 경우에 소비자들은 그 상품에 관한 세부정보를 얻는 것보다는 그 기업이 큰돈을 들여서 광고를 한다는 것이 그 기업이 그 상품의 품질에 대하여 자신을 갖고 있다고 인식하게 된다. 예를 들어 특정 한국 기업이 세계적으로 시간당 광고료가 가장 비싼 광고 중의 하나인 미국의 슈퍼볼 경기의 하프타임에 내보낸 광고를 보거나 또는 그 광고사실을 들었을 경우에 해당기업이 세계적인 수준의 기업이고 그 기업이 생산한 제품의 품질의 아주 우수할 것이라고 인식하게 된다. 즉, 비싼 돈을 들여 광고를 하는 것 자체가 소비자들에게 보내는 신호로서의 역할을 하는 것이다. 광고의 세부내용보다는 큰돈을 들여서 광고를 했다는 사실 자체가 역선택을 해소할 수 있는 신호로서의 기능을 하는 것이다.

훌륭한 평판(reputation)을 구축하는 것도 역선택을 해결하는 하나의 방안이 될 수 있다. 거의 모든 소비자들은 좋은 품질의 제품을 판매한다는 평판을 갖고 있는 판매자에게서 다소 높은 가격을 지불하더라도 제품을 구입하기를 원한다. 이것은 그 판매자에 대한 훌륭한 평판이 소비자들에게 '저 판매자로부터 구입하면 이상이 없다'라는 신호를 제공하는 것이다. 판매자에게는 좋은 평판이지만 상품의 경우에는 좋은 지명도(brand name) 신호로서의 기능을 하는 것이다. 훌륭한 평판을 가진 판매자는 저질의 상품을 판매할 경우 좋은 평판을 잃게 되고 그로 인하여 다수의 고객을 잃을 것이기 때문에 추가적인 비용과 노력을 들여서라도 그 평판을 유지하려고 할 것이고, 소비자들은 판매자가 이러한 유인을 가질 것이라고 예상할 수 있기 때문에 이러한 평판의 구축이 신호로서의 역할을 할 수 있는 것이다.

> **신호발송**(signalling)이란 정보의 비대칭성이 존재하여 역선택 현상의 발생이 우려될 때 판매자가 상품의 유형과 특성, 자신의 유형 등에 관한 정보를 거래 상대방에게 적극적으로 전달하는 것을 말하는데, 그 예로는 품질보증, 광고, 좋은 평판의 구축 등을 들 수 있다.

판매자에게는 좋은 평판이 신호 기능을 하듯이 상품의 경우에는 상표(brand)가 그 역할을 한다. 널리 알려진 상표는 그 자체로서 소비자들에게 해당 상품의 품질에 대한 일정 수준의 확신을 갖게끔 해준다. 우리의 일상생활에서 그러듯이 자신이 알고 있는 상표가 부착된 상품은 자세하게 확인하지 않고 그 상표에 대한 신뢰로써 곧바로 구입을 결정하는 것이 바로 그것이다. 역으로 판매자 입장에서도 지명도가 높은 상표는 그 자체로서 큰 경제적 가치를 갖기 때문에 그 가치를 지키기 위해서라도 항상 좋은 품질을 유지하고자 할 것이다.

노동시장에서 발생할 수 있는 역선택 현상을 해결하기 위해 신호발송이 많이 사용된다. 취업을 희망하는 노동자가 자신의 유형과 특성을 기업에 알리기 위하여 특정 학교의 졸업장, 영어시험 성적, 인턴 및 봉사활동 실적 등을 제출하는 것 모두가 신호발송의 여러 형태라 할 수 있다. 또한 자영업을 하는 사람들이 고급차를 타고 다니는 것과 영업사원들이 비싸고 고급스러운 옷을 입는 것 등도 자신에 대한 신뢰를 높이기 위해서 거래 상대방에게 보내는 신호발송이라 할 수 있다.

3.2.2 선별(screening)

선별이란 거래대상의 감추어진 특성으로 인하여 발생하는 불완비정보에 따른 역선택 문제를 해결하는 방법이다. 선별은 신호발송과 같이 역선택 현상을 해결하는 방안이지만 상대적으로 미비한 정보를 갖고 있는 거래당사자가 여러 가지 객관적으로 확인된 자료를 이용하여 거래 대상물에 관한 정보를 얻고자 한다는 점에서 상대적으로 정보를 더 갖고 있어서 우위에 있는 당사자가 행하는 신호발송과는 다르다.

보험시장에서 발생하는 역선택을 해결하기 위한 선별의 예를 보자. 자동차 보험의 경우 일반적으로 운전자의 연령, 성별 등에 따라 보험요율이 달라지는데 연령의 경우 만 25세를 기준으로 보험료가 크게 달라진다. 그 이유는 통계적으로 조사했을 때 만 25세 이하의 젊은 운전사들이 사고를 많이 낸다는 결과, 객관적으로 확인된 자료에 근거하여 보험료를 차등하여 부과하는 것이다. 즉, 보험회사에서는 운전자의 감추어진 유형, 운전을 위험하게 하는지 또는 안전운전을 하는 사람인지에 관한 사항을 모르기 때문에 객관적으로 확인된 결과를 기준으로 하여 보험가입자들을 선별하는 것이다.

> **선별**(screening)이란 불완비정보에 따른 역선택이 예상될 때 상대적으로 정보가 미비한 당사자가 객관적으로 확인된 자료를 활용하여 거래 대상물에 관한 정보를 얻고자 하는 것을 말한다. 자동차보험에서 연령에 따른 보험료의 차등설정, 금융시장에서의 신용할당, 인력채용에서의 학력제한 등이 이에 해당된다.

이러한 선별은 금융시장에서는 신용할당(credit rationing)이라는 형태로 나타난다. 금융시장에서 금융기관은 대출을 원하는 기업의 재무구조, 장래성, 대출자금 회수가능성 등 감춰진 특성에 대하여 불완비정보를 갖는다. 그에 따라 금융기관은 기업들의 신용도를 정확히 알기 어렵기 때문에 평균적인 수준의 신용도를 가진 기업을 기준으로 하여 대출이자율 수준을 결정하게 된다. 이와 같이 결정된 이자율 수준에서 부도위험이 작은 우량 기업은 은행대출 대신에 주식증자 등 직접금융을 통한 자금조달이 가능하기 때문에 대출을 받으려 하지 않을 것이고, 상대적으로 부도위험이 큰 불량 기업들은 설정된 이자율 수준에서 대출을 받으려고 할 것이다. 이 경우 대출자금의 회수가능성은 낮아지기 때문에 대출이자율은 더 상승하게 될 것이고 그에 따라 부도위험이 더 큰 기업만이 대출을 받기를 원하게 될 것이다. 이러한 현상이 심화되면 금융기관은 부도위험이 큰 기업들에게는 자금을 빌려주지 않게 되는 시장의 실패가 발생하게 된다.

이와 같이 금융시장에 역선택 현상이 발생할 수 있으므로 금융기관들은 일부 안전한 기업들만 대상으로 자금을 대출해주고 부도위험이 큰 기업들에게는 자금을 빌려주지 않는 신용할당을 하게 된다. 이러한 신용할당에 있어서 일반적으로 많이 사용되는 기준이 기업의 규모이다. 즉, 기업의 규모가 클수록 상대적으로 부도율이 낮다는 통계적 결과에 근거하여 대기업에 비하여 중소기업에게는 대출절차를 까다롭게 하고 이자율도 더 높게 받는 것이다.

노동시장에서 사용되는 선별의 예로는 교육수준을 들 수 있다. 실제로 기업들은 고교보다는 대학을 졸업한 사람들에게 더 높은 임금을 지불한다. 즉, 교육수준을 능력확인의 선별수단으로 사용하는 것이다. 이것은 능력이 없는 사람일수록 교육을 받는데 더 많은 비용과 노력이 수반된다는 점에서 능력이 없는 사람은 높은 수준의 교육을 받지 않는다는 사실에 근거하여 적용하는 것이다.

4. 도덕적 해이(moral hazard)

4.1 불완전정보와 도덕적 해이

거래상대방의 행동에 관한 정보가 부족한 경우인 불완전정보가 존재할 때 발생할 수 있는 대표적인 현상이 도덕적 해이(moral hazard)인데, 거래 상대방의 행동에 대한 정보가 부족한 경우에 상대적으로 완전한 정보를 갖춘 당사자가 자신의 이익만을 추구함으로써 불완전한 정보를 갖고 있는 거래 상대방에게 손해를 입히는 경우를 말한다. 가장 대표적인 예가 주인-대리인 모형(principal-agent model)인데 주인-대리인 관계에 있어서 주인이 대리인의 행동을 일일이 감시하지 못하는 상황을 이용하여 대리인이 자신의 이익을 추구하는 행동으로서 도덕적 해이는 나타난다. 이러한 도덕적 해이는 정보가 비대칭적으로 분포하고 있는 모든 대리관계에서 나타날 수 있다. 주인-대리인 관계의 예로는 주주-전문경영인, 소송당사자-변호인, 연예인-매니저 등을 들 수 있다.

주주-전문경영인 관계의 경우 주주의 목표는 이윤극대화와 그에 따른 배당금, 주식가격의 상승이지만 전문경영인의 경우 그 목표는 약간 달라진다. 물론 전문경영인도 이윤을 크게 얻어서 재신임을 받아서 그 자리를 유지하는 것도 중요하지만 동시에 기업의 매출액을 키워서 기업의 규모와 조직을 확대하는 것 또한 중요한 목표가 된다. 그것은 기업의 규모가 클수록 전문경영인이 행사할 수 있는 권한이 커지고 그 위상과 대우 또한 좋아지기 때문이다. 또한 주주에게는 기업이 적극적인 기술개발 및 신상품개발 등을 통하여 장기적으로 성장하는 것이 중요한 목표 중의 하나가 되지만 전문경영인에게는 장기적인 기업의 성장은 낭상의 사신에세는 별다른 혜택이 없기 때문에 장기적인 성장보다는 단기적인 성과확대에 치중하게 될 것이다. 그런 경우 기업은 단기적으로는 큰 성과를 거두겠지만 장기적으로는 기업의 생존을 위협받는 상황에 직면하게 될 수도 있다. 즉, 두 당사자의 목표가 약간은 다르기 때문에 전문경영인이 자신의 목표만을 좇아 행동하는 경우에 그것은 주주의 이익에 반하는 결과로 나타날 수 있다.

> **도덕적 해이**(moral hazard)란 거래 상대방의 행동에 대한 정보가 부족한 경우에 상대적으로 완전한 정보를 갖춘 당사자가 자신의 이익만을 추구함으로써 불완전한 정보를 갖고 있는 거래 상대방에게 손해를 입히는 경우를 말한다. 이러한 도덕적 해이는 정보가 비대칭적으로 존재하는 모든 주인-대리인 관계에서 나타날 수 있다.

보험시장에서는 보험가입자의 감춰진 행동으로 인한 도덕적 해이가 발생할 수 있다. 사람들은 일반적으로 일단 보험에 가입하고 나면 사고가 날 경우 보험에서 보상을 해주기 때문에 사고예방을 위한 노력을 게을리 하게 된다. 예를 들어 화재보험에 가입하였을 경우에는 보험가입 이전에 비하여 화재예방을 위한 노력, 주기적 점검과 경보기 설치 등을 등한시하게 된다.

이러한 도덕적 해이는 우리 사회의 거의 모든 분야에서 나타날 수 있다. 건강보험의 혜택이 큰 경우 병원진료와 치료에 따른 개인부담이 작기 때문에 굳이 병원에 가지 않아도 되는 경우에도 병원진료를 받거나 입원할 필요성이 없는 경우에도 장기간 입원하여 치료를 받는 등의 도덕적 해이를 가져올 수 있다.

4.2 도덕적 해이의 해결방안

먼저 주주-전문경영인 관계에서 나타날 수 있는 전문경영인의 도덕적 해이 현상은 대리인인 전문경영인에게 성과에 따라서 보수를 지불하는 유인계약(incentive contract)을 설계하여 해결할 수 있다. 전문경영인에 대한 보수체계는 크게 단기적 보상과 장기적 보상으로 나눌 수 있다. 단기적 보상은 급여나 상여금, 연 단위 성과급 등을 들 수 있고, 장기적 보상으로는 스톡옵션을 들 수 있다. 전문경영인의 목표를 주주의 목표와 최대한 같아지게끔 단기적 보상과 장기적 보상 체계를 설정한다면 주인-대리인 사이에서 발생할 수 있는 도덕적 해이 현상을 최소화 할 수 있을 것이다.

보험시장에서의 도덕적 해이는 먼저 사고에 따른 피해액 중에서 처음 얼마는 보험가입자의 부담으로 설정함으로써 보험가입자의 도덕적 해이를 최소화할 수 있다. 즉, 보험회사가 사고에 따른 피해를 완전하게 보상하는 것이 아니라 일정 부분을 가입자가 부담케 함으로써 사고예방을 위한 노력을 계속하게끔 유도하는 것이다. 보험시장에서의 도덕적 해이 방지를 위한 또 다른 방안으로는 보험가입자의 사고경력, 입원경력 등에 따라 보험료를 다르게 부과하는 것이다. 이렇게 할 경우 자동차보험의 경우 일부러 사고를 내고서 장기간 입원해서 보상을 받는 현상을 줄일 수가 있을 것이다.

■ 요 약 ■

1. 정보경제학(information economics)이란 경제적 거래의 당사자 사이에서 정보가 비대칭적으로 분포됨으로 인하여 발생하는 다양한 현상을 분석하고 그에 따른 합리적인 경제적 선택에 관하여 연구하는 경제학의 한 분야이다

2. 비대칭정보(asymmetric information)란 거래행위에 있어서 구매자와 판매자가 거래대상인 상품이나 용역에 관하여 동일한 정보를 갖고 있지 못하는 상태를 말하는데 정보의 비대칭성이라고도 표현한다

3. 역선택(adverse selection)이란 거래대상물에 관한 정보를 거래 당사자 중 한 쪽만이 갖고 있어서 상대적으로 정보가 미비한 당사자가 바람직하지 못한 선택을 하게 되는 현상을 말한다. 거래대상물의 유형, 거래상대방의 특성 등이 감춰진 경우인 불완비정보 상황에서 발생하는 현상이다.

4. 역선택 현상을 방지하기 위한 방안으로는 신호발송과 선별이 있다. 상대적으로 완비된 정보를 갖고 있는 거래 당사자가 행하는 신호발송의 예로 품질보증, 광고, 좋은 평판의 구축 등이 있다. 선별은 상대적으로 정보가 미비한 거래 당사자가 객관적으로 확인된 자료를 기준으로 거래 대상물에 관한 정보를 얻는 행동으로서 보험시장에서의 연령에 따른 보험료의 차등부과, 금융시장에서의 신용할당 등이 이에 해당된다.

5. 도덕적 해이(moral hazard)란 거래 상대방의 행동에 대한 정보가 부족한 경우에 상대적으로 완전한 정보를 갖춘 당사자가 자신의 이익만을 추구함으로써 불완전한 정보를 갖고 있는 거래 상대방에게 손해를 입히는 경우를 말한다. 이러한 도덕적 해이를 막기 위한 방안으로 다양한 형태의 유인계약(incentive contract)이 제시되고 있다.

■ 주요개념 ■

비대칭정보, 불완비정보, 불완전정보, 역선택, 도덕적 해이, 신호발송, 선별

참고문헌 추가할 사항

김영세, 「전략과 정보 -게임이론적 접근-」, 박영사, 2003.

Akerof, G. A., "The Market for 'Lemons': Quality control and the Market Mechanism,' *Quarterly Journal of Economics*, pp. 488-500, 1970.

Helpman, E. and G. M. Grossman, *Special Interest Politics*, MIT Press, 2000.

Jean Tirole, *The Theory of Industrial Organization*, MIT Press, 1998.

Fudenberg, D. and J. Tirole, *Game Theory*, MIT Press, 1998.

歐文索引

國文索引

이성희 : 육군사관학교 졸업(문학사)
연세대학교 대학원(경제학 석사)
Purdue University(경제학 박사)
현 육군사관학교 경제학과 교수

전성현 : 육군사관학교 졸업(문학사)
연세대학교 대학원(경제학 석사)
Indiana University(경제학 석사 및 박사)
현 육군사관학교 경제학과 교수

경제학원론

2010년 3월 3일 1쇄 발행

지은이 | 이성희 전성현
펴낸이 | 金永馥
펴낸곳 | 도서출판 황금알

주간 | 김영탁
디자인실장 | 조경숙
표지디자인 | 칼라박스
주소 | 110-510 서울시 종로구 동숭동 201-14 청기와빌라2차 104호
물류센타(직송 · 반품) | 100-272 서울시 중구 필동2가 124-6 1F
전화 | 02)2275-9171
팩스 | 02)2275-9172
이메일 | tibet21@hanmail.net
홈페이지 | http://goldegg21.com
출판등록 | 2003년 03월 26일(제300-2003-230호)

값 25,000원

ISBN 978-89-91601-77-2-93320